Poitou-Charentes

Talmont-sur-Gironde.
Ph. Body/hemis.fr

Les microrégions du guide :
(voir la carte à l'intérieur de la couverture ci-contre)

Sommaire

DÉCOUVRIR LA RÉGION

POUR CHAQUE SITE, RETROUVEZ NOS ADRESSES

Nos incontournables

Rochefort★★ où vous attend l'**Hermione**★★ *(p. 125)* la réplique de la célèbre frégate de La Fayette.

Poitiers★★★ *(p. 318)* au patrimoine médiéval exceptionnel et le **Futuroscope**★★★ *(p. 346)* pour s'amuser avec la technologie de demain.

Une sélection de nos plus beaux sites étoilés.

Angoulême★★ *(p. 232)* capitale de la bande dessinée et la **vallée de la Charente**★*(p. 256)*.

Abbaye de Saint-Savin sur Gartempe★★★ *(p. 369)* pour y admirer les fresques du 11e s.

Le Marais Poitevin★★ *(p. 406)*, 4 000 km de voies d'eau à découvrir dans ce Grand Site d'exception.

La Rochelle★★★ *(p. 80)*, son vieux port fortifié et **l'île de Ré★★** *(p. 107)*, ses dunes de sable blond et ses marais, réserve naturelle.

Château d'Oiron★★ *(p.454)* un magnifique édifice Renaissance qui a ouvert ses portes à l'art contemporain.

Talmont sur Gironde ★★ *(p. 175)*, où l'église Sainte-Radegonde veille avec élégance sur l'estuaire de la Gironde.

Saintes★★ *(p. 182)*, ancienne ville romaine, peuplée de riches vestiges et pleine du charme du sud.

Cognac et la visite des chais★★ *(p. 261)* pour s'initier à la patiente et délicate fabrication du roi des alcools.

Crédits photographiques :

page 4 : F. Guiziou/hemis.fr (haut) ; Futuroscope - JL. Audy/Aircopter/Aérophile/D. Laming, Architecte (bas)

Page 5 : Ch. Guy/imageBroker/age fotostock (haut gauche) ; F. Leroy/hemis.fr (haut droit) ; Ph. Renault/hemis.fr (bas)

Page 6 : Alamy/hemis.fr (haut) ; F.-P. Psaltis/Beaumont/Château d'Oiron, Centre des monuments nationaux (bas)

Page 7 : Ph. Body/hemis.fr (haut gauche) ; R. Cintract/hemis.fr (haut droit) ; AGE/Photononstop (bas)

ORGANISER SON VOYAGE

Charron, vue aérienne des méandres de la Sèvre niortaise.
F. Leroy/hemis.fr

Suggestions d'itinéraires

3 JOURS	RÉ ET LA ROCHELLE
Programme	**Jour 1** : flânez dans St-Martin-de-Ré *(p. 108)* et dirigez-vous vers l'écomusée du Marais salant à Loix *(p. 112)*, puis grimpez au phare des Baleines *(p. 113)*. Nuit à Ars-en-Ré. **Jour 2** : baladez-vous à La Rochelle *(p. 80)*. L'après-midi, allez au Vieux Port et montez dans les trois tours *(p. 82, 84)*. **Jour 3** : à La Rochelle, visitez l'Aquarium *(p. 94)*, le bunker *(p. 91)* et faites un peu de shopping dans les boutiques des arcades du centre-ville *(p. 104)*.
Transport	Le vélo, en restant prudent, sur l'île de Ré ; la voiture pour rallier La Rochelle.
Conseils	Profitez d'une nuitée de charme à l'hôtel de Toiras à St-Martin-de-Ré, et à l'hôtel St-Nicolas de La Rochelle.
5 JOURS	**SUR LA CÔTE, DE ROCHEFORT À ROYAN**
Programme	**Jour 1** : promenez-vous dans Rochefort *(p. 125)*. **Jour 2** : si la marée le permet, accédez à l'île Madame *(p. 134)*, puis visitez Brouage *(p. 140)*. L'après-midi, rendez-vous à la Cité de l'huître de Marennes *(p. 144)*, puis au château de La Gataudière *(p. 146)* et faites le tour du fort Louvois *(p. 147)*. **Jour 3** : passez la journée sur l'île d'Oléron *(p. 148)* au Château-d'Oléron *(p. 152)*, à Boyardville *(p. 153)*, sur la dune des Saumonards *(p. 153)* et à St-Pierre-d'Oléron *(p. 148)*. Visitez le phare de Chassiron *(p. 154)* et le port de La Cotinière *(p. 155)*. Baignez-vous à St-Trojan *(p. 150)*. **Jour 4** : montez en haut du phare de la Coubre *(p. 166)* avant de parcourir le zoo de La Palmyre *(p. 158)* qui vous occupera une grande partie de la journée. Flânez en soirée dans les rues de Royan *(p. 161)*. **Jour 5** : découvrez l'estuaire de la Gironde en faisant halte à Meschers *(p. 174)*, à Talmont-sur-Gironde *(p. 175)*, au port de Mortagne *(p. 176)* et au château de Beaulon *(p. 177)*.
Transport	En voiture ; en bateau pour accéder au phare de Cordouan.
Conseils	N'oubliez pas votre serviette pour les baignades !
5 JOURS	**LES CHEMINS DE ST-JACQUES, DE MELLE À PONS**
Programme	**Jour 1** : visitez les églises de Melle *(p. 435)*, puis rendez-vous au château de Dampierre-sur-Boutonne *(p. 213)*. **Jour 2** : déchiffrez les sculptures de l'église St-Pierre d'Aulnay *(p. 210)*. Baladez-vous dans St-Jean-d'Angély *(p. 205)*. **Jour 3** : le matin, intéressez-vous à la lanterne des morts de Fenioux *(p. 209)*, à l'église d'Annepont *(p. 193)* et pénétrez dans le château de Crazannes *(p. XXX)*. L'après-midi, le Pôle-Nature « La pierre de Crazannes » vous révélera les secrets de la taille de la pierre *(p. 202)*. Rejoignez Saintes *(p. 182)*. **Jour 4** : déambulez dans Saintes et passez la fin d'après-midi à St-Sauvant *(p. 195)* et au Paléosite de St-Césaire *(p. 195)*. **Jour 5** : partez sur les traces d'Agrippa d'Aubigné à Pons *(p. 218)* et profitez des attractions du Château des énigmes *(p. 220)*.
Transport	En voiture.
Conseils	De nombreux sites sont propices à des pauses pique-nique.

SUGGESTIONS D'ITINÉRAIRES

4 JOURS	LE POITOU
Programme	**Jour 1** : explorez le parc du Futuroscope *(p. 346)*. Passez la nuit à Poitiers *(p. 342)*. **Jour 2** : découvrez Poitiers et les grottes de la Norée *(p. 334)*. **Jour 3** : rendez-vous au parc de la Vallée des singes *(p. 386)* et faites une halte à Château-Larcher *(p. 338)*. Déjeunez à Civray *(p. 385)*. Consacrez l'après-midi aux cités de Charroux *(p. 384)*, Montmorillon *(p. 380)* puis Chauvigny *(p. 374)*. **Jour 4** : admirez les fresques de l'abbaye de St-Savin *(p. 369)*, puis goûtez à l'ambiance tranquille qui baigne Angles-sur-l'Anglin *(p. 366)*, La Roche-Posay *(p. 364)* et Châtellerault *(p. 358)*.
Transport	En voiture.
Conseils	Évitez les périodes de forte affluence pour profiter pleinement du parc du Futuroscope.
2 JOURS	**LE MARAIS POITEVIN**
Programme	**Jour 1** : consacrez la matinée à la découverte de Niort *(p. 396)*, puis déjeunez à Coulon. L'après-midi, faites une excursion dans le Marais poitevin *(p. 406)* en vous arrêtant à Arçais *(p. 414)* et Damvix *(p. 413)*. Nuit à Arçais *(p. 419)*. **Jour 2** : promenez-vous dans le Marais maritime *(p. 416)* au départ de Marans. Visitez l'abbaye de Maillezais *(p. 422)* et celle de Nieul-sur-l'Autise *(p. 425)*. Finissez la journée à Niort.
Transport	En voiture pour accéder au Marais poitevin et en barque sur les canaux.
Conseils	Pensez au pique-nique pour déjeuner.
4 JOURS	**LA CHARENTE, TERRE DE COGNAC**
Programme	**Jour 1** : goûtez l'atmosphère de Cognac *(p. 261)*, sans oublier la vieille ville, puis suivez le circuit de la Grande Champagne *(p. 269)*. Le soir, dînez à La Courtine *(p. 274)*, à Cognac, avant de faire une balade nocturne dans les rues du Vieux Cognac. **Jour 2** : suivez la vallée de la Charente *(p. 256)* jusqu'à Angoulême *(p. 232)* en prenant le temps de faire halte à Jarnac *(p. 253)* et à la maison Courvoisier *(p. 255)* pour une dégustation. Arrêtez-vous aussi à l'abbaye de Bassac *(p. 256)* et à Châteauneuf-sur-Charente *(p. 258)*. À Angoulême, baladez-vous sur le Plateau de la ville haute *(p. 233)* et visitez, selon vos envies, la cathédrale *(p. 237)* ou la Cité de la bande dessinée et de l'image *(p. 242)*. Les noctambules prendront un verre le long de la Charente au River *(p. 242)*. **Jour 3** : remontez dans le temps au théâtre des Bouchauds *(p. 244)* et à l'abbaye de St-Amant-de-Boixe *(p. 279)*. L'après-midi, visitez le château de La Rochefoucauld *(p. 248)*, Villebois-Lavalette *(p. 298)* et le château de La Mercerie *(p. 299)*. **Jour 4** : déambulez dans les rues pentues d'Aubeterre-sur-Dronne *(p. 308)*, jetez un coup d'œil à son église souterraine, puis allez flâner dans les collines du Sud Charente *(p. 309)*.
Transport	En voiture.
Conseils	Prévoyez plus de temps si vous souhaitez visiter les maisons de cognac ou vous rendre aux thermes de Chassenon, au nord du département.

Venir en Poitou-Charentes

Par la route

LES GRANDS AXES

Poitiers constitue un important carrefour routier sur les axes Paris-Espagne et Bretagne-Languedoc. L'**A 10** dessert Tours, Poitiers, Niort, Saintes et Rochefort (par l'A 837). L'**A 83** dessert aussi Niort.
La **N 10**, qui traverse la Charente, relie Poitiers à Bordeaux et constitue une alternative à l'A 10.
Information autoroutière – ✆ 0 800 100 200 - www.bison-fute.equipement.gouv.fr ; www.autoroutes.fr.

LES CARTES MICHELIN

Les **cartes Départements 322** (Deux-Sèvres, Vienne) et **324** (Charente, Charente-Maritime). Vous pouvez également consulter la **carte région 521** (Poitou-Charentes).
www.viamichelin.fr – Calcul d'itinéraires.

En train

SNCF – ✆ 36 35 *(0,34 €/mn)* - www.voyages-sncf.com.

LES GRANDES LIGNES

Le **TGV Atlantique** relie Paris-Montparnasse à Bordeaux-St-Jean *via* Châtellerault, Poitiers, le Futuroscope *(1h45)* et Angoulême *(2h20)*. Une ligne Paris-La Rochelle dessert Châtellerault, Poitiers, St-Maixent, Niort, Surgères et Ruffec.

LES TRAINS EXPRESS RÉGIONAUX

Des **TER** et **autocars** sillonnent la région depuis les villes principales.

En avion

LES COMPAGNIES AÉRIENNES

Air France – ✆ 36 54 *(0,34 €/mn)* - www.airfrance.fr.
Hop – ✆ 0 825 302 222 *(0,15 €/mn)* - www.hop.fr.

LES AÉROPORTS

Poitiers-Biard – ✆ 05 49 30 04 40 - www.poitiers.aeroport.fr.
Angoulême-Cognac – ✆ 05 45 69 88 09 - www.angouleme.aeroport.fr.
La Rochelle-Laleu – ✆ 05 46 42 30 26 - www.larochelle.aeroport.fr.

DISTANCE	Angoulême	Niort	La Rochelle	Poitiers
Bordeaux	124	194	187	235
Lille	667	625	688	555
Lyon	476	522	584	441
Marseille	759	829	822	788
Paris	450	409	472	338

Avant de partir

Météo

Le climat océanique de la région ne connaît pas de contraste marqué. Dans la zone littorale, notez l'influence des marées : le temps peut changer avec elles, et les périodes de grandes marées s'accompagner de pluie. Le vent est une constante importante, particulièrement dans les îles et sur la côte. On compte deux ou trois épisodes de vent fort par an.

Services téléphoniques de Météo France – www.meteofrance.com. Taper **32 50** suivi de :

1 – toutes les prévisions météo départementales jusqu'à 7 jours ;

2 – météo des villes ;

3 – météo plages et mer ;

5 – météo des routes.

Adresses utiles

LES INSTITUTIONS

Poitou-Charentes Vacances – 15 r. de l'Ancienne-Comédie - 86000 Poitiers - ✆ 05 49 55 77 00 - www.poitou-charentes-vacances.com ; www.poitou-charentes.fr.

Comités départementaux de tourisme

Charente – 21 r. d'Iéna - 16000 Angoulême - ✆ 05 45 69 79 09 - www.lacharente.com.

Charente-Maritime – Maison de la Charente-Maritime - 85 bd de la République - 17000 La Rochelle - ✆ 05 46 31 71 71 - www.en-charente-maritime.com.

Deux-Sèvres – 21 r. de la Boule-d'Or - 79000 Niort - ✆ 05 49 778 779 - www.tourisme-deux-sevres.com.

Vienne – 33 pl. Charles-de-Gaulle - 86000 Poitiers - ✆ 05 49 37 48 48 - www.tourisme-vienne.com.

TOURISME DES PERSONNES HANDICAPÉES

Un certain nombre de sites décrits dans ce guide sont accessibles aux personnes à **mobilité réduite** et sont alors signalés par le symbole ♿. Il est toutefois recommandé d'appeler avant tout déplacement.

Accessibilité des infrastructures touristiques

À ce jour, près de 500 sites sont labellisés **Tourisme et Handicap** (hébergement, restauration, musées, offices de tourisme et lieux de visite) à travers le Poitou-Charentes.
www.franceguide.com.

Association Tourisme et Handicaps – 43 r. Max-Dormoy - 75018 Paris - ✆ 01 44 11 10 41 - www.tourisme-handicaps.org.

Association des paralysés de France – Direction de la Communication - 17 bd Auguste-Blanqui - 75013 Paris - www.apf.asso.fr.

Accessibilité des transports

Train – ✆ 0 890 640 650 *(0,118 €/mn)* - www.accessibilite.sncf.com. Toutes les informations ainsi que des brochures, également audio, sont disponibles sur le site de la SNCF.

Avion – ✆ 0 820 012 424 *(0,118 €/mn)* - www.airfrance.fr. Air France met à la disposition des personnes handicapées le service d'**assistance Saphir**.

QUELQUES SITES INTERNET

www.poitou-charentes-vacances.com – Site du tourisme pour le Poitou-Charentes.
www.en-charentes-maritime.com – Pour la Charente-Maritime.
www.alienor.org – Site du Conseil des musées de Poitou-Charentes : actualité dans les musées de la région.
www.bernezac.com – Lieux de découverte et de séjour sur la Côte atlantique, le long du littoral et à l'intérieur des terres.
www.conservatoire-du-littoral.fr – Dossiers thématiques et actualité des sites naturels du littoral Poitou-Charentes.
www.art-roman.net – Photos accompagnées de textes descriptifs de chefs-d'œuvre du Poitou roman.

Se loger

Retrouvez notre sélection d'établissements dans « Nos adresses à… » situées en fin de description des principaux sites de la partie « Découvrir la région ».

Bon à savoir – Les comités départementaux de tourisme et certains offices de tourisme proposent un service de réservation en ligne, mais aussi parfois des formules thématiques de courts séjours et des offres promotionnelles.

NOTRE SÉLECTION

Hôtel ou chambre d'hôte, à vous de choisir ! Les établissements sont classés par catégories de prix (*tableau ci-dessous*). Les tarifs communiqués, prix minimum et maximum pour une chambre double, sont ceux pratiqués en haute saison.
À consulter aussi :
Le Guide Michelin France et le **Guide Camping Michelin France**.

Se restaurer

Retrouvez notre sélection de restaurants dans « Nos adresses à… » situées en fin de description des principaux sites de la partie « Découvrir la région ».

NOTRE SÉLECTION

Les établissements sont listés par catégories de prix (*tableau ci-dessous*).
À consulter aussi :
Le Guide Michelin France.
www.bienvenue-a-la-ferme.com – Le réseau des fermes-auberges.
www.tablesgourmandes.com – Les tables gourmandes Poitou-Charentes.

SITES REMARQUABLES DU GOÛT

Cognac (chais, maisons de négoce et tonnellerie), le bassin de **Marennes-Oléron** (ostréiculture) et l'**île de Ré** (sel et fleur de sel).
www.sitesremarquablesdugout.com.

NOS CATÉGORIES DE PRIX		
	Hébergement	**Restauration**
Premier prix	jusqu'à 80 €	jusqu'à 20 €
Budget moyen	de 80 € à 120 €	de 20 € à 40 €
Pour se faire plaisir	de 120 € à 160 €	de 40 € à 60 €
Une folie	plus de 160 €	plus de 60 €

Sur place de A à Z

Pour plus de détails sur les activités et loisirs, contactez les **comités départementaux** et **régionaux de tourisme** (*p. 14*).

BAIGNADE

Le littoral de **Charente-Maritime** rassemble une bonne partie des communes qui figurent au palmarès du « Pavillon bleu d'Europe », drapeau garantissant la qualité des eaux de baignade. Les plus belles plages se trouvent à l'**île d'Aix** (grande plage et plage aux Coquillages), l'**île de Ré** (Grande Conche) et **Châtelaillon**. Si vous êtes dans les terres et que vous voulez vous baigner : **lacs**, **étangs** et **plans d'eau** vous offrent une large gamme de loisirs (voile, motonautisme, ski nautique, etc.).

CANOË-KAYAK

Les cours d'eau de la région sont idéaux pour s'initier au canoë-kayak. Le sportif confirmé pourra descendre la Charente, la Graine, la Tardoire et la Touvre (Charente), ou le Clain (Vienne). Sur la côte, essayez le **kayak de mer** et le **kayak-surf**, conçu pour glisser sur les vagues.

CHAR À VOILE ET SPEEDSAIL

Ces disciplines se pratiquent de septembre à juin à **marée basse**, quand la mer laisse une large surface de sable mouillé. St-Georges-de-Didonne est un des hauts lieux du char à voile.

Organisme national

Fédération française de char à voile – 17 r. Henri-Bocquillon - 75015 Paris - ✆ 01 40 60 37 00 - www.ffcv.org. Liste des clubs et des constructeurs, guides d'information et calendriers.

Ligue régionale Poitou-Charentes-Aquitaine – 68 rte de Bordeaux - 33121 Carcans - ✆ 06 26 90 54 19 - www.charsavoile. com. La Charente-Maritime compte sept clubs : St-Georges-de-Didonne (2), La Flotte-en-Ré, St-Palais, Le Château-d'Oléron, Dolus-d'Oléron et La Palmyre.

COGNAC ET PINEAU DES CHARENTES

p. 42.

Tout au long de l'année, des événements sont organisés pour s'imprégner de l'ambiance de la fabrication du cognac. Deux sites : **www.experience-cognac.fr** et **www.cognac-tasting-tour.fr**.

Les étapes du cognac

Cinq itinéraires fléchés et près de 200 étapes labellisées (viticulteurs, sites touristiques, haltes gastronomiques, hébergements). Le circuit « Le cognac, la pierre et l'estuaire » longe l'estuaire de la Gironde et vous offre un autre regard sur le vignoble (*✆ 05 45 36 47 35 - www.cognacetapes.com*).

Visiter les grandes maisons

Les grandes maisons de cognac organisent des formules de visites et de dégustation, voire parfois des repas, expériences gastronomiques de premier ordre. Rémy Martin, qui a fait appel à un chef réputé, a ainsi gagné en 2013 le Prix national de l'œnotourisme. Les prix sont élevés, en rapport avec les prestations proposées. Voici une sélection :

www.visitesremymartin.com – La plus luxueuse et raffinée des visites.

LES PRINCIPALES ADRESSES DU COGNAC ET DU PINEAU		
MAISON OU ORGANISME	**INFOS PRATIQUES**	**CARACTÉRISTIQUES**
Bureau national interprofessionnel du cognac (BNIC)	23 allée Bernard-Guionnet 16100 Cognac ☎ 05 45 35 60 00 www.bnic.fr www.cognac.fr	Bureau de l'interprofession, pour tout savoir sur le cognac, son actualité, les chiffres, etc.
Comité national du pineau des Charentes	112 av. Victor-Hugo 16100 Cognac ☎ 05 45 32 09 27 www.pineau.fr	Pour tout savoir sur ce délicieux vin de liqueur.
Espace découverte en pays de cognac *p. 262*	Pl. de la Salle-Verte 16100 Cognac ☎ 05 45 36 03 65 www.espace-decouverte.fr	Pour comprendre l'histoire du cognac et organiser son voyage dans le vignoble.
Musée des Arts du cognac *p. 272*	Pl. de la Salle-Verte 16100 Cognac ☎ 05 45 36 21 10 www.musees-cognac.fr	Le prolongement indispensable de la visite de l'Espace découverte.
Écomusée du cognac *p. 272*	Logis des Bessons 17770 Migron ☎ 05 45 94 91 16	Pour découvrir le cognac au travers des Borderies et des Fins Bois.
Les étapes du cognac *p. 16*	Maison des viticulteurs 25 r. de Cagouillet - 16100 Cognac www.cognacetapes.com	Des itinéraires pour découvrir la région et ses meilleurs producteurs viticulteurs.
Maison de la vigne et des saveurs	Rd-pt des Tonneaux 17520 Archiac ☎ 05 46 49 57 11 www.maisondelavigne etdessaveurs.com	Une rencontre avec les producteurs de Saintonge, dans un bel espace moderne et pédagogique.
Maison de la Grande Champagne *p. 275*	2 r. Gaston-Briand - 16130 Segonzac ☎ 05 45 35 39 72 www.maisongrande champagne.com	Trente producteurs et plus de 200 références de cognacs et pineaux issus du meilleur cru.
Centre international des spiritueux	37 r. Gaston-Briand - 16130 Segonzac www.centre-spirits.org	Pour tout savoir sur les spiritueux, près de l'Université des eaux-de-vie.
Syndicat des producteurs et de promotion des vins de Pays charentais	23 allée Bernard-Guionnet 16100 Cognac ☎ 05 17 22 00 00 www.vindepayscharentais.fr	Pour découvrir les viticulteurs et les séjours d'œnotourisme.
La Cognathèque *p. 275*	8 pl. Jean-Monnet 16100 Cognac ☎ 05 45 82 43 31 www.cognatheque.com	Plus de 100 producteurs et marques pour plus de 500 références toutes catégories !

LES PRINCIPALES MANIFESTATIONS AUTOUR DU COGNAC		
ÉVÉNEMENTS	**INFOS PRATIQUES**	**CARACTÉRISTIQUES**
Distilleries en fête	Décembre-février Programme sur www.cognacetapes.com	Plus de 300 rendez-vous proposés sur environ cinquante jours. Il n'y a que l'embarras du choix pour s'organiser un week-end de découverte gourmande.
Les Mardis du cognac	Juin-septembre www.cognacetapes.com	Tout l'été, venez rencontrer des viticulteurs et producteurs dans une ambiance festive.
La Fête du cognac	Juillet (3 jours). www.lafeteducognac.fr	L'événement phare de l'année, avec des concerts d'artistes nationaux ou internationaux. Sur les bords de la Charente, bars et restaurants proposent le meilleur de la production régionale.

www.courvoisier.com – Pour découvrir le chai Renard et le château, lors de la visite Gourmet.
www.camus.fr – L'atelier « maître assembleur » pour vous glisser dans la peau d'un maître de chai et repartir avec votre cognac personnalisé !

CYCLOTOURISME ET VTT

Grâce à un relief peu accidenté, la région est propice au **cyclotourisme** et aux balades en famille. La Charente-Maritime continue de développer ses réseaux de pistes cyclables, notamment sur les îles de Ré, d'Oléron et d'Aix. Plus de 800 km de circuits balisés ont été référencés dans le Marais poitevin et la Vélodyssée longe tout le littoral atlantique.
Pour ce qui est du **VTT**, les forêts de pins du Royannais, les lacs de Haute Charente, la vallée de l'Échelle à Lavalette, en Charente, le Sud Charente et la Charente limousine se prêtent bien à la pratique de ce sport.
Fédération française de cyclotourisme – 12 r. Louis-Bertrand - 94200 Ivry-sur-Seine - ✆ 01 56 20 88 88 - www.ffct.org.
Fédération française de cyclisme – 5 r. de Rome - 93110 Rosny-sous-Bois - ✆ 01 49 35 69 00 - www.ffc.fr.
www.lavelodyssee.com – Parcours, prestataires…

NATURE ET ENVIRONNEMENT

Ostréiculture, pêche au carrelet, observation des oiseaux, brandes montmorillonnaises, marais, océan, val de Gartempe, Jardin des sens à Poitiers… : voici quelques-uns des centres d'intérêt variés que recèle la région, tant sur la côte qu'à l'intérieur des terres.

CPIE

Les Centres permanents d'initiatives pour l'environnement proposent des séjours de découverte de l'environnement et du patrimoine.
CPIE Charente-Maritime – Pl. Lucien-Lamoureux - 17450 Fouras - ✆ 05 46 83 69 00 - www.cis-fouras.org.
CPIE de Gâtine poitevine – Coutières - 79340 Ménigoute - ✆ 05 49 69 01 44.
CPIE Seuil du Poitou – 28 av. Mendès-France - 86210 Vouneuil-sur-Vienne - ✆ 05 49 85 11 66.
CPIE Val de Gartempe – Centre de plein air - MJC de

Ma route des vacances

18 cartes des Régions de France

R. Spila /Sime/Photononstop

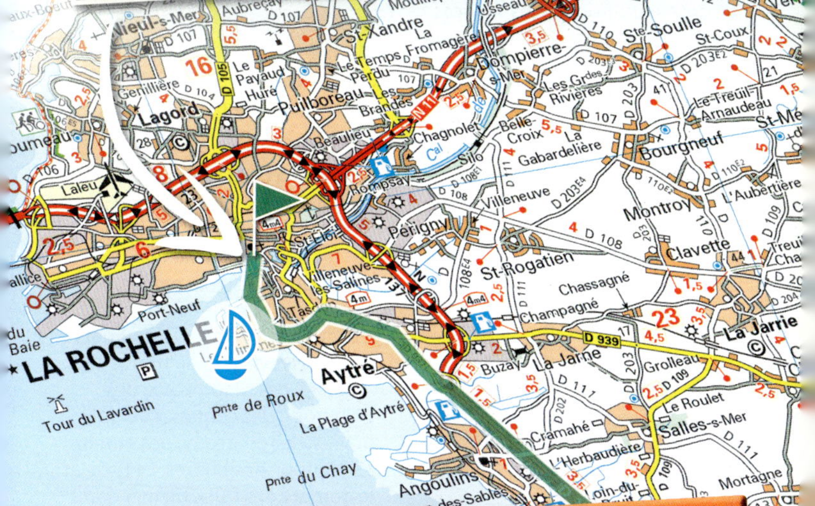

521 REGIONAL France INDÉCHIRABLE 521

MICHELIN

Poitou-Charentes

Lathus - 86390 Lathus - ✆ 05 49 91 83 30 - www.cpa-lathus.asso.fr.

Parc naturel régional du Marais poitevin

2 r. de l'Église - 79510 Coulon - ✆ 05 49 35 15 20 - www.parc-marais-poitevin.fr. ♿ *p. 406.*

Ligue pour la protection des oiseaux

Fonderies-Royales, 8-10 r. du Docteur-Pujos - BP 90263 - 17305 Rochefort - ✆ 05 46 82 12 34.

NAVIGATION DE PLAISANCE

Le nombre d'anneaux dont disposent les ports et les services dispensés sont naturellement très variables d'un site à l'autre.

Fédération française des ports de plaisance – 17 r. Henri-Bocquillon - 75015 Paris - ✆ 01 43 35 26 26 - www.ffports-plaisance.com. Cette fédération regroupe la majorité des ports de plaisance maritimes, lacustres et fluviaux français. Son site Internet propose une **cartographie de la plaisance** vous permettant de consulter les fiches descriptives des ports adhérents.

PÊCHE

Pêche en eau douce

Il convient d'observer la réglementation, de s'affilier pour l'année en cours à une association de pêche et de pisciculture agréée, d'acquitter les taxes afférentes au mode de pêche pratiqué, etc. Pour certains étangs ou lacs, des cartes journalières sont délivrées.

Fédérations de pêche et de protection du milieu aquatique

Fédération nationale – 17 r. Bergère - 75009 Paris - ✆ 01 48 24 96 00 - www.unpf.fr.

Charente – Richard Iriarté - 60 r. de Bourlion - 16160 Gond-Pontouvre - ✆ 05 45 69 33 91 - www.club-halieutique.com.

Charente-Maritime – 2 cours du Maréchal-Leclerc - 17100 Saintes - ✆ 05 46 98 98 79 - www.peche17.org. La fédération édite le guide de la réglementation *(gratuit)* ainsi que des cartes de pêche : carte Vacances *(15 j.)* et carte journalière. Mêmes coordonnées pour **Tourisme et Pêche en Charente-Maritime**. Carte du réseau hydrographique *(1,60 €)*, collection de 4 topo-guides *(3 €/pièce)*, animations et renseignements.

Deux-Sèvres – 33 r. Galuchet - BP 88301 - 79043 Niort Cedex - ✆ 05 49 09 23 33.

Vienne – 178 r. Guynemer - 86000 Poitiers - ✆ 05 49 37 66 60 - www.federationpeche86.com.

Pêche en mer

La **pêche à pied** peut se pratiquer sans aucune formalité administrative, sauf pour l'usage des filets qui nécessite une autorisation délivrée par les Affaires maritimes. Outre les crabes, les crevettes grises et les « bouquets » (grosses crevettes), on trouve sur le littoral des bigorneaux, des palourdes, des coques, quelques praires, des couteaux, des moules et, bien sûr, des huîtres. La taille et le nombre des fruits de mer étant en régression, des réglementations limitent les prises. Renseignez-vous auprès des mairies. Veillez aussi à ne pas détruire les fonds marins : remettez les pierres en place, ne labourez pas la vase.

Bien que souvent synonymes de mauvais temps, les grandes marées sont propices à ce type de pêche. Prenez garde à ne pas vous faire encercler par la marée montante.

Fédération française des pêcheurs en mer – Résidence Alliance, centre Jorlis - 64600 Anglet - ✆ 05 59 31 00 73 - www.ffpm-national.com.

PROMENADES EN BATEAU

Croisières fluviales

La **Charente** se prête particulièrement bien à ce type de balade d'Angoulême à Rochefort (170 km), et la **Sèvre Niortaise**, de Niort à Marans (92 km).

Location de bateaux habitables

Aménagés pour deux à douze personnes, les bateaux habitables favorisent une approche insolite de la région. Diverses formules existent : à la journée, au week-end ou à la semaine. Voici quelques coordonnées :

Le Boat – Quai François-Mitterrand - 16200 Jarnac - ✆ 05 45 36 59 98 - www.leboat.fr.

Base de Sireuil – Pont de Sireuil - 16440 Sireuil - ✆ 05 45 90 58 18 - www.intercroisieres.com.

Les Canalous – 3 r. des Gabariers - 16100 Cognac - ✆ 05 45 82 93 12 - www.canalous-plaisance.fr.

Vous trouverez des informations utiles sur le tourisme fluvial auprès des comités départementaux du tourisme (*p. 14*). Vous pourrez vous procurer cartes nautiques auprès des éditeurs suivants :

Éditions Grafocarte-Navicarte – ✆ 01 41 09 19 00.

Vagnon-Les Éditions du plaisancier – ✆ 04 72 01 58 68 - www.codes-vagnon.fr.

Croisières maritimes

Toutes sortes de croisières permettent de découvrir l'**archipel charentais**. On peut également se donner la sensation d'un grand voyage en faisant une croisière dans l'**estuaire de la Gironde** ; cette dernière vous emmènera au pied du phare de Cordouan, le long des falaises de Meschers ou le long du promontoire de Talmont.

Royan Croisières – Kiosque-billetterie - quai de Monastir - 17200 Vaux-sur-Mer - ✆ 05 46 06 42 36 - www.royancroisieres.fr.

Croisières Inter-îles – Cours des Dames - 17000 La Rochelle - ✆ 0 825 135 500 *(0,15 €/mn)* - www.inter-iles.com.

La Sirène – 26 rte de Royan - 17200 St-Sulpice-de-Royan - ✆ 05 46 05 30 93 - www.croisierelasirene.com.

RANDONNÉE ÉQUESTRE

La région dispose de centaines de kilomètres d'itinéraires équestres disséminés à travers les forêts, le bocage et le long des côtes. Pour connaître ces itinéraires et obtenir les cartes et topo-guides correspondants, adressez-vous aux comités de tourisme équestre.

Organisme national

Comité national de tourisme équestre – Parc équestre - 41600 Lamotte-Beuvron - ✆ 02 54 94 46 80 - www.ffe.com. Le comité édite une brochure annuelle, *Cheval nature, l'officiel du tourisme équestre*, répertoriant les possibilités en équitation de loisirs et les hébergements.

Organismes locaux

Comité régional de tourisme équestre de Poitou-Charentes – 251 Grand-rue - 79410 Échiré - ✆ 05 49 05 11 31 - www.cheval-poitoucharentes.com.

Charente-Maritime – 13 cours Paul-Doumer - 17000 Saintes - ✆ 05 46 96 31 71.

Vienne – 33 pl. Charles-de-Gaulle - 86000 Poitiers - ✆ 05 49 37 48 48 - http://cdte86.free.fr.

RANDONNÉE PÉDESTRE

Grande Randonnée

Des sentiers de **Grande Randonnée (GR)**, jalonnés de traits rouges et blancs horizontaux, sillonnent la région.

GR 4 – Il parcourt les Charentes depuis Angoulême, longe l'Océan et traverse la forêt de la Coubre jusqu'à Royan.

GR 36 – Depuis Thouars, il traverse les Deux-Sèvres, ainsi que les forêts de Chizé et d'Aulnay avant de se diriger vers La Rochefoucauld et Angoulême.
GR 360 – Il décrit une belle boucle parmi les églises romanes saintongeaises.
GR 364 – Il part de Vivonne (Vienne) pour atteindre la mer près d'Olonne-sur-Mer (Vendée).
Vous pouvez aussi vous lancer dans le tour de chacune des îles de l'Atlantique. L'exploration en profondeur de Ré ou d'Oléron vous prendra bien un ou deux jours.

Petite Randonnée

Les sentiers de **Petite Randonnée (PR)** sont destinés aux marcheurs d'un jour.
Au départ des circuits, des balisages indiquent la durée de la promenade : **bleu** – jusqu'à 2h ; **jaune** – de 2h15 à 3h45 ; **vert** – de 4h à 6h.
Bon à savoir – Les endroits les plus propices pour ces petites randonnées sont sans doute le Marais poitevin, les environs de Melle et la vallée de la Charente.

Organisme national

Fédération française de la randonnée pédestre – 64 r. du Dessous-des-Berges - 75013 Paris - 01 44 89 93 90 - www.ffrandonnee.fr. La fédération donne le tracé détaillé des GR, GRP et PR à travers ses collections de topo-guides, ainsi que d'utiles conseils.

Chemins de St-Jacques-de-Compostelle

Les chemins de St-Jacques-de-Compostelle – 26 r. de Sévigné - 75004 Paris - 01 43 20 71 66 - www.chemins-compostelle.com. Informations culturelles, pratiques et logistiques. Notez qu'un topo-guide Poitou-Charentes *Sentiers vers St-Jacques-de-Compostelle via Tours (GR 655 et GR 36)* est aussi édité par la Fédération française de randonnée pédestre.

ROUTES HISTORIQUES

Fédération nationale des routes historiques – www.routes-historiques.com.
Route des abbayes et monuments du Haut-Poitou – Mairie de Ligugé - pl. du R.-P.-Lambert - 86240 Ligugé - 05 49 55 21 24 - www.routehistorique86.com. Une trentaine de sites du département de la Vienne à travers l'évocation de la fée Mélusine, de l'empereur Charlemagne, du roi Jean II le Bon et du chevalier Du Guesclin.
Route des trésors de Saintonge – Abbaye de Fontdouce - 17770 St-Bris-des-Bois - 05 46 74 77 08 - www.fontdouce.com ; www.monuments-saintonge.com. Vingt-deux sites prestigieux de Charente-Maritime.

SOUVENIRS

N'oubliez pas de consulter la rubrique « Achats » de « Nos adresses à… », située en fin de description des principaux sites de la partie « Découvrir la région ».

Produits du terroir

Pensez d'abord à la **fleur de sel** de Ré, parfois aromatisée au thym, les **mojettes** et l'**angélique** (Marais poitevin, Niort). Pour le sucré, ajoutez le **tourteau fromager** (Poitou-Charentes, Niort) ; le **broyé du Poitou**, les **chardons**, les **nougatines**, l'**agneau** (Poitou), les **macarons** et le **sain-hilaire** (Montmorillon, Poitiers), la **fouasse** (La Mothe-St-Héray), les **sardines en chocolat** (Royan), les **chocolats** d'Angoulême et les **caramels à la fleur de sel** (Oléron).

Fragiles et périssables

Vous penserez d'abord aux **huîtres de Marennes-Oléron** et autres fruits de mer qu'il faut transporter dans la journée, à l'abri de la chaleur, et consommer rapidement. N'oubliez pas pour autant les **anguilles** et **petits-gris** (Niort, Marais poitevin), ainsi que la **viande bovine** de la région de Parthenay. Pour les fruits et légumes, songez aux pommes de terre nouvelles de l'île de Ré et aux **melons** du Haut-Poitou. Quelques produits laitiers enfin : le **chabichou** et autres **fromages de chèvre** à goûter et acheter sur les marchés des petites et des grandes villes, le **mothais** (La Mothe-St-Héray), la **jonchée** (Rochefort, Oléron et Niort), la **caillebotte** (Poitou) et la **mizotte** (Marais poitevin), les **beurres** de Surgères et d'Échiré.

Vins et spiritueux

Le **cognac** est l'une des spécialités les plus célèbres de la région. Pensez aussi au **pineau** et à la plus récente **bière blanche** de Ré. Enfin, n'oubliez pas les **vins de Pays charentais** et les **vins du Haut-Poitou**, ceux de **Thouars** et de **Loudun**, qui vous donneront là aussi l'occasion, en visitant leurs caves, de rencontrer les producteurs et de découvrir des crus peu connus.

Pour la maison

Ne négligez pas les **brocanteurs**, les **antiquaires**, **marchés aux puces** (Rochefort) et **vide-greniers** que vous pourrez croiser au cours de vos vacances. Rapportez aussi de la **porcelaine** de Chauvigny et de la **faïence** de La Chapelle- des-Pots (La Rochelle). Si vous aimez les **émaux**, laissez-vous tenter par les superbes objets sortis de l'atelier de l'abbaye de Ligugé. Et ramenez de Rochefort une variété rare, mais facile à acclimater, de **bégonia**.

Livres, papier et cartes postales

Peintre ou dessinateur, profitez d'une visite au moulin du Verger, près d'Angoulême, pour en ramener l'exceptionnel **papier** qu'on y fabrique. Les amateurs de beaux ouvrages anciens, de **reliure** et de **calligraphie** sillonneront les rues de la Cité du livre à Montmorillon, ceux de **bande dessinée** les rues d'Angoulême. Signalons aussi la librairie spécialisée de la Corderie royale de Rochefort pour les amoureux de la mer et des voyages, et les **boutiques des musées** pour les affiches, gravures et cartes postales.

Et aussi...

De vraies **charentaises** à La Rochefoucauld, des mouchoirs, nappes et autres chefs-d'œuvre de **broderie** à Angles-sur-l'Anglin, et un rare travail traditionnel sur **nacre** à l'île d'Aix. Enfin, n'oubliez pas les **boutiques** des musées ou autres sites touristiques pour des petits cadeaux en tous genres.

THALASSOTHÉRAPIE

Syndicat national de la thalassothérapie – 8 r. des Iris - 44117 St-André-des-Eaux - ✆ 02 40 11 72 35 - www.thalassofederation.com.
La Côte atlantique est réputée pour son climat tonique.
L'air y est à la fois pur et très riche en oligo-éléments. La Charente-Maritime compte ainsi six centres de thalassothérapie à La Flotte, Ars-en Ré, Ste-Marie-de-Ré, Châtelaillon-Plage, St-Trojan-les-Bains et Royan.

Thalasso-La Rochelle Sud – La Falaise - 17340 Châtelaillon-Plage - ✆ 05 46 56 17 17 - www.thalasso-larochellesud.fr.

Thalassa-Île d'Oléron – Plage de Gatseau - 17370 St-Trojan-les-Bains - ✆ 05 46 76 02 46 - www.accorthalassa.com.

Institut Île de Ré-Le Richelieu – 44 av. de la Plage - 17630 La Flotte-en-Ré - ✆ 05 46 09 60 70 - www.hotel-le-richelieu.com.

Relais Thalasso-Île de Ré – R. Port-Notre-Dame - 17740 Sainte-Marie-de-Ré - ✆ 05 46 30 22 44 - http://iledere.relaisthalasso.com.

Thalacap-Île de Ré – Av. d'Antioche - 17590 Ars-en-Ré - ✆ 05 46 29 10 10 - www.cote-thalasso.fr.

Thalazur Royan – 4 allée des Rochers - 17200 Royan - ✆ 05 46 39 96 96 - www.thalazur.fr.

THERMALISME

La région compte quatre stations thermales. Trois d'entre elles sont situées en Charente-Maritime : **Jonzac** pour la rhumatologie, les voies respiratoires et la phlébologie, **Rochefort-sur-Mer** pour la rhumatologie, la phlébologie et la dermatologie, et **Saujon** pour les maladies nerveuses. Dans la Vienne : **La Roche-Posay** pour la dermatologie et la remise en forme.

Union nationale des établissements thermaux – 1 r. Cels - 75014 Paris - ✆ 01 53 91 05 75 - www.medecinethermale.fr.

Chaîne thermale du soleil/Maison du thermalisme – 32 av. de l'Opéra - 75002 Paris - ✆ 01 44 71 37 00 ou 0 800 050 532 - www.sante-eau.com.

VISITES GUIDÉES

Villes et Pays d'art et d'histoire

Sous ce label décerné par le ministère de la Culture et de la Communication sont regroupés des villes et pays qui œuvrent activement à la mise en valeur et à l'animation de leur architecture et de leur patrimoine. Dans les sites appartenant à ce réseau sont proposées des visites générales ou insolites conduites par des guides-conférenciers et des animateurs du patrimoine agréés par le ministère. Sont également organisés des visites et des ateliers à destination des enfants, chaque mercredi et samedi ainsi que pendant les vacances scolaires, notamment dans le cadre de l'opération « L'été des 6-12 ans ». Renseignements auprès des offices de tourisme des villes ou sur le site www.vpah.culture.fr.

VOILE, PLANCHE À VOILE ET AUTRES SPORTS DE GLISSE

Voile

France Station nautique – 17 r. Henri-Bocquillon - 75015 Paris - ✆ 01 44 05 96 55 - www.station-nautique.com.

Fédération française de voile – 17 r. Henri-Bocquillon - 75015 Paris - ✆ 01 44 05 96 55 - www.ffvoile.org.

Planche à voile

Royan et ses environs attirent de nombreux véliplanchistes. La planche à voile se pratique aussi sur les lacs de l'intérieur des terres (Cebron, Lavaud, Mas Chaban, Jousseau, St-Cyr…). Ce sport est affilié à la Fédération française de voile.

Ligue régionale de voile

Poitou-Charentes – J.-L. Staub - Môle central des Minimes - av. de la Capitainerie - 17000 La Rochelle - ✆ 05 46 44 58 31 - www.voilepoitoucharentes.org.

Comité départemental

Charente-Maritime – Av. de la Capitainerie - 17000 La Rochelle - ✆ 05 46 34 67 83.

En famille

Nous avons sélectionné pour vous, dans le tableau ci-dessous, des sites qui intéresseront particulièrement vos enfants. Vous les repérerez dans la partie « Découvrir la région » grâce au pictogramme 👪.

SITES OU ACTIVITÉS À FAIRE EN FAMILLE			
Chapitre du guide	**Nature**	**Musées**	**Loisirs**
Angoulême	Les sentiers d'interprétation de l'île Marquet et des sources de la Touvre	Les ateliers pour enfants de la Cité de la BD et ceux du musée du Papier	Le théâtre des Marionnettes, les ateliers chocolat chez Letuffe, etc.
Tumulus de Bougon	Les soirées préhistoriques au coin du feu	La visite du site bien conçue pour les enfants	Les ateliers de taille de silex, de travail de l'os, etc.
Charroux	Voir de très près gorilles et ouistitis à la Vallée des singes de Romagne	Les vieilles machines agricoles et la fête des Blés (août) au Cormenier	Une promenade en bateau au port miniature du parc des îles de Payré
Châtellerault	Des promenades dans la forêt des Scévolles et dans les jardins du château de Guerche	Les simulateurs de conduite, vielles autos et motos au musée Auto Moto Vélo	Le centre aquatique « La Piscine » avec toboggans, rivière, cascade, geysers, etc.
Chauvigny et Montmorillon	La Planète des crocodiles à Civaux ; l'île aux Serpents à la Trimouille	La ville haute de Chauvigny est une véritable musée médiéval à elle seule !	Les Géants du ciel : spectacle de rapaces dans un château fort de Chauvigny
Cognac et la Grande Champagne	Ramasser des fossiles au bord des vignobles	Le musée des Arts du cognac (parcours pédagogique)	Une croisière en gabarre sur la Charente
Confolens	Le lac de Lavaud et sa belle plage	Le village gaulois Coriobona à Esse	Une balade en vélo-rail, les jeux des bases nautiques
Dampierre-sur-Boutonne	Une randonnée ou un pique-nique avec un baudet du Poitou	Le château et ses nombreux espaces d'exposition insolites	Le parc du château avec son labyrinthe et son jardin sur les traces de Merlin
Estuaire de la Gironde	La découverte de l'écosystème en s'amusant aux Pôles-Nature du parc de l'Estuaire et, surtout, de Vitrezay	Les habitations troglodytiques des grottes de Régulus ; le site gallo-romain du Fâ, bien conçu pour les enfants	Des promenades à cheval ; des minicroisières dans l'estuaire ; les plages de Talmont-sur-Gironde, etc.
Loudun		Jouer dans un tipi indien à l'ethno-musée du château de Verrière	Pratiquer des sports de glisse au téléski nautique de Moncontour

EN FAMILLE

Niort et le Marais poitevin	Zoodyssée de Chizé : des bisons, des loups, une mini-ferme, etc.	La visite ludique de la Maison du Marais poitevin	Une promenade en barque, à vélo ou en petit train à travers le Marais
Île d'Oléron	Pêcher dans l'estran à marée basse ; visiter les écluses à poissons	Visiter le phare de Chassiron et son jardin pédagogique	Les plages ; le P'tit train (sur rails) de St-Trojan ; une école de voile dès 7 ans…
Parthenay	Donner le biberon aux agneaux au Mouton Village à Vasles	L'univers loufoque du Jardin des Histoires de Pougne-Hérisson	Les jeux envahissent Parthenay lors du Festival ludique (juillet et novembre)
Poitiers et parc du Futuroscope	La visite contée de la mystérieuse grotte de la Norée et de sa salle « macaroni »	Les illuminations de N.-D.-la-Grande ; les ateliers scientifiques de l'Espace Mendès-France ou historiques du musée Ste-Croix	L'incontournable parc du Futuroscope ; les jardins, la ferme et les cabanes dans les arbres du parc de la Belle à Magné
Pons		Pas vraiment de musée pour eux, mais la ville de Pons les plongera en plein Moyen Âge	L'amusant Château des énigmes, l'immense parc aquatique de Jonzac
Île de Ré	La découverte ludique de la réserve de Lilleau des Niges avec les animations de la Maison du Fier	Les visites à énigmes et les rallyes organisés par la Maison du Platin	Les plages, les balades à vélo (avec prudence) ou à dos d'âne, les minicroisières
Rochefort	Observez les cigognes à la cabane de Moins	Prenez le large au musée de la Marine, à la Corderie royale ou à bord de *l'Hermione*	Minicroisières avec la compagnie des 3 îles (les enfants peuvent même prendre la barre !)
La Rochelle	L'Aquarium et son parcours conçu à hauteur d'enfant, la visite des cabanes de pêche au carrelet à Esnandes	Plein de musées qui leur plairont : Automates, Modèles réduits, Marine, Histoire naturelle, etc.	Les plages, les activités nautiques, la visite des milliers de voiliers du port des Minimes, les minicroisières, etc.
Royan et La Palmyre	Le zoo de La Palmyre	Royan bénéficie du label « Famille Plus » avec plein d'activités et visites conçues pour les enfants	Le parc de loisirs du marais du Rhâ ; une minicroisère pour le phare de Cordouan
Saintes	S'initier à l'équitation avec un poney au haras national de Saintes	Le château du Chat Botté à Crazannes ; les animations de l'abbaye de Fontdouce	Les ateliers préhistoriques du Paléosite de St-Césaire
Thouars et Oiron		Visites et ateliers ludiques du château d'Oiron	La base nautique du lac d'Hautibus à Argenton

Mémo

Agenda

Voici une sélection des principales manifestations de la région. Certaines sont détaillées dans la rubrique « Agenda » de « Nos adresses à… », dans la partie « Découvrir la région ». N'hésitez pas non plus à contacter les offices de tourisme sur place.

JANVIER

Angoulême – Festival international de la bande dessinée (fin janv.) - ✆ 05 45 97 86 50 - www.bdangouleme.com.

MARS

Angoulême – La Tête dans les nuages (1re sem.), festival des arts vivants pour enfants - www.theatre-angouleme.org.
Thouars – Terri Thouars Blues (2e sem.) - ✆ 06 82 15 35 19 - www.blues-n-co.org.

MAI

La Rochelle – Semaine internationale de la voile (déb. mai) - ✆ 05 46 44 62 44 - www.srr-sailing.com.

MAI-JUIN

Angoulême – Festival Musiques métisses (fin mai-déb. juin) - ✆ 05 45 95 43 42 - www.musiques-metisses.com.
Châtellerault – Festival Jazzellerault (fin mai-déb. juin) - ✆ 05 49 93 03 08 - www.festival-jazzellerault.com.
Melle – Festival de musique de chambre (fin mai-déb. juin) - ✆ 05 49 29 08 23.

JUIN

Montmorillon – Salon du livre (2e w.-end juin, années paires) - ✆ 05 49 91 78 09 - www.salondulivredemontmorillon.com.
Niort – Le Très Grand Conseil mondial des clowns (déb. juin) - ✆ 05 49 17 06 11 - www.festival-mondial-clown.com.
La Rochelle – Sunny Side of the Doc, festival du film documentaire (fin juin) - ✆ 05 46 55 79 79 - www.sunnysideofthedoc.com.
La Rochelle – Festival international du film (fin juin-déb. juil.) - ✆ 01 48 06 16 66 - www.festival-larochelle.org. *p. 82.*

JUIN-SEPTEMBRE

Pays royannais – Jeudis musicaux des églises romanes - ✆ 05 46 22 19 20 - www.pays-royannais-patrimoine.com.
Poitou-Charentes – Nuits romanes (fin juin-déb. sept.) - pique-niques, concerts, spectacles dans les églises romanes de la région, feux d'artifice - http://nuitsromanes.poitou-charentes.fr.
Poitiers – Les Polychromies de N.-D.-la-Grande (de fin juin au 3e w.-end de sept.) - ✆ 05 49 41 21 24 - www.poitiers.fr. *p. 320.*

JUILLET

Cognac – Cognac Blues Passions (déb. juil.) - ✆ 05 45 36 11 81 - www.bluespassions.com. *p. 275.*
Melle – Boulevard du jazz (mi-juil.) - ✆ 05 49 06 07 50 - http://aeb.ouvaton.org.

La Rochelle – Les Francofolies (mi-juil.) - ✆ 05 46 28 28 28 - www.francofolies.fr. p. 82.
Parthenay – Festival ludique international (édition d'été, sur 3 sem. en juil.) - ✆ 05 49 94 24 20 - www.jeux-festival.com.
Cognac – Fête du cognac (fin juil.) - ✆ 05 45 81 21 05 - www.lafeteducognac.fr. p. 18.
Royan – Violon sur le sable (3e sem.) - ✆ 05 46 39 27 87 - www.violonsurlesable.com.
Saintes – Festival de Saintes (2e sem.), musique baroque à l'Abbaye-aux-Dames - ✆ 05 46 97 48 48 - www.abbayeauxdames.org.

AOÛT

Sanxay – Soirées lyriques (2e sem.), festival d'art lyrique au théâtre gallo-romain de Sanxay - www.operasanxay.fr.
Confolens – Festival de Confolens, danses et musiques du monde (mi-août) - ✆ 05 45 84 00 77 - www.festivaldeconfolens.com.
Pougne-Hérisson – Le Nombril du monde (mi-août ou fin sept.), festival de l'absurde et du loufoque créé par le conteur Yannick Jaulin - www.nombril.com.
Angoulême – Festival du film francophone (fin août) - www.filmfrancophone.fr.

SEPTEMBRE

Angoulême – Circuit des remparts (3e w.-end) - course de voitures de collection dans la vieille ville - ✆ 05 45 94 95 67 - www.circuit-des-remparts.com.
Cognac – Coup de chauffe (déb. sept.), arts de la rue - ✆ 05 45 82 17 24 - www.coupdechauffe.com.
La Rochelle – Le Grand Pavois (mi-sept.) - salon nautique à flot - ✆ 05 46 44 46 39 - www.grand-pavois.com.

OCTOBRE

Poitiers – Les Expressifs (déb. oct.), arts de la rue - ✆ 05 49 50 73 49 - www.lesexpressifs.com.
La Rochelle – Jazz entre les deux tours (déb. oct.) - ✆ 05 46 27 11 19 - www.larochelle-jazz-festival.com.
Angoulême – Piano en Valois (2e et 3e sem.) - ✆ 06 76 41 40 00 - www.piano-en-valois.fr.
Ménigoute – Festival international du film ornithologique (Toussaint) - ✆ 05 49 69 90 09 - www.menigoute-festival.org. p. 432.

NOVEMBRE

La Rochelle – Festival du film d'aventure (mi-nov.) - ✆ 05 46 07 01 04 - www.festival-film-aventure.com.
Cognac – Littératures européennes (3e sem.) - ✆ 05 45 82 88 01 - www.litteratures-europeennes.com.
Parthenay – Festival ludique international (édition d'hiver, sur deux jours, 3e sem.) - ✆ 05 49 94 24 20 - www.jeux-festival.com.
Angoulême – Gastronomades (fin nov.), salon de la gastronomie - ✆ 05 45 67 39 30 - www.gastronomades.fr.
La Rochelle – Marathon de La Rochelle (fin nov.) - ✆ 05 46 44 42 19 - www.marathondelarochelle.com.

DÉCEMBRE

Poitiers – Poitiers Film Festival ✆ 05 49 03 18 90 - www.poitiersfilmfestival.com. p. 345.
Cognac et environs – Distilleries en fête, visites chez les bouilleurs de cru - ✆ 05 45 36 47 35 - www.cognacetapes.com. p. 18.

Bibliographie

OUVRAGES GÉNÉRAUX

Charente, Charente-Maritime, Poitou, éd. Bonneton. Une information riche sur la dimension artistique, l'histoire, les traditions, la langue, la littérature, la nature et l'économie.

ARCHITECTURE - PHOTOGRAPHIE

Châteaux, manoirs et logis : la Charente-Maritime, les Deux-Sèvres et la Vienne, éd. Patrimoines et Médias.
Cordouan, les Baleines, Chassiron : les trois plus anciens phares de France, R. Faille, éd. Patrimoines et Médias.

HISTOIRE - CIVILISATION

Dictionnaire de l'île de Ré, R. Hervé, éd. Sud Ouest. L'île de Ré décryptée et expliquée en détail.
L'Histoire de Rochefort, D. Dominique, éd. du Service Historique de la Marine de Rochefort.

CONTES ET LANGUE RÉGIONALE

Contes du Poitou, F. Morvan, éd. Ouest-France. Une sélection de légendes poitevines collectées à la fin du 19e s. par Léon Pineau.

GASTRONOMIE - NATURE

Recettes gourmandes du Poitou-Charentes, F. Lucquiaud, Geste éd.
Le Marais poitevin à fleur d'eau, É. Rousseaux et Ch. Gauriaud, Geste éd.

LITTÉRATURE

Pour préparer son voyage, on peut se plonger dans les œuvres du Belge **Georges Simenon** (1903-1989), qui s'inspira de La Rochelle pour nombre de ses romans, notamment *Le Voyageur de la Toussaint* (Gallimard), et celles de **Pierre Loti** (1850-1923) qui raconte avec poésie ses jeunes années à Rochefort dans *Le Roman d'un enfant* (Flammarion). Angoumoisins d'adoption, les frères et académiciens **Jérôme** (1874-1953) **et Jean Tharaud** (1877-1952) ont quant à eux laissé de belles descriptions de la campagne charentaise dans *La Tragédie de Ravaillac* et *La Double Confidence* (Plon). Le Poitou-Charentes est aussi présent dans l'univers de l'écrivain contemporain **François Bon** (né en 1952), qui a passé son enfance entre le marais Poitevin, la Vienne et la Charente. Outre son inclassable pièce *Au buffet de la gare d'Angoulême* et son beau livre illustré *Rivages de Charente* (éd. Filigranes), celui-ci se passionne pour deux auteurs ayant marqué l'histoire littéraire de la région : le Poitevin **Ernest Pérochon** (1885-1942), dont il a réédité les œuvres complètes, et **Rabelais**, étudiant à Poitiers au 16e s., auquel il a consacré une biographie (*La Folie Rabelais*, éd. de Minuit). Dans un style plus classique, **Hortense Dufour**, née à Marennes en 1946, convertit en romans ses souvenirs de jeunesse : *La Fille du saulnier* (Grasset) et *Le Bouchot* (Grasset).

BANDE DESSINÉE

On retrouve de convaincantes reconstitutions de La Rochelle et Rochefort au 18e s. dans les tomes 8 et 9 de la grande BD d'aventure ***L'Épervier*** (P. Pellerin, éd. Dupuis). L'action de ***La Saison des anguilles*** (D. Lapière et P. Bailly, éd. Dargaud) se déroule quant à elle de nos jours dans le Marais poitevin. Enfin, pour se familiariser avec les légendes de la région, il faut lire ***Mélusine, fée serpente*** (Balland et Quella-Guyot, Geste éd.), le premier tome étant consacré au mythe de la Grand'Goule, et le second, au terrible seigneur Geoffroy de Lusignan, dit la Grand'Dent.

COMPRENDRE LA RÉGION

Église St-Pierre de Chauvigny.
I. Vdovin/age fotostock

La destination aujourd'hui

Façonnés par des siècles d'activité humaine, les paysages de la région portent la marque indélébile de leur soumission aux impératifs de l'agriculture et de l'élevage. Ici, l'homme a domestiqué la mer, cueillant son sel et ses fruits, et récoltant ses poissons. Attiré par la générosité d'un terroir aussi varié, le tourisme en est devenu la principale ressource, tandis que se développent ponctuellement des industries de pointe.

Le tourisme roi

Avec un chiffre d'affaires approchant les 2 milliards d'euros, le tourisme est la principale activité économique de la région. Il se localise sur le **littoral** (74 % des nuitées en Charente-Maritime, deuxième département français le plus fréquenté derrière le Var), **La Rochelle** et le **Futuroscope**, un pôle à résonance internationale. Le nombre de résidences secondaires sur la Côte charentaise a augmenté de façon spectaculaire et l'arrière-pays se tourne vers l'écotourisme. La région compte ainsi une bonne partie des établissements français distingués par l'Écolabel européen.

Les moteurs de l'économie

Les quatre grandes agglomérations se sont spécialisées dans des activités complémentaires : Poitiers, capitale régionale, administrative et universitaire ; Angoulême, centre industriel et des nouvelles technologies autour de l'image ; La Rochelle et ses environs, pôle touristique et de plaisance, mais également site important dans le travail du bois, le contreplaqué, l'ameublement ; Niort, siège de nombreuses mutuelles et assurances. Enfin, la construction nautique a le vent en poupe dans la région avec notamment Fountaine-Pajot, tandis que l'industrie de l'habillement, des chaussures et du cuir subit une forte crise.

Une tradition papetière

UN SAVOIR-FAIRE ANCIEN

Issue des eaux pures de la Charente coulant à Angoulême, la tradition papetière fit les beaux jours de la ville au 17e s. La papeterie d'Angoulême est alors connue jusqu'en Grande-Bretagne et en Hollande, pays pour lesquels près de 100 moulins des bords de la Charente fabriquent du papier filigrané. Convertis au protestantisme, la plupart des papetiers émigrent en Hollande après la révocation de l'édit de Nantes (1685). Aujourd'hui, des usines spécialisées dans le papier mince et le papier à lettres subsistent à Ruelle, St-Michel et La Couronne. Et un dernier

Alignement de moules destinées à être cuites sous un feu d'aiguilles de pin (éclade).
H. Hughes/hemis.fr

moulin continue de tourner près d'Angoulême : le moulin du Verger de Puymoyen.

Vélin, vergé ou filigrané ?

On saisit la différence en regardant le papier par transparence. Le papier vélin est d'aspect uniforme et homogène, voire nuageux. Le vergé possède des stries parallèles serrées entrecoupées de sillons plus espacés, et le filigrané possède un motif, résultat d'une empreinte faite dans la pâte.

Un papier fait pour durer

Ce papier à base de fibres végétales est destiné aux éditions de gravures et de livres rares ou à la restauration de livres anciens. C'est grâce à la qualité remarquable du papier de fabrication traditionnelle que les manuscrits médiévaux sont parvenus jusqu'à nous. Il faut savoir que le papier industriel fabriqué chimiquement aujourd'hui a une durée de vie qui n'excède pas trente ans. D'ailleurs, ni le Louvre ni la Bibliothèque nationale, qui se fournissent en Angoumois, ne s'y sont trompés.

Les ressources de la mer

OSTRÉICULTURE

La région Poitou-Charentes produit entre 55 000 et 60 000 t d'huîtres par an (la moitié de la production française) sur 5 100 ha, dont 2 100 de claires. L'activité fait vivre 1 200 entreprises et emploie 10 000 personnes, dont 3 000 à temps plein. Véritable berceau de l'huître, le bassin de Marennes-Oléron va de la Charente à l'embouchure de la Gironde. L'appellation d'origine **Marennes-Oléron** (IGP) bénéficie d'une reconnaissance internationale.

Nature et histoire

Il existe deux espèces principales d'huîtres : l'**huître plate**, vivant à l'état naturel sur des bancs de sable, et l'**huître creuse**, que l'on trouve en gisements fixés aux rochers marins. La plate est connue localement depuis l'époque gallo-romaine et, dès lors, fut récoltée par cueillette ou par dragage. Elle figura

sur la table de Louis XIV. Presque anéantie vers 1920 à la suite d'une maladie, cette espèce subsiste en petite quantité dans la région de Marennes. Plus charnues et souvent plus grasses, mais de goût moins fin et très différent, les huîtres creuses sont moins sensibles aux intempéries. Elles furent introduites accidentellement en 1868, à la suite d'une tempête. Un navire revenant du Portugal fit une escale trop prolongée en Gironde : sa cargaison d'huîtres, destinée à l'Angleterre, dut être jetée à la mer. Les survivantes se sont dispersées et imposées ensuite dans la plupart des élevages. Mais la maladie ravagea à nouveau les parcs en 1971, et l'on a remplacé l'**huître portugaise** par la **japonaise**, originaire du Pacifique et importée du Japon ou du Canada.
Depuis 2002, l'activité souffre de la sécheresse qui entraîne une raréfaction du phytoplancton, aliment de base du coquillage. Plus petites, les huîtres sont moins nombreuses et atteignent difficilement le calibre n° 3, le plus prisé par les consommateurs. Pour faire face à cette crise, les ostréiculteurs tentent d'imposer de nouveaux produits, telles la **Belle de sélection** et la **Belle d'exception**, en cours de labellisation en Vendée.

L'exploitation

Artisanale ou familiale, elle reste aléatoire : outre la maladie, la dégénérescence, la pollution, l'envasement ou la salinité excessive, une tempête ou un froid vif peuvent détruire un parc, attaqué par ailleurs par des crabes, des étoiles de mer et des bigorneaux. Les petites huîtres ou naissains, voguant au gré des courants, se fixent en été sur des **collecteurs**. Jadis constitués de tuiles blanchies à la chaux, d'ardoises, de piquets de bois ou pierres, selon les endroits, ce sont maintenant des éléments de plastique, tubes, plénos (sortes de casiers) et surtout coupelles. Ils sont ensuite transportés dans un premier parc. Au bout d'un à deux ans, les huîtres sont décollées (c'est le **détroquage**), puis mises dans un second parc (généralement dans des **poches** placées sur des tables), pendant un à deux ans de mieux. Enfin, elles subissent l'affinage en **claires**, bassins peu profonds alimentés en eau par des chenaux reliés à la mer, souvent d'anciens marais salants. Cette opération se déroule de septembre à avril.
Il existe une classification qui différencie les huîtres. Les **fines de claire** et les huîtres dites **spéciales** restent au moins un mois dans le bassin d'affinage. Les secondes, réparties en densité moindre (10 huîtres au m^2), contiennent plus de chair. La **pousse en claire** est, quant à elle, élevée directement dans les claires où elle reste de 4 à 8 mois à très faible densité (2 à 5 au m^2). Ces huîtres haut de gamme sont les plus charnues.

La reproduction ou « élevage »

Elle demande des conditions thermiques et salines particulières, que l'on rencontre sur le littoral charentais. La ponte d'huîtres, le captage de naissains et l'élevage se pratiquent essentiellement dans le bassin de Marennes, mais aussi à Fouras, sur les îles de Ré et d'Aix. Les naissains sont en partie vendus à d'autres bassins, en Bretagne ou en Normandie, par exemple, où l'huître ne se reproduit pas. L'élevage français de naissains se fait à 41 % sur le littoral de la Charente-Maritime.

MYTILICULTURE

Très appréciée des Romains, la moule sauvage vit en colonies sur les rochers battus par la mer.

LA FLEUR DE SEL, UN PRODUIT PUR

À la surface de l'eau de l'œillet (bassin central), la fleur de sel apparaît. Ses **cristaux** peuvent être de tailles différentes à cause du vent plus ou moins fort balayant l'eau. Elle sèche naturellement au soleil et ne subit ensuite aucun lavage ni concassage. Son petit **goût de violette** très caractéristique a déjà séduit plus d'un grand chef cuisinier ! Attention de ne pas confondre le sel de mer traité, qui vient de Méditerranée, et le sel marin, produit pur, venant de l'Atlantique.

Domestiquée dès le 13e s., elle fait l'objet d'un élevage distinct de celui des huîtres (sauf dans la baie de l'Aiguillon), car ces deux coquillages présentent des incompatibilités biologiques.

Aujourd'hui, les centres de production de moules sont, au sud, l'anse de Fouras, la côte près de Brouage et l'île d'Oléron (baie de Boyardville).

Les moules se fixent et engraissent sur des pieux plantés dans la vase : ce sont les **bouchots** que les « boucholeurs » disposent en files ou réunissent en assemblages. L'organisation des bouchots, soumise à une réglementation stricte, est différente selon les secteurs. Dans le pertuis breton, on trouve le bouchot à **naissains** (embryons ou larves), situé vers le large ; le bouchot à **cordes** ; le bouchot d'**élevage**, situé près de la côte, où les moules atteignent leur taille de commercialisation.

Il faut voir les boucholeurs allant aux moules sur de petits bateaux plats ou, à marée basse, sur leurs **accons**, simples caisses qu'ils font glisser sur la vase à grands coups de botte.

PÊCHE

La pêche fut longtemps une activité majeure pour la Charente-Maritime. Elle demeure une importante ressource pour le littoral, et continue d'alimenter un certain nombre de conserveries. Mais la raréfaction des ressources en mer et l'inquiétude qui s'ensuit se traduisent par des restrictions de plus en plus sévères imposées par l'Union européenne.

Ainsi, en 2007, la Commission européenne a demandé aux États membres de l'UE ainsi qu'aux pêcheurs d'accepter d'une part des quotas encore plus restrictifs de capture, et d'autre part la diminution de jours de mer autorisés. La profession semble condamnée à diminuer son rendement. Les pêcheurs se tournent donc vers les moindres prises de la **pêche au filet posé** (sole, bar, merlu), au **casier** (crabe, homard, araignée) ou à la **palangre** (ligne garnie de plusieurs hameçons) pour les bars et le thon. Le ralentissement très net des activités liées à la pêche se répercute naturellement sur celle des ports comme La Rochelle et des criées.

Les marais salants

LES DERNIERS SAUNIERS

Depuis le néolithique, le sel est utilisé par les hommes comme condiment et comme moyen de conservation des viandes et poissons.

De nos jours, les progrès techniques dans le domaine du froid ont rendu les salaisons obsolètes, mais elles subsistent encore pour un certain nombre de produits comme les cornichons, les olives, le beurre demi-sel et les charcuteries.

La profession semblait condamnée à disparaître, mais une centaine

de sauniers travaillent toujours de manière traditionnelle sur les îles d'Oléron et de Ré.
Ces agriculteurs préparent toute l'année les marais salants pour la récolte estivale. Ils s'étendent sur près de 1 000 ha pour une récolte d'environ 5 000 t de sel par an. La récolte est très variable d'une année sur l'autre en fonction des conditions météorologiques. Seuls la marée, le soleil et le vent président à l'élaboration lente du sel. L'utilisation de ce sel est presque exclusivement alimentaire, même si certains proposent des sels de bain.

UNE EXPLOITATION DÉLICATE

Les marais salants dessinent un quadrillage délimité par de petits talus ou **bossis** de terre argileuse. L'eau de mer est amenée dans ces immenses damiers lors des marées, par des canaux ou **étiers**.
Conduite d'abord dans de grands bassins où elle commence à se décanter et à se concentrer, l'eau circule grâce à des systèmes de dénivellation successifs dans une suite de réservoirs de moins en moins profonds. Dans les **œillets**, compartiments centraux rectangulaires où elle parvient finalement, la couche n'a plus que 5 cm d'épaisseur. C'est là que l'eau s'évapore et que le sel se cristallise. L'une des fonctions du **saunier** est de contrôler la circulation et le débit de l'eau afin que les bassins ne soient ni noyés ni asséchés.
De juin à septembre, le saunier **tire** le sel gris déposé au fond à l'aide d'un râteau au long manche de frêne : le **simoussi**. Geste ultime, il écume, avec une pelle plate, le sel blanc à la surface, la fleur de sel. La récolte est ensuite assemblée en tas ou **mulons** sur les bords du salin, qui sont souvent protégés des intempéries par des bâches en plastique, puis stockés dans des **salorges**, magasins généralement construits en bois.
Des visites des marais salants sont proposées sur les îles de Ré et d'Oléron.

Les ressources de la terre

L'agriculture occupe environ deux fois plus d'actifs que la moyenne nationale, et entre 70 et 75 % du territoire, qui demeure donc une région à forte identité rurale. Le nombre des exploitations diminue et leur taille s'accroît. La tendance est aussi à la spécialisation : en effet, la polyculture se raréfie, aux dépens des asperges, haricots verts, oignons, poireaux et pommes de terre. L'importante production de lait de chèvre est utilisée localement dans la fabrication industrielle de fromage.

LES PRODUITS LABELLISÉS

Parmi les nombreuses productions du terroir dont la qualité est reconnue par un label (AOC ou Appellation d'origine contrôlée, IGP ou Indication géographique protégée, Label Rouge, etc.), on notera par exemple les pommes de terre de Ré, le beurre Charentes-Poitou et bien d'autres encore…

Le melon du Haut-Poitou
Essentiellement cultivé dans la Vienne (premier département français producteur de melon), il est de la même famille que les fameux melons de Cavaillon, de type « cantaloup charentais », ronds et à la chair orange, qui auraient été importés d'Italie vers l'an 1400.

Le chabichou
Ce sont les envahisseurs sarrasins qui amenèrent la chèvre vivant en Méditerranée jusqu'au Poitou, et le mot « chabi », abréviation de chabichou, serait une

déformation de « *chebli* » qui signifie chèvre en arabe.
Quelques siècles plus tard, leur lait nourrissait les pèlerins de St-Jacques-de-Compostelle passant dans la région et, dès le 16e s., lait et fromages de chèvre étaient courants dans le Poitou. De nos jours, les laiteries et les fermiers du Poitou-Charentes sont les premiers producteurs de fromages de chèvre en France. Depuis le 19e s., un fromage s'est distingué, le chabichou du Poitou, qui a obtenu l'Appellation d'origine contrôlée. La zone AOC correspond au Haut-Poitou calcaire, c'est-à-dire la moitié ouest de la Vienne, toute la partie est des Deux-Sèvres, ainsi que quelques hectares au nord de la Charente.

La parthenaise

Cette variété bovine née en Gâtine, dans les Deux-Sèvres, ne manque pas de caractère, avec sa robe blonde et ses naseaux noirs. Élevée en plein air, elle se nourrit de lait maternel jusqu'au sevrage, puis d'herbe, de maïs et de foin. Sa masse musculaire imposante en fait une viande tendre et savoureuse. Elle est vendue au marché de Parthenay, l'un des principaux centres de négoce de bestiaux de France depuis le 18e s. La zone d'élevage de la parthenaise dépasse le cadre du Poitou pour s'étendre aux Pays de la Loire, à la Grande-Bretagne et à l'Amérique du Nord.

Les saveurs régionales

La gastronomie du Poitou et de la Charente ne fait pas de jaloux : elle propose les saveurs de la mer comme celles de la terre, l'une étant aussi généreuse que l'autre. Une douzaine d'huîtres de Marennes-Oléron pour commencer, avec du pain de seigle tartiné de beurre d'Échiré, une omelette aux fameux escargots gris que les Charentais appellent *cagouilles*, un carré d'agneau du Poitou servi avec des mojettes. En fromage, un petit chabichou et comme dessert, un tourteau fromagé, des chocolats au cognac… Cela vous tente ?

LES PRODUITS DE LA MER

Ils foisonnent sur le littoral. La **mouclade** charentaise est un plat succulent composé de moules préparées à la marinière et nappées d'une sauce à la crème. Pour l'**éclade**, les moules sont disposées pointes vers le haut sur une planche, puis recouvertes d'aiguilles de pin que l'on enflamme. Les **crustacés** du littoral charentais (homards, langoustines, crabes, crevettes) sont un vrai régal. N'oubliez pas les **huîtres** de Marennes-Oléron, qui bénéficient désormais de l'Indication géographique protégée, à déguster au naturel ou chaudes. L'Océan donne aussi la **chaudrée**, soupe de poissons au vin blanc où entrent

LA MOUCLADE

Voici une variante de la recette charentaise (pour 4 personnes) :
Gratter et laver à grande eau 2 litres de moules. Les cuire à gros feu pendant 10mn avec un oignon coupé fin, du persil haché et un verre de vin blanc. Lorsqu'elles sont ouvertes, enlever une coquille à chaque moule, et les ranger dans un plat allant au four. Faire revenir 4 oignons, puis verser dessus la moitié de l'eau des moules, et faire réduire 30mn. Ajouter du poivre et une pincée de safran. Hors du feu, mélanger 100 g de crème fraîche et 2 jaunes d'œufs. Verser ce mélange dans le bouillon, et le tout sur les moules. Passer quelques minutes au four chaud et servir aussitôt.

congre, merlan, sole, plie. Goûtez enfin, dans le Marais poitevin, la **bouilliture** ou **matelote d'anguilles** au vin rouge et aux aromates…

LES VIANDES

Régions d'élevage, le Poitou et les Charentes fournissent **bœuf**, **mouton**, **porc**, **volailles** (oies du Poitou, poulardes de Bressuire et de Barbezieux). On y trouve aussi du **gibier d'eau** : canard sauvage, sarcelle, bécassine. L'**agneau** du Poitou est une viande très utilisée dans la cuisine régionale. Bénéficiant d'un Label Rouge et des contraintes de production qui vont de pair, l'élevage de l'agneau s'est surtout développé dans la Gâtine poitevine et en Charente limousine, riches en prairies. La région de Montmorillon en est le principal centre producteur et représente à elle seule un quart du cheptel ovin de boucherie. Dans les zones humides, le **ragondin**, joliment rebaptisé « myocastor », est transformé en délicieuses terrines.

LE BEURRE

Au début du 19e s., le Poitou est une région productrice de beurre. L'extension de la production aux Charentes vient de la destruction de la vigne par le phylloxéra dans les années 1870. Les viticulteurs se tournent alors vers les cultures céréalières et fourragères ainsi que vers l'élevage de vaches laitières. Très apprécié des gourmets pour sa finesse, le **beurre Charentes-Poitou** constitue encore une part notable de l'activité de l'industrie laitière régionale et bénéficie d'une AOC au même titre que le beurre des Charentes et le beurre des Deux-Sèvres. Le bon goût du beurre ne viendrait pas des vaches, mais de l'herbe qu'elles mangent.
Située sur les bords de la Sèvre, la coopérative d'Échiré fabrique un beurre utilisé par les grands chefs français et dont la réputation dépasse les frontières du pays. Rigueur et hygiène, collecte quotidienne, barattage des crèmes dans une baratte en bois de teck imputrescible sont les clés de sa réussite.

LES POMMES DE TERRE

Dans l'île de Ré, elles bénéficient d'un climat doux et d'un sol sablonneux avantageux.
On les trouve sous l'appellation « primeurs ». La plupart des variétés ont la chair ferme (Roseval, Charlotte et Amandine). Cuites à la vapeur ou au four, elles accompagnent des poissons grillés.

LE FROMAGE

L'élevage caprin dans la région remonte au 8e s. et à l'invasion arabe. Il a pris une grande importance économique à partir de 1950 et propose aujourd'hui une large variété d'excellents fromages fermiers, artisanaux ou industriels, frais ou fermentés, dont l'ambassadeur est le **chabichou** du Poitou (Appellation

UN GRAND CHEF

Christopher Coutanceau a pris la suite de son père Richard. Dans une magnifique salle, grande ouverte sur l'Océan, il propose une belle et généreuse cuisine de la mer, portée par un sens éclatant du produit et des saveurs : homard, araignée de mer, crustacés, petits légumes de saison accompagnés de vins de pays charentais.
Christopher Coutanceau - plage de la Concurrence à La Rochelle - 05 46 41 48 19 - www.coutanceaularochelle.com.

Île d'Oléron, carrelet.
H. Hughes/hemis.fr

d'origine contrôlée). Issue du Pays rochefortais, la **jonchée** est une spécialité au lait entier de vache, moulée à la louche dans un paillon de joncs naturels ; elle se déguste arrosée d'eau de lauriers amandée.

COGNAC, PINEAU ET VIN

p. 42 et 45.

QUELQUES SPÉCIALITÉS

Le farci poitevin

Aussi appelé farci charentais, ce plat simple est commun aux quatre départements de la région. On y met du chou, de la laitue, du poireau, de l'ail, de l'oignon, de l'oseille, du persil et du lard salé. Les légumes sont lavés et coupés très fins, et le lard en petits dés. On mélange le tout avec de la mie de pain et des œufs.

Les cagouilles

Ce nom amusant désigne les escargots dans les Charentes. La potée de cagouilles avec ail, oignon, échalotes, poireaux, dés de lard et persil comblera les amateurs. Dans le Poitou, on les appelle « lumas ». On les consomme à la vigneronne, c'est-à-dire avec une sauce au vin, oignons ou échalotes et ail.

Le tourteau fromagé

Spécialité de La Mothe-St-Héray, le « fromager », comme on l'appelle aussi, est reconnaissable à son dôme noir. Traditionnellement, il est fait à partir de fromage blanc de lait de chèvre, mais beaucoup aujourd'hui le fabriquent avec du fromage blanc de lait de vache. Quant au **broyé du Poitou**, c'est une spécialité de la Vienne. Son nom vient d'une tradition qui veut que cette galette au beurre soit brisée d'un coup de poing. Comme le tourteau fromagé, le broyé est dégusté à l'occasion des mariages, au moment du vin d'honneur.

Autres délices

On citera les **macarons** de Montmorillon, l'**angélique** de Niort, les **marguerites** et les **duchesses** d'Angoulême (bonbons au chocolat), les **nougatines** de Poitiers, les **fruits au cognac** et bien d'autres encore.

Découvrir le cognac

Le cognac représente, depuis des siècles, la vitrine des Charentes dans le monde où il est l'un des symboles universels du luxe français. Il tire sa grande finesse du terroir, du climat, du long et patient travail des hommes dans la vigne, mais aussi du savoir-faire des maîtres de chais qui assemblent parfois plus de cinquante eaux-de-vie, d'âge et de provenance différents, pour obtenir le nectar absolu. Sa découverte donnera lieu à de passionnantes visites avec des professionnels qui ont compris que l'œnotourisme sera dans les années à venir l'un des ambassadeurs incontournables du cognac.

L'appellation

Elle a été instaurée par décret le 1er mai 1909. L'aire de production est située au nord du Bassin aquitain, entre l'Océan et les premiers contreforts du Massif central, au cœur d'un paysage de collines traversé par la Charente. Elle couvre une grande partie de la Charente et de la Charente-Maritime, et quelques communes de Dordogne et des Deux-Sèvres. Si la superficie de la zone dépasse le million d'hectares, le vignoble du cognac n'occupe, lui, que 75 300 ha.
Pour visiter, ⊙ *p. 255 et 261.*

LES CRUS

Les eaux-de-vie des Charentes n'ont pas toutes la même qualité. Aussi, on distingue six crus, à l'intérieur de la zone de production.

La Grande Champagne – Elle se situe autour de Segonzac, en Charente, et possède un sol très riche en calcaire et en craie. Elle fournit le cru le plus noble, le plus recherché et 18 % de la production. Le bouquet des cognacs qui en proviennent est riche. Ils vieillissent lentement mais atteignent une qualité difficilement égalable par les autres crus au bout de quelques dizaines d'années. Parmi les grandes maisons qui y résident, Frapin est très connue et très appréciée, et produit quelques millésimes précieux.

La Petite Champagne – La zone s'étend au sud-ouest de Cognac et autour de Barbezieux et Jonzac, et couvre 21 % de la production. Même si les eaux-de-vie issues de ce terroir réunissent des caractéristiques semblables à celles de Grande Champagne, leur finesse est moins marquée. Les arômes floraux et fruités restent cependant bien présents au nez.

Les cognacs composés exclusivement d'eaux-de-vie provenant des deux champagnes (avec au moins 50 % issues de Grande Champagne) forment l'AOC Fine Champagne. Il en va ainsi de tous les cognacs de la maison Rémy Martin.

Les Borderies – Situé au nord-ouest de Cognac, autour du village de Burie (Charente-Maritime), le plus petit des six crus ne couvre que 5 % de la production et présente un sol plus argileux. Des eaux-de-vie fines, légères et longues en bouche, dont la dominante aromatique est la violette, en résultent. Leur maturation est plus rapide que celles des deux crus précédents.

Les Fins Bois – C'est la plus grande zone de l'appellation (42 % de la production), située à la périphérie des trois zones précédentes. Elle possède des sols bien différents des trois premières. Ils sont argilo-calcaires, de couleur rougeâtre, et très caillouteux (on y trouve d'ailleurs de nombreux fossiles). Les eaux-de-vie, qui vieillissent plus vite, sont très aromatiques et rondes. Une grande partie des vignobles de Martell sont situés au nord de Rouillac, au domaine de Lignières.

Les Bons Bois et les Bois Ordinaires – Ils couvrent environ 12 % de la production. Les sols sont plus sableux. Le goût de terroir est très marqué. Les eaux-de-vie vieillissent très rapidement.
Les Bois Ordinaires provenant de la partie littorale et des îles sont très marqués par l'influence du climat océanique.

LE COMMERCE DU COGNAC AUJOURD'HUI ET DEMAIN

L'année 2012 a battu tous les records, avec 167,9 millions de bouteilles vendues, soit une hausse de 3,1 % par rapport à l'année 2011, et un chiffre d'affaires de 2,4 milliards d'euros, soit une hausse de 17,3 %. Cette progression bénéficie surtout aux cognacs haut de gamme et entraîne un véritable « challenge » pour les négociants et récoltants. Ainsi, depuis cinq ans, a lieu une course aux vieilles eaux-de-vie et des rachats parfois spectaculaires de maisons très anciennes, telle Larsen absorbée puis revendue aussitôt par le groupe Rémy Cointreau en 2013. Succès dans les pays des BRIC oblige, on assiste également à des achats de vignobles ou d'anciennes petites marques par des groupes russes ou chinois.

L'élaboration

L'élaboration d'un cognac est un travail de longue haleine. De l'élevage de la vigne jusqu'au produit fini, en passant par les vendanges, la distillation, le vieillissement et l'assemblage, cent ans peuvent parfois s'écouler.

LES VENDANGES

Les vendanges débutent dès que la maturation du raisin est terminée, en général au début du mois d'octobre. Le pressurage des grappes est assuré dès la fin de la récolte et le jus obtenu mis à fermenter immédiatement. Au bout de cinq à sept jours, on obtient des vins acides et peu alcoolisés, titrant autour de 9°.

LA DISTILLATION CHARENTAISE

Au mois de décembre, dès que le vin est obtenu, les **bouilleurs** commencent la **distillation** qui devra être achevée au plus tard le 31 mars. Elle doit s'effectuer selon la méthode traditionnelle dite « à repasse » dans un **alambic** en cuivre martelé. Le vin est introduit dans la chaudière (ou cucurbite) et porté à ébullition. Cette première chauffe dure environ huit heures. Les vapeurs d'alcool se dégagent, s'accumulent dans le chapiteau. Les plus volatiles s'engagent les premières dans le col-de-cygne. Elles arrivent dans le serpentin qui fait des circonvolutions dans une cuve d'eau froide. À ce contact, les vapeurs se condensent pour s'écouler sous forme de **brouillis**. Ce liquide légèrement trouble, titrant de 28 à 32°, est chargé dans la chaudière pour une seconde distillation. Lors de ce passage, appelé « bonne chauffe » et qui dure environ douze heures, on obtient quatre qualités d'eau-de-vie : les têtes, le cœur, les secondes et les queues. Seul le **cœur**, clair, limpide et légèrement parfumé, titrant environ 70°, est destiné à vieillir en **fût de chêne** pour acquérir arômes et couleur. Le reste est réintégré au brouillis et redistillé.

LE VIEILLISSEMENT

C'est au moment du vieillissement que se définit le style de chaque cognac. Dans l'obscurité des chais, la maturation se fait dans des fûts fabriqués avec des chênes de plus de cinquante ans… Ce long travail de maturation peut durer des décennies. Son aboutissement est le paradis, ce coin de chai, à l'écart, souvent très obscur, protégé par des grilles, où les toiles d'araignée témoignent du temps qui passe. Les tanins du bois de chêne lui donnent une couleur allant du jaune d'or au brun ardent et développent le bouquet. De ce fait, la **tonnellerie**, en Charente, est un art à part entière, qui conditionne aussi la qualité des eaux-de-vie. La porosité du bois permet un contact indirect entre l'eau-de-vie et l'air ambiant, et laisse une partie de l'alcool, que l'on nomme **la part des anges**,

PETIT LEXIQUE

Bouilleur – Personne habilitée à produire ses propres eaux-de-vie.
Chai – Lieu de stockage où vieillissent les eaux-de-vie.
Champagne – Sol calcaire recouvert d'une mince couche d'argile avec de nombreux fossiles. L'usage du nom de « champagne » dans le Cognaçais peut surprendre. C'est un nom qui vient du latin *Campania* et qui désignait la plaine fertile des environs de Naples.

s'évaporer. L'équivalent d'environ 20 millions de bouteilles par an s'envole ainsi. Un champignon microscopique, le *Torula compniacensis*, se nourrit de ces vapeurs d'alcool et donne cette couleur noire que l'on voit sur la pierre des chais.
Lorsque les eaux-de-vie ont suffisamment vieilli, elles sont extraites des fûts et stockées dans des bonbonnes de verre appelées « dames-jeannes ».

LES ASSEMBLAGES

Les assemblages d'eaux-de-vie de crus et d'âges différents permettent d'atteindre la qualité finale du cognac, un alcool qui titre 40°. Dans les grandes maisons de négoce, cette étape procure au cognac une qualité constante et les caractères spécifiques à chaque marque. Le **maître de chai** est le garant des assemblages. Il est sans doute la personne la plus importante de la maison. Il compose de manière harmonieuse, selon son expérience et à l'image de la marque. C'est pourquoi aucun cognac ne se ressemble.

LA DÉSIGNATION

Un vieillissement de deux ans minimum est nécessaire avant la commercialisation d'un cognac. Les cognacs millésimés, c'est-à-dire provenant d'une seule et même année, sont rares. Ils sont soumis à un contrôle strict et contraignant par le BNIC.
VS (Very Special) ou *** (3 étoiles) – Cognacs dont l'eau-de-vie la plus jeune a au moins deux ans.
VSOP (Very Superior Old pale), **Réserve**… (de famille ou autre) – Cognacs dont l'eau-de-vie la plus jeune a au moins quatre ans.
Napoléon, **XO** (Extra Old) – Cognacs dont l'eau-de-vie la plus jeune a au moins six ans.

Les autres alcools

LE PINEAU DES CHARENTES

Le pineau blanc ou rosé se consomme très frais en apéritif. Il est issu du même terroir que le cognac. C'est le premier vin de liqueur français. Il se compose de « moût » (jus de raisin fraîchement pressé), auquel on ajoute de l'eau-de-vie de cognac d'au moins un an d'âge. Le pineau vieillit ensuite en fûts de chêne, pendant douze mois minimum pour les rouges et rosés, et dix-huit mois pour les blancs. Les « très vieux pineaux », âgés de 5 à 10 ans, se marient bien avec la dégustation des foies gras.

LE VIN DE PAYS CHARENTAIS

Avec la crise des années 1970, certains viticulteurs commencent à produire des vins de pays. Ils se concentrent d'abord sur la vinification des cépages blancs les plus répandus tels que l'ugni blanc et le colombard, puis s'orientent vers une sélection de cépages plus aromatiques, déjà implantés localement, tels que le sauvignon, le chardonnay ou le chenin. Dès 1985, la production de « Vins de Pays charentais » se décline dans les trois couleurs. La croissance de la production de vins rouges s'accompagne également d'un choix de cépages plus « nobles » tels que le merlot, le cabernet-sauvignon, le cabernet-franc, le gamay et le pinot noir, bien acclimatés aux sols charentais. Les vignobles les plus connus sont ceux des îles (Ré et Oléron), mais d'autres existent notamment autour de **St-Sornin**, à proximité de Montbron. Les vins de pays charentais ont reçu depuis 2009 la protection IGP (Indication géographique protégée).
Une montée en gamme s'opère

LA DIVERSIFICATION DU MARCHÉ

Parmi les nombreuses liqueurs à base de cognac, le Grand Marnier est la plus connue. Depuis 2013, il est entièrement fabriqué à Bourg-Charente. Depuis une dizaine d'années, les savoir-faire cognaçais se déclinent également sur d'autres spiritueux tels la vodka ou le gin ! Grey Goose, une des vodkas les plus vendues au monde, est fabriquée à Cognac. On parle désormais de « spirit valley » (vallée des spiritueux) pour nommer le Val de Charente, qui regroupe toutes les industries liées à la production de ces boissons (verreries, tonnelleries, design, packaging, distillation…).

depuis une quinzaine d'années avec des vins remarquables comme le **guimbelot** (chardonnay, chenin) ou les vins du domaine du **Grollet** appartenant à Rémy Martin.

Un peu d'histoire

Antiquité et Moyen Âge

L'immense vignoble des Charentes, d'une superficie de plus de 300 000 ha, produit des vins appréciés.

16e et 17e siècles

Le degré des vins produits dans les Charentes est moins élevé que celui des vins de Bordeaux. De ce fait, ils ne supportent guère les longs voyages. Aussi les Hollandais commencent à pratiquer les premières distillations du vin charentais afin d'obtenir une eau-de-vie (*brandewijn*, « vin brûlé » en néerlandais) qui se conserve mieux lors de l'acheminement au nord de l'Europe. La distillation dans des alambics de cuivre se généralise alors en Charente au début du 17e s. Les Français en maîtriseront et en amélioreront la technique avec le procédé de la double distillation.

À la suite de retards dans les chargements de bateaux, on s'aperçoit que l'eau-de-vie de vin se bonifie en vieillissant dans des fûts de chêne (du Limousin) et qu'elle peut même se consommer pure. Par la Charente, les gabarres (bateaux plats) chargées de barriques gagnent Tonnay-Charente et La Rochelle où se fait le transbordement sur les voiliers. Les Cognaçais vendent très vite eux-mêmes leur eau-de-vie qui adopte le nom de la ville où elle est commercialisée : cognac.

18e siècle

Dès la fin du 17e s., la mode du brandy s'introduit à Londres. Les Anglais prennent la relève des Hollandais. Création de « comptoirs » dans les principales villes de la région, la plupart d'origine anglo-saxonnes (d'où les noms à consonance anglo-saxonne, tel Hennessy, fondé en 1765 par Richard Hennessy, un Irlandais).

19e siècle : de l'âge d'or à la crise du phylloxéra

C'est une période d'essor pour le négoce de cognac et de grandes propriétés viticoles et des châteaux se construisent entre Cognac, Jarnac et Segonzac, comme le château de Bagnolet ou le château de Lignières à Rouillac.

- **1875** – Le **phylloxéra** détruit la plus grande partie du vignoble charentais. La zone de production – plus de 280 000 ha – est presque réduite à néant.
- **1892** – C'est le début de la reconstitution du vignoble, grâce à des porte-greffes américains insensibles aux attaques du phylloxéra. Fragilisés par le greffage, les cépages traditionnels (colombard, folle blanche) sont peu à peu remplacés par l'**ugni blanc**, plus résistant, désormais utilisé à plus de 90 %.

Vignoble de Cognac.
AGE/Photononstop

20e siècle : un nouveau départ

Lorsque survient la Première Guerre mondiale, un sixième seulement du vignoble est replanté. L'appellation « cognac » s'impose dans le monde de manière incontestable.

- **1941** – Pendant l'occupation allemande, la préservation des stocks entraîne la création du premier Bureau de répartition des vins et eaux-de-vie de Cognac. À la fin du conflit, l'organisme continue son activité sous le nom de Bureau national interprofessionnel du cognac (BNIC), qu'il porte toujours.
- **1970** – Les grandes dynasties du cognac commencent à fusionner, comme Hennessy et Moet en 1971. En 1987, Moet Hennessy se regroupe avec Louis Vuitton. Martell, rachetée par le Canadien Seagram en 2001, rejoint Pernod Ricard en 2005. Seules Rémy Martin et Camus, parmi les cinq premières grandes maisons, sont restées aux mains des familles fondatrices, en ligne directe ou par alliance.
- **1990** – Une grave crise de surproduction entraîne une politique d'arrachage des vignes. Entre 1988 et 2000, une exploitation sur trois disparaît.

La clientèle

Commercialisé depuis ses débuts par les Hollandais et les Anglais, le cognac a conservé une clientèle majoritairement étrangère : anglo-saxonne (États-Unis et Royaume-Uni) et asiatique (Hong Kong, Singapour, Malaisie, Taïwan). Dans ces pays, on boit le cognac dilué avec de l'eau, tout au long du repas. Si le marché japonais est insignifiant, les exportations vers la Chine (second marché derrière les USA) et la Russie sont en constante augmentation.

La France figure en huitième position, soit 2,5 % du nombre total de bouteilles ! Il y est de moins en moins servi comme digestif, et tend désormais à être dégusté en apéritif, mélangé à des sodas ou jus de fruits comme le « cognac summit », réalisé à base de citron vert et de gingembre. Cette tendance est encouragée par les producteurs qui espèrent ainsi relancer la consommation locale.

Paysages et nature

Plages, ports, îles, stations balnéaires et marais composent le cocktail idéal des vacances et attirent à juste titre une foule hétéroclite de pêcheurs à pied, d'amateurs de glisse, d'amoureux des oiseaux ou tout simplement d'adeptes du farniente. Mais il serait dommage que cette richesse de paysages, de faune et de flore éclipse le charme discret de l'intérieur des terres, alternance de plaines et de vallées, de collines, de fleuves et de rivières qui se découvrent au fil de l'eau.

La côte

Depuis l'estuaire de la Sèvre Niortaise jusqu'à celui de la Gironde, la Côte charentaise égrène ses stations balnéaires et ses îles – Aix, Madame, Ré, Oléron – sur près de 200 kilomètres. Grâce au Gulf Stream, elle bénéficie d'un microclimat exceptionnel et d'une lumière magique. Ici, où les embruns frappent le visage et où l'air iodé regonfle les poumons, vous trouverez des plages de sable fin et des bois odorants…

En général peu élevées, quelques falaises sur l'estuaire de la Gironde appartiennent au Bassin aquitain. Les roches (Côte rochelaise, Côte nord de Ré, Côte royannaise, etc.) sont calcaires.

PLAGES ET DUNES DE SABLE FIN

Les quelques plages de la côte sont nées sous l'effet de l'érosion. Ce qu'elle a arraché là-bas, elle le dépose ici. Elle ne cesse de former ainsi des **flèches littorales** et des **cordons dunaires**. Ces cordons de sable peuvent boucher des baies et ceindre des zones humides telles que le Marais poitevin. Autre particularité régionale, la **conche** est une plage en forme de croissant logée entre deux falaises ; mais attention : dans le Marais poitevin, le terme désigne un petit canal.

Quelques **plages de sable fin** feront la joie des baigneurs : Châtelaillon, la Grande Conche à Ré, la Grande Plage à Oléron. Entre la Coubre et Royan, on trouve les superbes plages de La Palmyre et de la pointe de Vallières. À Royan même, les plages de la Grande Conche et la conche de Pontaillac sont magnifiques ; autour de Royan, le rivage de **falaises basses** et de **grottes** est entrecoupé de petites baies aux fonds de sable bordées de chênes verts. La plupart sont océaniques, mais on peut distinguer parmi elles celles de la mer charentaise avec ses îles, ses courants, ses larges estrans et, au sud de Royan, les plages du plus grand estuaire d'Europe : celui de la Gironde.

LES ÎLES

La plupart des îles sont reliées au continent par un pont, mais Aix n'est accessible que par bateau. La beauté de la nature s'associe avec une identité préservée que l'on rencontre encore dans de petits villages aux maisons blanches, bordées de roses trémières et de camélias. Dans des ports aux bateaux colorés, les maisons de

pêcheurs sont basses et orientées en fonction du vent, et leurs portes et volets sont peints de couleurs vives. Havres de quiétude que l'on parcourt à vélo ou à pied, les îles bénéficient d'une végétation plus ou moins arrosée de landes, de forêts de pins et de chênes verts, de mimosas et de palmiers (à Oléron se plaisent aussi l'oranger et l'olivier). Leurs côtes alternent entre plages et rochers.

FAUNE ET FLORE

Rivage sableux

Les dunes abritent naturellement de multiples **lapins** et autres **rongeurs**, mais aussi les **hirondelles** de rivages, le vol chantant de l'**alouette** et la reproduction des **gravelots** à collier interrompu ou des **vanneaux** huppés. Plus près de la mer, là où le sable est humide, on rencontre d'abord les **puces de mer** puis, dans les zones que la marée découvre, quelques **crabes verts** cachés sous les algues échouées, les petits monticules signalant la présence enfouie d'**arénicoles** et les trous dénonçant celle des **couteaux**, **coques**, **praires** ou **palourdes**.

Végétation naturelle et implantée

Recouvertes d'**oyats** (graminée aux feuilles épaisses), de **liseron** des sables à fleurs roses, de **chardons** bleus, de petits **raisins de mer** aux fruits rouges, d'**immortelles** au parfum de curry, les dunes se prolongent vers l'intérieur des terres. C'est à partir du 19e s. que leur plantation en **pins maritimes**

et en oyats est devenue une politique systématique, dont le but était de stabiliser la côte. Dans les forêts qui jouxtent les dunes, ces pins se mêlent aux **chênes verts**. Ceux-ci, bien qu'ils soient considérés comme méditerranéens, ne doivent vraisemblablement rien à la main de l'homme : des études sur les pollens ont révélé qu'ils y étaient présents il y a déjà 8 000 ans.

Rivage rocheux

La marée descendante découvre l'extraordinaire richesse des **estrans rocheux** : colorée d'**éponges** rouges, jaunes et blanches, la roche, à laquelle s'accroche parfois le glissant **fucus** vésiculeux, est parsemée de **berniques**, d'**huîtres**, de **moules** et de **bigorneaux**. Les **coquillages** (palourdes, praires) se glissent dans les rainures sableuses qui la zèbrent. Elle abrite dans ses cavités les **crabes**, les **araignées de mer** ou les **congres** aux redoutables dents et, là où l'eau reste présente, les gros **bouquets** (crevettes roses).

Dans les flaques, parmi les algues multicolores et les **anémones de mer**, se réfugient les **crevettes grises**, les **étoiles de mer**, les **bernard-l'ermite**, et parfois des poissons pris au piège dont, à l'occasion, quelques torpilles aux décharges électriques d'autant plus efficaces qu'on a les pieds dans l'eau.

QUESTIONS D'ENVIRONNEMENT

Venue d'Angleterre au 19e s., la mode des bains de mer s'est répandue sur les côtes de la Manche et de l'Atlantique avec la construction de **stations balnéaires** toutes conçues selon le même modèle : des villas aux architectures éclectiques, une église et un casino. Au 20e s., tandis que le tourisme prenait de l'ampleur, les vastes espaces de sable fin du littoral atlantique ont fait la réputation de ces stations qui se sont étendues, urbanisées et métamorphosées, et qui jalonnent aujourd'hui la côte.

Le nombre et l'étendue mêmes des stations balnéaires témoignent de la difficulté à préserver le littoral d'une pression de plus en plus importante. Il n'est pas rare que les villes de la côte voient leur population, il est vrai très réduite l'hiver, multipliée par dix l'été. En Poitou-Charentes, par exemple, le nombre de résidences secondaires a plus que doublé en trente ans, entre 1969 et 1999. L'affluence est telle qu'elle nécessite la **protection** des dunes contre le piétinement, par des grillages qui ne sont pas toujours respectés. La **qualité de l'eau** sur les côtes est généralement largement supérieure à la moyenne nationale.

Île d'Oléron, la grande plage de St-Trojan-les-Bains.
H. Lenain/hemis.fr

Les marais

Isolés par le dépôt de sable, des marais se sont constitués tout le long de la côte, derrière les dunes. Ils sont formés de débris accumulés par les courants marins d'un côté et les cours d'eau de l'autre. À l'action de la nature s'est associée celle de l'homme, soucieux de produire du sel avec les marais salants et de gagner des terres sur la mer…

MAINS DE SABLE ET MAINS D'HOMMES

On distingue, suivant la salinité de leurs eaux, les **marais salants**, alimentés essentiellement par la mer, et les **marais doux**, irrigués par les rivières. La plupart de ces marais (Ré, Oléron, Brouage, Yves) s'étendent sur quelques centaines d'hectares ou moins.

Les deux plus grands marais occupent l'emplacement d'anciens golfes marins. Le **Marais poitevin** est le plus important milieu humide de la façade atlantique et le second après la Camargue. Il s'est substitué à l'ancien golfe du Poitou, par lequel la mer venait jusqu'à l'actuelle ville de Niort, où débouchait alors l'estuaire de la Sèvre Niortaise. Aujourd'hui encore, on y reconnaît d'anciennes îles rocheuses sur lesquelles furent élevées des villes, telle Marans. On peut aussi repérer les premières hauteurs à l'intérieur des terres marquant le dessin de l'ancienne côte. Ces zones côtières furent progressivement colmatées par les courants accumulant des alluvions à l'entrée des golfes. En contact plus ouvert avec la mer, la Seudre débouche, elle, sur un **golfe marin** toujours actuel. Il est investi par les parcs à huîtres de Marennes-Oléron, et une gestion très spécifique du paysage en résulte.

Les conquêtes de l'homme

À l'action de la nature s'est associée celle de l'homme. Dans le double but de produire du sel et de gagner des terres sur la mer, des **canaux** furent creusés et des **digues** érigées. Entre le 9e et le 15e s., d'abord les moines, puis de grands travaux d'**assainissement** et de **comblement** sous les règnes de François Ier et d'Henri IV, ont protégé ou agrandi les marais. Grâce aux ingénieurs hollandais, ces travaux se sont poursuivis jusqu'au 18e s.

Le paysage nu et plat du **Marais desséché**, à la lisière de la Vendée, porte encore la marque de ce savoir-faire, si typique qu'on se croirait parfois dans les **polders** des Flandres. L'activité traditionnelle a longtemps été l'élevage de vaches laitières : on identifie encore des **prairies** naturelles humides, devenues le havre de nombreux oiseaux.

Bordant de près la Sèvre Niortaise et le canal du Mignon, la partie occidentale du **Marais poitevin** est dénommée **Marais mouillé**. Son paysage se distingue radicalement de celui du Marais desséché parce qu'il est boisé de peupliers, d'aulnes ainsi que de frênes, le plus souvent taillés en têtards. Il était régulièrement inondé par les **crues** des rivières (Sèvre Niortaise ou Vendée) et, sous Napoléon III, des travaux d'assèchement y furent poursuivis, lui donnant sa configuration actuelle. Plusieurs rivières y alimentent un vaste réseau de **canaux** rectilignes qui courent autour d'une multitude de parcelles.

FAUNE ET FLORE PROTÉGÉES

C'est pour la richesse de leur faune et de leur flore que les marais sont classés réserve naturelle, ou achetés par le Conservatoire du littoral. Plusieurs espèrent devenir des sites **Natura 2000** *(encadré ci-dessous)*.

Les oiseaux

À la rencontre des fleuves et de la mer, les eaux des marais sont particulièrement riches en planctons, favorables à la croissance des coquillages, mais aussi à la prolifération des vers, crevettes grises et autres petits animaux dont se nourrissent les oiseaux. Ils ont donc conquis les prairies naturelles et les anciens marais salants, pour la plupart abandonnés par les hommes. Au gré des saisons ou des migrations, on y observe des **sternidés** (rare guifette noire du Marais poitevin, sternes) et des **anatidés** (fuligules, tadornes, bernaches, oies sauvages), de grands **échassiers** (hérons, aigrettes, spatules, cigognes), des **rapaces** (hiboux des marais, busard des roseaux, busard cendré) et surtout des **limicoles** (petits échassiers de rivage et de marais) : barges, pluviers, chevaliers, bécasseaux, huîtriers pies, échasses blanches, avocettes, vanneaux huppés, etc. La plupart des oiseaux migrateurs s'installent pour l'hiver dans la région atlantique en venant du nord de l'Europe. C'est le cas des bandes bruyantes d'oies bernaches cravants, des tadornes ou des bécasseaux. D'autres arrivent au contraire dans le courant du mois de mars, tel le petit gorge-bleue qui aime se percher sur les piquets, ou le très menacé râle des genêts qui trouve dans ces prairies humides un de ses derniers sites de reproduction. Il arrive aussi qu'on aperçoive des cigognes (marais de Moëze) ou, de manière rarissime, des flamants roses (Ré).
La protection des espèces demeure un souci constant. Les cartouches de chasse à grenaille de plomb sont désormais interdites en milieu humide. Ainsi, si certains oiseaux restent la proie des chasseurs, tous seront au moins préservés du saturnisme.

La loutre, le ragondin et les poissons

Protégée depuis trente ans, la discrète **loutre d'Europe**, au corps

SITE NATURA 2000

Fort d'un maillage de 25 000 sites, le réseau Natura 2000 participe depuis 1992 à la préservation des habitats naturels et des espèces sur l'ensemble de l'Union européenne. Avec plus de 1 700 sites à elle seule, la France joue un rôle important dans la constitution de ce réseau caractérisé par la volonté de faire cohabiter une nature préservée et des activités humaines responsables.

www.natura2000.fr

longiligne, ne sort guère de son terrier que la nuit. Elle se fait rare du fait des transformations parfois brutales du milieu dans lequel elle évolue, et elle a bien du mal à trouver sa subsistance (du poisson principalement) et à survivre.
En revanche, vous ne manquerez pas d'apercevoir, dans les cours d'eau, le museau de quelque **ragondin**, gros rongeur au pelage foncé, aux oreilles rondes et aux longues moustaches. Il n'est pas originaire d'Europe, mais s'est échappé d'élevages et prolifère dans les canaux du marais. Il est redouté non pour son agressivité (c'est un herbivore), mais parce qu'il sape les berges en creusant son terrier. La chasse, le piégeage et l'empoisonnement contrôlent la population. Près de 50 000 individus sont ainsi éliminés chaque année dans le seul département de la Charente-Maritime. Un chiffre qui pourrait diminuer, car les chasseurs, désormais équipés en zone de marais de cartouches à grenaille d'acier moins efficaces et plus onéreuses, réfléchissent avant de tirer ce gibier. Dans les canaux, outre les **anguilles** et poissons communs, on rencontre, en route vers leurs sites de reproduction dans les rivières, l'**alose feinte** et la **grande alose**, la **bouvière** et les **lamproies** de rivière et marines.

Le baudet du Poitou

Son origine reste mystérieuse. On suppose qu'il était déjà connu du temps des Gaulois. Très doux et attachant, ce grand âne à longs poils brun-roux était réputé pour sa résistance et fut beaucoup utilisé lors des travaux d'assèchement du Marais poitevin. Mais il est surtout connu pour son talent de reproducteur de la **mule poitevine**, animal hybride né du croisement entre un baudet et une jument, et particulièrement apprécié pour son habileté au travail. C'est à Melle et dans le Pays mellois que l'élevage et le négoce du baudet prospéraient. La mécanisation dans le domaine agricole rendit mules et baudets inutiles. Menacé de disparaître, le baudet du Poitou doit sa survie à l'Asinerie nationale de **Dampierre-sur-Boutonne**, créée en 1981.

Une flore diversifiée

On retrouve dans les marais une grande diversité de formations végétales. La végétation aquatique des eaux saumâtres et douces compte la **renoncule** à petites fleurs blanches flottant à la surface de l'eau, six variétés de **lentilles d'eau**, la « grenouillette » ou **hydrocharis des grenouilles** qui ressemble à un petit nénuphar, et quelques hôtes indésirables : le **myriophylle** du Brésil au feuillage plumeux et la **jussie** à petites fleurs jaunes, qui envahit les canaux et fait l'objet d'arrachages manuels ou mécaniques.
Au bord des canaux, le **populage des marais** ressemble, par ses fleurs, au bouton-d'or, et l'**hottonie** dresse ses hautes fleurs couleur lilas au-dessus de l'eau. Près de la mer, dans la végétation adaptée au sel (halophyte), repérez la comestible **salicorne**, l'arbuste **obione faux-pourpier** à fleurs jaunes, l'**aster maritime**, dans les prairies humides l'**iris bâtard** de couleur mauve, protégé dans la région, et sur les pelouses, l'**orchis à fleurs lâches**, mais aussi la **fritillaire pintade** aux clochettes déclinant en damier des nuances lie-de-vin. Enfin, quelques pelouses calcaires abritent de nombreuses **orchidées**.

Les marais en danger

Dans le Marais poitevin, depuis une trentaine d'années, d'importants **drainages** ont été effectués pour remplacer les prairies naturelles humides par de vastes cultures céréalières. Sur les 60 000 ha cartographiés en 1973, quelque 33 000 ha avaient déjà disparu en 1990. La région suit en cela l'évolution de l'agriculture en général. Mais ces nouvelles formes de cultures (en particulier le maïs) ont engendré une baisse sensible de la **nappe phréatique** et un allongement spectaculaire de la durée d'**étiage** (basses eaux) des rivières. Cette évolution met désormais en péril les espaces humides, gagnés à leur tour par l'**assèchement**. Des mesures de protection ont été prises, mais les prairies naturelles continuent, à un rythme moindre, à reculer.

L'intérieur des terres

PLAINES, BRANDES ET PLATEAUX

Délimitée par les massifs anciens de Vendée (extrémité méridionale du Massif armoricain) et du Limousin, la **plaine du Poitou** dessine un croissant allant de Loudun à Luçon. Calcaire, elle est entaillée de profondes vallées. À peine interrompue par de gros villages et à peu près dépourvue d'arbres, elle étend à l'infini ses champs (dévolus à la production de céréales), ses landes et ses prés.

Des nuances de paysages sont perceptibles. Au nord, la **plaine** s'apparente à la Touraine ; de Thouars à Châtellerault, la craie tourangelle affleure, tapissée de maigres cultures et de landes que tondent les moutons.

Les **forêts** sont plus nombreuses. Par endroits, les sables se sont déposés et les bois de pins voisinent alors avec les champs d'asperges. À l'ouest du Clain jusqu'à Melle et St-Maixent, le calcaire, crevassé de **vallons**, se décompose à la surface en fertile terre de groie rouge.

Autour de Chauvigny et de Montmorillon, les confins du Poitou étaient jadis le domaine des **landes** ou **brandes du Poitou**, paysage sauvage. Il en subsiste aujourd'hui des fragments où l'on retrouve une flore inattendue. C'est le domaine des moutons de race charmoise ou des chèvres dont le lait est utilisé pour la confection d'un célèbre fromage : le chabichou. Ailleurs, les brandes défrichées ont permis l'élevage de bovins, limousins ou charolais.

D'Angoulême à La Rochelle s'allongent les étendues quelque peu monotones d'une opulente **plaine**, englobant l'**Angoumois** (région d'Angoulême), la **Saintonge** (région de Saintes) et l'**Aunis** (terme décrivant la région de La Rochelle). Seulement coupée de rares **vallées** comme celle de la Boutonne, cette plaine calcaire est jalonnée de bourgs blanchâtres et de petites villes. Comme en Poitou et dans la plaine vendéenne, le calcaire est recouvert de terre rouge de groie ou d'un limon fécond où le blé alterne avec la betterave fourragère, le trèfle et la luzerne.

Au nord-est du département de la Charente, le **Confolentais** rencontre les contreforts du Massif central. Le paysage de plateaux y est déjà d'aspect limousin.

Au sud d'Angoulême, le paysage devient de plus en plus vallonné, avec de nombreux bois et forêts, offrant des perspectives lointaines baignées de lumière vers le Bordelais ou le Périgord tout proches.

LE VIGNOBLE

Installé sur les **coteaux**, le vignoble dessine un paysage particulier, régulier, presque peigné. La vigne devient une culture extensive dans le **Cognaçais**, qui mérite par son paysage comme par sa richesse son nom de « Champagne ». Mais avant le digestif, d'autres vins locaux peuvent être goûtés, avec modération (*p. 45*).

Histoire

Terre océane : ce qui semblait une redoutable frontière naturelle a finalement imprégné toute la région de son identité, jusque dans ses terres les plus reculées. Poitou marqué par le souvenir des ducs d'Aquitaine et des Plantagenêts, du Prince Noir et des guerres de Religion ; Poitou atlantique en l'honneur des Acadiens. Angoumois apanage royal, terre des Valois, berceau de François Ier qui envoya le navigateur Verrazano vers l'Amérique ; il découvrit la baie de New York qu'il nomma « Nouvelle Angoulême » en l'honneur du souverain. L'esprit qui unit l'histoire régionale est un vent marin…

Des origines à nos jours

L'ÉPOQUE PRÉHISTORIQUE

En Charente, les fossiles de vertébrés sont parmi les plus anciens au monde. On a découvert des dinosaures dans une carrière à **Angeac-Charente** datant de 130 millions d'années, notamment des sauropodes (herbivores) de près de 20 mètres de long.
Dès le paléolithique (de 18 000 à 10 000 ans av. J.-C.), la présence humaine est attestée dans la région d'Angoulême et de Poitiers. L'homme de Néandertal a laissé de nombreux témoignages autour des sites de La Quina ou Artenac. La Charente est très riche également en vestiges de tout premier ordre du paléolithique supérieur. Sur les parois rocheuses et objets, l'art apparaît sous différentes formes d'expression : peinture, gravure, sculpture. Ainsi, des grottes ou abris-sous-roche tels le Placard, le **Roc de Sers**, la **Chaire à Calvin** sont de notoriété mondiale. De la fin de cette période datent également les galets gravés de Lussac-les-Châteaux. Le néolithique (75 à 25 s. av. J.-C.) est marqué par la généralisation du polissage et de la céramique, le développement de l'agriculture et de l'élevage, la sédentarisation des populations, l'usage des métaux et les constructions mégalithiques : menhirs, dolmens, tumulus comme ceux de **Bougon** ou de **Tusson**.
Les pratiques funéraires de l'âge du bronze, où l'on déposait les corps des défunts et les objets funéraires dans des grottes profondes, sont mises en valeur au musée d'Angoulême par les reconstitutions de la grotte des Duffaits et de celle du Quéroy.

OCCUPATION ROMAINE ET CHRISTIANISATION

Au 1er s. av. J.-C., Agrippa crée un réseau dense de routes au départ de Lyon. Les voies depuis Narbonne, Orléans et Lyon aboutissent à Saintes, où furent édifiés l'arc de Germanicus et les arènes. Durant toute la période gallo-romaine, la région est en plein essor, comme en témoignent le sanctuaire païen, les thermes et le théâtre de **Sanxay** ou l'exceptionnel ensemble thermal de **Chassenon**. Le christianisme, introduit en Gaule dès le 2e s. par des commerçants grecs et des légionnaires romains, pénètre en Poitou vers le 4e s. Le baptistère St-Jean à Poitiers et la nécropole de Civaux illustrent l'évangélisation de la région.

LE MOYEN ÂGE

- **476** – Chute de l'Empire romain d'Occident ; les Barbares occupent la Gaule.
- **507** – Première bataille dite « de Poitiers ». Clovis met un terme à la mainmise wisigothe en Aquitaine.
- **732** – Seconde bataille de Poitiers : à Moussais-la-Bataille, Charles Martel arrête la progression arabe en Aquitaine.
- **800** – Charlemagne est couronné empereur d'Occident à Rome.
- **820** – Début des incursions normandes. Vers 850, destruction de Saintes et d'Angoulême.
- **987** – Hugues Capet est élu roi. Il fonde la dynastie capétienne.
- **10e s.** – Début du pèlerinage à St-Jacques-de-Compostelle.
- **10-11e s.** – Les comtes de Poitiers et d'Angoulême, ducs d'Aquitaine, règnent sur tout le Sud-Ouest. Plus puissants que le roi, ils financent par leur générosité une floraison d'églises et d'abbayes romanes.
- **1095** – Urbain II prêche la première croisade à Clermont.
- **1137** – Le prince Louis, futur roi de France, épouse Aliénor d'Aquitaine qui lui apporte en dot les provinces du sud-ouest de la France. Quinze ans plus tard, leur divorce et le remariage d'Aliénor avec Henri II Plantagenêt, futur roi d'Angleterre, sont pour le Capétien une catastrophe politique.
- **12e s.** – Les pèlerins qui fréquentent les chemins de St-Jacques-de-Compostelle animent les villes de Parthenay, Poitiers, Saintes, Pons, etc.
- **1204** – Mort d'Aliénor. Philippe Auguste s'empare de Poitiers. Cependant, ce n'est qu'en 1224 que le Poitou sera annexé au domaine royal.
- **1224** – Rattachement de l'Aunis et de la Saintonge au domaine royal.
- **1308** – L'Angoumois est confisqué au profit du domaine royal. Vingt ans plus tard, il est donné à Jeanne de Navarre.
- **1356** – À Nouaillé, le roi Jean II le Bon perd la « bataille de Poitiers » ; il est fait prisonnier par le Prince Noir.
- **1360** – Traité de Brétigny : l'Aquitaine, l'Aunis, la Saintonge et l'Angoumois deviennent possessions du roi d'Angleterre.
- **1422** – Charles VII, réfugié à Bourges, est proclamé roi à Poitiers.
- **1428** – Les théologiens de Poitiers, après avoir questionné Jeanne d'Arc, concluent à la véracité de ses dires. Le roi lui confie une troupe. Elle part de Poitiers avec ses compagnons, parmi lesquels Gilles de Rais.
- **1429** – Après avoir délivré Orléans d'un siège qui durait depuis sept mois, Jeanne emmène Charles VII à Reims. Il y est sacré roi, sa légitimité ne sera plus contestée.
- **1431** – Prisonnière des Anglais, Jeanne est brûlée vive à Rouen.
- **1436** – L'armée royale investit Paris.
- **1449** – La Normandie, puis la Guyenne passent aux Français.
- **1453** – Dernière bataille de la guerre de Cent Ans, gagnée à Castillon-la-Bataille. Les Anglais abandonnent progressivement le pays.

LA RENAISSANCE

- **1494** – Naissance de François Ier à Cognac. En succédant à Louis XII sur le trône de France en 1515, il fait passer la couronne de la branche des Valois-Orléans à celle des Valois-Angoulême.
- **1534-1535** – Jean Calvin prêche la Réforme en Saintonge, en Angoumois et à Poitiers.

La reine Aliénor d'Aquitaine.
Image Asset Managemen/World History Archive/age fotostock

- **1539** – Ordonnance de Villers-Cotterêts : le français se substitue au latin pour les actes publics et notariés.

LES GUERRES DE RELIGION

- **1562** – Début des guerres de Religion.
- **1569** – Batailles de Jarnac et de Moncontour remportées par le duc d'Anjou sur les réformés. Échec du siège de Poitiers par les protestants de Coligny.
- **1572-1573** – Après le massacre des protestants dans la nuit du 23 août (St-Barthélemy) à Paris, ceux de la région se réfugient à La Rochelle. La ville supporte un siège de cinq mois tenu par l'armée royale, et en ressortira libre.
- **1576** – Formation de la Sainte Ligue fondée par les Guises contre les protestants. D'autres guerres civiles auront lieu jusqu'en 1589.
- **1589** – Début du règne d'Henri IV.
- **1598** – Fin des guerres de Religion. Henri IV s'est converti au catholicisme en 1593. Son édit de Nantes rétablit la paix religieuse dans le pays en instaurant une centaine de places de sûreté, dont La Rochelle.
- **1610** – Croyant sauver par ce geste la religion catholique, Ravaillac assassine Henri IV. Début du règne de Louis XIII.
- **1624** – Le cardinal de Richelieu devient Premier ministre. Pour réaliser l'unité de la France, il veut réduire l'importance politique du protestantisme.
- **1627-1628** – Lorsqu'en 1627, La Rochelle se range du côté des Anglais (protestants), Richelieu entame un siège de la ville qui durera 416 jours.
- **1664** – Colbert prend conscience de la vulnérabilité du littoral atlantique aux incursions anglaises. Il entreprend l'aménagement de Rochefort.
- **1685** – Révocation de l'édit de Nantes par Louis XIV. De nombreux protestants s'expatrient.

LE SIÈCLE DES LUMIÈRES

- **1712-1716** – Louis-Marie Grignion de Montfort, prêtre breton envoyé par le pape Clément XI en mission apostolique dans les campagnes françaises, sillonne le Poitou et l'Aunis. Il enracine dans la région le culte du Sacré-Cœur et de la Vierge.

- **1773** – Chassés de leurs terres lors du « Grand Dérangement », des Acadiens arrivent en Poitou.
- **1789** – Début de la Révolution.
- **1790** – L'Assemblée constituante crée les départements de Charente (Angoumois), Charente-Inférieure (Aunis et Saintonge), Deux-Sèvres et Vienne (Haut-Poitou).

L'EMPIRE ET LA RESTAURATION

- **1804** – Le 2 décembre, Napoléon Ier est sacré empereur des Français à N.-D. de Paris par Pie VII pris en otage.
- **1806** – Le blocus continental, destiné à ruiner l'Angleterre en la privant de ses débouchés commerciaux sur le continent, réduit l'activité des ports du littoral atlantique.
- **1815** – De l'île d'Aix, Napoléon Ier écrit sa lettre de reddition aux Anglais.
- **1848** – Louis Napoléon est élu président de la République au suffrage universel.
- **1852** – Le Second Empire plébiscité : Napoléon III devient empereur.
- **1870** – Chute du Second Empire ; la République est proclamée à Paris.

LA RÉPUBLIQUE

- **1876** – Crise du phylloxéra dans la région qui provoque un important exode rural. En Saintonge, la culture du blé et l'élevage viennent remplacer la culture de la vigne.
- **1888** – Première laiterie coopérative fondée à Chaillé. Les coopératives se répandent bientôt dans les plaines du Poitou et de l'Aunis où la vigne a été anéantie.
- **1890** – Le président de la République Sadi Carnot inaugure le port de La Pallice, à proximité de La Rochelle.
- **1905** – Émile Combes (1835-1921), maire de Pons, et Georges Clemenceau, alors député à la Chambre des députés, font voter la loi de séparation des Églises et de l'État.
- **1917** – Clemenceau est appelé au pouvoir par Poincaré.
- **1945** – Soldats et résistants français assiègent les Allemands encore retranchés dans les « poches de l'Atlantique », dont celle de Royan.
- **1960** – Création de la région administrative Poitou-Charentes.
- **1966** – Oléron devient la première île française à être reliée au continent par un pont.
- **1981-1995** – Présidence de François Mitterrand, originaire de Jarnac.
- **1984** – Inauguration du Futuroscope.
- **1985** – Premières Francofolies à La Rochelle.
- **1988** – Achèvement du pont de l'île de Ré.
- **1989** – Ouverture à Angoulême du CNBDI (*p. 240*).
- **1990** – Desserte de Châtellerault, Poitiers et Angoulême par le TGV Atlantique.
- **1999** – Fin décembre : les côtes de Charente-Maritime sont touchées par la marée noire du pétrolier *Erika*. De plus, la région subit de gros dégâts suite à la tempête des 26 et 27 décembre.
- **2008** – Inauguration de la Cité internationale de la bande dessinée et de l'image à Angoulême.
- **2010** – En février, la tempête Xynthia dévaste la région et pose la question des zones inondables.
- **2011** – Début du chantier de construction de la LGV (ligne à grande vitesse) Poitiers-Bordeaux.
- **2016** – La région intègre la grande région d'Aquitaine.

ALIÉNOR D'AQUITAINE, LES PLANTAGENÊTS ET LA GUERRE DE CENT ANS

Une vie mouvementée

En 1137, **Louis VII** (1120-1180), fils du roi de France Louis VI, épouse **Aliénor** (1122-1204), fille unique de Guillaume X, duc d'Aquitaine et de Poitou. Elle apporte en dot la Guyenne, le Périgord, le Limousin, la Marche, le Poitou, l'Angoumois, la Saintonge, la suzeraineté sur l'Auvergne et le comté de Toulouse. Le mariage est mal assorti. Comptant sur son frère aîné pour assurer la succession, Louis se destinait à la vie monastique. S'il reprend le flambeau à la mort de son frère, il garde de son premier choix un caractère modéré, discret, qui lui vaudra d'être taxé de « moine couronné » par son épouse. Aliénor a été habituée à une vie de cour bien plus fastueuse que celle du petit royaume de France. Vive et primesautière, elle aime les fêtes et les joutes poétiques. Épreuve supplémentaire : leur mariage ne leur donne que des filles. Au retour de la deuxième croisade et après quinze années de vie conjugale, le roi fait annuler son mariage en 1152. Outre sa liberté, Aliénor recouvre sa dot. Elle est un parti très envié.

Le temps des Plantagenêts

Son remariage, six semaines plus tard, avec **Henri II Plantagenêt**, duc de Normandie, comte d'Anjou et suzerain du Maine et de la Touraine, est pour les Capétiens une catastrophe politique : les domaines réunis d'Henri et d'Aliénor s'étendent de la Manche aux Pyrénées. Ils ne sont reliés au roi de France que par un fragile lien de vassalité. Deux ans plus tard, Henri Plantagenêt devient roi d'Angleterre sous le nom d'Henri II. La vie de faste de la cour anglaise convient mieux à Aliénor, qui donne à son époux quatre fils et trois filles. Mais, après quelques années,

L'ÉTAT PLANTAGENÊT À SON APOGÉE (Milieu du 12e s.)

Henri II devient à la fois volage et autoritaire. Aliénor s'installe donc seule à Poitiers où elle tient une cour brillante. À partir de 1173, elle intrigue contre Henri II, soutenant son fils **Richard Cœur de Lion**. Emprisonnée pendant quinze ans à Salisbury, elle sera libérée en 1189 à la mort d'Henri II. Le nouveau roi Richard vient batailler contre Philippe Auguste en Poitou, mais meurt en 1199. Sous le règne de Jean sans Terre, Aliénor continue sa lutte contre **Philippe Auguste**. Elle se retire à l'abbaye de Fontevraud où elle passe les dernières années de sa vie. Aliénor meurt à Poitiers et sera enterrée à Fontevraud, comme son époux et son fils. Quelques mois plus tard, Philippe Auguste s'empare de Poitiers. Les victoires de 1214 (Bouvines et la Roche-aux-Moines) et de 1242 (Saintes) scellent la suprématie des Capétiens. Les Plantagenêts ne contrôlent plus que la Guyenne.

Un deuxième siècle de guerre

Les hostilités reprennent 80 ans plus tard. En 1360, Édouard III d'Angleterre domine tout le Sud-Ouest, mais **Charles V** et **Du Guesclin** renversent la situation. En 1365, la Bretagne rentre dans la vassalité française ; en 1370, deux victoires françaises repoussent les Anglais qui ne contrôlent plus, en 1380, que cinq ports. Durant plusieurs décennies, la France et l'Angleterre connaissent de graves crises dynastiques. Charles VII, réfugié à Bourges, est reconnu roi à Poitiers. L'épopée de Jeanne d'Arc et le sacre de Charles VII à Reims (1429) conduiront à la paix d'Arras, à la reprise de Paris et au départ des Anglais de France.

LE PROTESTANTISME

La Réforme, prêchée par Calvin dans la région dès les années 1530, a gagné très vite des disciples dans les villes et les campagnes.

La Réforme

Instiguée par le théologien allemand **Martin Luther** (1483-1546), la Réforme s'oppose, au nom de la morale chrétienne, à la vente des indulgences et soumet les affaires ecclésiastiques à l'épreuve des Écritures saintes. En France, un autre théologien de la Réforme, **Calvin** (1509-1564), va répandre sa doctrine clamant la souveraineté de Dieu, la référence aux Écritures comme norme unique de la foi, la suppression du célibat des prêtres et le culte en langue courante. Calvin séjourne à Angoulême en 1533 et à Poitiers en 1534 où il expose ses idées qui seront embrassées par des nobles, des commerçants et des universitaires. Elles gagneront les îles de Ré et d'Oléron ainsi que La Rochelle, longtemps une place forte du protestantisme. Dès 1562, on y imprime des livres protestants.

Les guerres de Religion

En 1562, débute la première guerre de Religion. Marquée par des massacres dans les deux camps, elle se terminera en 1563 par la victoire des catholiques. La plupart des églises de la région sont pillées, vidées de leur mobilier. Les protestants, lors du siège d'Angoulême, détruisent le second clocher de la cathédrale en 1568 et commettent des exactions dont la ville aura du mal à se relever. Entre 1568 et 1570 a lieu une autre guerre, étape déterminante durant laquelle, en mars 1569, le chef protestant **Louis de Condé** est tué à Jarnac. Quelques mois plus tard, Poitiers tombe du côté catholique, malgré un long siège échafaudé par Coligny. C'est La Rochelle qui prendra la relève sous l'action de **Jeanne d'Albret** (1528-1572), reine de Navarre et mère du futur roi Henri IV. Elle sera à la tête du parti protestant de La Rochelle de 1568 à 1571. Après la **St-Barthélemy**, les

Richelieu sur la digue de La Rochelle, par Henri Motte (1846-1922), musée des Beaux-Arts.
Image Asset Managemen/World History Archive/age fotostock

protestants de la région viennent se réfugier dans la ville qui supportera un siège tenu par l'armée royale en 1572-1573 et en ressortira libre. D'autres guerres civiles auront lieu jusqu'en 1589.

L'édit de Nantes

Henri de Navarre, devenu le roi **Henri IV** en 1589, se convertit au catholicisme en 1593. En 1598, il promulgue l'édit de Nantes, rétablissant la paix religieuse dans le pays et instaurant des places de sûreté pour les protestants. Le roi réorganise son royaume et dope l'économie du pays. Il sera assassiné par **Ravaillac**, mystique catholique…

Le siège de La Rochelle

Après la mort d'Henri IV, les protestants ne sont plus protégés par le pouvoir politique. Aussi, lorsqu'en 1627, La Rochelle se range du côté des Anglais (protestants), **Richelieu**, désirant l'unité de la France, entame un siège de la ville qui durera 416 jours au bout desquels la ville sortira exsangue et vaincue, ses privilèges perdus.

La révocation de l'édit de Nantes et ses conséquences

Lorsqu'en 1685, le roi **Louis XIV** révoque l'édit de Nantes, l'ordre est donné de détruire 17 temples protestants en Poitou, tandis que de terribles **dragonnades** – persécutions par les dragons – contraignent les protestants à changer de religion. Ces conversions sont massives et les convertis, surveillés de près. Mais ces abjurations n'ont été qu'apparentes et les fidèles organisent des réunions clandestines, les **assemblées du Désert** où, par centaines, ils se retrouvent (*p. 92*). Beaucoup de protestants choisissent alors de quitter le royaume pour émigrer vers l'Europe du Nord ou l'Amérique.

LES ACADIENS EN POITOU

Poitevins en Acadie, Acadiens en Poitou : des liens se sont tissés au cours des siècles.
En 1603, le roi Henri IV concède à **Pierre Dugua de Mons** (v. 1560-1628), un protestant saintongeais,

le territoire américain compris entre le 40e et le 46e parallèle de latitude nord. Dugua de Mons, accompagné par le navigateur géographe **Samuel de Champlain**, aborde l'Acadie (actuelles provinces de Nouvelle-Écosse et du Nouveau-Brunswick, au Canada) en 1604. C'est le début d'une période de colonisation à laquelle participeront bon nombre de Bretons, Normands et Poitevins. Mais par le traité d'Utrecht de 1713, l'Acadie est cédée à l'Angleterre. Commence alors, pour les Acadiens, une période difficile. En 1755, le gouverneur britannique leur présente un ultimatum : partir ou se soumettre au nouvel ordre. Face à leur refus, il signe l'ordre de déportation : c'est le **Grand Dérangement**. Certains se cachent, d'autres fuient, se fixent en Louisiane ; ceux qui sont exilés en France sont recueillis dans les grands ports, à Belle-Île en Bretagne, puis dans la région d'Archigny près de Châtellerault. La ferme acadienne d'Archigny, le Musée municipal de Châtellerault, la Maison de l'Acadie à La Chaussée (au sud de Loudun), la chapelle de Falaise aux Ormes sont autant d'étapes du souvenir acadien.

Quelques personnalités

1122-1204 – **Aliénor d'Aquitaine**, née à Nieul-sur-l'Autise (Vendée).

1597-1654 - **Jean-Louis Guez de Balzac**, restaurateur de la langue française et académicien *(p. 239)*.

1492-1549 – **Marguerite d'Angoulême**, reine de Navarre *(p. 236)*.

1494-1547 – **François Ier**, roi de France *(p. 236)*.

1552-1630 – **Agrippa d'Aubigné**, calviniste, ancien compagnon d'armes d'Henri IV, poète *(p. 218)*.

Vers 1567-1635 – **Samuel de Champlain** *(p. 142)*.

Vers 1560-1628 – **Pierre Dugua de Mons**, lieutenant général de la Nouvelle-France *(p. 165)*.

1586-1653 – **Théophraste Renaudot**, fondateur du premier journal imprimé *(p. 353)*.

1613-1680 – **François de La Rochefoucauld**, auteur des *Maximes (p. 294)*.

1635-1719 – **Françoise de Maintenon**, épouse morganatique de Louis XIV *(p. 400)*.

1738-1814 – **Joseph Ignace Guillotin**, médecin, prôna l'usage de la guillotine et y échappa de peu *(p. 187)*.

1823-1878 – **Pierre Philippe Denfert-Rochereau** : le Lion de Belfort, c'est un peu lui *(p. 429)*.

1850-1923 – **Pierre Loti**, le grand écrivain de la région, qui s'en avéra un ardent défenseur *(p. 130 et p. 200)*.

1874-1947 – Né à Cognac, **Louis Delage**, l'un des pionniers de l'industrialisation automobile.

1888-1979 – **Jean Monnet**, l'un des pères de l'Europe *(p. 267)*.

1907-1977 – **Henri-Georges Clouzot**, cinéaste, auteur du *Quai des Orfèvres (p. 400)*.

1919-1970 – **Félix Gaillard**, dernier président du Conseil de la IVe République en 1957, né à Angoulême.

1916-1996 – **François Mitterrand**, président de la République *(p. 254)*.

1926-1984 – **Michel Foucault**, philosophe *(p. 364)*.

Né en 1945 à Poitiers – **Joël Robuchon**, l'un des grands chefs cuisiniers de France.

1947-2010 – **Bernard Giraudeau**, comédien et réalisateur né à La Rochelle.

Né en 1948 à Poitiers – **Jean-Pierre Raffarin**, Premier ministre (2002-2005) sous la présidence de Jacques Chirac.

Les chemins de Saint-Jacques

Parmi les quatre routes qui cheminent jusqu'à St-Jacques- de-Compostelle, la **via Turonensis**, passant par Tours, descend à travers le Poitou et les Charentes.

La légende et l'histoire

L'apôtre saint Jacques le Majeur, investi de la mission d'évangéliser l'Espagne, est mort en Palestine, martyr décapité. Son corps jeté en pâture hors de Jérusalem aurait été mis dans une barque par ses anciens disciples et il aurait vogué librement jusqu'en Espagne. Enterré sur la côte de Galice, son tombeau aurait été miraculeusement retrouvé au début du 9e s. à un emplacement où on édifia une église. Lors de la reconquête de l'Espagne, saint Jacques devient le patron des chrétiens : en 844, à Clavijo, il serait apparu dans un combat sur un cheval blanc terrassant les Maures, d'où son surnom de Matamore.

Le pèlerinage

Durant tout le Moyen Âge, le tombeau de saint Jacques va attirer en Espagne une foule considérable de pèlerins. Cette ferveur est telle que Santiago (Compostelle) devient aussi réputée que Rome ou Jérusalem.

Depuis le premier pèlerinage français accompli par l'évêque du Puy dès 951, des millions de **Jacquets**, **Jacquots** ou **Jacobits** se sont mis en chemin pour aller vénérer les reliques de l'apôtre, à partir des principaux centres de regroupement que constituaient pour l'Europe entière Paris (et Tours), Vézelay, Le Puy et Arles. On les reconnaissait à leur gros bâton à crosse, ou bourdon, et aux insignes du pèlerinage : **médaille** et **coquille**. De nombreux tableaux et des statuettes montrent le **chapeau de feutre** à larges bords et la vaste **cape** (pèlerine) ou le **mantelet** court (esclavine) couvrant les épaules que portait le pèlerin. Une panetière (musette), et un coffret en tôle abritant les papiers et sauf-conduits complétaient son attirail.

L'hébergement des pèlerins se fait dans des **hôtelleries**, des **hôpitaux** ou des **églises**. Vers 1140, un **Guide du pèlerin** – œuvre probable du Poitevin Aymeri Picaud, moine à Parthenay-le-Vieux – enseigne les coutumes, les climats et signale les endroits à voir.

La guerre de Cent Ans marque l'amorce du déclin du pèlerinage, accentué, au 18e s., par les difficultés administratives pour franchir les frontières. Il faudra attendre les années 1980 pour voir le nombre de pèlerins reprenant la route augmenter à nouveau. Si beaucoup sont animés par des préoccupations spirituelles, les randonneurs sont tout aussi nombreux.

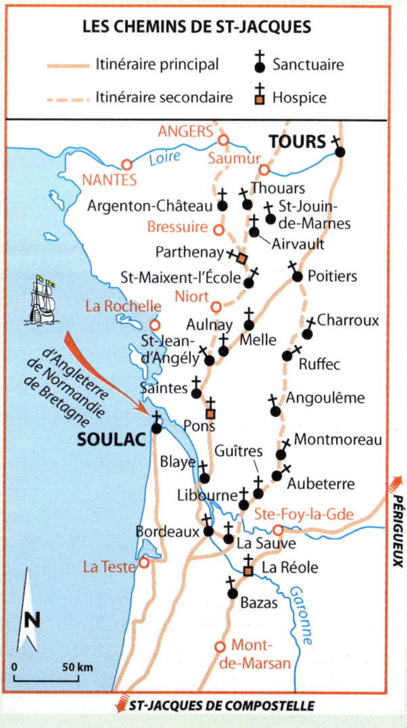

Art et architecture

Sur le chemin de St-Jacques-de-Compostelle, les églises et abbayes de pierre claire et tendre, sculptées à profusion, font écho au faste et aux joutes poétiques de la vie de cour des ducs d'Aquitaine, comtes de Poitiers. Les guerres entre Anglais et Français, entre protestants et catholiques, entre républicains et royalistes freinèrent pour un temps l'expression de cette prospérité créative, qui s'épanouit à nouveau avec la mode des bains de mer et son cortège d'artistes voyageurs.

Architecture

L'ÉPOQUE GALLO-ROMAINE

La région fait alors partie de la province romaine d'Aquitaine, dont les capitales sont Saintes, Poitiers (*p. 318*) puis Bordeaux. Il en reste quelques beaux témoignages : ruines d'amphithéâtres (Saintes), de théâtres (Les Bouchauds, Vieux-Poitiers), de temples et de thermes (Sanxay, Chassenon), d'arcs votifs (Saintes).

Amphithéâtres ou arènes

Ils comportent deux étages d'arcades surmontés d'un étage plus petit appelé **attique**, en haut duquel sont encastrés les poteaux servant à l'amarrage d'un immense **voile** *(velum)* qui abrite les spectateurs. À l'intérieur, un mur protège le public contre les bêtes sauvages lâchées sur la piste où se déroulent aussi les combats de gladiateurs. Les plus renommés sont ceux de Saintes et Poitiers.

Théâtres

Ils comprennent des **gradins**, l'**orchestre** réservé aux dignitaires la **scène** surélevée par rapport à l'orchestre. Les acteurs, le visage masqué, chaussés de cothurnes pour la tragédie, jouent devant un mur percé de trois portes par où ils entrent et sortent. Recouvrant la scène, un **toit** incliné rabat les sons et porte au loin les voix.

LE ROMAN (11e-12e S.)

Après les périodes troublées du haut Moyen Âge, l'an mille marque un renouveau : conditions de vie meilleures, épanouissement des arts. Un élan de foi se développe, concrétisé par croisades et grands pèlerinages. Dans la région, les principaux sanctuaires s'élèvent au long des chemins de St-Jacques-de-Compostelle (*p. 63*).

Le plan

En Poitou, les églises romanes comportent généralement une haute **nef centrale**, à voûte en berceau, soutenue par des **bas-côtés** ou collatéraux à peine moins élevés qu'elle, la lumière pénétrant par les baies des bas-côtés. Dans l'Angoumois et en Saintonge, la nef unique, très large, est tantôt voûtée en **berceau**, tantôt couverte d'une file de **coupoles** : il s'agirait d'une influence périgourdine, transmise par Girard, évêque d'Angoulême.

Les façades

Elles se caractérisent par leurs **arcades** et **arcatures** sur deux étages. Toutefois, les arcatures à

Poitiers, N.-D.-la-Grande, détail de la façade.
J.-D. Sudres/hemis.fr

l'étage seraient plutôt angoumoises ou saintongeaises. Dans le Poitou, on constate une division verticale en trois parties, avec de grandes arcades séparées par des contreforts-colonnes. Poitevine ou saintongeaise, la façade est en général surmontée d'un **pignon** triangulaire et encadrée de **colonnes** ou de faisceaux de colonnes que surmontent parfois des **lanternons** à toit conique, couverts d'imbrications. Elle est souvent peuplée de statues et de bas-reliefs : le frontispice de N.-D.-la-Grande est l'un des exemples les plus achevés, avec celui de St-Pierre d'Angoulême, de ces « façades-écrans » s'ordonnant en une « page sculptée » de la Bible.

En Poitou, Angoumois et Saintonge, les **portails** sont très profonds et ornés de voussures et de **chapiteaux** richement sculptés. Mais ils sont généralement privés de **tympan**, et encadrés, comme à N.-D.-la-Grande, d'arcatures latérales aveugles ornementées. Sur la route de St-Jacques-de-Compostelle, on retrouve aussi des influences **hispano-mauresques** : arcs outrepassés, arcs polylobés ou découpés en festons (Châtre), arcs en alvéoles (Celles-sur-Belle).

Les clochers

La plupart des clochers romans sont soutenus aux angles par de hauts **contreforts** ou des **tourelles d'angle**. Ils sont percés de petites baies, ajourées dans les étages supérieurs (Angoulême, Bassac). Quelques-uns forment le **porche** comme à St-Porchaire (Poitiers) ; la plupart, centraux, marquent la croisée du transept (église de l'Abbaye aux Dames à Saintes).

Les chevets

Les sanctuaires à **déambulatoire** et petites chapelles rayonnantes à **contreforts-colonnes** sont fréquents dans le Poitou : l'église St-Hilaire (Melle) en est un bon exemple. Certains chevets saintongeais, tel celui de l'église de Rioux, présentent toutefois l'originalité d'une **abside** richement décorée de baies et d'arcatures sur deux étages, avec, en couronnement, une frise placée sous une corniche à modillons sculptés.

La sculpture

La pierre calcaire a permis de sculpter un décor remarquable par sa finesse, son abondance et sa variété : **rinceaux** et feuilles d'acanthe antiques, **entrelacs** préromans, monstres orientaux, scènes de la Bible ou de la vie des saints, voire de la vie quotidienne. Si la façade de N.-D.- la-Grande à Poitiers possède un décor somptueux, la richesse de la sculpture est surtout saintongeaise. Les thèmes sont classiques, tel le Jugement dernier, sur les façades de St-Jouin-de-Marnes ou d'Angoulême. D'autres sont plus particuliers au Poitou et à la Saintonge. Ainsi, des femmes armées symbolisent les **Vertus** et des monstres, les **Vices**. Les **Vierges sages** et les **Vierges folles**, symboles des Élus et des Réprouvés au moment du Jugement dernier, se font face : les unes habillées simplement tiennent des lampes allumées, les autres à la toilette plus luxueuse tiennent des lampes renversées. Et enfin, le **cavalier** (à Melle), abrité sous une arcade, chevauche son cheval foulant aux pieds un personnage. Il pourrait s'agir de la réminiscence d'une statue romaine de Marc Aurèle. Les pèlerins le prenaient pour Constantin, le premier empereur chrétien ; le personnage terrassé symbolisant le paganisme vaincu.

Fresques et peintures murales

La fresque est une peinture murale exécutée à l'eau sur une couche de mortier frais. St-Savin réunit l'ensemble le plus extraordinaire de peintures murales de l'école poitevine. Elles sont remarquables par la beauté des coloris, l'unité d'ensemble, la perfection de la technique et l'intensité de vie qui s'en dégage. À la même école sont attribuées les peintures de la crypte de Montmorillon.

Les cimetières

Ils abritaient deux sortes de monuments : les **lanternes des morts** et les **croix hosannières**. La lanterne des morts (Cellefrouin, Fenioux et St-Pierre-d'Oléron) est un pilier creux, en pierre, au sommet duquel brûlait un feu, symbole de la vie éternelle. Elle comprend un soubassement recouvrant un ossuaire, des degrés accédant à un autel, la colonne à l'intérieur de laquelle se trouve parfois un escalier, le logement du feu et un toit couronné d'une croix. Les croix hosannières (Aulnay et Moëze) commémorent l'entrée du Christ à Jérusalem le dimanche des Rameaux. Le prêtre récitait l'évangile des Rameaux, puis l'assistance défilait en chantant l'Hosanna et en déposant les rameaux, les « hosannas ».

DU ROMAN AU GOTHIQUE

Le **style Plantagenêt**, dit aussi angevin, tient son nom d'Henri Plantagenêt (1133-1189), roi d'Angleterre (1154-1189) et duc d'Aquitaine. Il s'agit d'un style à **tendance gothique** qui connaît son apogée au début du 13e s. et s'éteint avant la fin du siècle. Son originalité réside surtout dans la **voûte angevine** bombée, probablement issue de la coupole. Élevée, la **clé**, point central de la croisée d'ogives, domine d'environ 3 m les clés des formerets et des arcs-doubleaux (arcs supportant la retombée de la voûte). Alors que, dans les voûtes gothiques classiques, toutes les clés sont situées à peu près à la même hauteur. À la fin du 12e s., les voûtes angevines s'allègent, les nervures plus nombreuses, légères et gracieuses, retombent sur de sveltes colonnes rondes. La voûte angevine est employée en Poitou (cathédrale de Poitiers, St-Jouin-de-Marnes, Airvault), en Saintonge et en Angoumois (abbaye de La Couronne).

LE GOTHIQUE (12e-15e S.)

Excepté le style Plantagenêt, qui conserve de nombreux éléments romans, l'art gothique n'a guère eu d'écho ici. On y rencontre toutefois des exemples de gothique méridional, caractérisé par la nef unique, très large et sans transept. Aux 14e et 15e s., des influences anglaises sont perceptibles dans les tours carrées, flamboyantes, de certaines églises de Saintonge (St-Eutrope à Saintes, Marennes).

LA RENAISSANCE

Une vingtaine d'**artistes italiens** amenés de Naples par Charles VIII, fin 1495, apportent un souffle nouveau à l'architecture française.

Architecture civile

L'architecture Renaissance locale procède de celle du Val de Loire et se développe sous l'impulsion de l'entourage saintongeais ou angoumois de **François Ier**. L'aile François-Ier du château d'Oiron présente une enfilade d'arcs en anse de panier, tandis que le château de La Rochefoucauld rappelle, avec sa célèbre cour à trois étages de galeries, les **palais italiens**. La décoration abondante en **arabesques**, grotesques, et nourrie de réminiscences antiques s'impose dans les châteaux d'Oiron, Usson, Dampierre-sur-Boutonne. Les toits sont hauts et à pente unique pour chaque versant.
Le bâtiment central en avancée s'explique par la présence de l'**escalier d'honneur**. On retrouve ces éléments par exemple dans l'ancien château royal de Cognac ou dans des hôtels Renaissance : hôtel Fumé de Poitiers, hôtel St-Simon d'Angoulême.

Architecture religieuse

En Angoumois et en Saintonge, elle n'offre guère que les exemples d'Oiron, de St-Marc-la-Lande et de Lonzac. En revanche des chapelles furent ajoutées à des châteaux et des églises plus anciens (château de La Rochefoucauld, chapelle Saint-Gelais d'Angoulême).

ÉPOQUE CLASSIQUE

La fin de la Renaissance avait été une époque de stagnation pour l'art français. La dynastie des Bourbons arrive avec Henri IV à la tête du pays, qui amène un changement et une ère de prospérité matérielle permettant à l'art de s'engager dans une voie nouvelle. L'art dit classique s'étend de 1589 à 1789.

Fortifications

Nées au 16e s., elles protègent surtout les villes côtières et les îles. Les pans de murs et les **bastions** sont couronnés d'une plate-forme où sont placés les canons ; des **échauguettes** (tourelles suspendues) permettent de surveiller fossés et alentours. Brouage, édifiée au début du 17e s., est l'exemple type de ces fortifications qui annoncent celles de **Vauban** (1633-1707).
Ce dernier, qui fut aussi humaniste et économiste, donne à ses ouvrages une valeur esthétique en les agrémentant de monumentales entrées en pierre. S'il ne s'est rendu que trois fois en Charente-Maritime, la région est partout marquée de son empreinte. Les forteresses des îles de Ré, d'Oléron et d'Aix, les abords des estuaires de la Charente (fort de la Rade, Fouras, fort Lupin) et de la Seudre (fort du Chapus, aussi nommé fort Louvois) formaient un rempart infranchissable. Le seul point faible ne sera verrouillé qu'au 19e s. par l'édification du fort Boyard.

D'Henri IV à Louis XIII

Tantôt sobre, tantôt surchargée, s'inspirant de l'**art baroque** ou de l'art antique, l'architecture Henri IV-Louis XIII présente une grande variété. La symétrie est privilégiée, et une **tour** abritant l'escalier d'honneur peut remplacer l'**avant-corps** (St-Loup-sur-Thouet). Les portes sont coiffées d'un petit **fronton**, et les fenêtres hautes sont surmontées par un fronton en plein cintre. La vallée de la Charente se pare de belles demeures d'inspiration italienne, ouvertes sur la campagne mais conservant des créneaux décoratifs (Fleurac, Chesnel), masquant des toits de tuiles plats, et parfois ornées de cartouches baroques, comme à Bouteville.

De petits **campaniles** se dressent sur des hôtels de ville, des églises, des châteaux. L'influence italienne se fait encore sentir dans l'hôtel de ville de La Rochelle qui présente une abondante ornementation de végétaux et d'effigies diverses. Les styles Louis XIV et Louis XV n'ont guère laissé de traces dans la région. Après les dommages causés par les guerres de Religion, les églises se parent d'un mobilier baroque (chapelle des Jésuites de Poitiers, chœur de l'abbatiale de Bassac, chaire et retable de Saint-André d'Angoulême) ou sont reconstruites (église Saint-Sauveur et cathédrale de La Rochelle).

Architecture Louis XVI

De majestueux bâtiments évoquent le style Louis XVI, inspiré de l'**art antique**, dont l'architecte parisien Victor Louis fut un insigne représentant : sa manière, noble et sobre, s'exprime dans plusieurs châteaux de Saintonge comme celui de Plassac.

LE 19e S.

Caractérisé par une imitation des formes gothiques, le **gothique troubadour** eut alors son heure de gloire dans les nombreux châteaux reconstruits après la Révolution (Bressuire et Verteuil). Paul Abadie, architecte du Sacré-Cœur de Paris, restaure la cathédrale d'Angoulême et construit de nombreuses églises. À Poitiers et Angoulême sont édifiés de nombreux bâtiments publics de qualité (hôtels de ville, palais de justice…), ainsi que de belles demeures de style néoclassique.

VERS LA MODERNITÉ

Le début du 20e s. voit fleurir les villas éclectiques de la côte. Dans les années 1950, la **reconstruction de Royan**, orchestrée par **Claude Ferret**, est un exemple caractéristique de cette période où le béton armé remplace la pierre. L'église Notre-Dame, due

L'HABITAT TRADITIONNEL

La région Poitou-Charentes abrite des maisons paysannes dont le schéma de construction se compose de deux pièces au rez-de-chaussée surmontées d'un grenier.

Maisons poitevines – La géologie variée (calcaire, granit, meulière, tuffeau) a donné un habitat diversifié. Les constructions du nord ont emprunté au voisin breton la tuile plate ou l'ardoise, celles du sud ont adopté la tuile creuse dite « tige de botte ». On observe un contraste saisissant entre les **fermes en pisé et brandes** (sur assise de moellons) d'Archigny, les **maisons de terre** d'Ouzilly-Vignolles et les **cabanes** du Marais poitevin.

Maisons charentaises – Le littoral regroupe des **maisons basses** orientées en fonction du vent. Sur les îles, portes et volets des **maisons de pêcheurs** se distinguent par des couleurs vives. Tout en conservant une couverture à faible pente, le volume des maisons s'accroît à mesure que l'on s'éloigne de la mer. La pierre de taille saintongeaise met en valeur les **fermes viticoles** à cour carrée fermée qu'une porte charretière, souvent très ornée, soustrait au regard. Grange à porte cintrée et escalier extérieur protégé par un auvent constituent les caractéristiques locales.

ABC d'architecture

Les dessins présentés dans les planches qui suivent offrent un aperçu visuel de l'histoire de l'architecture dans la région et de ses particularités. Les définitions des termes d'art permettent de se familiariser avec un vocabulaire spécifique et de profiter au mieux des visites des monuments religieux, militaires ou civils.

CHAUVIGNY – Plan de l'église St-Pierre (11e-12e s.)

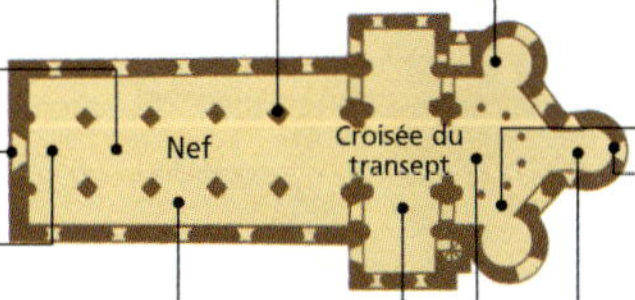

ANGOULÊME – Coupe du transept de la cathédrale St-Pierre (12e s.)

R. Corbel/MICHELIN

SAINTES – Clocher de l'église de l'Abbaye aux Dames (12e s.)

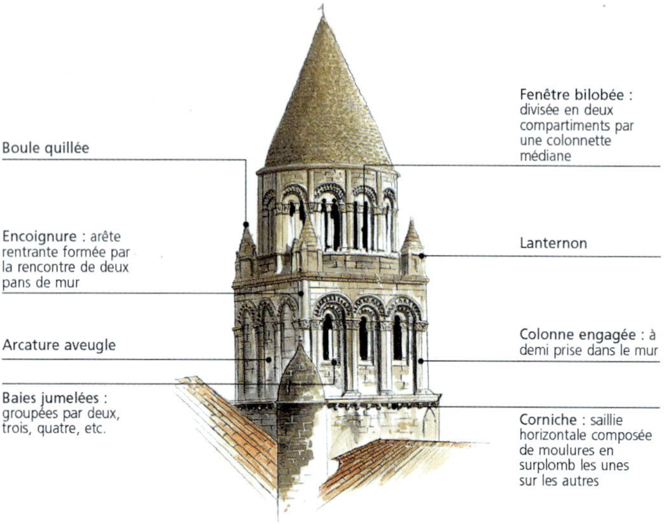

POITIERS – Façade de l'église Notre-Dame-la-Grande (12e s.)

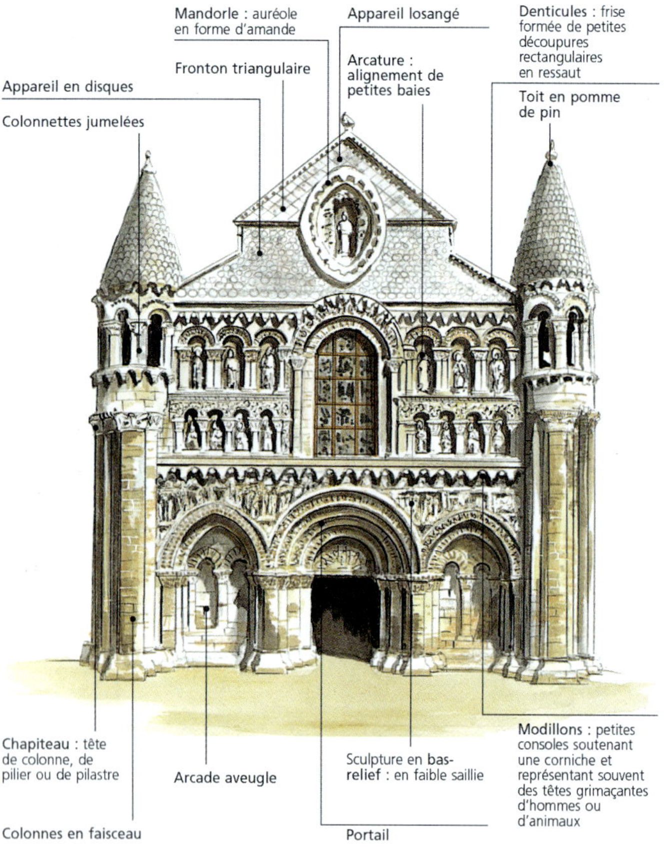

R. Corbel/MICHELIN

POITIERS – Élévation de la nef de l'église St-Hilaire-le-Grand (11e et 12e s.)

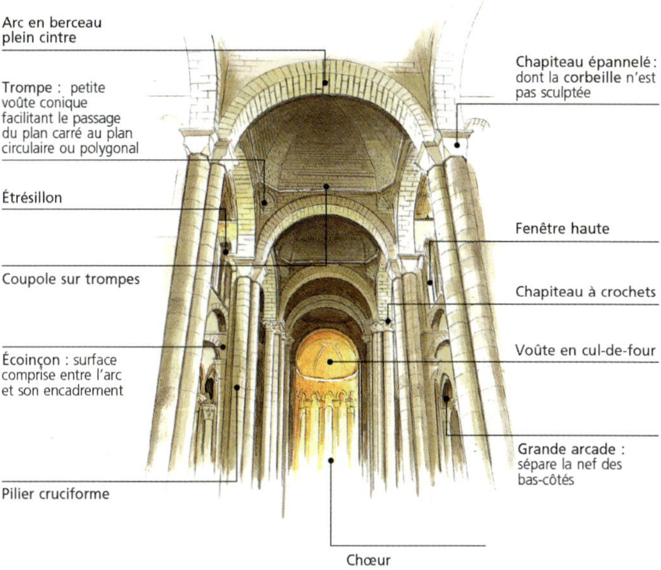

MELLE – Chevet de l'église St-Hilaire (12e s.)

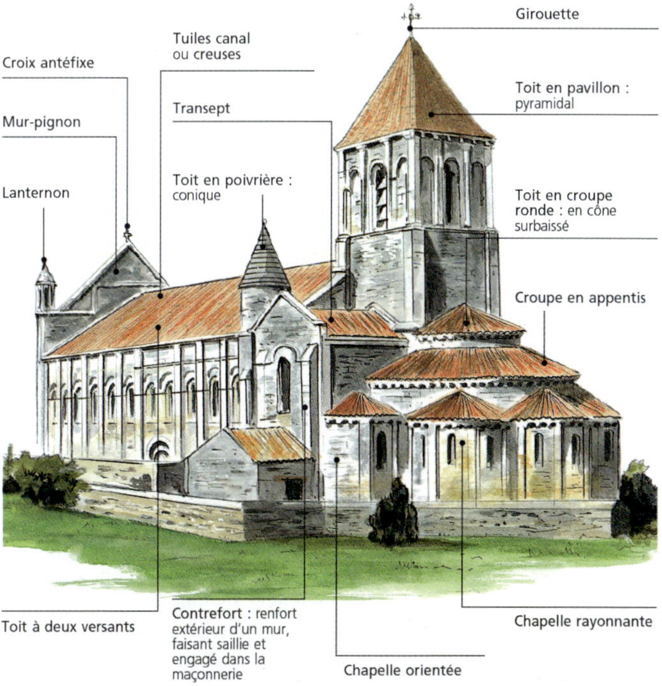

R. Corbel/MICHELIN

Architecture militaire

ESNANDES – Église fortifiée (14e et 15e s.)

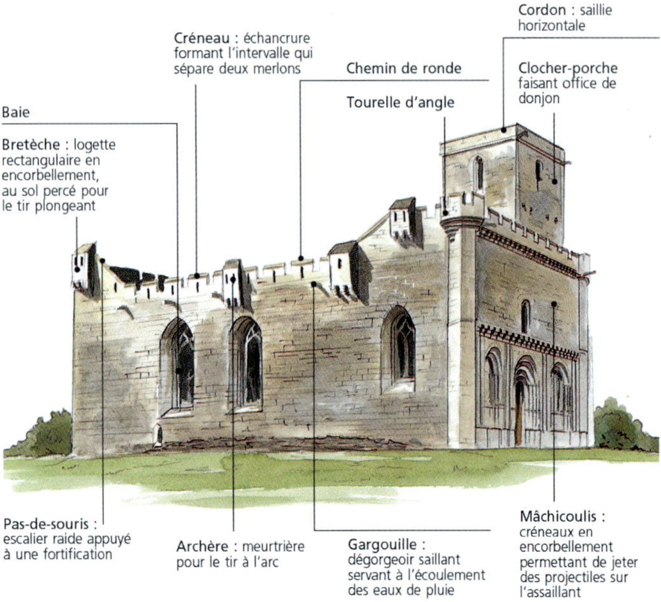

Château de CHAMBONNEAU – Châtelet d'entrée (15e s.)

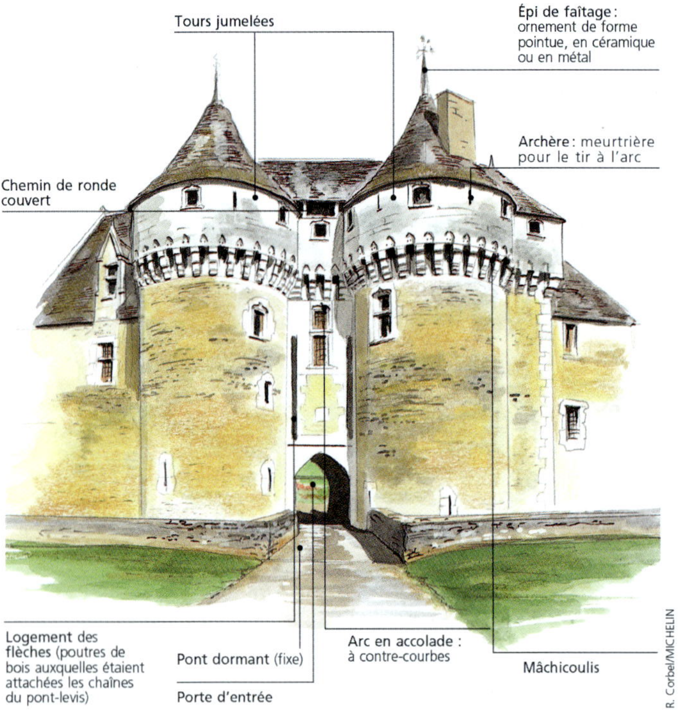

Île d'AIX – Fort Liédot (début du 19e s.)

Architecture civile

Château de CRAZANNES (15e s.)

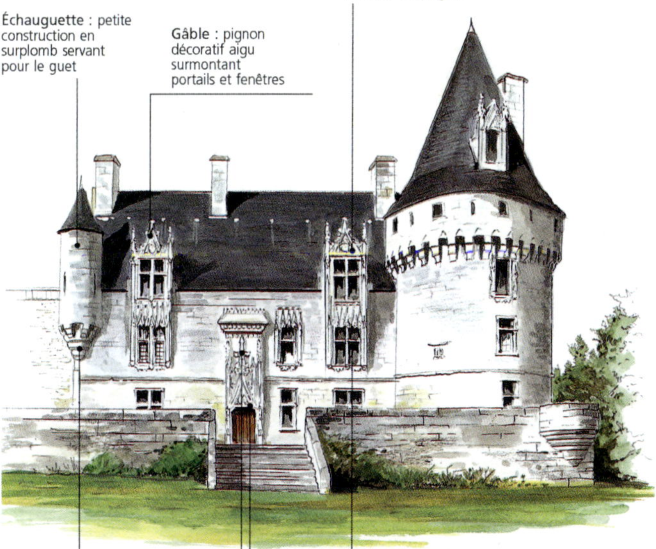

R. Corbel/MICHELIN

AULNAY – Portail Sud de l'église St-Pierre (12e s.)

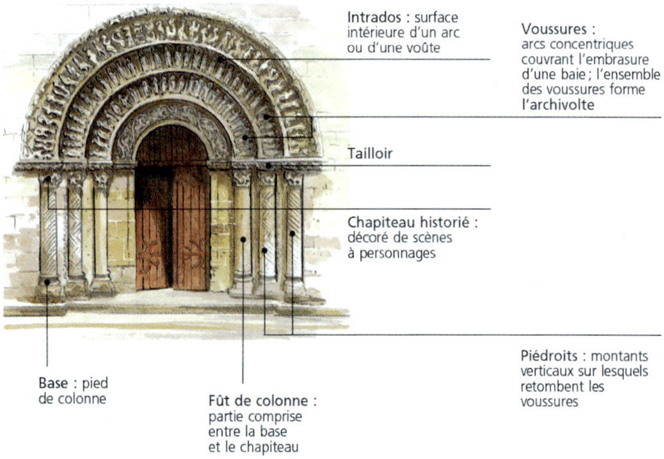

ROYAN – Villa de bord de mer (début du 20e s.)

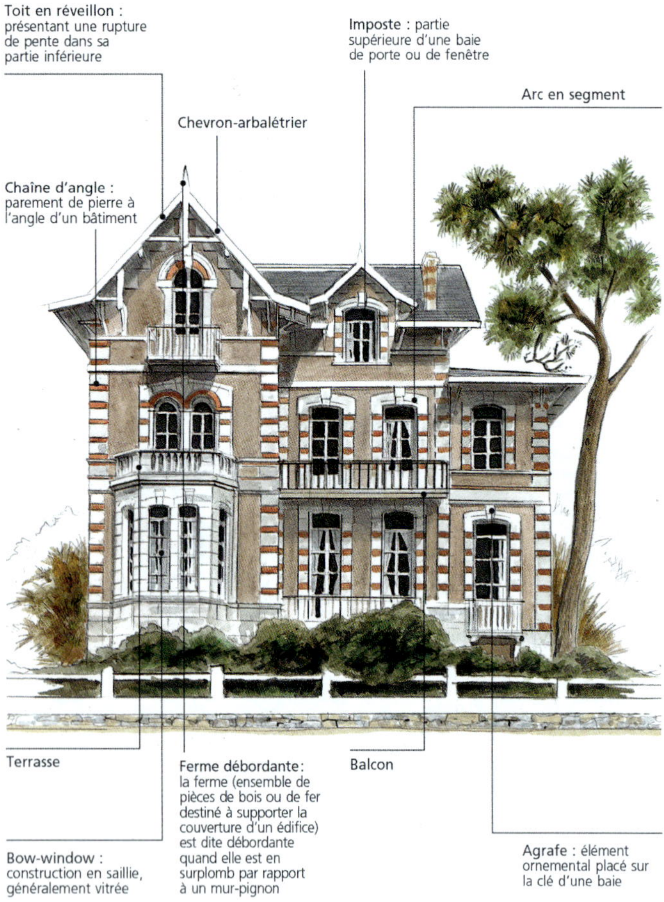

R. Corbel/MICHELIN

à Guillaume Gillet, est un édifice majeur de cette époque dans le monde. Depuis plusieurs années, la région connaît une incroyable poussée moderniste. Le coup d'envoi fut donné par l'inauguration en 1987 du **Futuroscope**, dont **Denis Laming** fut l'architecte général. Il concevra tous les bâtiments du parc de l'Image et ceux situés alentour en utilisant des formes géométriques simples (sphère, pyramide, cylindre). **Roland Castro** a conçu le CNBDI à Angoulême. À Châtellerault, **Jean-Marc Wilmouth** a redonné une nouvelle vie aux tours de l'ancienne Manufacture d'armes. Enfin à Cognac, le musée Hennessy est l'œuvre du designer **Jean-Michel Wilmotte**. Le Théâtre auditorium de Poitiers (2008), dû à **João Luis Carrilho da Graça**, fait entrer la région dans le 21e s. Par ailleurs, la plupart des grands musées de la région ont été rénovés. Leur muséographie est remarquable et permet de mieux apprécier les œuvres d'art anciennes dans un cadre contemporain épuré.

Littérature

ÉCRIVAINS D'HIER...

Au Moyen Âge, **Guillaume IX** (1071-1127), 7e comte de Poitiers, le « premier des troubadours », commence à versifier en occitan. Autour de l'université de Poitiers se rassemblent des érudits dont Rabelais et des poètes de la Pléiade, tels Du Bellay et Baïf. En Angoumois et en Saintonge, l'art de cour se pratique dans les châteaux avec **Marguerite d'Angoulême** (1492-1549) et **Mellin de Saint-Gelais** (1491-1558) dont les poèmes furent prisés de François Ier et d'Henri II. En Saintonge se trouve le génie littéraire le plus original de l'époque, **Agrippa d'Aubigné** (1552-1630), à la fois polémiste dans *Les Tragiques* et sentimental dans ses *Sonnets*. L'Angoumois est le pays des moralistes du Grand Siècle (17e s.) : **Guez de Balzac** (1597-1654), dont les *Lettres* exposent ses idées de morale politique et de critique littéraire, et **La Rochefoucauld** (1613-1680) qui a montré son pessimisme dans ses *Maximes*.

Après sa rupture avec Marie Dorval, **Alfred de Vigny** (1797-1863) se retire au manoir du Maine-Giraud, et y compose *La Mort du loup*. À la fin du 19e s., deux romanciers se distinguent : le Rochelais **Eugène Fromentin** (1820-1876) et le Rochefortais **Pierre Loti** (1850-1923), qui décrivent respectivement leur pays natal dans *Dominique* et *Le Roman d'un enfant*. Considéré comme le père du roman policier français, **Émile Gaboriau** (1832-1873), né à Saujon, fut un auteur estimé *(Le Crime d'Orcival)*.

Pour le 20e s., citons **Jacques Chardonne** (1884-1968), né à Barbezieux dans une famille de négociants de cognac. Romancier de *L'Épithalame* et du *Bonheur de Barbezieux*, il dépeint avec beaucoup de tendresse la vie dans sa région, et dans *Les Destinées sentimentales*, relate la vie dorée sur la Côte charentaise des années 1920.

... ET D'AUJOURD'HUI

La région a inspiré Hortense Dufour, née en 1946 à Saintes, et Sylvie Germain, qui a habité à La Rochelle. Originaire de Charente-Maritime, **Madeleine Chapsal** (née en 1925) y a situé l'intrigue de *On attend les enfants*. **Régine Deforges** est née en 1935 à Montmorillon, où se déroule *La Bicyclette bleue*. Il faut également retenir le Yonnais **Yannick Jaulin** (né en 1959), conteur et chanteur, qui décrit l'univers décalé et imaginaire de Pougne-Hérisson (p. 443).

DÉCOUVRIR LA RÉGION

Région de Chatelaillon, pêcheurs de coquillages à marée basse devant des carrelets.
Ch. Lehenaff/Photononstop

LE LITTORAL CHARENTAIS

Le littoral charentais et les îles 1

Carte Michelin Départements 324 - Charente-Maritime (17)

La Rochelle

★★★

75 170 Rochelais - Charente-Maritime (17)

L'appel du large reste très fort dans ce célèbre port qui a vu partir tant de voyageurs et d'explorateurs. Cité phare du nautisme, La Rochelle continue de se tourner largement vers la mer, avec l'agrandissement de son port de plaisance au cours des dernières années. Sur terre, le vélo est roi. La ville a été pionnière dans le développement des journées sans voiture et du vélo en libre service. Naviguez sans hâte entre son Vieux Port fortifié, ses rues secrètes bordées d'arcades, ses églises, ses nombreux musées, ses hôtels aristocratiques et ses parcs qui font la grande richesse de son patrimoine architectural.

NOS ADRESSES PAGE 100
Hébergement, restauration, achats, activités, etc.

S'INFORMER

Office de tourisme – *2 quai Georges-Simenon - quartier du Gabut - 17000 La Rochelle - ✆ 05 46 41 14 68 - www.larochelle-tourisme.com - juil.-août : 9h-20h, dim. et j. fériés 19h ; juin et sept. : 9h-18h, dim. et j. fériés 13h ; avr.-mai : 9h-18h, dim. et j. fériés 17h ; vac. scol. de la Toussaint, de Noël et de fév. : 10h-13h, 14h-18h, dim. et j. fériés 10h-13h ; reste de l'année : se rens.* Centrale de réservation hébergement (*« Nos adresses »*).

Visites guidées – *Juil.-sept. et vac. scol.* **« Ronde de nuit »** *est une mise en scène de figures de l'histoire rochelaise dans différents lieux de la ville (2h - 16 €, enf. 9 €). Et aussi : « Ronde de nuit des petits veilleurs » ; circuit de la Vieille Ville et du Vieux Port à pied (30mn) ou en voiture à cheval (1h). Pendant les vacances scolaires : visite guidée à pied des musées de la ville (2h - 10 €, enf. 7 €).*

SE REPÉRER

Carte de microrégion A1 p. 78 - *carte Michelin Départements 324 D3.* De Rochefort, accès à La Rochelle par la D 137, et du nord-est, par la N 11.

SE GARER

Laissez votre voiture dans l'un des parkings de la ville pour enfourcher un vélo et circuler en toute liberté.

Le vieux port de La Rochelle.
Spila Riccardo/Sime/Photononstop

Parkings gratuits : Les Minimes ; Bernard-Moitessier ; lycée hôtelier (Les Minimes) ; Rieupeyrout (à côté du Technoforum). Parkings payants : Jean-Moulin (navette gratuite) ; esplanade St-Jean-d'Acre ; Encan ; place de Verdun ; Notre-Dame ; Arsenal ; esplanade des parcs ; St-Nicolas (souterrain).

À NE PAS MANQUER
Le Vieux Port ; la Vieille Ville ; la tour St-Nicolas et celle de la Lanterne ; l'Aquarium ; le Muséum d'histoire naturelle.

ORGANISER SON TEMPS
Comptez deux bonnes journées pour la ville et ses nombreuses curiosités. Si vous aimez la musique, profitez des Francofolies (juillet). Cinéphiles, rendez-vous au Festival international du film (fin juin-début juillet).

AVEC LES ENFANTS
L'Aquarium ; le Muséum d'histoire naturelle ; le musée des Automates et celui des Modèles réduits ; le musée du Nouveau Monde ; les plages et les activités de loisirs.

1

Se promener Plan de ville

★★★ LE VIEUX PORT C2

Circuit 1 tracé en vert sur le plan de ville p. 83 – comptez environ 1h30. Partez de l'office de tourisme.

Immortalisé par les peintres **Joseph Vernet**, **Corot**, **Signac** (*p.90*), cet ancien port de pêche gardé par deux tours médiévales est situé au fond d'une baie étroite. Il est aujourd'hui uniquement dédié aux navires de plaisance. Depuis 2015, ses abords sont quant à eux réservés aux piétons et aux cyclistes.

Quartier du Gabut CD2

Formant pratiquement un îlot entre le Vieux Port, le bassin à flot et le bassin des Grands Yachts, Le Gabut était autrefois occupé par des hangars de pêcheurs. Les **façades de bois à couleurs vives** lui donnent un cachet nordique. Aujourd'hui résidentiel et commerçant, ce minuscule quartier est dominé, côté ouest, par la tour **St-Nicolas**. Il abrite l'office de tourisme et la maison des éclusiers chargés du pont-écluse donnant accès au bassin des Grands Yachts. Depuis 1927, il est relié à la zone portuaire sud par le **pont levant du Gabut**, aussi appelé pont Scherzer, du nom de l'ingénieur américain qui mis au point ce système de pont basculant/levant roulant (similaire au célèbre Pegasus Bridge de Bénouville).

Longez le quai du Gabut jusqu'à la tour St-Nicolas.

★★ Tour Saint-Nicolas C2

R. de l'Armide - ✆ 05 46 41 14 68 - www.la-rochelle.monuments-nationaux.fr - avr.-sept. : 10h-18h30 ; reste de l'année : 10h-13h, 14h15-17h30 - fermé 1er janv., 1er mai et 25 déc. - 6 € (tarif réduit 5 €, -26 ans gratuit) ; billet combiné avec les tours de la Chaîne et de la Lanterne 8,50 € (tarif réduit 6,50 €) - suppl. audioguide 1,50 € - gratuit 1er dim. du mois (nov.-mars).

Cette tour haute de 42 m et légèrement penchée est une véritable forteresse. Édifiée au 14e s., elle assurait la défense de la passe. Ses cinq angles sont renforcés par trois tourelles circulaires engagées, une tourelle rectangulaire et une tour carrée, plus haute, faisant office de donjon. Un escalier extérieur aboutit à la superbe **salle des Gouverneurs**, de forme octogonale, couverte d'une élégante voûte d'ogives. De la plate-forme supérieure de guet, bordée de hautes parois à meurtrières et mâchicoulis, **vue★** sur la sortie de la rade, la baie et l'île d'Aix. En mai, des plongeurs de haut vol disputent le championnat du monde de cette discipline, se jetant des hauteurs de la tour.

Prenez au sud la rue de l'Armide, traversez le pont-écluse, puis empruntez à droite l'allée qui borde l'avenue Michel-Crépeau.

On longe le quartier de la Ville-en-Bois et la **médiathèque Michel-Crépeau** (1998), rebaptisée ainsi en l'honneur de l'ancien député-maire de la ville, décédé au sein de l'Assemblée nationale en 1999. Elle a été conçue par l'architecte rochelais Éric Cordier, à qui l'on doit plusieurs bâtiments modernes de la ville (Aquarium, Musée maritime, etc.), et accueille en permance d'intéressantes expositions temporaires gratuites *(lun., mar. et vend. 13h-19h, merc. 10h-12h, 13h-18h, sam. 10h-12h, 14h-18h - fermé jeu. et dim.)*. On arrive sur les quais pour apprécier la vue sur les tours et le Vieux Port.

Sur l'avenue Michel-Crépeau, empruntez le bus de mer « Le Passeur » qui vous dépose au pied de la tour de la Chaîne.

LES FESTIVALS DE L'ÉTÉ

En été, deux festivals se succèdent sur le **Vieux Port**. Fin juin et dix jours durant se tient le **Festival international du film** de La Rochelle entre la scène nationale de **La Coursive** et les cinémas CGR Dragon *(8 cours des Dames)* et Olympia *(54 r. Chaudrier)*. Créée en 1973, cette manifestation où sont projetés plus de 200 films a la particularité de ne décerner aucune récompense. Juste le plaisir de se gaver de films entre passionnés. Au programme : des rétrospectives de cadors du 7e art (Visconti en 2015), des découvertes (le cinéma tibétain en 2012), des avant-premières, etc. Michel Piccoli et Yolande Moreau comptent parmi les spectateurs les plus fidèles.

Démarrant autour du 14 Juillet, les **Francofolies** sont l'autre grand événement de l'été, plus populaire, avec environ 90 000 entrées payantes ces dernières années. En 1985, l'homme de radio **Jean-Louis Foulquier** (1943-2013) choisit sa ville natale pour hisser le pavillon des « Francos » après avoir remarqué au Québec l'enthousiasme suscité par une Francofête, réunissant des chanteurs québécois francophones. Depuis, tous les courants musicaux (rock, variété, jazz, rap…) se donnent rendez-vous à La Rochelle qui a vu défiler Aznavour, Bashung, Renaud, Catherine Ringer, IAM et Stromae. Pour un maximum de décibels, rendez-vous à l'**esplanade St-Jean-d'Acre** qui accueille les talents confirmés sur la **Grande Scène**. Allez à la **Salle bleue** de La Coursive pour des performances plus intimistes.

Agenda p. 106.

LA ROCHELLE

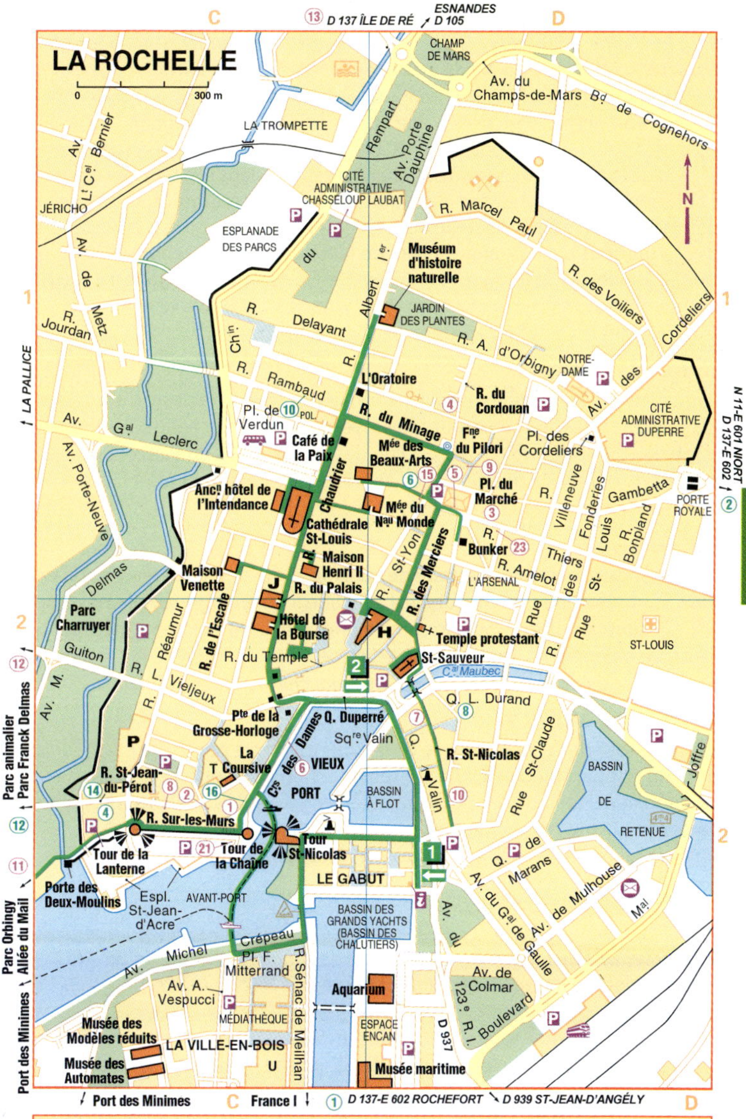

SE LOGER
- Camping Au Port Punay 1
- Chambres d'hôte Logis St-Léonard 2
- Champlain-France-Angleterre 10
- Hôtel de la Monnaie 4
- Hôtel de la Paix 6
- Hôtel St-Nicolas 8
- Hôtel Trianon et de la Plage 14
- Les Brises 12
- St-Jean d'Acre 16

SE RESTAURER
- Coutanceau 11
- La Boussole 8
- La Cuisine de Jules 3
- La Gerbe de Blé 5
- La Suite 2
- Label Fabrique 4
- Le Bar André 1
- Le Boute en Train 9
- Le Café de la Mer 13
- Le Garde Robe 10
- Le Jardin 15
- Le P'tit Bleu 6
- Les Flots 21
- Les Orchidées 23
- Prao 7
- Tonton Louis 12

Tour de la Chaîne C2

Pl. de la Chaîne - ✆ 05 46 34 11 81 - www.la-rochelle.monuments-nationaux.fr - avr.-sept. : 10h-13h, 14h15-18h30 ; reste de l'année : 10h-13h, 14h15-17h30 - fermé 1er janv., 1er mai et 25 déc. - tarifs : voir tour St-Nicolas (p.82).

Elle doit son nom à la grosse chaîne qui, durant la nuit, la joignait à sa sœur St-Nicolas pour fermer le port. Selon Rabelais, cette chaîne, que l'on voit encore au pied de la tour, aurait servi à attacher Pantagruel dans son berceau. La tour fut utilisée comme poudrière. Bâtie au 14e s., mais découronnée au 17e s., elle était jadis accolée à une tourelle qui fut démolie pour élargir la passe. Depuis les célébrations du 400e anniversaire de la fondation de Québec en 2008, la tour abrite une exposition sur la « Nouvelle-France », une invitation à suivre les migrants des siècles passés dans leur voyage vers le Nouveau Monde.

Pénétrez dans le Vieux Port en longeant le cours des Dames.

Cours des Dames C2

Ce quai, bordé d'anciennes maisons d'armateurs, servait de poste d'accostage aux vaisseaux de commerce. Autrefois investie par les marchands de sardines, l'esplanade, plantée de tilleuls, est l'un des lieux animés du Vieux Port. C'est le point de départ de **promenades en bateau**, notamment pour l'île d'Aix.

Tournez à gauche dans la rue St-Jean-du-Pérot.

La Coursive C2

L'intérieur de l'**ancienne chapelle des Carmes** a été démoli et reconstruit en 1982 pour devenir scène nationale. La façade a été épargnée : elle possède un imposant portail du 17e s. surmonté d'une coquille St-Jacques. L'inscription « marché au poisson » rappelle que le lieu servit de halle au 19e s.

Revenez à la tour de la Chaîne en prenant à gauche la rue de la Chaîne.

Rue Sur-les-Murs C2

Reliant la tour de la Chaîne à celle de la Lanterne, cette petite rue passe sur la crête du rempart médiéval. C'est la seule section non détruite par Richelieu, qui souhaitait l'utiliser comme défense contre les Anglais. Son pied était alors baigné par la mer. La rue jouxte désormais le parking St-Jean-d'Acre.

Suivre la rue Sur-les-Murs jusqu'à la tour de la Lanterne.

★★ Tour de la Lanterne C2

R. Sur-les-Murs - ✆ 05 46 41 56 04 - www.la-rochelle.monuments-nationaux.fr - avr.-sept. : 10h-13h, 14h15-18h30 ; reste de l'année : 10h-13h, 14h15-17h30 - fermé 1er janv., 1er mai et 25 déc. - tarifs : voir tour St-Nicolas (p.82) - possibilité de visite guidée.

Érigée au 15e s., cette tour concilie souci esthétique et impératifs militaires. L'ouvrage, aux murs de 6 m d'épaisseur à la base, contraste avec la flèche octogonale à crochets et la fine lanterne qui servait jadis de fanal et d'amer, guidant les navires vers le port. Elle est connue des Rochelais sous le nom de **tour des Quatre-Sergents**. En 1821, sous la Restauration, quatre sergents en garnison à Paris sont soupçonnés de vouloir renverser la monarchie. Les autorités les éloignent de la capitale en transférant leur régiment à La Rochelle. Les quatre sous-officiers sont finalement arrêtés, et deux d'entre eux incarcérés à la tour de la Lanterne qui sert alors de prison. Jugés et reconnus coupables de ce que l'on appelle alors le « complot de La Rochelle », les quatre sont guillotinés le 21 septembre 1822 en place de Grève à Paris. Accusés sans preuve probante, leur sort provoque l'émotion à travers tout le pays. Peut-être ces militaires ont-ils laissé une trace de leur passage ici, puisque sur les murs à l'intérieur, vous remarquerez de nombreux **graffitis**★ de prisonniers et soldats

Histoire d'une cité éprise de liberté

UNE VILLE ENTREPRENANTE

En 1199, **Aliénor d'Aquitaine** accorde à la cité une charte de commune, l'affranchissant ainsi de toute tutelle féodale ou ecclésiastique. Dès le 13e s., La Rochelle, en sécurité derrière d'épais remparts, noue des relations commerciales avec l'Angleterre et les Flandres, exportant **sel et vin** et important laine et toile. La ville regorge de banques et de marchands bretons, espagnols, anglais ou flamands. À partir du 16e s., le port s'enrichit avec le Canada (commerce de fourrures) et surtout avec les Antilles, en pratiquant la **traite des esclaves**.

UNE VILLE REBELLE

Très tôt, La Rochelle compte des adeptes du **protestantisme** dont les idées ont suivi les routes maritimes depuis le Nord de l'Europe. En 1565, lors des guerres de Religion (1562-1598), des prêtres sont jetés à la mer du haut de la tour de la Lanterne. Trois ans plus tard, les protestants tiennent la ville. En 1573, l'armée royale organise le premier **siège de La Rochelle**. Les habitants ont une machine, nommée par dérision **L'Encensoir**, qui déverse huile et goudron bouillants sur les assaillants. Six mois de siège n'entament pas la défense. Un second siège aura lieu en 1627. Un blocus est organisé côté terre et côté mer, avec l'édification de la **digue de Richelieu**, un ouvrage gigantesque qui empêche les navires de passer. Les Rochelais ne réagissent guère, persuadés que cette digue ne résistera pas aux tempêtes. Or, elle tiendra, réduisant la cité à la famine. Le 30 octobre 1628, le cardinal Richelieu entre dans la ville après treize mois de siège. La ville a perdu quelque 20 000 habitants.

UNE VILLE TOURNÉE VERS LA MER

La Rochelle est plus que jamais tournée vers le large. C'est le **plus grand port de plaisance de France** et le cinquième au niveau mondial. Grâce à l'agrandissement du port des Minimes en 2014, elle dispose désormais de 5 000 places en eau profonde. Autant de bateaux à entretenir et à construire. Le nautisme est en effet une activité phare de l'économie rochelaise. Dans l'agglomération, la construction navale et l'accastillage représentent **2 000 emplois** et 310 entreprises : bureaux d'architectes navals, cabinets de conseil, petits ateliers de peinture, spécialistes de l'informatique embarquée et quelques leaders européens comme les yachts Dufour, les chantiers Amel, les voiles Incidences. Pour les Rochelais, la plaisance, c'est aussi une affaire de politique. Le maire élu en 2014, **Jean-François Fountaine**, se trouve être le dirigeant de la plus grosse entreprise du secteur, les multicoques Fountaine-Pajot (430 emplois dans le département), créée en 1976 au fond d'un garage avec le navigateur Yves Pajot. Soutenu par les élus et bien équipé, le port accueille pas moins de 120 événements nautiques chaque année, dont le **Grand Pavois**, en septembre. C'est le plus gros salon du genre en France avec 650 navires exposés, dont 200 à flot. Communication oblige, la ville est associée à des courses prestigieuses : Solitaire du Figaro, **régate Plymouth-La Rochelle**, Mini Transat en solitaire La Rochelle-Bahia. Et si tous les marins passent un jour ou l'autre à La Rochelle, certains ont choisi d'y amarrer leurs bateaux pour de bon, comme les navigatrices **Isabelle Autissier** et Christine Briand.

(17e-19e s.). Dans la salle des gardes, des panneaux évoquent l'histoire de la ville. Dans la tour, on découvre quatre salles superposées, dont une octogonale décorée d'un parterre de mosaïque blanche et noire. À mi-hauteur de la flèche, un balcon offre un superbe **panorama★★** sur la Vieille Ville, le port, les îles ; à marée basse, on distingue les fondations de la digue de Richelieu.
Continuez vers l'ouest en prenant la rue des Deux-Moulins.

Porte des Deux-Moulins C2

Datant du 12e s. il s'agit d'une redoute qui marquait l'entrée dans l'enceinte médiévale, enjambant le ruisseau du Lafond dont l'embouchure constituait le port primitif de La Rochelle. Reconstruit au début du 18e s., cet édifice défensif doit son nom aux deux moulins à marée qui se trouvaient à proximité.
Franchissez la porte et poursuivez à l'ouest en longeant la plage de la Concurrence jusqu'au début de l'allée du Mail. Prenez à droite pour entrer dans le parc Charruyer.

★ Parc Charruyer C1/2

Ce parc ceinture la ville le long des anciennes fortifications (2 km de long et 200 m de large). Il est parcouru d'allées sinueuses, abrite des jeux pour enfants et un mini golf, et possède une rivière où s'ébattent cygnes et hérons. À l'ouest, le parc se prolonge sur l'**allée du Mail★**, promenade favorite des Rochelais, qui aboutit 800 m plus loin au **Monument aux morts** (1922), œuvre maîtresse du sculpteur Joachim Costa (1888-1971). Entre cette majestueuse allée plantée de pins et autres essences et la mer s'étendent les jardins en terrasse du casino, le parc d'Orbigny et le parc Delmas à son extrémité.
Revenez au Vieux Port par la tour de la Chaîne en passant par l'esplanade St-Jean-d'Acre et la balade Jean-Louis-Foulquier qui longe la mer.

★★ LA VIEILLE VILLE C2 2

Circuit 2 tracé en vert sur le plan de ville p. 83 – comptez 1h30.
Des rues à arcades aux plaques de pierre gravées, des passages secrets, parfois voûtés, des « porches » sombres où circulent les passants : ici chaque détail vous plonge dans la ville telle qu'elle fut jusqu'à la destruction des remparts en 1913. L'**hôtel de ville** se trouve au centre du **quartier commerçant** dont les grands axes sont la **rue des Merciers** et la **rue du Palais**. Les vieilles habitations se développant en profondeur, elles possèdent presque toujours deux issues, sur la rue principale et sur une voie secondaire parallèle. Les plus anciennes (15e s.) sont à **pans de bois** couverts de plaques d'ardoise destinées à protéger ceux-ci de la pluie et des embruns. Les **beaux quartiers** s'étendent à l'ouest de la rue du Palais. Dans les hôtels 18e s. de la **rue de l'Escale**, entre cour et jardin, demeurent quelques vieilles familles rochelaises. Dans la **rue Réaumur**, admirez les hauts murs percés de grands portails et parfois couverts de balustres.

★ Porte de la Grosse-Horloge C2

Entrée de la ville côté port, cette ancienne porte des fortifications est devenue beffroi avec cloche et horloge au 15e s. Son couronnement a été beaucoup remanié. Au 18e s., l'édifice a été recouvert d'un dôme orné de pilastres. En franchissant la porte de la Grosse-Horloge, on débouche sur la place des Petits-Bancs, au centre de laquelle se trouve le **Monument à Eugène Fromentin** (1905) : une impressionnante statue de cavalier arabe rendant hommage au peintre orientaliste rochelais (1820-1876). À l'angle de la rue du Temple, remarquez une jolie **maison** à la façade sculptée Renaissance (1654).
Depuis le Vieux Port, passez la porte de la Grosse-Horloge et engagez-vous tout droit dans la rue du Palais.

★ Rue du Palais C2

C'est l'une des principales voies de La Rochelle, séparant le quartier commerçant et le quartier résidentiel. À droite, les boutiques se succèdent sous des galeries dont le profil diffère suivant l'époque de leur construction. À gauche alternent galeries et bâtiments publics ; on y voit de vieilles maisons, dont une dotée de fenêtres ornées de petites arcades et de motifs floraux.

★ **Hôtel de la Bourse** C2 – Siège de la chambre de commerce depuis sa fondation au 18e s., cet édifice de style Louis XVI commençant abrite aujourd'hui une annexe du palais de justice. La cour avec galerie périphérique et portique possède une façade ornée de trophées maritimes. Dans un angle, à gauche, bel escalier à rampe de fer forgé. En face de l'hôtel de la Bourse, un passage mène, par la cour de la Commanderie, à la cour du Temple (vieilles maisons à pans de bois).

★ **Palais de justice** C1/2 – Bâti à l'aube de la Révolution française, il présente une majestueuse façade à colonnes cannelées corinthiennes et frise sculptée. Au fronton trônent l'inscription « Temple de la justice » et les traditionnels glaive et balance. Au croisement des rues Chaudrier et Fromentin, remarquez la maison du 17e s. à tourelle d'angle et escalier sur corbeau sculpté et, en face, à l'entrée de la rue Dupaty, une maison ancienne à pans de bois couverts d'ardoises.

Prenez à gauche la rue Eugène-Fromentin, puis de nouveau à gauche dans la rue de l'Escale.

Maison Venette C1

Elle s'élève dans la **rue de l'Escale★** (C1/2), dont les pavés ronds étaient utilisés jadis comme lest par les vaisseaux en provenance du Canada. Cette rue en partie bordée d'arcades est jalonnée de porches derrière lesquels se dissimulent de nobles demeures du 18e s. La maison (17e s.) fut édifiée pour le docteur Nicolas Venette. La façade est rythmée de phrases latines et de têtes sculptées de médecins emblématiques de l'Antiquité et du Moyen Âge : Avicenne, Hippocrate, Galien…

Regagnez la rue du Palais qui se poursuit avec la rue Chaudrier.

★ Rue Chaudrier C1

Remarquez, au n° 6, une maison ancienne à pans de bois et plaques d'ardoise (18e s.). Devant la maison, un panneau porte une inscription extraite des *Élégies* de Ronsard, à la gloire de Chaudrier, l'un des défenseurs de La Rochelle.

Tournez à droite dans la rue des Augustins.

★ Maison Henri II C1

11 bis r. des Augustins. Ce qui ressemble à une luxueuse demeure élevée au fond d'un jardin n'est en réalité qu'un somptueux décor de style Henri II (16e s.). Cette façade sans profondeur, hormis d'étroits couloirs en galerie, fut construite vers 1555 pour Hugues de Pontard, procureur du roi. Il s'agit en fait d'un subterfuge permettant de relier les bâtiments situés de part et d'autre de la cour. Cet étonnant trompe-l'œil se compose de deux pavillons, d'une frise découpée en rainures verticales, de médaillons et bucranes (têtes de bœufs décharnées). À l'étage inférieur, deux contreforts du pavillon gauche portent un satyre jouant de la guitare et une femme ailée aux prises avec un serpent.

Reprenez la rue Chaudrier et tournez à droite dans la rue Fleuriau.

★ Musée du Nouveau Monde CD1

10 r. Fleuriau - ✆ 05 46 41 46 50 - www.ville-larochelle.fr - juil.-sept. : 10h-13h, 13h45-18h, w.-end et j. fériés 14h-18h ; reste de l'année : 9h30-12h30, 13h45-17h, w.-end 14h-18h - fermé mar., 1er janv., 1er Mai, 14 Juil., 1er et 11 nov., 25 déc. - possibilité de visite guidée (1h20) - 6 € (-18 ans 4 €) ; billet combiné avec les trois autres musées municipaux (histoire naturelle, Beaux-Arts, maritime) : 15 €, valable 1 mois - gratuit 1er dim. du mois (sf juil.-août).

Par sa stature majestueuse et équilibrée, par son ornementation extérieure et sa décoration intérieure, l'**hôtel Fleuriau** offre le cadre idéal pour aborder l'histoire sensible du colonialisme français et européen en Amérique. L'édifice a appartenu jusqu'en 1974 à une grande famille de la bourgeoisie rochelaise, philanthrope et d'origine protestante, anoblie avant la Révolution. Les Fleuriau de Bellevue ont fait fortune entre le 18e et le 19e s. grâce à la canne à sucre en exploitant des esclaves africains à Haïti. Dès l'entrée, une plaque le rappelle : « Hôtel Fleuriau, lieu de mémoire de l'esclavage ». C'est dans cet esprit qu'est présentée la riche collection de ce musée fondé en 1982.

La première œuvre exposée, dans cour, est une impressionnante statue de **bronze coloré de Toussaint Louverture**, esclave affranchi et père de l'indépendance haïtienne, installée par l'artiste sénégalais Ousmane Sow en 2015. À l'intérieur, on s'attardera devant les superbes allégories des quatre parties du monde du Hollandais Cornelis de Baellieur (1607-1671) et les papiers peints panoramiques (déb. 19e s.) de Joseph Dufour et Marie-Joséphine Leroy représentant des Incas. On remarquera aussi différentes évocations émouvantes de l'esclavage, des gravures des Antilles, et, dans un tout autre registre, la reconstitution du cabinet d'un armateur rochelais au 18e s. Ne partez pas sans voir l'une des plus importantes acquisitions du musée : la **Mascarade nuptiale★** (1788) du Portugais José Conrado Roza. Les trois continents concernés par le commerce triangulaire sont représentés dans cette curieuse scène où des nains parodient une cérémonie de mariage.

Suivez la rue Fleuriau vers l'ouest jusqu'à la rue Chaudrier et tournez à gauche.

★Cathédrale Saint-Louis C1

17 r. Chaudrier - trésor : juil.-août tlj sf w.-end et j. fériés 14h-18h.

Sobre et sévère, elle a été bâtie à partir de 1742 d'après les plans des architectes Gabriel père et fils ayant œuvré à Versailles pour Louis XVI. La façade, un peu lourde, est surmontée d'un fronton à volutes. Attardez-vous *(3e chapelle du bas-côté gauche)* sur les **ex-voto** peints des marins. Ils contrastent, par leur candeur, avec les académiques compositions que le Rochelais William Bouguereau (1825-1905) a brossées à la coupole de la chapelle absidiale. *La Flagellation du Christ*, tableau majeur de l'artiste, se trouve à l'entrée.

Reprenez la rue Chaudrier vers le nord.

Café de la Paix C1

54 r. Chaudrier - fermé dim. (p. 105).

Voici le dernier spécimen des opulents cafés du 19e s., où les bourgeois lisaient *La Gazette de France* et jouaient au billard, avant que Georges Simenon n'en fasse son quartier général. Sur sa façade, les panneaux de verre en forme d'arcades s'ornent de dessins en verre dépoli. L'intérieur est paré de boiseries sculptées et de dorures, et décoré de grandes glaces en arcades, de lustres et de médaillons au plafond, peints en trompe l'œil (1895).

Continuez vers le nord dans la rue Chaudrier qui devient rue Albert-1er.

★★ Muséum d'histoire naturelle D1

28 r. Albert-Ier - 05 46 41 18 25 - www.museum-larochelle.fr - - juil.-sept. : mar.-vend. 10h-19h, w.-end et j. fériés 14h-19h, 1er sam. du mois 14h-21h, 1er dim. du mois 10h-19h ; reste de l'année : mar.-vend. 9h-18h, w.-end et j. fériés 14h-18h,

LA VILLE-ESCALE DES ÉCRIVAINS

Plusieurs écrivains ont célébré leur passage à La Rochelle. L'un des premiers, **Rabelais (16e s.)**, cite la ville dans *Pantagruel*.

Ingénieur militaire, **Choderlos de Laclos** (*île d'Aix p. 121*), l'auteur des *Liaisons dangereuses* (1782) tint garnison dans le port vers 1786, s'occupant de la construction de l'arsenal.

Eugène Fromentin (1820-1876), peintre et écrivain, est un Rochelais pur sang. Son unique roman, *Dominique*, décrit avec une précision de naturaliste la société rochelaise du 19e s.

Le Normand **Guy de Maupassant** (1850-1893) évoque magnifiquement l'atmosphère de cette ville dans *L'Épave* (1886).

Quant à l'écrivain belge **Georges Simenon** (1903-1989), il s'installa à Marsilly avant la Seconde Guerre mondiale et allait souvent s'attabler au Café de la Paix pour prendre quelques notes, en face du commissariat… Trente-quatre de ses romans et nouvelles se situent ou évoquent la ville de La Rochelle.

1er sam. du mois 14h-19h, 1er dim. du mois 9h-18h - fermé 1er janv., 1er mai, 14 Juil., 1er et 11 nov., 25 déc. - 6 € (-18 ans gratuit, tarif réduit 4 €) ; billet combiné avec les trois autres musées municipaux (Nouveau Monde, Beaux-Arts, maritime) : 15 €, valable 1 mois - gratuit 1er dim. du mois sf juil.-août - possibilité de visite guidée sur demande (1h).

1

Habitué à recevoir des publics scolaires, ce lieu est bien pensé pour les enfants avec des présentations tour à tour poétiques, ludiques ou interactives. La visite peut se terminer, juste à côté, au **Jardin des plantes** en découvrant des espèces provenant du monde entier *(tlj jusqu'à 20h15 en été)*.

Le plus vieux musée de La Rochelle est installé depuis 1832 dans ce qui fut l'hôtel du Gouvernement (fin 18e s.), là où résidait le gouverneur de l'Aunis sous l'Ancien Régime. Cédé par Napoléon à la ville lors de sa venue en 1808, le bâtiment est alors rénové pour accueillir le **cabinet de curiosités Lafaille★**. Il s'agit d'une collection unique en France, qui demeure aujourd'hui encore la pièce centrale de ce vaste espace d'exposition de 2 300 m² à la scénographie moderne et soignée. Ce fabuleux trésor a été constitué par le naturaliste rochelais Clément de La Faille (1718-1782). Passé à la postérité sous le nom de Lafaille, celui-ci possédait à sa mort la plus importante collection d'histoire naturelle du pays : coquillages, molusques, crustacés, fossiles, minéraux… Les plus beaux spécimens sont ici présentés sur fond de magnifiques boiseries dans le mobilier Louis XV conçu par le scientifique lui-même. Bien mis en valeur par les dernières technologies interactives, l'ensemble conserve un petit parfum désuet qui restitue la collection dans le contexte du Siècle des lumières. Le Muséum s'est depuis enrichi de nouvelles acquisitions, mais il a su conserver l'esprit curieux et touche-à-tout de Clément de La Faille. C'est ainsi que trône, naturalisée, dans le grand escalier, la première girafe vivante introduite en France, cadeau du vice-roi d'Égypte Méhémet Ali au roi Charles X. Débarquée à Marseille en 1826, elle avait dû faire le trajet « à pattes » jusqu'à la ménagerie royale de Paris. La grande **salle de zoologie**, créée en 1832, donne une vision très complète du règne animal tel qu'il était considéré à l'époque où la classification commençait tout juste à obéir à une véritable rationalisation. Avec plus de 6 000 objets, les **collections ethnographiques** sont quant à elles une invitation au voyage : statue du dieu Terriapatura rapportée de l'archipel des Gambier par Dumont d'Urville, statuette bicéphale moaï kavakava de

l'île de Pâques, grand masque kwélé du Congo, terres cuites sao du Tchad. Enfin, l'**espace environnement** fait un point sur les connaissances actuelles en botanique, entomologie, minéralogie et paléontologie.
Revenez sur vos pas dans la rue Albert-Ier jusqu'à la rue du Minage.

Rue du Minage CD1

Elle est bordée de part et d'autre de vieilles **arcades★** aux formes irrégulières, responsables d'un alignement fantaisiste. On y voit de très anciennes maisons ornées de frises et de sculptures, ou de fenêtres à fronton triangulaire (nos 2, 4, 22 et 43). La rue prend fin à la **fontaine du Pilori**, du 16e s., mais refaite au 18e s.
Par la rue du Pas-du-Minage, gagnez la place du Marché.

Place du Marché D1

Le marché couvert, bâti entre 1834 et 1836 et agrandi de deux bas-côtés en 1893, accueille les commerçants tous les matins. À l'entrée de l'impasse Tout-y-Faut se font face deux maisons anciennes bien conservées : l'une du 15e s., à pans de bois, meneaux de bois et haute lucarne ; l'autre du 16e s., en pierre, aux étroites baies coiffées de frontons.
Prenez la rue Gargoulleau vers l'ouest pour vous rendre au musée des Beaux-Arts. Ou la rue des Dames vers le sud pour aller au bunker, situé tout près.

Musée des Beaux-Arts CD1

28 r. Gargoulleau - ✆ 05 46 41 64 65 - www.ville-larochelle.fr - juil.-sept. : 10h-13h45, 13h45-18h, w.-end et j. fériés 14h-18h ; reste de l'année : 9h30-12h30, 13h45-17h, w.-end et j. fériés 14h-18h - fermé mar., 1er janv., 1er mai, 14 Juil., 1er et 11 nov., 25 déc. - 6 € (-18 ans 4 €) ; billet combiné avec les trois autres musées municipaux (histoire naturelle, Nouveau Monde, maritime) : 15 €, valable 1 mois - gratuit 1er dim. du mois (sf juil.-août) - possibilité de visite guidée (1h20).

Ce musée créé en 1844 occupe l'ancien **palais épiscopal**, édifié sous Louis XVI par l'évêque Mgr de Crussol d'Uzès (1735-1789). À l'origine consacré à la peinture européenne, il s'est enrichi en récupérant les collections du musée rochelais d'Orbigny-Bernon fermé en 2012, ainsi que les œuvres d'art et le mobilier classé sauvés de l'incendie de l'hôtel de ville en 2013 (*p. 92*). Ne disposant plus de l'espace nécessaire pour tout exposer, le musée des Beaux-Arts propose une présentation renouvelée chaque année de ses 900 tableaux et dessins.

Au 1er étage se tient la passionnante exposition permanente sur le **Grand Siège de La Rochelle★** (1627-1628). Elle est illustrée par les œuvres de différents artistes, comme cette gravure réalisée l'année même de la prise de la ville par le Lorrain Jacques Callot ou encore cette grande huile sur toile du milieu du 17e s. attribuée au Hollandais Adriaen van der Kabel. Souvent reproduite dans les manuels d'histoire, la pièce la plus célèbre est sans nul doute le tableau d'Henri-Paul Motte, *Le Cardinal de Richelieu au siège de La Rochelle* (1881), où le ministre de Louis XIII est représenté sur la digue construite sur ses ordres et qui causa la perte des Rochelais. L'exposition permet également de croiser deux « témoins » de l'événement provenant du cabinet de Jean Guiton (1585-1654), premier édile et farouche défenseur de la ville lors du siège : un fauteuil en cuir de Cordoue – sauvé des flammes de l'hôtel de ville et restauré en 2014 – et, surtout, le **bureau de Jean Guiton**. Celui que l'énergique maire aurait frappé d'un coup de poignard légendaire en prononçant : *« De la pointe de ce glaive, je percerai le cœur de quiconque parlera de se rendre. »*

Un escalier bordé d'une rampe en fer forgé conduit à la galerie à alcôves et aux salles où se trouve la **collection de peintures européennes** du 15e au 20e s. Une place de choix est accordée au 19e s., avec des toiles de Camille Corot, Gustave Doré, Paul Huet, les **vues du port de La Rochelle de Paul Signac**

et Albert Marquet★, ainsi que des compositions d'artistes originaires de la région, comme l'orientaliste Eugène Fromentin et le plus académique William Bouguereau. La peinture rochelaise du 18e s. est, quant à elle, représentée par des artistes comme Louis Brossard de Beaulieu et Aimée Duvivier. La section consacrée au 20e s. contient les remarquables œuvres de Gaston Chaissac, Maurice Denis et Alberto Magnelli, et des verreries de Maurice Marinot.
Au rez-de-chaussée, le palais abrite en outre l'**Espace art contemporain** *(✆05 46 34 76 55 - tlj sf mar. et dim. 14h30-18h, jusqu'à 17h30 de oct. à juin - gratuit)* où sont organisées des expositions temporaires. En cours d'agrandissement, le musée des Beaux-Arts doit accueillir à partir de 2016 les **collections extrême-orientales**, historiques et céramiques de l'hôtel d'Orbigny-Bernon.
Revenez sur vos pas et descendez la rue des Merciers.

Bunker de La Rochelle D1

8 r. des Dames - ✆ 05 46 42 52 89 - www.bunkerlarochelle.com - ♿ - 10h-19h - fermé du 31 déc. au 7 fév. - 7 € (5-12 ans 5,50 €).
Cet ancien bunker allemand accueille depuis 2013 un intéressant petit musée consacré à La Rochelle pendant la Seconde Guerre mondiale. Construit en secret à 2 m sous terre entre juin et octobre 1941, il fut utilisé jusqu'en septembre 1944 pour abriter le commandement de la 3e flottille des U-Boote de la Kriegsmarine lors des bombardements alliés. Cette unité de sous-marins, rendue célèbre par le film allemand *Le Bateau* (*Das Boot*, 1981), opérait dans l'Atlantique depuis l'impressionnante **base sous-marine de La Pallice** *(quai Carnot - visite uniquement lors de la Journée Port Ouvert mi-juin - rens. auprès de l'office de tourisme)*. Les officiers résidant, pour leur part, juste au-dessus du bunker, dans l'ancien hôtel des Étrangers du 8 rue des Dames. Prévu pour accueillir 62 personnes dont deux amiraux, cet abri en béton armé de 280 m² est particulièrement bien conservé, notamment le **bar des officiers** et les décorations murales. À partir de reconstitutions, de vidéos et d'objets d'époque, le musée relate la vie des sous-mariniers et les principaux événements qui se sont déroulés dans la région durant le conflit, depuis le premier acte de résistance du maire de La Rochelle Léonce Vieljeux, qui refusa de hisser le drapeau hitlérien sur l'hôtel de ville le 23 juin 1940, jusqu'à l'acte de capitulation du vice-amiral Ernst Schirlitz, commandant de la poche de La Rochelle, le 9 mai 1945. Ce musée a été créé par Luc et Marc Braueur, deux passionnés d'histoire à qui l'on doit aussi le musée du Grand Blockhaus de Batz-sur-Mer (Loire-Atlantique) et le mémorial de la Liberté retrouvée de Quinéville (Manche). L'entrée du bunker est signalée par un chat noir stylisé, emblème des sous-mariniers allemands pendant la guerre.
En face du bunker, prendre la rue Amelot vers l'ouest pour retrouver la rue des Merciers.

★ Rue des Merciers D1

Très commerçante, l'ancienne Grande Rue est l'une des artères les plus caractéristiques de La Rochelle, par ses nombreuses galeries et ses maisons des 16e et 17e s. Les maisons moyenâgeuses, aux pans de bois couverts d'ardoises, alternent avec des demeures Renaissance en pierre, ornées de fantastiques **gargouilles sculptées**. Une maison médiévale à colombages et ardoises s'élève à l'angle de la rue du Beurre, de même qu'aux nos 29, 31 et 33. Remarquez les maisons des nos 3 (1628), 5 (début 17e s., à curieuses figures sculptées), 8 (fin 16e s., à baies étroites aux lourds frontons) et 17 (17e s., à baies surmontées de frontons). Les deux dernières furent habitées par **Jean Guiton** (*Musée des Beaux-Arts, ci-contre*).
Prenez à droite la rue de la Grille, puis tournez à gauche rue de l'Hôtel-de-Ville.

★ Hôtel de ville CD2 H

3 pl. de l'Hôtel-de-Ville - pas de visite.
Autrefois monument le plus visité de La Rochelle, l'hôtel de ville est fermé au public depuis le grave **incendie du 28 juin 2013** qui a particulièrement endommagé la toiture et la partie Renaissance du bâtiment. Il n'est donc plus possible de voir ses riches salles intérieures. Les œuvres d'art et le mobilier classé, relativement épargnés, ont été confiés au musée des Beaux-Arts *(p. 90)*. Aucune date n'est prévue pour la fin des travaux de restauration qui ont débuté en septembre 2015.
Situé en plein cœur de la Vieille Ville, l'endroit n'en demeure pas moins incontournable, et offre toujours à voir son étonnante architecture extérieure épargnée par les flammes. Achevé en 1606, cet édifice composite est fermé par une enceinte gothique surmontée d'un chemin de ronde sur mâchicoulis, que renforce une tour-beffroi. Ce mur défend la cour rectangulaire dont la partie droite remonte au 19e s. Sur la cour se développe la **façade★** principale, construite sous Henri IV à la mode italienne. Datant de la même période, la **façade postérieure** domine la rue des Gentilshommes, nom donné également à la porte de sortie qu'empruntaient les échevins (conseillers municipaux) le jour où se terminait le mandat qui leur apportait la qualité de « gentilhomme ».
En passant, n'oubliez pas de saluer la **statue de bronze de Jean Guiton** (1911) installée depuis 2011 au centre de la place de l'Hôtel-de-Ville.
Empruntez à gauche la rue de la Ferté. À gauche, à l'entrée de la rue St-Michel, se trouve le temple protestant et son musée.

Temple protestant D2

Superbe façade classique à décor sculpté de palmes et de draperies. C'est l'ancienne église des Récollets, construite en 1691, au moment de la Contre-Réforme. Elle fut confiée à l'Église réformée lors de la Révolution française. Dans une salle contiguë se trouve le musée rochelais d'Histoire protestante.
Musée rochelais d'Histoire protestante – *2 r. St-Michel - ✆ 05 46 50 88 03 - www.protestantisme-museelarochelle.fr - ♿ - de mi-juin à mi-sept. : tlj sf dim. 14h30-18h ; reste de l'année : sur demande préalable ou* via *l'office de tourisme - 4 € (18-23 ans 2 €) - possibilité de visite guidée (1h).* Il retrace l'histoire du protestantisme dans cette ville autrefois surnommée la « Genève française ». Parmi les documents et objets présentés, on citera un précieux exemplaire de la **Confession de foi de La Rochelle** (1571), texte fondateur des Églises réformées de France, portant les signatures de pasteurs et de responsables laïcs de tout le pays, ou encore une bible de 1606 imprimée à La Rochelle même. Une table et une chaire démontables, utilisées lors des assemblées clandestines, ainsi qu'une collection de « méreaux » (pièces servant de signe de reconnaissance entre protestants) illustrent la période de répression dite « du Désert », allant de la révocation de l'édit de Nantes (1685) à la promulgation de l'édit de Tolérance (1787). Remarquez aussi de beaux **plans anciens** de La Rochelle remontant à la fin du 16e s. Attention, le musée est parfois fermé lors de certaines cérémonies religieuses dans le temple.
Continuez dans la rue St-Michel, puis la rue de la Ferté et tournez à droite dans la rue des Moureilles qui longe l'église St-Sauveur.

Église Saint-Sauveur D2

Le haut clocher de cet édifice des 17e et 18e s. remonte au 15e s. Admirez la jolie façade dépouillée et l'intérieur récemment restauré. Des ex-voto en forme de navire rappellent que cette paroisse fut longtemps celle de marins.
Longez les quais du Vieux Port pour revenir à la porte de la Grosse-Horloge.

La Rochelle, le bassin à flot du Vieux-Port.
P. Escudero/hemis.fr

1

À voir aussi Plan de ville p. 83

LA ZONE PORTUAIRE SUD CD2

Jusqu'au milieu du 20e s., un mur invisible coupait La Rochelle en deux. Alors que les armateurs et capitaines résidaient dans la Vielle Ville et près du Vieux Port, leurs équipages et les chantiers navals étaient relégués dans la partie sud de la cité, dans une zone longtemps restée marécageuse et insalubre : les marins et pêcheurs dans le quartier de leur saint patron, Saint-Nicolas ; scieurs de longs et calfats au Gabut et au Marais perdu ; sauniers et paysans, plus au sud encore, aux Minimes.
Ce sont ces quartiers déshérités qui ont le plus changé depuis cinquante ans, au point de devenir le principal atout économique de la ville. D'abord grâce à l'essor de la pêche qui a pris le pas sur la marine commerciale au sortir de la Deuxième Guerre mondiale. Puis avec le développement de l'activité nautique de loisirs à partir des années 1960, qui a fait des **Minimes** le premier port de plaisance de France. Les anciens bassins de chalutiers accueillent désormais les plus beaux navires de course et de collection, ainsi que l'Aquarium le plus visité du pays. Le Marais perdu a changé de nom pour devenir la **Ville-en-Bois**, dorénavant pôle universitaire. Quant au Gabut (*Le Vieux Port*, p. 81) et au **quartier St-Nicolas,** avec leurs airs de petit village, ce sont tout simplement les coins les plus tendance de la ville aujourd'hui.

★Rue Saint-Nicolas D2

Cette rue piétonne traverse le **quartier St-Nicolas**, autrefois habité par les marins et pêcheurs. Bordée de petites maisons simples, on y trouve toutefois quelques belles **façades moulurées** du 19e s. *(nos 14 et 15)*.
Au Moyen Âge, l'endroit était tenu pour malsain à cause des marais voisins. Et, surtout, les équipages aussitôt débarqués avaient la réputation d'avoir des mœurs légères et un goût prononcé pour l'alcool. Les choses ont vraiment

changé quand les chalutiers, partis en 1994 pour Chef-de-Baie, ont laissé place aux bateaux de plaisance. Aujourd'hui encore surnommée **rue de la Soif**, elle abrite toujours des débits de boissons hauts en couleur qui font le bonheur des soirées étudiantes.

Mais le quartier St-Nicolas, avec ses airs de village, est surtout devenu l'endroit le plus bohème, pour ne pas dire « bobo » de la ville. Les Rochelais s'y pressent désormais pour son **Marché aux antiquaires et brocanteurs** *(jeu. et sam.)* et son **marché aux bouquinistes** *(lun.)* qui s'étendent de la rue St-Nicolas à la place du Commandant-de-la-Motte-Rouge, mais aussi pour ses magasins de modélisme, ses librairies, ses boutiques de mode, ses galeries d'art et son artisan-boucher, le dernier du centre-ville.

Bassin des Grands Yachts D2

Entourée des quartiers du Gabut (au nord) et de la Ville-en-Bois (à l'ouest), cette partie du port continue d'être appelée **bassin des Chalutiers** par nombre de Rochelais. Celui-ci a pourtant officiellement changé de nom en 1994, lors du départ de la flottille de pêche pour le port de Chef-de-Baie *(quartier de La Pallice, 7 km au nord-ouest)*. Depuis, on peut ici admirer des navires plus prestigieux, à commencer par les **yachts classiques** (terme désignant les voiliers construits avant 1968 ou des répliques conformes aux plans d'anciens modèles) et les grands **bateaux de course** modernes.

Creusé à partir de 1807 et progressivement agrandi jusqu'en 1867, le bassin fut d'abord destiné à accueillir les steamers à fort tirant d'eau apportant la houille d'Angleterre. Fermé par un **pont-écluse** permettant aux navires de rester « à flot » même à marée basse, il est alors désigné comme « bassin à flot extérieur », par opposition au petit bassin à flot situé dans l'enceinte des fortifications du Vieux Port. Ce n'est qu'à partir de 1953 qu'il prend le nom de « bassin des Chalutiers », avec la mise en service du nouvel **encan** (halle à marée) sur la rive est du bassin. Long de 280 m, ce bâtiment industriel d'un seul niveau fut pendant plus de quarante ans le centre névralgique de la pêche rochelaise, abritant toutes les opérations au retour des chalutiers, du déchargement des poissons à l'expédition par route en passant par la vente à la criée. Remplacé en 1994 par la criée informatisée de Chef-de-Baie, l'encan a été progressivement réhabilité pour devenir l'**Espace Encan**, qui accueille aujourd'hui le palais des congrès de ville, une galerie commerciale et des studios de cinéma. C'est aussi le long du bassin que se sont installés l'aquarium et le Musée maritime de La Rochelle en 1988.

★★ Aquarium de La Rochelle D2

Quai Louis-Prunier - bassin des Grands Yachts - ✆ 05 46 34 00 00 - www.aquarium-larochelle.com - ♿ - juil.-août : 9h-23h ; avr.-juin et sept. : 9h-20h ; reste de l'année : 10h-20h (dernière entrée 1h30 av. la fermeture) - 16 € (étudiant 13,50 €, 3-17 ans 12 €) - suppl. audioguide 3 € (4-11 ans 2 €).

Les petits sont ici comme des poissons dans l'eau. Grâce à l'audioguide avec un commentaire adapté à partir de 4 ans. Et surtout, grâce à une signalétique disposée à leur hauteur, composée de textes simples et de dessins.

Bienvenu dans l'aquarium le plus visité de France ! Grand vaisseau de verre et de bois visible de loin, l'aquarium de La Rochelle abrite de manière originale plus de 12 000 animaux marins de l'Atlantique, de la Méditerranée, des mers chaudes et du Pacifique. Ses 65 bassins recréent le plus fidèlement possible l'environnement (relief, flore) des espèces présentées. Créé en 1970 à la Ville-en-Bois par une famille d'aquaculteurs, l'aquarium est installé ici depuis 1988. Il attire chaque année 800 000 personnes et ne cesse de proposer de nouvelles

innovations muséographiques. Citons l'amusante entrée dans les profondeurs océanes en sous-marin, la salle-bulle au cœur du ballet des méduses, les bancs de poissons (sardines, barracudas), la petite salle obscure révélant la magie des espèces fluorescentes, le **grand bassin des requins** et la possibilité d'entendre les sons émis par les poissons-clowns. La magnifique serre tropicale de 450 m^2 abrite désormais un parcours des senteurs. Ailleurs, on a reconstitué des mangroves, et l'on peut aussi observer des coraux dans un aquarium qui leur est dédié. Au cours de la visite, des aménagements en gradins permettent de s'asseoir pour savourer le spectacle. En outre, deux cellules pour « en savoir plus » apportent des informations complémentaires sur le littoral charentais d'une part, et sa biodiversité de l'autre : ces espaces régionaux sont équipés de jeux, bornes interactives, maquettes et autres textes explicatifs pour tout public. L'Aquarium est aussi un centre d'études et de soin des tortues marines.
Le hall abrite des expositions gratuites ainsi que la **boutique** ; spacieuse, elle propose de jolis souvenirs et des idées cadeaux sur le thème de la mer. Au dernier étage est installé le **café** de l'Aquarium *(accès libre depuis le hall)* ; de ses terrasses, vue panoramique sur La Rochelle et ses belles tours de l'avant-port.

★ Musée maritime de La Rochelle CD2

Pl. Bernard-Moitessier - au sud du bassin des Grands Yachts - ✆ 05 46 28 03 00 - www.museemaritimelarochelle.fr - ♿ - juil.-août : 10h-19h ; reste de l'année : 10h-18h30 - fermé nov.-mars - 8 € (4-18 ans 5 €, étudiant gratuit) ; 5,50 €/pers. billet famille (2 adultes maxi + 2 enf. mini) ; billet combiné avec les trois autres musées municipaux (histoire naturelle, Nouveau Monde, Beaux-Arts) : 15 €, valable 1 mois - possibilité de visite guidée (1h).
Pouvoir arpenter un navire de la cuisine à la salle des machines en passant par le carré des officiers est déjà un vrai plus pour une visite avec des enfants. Le musée organise en outre des animations pour eux à bord chaque mercredi de l'été, ainsi que des goûters d'anniversaire sur demande préalable.
Le bon plan est de terminer la visite par un déjeuner ou un dîner au **bar-restaurant du** France I qui dispose d'une agréable terrasse sur le pont supérieur *(Bar du «* France I *» - ✆ 05 16 49 09 67 - www.bardufrance1.com - avril-oct. : 11h-2h du matin).*
Bordant les quais est du bassin des Chalutiers, le Musée maritime se déploie sur terre et sur mer. La visite commence avec le **Galerie des pavillons**, créée en 2015 près de l'Espace Encan. Cet ensemble de bâtiments, facilement repérables grâce à ses dix grandes toiles de couleur vive, abrite les expositions temporaires ainsi que l'exposition permanente « La Rochelle née de la mer » sur l'évolution de la ville, depuis l'antique cité de pêcheurs de Rupella (« petite roche » en latin) jusqu'au premier port de plaisance français qu'elle est aujourd'hui devenue.
La visite se poursuit à bord d'une partie des huit navires acquis par le musée depuis sa création en 1988, dont six sont classés au titre des Monuments historiques. Pièce maîtresse de cette flottille unique au monde : le *France I* (1958), dernière **frégate météorologique** française, retirée du service en 1985. On peut parcourir ce navire de 76 m de long à sa guise, y visiter une exposition sur la vie à bord, mais aussi s'y restaurer ou y prendre un verre. Embarquez également sur le pont du remorqueur *Saint-Gilles*, construit à La Pallice en 1958, et du chalutier l'*Angoumois* (1969). La collection comprend enfin le célèbre **ketch *Joshua*** (1962), voilier avec lequel le navigateur-écrivain Bernard Moitessier (1925-1994) réalisa le premier tour du monde en solitaire sans escale en 1968.
En adhérent à l'association des Amis du Musée maritime de La Rochelle, il est possible d'effectuer des sorties en mer à bord de ce voilier*(✆ 05 46 27 20 47 -*

www.aammlr.com - adhésion 25 €, croisière de deux jours 50 €). Enfin, jetez un œil au **slipway**, situé en bout de darse du bassin des Grands Yachts. Cette cale de halage motorisée, permettant de hisser hors de l'eau les navires, fut construite en 1942 dans le cadre du Service du travail obligatoire pour les besoins de la marine de guerre allemande.

La Ville-en-Bois C2

Placé entre le Gabut *(au nord)* et le port des Minimes *(au sud-ouest)*, ce quartier de 3 000 habitants abrite aujourd'hui le pôle universitaire de La Rochelle, la médiathèque Michel-Crépeau, un camping municipal, ainsi que les **musées des Automates et des Modèles réduits**, On peut y accéder depuis l'Aquarium en traversant le bassin des Grands Yachts *(à l'est)* grâce par une passerelle qui se lève pour laisser passer les bateaux.

Autrefois situé en pleine zone marécageuse, l'endroit fut longtemps appelé le **Marais perdu**. Ses habitants, alors agriculteurs, pêcheurs et dockers à la peau burinée, resteront quant à eux longtemps surnommés les **Peaux-Rouges**. Ce petit « far-west rochelais » connut une première évolution au milieu du 19e s. en devenant le deuxième site de construction navale après celui du Gabut. Progressivement assaini grâce au creusement du grand bassin voisin, et peuplé de calfats, scieurs de long et poulieurs, le quartier se couvra d'ateliers, de corderies et de maisons en bois, prenant son nom actuel.

Dans les années 1950, avec le développement de la zone portuaire dû à la forte croissance du secteur de la pêche, la municipalité entreprit de modifier l'habitat, construisant des maisons en dur et reléguant peu à peu les « Peaux-Rouges » vers les nouveaux quartiers de Tadson *(à l'est de la gare SNCF)*. Une page se tourna définitivement avec l'**incendie du 31 juillet 1985**, détruisant une grande partie des petits chantiers navals et des dernières maisons en bois, ainsi que l'aquarium de La Rochelle créé ici en 1970.

Entièrement reconstruit, le quartier a pris un nouveau visage à partir de 1993 avec la création de l'université de La Rochelle à cheval sur les Minimes et la Ville-en-Bois. L'architecture moderne et austère n'est égayée que par quelques immeubles récents aux façades bardées de bois et par l'**allée des Tamaris**, agréable promenade longeant la mer jusqu'au port des Minimes.

★ Musées des Automates et des Modèles réduits C2

12 et 14 r. de la Désirée - la Ville-en-Bois - ✆ 05 46 41 68 08 - www.museeslarochelle.com - ♿ - juil.-août, vac. scol. et ponts : 10h-12h30, 14h-19h ; reste de l'année : 14h-19h - 11 € (6-14 ans 8 €) pour les deux musées.

Ces deux musées privés créés dans les années 1980 par une famille de décorateurs de théâtre passionnés de beaux joujoux sont un régal pour les enfants. Les plus grands ne bouderont pas leur plaisir et apprécieront la scénographie soignée et les collections sans cesse renouvelées.

Musée des Automates – Dans des décors et une mise en scène somptueuse, 300 automates sont mus par des mécanismes, dont certains peuvent être actionnés grâce à des boutons. Admirez au passage *L'Ange et le Démon*, superbe scène de ballet moderne de Riby, ou encore *Les Mains à mains*, de Rouillet-Decamps (1900), l'un des automates les plus complexes du musée. Une bouche de métro donne accès à **Montmartre**★★ où l'atmosphère de Paname est fidèlement reconstituée. Les enfants seront émerveillés par les nombreux automates publicitaires des boutiques. Les adultes pourront flâner dans des rues pavées éclairées par des candélabres et se laisser surprendre par le passage d'un métro aérien.

Musée des Modèles réduits – Ici, la visite débute par une incroyable collection de maquettes de camions et de voitures, dont certaines sont télécommandées.

Musée des Automates, Montmartre.
Olivier Schindler/Musée des Automates

Remarquez la Rolls-Royce Torpedo Phantom II construite en 1934 pour le maharajah de Rajkot. L'histoire des grandes découvertes maritimes est ensuite évoquée à travers une exposition, « Les maquettes racontent le bateau », composée de superbes dioramas : port de La Rochelle au Moyen Âge, splendeur de Venise, baie de Ste-Hélène, Mississippi, etc. Dans un petit amphithéâtre, vous assisterez à une fabuleuse **bataille navale★** reconstituée, puis regarderez le *Queen Elizabeth* glisser pacifiquement sur les eaux du port de New York. Plongez ensuite dans le monde des profondeurs grâce à une reconstitution très réussie de la *Calypso* du commandant Cousteau. Quittez le milieu aquatique pour celui de trains et des circuits ferroviaires. Les nostalgiques des Marklin pourront rêver devant les rutilantes locomotives de toutes tailles, dont certaines fonctionnent à la vapeur, la minutieuse reconstitution de l'élégante **gare de La Rochelle**, ou le décor très réussi de l'Ouest américain.

★ Les Minimes Hors plan par C2

Depuis le Vieux Port, prendre « Le Passeur » jusqu'à la Ville-en-Bois et terminer à pied par l'allée des Tamaris (30mn) ou emprunter les Bus de mer (20mn).

L'idéal est de venir en septembre lors du **Grand Pavois**, premier salon nautique à flot d'Europe. C'est l'occasion d'y admirer des bateaux uniques, mais aussi d'avoir accès aux pontons habituellement réservés aux plaisanciers.

Si La Rochelle est « née de la mer », ce quartier doit son existence à la démocratisation de la pratique de la voile. Créé *ex nihilo* à l'emplacement d'anciens marais salants en 1972, le port de plaisance des Minimes est devenu le premier de France, puis d'Europe avec l'aménagement des bassins à flot en eau profonde de Marillac, Bout-Blanc et Lazaret. Depuis l'ouverture du nouveau **bassin des Tamaris** en 2014, La Rochelle peut désormais accueillir ici 5 000 quillards de tous types (plus quelques centaines d'autres dans les bassins du Vieux Port, de Port Neuf et de La Pallice). Cela a permis l'éclosion d'un véritable quartier de près de 8 000 habitants avec toute une zone d'activité liée à la plaisance (ateliers de réparation, chantiers de construction, hivernage, etc.), mais aussi des résidences, des hôtels, des restaurants et une partie du pôle universitaire de La Rochelle (faculté de droit, école d'ingénieurs…).

Le spectacle unique des immenses forêts de mâts de voiliers chantant dans le vent sur 70 ha vaut largement la visite. Autres attraits du quartier : une école de voile réputée, la Société des régates rochelaises *(toutes deux sur môle central à côté de la capitainerie du port)*, la **plage des Minimes** *(au sud du port)*, longue bande de sable hélas souvent bondée en août, et aussi la pointe des Minimes. Depuis le parc des Pères, qui occupe cette pointe, on peut ainsi observer la fidèle réplique du **phare du Bout du monde**, installée ici en 2000 (l'original fut édifié en 1884 au large du cap Horn), et profiter d'un beau panorama sur les îles de Ré, d'Oléron et d'Aix ainsi que sur le fort Boyard.

À proximité Carte de microrégion p. 78

AU NORD DE LA ROCHELLE A1

Marsilly

8 km au nord par la D 105.

Église St-Pierre – Érigée au 13e s., puis fortifiée au 14e s., elle fut partiellement détruite pendant les guerres de Religion. Du 14e s. subsiste un imposant clocher-porche de style flamboyant. À l'étage, une salle voûtée comporte de nombreux graffitis et signes compagnonniques. Du clocher (28 m) s'offre un vaste **panorama** sur La Rochelle, le pont de l'île de Ré et la baie vendéenne.

Musée des Graffitis anciens – *3 pl. de l'Abbé-Coll - 05 46 01 48 83 - www.histoireetculture.net - ♿ - juil.-août : 15h-19h, w.-end 14h30-19h30 ; avr.-juin et sept : lun., jeu., vend. 14h30-18h30, w.-end 14h-19h - fermé oct.-mars - 4 € (-12 ans et étudiant gratuit).* Ce musée se consacre aux graffitis découverts dans les prisons, moulins et édifices militaires et civils de Charente-Maritime. Vous découvrirez aussi un « acon » (embarcation des boucholeurs), la reproduction d'un **site à sel** de l'époque gauloise et des appareils photographiques et cinématographiques amateurs des 19e et 20e s.

Esnandes

12 km au nord par la D 105.

À l'extrémité maritime du Marais poitevin, les maisons basses blanchies à la chaux d'Esnandes racontent l'histoire des éleveurs d'huîtres et de moules qui, guerre de Cent Ans oblige, consacrèrent de gros travaux à sa propre défense. Des remparts, belles **vues** sur les alentours et sur la baie *(2 €)*.

Maison de la Baie du Marais poitevin – *Parvis de l'Église - 05 46 01 34 64 - www.maison-baiemaraispoitevin.fr - ♿ - juil.-août : 10h-13h, 14h-19h ; juin et sept. : 10h-13h, 14h-18h ; mai et oct. : merc. et w.-end 14h-18h ; vac. scol. : 14h-18h - fermé 1er janv., 25 déc. - 5 € (6-16 ans 3,50 €) - billet combiné avec l'église St-Martin : 9 € (6-16 ans 6 €) - visites guidées sur demande préalable.*

Les enfants adoreront les petites « cabanes » installées sur les pontons depuis lesquels on plonge le carrelet (filet) dans la mer. Des ateliers ludiques et des goûters d'anniversaire sont également proposés hors saison.

Ce pôle touristique et culturel organise des activités autour de la mytiliculture, de la pêche au carrelet, de l'église fortifiée St-Martin et des expositions temporaires sur l'écosystème et l'histoire de la région. On peut notamment visiter un intéressant musée sur l'évolution des techniques d'élevage des moules en Charente-Maritime et l'origine des **bouchots** (pieux en bois sur lesquels les moules grossissent plus vite que sur les bancs naturels). L'équipe pédagogique propose d'ailleurs une sortie dans la baie de l'Aiguillon où serait né ce mode de mytiliculture au 13e s., grâce, paraît-il, à un naufragé irlandais qui mourait de faim. C'est également *in situ* qu'est présentée la technique de la **pêche au carrelet**, que l'on retrouve sur les côtes escarpées de la Vendée à la Gironde.

On peut ainsi participer à une visite guidée, soit carrément louer un carrelet (le terme désigne aussi bien le filet que l'installation complète) pour 6h *(50 € - horaires en fonction des marées - sur demande préalable).*

★ **Église Saint-Martin** – *Parvis de l'Église - rens. auprès de la Maison de la Baie du Marais poitevin - 5 € (6-16 ans 3,50 €) ; billet combiné avec la Maison de la Baie du Marais poitevin : 9 € (6-16 ans 6 €) - possibilité de visite guidée sur demande.* Cette église a conservé de sa période romane une façade à frise sculptée de motifs végétaux et animaux. Fortifiée aux 14e et 15e s., elle fut alors pourvue d'un clocher faisant office de donjon, et de murs de 3,85 m d'épaisseur surmontés d'un chemin de ronde à créneaux et archères, renforcés de bretèches sur trois côtés. Sur sa façade, une ligne de mâchicoulis court entre deux échauguettes d'angle. À l'intérieur, bancs du 18e s., maquettes de navires et ex-voto.

AU SUD DE LA ROCHELLE

★ Châtelaillon-Plage AB2

12 km au sud par la D 137.

5 av. de Strasbourg - 17340 Châtelaillon-Plage - 05 46 56 26 97 - www.chatelaillon-plage-tourisme.fr - ♿ - juil.-août : 9h-19h, dim. 10h-18h ; mai, juin et sept. : 9h-12h, 14h-18h, dim. 9h-13h ; reste de l'année : tlj sf w.-end 9h-12h, 14h-18h - fermé certains j. fériés - visites guidées des parcs à huîtres en charrette tractée avr.-sept. (11 €, -12 ans 6,50 €).

Cette station balnéaire organise un **festival de cerfs-volants** le dimanche et le lundi de Pâques. En été, les soirées sont animées (cinéma en plein air, musique, spectacles pour enfants…) et l'office de tourisme propose de nombreuses activités pour les plus jeunes (sorties nature, ateliers artistiques, etc.). Châtelaillon a succédé à la ville fortifiée de *Castrum Allionis* qui fut la capitale de l'Aunis et que la mer a engloutie peu à peu à partir du 13e s. L'agréable front de mer égrène ses jolies villas rénovées le long d'une plage régulièrement réensablée et surveillée en été. On y propose de nombreuses activités : cours de natation, aquagym, beach-ball, mini-golf, etc. Depuis la **promenade en front de mer**, on profite d'une vue semi-circulaire portant, de gauche à droite, sur la pointe de la Fumée, le fort Enet, l'île d'Aix, l'île d'Oléron à l'arrière-plan, et la pointe du Chay. En arrière s'élève le **casino**, logé dans un bâtiment Belle Époque (1890) restauré et, à l'écart, le nouvel hippodrome. La **pointe des Boucholeurs** *(à 3 km au sud par la D 202)* où se pratique l'élevage des huîtres et des moules, offre quant à elle une **vue** panoramique sur le pertuis d'Antioche.

Réserve naturelle du marais d'Yves B2

15 km au sud par la D 137.

Ferme de la Belle-Espérance - 17340 Yves - 05 46 56 41 76 - http://marais.yves.reserves-naturelles.org - juil.-août : tlj sf sam. 14h30-18h30 ; avril-mai : tlj sf sam. 14h-18h - reste de l'année : dim. 14h-18h - fermé certains j. fériés - accès à la réserve : visite guidée uniquement et sur demande préalable (de 1h à 2h30), de 4,50 à 7 € selon le thème (tarif réduit de 4 à 6 €, -10 ans gratuit) - prêt de jumelles.

Située à 5 km au sud de Châtelaillon-Plage, cette réserve s'étend au sud de la pointe des Boucholeurs, autour d'une vaste lagune. Dans le **Centre nature** qui accueille les visiteurs, on peut se documenter sur la réserve et observer les oiseaux à l'aide de longues-vues. Mais pour accéder à la réserve, il est nécessaire d'être accompagné d'un guide. On peut ainsi se rendre au poste d'observation, situé à 1 km, et faire des **visites thématiques** : « Chuchotement végétal », « Safari junior », balade à vélo, sortie en kayak.

NOS ADRESSES À LA ROCHELLE

TRANSPORTS

Yélo – *Pl. de Verdun (« Maison Yélo »)- 0 810 17 18 17 (prix d'un appel local) - www.yelo. agglo-larochelle.fr - lun.-vend. 7h30-19h, sam. 8h-18h30.* Pionnière en matière de transport alternatif, La Rochelle a inventé le concept du vélo en libre-service, les célèbres Vélos jaunes, dès 1976. En 1997, elle fut aussi la première municipalité française à organiser une « journée sans voiture ». Depuis, la ville et l'agglomération n'ont cessé d'innover et proposent aujourd'hui le service Yélo, une offre de transport globale incluant non seulement les vélos et les voitures électriques en libre-service, mais aussi toutes les lignes de bus, les navettes maritimes, une plate-forme de covoiturage, des taxis de nuit à petits prix, des parkings, des points de charge pour véhicules électriques et même des trains pour Rochefort ou Châtelaillon-Plage et des bus pour l'île de Ré. Cette démarche unique en son genre se veut bien sûr très écocitoyenne. Mais le système Yélo est aussi très bien pensé pour les touristes avec des abonnements de courte durée.

En bus

Les 31 lignes de bus Yélo fonctionnent pour la plupart de 6h à 22h, reliant tous les quartiers et communes des envions. La nuit, de 22h à 6h du matin, le service « Yélo la nuit » (voitures avec chauffeur) prend le relais.

Pass'Rochelais – *www. passpartout17.org.* Proposée par Yélo et l'office de tourisme d'avril à décembre, cette carte de transport illimité (bus et navettes maritimes) est vendue pour 1, 2, 3 ou 7 jours *(de 4 à 13 € pour une personne, de 13 à 33 € pour quatre).* Elle donne aussi droit à des tarifs réduits et permet d'éviter les files d'attente dans 12 musées et sites (Aquarium, tours du Vieux Port, musée des Beaux-Arts, etc.), des réductions pour des activités de sport et loisirs et le bus gratuit pour l'île de Ré *(juil.-août).* Elle comprend en outre l'accès aux trois « parcs-relais ».

En bateau

Créé en 1988, le service de navettes maritimes urbaines compte aujourd'hui deux lignes intégrées au réseau Yélo : « *Le Passeur* », premier navire électro-solaire de France lancé en 1998, et les Bus de mer, deux navires électriques fonctionnant depuis 2009. Le service des deux lignes est interrompu pendant les grandes marées. Utilisation gratuite avec le Pass'Rochelais.

Le Passeur – *juin-sept. : 7h30-0h ; avr.-mai : 7h30-22h ; reste de l'année : 7h30-20h - 1 €.* Courte traversée *(3mn)* du Vieux Port à la demande entre la tour de la Chaîne et la médiathèque Michel-Crépeau *(la Ville-en-Bois).*

Bus de mer – *Juil.-août (dép. ttes les 30mn) : 8h30-23h30 depuis le Vieux Port, 9h-0h depuis Les Minimes ; juin : dép. ttes les heures, 9h-19h sf 13h depuis le Vieux Port, 9h30-19h30 sf 13h30 depuis Les Minimes ; avr.-mai et sept. (dép. ttes les heures) : 10h-19h sf 13h depuis le Vieux Port, 10h30-19h30 depuis les Minimes ; reste de l'année : w.-end, j. fériés et vac. scol. (dép. ttes les heures) : 10h-18h sf 13h depuis le Vieux Port, 10h30-18h30 depuis les Minimes - 3 €.* La traversée prend 20-30mn entre le Vieux Port *(tour de la Chaîne)* et le port des Minimes *(entre le quai Lazaret et le ponton n° 7).* Parking gratuit aux Minimes pour laisser son véhicule.

À vélo

Le réseau « Yélo, le libre-service vélos » compte 47 stations dont trois avec paiement par carte bancaire : « Gare SNCF », « Place de Verdun » et « Office du tourisme » (Le Gabut). La flotte habituelle de 300 vélos augmente en été.

Offre touristique – L'utilisation d'un vélo revient à 1,30 € de l'heure et ne nécessite pas d'abonnement. Seules contraintes : l'offre n'est valable que d'avril à septembre et il faut se rendre en début et fin de séjour au « Chalet Yélo » pour en profiter *(pl. du Cdt-de-la-Motte-Rouge, au sud du quartier St-Nicolas, entre la gare SNCF et le Vieux Port - juil.-août : 9h-19h ; avr., juin et sept. : 9h30-12h30).*

Abonnement courte durée – Deux possibilités : 2 € pour 2 jours ou 5 € pour 7 jours. Première demi-heure d'utilisation gratuite, puis 1 € par demi-heure jusqu'à 2h, 3 € par demi-heure jusqu'à 24h. L'inscription se fait par carte bancaire uniquement aux bornes des trois stations équipées pour cela.

En voiture électrique

La voiture en libre-service existe ici depuis 1999. Avec une quarantaine de voitures électriques et 13 stations, le réseau « Yélomobile » propose cette formule touristique.

Offre Escale – *www.yelomobile.fr.* Valable une semaine (et non renouvelable) : 5 € d'abonnement, puis 10 € de l'heure. Inscription sur le site Internet de Yélomobile. Comptez environ 10 jours pour que votre contrat soit validé. Le véhicule est à récupérer aux stations « Capitainerie » *(Les Minimes)*, « Chalet Yélo » *(en été)*, « Place de Verdun » ou à l'agence Yélomobile *(av. du 123e-Régiment-d'Infanterie - ✆ 08 20 20 10 49 - lun.-vend. 10h-13h, 14h-18h).*

HÉBERGEMENT

Centrale de réservation – *✆ 05 46 50 50 31 ou 05 46 41 14 68 - www.larochelle-tourisme.com.* La centrale de réservation de l'office de tourisme propose des forfaits week-ends thématiques pour découvrir la cité, ses sites culturels et sa gastronomie.

PREMIER PRIX

Hôtel de la Paix – D1 - *14 r. Gargoulleau - ✆ 05 46 41 33 44 - www.hotelalarochelle.com - 19 ch. 74/85 € - ☕ 9,50 € - ✕ 20 €.* Entre le vieux marché et la place de Verdun, cet hôtel est chargé d'histoire. Aménagé dans une ancienne demeure d'armateur du 18e s., les chambres, desservies par un superbe escalier original, sont spacieuses et régulièrement rénovées. Salle à manger cosy. Table d'hôte ou demi-pension sur réservation ; la cuisine de Laurent ne vous laissera pas indifférent. Accueil chaleureux.

BUDGET MOYEN

Best Western Champlain – C1 - *30 r. Rambaud - ✆ 05 46 41 23 99 - www.hotelchamplain.com - P 8 € - 32 ch. 84/165 € - ☕ 12/13 €.* Situé à deux pas de la place de Verdun, cet ancien hôtel particulier au charme désuet est doté d'un bien agréable et romantique jardin. Bel escalier central menant à des chambres spacieuses et garnies de meubles de style.

Hôtel Trianon et de la Plage – C2 - *6 r. de la Monnaie - ✆ 05 46 41 21 35 - www.hoteltrianon.com - 25 ch. 84/105 € - ☕ 9,50 € - ✕ 19,50/35 €.* En bordure du parc Charruyer, cet hôtel particulier du 19e s. au confort bourgeois est dans la même famille depuis 1920.

1

Salle des petits déjeuners façon jardin d'hiver. Chambres plus calmes sur l'arrière. Restaurant : atmosphère feutrée et cuisine traditionnelle.

Les Brises – Hors plan par C2 - *R. Philippe-Vincent - ✆ 05 46 43 89 37 - www.hotellesbrises.eu - P - 48 ch. 109/145 € - ☕ 13 €.* Au bout de l'allée du Mail, la terrasse au bord de la mer (petit déjeuner l'été) et la vue sur le port valent, à elles seules, une visite. Chambres relookées ; préférez celles côté mer (balcons).

Hôtel St-Nicolas – D2 - *13 r. Sardinerie - ✆ 05 46 41 71 55 - www.hotel-saint-nicolas.com - P 10 € - 110 ch. 92/140 € - ☕ 11 €.* Cet hôtel du quartier St-Nicolas se trouve à deux pas du Vieux Port et du centre-ville historique, à l'écart du bruit. Les chambres sont impeccables et très bien équipées.

POUR SE FAIRE PLAISIR

St-Jean d'Acre – C2 - *4 pl. de la Chaîne - ✆ 05 46 41 73 33 - www.hotel-la-rochelle.com - 60 ch. 82/232 € - ☕ 12 €.* Deux maisons du 18e s. idéalement situées pour profiter de l'animation rochelaise. Chambres bien insonorisées, peu à peu rénovées. Une suite avec terrasse dominant le Vieux Port.

Hôtel de la Monnaie – C2 - *3 r. de la Monnaie - ✆ 05 46 50 65 65 - www.hotelmonnaie.com - ♿ - P 20 € - 35 ch. 214/359 € - ☕ 11,50-18 €.* Près de la tour de la Lanterne, cet hôtel particulier du 17e s. a été entièrement rénové. Chambres de bonne ampleur, tournées sur la jolie cour intérieure pavée où l'on petit-déjeune aux beaux jours. Un Spa invite au délassement.

À proximité

PREMIER PRIX

Camping Au Port-Punay – Hors plan par D2 - *Allée Bernard-Moreau, à 200 m de la plage - 17340 Châtelaillon-Plage - ✆ 05 17 81 00 00 - www.camping-port-punay.com - ♿ 🏊 - fermé oct.-avril - 115 empl., 41 locations.* Des emplacements ombragés pour tentes ou caravanes, mais aussi des mobile homes confortables ou des tentes lodges bien aménagées. Côté loisirs : piscine, club enfants, location de vélos, animations en soirée, etc.

Chambres d'hôte Logis St-Léonard – Hors plan par D1 - *6 r. des Chaumes - 17139 Dompierre-sur-Mer - 11 km à l'est - ✆ 06 78 03 41 13 - www.logis-saint-leonard.fr - P 🚭 🏊 - 5 ch. 95/170 € ☕.* Cette grande demeure rénovée, blottie dans un beau parc, abrite des chambres dont le décor évoque les îles charentaises ou les voyages polynésiens et africains des propriétaires. Délicieux petit déjeuner composé de confitures et gâteaux maison. Pour la détente, ping-pong, Jacuzzi et piscine. Accueil très aimable.

RESTAURATION

PREMIER PRIX

La Gerbe de Blé – D1 - *R. Thiers - ✆ 05 46 41 05 94 - 6h30-18h - fermé mar. - ♿ - plats 2,50/17,50 €.* Ce bistrot propose une petite restauration simple : dégustation d'huîtres du marché voisin à prix coûtant, onglet, entrecôte, etc.

Le P'tit Bleu – C2 - *Cours des Dames - ✆ 05 46 28 32 65 - tlj 12h-23h - fermé nov.-fév. - plat 6/12 €.* Cet ancien navire de pêche propose des sardines et fruits de mer à la plancha ou une papillote de moules à déguster en terrasse sur le quai. Produits frais, mais assiettes pas très remplies. Pour les petites faims.

Le Jardin – D1 - *5 bis r. Gargoulleau - ✆ 05 46 41 06 42 - fermé dim. - ♿ - 13/17 €.* Entre le marché couvert et le musée des Beaux-Arts, ce restaurant-salon de thé est très prisé des Rochelais. Déco printanière sur le thème du « jardin » et agréable terrasse intérieure. Cuisine maison : copieuses salades composées, tartines, desserts et thé glacé.

BUDGET MOYEN

La Cuisine de Jules – D1 - *5 r. Thiers - ✆ 05 46 41 50 91 - www.lacuisinedejules.com - fermé dim.-lun. - formule entrée, plat, dessert 31 €.* Une cuisine du marché (les halles sont juste à côté), de la bonne humeur et de bons conseils œnologiques font de cette adresse un must. Le cadre mêle pierres apparentes, bois et objets de décoration contemporains.

Le Bar André – C2 - *5 r. St-Jean-du-Pérot - ✆ 05 46 41 28 24 - www.barandre.com - menu 36 €, carte 31/51 €.* Cette institution locale a changé de mains mais reste fidèle à sa réputation de table dédiée à la mer. Au pied des tours, dix salles au décor nautique très affirmé (objets insolites).

Le Boute en Train – D1 - *7 r. des Bonnes-Femmes - ✆ 05 46 41 73 74 - fermé dim.-lun. - formule entrée, plat, dessert 28 €.* Près des halles, ce charmant restaurant sert une cuisine de marché. Détail amusant, des dessins d'enfants ornent les murs de la salle. Les grands descendront à la cave voûtée pour choisir leur vin. Agréable terrasse dans une rue calme.

Les Orchidées – D1 - *24 r. Thiers - ✆ 05 46 41 07 63 - www.restaurant-les-orchidees.com - formule entrée, plat, dessert 31 €.* Ce « gastro » met le poisson à l'honneur au cœur du quartier des halles. Carte courte et évolutive.

Label Fabrique – D1 - *16 r. du Cordouan - ✆ 05 46 41 05 44 - Fermé dim., fév. - formule entrée, plat, dessert 17,50 €/35 €.* Dans un cadre épuré aux notes florales, cuisine aux accents du Sud-Ouest. Samedi, savoureux burger.

Prao – D2 - *10 r. St-Nicolas - ✆ 05 46 37 85 46 - fermé dim. soir - formule entrée, plat, dessert 15/26 €.* Décor aux accents industriels sur deux étages. Viandes et poissons d'une extrême fraîcheur. Brunch le dimanche. Inventivité dans l'assiette et service très aimable.

La Boussole – C2 - *41 r. St-Jean-du-Pérot - ✆ 05 46 50 50 48 - formules entrée, plat, dessert 22,50 € (midi), 31,90 € (soir).* Idéalement situé dans une rue qui mène au Vieux Port, ce restaurant mélange cuisines française et asiatique. Riche carte de cafés du bout du monde. Charmant décor évoquant le voyage. Service très efficace.

Le Garde Robe – D2 - *55 r. St-Nicolas - ✆ 05 46 55 01 02 - mar.-sam. 18h-2h du matin - planches apéritif 13-15 €.* Ce bar à vin (200 références) propose des planches de fromage, charcuterie, rillettes et gravelax à grignoter.

POUR SE FAIRE PLAISIR

La Suite – C2 - *15 r. de la Chaîne - ✆ 05 46 50 51 98 - www.lasuite.co - 19/100 €.* Johan Leclerre officie aux fourneaux pour vous faire savourer de délicieuses assiettes de poissons et de viandes. Un décor minimaliste de noir et de camaïeu de blancs, avec lumières tamisées.

Les Flots – C2 - *1 r. de la Chaîne - ✆ 05 46 41 32 51 - www.les-flots.com - 29/83 €.* Estaminet du 18e s. au pied de la tour de la Chaîne. Décor mêlant rustique, moderne et esprit marin. Cuisine de l'océan personnalisée et beau livre de cave (900 références).

Christopher Coutanceau – Hors plan par C2 - *plage de la Concurrence - ✆ 05 46 41 48 19 - www.coutanceaularochelle.com -*

1

fermé dim.-lun. - 65-165 €. Une salle en rotonde, raffinée et contemporaine, grande ouverte sur l'Océan : cet écrin vient sublimer la belle et généreuse cuisine de la mer des Coutanceau (le fils à la suite du père), portée par un sens éclatant du produit et des saveurs ; à déguster avec un cru de la belle carte de vins de Loire et de Bourgogne.

À proximité

BUDGET MOYEN

Le Café de la Mer – Hors plan par C1 - *R. du Port - Le Port du Plomb - 17137 Nieul-sur-Mer - 10 km au nord-ouest en passant par Lauzières - ✆ 05 46 37 39 37 - fermé lun. midi et merc. en avr.-juin et sept., merc. midi en juil.-août - ♿ - carte 8/15 €.* Moules préparées de multiples façons, huîtres, salades, grillades et crêpes en été : voilà le programme de ce petit restaurant dont les baies vitrées ouvrent sur le pont de l'île de Ré. Un endroit qui plaira aux solides appétits, car les portions sont généreuses.

Tonton Louis – Hors plan par C1 - *R. Samuel-Champlain - Chef-de-Baie - ✆ 05 46 68 25 97 - www.tontonlouis.fr - fermé vac. de Noël, lun. en juil.-août, lun.-dim. le reste de l'année - menus 14,90/74,90 €, plat 22 €.* Au cœur du port de pêche de Chef-de-Baie, ce restaurant est réputé pour sa vue sur l'Océan et ses buffets de fruits de mer.

PAUSE GOURMANDE

Ernest le Glacier – C2 - *48 cours des Dames - ✆ 05 46 43 48 65 - www.ernest-le-glacier.com - 11h30-23h - autre adresse : 15-16 r. du Port (12h30-23h).* Impossible de quitter La Rochelle sans faire un tour chez cet artisan-glacier. Ses deux boutiques du Vieux Port servent sorbets, glaces et crèmes glacées, mais aussi bâtonnets, verrines et yaourts glacés. Parmi les quelque 70 parfums, la pistache torréfiée et la fraise-menthe fraîche sont un régal.

Boutique des Cafés Merling – D1 - *25 r. Gambetta - ✆ 05 46 50 56 41 - www.cafesmerling.fr - lun. 14h-19h, mar.-sam. 9h-12h30, 14h-19h.* Le torréfacteur Vincent Merling (également patron du club de rugby du Stade rochelais) est le principal fournisseur des débits de boissons de la région. À côté des halles, sa boutique-salon vend cafés, thés et jolie vaisselle. Confortablement installé à l'étage, on déguste toutes sortes de moutures et chocolats de la maison accompagnés de biscuits.

ACHATS

Les commerces se concentrent dans la Vieille ville sillonnée de nombreuses rues piétonnes. La place du Marché donne accès aux boutiques des arcades des rues des Merciers, St-Yon et du Minage. On trouve des bouquinistes, antiquaires et brocanteurs rue St-Nicolas avec des boutiques et marchés spécialisés. Pour les souvenirs maritimes, rendez-vous du côté du bassin des Grands Yachts.

Marché Central – *Pl. du Marché - ✆ 05 46 51 14 96 - www.ville-larochelle.fr - 7h-13h30.* Le samedi matin, l'animation bat son plein sous la magnifique charpente du Marché central. Construit en deux fois (1834 et 1894), il vaut à lui seul le déplacement. Les principaux métiers de bouche sont représentés et, le mercredi et le samedi, les petits producteurs régionaux viennent s'installer autour des halles.

Les Puces de Mer – *2 pl. Bernard-Moitessier - ✆ 05 46 41 44 80 – www.pucesdemer.fr - juil.-août :*

10h-19h ; juin et sept. : tlj sf dim. 10-12h, 14h-18h30 ; reste de l'année : mar.-sam. 10-12h, 14h-18h30. Dans ce vaste dépôt-vente situé à côté du Musée maritime, vous trouverez tout le nécessaire pour la navigation (accastillage et matériel nautique), mais aussi une belle sélection de vêtements, d'objets de décoration et de livres autour du thème de la mer.

Farol Encan – *64 quai Louis-Prunier - ✆ 05 46 50 53 05 - www.farol.fr - lun. 14h-19h, mar.-sam. 10h-13h, 14h-19h - fermé j. fériés.* Les navigateurs apprécient les couteaux Farol créés par Sylvain Berthommé (lui-même marin et inventeur) pour leurs bonnes lames et de leurs mécanismes conçus pour la navigation. La gamme se décline à présent pour la cuisine et les arts de la table.

Floirat – *2 bis r. Thiers - ✆ 05 46 41 09 07 - tlj sf lun. 9h-12h30, 14h30-19h15, dim. 10h-12h30.* Ancien sommelier du restaurant parisien La Tour d'Argent, Jean-Marie Floirat propose dans sa très jolie cave quelque 800 références de vins et spiritueux, dont plus de 20 pineaux des Charentes, 30 cognacs et eaux-de-vie de 5 à 60 ans d'âge fournis par les meilleurs producteurs.

EN SOIRÉE

Deux publications gratuites traitent de l'activité culturelle à La Rochelle et dans ses environs : *Sortir 17* (mensuel disponible à l'office de tourisme) et *TMV La Rochelle* (chaque mercredi ; pas de parution en juil.-août, mais un hors-série « spécial été » est proposé à l'office de tourisme). On trouve aussi des idées de sorties dans l'édition rochelaise du quotidien *Sud-Ouest*, notamment le week-end, et en écoutant France Bleu La Rochelle en FM sur 98.2.

Café de la Paix – *54 r. Chaudrier - ✆ 05 46 41 39 79 - fermé dim.* Hôpital en 1709, salle de spectacle à la Révolution, cet établissement classé Monument historique devient, à partir de 1900, un café apprécié des artistes de passage : Colette, Jean Gabin, Lino Ventura ou Simenon, qui y écrivit plusieurs enquêtes du commissaire Maigret. Le décor a conservé son cachet d'époque : façade en bois sculpté, miroirs, moulures, plafond peint.

Cave de la Guignette – *8 r. St-Nicolas - ✆ 05 46 41 05 75 - tlj sf dim. mat. 10h-13h30, 16h-21h.* Ce charmant bar à vin, où se donnaient rendez-vous jadis les pêcheurs, n'a pas changé d'un iota depuis sa création en 1933. On y propose toujours la « guignette » (également à la vente), apéritif à base de vin et de fruits, qui a fait la renommée de la maison.

L'Alibi – *53 r. St-Jean-du-Pérot - ✆ 09 82 21 40 62 - juil.-août : 14h-2h du matin ; avril-juin et sept. : 16h30-2h du matin ; reste de l'année : 18h-2h du matin.* Cette rhumerie propose une sélection de 140 vieux rhums, ainsi que des rhums arrangés, cocktails, ti-punchs et assiettes de tapas. Ambiance musicale soul, funk, jazz et hip-hop. Concerts réguliers.

Casino Barrière de La Rochelle – *15 allée du Mail - ✆ 05 46 34 12 75 - www.lucienbarriere.com - casino : dim.-jeu. 10h-3h du matin, vend.-sam. 10h-4h du matin ; fermé 1er janv. - ✕ tlj midi et soir, formule 20,90 €.* Le casino de La Rochelle, situé face à la mer à deux pas du Vieux Port, propose 160 machines à sous, des jeux de roulette anglaise, de black-jack et de Texas Hold'em poker. L'établissement abrite également un espace bar.

Cinéma Méga CGR Les Minimes – *Av. Henri-Becquerel - ✆ 0 892 688 588 (0,34 €/mn) -*

1

www.cgrcinemas.fr/larochelle. 12 salles climatisées. Son Dolby stéréo dans toutes les salles, son numérique dans 3 d'entre elles et 3D. Espace jeux vidéo. Le réseau CGR compte deux autres cinémas à La Rochelle : Dragon *(8 cours des Dames, Vieux Port)* et Olympia *(54 r. Chaudrier, Vieille Ville).*

ACTIVITÉS

Plages

La plage des Minimes (au sud) et celle du Chef-de-Baie *(à l'ouest)* peuvent dépanner les amateurs de baignade ; la plage de la Concurrence *(près de la tour de la Lanterne)*, pas toujours très propre, est surtout fréquentée par les adeptes du bronzage. Pour vraiment profiter des joies de la mer, il convient de se rendre à Châtelaillon-Plage *(10 km au sud)* ou, mieux encore, sur l'île de Ré.

Croisières

Croisières Inter-îles – *Cours des Dames - ✆ 0 825 135 500 (0,15 €/mn) - www.inter-iles.com.* Croisière à la journée ou demi-journée avec escale à l'île d'Aix et passage aux abords du fort Boyard *(avril-oct.)*, promenade commentée aux abords du fort Boyard *(avril-oct. et vac. scol. de fév.)*, liaisons avec St-Martin-de-Ré *(avril-sept.)* et St-Denis-d'Oléron *(juil.-août).*

Croisères SMR – *Cours des Dames - ✆ 06 07 65 43 42 - www.promenade-en-mer-larochelle.fr - tte l'année.* La Société Maritime Rhétaise (SMR) propose des croisières à la demi-journée au large du fort Boyard, avec vue sur les îles d'Aix, d'Oléron et de Ré.

Kapalouest – *av. Michel-Crépeau, devant la médiathèque - ✆ 05 46 44 97 67 - www.kapalouest.com - avr.-oct.* Sorties en mer à bord d'un voilier de type catamaran, à la journée ou demi-journée. Et aussi : sorties à thème (coucher de soleil, apéro, brunch…) et privatisation du bateau.

Autres activités

École de voile rochelaise *(av. de la Capitainerie, les Minimes)*, piscine municipale L.-Maylin *(r. Léonce-Mailho)*, Club de tennis rochelais *(42 av. Aristide-Briand)*, bowling de La Rochelle *(av. M.-Crépeau, les Minimes)*, golf de 18 trous de La Prée *(17137 Marsilly)*, etc.

AGENDA

« Agenda », p. 28.

Championnat du monde de plongeon – *Mai - rens. : www.redbullcliffdiving.com.* Plongeons depuis la tour St-Nicolas.

Solitaire du Figaro – *Mai - rens. : www.lasolitaire.com.* Course à la voile.

Semaine internationale de la voile – *Mai - rens. : www.srr-sailing.com.*

Festival international du film – *Juin-juil. - rens. : www.festival-larochelle.org (p. 82).*

Les Francofolies – *Mi-juillet - rens. : www.francofolies.fr.* Festival de musique *(p. 82).*

Le Grand Pavois – *Septembre - rens. : www.grand-pavois.com.* Salon nautique à flot.

Jazz entre les deux tours – *Octobre - rens. : www.jazzentrelesdeuxtours.fr.*

Rallye national d'automne – *Novembre - rens. : www.sportautoocean.com.* Course automobile.

Festival du film d'aventure – *Mi-novembre - rens. : www.festival-film-aventure.com.*

Marathon – *Novembre - rens. : www.marathondelarochelle.com.*

Les Portes-en-Ré, la plage de Trousse-Chemise.
E. Rieger/hemis.fr

Île de Ré

★★

Charente-Maritime (17)

L'« île blanche » est parsemée de villages aux maisons basses, aux façades chaulées et bordées de roses trémières. On la sillonne à vélo pour gagner les plages et leurs dunes de sable blond, ou encore découvrir vignobles, bois de pins et célèbres marais salants. Victime de son succès, Ré voit en effet sa population multipliée par dix l'été.

NOS ADRESSES PAGE 115
Hébergement, restauration, achats, activités, etc.

S'INFORMER

Île de Ré Tourisme – *05 46 09 00 55 - www.iledere.com - seult par téléphone : tlj sf w.-end 9h-12h, 14h-17h30.* Chaque commune dispose d'un office de tourisme. Reportez-vous au des communes ci-après.

SE REPÉRER

Carte de microrégion A1 p. 78 - *carte Michelin Départements 324 C3.* Un pont à péage relie l'île au continent.

À NE PAS MANQUER

Les fortifications de St-Martin-de-Ré ; le musée Ernest-Cognacq ; le panorama du haut du phare des Baleines ; le village d'Ars-en-Ré ; la réserve naturelle Lilleau des Niges.

ORGANISER SON TEMPS

Comptez une demi-journée pour découvrir St-Martin-de-Ré, une journée (en auto) ou deux (en vélo) pour faire le tour de l'île, et le temps qu'il faudra pour vous baigner.

AVEC LES ENFANTS

Le phare des Baleines ; la Maison du Fier ; la réserve de Lilleau des Niges et les activités de la Maison du Platin ; les balades à vélo ; les plages.

Se promener Plan de ville p. 109

★ SAINT-MARTIN-DE-RÉ

2 av. Victor-Bouthillier - 17410 St-Martin-de-Ré - 05 46 09 20 06 - www.saint-martin-de-re.fr - juil.-août : 9h30-13h, 14h-18h30, dim. et j. fériés 9h30-13h30 ; reste de l'année : 9h30-13h, 14h-17h45, dim. 9h30-12h30 - fermé 1er janv.

Le bourg le plus important de l'île, jadis place militaire puissante et port actif, est devenu une charmante cité aux rues étroites et pavées. L'ensemble a gardé l'aspect classique du Grand Siècle, bien à l'abri derrière d'impressionnantes fortifications désormais classées au Patrimoine mondial de l'Unesco. L'été, les abords du port sont pratiquement impraticables, sauf au petit matin ! Il faut quitter le centre et gagner la partie haute de St-Martin pour retrouver le calme et découvrir les maisons à colombages du 17e s. autour de la place Anatole-France ou encore celle de la Vinatière datant du 16e s. *(13 r. Mérindot).*

★ Fortifications

Elles remontent au début du 17e s., mais ont été remaniées par Vauban. Afin de renforcer la défense des installations navales de Rochefort créées par Colbert en 1666, Vauban vint inspecter l'île en 1674. Il acheva la fortification de St-Martin-de-Ré en 1692. L'enceinte est percée de deux portes monumentales, la porte Toiras à l'est et celle des Campani à l'ouest, précédées par des espaces demi-circulaires et pourvues de corps de garde sur leur face interne.

La citadelle

Ne se visite pas. Édifiée en 1681, elle servait déjà de prison sous l'Ancien Régime. C'est d'ici que le capitaine Dreyfus, Guillaume Seznec et Henri Charrière, dit Papillon, partirent pour le bagne de Guyanne. Aujourd'hui, c'est la plus grosse centrale de détention de France pour les longues peines. On peut parcourir les bastions du front de mer d'où l'on a de belles vues sur le pertuis Breton et le continent : remarquez les embrasures à canons et les tourelles de guetteurs. L'entrée principale est une majestueuse porte au fronton sculpté d'emblèmes guerriers ; face à cette porte, entre deux bastions, est aménagé le petit port de la citadelle. Au-delà, on atteint une plage de sable fin.

Parc de la Barbette

À l'abri des fortifications, on découvre de très beaux arbres, parfois abîmés par les tempêtes : pins, chênes verts, acacias, robiniers. Une agréable promenade surplombe la mer, offrant une vue sur la côte sud-vendéenne au loin.

★ Musée Ernest-Cognacq

13 av. Victor-Bouthillier - 05 46 09 21 22 - www.musee-ernest-cognacq.fr - ♿ - juil.-août : 10h-19h ; avr.-juin et sept. : 10h-12h30, 14h-18h ; reste de l'année : 10h-12h30, 14h-17h, w.-end et j. fériés 14h-17h - fermé mar., certains j. fériés - possibilité de visite guidée sur demande (1h) - 4 € (-18 ans 2,50 €) - gratuit pour les pers. en situation de handicap.

Édifice mi-flamboyant mi-Renaissance qui fut demeure seigneuriale avant de devenir un arsenal, l'**hôtel de Clerjotte** offre un écrin de toute beauté au musée du patrimoine rétais. L'architecture contemporaine, toute de verre et d'acier, de la nouvelle aile s'intègre parfaitement au vénérable édifice. Ses collections, offertes à l'origine par Ernest Cognacq, fondateur de la Samaritaine et originaire de St-Martin, sont très riches.

Une passionnante exposition permanente évoque l'histoire de l'île à travers les âges, son économie et ses traditions. Sont exposés objets de marine, cartes et plans, dessins, gravures, costumes, faïences, porcelaines et objets maçonniques, tandis que des peintures offrent une rétrospective de la création artistique sur Ré. Des expositions temporaires sont périodiquement organisées. Derrière le musée, dans un jardin à la française où des chaises longues attendent le visiteur, sont cultivées les plantes de l'île et d'autres originaires d'Amérique du Nord.

Le port

Sa forme est originale : le bassin enserre l'ancien quartier de marins, bordé de commerces, qui forme presque un îlot au centre du port. Au 17e s., il connut une époque de prospérité grâce à ses relations commerciales avec le Canada et les Antilles.

Église Saint-Martin

Appelée « Grand Fort » en raison des défenses qui la protégeaient (encore visibles au transept), l'église date du 15e s. Ruinée par les bombardements de la flotte anglo-hollandaise en 1696, elle a été restaurée au début du 18e s. Une chapelle dédiée aux marins contient des ex-voto des 18e et 19e s. Si vous êtes courageux, gravissez les 117 marches jusqu'au clocher pour profiter d'un joli **panorama** sur l'île *(✆ 05 16 19 81 96 - 1,80 €, 11-15 ans 0,95 €).*

Ancien hôtel des Cadets de la marine

Il abrite l'hôtel de ville et la poste. Ce bâtiment à la longue façade rehaussée de frontons fut construit au 18e s. pour servir de logement à une compagnie de cadets des troupes de marine. Au début du 20e s., le propriétaire de l'édifice, Ernest Cognacq, en fit don à sa ville natale.

1

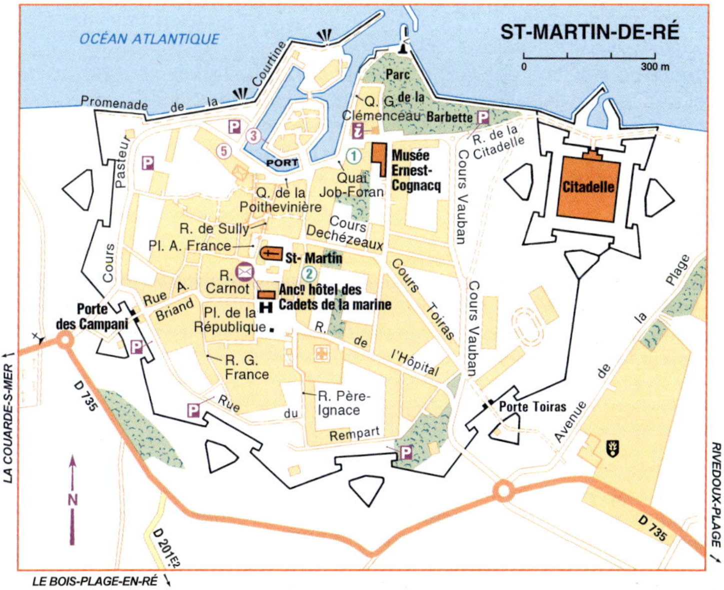

SE LOGER		SE RESTAURER	
Hôtel de Toiras	①	La Baleine Bleue	③
Villa Clarisse	②	Le Martin's Pub	⑤

LE RÉSEAU VAUBAN ÉLEVÉ AU PATRIMOINE MONDIAL

En 2008, l'œuvre de Vauban (1633-1707) a été inscrite au **Patrimoine mondial de l'Unesco**. Pour préparer le dossier de candidature, quatorze sites, jugés les plus représentatifs du système de défense de Vauban en France, avaient été sélectionnés, dont un seul en Charente-Maritime : les fortifications de **St-Martin-de-Ré**.

Sébastien Le Prestre de Vauban, architecte militaire de Louis XIV, a édifié 12 groupes de bâtiments fortifiés et des constructions le long des frontières nord, est et ouest de la France : des villes neuves créées *ex nihilo*, des citadelles, des enceintes urbaines, des forts, une batterie, des structures de communication. Ces sites sont inscrits en tant que témoins de l'apogée de la fortification bastionnée, typique de l'architecture militaire occidentale. Son travail a influencé l'architecture militaire en Europe et sur les autres continents jusqu'au milieu du 19e s..

Circuit conseillé Carte de l'île de Ré p. 113

LE TOUR DE L'ÎLE

Comptez une journée. De la pointe de Sablanceaux, la D 735 longe la côte et arrive en vue du fort de la Prée (à droite). Prenez la première route à droite.

Fort de la Prée

Rte de Rivedoux - 17630 La Flotte - ✆ 05 46 09 73 33 - www.fort-de-la-pree.com - juil.-août : 10h-12h30, 14h-19h ; avr.-juin et sept. : 10h-12h, 14h-18h - fermé sam. et dim. matin, oct.-mars - 5 € (enf. 2 €) - visites guidées sur réservation : lun.-ven. à 10h30, dim. à 16h - 6 € (enf. 2 €).

Conçu pour défendre La Rochelle, cet édifice en étoile date de 1620. C'est le plus ancien fort militaire de l'île. Aujourd'hui propriété de l'administration pénitentiaire, il fut construit en partie avec les pierres de l'abbaye des Châteliers. Les soldats de Louis XIII s'y réfugièrent lors de l'invasion anglaise de 1627. On peut y voir une exposition permanente sur les mousquetaires du roi.

Revenez sur la D 735, continuez au nord-ouest et prenez la première route à droite.

Ancienne abbaye des Châteliers

Les Hertaux - 17630 La Flotte - visite libre - possibilité de visite guidée (1h) ou de jeu de piste (1h30) sur demande à la Maison du Platin.

Sur la lande couvrant le promontoire des Barres, face au pertuis Breton, le vent joue dans les vestiges de cette abbaye des Châteliers fondée au 12e s. Elle fut l'un des plus vastes établissements cisterciens de l'ouest de la France. La guerre de Cent Ans, puis les guerres de Religion, l'ont ruinée. De l'abbatiale subsistent la façade et les murs dessinant une nef et un chevet plat à la mode de Cîteaux ; le chœur est percé d'une élégante baie. À gauche de l'église, les piliers et départs d'ogives attestent qu'il y eut là un cloître. Des fouilles ont mis au jour de nombreuses sépultures, des chapiteaux et des pièces de monnaie, exposés à la Maison du Platin, ainsi qu'un sol du 13e s. aux carreaux d'argile.

Poursuivez sur cette petite route.

★La Flotte

Quai de Sénac - 17630 La Flotte - ✆ 05 46 09 60 38 - www.laflotte-iledere.fr - juil.-août : 10h-19h, dim. 10h-13h ; reste de l'année : se rens. - fermé 1er janv., 1er et 11 nov., 25 déc. En été, nombreuses animations, dont des visites nocturnes du village.

L'île blanche

Ré, qu'on surnomme « l'île blanche », s'étend sur près de 30 km. Elle est formée d'une suite d'îlots calcaires qui se sont soudés. Les quatre principaux îlots sont Ré proprement dit, Loix, Ars et Les Portes.

LE PAYS ET LES HOMMES

Des îlots couverts de pins, de vignes et de dunes

Au nord, la baie du Fier d'Ars et les marais qui la bordent constituent la réserve naturelle de Lilleau des Niges. Au sud, une ligne de dunes repose sur un plateau rocheux qui se poursuit loin vers le large : ces rivages battus par les flots forment la Côte sauvage.

La partie orientale de l'île, la plus large et la plus fertile, est consacrée aux cultures, morcelées en lopins minuscules : primeurs, asperges et surtout vigne qui donne un vin blanc, rouge ou rosé, savoureux, au goût d'algue. Quant au pineau, il vaut celui d'Oléron. À l'ouest, jusqu'à La Couarde, s'étendent bois de pins et vignes ; au-delà de La Couarde, au pays d'Ars-en-Ré, c'est le domaine des salines, dont l'exploitation se fait de plus en plus rare.

Des habitants plus terriens que marins

Des fruits de la mer, les Rétais ne retiennent guère que le goémon (algue aussi appelée le « sart »), ramassé à l'aide de grands râteaux, les coquillages et les crevettes qui pullulent sur le « platin » rocheux entourant le littoral et visible à marée basse. L'ostréiculture a été introduite dans la Fosse de Loix et le Fier d'Ars.

LA RIVALITÉ FRANCO-ANGLAISE

De la guerre de Cent Ans à la chute de Napoléon, les combats auront été perpétuels sur l'île de Ré, où les Anglais tentèrent de nombreuses incursions. En 1625, le comte Jean de Saint-Bonnet de **Toiras** est nommé gouverneur de l'île et organise la défense avec l'édification du fort de la Prée et de la citadelle de St-Martin. C'est un homme habile et spirituel. Une chronique rapporte qu'un officier ayant demandé à Toiras, à la veille d'une bataille, la permission d'aller voir son père malade, il aurait répondu : « Allez… Tes père et mère honoreras… afin de vivre longuement ! »

Ré est alors en alerte. Une flotte anglaise, dirigée par le duc de Buckingham, se présente devant Sablanceaux. L'infanterie de Sa Gracieuse Majesté débarque et assiège St-Martin, défendu par 1 400 Français, et le fort de la Prée. Très vite, la place manque de vivres. Il n'y a plus qu'un jour de pain lorsque le miracle se produit : une trentaine de vaisseaux de la Marine royale débouchent dans le pertuis Breton et, avec l'avantage du vent, réussissent à pénétrer dans le port. Mais le siège continue. Le 6 novembre, 6 000 Anglais entonnent les psaumes puis se jettent à l'assaut des murailles. Ils sont repoussés après de sanglants corps-à-corps.

C'est alors que Louis XIII, arrivant à La Rochelle, envoie à Ré un contingent de renfort, commandé par le maréchal de Schomberg. Les Anglais, pris entre deux feux, sont rejoints au pont de Feneau, près de Loix, et taillés en pièces. Toiras sera fait maréchal de France.

Aussi appelé La Flotte-en-Ré, ce ravissant port, le plus ancien de l'île, faisait autrefois commerce de vin et de sel. Il accueille aujourd'hui des bateaux de plaisance. Il bénéfice du label des « Plus beaux villages de France ».

Maison du platin – *4 cours Félix-Faure - 17630 La Flotte - ✆ 05 46 09 61 39 - www.maisonduplatin.fr - juil.-août : 10h-13h, 14h-19h, w.-end et j. fériés 14h-18h ; avr.-juin : 10h-12h30, 14h-18h, w.-end, j. fériés et vac. scol. 14h-18h ; sept.-oct. : 10h-12h30, 14h-17h30, w.-end et vac. scol. 14h-17h30 - fermé nov.-mars, 1er mai - 5 € (enf. 4 €) - possibilité de visite guidée sur demande.*

La Maison du Platin dispose d'un vaste catalogue d'activités pour les enfants à partir de 6 ans *(sur inscription)* : un rallye pédestre ou en vélo, un **parcours à énigmes dans l'ancienne abbaye des Châteliers** ou dans le village de La Flotte ou des excursions à la découverte de l'estran, de l'ostréiculture, des animations sur les métiers de la mer, la géologie, etc. À l'exception du rallye *(2h-3h, 7 €)*, toutes les activités proposées durent 1h30-2h et sont au tarif de 3 € par enfant.

En patois rétais, le « platin » désigne la partie de littoral découverte à marée basse. Ce petit musée détaille quelques aspects de la vie rétaise. Au rez-de-chaussée, le produit des fouilles de l'abbaye des Châteliers côtoie des maquettes de bateaux. Une collection d'outils anciens évoque la pêche à pied et l'activité viticole. Un étage plus haut, coupures de presse, cartes et plans du bac de St-Brévin rappellent l'époque où l'île n'était accessible que par la mer. Et celle, plus proche, où le projet de pont déchaînait les passions. Le deuxième étage présente la reconstitution d'un intérieur typique de l'île, ainsi que quelques coiffes et vêtements. Remarquez les émouvants portraits de Rétais photographiés au tournant du 20e s. Le dernier étage abrite des expositions temporaires.

Église Sainte-Catherine – Située sur une jolie placette, elle date du 15e s., mais a été plusieurs fois remaniée. Elle conserve la cloche dorée offerte aux paroissiens en 1632 par Richelieu. Dans le chœur, remarquez le tableau du 17e s. représentant le martyre de sainte Catherine d'Alexandrie, déliée par un ange.

Reprendre la D 735 vers l'ouest. Au-delà de La Couarde-sur-Mer, à La Passe, prenez à droite la D 102 en direction de Loix.

Loix

Le plus petit village de l'île a obtenu en 2014 le label « CittaSlow » créé en Italie dans la lignée du mouvement Slow Food et attribué aux communes où il fait bon vivre. Loix est ainsi devenu la deuxième « ville lente » de la région après Segonzac en Charente. Il est vrai que 87 % de son territoire a été déclaré inconstructible. Loix partage ses activités entre la mer, l'agriculture et les marais salants. L'office de tourisme organise des balades à vélo *(www.iledere-loix.fr)*.

Écomusée du Marais salant – *R. de la Place - ✆ 05 46 29 06 77 - www.marais-salant.com - ♿ - visite guidée (45mn) de mi-juin à mi-sept. : 10h-12h30, 14h-19h ; de déb. avr. à mi-juin : 14h30-18h ; reste de l'année : tlj sf dim. et lun. 14h30-17h30 - fermé nov.-mars - 5 € (enf. 3 €).* Dans ce petit centre d'interprétation en bordure du Fier d'Ars, un guide détaille les techniques de production du sel et de la fleur de sel, puis invite à le suivre sur le terrain à la découverte d'un marais salant et de son circuit d'évaporation. Vous pouvez ainsi parcourir le long cheminement de l'eau de mer, du **vasais** (réservoir d'eau salée et bassin de décantation) jusqu'aux ultimes **aires saunantes** où l'eau arrive à saturation et où le sel se cristallise. Vous aurez l'occasion, selon la saison, de vous initier au maniement des outils du saunier (simoussi, souvron, lousse, rouable, boguette). La boutique propose sel aromatisé, salicorne, caramels à la fleur de sel, etc.

Reprenez la D 102 en sens inverse, et poursuivez sur la D 735 jusqu'à Ars-en-Ré.

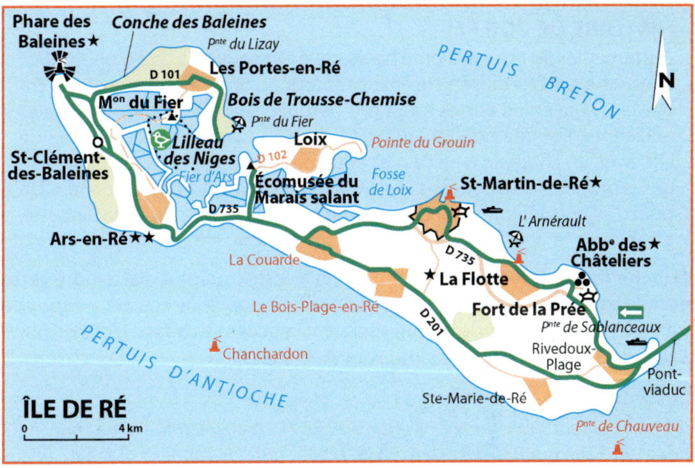

★★ Ars-en-Ré

26 pl. Carnot - 17590 Ars-en-Ré - ✆ 05 46 29 46 09 - www.iledere-arsenre.com - juil.-août : 10h-19h, dim. 10h-13h ; reste de l'année : se rens.

C'est le village le plus coquet de l'île, le plus chic, où bon nombre de Parisiens ont élu domicile. Un réseau de ruelles, si étroites qu'il a fallu tailler les angles des maisons pour que les attelages puissent virer, s'enchevêtre au centre d'Ars, dont le port recevait les vaisseaux des Pays-Bas et de Scandinavie venus embarquer le sel. Il ne faut pas hésiter à parcourir le bourg à pied, en faisant attention aux vélos, très nombreux. Sur la place centrale, ancien cimetière désormais remblayé et planté d'ormes, s'élève l'**église St-Étienne**, érigée entre le 11e et le 15e s. Un portail roman précède la nef, renforcée par d'épaisses nervures en ogives. Le chœur gothique, flanqué de larges collatéraux, porte des voûtes bombées angevines. Son **clocher** effilé, peint en blanc et noir pour servir de repère (un « amer ») aux marins, est reconnaissable de loin. D'avril à septembre, la visite guidée *(50mn, réservation à l'OT, 4 €)* vous mènera dans le beffroi, puis à la **salle des Cloches** avec une vue imprenable sur le Fier d'Ars et le phare des Baleines. Rue Gambetta, proche de l'église, remarquez la **maison du Sénéchal** (16e s.), au décor Renaissance, à deux tourelles d'angle.

Saint-Clément-des-Baleines

8 pl. de l'Église - ✆ 05 46 29 24 19 - juil.-août : 9h30-13h, 14h-19h, dim. 9h30-13h ; reste de l'année : tlj sf dim.-lun. 10h-12h30, 15h-18h30.

Le village est réputé pour la beauté de ses plages. Il est né de la fusion de cinq hameaux : le Gillieux, le Chabot, la Tricherie, le Griveau et le Godinand.

★ **Phare des Baleines** – *155 allée du Phare - ✆ 05 46 29 18 23 - www.lepharedes-baleines.fr - de fin juin à déb. sept. : 9h30-21h - 3 € (-12 ans 1,50 €) ; 6 € billet combiné avec le musée.* Point culminant de l'île (57 m de haut), le « Grand Phare » fut construit en 1854 pour remplacer une tour-fanal plus ancienne, la **Vieille Tour** (1682), que l'on repère à proximité du rivage. On monte au sommet par un escalier hélicoïdal de 257 marches. De là s'offre un superbe **panorama**★ embrassant les côtes de Vendée, le pertuis Breton et la pointe de l'Aiguillon à l'est, Oléron au sud. À marée basse, on distingue fort bien les **écluses à poissons**, aménagées à la pointe. La Vieille Tour abrite le parcours pédagogique interactif conçu par Jamy Gourmaud, l'animateur télé de *C'est pas sorcier*.

HISTOIRE DE COIFFES

Autrefois, les îliennes avaient l'habitude de se couvrir la tête d'une coiffe : la **quichenotte**, utilisée comme protection contre le soleil ardent. On garde le souvenir d'autres traditions perdues, grâce à des cartes postales anciennes, comme celles où figurent, dans les marais salants, les ânes de l'île avec un chapeau de jardinier et un pantalon rayé ou à carreaux, afin de les protéger des mouches, des moustiques et des herbes coupantes. On peut d'ailleurs toujours voir des **ânes en culotte** dans le parc de la Barbette.

Conche des Baleines – Un petit chemin forestier permet d'atteindre cette grande baie bordée de dunes qui dessine une magnifique courbe. À l'époque romaine, des centaines de baleines seraient venues s'y échouer, d'où son nom.
Rejoignez la D 101 et suivez-la jusqu'aux Portes-en-Ré.

Les Portes-en-Ré

6 pl. des Marais-de-la-Prée - 05 46 29 52 71 - www.lesportesenre.com - juil.-août : 9h-12h45, 14h30-19h, dim. 9h30-12h30 ; reste de l'année : tlj sf dim. 9h30-12h30, 14h30-18h - fermé 1er janv., 25 déc.

Cet ancien village de sauniers est surnommé « le bout de l'île ». À la sortie est, la curieuse chapelle de la Redoute cache une ancienne poudrière.

Maison du fier – *Accès par la route du Vieux Port, en face du supermarché Shopi - rte du Vieux-Port - 05 46 29 50 74 - http://ile-de-re.lpo.fr - - de déb. juil. à déb. sept. : 10h-12h30, 14h30-19h, sam. 14h30-19h ; reste de l'année : 10h-12h30, 14h30-18h, sam. 14h30-18h - fermé de déb. nov. à déb. avr. - 5 € (-6 ans 3 €) - gratuit fête de la Nature (fin mai).*

Demi-journées **Récré-nature** *(3h)* pour les 6-12 ans : à travers des sorties, des jeux et des activités manuelles ou artistiques, ils partent à la rencontre des oiseaux, des fleurs ou des insectes *(sur inscription, 10 € par enfant).*

Dans cet ancien hangar à sel, à deux pas de la réserve de Lilleau des Niges, la Maison du Fier a mis en place en 2013 une muséographie innovante offrant la découverte de la nature rétaise au travers de six modules ludiques qui permettent à tous les publics de vivre des expériences interactives.

Réserve naturelle de Lilleau des Niges – *Rte du Vieux-Port - 05 46 29 50 74 - http://ile-de-re.lpo.fr - de déb. avr. à déb. nov. : tlj sf sam. mat. - possibilité de visite guidée sur demande (2h30) - 8 € (-6 ans gratuit) - visite libre aux abords de la réserve naturelle - sorties naturalistes sur réserv. auprès de la Maison du Fier.*

Établie sur de riches vasières et d'anciens marais salants, cette réserve gérée par la Ligue de protection des oiseaux (LPO) est peuplée de milliers d'oiseaux, certains en cours de migration, d'autres venus nicher : courlis cendrés, pluviers argentés, sarcelles, bernaches. Vous pourrez les découvrir à pied, lors de visites accompagnées, ou la piste cyclable reliant les Portes à Ars. Ne vous étonnez pas de la présence de quelques moutons écossais, dont le broutage efficace facilite l'entretien des étendues herbeuses.
Reprenez la D 101.

Bois de Trousse-Chemise

Rendue célèbre grâce à la chanson écrite et interprétée par Charles Aznavour, cette vaste pinède, enclavée par les résidences secondaires, est agréablement aménagée (panneaux de découverte de la faune et de la flore des dunes). Elle donne accès à la plage de la pointe du Fier d'Ars.
Prenez la D 101 en sens inverse, puis la D 735 jusqu'à La Couarde. Rejoignez la D 201 qui ramène à la pointe de Sablanceaux par Ste-Marie-de-Ré.

NOS ADRESSES À L'ÎLE DE RÉ

ARRIVER/PARTIR

En voiture

Pont routier – *05 46 00 51 10 - www.charente-maritime.fr - péage auto 16 € de mi-juin à mi-sept., 8 € le reste de l'année, gratuit pour cyclistes et piétons.*

En bus

Les Mouettes – *0 811 36 17 17 - www.lesmouettes-transport.com.* La compagnie dessert toutes les communes de l'île à partir de La Rochelle *(gare SNCF et pl. de Verdun)* toute l'année. En juillet-août, service Vélo Mouettes : vous partez en vélo et revenez en bus ou l'inverse.

En bateau

« Activités » dans « Nos adresses » à La Rochelle.

TRANSPORTS

À vélo – *Rens. dans les offices de tourisme.* Parcours balisés : chemins de la Forêt, du Littoral, des Marais, de la Campagne et de l'Histoire. Location dans toute l'île.

HÉBERGEMENT

PREMIER PRIX

Camping Sunêlia Interlude – *8 rte de Gros-Jonc - 17580 Le Bois-Plage-en-Ré - 05 46 09 18 22 - www.interlude.fr - de déb. avr. à fin sept. - - réserv. obligatoire - 190 mobile-homes 75/205 € - 190 empl. camping 40/46 € avec électricité - restauration.* Situé à 150 m de la plage, dans un parc paysager, ce camping propose de nombreuses activités de détente et sports : piscines, couverte et de plein air, Jacuzzi, spa et hammam, pétanque, ping-pong et salle de remise en forme, aire de jeux et animations pour enfants.

Hôtel L'Hippocampe – *16 r. du Château-des-Mauléons - 17630 La Flotte - 05 46 09 60 68 - www.hotel-hippocampe.com - fermé janv.-fév. - 9 ch. 63/89 € - 7 €.* Cette maison qui date de 1927 profite du calme d'une rue paisible. Ses petites chambres restent modestes, mais leur décoration est remise au goût du jour : literie neuve, peintures et papiers peints refaits, le tout dans un esprit bord de mer. En été, petit déjeuner servi en terrasse.

POUR SE FAIRE PLAISIR

Hôtel Le Sénéchal – *6 r. Gambetta - 17590 Ars-en-Ré - 05 46 29 40 42 - www.hotel-le-senechal.com - fermé janv. - 22 ch. 79/319 € - 5 villas 349/1 650 € - 13 €.* Intérieur de très bon goût mariant vieilles pierres et décoration tendance, joli patio fleuri pour les petits déjeuners : une adresse pleine de charme.

UNE FOLIE

Hôtel de Toiras – *1 quai Job-Foran - 17410 St-Martin-de-Ré - 05 46 35 40 32 - www.hotel-de-toiras.com - 9 suites et 11 ch. 210/690 € - 30 €.* Calme, luxe et volupté. Ici, tout est fait pour que votre séjour soit le plus agréable possible. Spacieuses et très bien équipées, les chambres sont toutes décorées avec goût.

Villa Clarisse – *5 rue du Gén.-Lapasset - 17410 St-Martin de Ré - 05 46 68 43 00 - www.villa-clarisse.com - 4 ch. et 5 suites 260/690 € 20 €.* En retrait de l'agitation du port, cette adresse de grand standing ressemble à une maison de vacances. On apprécie le raffinement de la décoration, le spa, l'espace des suites et l'impression de sérénité qui se dégage de l'endroit.

RESTAURATION

BUDGET MOYEN

La Presqu'Île – *Pl. du Marché - 17111 Loix - ☏ 05 46 29 66 79 - fermé 3 sem. déb. déc. et 3 sem. en janv. - plats 10/17 €.* Installé dans une ex-halle, à deux pas de l'église, ce bistrot dispose d'une aire de jeux pour les enfants. Produits de la mer tout frais pêchés, salades composées et desserts maison.

Le Martin's Pub – *Quai de la Poithevinière - 17410 St-Martin-de-Ré - ☏ 05 46 09 15 87 - fermé de mi-nov. à déb. fév. et lun.-mar. sf juil.-août - ♿ - 17,50/30 €.* Bien situé face au port, ce pub au décor typiquement britannique propose une cuisine traditionnelle et des menus attractifs à prix sages. L'endroit fait également crêperie et salon de thé.

L'Aile de Ré – *R. Raise-Flottaise - 17580 Le Bois-Plage-en-Ré - ☏ 05 46 09 29 87 - http://ailedere.fr - fermé lun. et mar. en avr.-juin et sept., le midi mar., jeu., sam. et dim. en juil.-août - ♿ P - 17,50/32,50 €.* À côté du moulin de Morinand, cet ancien chai est tenu par un maître restaurateur. Vous y dégusterez des poissons du jour grillés au feu de bois et quelques viandes. La carte change avec les saisons. Ambiance très décontractée.

Le Bistrot de Béné – *1 quai de la Criée - 17590 Ars-en-Ré - ☏ 05 46 29 40 26 - www.bistrodebene.com - tlj sf lun., fermé de mi-nov. à mi-mars - formule déj. 29 €, menu 39 €.* La cour fleurie donne un air exotique à ce restaurant aménagé dans une ancienne demeure rétaise. Une formule permet de choisir le mode de cuisson de son poisson.

Le Chat Botté – *R. de la Mairie - 17590 St-Clément-des-Baleines - ☏ 05 46 29 42 09 - www.restaurant-lechatbotte.com - fermé déc.-janv., mar. soir et merc. de mi-sept. à fin juin, lun. en juil.-août - 25/82 €.* L'enseigne tire son nom de Chabot, l'un des cinq hameaux du village. Confortable salle à manger au cadre marin, largement ouverte sur un agréable jardin. Spécialités de poissons. En 2015, le chef Daniel Massé a transmis les clés de cet établissement créé par ses parents à Thomas et Émilie Decock.

POUR SE FAIRE PLAISIR

La Baleine Bleue – *Quai Launay-Razilly - 17410 St-Martin-de-Ré - ☏ 05 46 09 03 30 - www.baleinebleue.com - fermé 12 nov.-19 déc., 5 janv.-5 fév., mar. d'oct. à mars et lun. sf juil.-août - formule déj. 28/34 € - menu dîner 45 €.* Ce beau restaurant dresse ses grandes terrasses côté port ou côté sud. Chaleureux intérieur doté d'un zinc des années 1930 et cuisine au goût du jour axée sur les produits de la mer.

ACHATS

Deux **marchés nocturnes** se tiennent à St-Martin et à La Flotte tous les soirs en juillet-août jusqu'à 23h avec artistes et artisans. À Ste-Marie-de-Ré, à La Flotte ou à La Couarde, plusieurs soirs en été, on peut découvrir les spécialités de l'île (huîtres, sardines, sel, pommes de terre, moules…) au son de la musique des bals de nuit.

Marchés – Tous les matins en saison : Ars *(parking du port)*, Le Bois-Plage *(pl. Raymond-Dupeux)*, La Couarde *(pl. du Marché)*, La Flotte *(Vieux Marché)*, Loix *(pl. de la Mairie)*, Les Portes *(pl. de la Liberté, sf lun.)*, Rivedoux *(marché couvert)*, St-Clément *(pl. de l'Église)*, Ste-Marie *(pl. d'Antioche)*, La Noue *(pl. des Tilleuls)*, St-Martin *(r. Jean-Jaurès)*.

Marché couvert – *R. Jean-Jaurès - 17410 St-Martin-de-Ré - fermé 3 sem. en janv., lun. d'oct. à mars (sf vac. scol.).* C'est un festival de couleurs et d'odeurs qui émanent de la douzaine de stands présents. Les Rétais viennent ici trouver des poissons, des huîtres, des saucissons, des fromages ou des fruits et légumes frais et goûteux.

Marché médiéval – *R. du Marché - 17630 La Flotte - ✆ 05 46 09 60 13 - 7h30-13h30.* Dans le joli port de La Flotte, un pittoresque marché médiéval occupe les halles dont les tuiles, poutres, piliers et pavés n'ont pas changé depuis le 12e s. Sous le préau et en plein air, une trentaine de professionnels proposent viandes, pain, fruits, légumes, poissons et coquillages.

La Cabane des Sauniers – *Rte de la Prée - 17590 Ars-en-Ré - ✆ 05 46 41 25 72 - www.sel-de-mer.com - juil.-août : 9h30-20h ; juin et sept. : lun.-vend. 9h30-12h30, 14h30-18h, sam. 9h30-12h30 ; oct.-mai : lun.-vend. 10h-12h, 14h-17h.* Cette cabane installée sur le parking de la coopérative des sauniers abrite une boutique spécialisée dans le sel. Fleur de sel, sels fins, caramels à la fleur de sel et salicorne.

Le Jardin de Lydie – *23 r. de l'Église - 17580 Le Bois-Plage-en-Ré - ✆ 05 46 09 40 41 - www.lejardindelydie.com - tlj sf dim. mat. 10h-12h30, 16h-19h.* Grâce au produit de son jardin-verger de St-Martin-en-Ré, Lydie Colin confectionne une soixantaine de variétés de confitures cuites (avec 1/3 de sucre) au chaudron.

Les Confitures du Clocher – *1 ch. des Palissiats - 17590 Ars-en-Ré - ✆ 05 46 29 41 35 - www.lesconfituresduclocher.com - en été, 9h30-13h et 14h30-19h.* De vraies confitures, avec 11 parfums à la clé, mais aussi des pâtes de fruits, des gelées et des confits. En été, tous les jours de la semaine à 15h, découverte du « jardin sensoriel » *(30mn, 3,50 €, -12 ans gratuit).*

Coopérative des Vignerons de l'île de Ré – *Rte de Ste-Marie - 17580 Le Bois-Plage-en-Ré - ✆ 05 46 09 23 09 - www.vigneronsiledere.fr - tlj sf dim. - visite et dégustation juil.-août : lun.-sam. à 10h30 et 15h30.* Cette coopérative regroupe 70 viticulteurs, mais aussi des sauniers et maraîchers. La boutique permet de rapporter quelques délicieux souvenirs.

L'Huîtrière de Ré – *La Maison Neuve - 17590 Ars-en-Ré - ✆ 05 46 29 44 24 - www.huitrieredere.com - 4,10 € visite découverte (5-12 ans 3,30 €).* Deux formules pour la visite de cette ferme ostréicole : avec ou sans dégustation *(à partir de 8 €).*

EN SOIRÉE

Pour organiser vos sorties, consultez *Le Phare de Ré* (chaque mercredi) ou l'édition locale du quotidien *Sud-Ouest*.

Le Bastion Club – *50 cours Pasteur - 17410 St-Martin-de-Ré - ✆ 05 46 09 21 92 - www.lebastionclub.com - à partir de 22h - fermé oct.-mars, lun.* Cette discothèque avec vue sur mer est installée dans les anciennes poudrières des fortifications de St-Martin.

ACTIVITÉS

Golf de Trousse-Chemise – *Rte de la Levée-Verte - 17880 Les Portes-en-Ré - ✆ 05 46 29 69 37 - www.golftroussechemise.com - 9h-12h30, 13h30-17h - fermé 25 déc.* Golf de 9 trous situé à côté du très chic village des Portes et du célèbre bois de Trousse-Chemise. Parcours de bord de mer avec belle vue sur le Fier et le village d'Ars-en-Ré.

Croisières

« Activités » dans « Nos adresses » à La Rochelle.

Fouras

★

4 083 Fourasins - Charente-Maritime (17)

À quelques encablures de l'île d'Aix, le petit port, l'ancien château et le casino de cette station balnéaire reflètent bien le style de vie et l'atmosphère paisibles du littoral charentais. Une promenade s'impose dans les allées de la ville, puis dans le bois de chênes verts, de tamaris et de pins avant d'étaler sa serviette sur l'une des plages de sable fin. Des circuits partant de la presqu'île vous feront découvrir des sites ostréicoles, des plages, des vasières et toute une côte rocheuse.

NOS ADRESSES PAGE 120
Hébergement, restauration, achats, activités, etc.

S'INFORMER

Office du tourisme de Rochefort Océan – *Av. du Bois-Vert - 17450 Fouras - ✆ 05 46 84 60 69 - www.rochefort-ocean.com - juil.-août : 9h-13h, 14h-18h30, dim. et j. fériés 10h-12h30, 14h30-18h ; avr.-juin et sept.-oct. : 9h-12h30, 14h-18h, dim. et j. fériés 10h-12h30, 14h30-18h ; fév.-mars : tlj sf dim. 9h-12h30, 14h-17h30 ; reste de l'année : tlj sf w.-end 9h-12h30, 14h-17h30.*

Visite guidée : en saison, l'office de tourisme propose des visites commentées des parcs ostréicoles, des balades en vélo, des visites théâtralisées des principaux sites, ainsi que des animations pour les enfants (horaires et tarifs : se rens.).

SE REPÉRER

Carte de microrégion A2 p. 78 – *carte Michelin Départements 324 D4.*

À proximité de l'embouchure de la Charente et 10 km au nord-ouest de Rochefort, Fouras est établi à la base de l'étroite pointe de la Fumée.

À NE PAS MANQUER

Le panorama du haut du donjon du fort Vauban ; une promenade dans les allées à la découverte des villas balnéaires de la Belle Époque grâce au livret « Fouras d'antan », disponible à l'office de tourisme.

ORGANISER SON TEMPS

Si vous aimez la pêche à pied ou les promenades en mer, renseignez-vous sur les horaires des marées avant de prévoir toute sortie sur la côte. Comptez au moins 2h pour découvrir la ville, son fort et son musée.

AVEC LES ENFANTS

La pêche à la crevette à la pointe de la Fumée et la visite du fort Enet.

Se promener

Fort Vauban

Espl. de la Légion-d'Honneur - ✆ 05 46 84 15 23 - http://musee.fouras.pagespro-orange.fr - ♿ - de déb. juin à mi-sept. : 10h-12h, 15h-18h30, lun. 15h-18h30 ; vac. de fév., vac. de Pâques et vac. de la Toussaint : tlj sf lun. 14h30-17h30 ; reste de l'année : w.-end et j. fériés 14h30-17h30 - fermé déc.-janv. - 3,60 € (enf. 2,30 €) - possibilité de visite guidée (1h) de déb. juin aux J. du patrimoine : tlj sf lun. 14h.

Construit à l'emplacement d'un ancien château féodal qui surveillait l'estuaire de la Charente, ce fort comprend une triple enceinte établie par Vauban au 17e s. *(accès libre 9h-19h)* et un donjon du 15e s., une crypte du 12e s. *(accessible*

UNE HISTOIRE TOURMENTÉE
Fouras (prononcez « Foura ») connut bien des péripéties au cours des siècles. Suite aux invasions des barbares, puis à celles des Normands venus par la mer, la ville se fortifia. Après 1666, elle occupa une position stratégique importante dans la défense avancée de Rochefort. Fouras fit face aux Hollandais au 17e s., puis aux Anglais au 18e s. En 1809, la flotte de Napoléon subit un échec notoire dans les eaux de la rade. En 1815, l'Empereur y embarquait pour l'île d'Aix, sa dernière destination française avant son exil à Ste-Hélène… En 1945, la reddition de la poche de La Rochelle, occupée par les Allemands, fut signée dans une villa située avenue du Bois-Vert.

lors des visites guidées), ainsi qu'un **musée d'Histoire régionale**. Ce dernier est consacré aux riches heures de la station balnéaire, à l'environnement marin et aux traditions locales (coiffes et costumes). De la terrasse *(127 marches)*, qui surplombe la mer de 36 m de haut, deux tables de visée aident à découvrir le **panorama★** : au nord-ouest, la pointe de la Fumée, les forts Enet et Boyard, l'île d'Aix, l'île de Ré, La Rochelle ; au sud-ouest, l'île Madame et l'île d'Oléron ; au sud-est, Rochefort et le pont transbordeur ; enfin, à l'est, au pied même du château, les toits de tuiles orangées de Fouras.

★ Promenade des Sapinettes

Très appréciée des amateurs de jogging et située au nord du château, elle domine la Grande Plage, la plus belle de la station. Jolie **vue**, d'un côté, sur les chênes verts du parc du casino – appelé aussi Bois Vert –, la pointe de la Fumée, l'île d'Aix et les forts ; de l'autre, sur les îles Madame et d'Oléron, sans oublier le fort Boyard.

Anse de la Coué - Plage Sud

C'est de là que, le 8 juillet 1815, Napoléon embarqua pour l'île d'Aix : en raison des lames déferlantes et des hauts-fonds, l'Empereur fut porté à dos d'homme jusqu'à la chaloupe qui devait le conduire à bord de la frégate *La Saale*. Un monument commémoratif a été élevé sur la plage dans les années 1920, en contrebas de la promenade.

À proximité Carte de microrégion p. 78

Pointe de la Fumée A2

3 km au nord-ouest par la D 214.

À la pointe de la Fumée se dégage un **panorama** à 360° : on reconnaît, de gauche à droite, Fouras, les îles Madame et d'Oléron, le fort Boyard, l'île d'Aix, le pont de l'île de Ré, La Rochelle, Châtelaillon et la baie d'Yves. De là, il est possible d'embarquer pour l'**île d'Aix** *(p. 121 et « Nos adresses »)*.

Fort Enet – *06 78 90 15 85 - www.histoirerochefort.com - possibilité de visite guidée (2h30) sur demande - horaires (en fonction des marées) : se rens. - 6 € (7-14 ans 2,50 €).* À marée basse, ce fort est accessible à pied depuis la pointe de la Fumée par une passe de 1,6 km. L'îlot du même nom sur lequel il se trouve fut fortifié dès le Moyen Âge, la construction actuelle datant de la période napoléonienne. En chemin, apparaissent un banc riche de coquillages et d'huîtres ainsi que les bouchots à moules. À marée montante, on y pêche la crevette. Prévoyez des jumelles pour l'observation, des chaussures qui ne glissent pas et qui ne craignent pas l'eau de mer pour la traversée, ainsi qu'une lampe de poche pour la visite de l'intérieur du fort.

1

NOS ADRESSES À FOURAS

HÉBERGEMENT

PREMIER PRIX

Camping Le Cadoret – *Bd de Chaterny, côté nord, au bord de l'anse de Fouras - ✆ 05 46 82 19 19 - www.campings-fouras.com - ♿ - 498 empl.* Ce camping municipal bénéficie d'une situation géographique privilégiée. À 50 m d'une des plus belles plages de sable fin et à 500 m du centre-ville. Sur place, quelques mobile homes à la location, piscine et toboggan aquatique, club enfants et animations en soirée.

Grand Hôtel des Bains – *R. du Gén.-Bruncher - ✆ 05 46 84 03 44 - www.grandhotel-desbains.fr - fermé 1er nov.-14 mars - 31 ch. 48/75 € - ☕ 8 €.* Les chambres de ce relais de poste du 19e s. sont pour l'essentiel agencées autour d'un plaisant jardin intérieur. La sobre salle à manger sert de cadre à une cuisine traditionnelle sans prétention.

RESTAURATION

Ti Sable – *Av. Charles-de-Gaulle - ✆ 05 46 84 61 10 - mars-oct. tlj sf lun. (et mar. soir hors saison) - formule midi 13,50 €, menus 20/27,50 €.* Contempler la mer en dégustant des plats inspirés de la cuisine des Caraïbes devient un vrai plaisir lorsqu'on est attablé ici. Les portions sont généreuses et le service bien souriant. D'ailleurs, c'est très vite plein.

Be Lem – *21 av. Charles-de-Gaulle - 09 82 27 03 08 - fermé du 21 déc. au 20 janv., le lun. midi en juil.-août, dim. soir et lundi le reste de l'année - plat du jour 14 €, menus 19/28 €.* Cuisine traditionnelle à base de poissons et viandes, service attentionné. La maison fait salon de thé le week-end d'octobre à mars. Parfait pour se réchauffer devant la mer agitée.

ACHATS

Marché – *Pl. du Marché - ✆ 05 46 84 60 11 - juin-sept. : 7h-14h, 16h-19h ; reste de l'année : 7h-14h.* La halle aux légumes, construite en 1930, accueille une vingtaine de bancs approvisionnés en viande, charcuterie ou produits régionaux. Le complexe voisin abrite sous sa belle charpente classée une dizaine de stands de poissons, coquillages et crustacés. Une foire se déroule devant la halle mardi et vendredi matin *(espl. du Fort-Vauban en juil.-août)*. En juillet-août, la ville accueille également une brocante *(jeu. tte la journée)*, un marché des artisans *(jeu. 18h-minuit)* et un marché de nuit *(sam. 19h-1h du matin)*.

ACTIVITÉS

Promenades en mer – *Rens. à l'office de tourisme.* Plusieurs prestataires proposent des croisières autour du fort Boyard *(1h30, dép. en fonction des marées, tlj avr.-oct. et vac. de la Toussaint)*, des promenades en mer et des liaisons maritimes pour l'île d'Aix *(dép. pointe de la Fumée)*.

AGENDA

Les Rencontres des arts fous – *Fin juil. - www.rencontresdesartsfous.org - concerts gratuits et payants.* Festival de jazz et de hip-hop sur quatre jours.

Jazz à Fouras – *Mi-août - www.jazzafouras.com - concerts gratuits et payants.* Festival de jazz sur trois jours.

Île d'Aix

★

241 Aixois - Charente-Maritime (17)

Avec ses bois de chênes verts, de pins et de tamaris, ses criques et ses plages de sable fin sur lesquelles veillent de vénérables fortifications, cette toute petite île aux allures méditerranéennes se prête aux longues promenades baignées de lumière océane. La circulation motorisée y étant limitée au strict nécessaire, vous la découvrirez avec bonheur à pied, à vélo ou en calèche.

NOS ADRESSES PAGE 124
Hébergement, restauration, achats, activités, etc.

S'INFORMER

Office du tourisme de Rochefort Océan – *6 r. Gourgaud - 17123 Île-d'Aix- ✆ 05 46 83 01 82 - www.rochefort-ocean.com - juil.-août : 9h-13h, 14h-17h30 ; avr.-juin et sept. : 9h-12h30, 14h-17h ; reste de l'année : tlj sf dim. et lun. 9h-12h30 - fermé 25 déc. - visite du village fortifié juil.-août le merc. à 11h30 (6 €,-18 ans 4,50 €).*

SE REPÉRER

Carte de microrégion A2 p. 78 - *carte Michelin Départements 324 C3.* L'île d'Aix se trouve à l'embouchure de la Charente, au large de Fouras. On y accède toute l'année par bateau au départ de la pointe de la Fumée (Fouras) et, en saison, depuis La Rochelle, La Tranche-sur-Mer (Vendée), Port-des-Barques, Ré et Oléron.

À NE PAS MANQUER

Les fortifications de Vauban, le Musée napoléonien et la Maison de la nacre.

ORGANISER SON TEMPS

Comptez environ 3h pour parcourir le sentier des Douaniers *(7 km)* qui vous permettra de réaliser un tour complet de l'île.

AVEC LES ENFANTS

Une balade en calèche ; l'atelier-boutique de la nacre.

1

Se promener Carte de l'île d'Aix p. 122

LE BOURG

Habillé de petites maisons basses aux pierres blanches ornées de volets verts ou bleus, le « Bourg » désigne la partie de l'île comprise à l'intérieur des remparts. Ses voies rectilignes convergent vers la place d'Austerlitz, plantée de cyprès.

Place d'Austerlitz

Une porte à pont-levis donne accès à l'ancienne place d'armes où, le 9 juillet 1815, Napoléon fit manœuvrer une compagnie du 14e régiment de marine. Sitôt franchie la porte, remarquez à droite le bâtiment à arcades de l'**ancienne gare maritime**.

Fort de la Rade

En 1699, **Vauban** dessine ses fortifications et entreprend la construction d'une citadelle à cinq bastions. Les travaux sont terminés dès 1702, mais, en 1757, le

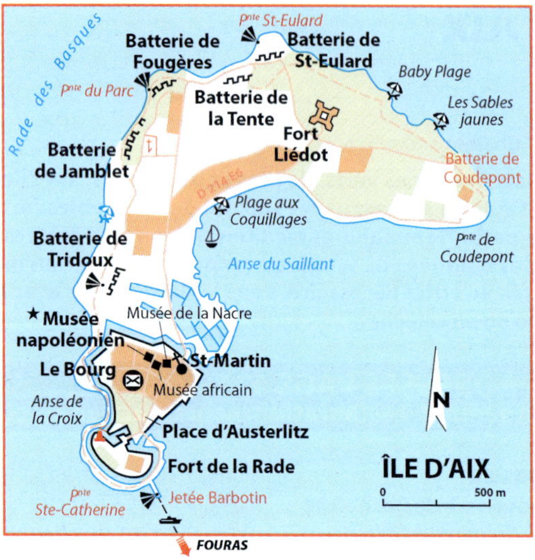

fort est en grande partie détruit par les Anglais. En 1779, **Pierre Choderlos de Laclos** (1741-1803), l'auteur des sulfureuses *Liaisons dangereuses*, participa en qualité d'ingénieur à la fortification de l'île. En 1810, sa réédification commence sur ordre de Napoléon, mais son achèvement n'a lieu qu'en 1837. Les fortifications présentent, côté mer, une contrevallation protégée par une digue et une large douve en eau. Le fort porte deux phares. De la jetée, on aperçoit, à environ 3 km, la masse allongée du **fort Boyard**.

Église Saint-Martin

Cette abbatiale est l'héritage de l'occupation de l'île par les moines de l'ordre de Cluny. Il n'en reste aujourd'hui que le transept, l'abside et l'absidiole. La **crypte** (11e s.) a conservé de belles colonnes coiffées de chapiteaux à feuillages. L'église abrite les ossements de prêtres réfractaires dont 226 furent déportés à Aix en 1794. Les restes d'une partie d'entre eux furent découverts à partir de 1870 lors de la construction de la batterie de Tridoux, sur la côte ouest. Un calvaire leur rend hommage rue Marengo.

★ Musée napoléonien (Fondation Gourgaud)

30 r. Napoléon - ✆ 05 46 84 66 40 - www.musees-nationaux-napoleoniens.org - avr.-sept. : 9h30-12h30, 14h-18h ; reste de l'année : tlj sf mar. 9h30-12h30, 14h-17h - fermé 1er janv., 25 déc. - 4,50 € (-16 ans gratuit) ; 4,50 € billet combiné avec le Musée africain - gratuit 1er dim. du mois.

En 1925, le baron Napoléon Gourgaud (1881-1944), arrière-petit-fils de Gaspard Gourgaud, officier d'ordonnance et mémorialiste de l'Empereur, acheta cette maison construite sur l'ordre de Napoléon Ier et qui l'abrita du 12 au 15 juillet 1815. Meubles, armes, vêtements, autographes, portraits et autres souvenirs qui ont contribué à la légende napoléonienne sont visibles au fil des salles, dont un *Napoléon Ier roi d'Italie* d'Andrea Appiani et un *Napoléon dictant ses mémoires à Gourgaud* de Charles von Steuben. La chambre de l'Empereur, toute tendue de jaune, où il suivait du balcon les évolutions de la flotte anglaise, a été restaurée en 2015. C'est ici qu'il rédigea sa lettre de reddition au prince-régent d'Angleterre, le futur George IV. Dans la vitrine du hall, 40 pendules indiquent

NAPOLÉON, EMPEREUR DÉCHU

Napoléon arrive à l'île d'Aix le 8 juillet 1815 à bord de la frégate *La Saale*, et envisage de gagner l'Amérique en faussant compagnie à la flotte anglaise qui le surveille. Le 9, il visite les fortifications d'Aix sous les acclamations des 1 500 marins de la garnison. De retour à bord, il apprend que Fouché, son ancien ministre, lui laisse le choix : partir, s'il le peut, ou négocier son avenir avec les Anglais. Le capitaine de *La Saale* n'a qu'une hâte : se débarrasser d'un passager aussi encombrant. Entre le 11 et le 13, il est question d'une possible évasion, mais dès le 10 juillet, Bertrand et Las Cases ont engagé des pourparlers avec le capitaine Maitland, commandant du navire anglais *Bellerophon*. Le 13 juillet, les amis de l'Empereur le supplient de s'en remettre à la magnanimité anglaise. Il se laisse convaincre. Le 15 juillet, il quitte l'île d'Aix à bord du *Bellerophon*, à destination de Ste-Hélène, lointaine colonie britannique de l'Atlantique Sud où il mourra en 1821.

17h49, l'heure à laquelle mourut l'ancien conquérant, à Ste-Hélène, le 5 mai 1821. Dans la boutique, très nombreux ouvrages consacrés à Napoléon, ainsi que des objets à son image et à celle de son règne, proposés par la Réunion des musées nationaux napoléoniens.

1

Musée africain (Fondation Gourgaud)

30 r. Napoléon - ✆ 05 46 84 66 40 - www.musees-nationaux-napoleoniens.org - avr.-sept. : 9h30-12h30, 14h-18h ; oct. : tlj sf mar. 9h30-12h, 14h-18h ; reste de l'année : tlj sf mar. 9h30-12h, 14h-17h - fermé 1er janv., 25 déc. - 4,50 € (-26 ans gratuit), billet combiné avec le musée napoléonien, gratuit 1er dim. du mois.

Autre création du baron Gourgaud, grand amateur de chasse, ce musée installé dans d'anciennes maisons de pêcheurs expose, dans l'esprit des années 1930, une collection zoologique constituée de 1913 à 1931 : zèbres, léopards, varans du Nil, chiens de prairie, etc. Vous verrez aussi des masques du Gabon, toute une collection de boucliers et d'armes blanches et… le **dromadaire blanc** d'Arabie que Bonaparte aurait monté durant la campagne d'Égypte. Ramené au Jardin des plantes à Paris, l'animal fut naturalisé après sa mort, puis transporté sur l'île d'Aix à la demande de Gourgaud.

FORT LIÉDOT

✆ 05 46 83 01 82 - juil.-août : 10h-12h30, 13h30-17h30 ; du w.-end de Pâques à fin juin et de déb. sept. au déb. des vac. de la Toussaint : tlj sf lun. 10h-12h30, 13h30-17h30 - 4 € (-19 ans 3 €) - visite guidée (45mn) juil.-août : 11h30, 14h et 15h ; avr.-juin et sept. : merc. et dim. 15h30 (6 €, -19 ans 4,50 €).

Ce fort doit son existence à Napoléon qui, venu inspecter les travaux du chantier du fort Boyard et les défenses d'Aix en 1908, s'aperçut que la partie est de l'île était sans protection. élevé en son point culminant (9 m d'altitude !), il s'appela d'abord le fort de la Sommité, puis prit le nom de Liédot, un colonel du génie mort durant la campagne de Russie. Le fort connut nombre de locataires : prisonniers russes de la guerre de Crimée (1854), prisonniers prussiens de la guerre de 1870, insurgés de la Commune, bagnards en partance pour Cayenne, soldats bolcheviks, sans parler d'Ahmed Ben Bella, leader du FLN, qui y fut détenu de 1959 à 1961 avant de devenir président de la République algérienne. La visite permet de parcourir les impressionnantes salles voûtées, où pouvaient vivre 600 hommes. Propriété du Conservatoire du littoral depuis 1989, le fort accueille l'exposition permanente « Les mystères de fort Boyard ».

NOS ADRESSES À L'ÎLE D'AIX

ARRIVER/PARTIR

« Activités » dans « Nos adresses » à La Rochelle.

Service maritime de l'île d'Aix – *0 820 160 017 (0,12 €/mn) - www.service-maritime-iledaix.com - de 8 à 15 traversées par jour en été depuis Fouras (pointe de la Fumée) - durée : env. 20mn - juil.-août : 15 € (11-18 ans 12,80 € ; 4-10 ans 10,40 €) ; reste de l'année : 9,80 € (11-18 ans 8,40 € ; 4-10 ans 7 €) - tarif famille (2 adultes + 2 enf.) en juil.-août 46 € (reste de l'année 31,60 €).* Le navire ne transporte pas de voitures, seuls les vélos sont acceptés *(4,70 € en juil.-août, 3,50 € le reste de l'année).*

TRANSPORTS

Location de vélos – L'île compte trois loueurs de vélos qui proposent leurs services dès l'arrivée au port et dans le village *(env. 5 €/h ou 11 € pour la journée en été).* Mais un seul est ouvert toute l'année *(C'est Aixquis - 4 pl. d'Austerlitz - 05 46 84 68 27 - de mi-mars à mi-nov. : tlj 8h-19h ; reste de l'année : merc. et w.-end).* La solution de louer un vélo avec remorque peut s'avérer judicieuse lorsqu'on se déplace avec des enfants *(env. 13 €/h ou 24 € pour la journée en été).*

Calèches – *05 46 82 76 72 - avr.-oct.* Des attelages attendent paisiblement l'arrivée des bateaux à l'entrée de la place d'Austerlitz.

HÉBERGEMENT ET RESTAURATION

Camping Le Fort de la Rade – *05 46 84 28 28 - mai-sept. - réserv. conseillée - 70 empl. 11/19 €.* Dans la verdure du parc entouré d'une enceinte fortifiée, les emplacements de ce camping réservé aux tentes sont disposés autour des casemates. Piscine chauffée et cercle nautique (initiation à la voile).

Résidence hôtelière Pierre & Vacances – *Dans le fort de la Rade, à la pointe Ste-Catherine - 05 46 84 28 28 - www.pierreetvacances.com - avr.-oct. - 58 appart. 299/1 529 € par sem.* Ce complexe comprend 58 appartements et studios ainsi qu'une piscine chauffée de mai à septembre. Même si – grande chaîne oblige – le tout manque un peu de personnalité, on ne peut ignorer un tel ensemble sur l'île.

Chez Joséphine – *1 r. Gourgaud, à l'entrée du bourg - 05 46 84 00 77 - www.hotel-ile-aix.com - de mi-mars à fin oct. - formule 23 €, menu 27 €.* Cette belle maison bourgeoise abrite un restaurant mettant à l'honneur les produits de la mer avec salle moderne et grande terrasse, ainsi que l'**hôtel Napoléon** *(18 ch. 80/180 € - 12 €).*

ACHATS

Maison de la nacre – *Pl. de Verdun - 05 46 84 66 17 - juin-sept. : 10h-18h ; avr.-mai : 10h-12h30, 13h30-17h30 - fermé oct.-mars.* Boutique-musée où Hervé Gallet, dernier nacrier de France, vend ses bijoux artisanaux et expose de la nacre du monde entier (Polynésie, Philippines, Madagascar, Australie, etc.). Le musée *(4 €)* porte sur la biologie et le travail de la nacre.

AGENDA

Les Vendredis de l'île d'Aix – *www.iledaix.fr.* Programmation culturelle éclectique et gratuite chaque vendredi soir en juillet-août dans divers sites de l'île.

L'Hermione.
J.-F. Deroubaix/hemis.fr

1

Rochefort

★★

25 140 Rochefortais - Charente-Maritime (17)

Même si l'on ne l'aperçoit jamais, l'Océan est omniprésent à Rochefort. Créée au 17e s., la ville doit à Louis XIV son riche passé maritime et son arsenal où se préparaient les grandes expéditions. Elle a conservé dans le damier de ses larges rues les pavés de pierre bleue du Québec. Sa collection de bégonias exhale encore un parfum d'exotisme. Tout son patrimoine, de la Corderie royale au musée de la Marine en passant par la réplique de *L'Hermione*, révèle le désir de lointains horizons. Mais pour mieux revenir. Comme l'écrivain orientaliste Pierre Loti, qui chérissait tant sa ville natale, son port d'attache.

NOS ADRESSES PAGE 137
Hébergement, restauration, achats, activités, etc.

S'INFORMER

Office du tourisme de Rochefort Océan – *Av. Sadi-Carnot - 17300 Rochefort - ✆ 05 46 99 08 60 - www.rochefort-ocean.com - juil.-août : 9h30-18h30 ; avr.-juin et sept. : 9h30-12h30, 14h-18h30 ; reste de l'année : 9h30-12h30, 14h-18h - fermé dim., 1er janv.et 25 déc. 2e bureau – Porte de l'Arsenal - juil.-août : 9h30-18h30 ; vac. scol. de Toussaint, fév. et Pâques : 10h-12h30, 14h-18h (dim. jusqu'à 17h30) ; juin. : w.-end 10h-12h30, 14h-18h ; sept. : 10h-12h30, 14h-18h30 (dim. 18h) - fermé de fin nov. à fin fév.*

Visite guidée : labellisée Ville et Pays d'art et d'histoire, Rochefort propose des visites commentées *(1h30)* par des guides-conférenciers, mais aussi un parcours sur les traces du tournage des *Demoiselles de Rochefort (2h)*, ainsi que des visites en gyropode *(30mn). Tarifs : se rens.*

SE REPÉRER

Carte de microrégion B2 p. 78 - *carte Michelin Départements 324 E4.*
Rochefort se trouve 30 km au sud-est de La Rochelle, entre la rive droite de la Charente et les marécages. La ville est desservie par l'A 837.

SE GARER

Le parc de stationnement du cours Roy-Bry *(gratuit)*, situé près de la poste et de l'office de tourisme, à 15mn à pied de l'Arsenal, comprend 800 places *(fermé le jeudi)*.

À NE PAS MANQUER

Le quartier de l'Arsenal avec *L'Hermione* et la Corderie royale ; l'hôtel Hèbre-de-St-Clément et le musée d'Art et d'Histoire ; le pont transbordeur de Martrou.

ORGANISER SON TEMPS

Comptez au moins 2 jours pour visiter la ville et ses alentours.

AVEC LES ENFANTS

L'Hermione ; le musée de la Marine ; la Corderie royale ; le musée des Commerces d'autrefois ; le château de St-Jean-d'Angle ; les cigognes à la cabane de Moins.

Découvrir Plan de ville p. 131

Pendant trois siècles, la ville a grandi autour de son arsenal, les navires remontant le cours de la Charente comme glissant sans bruit au milieu des marais. Son passé maritime s'affiche dans les lieux mêmes où il s'est développé, à la Corderie et au musée de la Marine. La visite se poursuit par le musée d'Art et d'Histoire qui replace l'évolution de Rochefort au cœur de son environnement.

★★ Quartier de l'Arsenal

L'accès au site est libre. Entouré d'espaces verts, on peut s'asseoir et se détendre en contemplant le cours paisible de la Charente.

L'arsenal *(ci-contre)* s'étendait le long de la Charente sur deux plans encore existants, séparés par des cales de lancement ou de radoub. Il abritait onze chantiers de construction et quatre bassins de radoub (carénage) dont la **Forme Louis XV** (B1), la plus ancienne cale sèche maçonnée du monde (1669). Le Roi-Soleil avait voulu le plus beau, pour construire, armer et réparer ses navires en un lieu unique. L'arsenal comprenait ainsi une fonderie spécialisée dans la fabrication de doublage en cuivre, une chaudronnerie, des forges, des scieries, une tonnellerie, une corderie. D'immenses magasins pourvoyaient aux subsistances et des fosses aux mâts pouvaient contenir 50 000 stères de bois que l'eau saumâtre rendait imputrescibles. Enfin, un atelier de « sculpteurs de la Marine » ciselait poupes et proues. L'ensemble renaît depuis 1976 et combine une activité tertiaire (chambre de commerce, hôtel, restaurants) et muséographique, avec de remarquables animations et expositions.

Porte du Soleil ou de l'Arsenal B2

Construite en 1830, en forme d'arc de triomphe, elle constituait l'entrée de l'arsenal. Côté ville, notez ses trophées marins sculptés.

★ Musée national de la Marine B2

05 46 99 86 57 - www.musee-marine.fr - de mi-avr. à mi-mai, de mi-juin à mi-sept. et vac. de Toussaint : 10h-19h ; reste de l'année : 13h30-18h30 - possibilité de visite guidée (60mn) - fermé janv., 1er mai, 25 déc. - 6 € (-26 ans gratuit) ; 9 € billet combiné avec l'Ancienne École de médecine navale - audioguide inclus.

Le musée propose un **jeu-parcours** présentant les collections, assorti d'un cahier de questions et d'un carnet de réponses pour les parents.

Rochefort, le choix de Colbert

LES GRANDES HEURES

Création d'un port militaire

Vers 1650, Colbert cherche une base pour la défense des côtes de l'Atlantique menacées par les incursions anglaises. Brouage s'envase, et la rade de La Rochelle n'est pas assez abritée. Il choisit Rochefort, situé à 15 km de l'embouchure de la Charente, dont les abords sont protégés par les îles de Ré, d'Aix, d'Oléron et par des promontoires (Fouras, le Chapus) faciles à fortifier. Un port militaire est ainsi créé de toutes pièces, muni d'un chantier naval important. À partir de 1666, les remparts sont tracés et les plans de l'arsenal sont établis. En 1671, Rochefort compte déjà 20 000 habitants ; 13 vaisseaux, une galère et plusieurs navires à deux mâts y sont construits. À l'origine en bois, la ville est reconstruite en pierre par l'intendant de la Marine **Michel Bégon** (1688) qui a, par ailleurs, donné son nom au bégonia. Son portrait est exposé au musée de la Marine.

Un fier arsenal

L'arsenal de Colbert est, en 1690, « le plus grand, le plus achevé et le plus magnifique du royaume » : 47 navires y sont armés parmi lesquels plusieurs à trois ponts, tel le fameux *Louis-le-Grand*. De 1690 à 1800, 300 nouveaux vaisseaux glissent sur les eaux de la Charente. C'est de Rochefort que **La Fayette** embarquera pour la deuxième fois à destination de l'Amérique (21 mars 1780), à bord de *L'Hermione*. Plus tard, en 1816, la frégate la *Méduse* appareille de Rochefort pour se rendre au Sénégal. Son naufrage, au large des côtes de la Mauritanie, a inspiré à Géricault son célèbre *Radeau de la Méduse* (1819).

En 1829, on construit le *Sphinx*, premier grand bâtiment à vapeur de la marine militaire, puis le *Mogador* (1840), la plus puissante frégate à roues réalisée en France. Mais le site retenu par Colbert trois siècles plus tôt montre ses limites : il ne peut accueillir les nouveaux cuirassés à cause du faible tirant d'eau et l'envasement constant de la Charente pose problème. L'activité de l'arsenal décroît après 1900 jusqu'à sa fermeture, effective en 1927. Il employait de 5 000 à 10 000 ouvriers. Matin et soir, le vaisseau amiral tirait un coup de canon pour annoncer l'ouverture et la fermeture des portes.

LES TRISTEMENT CÉLÈBRES PONTONS DE ROCHEFORT

En automne 1792, trois ans après le début de la Révolution, l'épuration du clergé bat son plein. Par centaines, les prêtres qui n'ont pas prêté serment à la Constitution civile du clergé sont dirigés vers Rochefort d'où ils doivent être exilés vers la Guyane. Ancrés dans l'estuaire de la Charente, de vieux vaisseaux dématés (appelés « pontons ») les attendent. Les prisonniers sont entassés dans les entreponts de deux anciens navires négriers. Couchés sur une paille pourrie, ils n'ont, pour se laver, que de l'eau salée. Pour manger, une assiette de bouillon où nagent quelques fèves, les sans-culottes revendant une partie des vivres affectés aux prisonniers. Un jour, les pontons appareillent et vont jeter l'ancre dans la rade de l'île d'Aix. On fusille sur le pont aux cris de : « Vive la République ! Vive Robespierre ! » Puis, en janvier 1794, le typhus apparaît. Douze à treize prêtres meurent chaque jour. Les cadavres, d'abord jetés à la mer, sont ensuite portés sur l'île Madame et l'île d'Aix. Transférés enfin sur l'île Madame, les survivants seront libérés en 1795.

Un majestueux portail donne accès à la cour de l'hôtel de Cheusses (17e s.), ancien commissariat général de la Marine aujourd'hui transformé en musée. Ce lieu permet de comprendre comment Rochefort devint à partir du 17e s. un espace expérimental de la marine française. Vous y découvrirez de superbes maquettes de navires, comme ce modèle du **Dauphin Royal** (1668) ou encore celui de la **Dédaigneuse** (1797). Vous y verrez aussi de belles figures de proue, des instruments de navigation, des marines, armes, drapeaux et objets divers évoquant l'histoire de la marine française et celle de l'arsenal de Rochefort. Notez l'imposante maquette d'instruction de 1720 aux panneaux amovibles et les modèles illustrant les différentes étapes de la construction d'un navire, ainsi que des maquettes de moulins à draguer la vase ou à scier. Au premier étage sont exposés des modèles réduits de cuirassés du 19e s., ainsi que, dans la chambre Napoléon III, une maquette du premier sous-marin français, le *Plongeur* (1863), inspiration du *Nautilus* de Jules Verne. Les combles abritent des **sculptures** qui ornaient la proue des navires. Elles sont situées dans la tour du logis du gouverneur de Rochefort, antérieure à l'Arsenal et qui a conservé sa **charpente**★ de 1610. Dans la cour, visible aussi depuis les fenêtres des étages, est exposée une réplique du **radeau de la** Méduse★ réalisée en 2014 pour les besoins d'un film documentaire. Des animations sont proposées pour faire comprendre le drame et l'horreur vécus à bord du radeau rendu célèbre par le tableau de Géricault.

Formes de radoub B2

Creusées en 1728, ces immenses coquilles étaient utilisées pour la réparation navale. C'est dans l'une d'elles que fut construite la réplique de *L'Hermione*.

★★ L'Hermione B2

Quai de l'Hermione - ✆ 05 46 82 07 07 - www.hermione.com - juin-sept. : 10h-19h ; reste de l'année : 10h-12h30, 14h-18h - fermé certains j. fériés - le navire n'est pas à quai tte l'année, il doit effectuer un ou plusieurs voyages par an (se rens.) - 9 € (-15 ans 5 €) - possibilité de visite guidée (1h15) sur réservation : 16 € (-15 ans 6 €) - 16 € billet combiné avec la visite de la Corderie royale.

Incontournable pour les enfants ! Outre la visite du navire *(interdit aux moins de 6 ans pour raisons de sécurité)*, des animations doivent être progressivement proposées : parcours pour jeune public, accro-mât, etc. *(se rens.)*.

Après un **chantier de dix-sept ans** entamé en 1997 et le grand voyage inaugural de l'été 2015 aux États-Unis, *L'Hermione* est désormais amarrée à Rochefort une bonne partie de l'année, parée pour accueillir les visiteurs. Il s'agit de la réplique de la célèbre « frégate de 12 » (canons équipés de boulets de 12 livres) qui emmena en 1780 le marquis de **La Fayette** rejoindre les insurgés américains en lutte pour leur indépendance. En arpentant ce trois-mâts d'une longueur de 45 m, on sera surpris de voir quelques éléments de modernité : des moteurs rendus obligatoires par les normes de navigation internationales. L'un sert aux manœuvres dans les ports, un autre à fournir l'électricité nécessaire à la signalisation et un autre enfin pour actionner le cabestan permettant de remonter les deux ancres de 1,5 t. Autre petite entorse : les canons (22 contre 28 sur l'original) ne sont pas fonctionnels. La visite de ce bateau intégralement construit en bois à Rochefort se révèle passionnante, notamment grâce aux commentaires des membres d'équipage.

Hôtel de la Marine B2

Cet édifice, dont la partie ancienne remonte à Louis XIV, hébergea Napoléon. Il est précédé d'une porte monumentale du 18e s. Une haute tour carrée, voisine, servait à communiquer par signaux visuels.

Jardin de la Marine B1/2

Paisibles et abrités, ses mails et ses quinconces de tilleuls ont été plantés en terrasses sur la Charente au 18e s. Enclavé dans le jardin, le **Potager du Roy** *(lun. 8h30-11h45, merc. 8h30-11h45 et 14h30-17h, vend. 14h30-17h30)*, riche d'une trentaine de variétés de légumes locaux, d'un verger planté de poiriers Duchesse d'Angoulême et de pommiers Reinette de La Rochelle, présente des espaces de nature liés aux voyages : les aliments embarqués sur les navires, les plantes médicinales emportées par les chirurgiens de marine et du lin, du chanvre pour fabriquer les voiles des bateaux ou les cordages. Un escalier terminé par une porte à trois arcades assure l'accès à la Corderie royale.

★★ Corderie royale B1/2

R. J.-B.-Audebert - ✆ 05 46 87 01 90 - www.corderie-royale.com - ♿ - avr.-sept. : 10h-19h ; reste de l'année : 10h30-12h30, 14h-18h - fermé janv., 25 déc. - possibilité de visite guidée (30mn) ; en été, visites en soirée (19h-20h30) - 9 € (-16 ans 5 €), 23 € billet famille (2 adultes + 2 enf.) - 16 € billet combiné avec la visite de L'Hermione.

Compris dans le billet d'entrée des enfants, un jeu de rôle sur smartphone permet de découvrir le lieu en compagnie du héros de la bande dessinée *L'Épervier*. Des animations et ateliers (matelotage, fabrication de cordage, création d'un objet imaginaire en bois, etc.) sont aussi proposés.

Bâtiment – Construit par Colbert en 1666, cet édifice de 374 m de long est ancré sur un radeau formé d'un quadrillage de madriers de chêne, en raison de la nature marécageuse du sol. On y assemblait des fils de cordage faits avec du chanvre pour les navires de guerre. Achevée en 1669, la corderie fournit toute la marine en cordages jusqu'au développement des navires à vapeur, et cessa en 1867. Ce bâtiment classique, surmonté par un comble mansardé à ardoises bleues, percé de lucarnes à frontons, représente l'un des rares témoignages de l'architecture industrielle du 17e s. La façade vers la Charente est particulièrement majestueuse, tandis que celle côté ville, plus sobre, a dû être renforcée par des contreforts baroques dès la construction.

Centre international de la mer – Au sein de la Corderie, cet espace propose des expositions temporaires à thème maritime ainsi qu'une exposition permanente sur les **corderies et cordages**. Vous y apprendrez comment le chanvre arrivé d'Auvergne ou de la Baltique était filé, puis commis (torsion et assemblage des fils). Au cours de cette opération, la longueur du bâtiment conditionnait celle des cordages, permettant d'obtenir des cordes d'une encablure, soit 200 m de long. Au cours de votre visite, remarquez l'imposante **machine à câbler** du 19e s.

Jardins – Autour de la Corderie est aménagé le **jardin des Retours** (B2). En se promenant dans ce jardin contemporain planté d'espèces rares, on rejoint le **labyrinthe des Batailles navales** composé d'ifs, le **jardin des Amériques** (B1) et l'**aire des Gréements** évoquant la marine ancienne.

Magasin aux vivres B1

Situé en bordure du Bassin aux vivres, face au port de plaisance, il est de la fin du 17e s. La boulangerie était en mesure de fournir 20 000 kg de pain par jour.

★ Musée d'Art et d'Histoire A2

63 av. du Gén.-de-Gaulle - ✆ 05 46 82 91 60 - www.ville-rochefort.fr - ♿ - 10h-12h30, 14h-18h, w.-end 14h-18h - fermé lun., 1er janv., 1er mai, 25 déc. - possibilité de visite guidée (1h30) - 4 € (-15 ans gratuit).

Derrière les façades 18e s. de l'ancien **hôtel Hèbre-de-St-Clément**, ce musée aménagé en 2007 par l'architecte Pierre-Louis Faloci offre de beaux espaces

1

d'exposition et une scénographie moderne. Au rez-de-chaussée, intégrée dans l'espace contemporain, se dresse une fontaine néoclassique de 1827. Depuis 2015, au 1er étage, a été reconstituée la **maison de Pierre Loti en 3D★** *(visite guidée de 45mn, réservation conseillée)*, car la « vraie » maison est fermée pour travaux. Muni de lunettes spécifiques, le visiteur découvre sur l'écran les lieux où vécut l'écrivain : les salons rouge et bleu, les salles gothique et Renaissance, l'escalier, la chambre austère de Loti, ainsi que la célèbre mosquée. Chaque élément du décor peut être examiné sous tous ses angles. Une exposition permanente présente au même étage les objets liés à l'univers de l'enfance de Pierre Loti, certains sortis des réserves pour la première fois.

Au 2e étage, la petite **section médiévale** rappelle qu'un établissement préexistait à la « ville voulue par Louis XIV ». On découvre le projet du roi à travers une collection de cartes et études d'architectes qui s'incarnent dans le **plan en relief★** réalisé en 1835 par Pierre-Marie Touboulic. Ce plan invite à un survol général de la ville, mais aussi à une exploration en détail par l'intermédiaire d'une prise de vue macrographique retransmise sur écran. Une dualité de points de vue que l'on retrouve dans la **galerie de peintures** où trône une **esquisse sur bois★** de Rubens, *Lycaon changé en loup*. Elle s'observe depuis la salle qui lui est consacrée, comme de la mezzanine où lui répond une série de documents sur les **tentatives de sauvegarde de l'arsenal** aux 19e et 20e s.

Au 3e étage, un espace est consacré aux frères Lesson, explorateurs rochefortais du tournant du 20e s., responsables d'une partie de la **collection océanienne** à laquelle s'ajoute un espace dédié aux expéditions des années 1820 conduites dans l'esprit de celles de Bougainville par les navires *La Coquille* et *L'Astrolabe*. Deux salles présentent des pièces d'art et objets **asiatiques** et **africains**, une autre évoque la **culture canaque** (objets anciens et créations contemporaines).

Maison de Pierre Loti A2

Fermé jusqu'à une date indéterminée - rens. : www.maisondepierreloti.fr.

Derrière la banale façade du 141 rue Pierre-Loti se cache l'extravagante maison du célèbre écrivain voyageur. Un projet de rénovation des lieux prévoit la création d'un centre d'interprétation.

★ Musée des Commerces d'autrefois B2

12 r. Lesson - ✆ 05 46 83 91 50 - www.museedescommerces.com - ♿ - juil.-août : 10h-20h ; avr.-juin et sept.-oct. : 10h-12h, 14h-19h, dim. 14h-19h ; reste de l'année : 10h-12h, 14h-18h, dim. 14h-18h - fermé janv. - 6,70 € (enf. 4,70 €).

Dans un ancien entrepôt 1900 ont été minutieusement reconstitués, sur plus de 1 000 m², une vingtaine de commerces et d'ateliers du début du 20e s. : bistrot rochefortais avec un superbe **bar en placage acajou★**, chapellerie, pharmacie, épicerie, brûlerie du torréfacteur charentais Cafés Freddy, forge, teinturerie, kiosque à journaux, bazar, coiffeur, bouilleur de cru, école, etc. Des expositions temporaires consacrées à l'histoire d'une marque ou d'un produit complètent la visite. La boutique du musée est magnifique.

Place Colbert AB2

L'hôtel de ville est installé dans l'hôtel d'Amblimont (18e s.) ; de l'autre côté se dresse une **fontaine monumentale** du 18e s. symbolisant l'Océan et la Charente mêlant leurs eaux. Sa récente restauration exalte l'éclat de la pierre calcaire. Contemplez aussi les façades néoclassiques et les balcons rocaille tout autour. De nombreuses scènes du film *Les Demoiselles de Rochefort* *(p. 132)*, sorti en 1967, ont été tournées ici.

ROCHEFORT

SE LOGER

- La Belle Poule........ (5)
- La Corderie Royale........ (3)
- Les Jardins du Lac........ (7)
- Villa des Demoiselles........ (9)
- Palmier sur Cour........ (1)

SE RESTAURER

- Café du Transbordeur........ (2)
- La Ferme Aquacole de l'Île Madame........ (4)
- Le Cap Nell........ (6)
- Les Longitudes........ (10)
- Les Quatre Saisons........ (8)

1

Église Saint-Louis A2
Elle se dresse au fond de la place Colbert. Elle a été bâtie en 1672 à l'emplacement de la chapelle du couvent des Capucins dans un style classique. Une de ses chapelles est dédiée aux marins.

Sources thermales B1
En 1808, on entreprit l'exploitation des sources thermales des marais naturellement chaudes (42 °C). Depuis 1954, elles sont de nouveau utilisées dans le traitement des rhumatismes, arthroses, dermatoses… Avec 15 000 curistes par an, Rochefort est la 7e station thermale de France. À proximité se dresse l'ancien **château d'eau** (A1), belle construction de pierre quadrangulaire de 1900.

Anciennes forges royales B1
Cet autre imposant ensemble est occupé par le conseil général.

À voir aussi Plan de ville p. 131

★ Ancienne École de médecine navale A1
25 r. de l'Am.-Meyer - ✆ 05 46 99 59 57 - www.musee-marine.fr/rochefort.htm - visites guidées uniquement à 10h30 (1h30), 14h, 15h et 16h (40mn) - tlj sf mar. oct.-mars - fermé janv., 1er mai, 25 déc. - 6 € (-26 ans gratuit).
Au nord du centre-ville, ce bâtiment de la fin du 18e s. est situé en avant de l'ancien hôpital de la Marine dont la chapelle, surmontée d'un clocheton, est précédée par un avant-corps à fronton sculpté. L'École de médecine navale et tropicale fut créée en 1722 : ce fut la première au monde. On visite aujourd'hui sa bibliothèque (25 000 livres) et les incroyables collections d'anatomie, de zoologie, de chirurgie et d'histoire naturelle rassemblées dès le 18e s. à la suite notamment des voyages des officiers de santé. La visite guidée fait découvrir la théorie de la phrénologie, qui avançait comme postulat que le crâne reproduit fidèlement la forme du cerveau. Cette pseudoscience, abandonnée au milieu du 19e s., est présentée dans le musée par la Galerie des crânes. La collection de plus de 600 instruments de chirurgie est également impressionnante.

Conservatoire du bégonia Hors plan par B2
1 r. Charles-Plumier - ✆ 05 46 82 40 30 - www.begonia.rochefort.fr - visite guidée (45mn) mai-sept. : 14h30, 15h30 et 16h30, sam. 15h30 et 16h30 ; reste de l'année : tlj sf sam. 15h30 et 16h30 - fermé dim.-lun. et j. fériés, déc.-janv. - 4,50 € (-18 ans 3,50 €).
Cette grande serre abrite la plus importante collection de bégonias du monde, composée de plus de 1 500 variétés hybrides et botaniques. Découvert aux Antilles à la fin du 17e s. par un botaniste, le père Plumier, qui le baptisa ainsi en l'honneur de l'intendant de la marine à Rochefort, Michel Bégon, qui l'avait envoyé sur place, le bégonia ne fut introduit en Europe qu'à la fin du 18e s.

LES DEMOISELLES À ROCHEFORT
Du 31 mai au 27 août 1966, les 150 membres de l'équipe de tournage de **Jacques Demy** envahissent les rues, repeignant les façades et les portes et volets de couleurs vives. Le réalisateur a eu le coup de foudre pour la ville et va y tourner une comédie musicale : *Les Demoiselles de Rochefort* avec les inoubliables sœurs jumelles, **Catherine Deneuve et Françoise Dorléac**. Le générique du film se déroule sur le pont transbordeur, la place Colbert est utilisée dans différentes scènes pour des numéros chantés et dansés, et les Rochefortais jouent le rôle de figurants.

Pont transbordeur qui date de 1900.
B. Barbier/Photononstop

1

★ Pont transbordeur de Martrou Hors plan par B2

Av. Jacques-Demy - ✆ 05 46 83 30 86 - www.pont-transbordeur.fr - ♿ - fermé au public jusqu'en 2018 - visites guidées (1h15) maintenues : de mi-juin à mi-sept. merc. 10h, vend. et dim. 16h (3 €) - rens. : Maison du transbordeur (T p. 137).

Classé Monument historique depuis 1976, le dernier pont transbordeur français est un impressionnant ouvrage d'art (1900) en fer, long de 176 m, qui surplombe la Charente de plus de 50 m. Des cinq ponts de ce type construits en France (Marseille, Brest, Rouen, Nantes, Rochefort) par **Ferdinand Arnodin**, seul celui-ci a été remis en service (1994). Il est ouvert aux bicyclettes et piétons, tandis que le passage des voitures est assuré, depuis 1991, par un viaduc.

Pôle-Nature de la station de lagunage Hors plan par A2

Av. du 11-Novembre - ✆ 05 46 82 12 44 - http://charente-maritime.lpo.fr - visite guidée sur demande (1h30) - 6 € (-10 ans gratuit) - gratuit J. mondiale des zones humides (fév.), fête de la Nature (mai) et l'Euro-Birdwatch (oct.).

Situés en bordure du fleuve, les 35 ha de marais de cette station d'épuration naturelle constituent des aires de repos pour toutes sortes d'oiseaux aquatiques (hérons, passereaux, petits échassiers des rivages, canards tadornes de Belon, etc.). Découvrez le processus de traitement des eaux avant d'admirer la faune aquatique à l'aide de jumelles depuis l'**observatoire** construit à cet effet.

À proximité Carte de microrégion p. 78

Cabane de Moins B2

▶ Le Liron, 4 km au nord de Rochefort par Breuil-Magné.

Le Liron - 17870 Breuil-Magné - ✆ 05 46 84 48 60 - http://cabane-de-moins.over-blog.com - juil.-août : 14h-19h ; reste de l'année : se rens. - gratuit - visite guidée sur demande (2h-3h30).

Des sorties en vélo et des ateliers créatifs à partir d'objets de récupération sont proposés aux enfants, en saison, sur réservation.

Ce Pôle-Nature de 150 ha comprend un marais doux, des prairies et quelques plans d'eau. Près de 214 espèces d'oiseaux y ont été observées, dont des **cigognes** qui y ont élu domicile. Deux sentiers mènent à quatre observatoires, dont une ancienne tonne (affût de chasse) au ras des eaux d'un vaste étang de 30 ha, et deux tours. De ces points d'observation et du haut de la cabane, équipée de télescopes, c'est toute une faune que l'on découvre : vanneaux, pluviers, hérons, sarcelles d'été, aigrettes et quelques rapaces dont des busards des roseaux et des balbuzards pêcheurs. La cabane abrite une petite exposition d'animaux naturalisés du marais ainsi que des panneaux décryptant les menaces pesant sur l'écosystème et les efforts mis en œuvre pour le préserver.

Circuit conseillé Carte de microrégion p. 78

★ DU MARAIS DE BROUAGE AU CANAL DE PONT-L'ABBÉ AB2

Circuit de 75 km tracé en rouge sur la carte p. 78 – comptez environ une journée. Quittez Rochefort par le sud en empruntant la D 733 en direction de Royan.
On franchit l'imposant **viaduc de la Charente**. En service depuis 1991, il a remplacé un pont à travée levante construit en 1967 et démoli depuis.
Sortez au premier échangeur et prenez à droite la D 238^{E1}.

Soubise B2

Ancienne baronnie et place forte des Rohan. La façade de l'église St-Pierre, du 16e s., présente quatre pilastres d'ordre ionique. À l'intérieur, litre funéraire (bandeau noir) aux armes des Rohan-Soubise et originale croisée du transept à coupole ovoïde et nervurée. Face à l'église se tient un élégant hôtel du 17e s., autrefois propriété d'Anne de Rohan, abritant la mairie.
Quittez Soubise par l'ouest en empruntant la D 125.

Port-des-Barques B2

Plage des Blagueurs - 17730 Port-des-Barques - 05 46 84 87 47 - www.rochefort-ocean.com - juil.-août : 9h-12h30, 14h30-18h30 ; avr.-juin et sept. : tlj sf lun. 9h-12h30, 14h30-18h ; fermé oct.-mars - réserv. des croisières vers l'île d'Aix via le *fort Boyard avr.-oct.*
Ce village de pêcheurs et d'ostréiculteurs est devenu une station balnéaire avec un port de plaisance. À l'ouest, une route agréable rejoint l'accès au tombolo (cordon littoral) reliant l'île Madame. Si la marée le permet, on peut descendre sur l'estran et remonter à pied vers les **falaises** et Port-des-Barques.
Écomusée de Port-des-Barques – *Bd de la Charente - 05 46 84 19 19 - www.ecomuseeportdesbarques.net - juin-sept. : lun.-sam. 10h-12h, 14h30-18h ; reste de l'année : sur réserv. - 4,50 € (-18 ans 3,50 €, - 6 ans gratuit) - visite de l'île Madame : juin-sept., horaires en fonction des marées ; mêmes tarifs - billet couplé écomusée + île Madame : 7 € (-18 ans 5 €).*
Installé au bord de la Charente dans d'anciennes cabanes ostréicoles, cet écomusée est consacré à la découverte de l'huître et de son environnement. Exposition sur les outils et techniques de la pêche au carrelet et de l'ostréiculture, visite des claires et de l'île Madame (fort, casemates, faune et flore).

★Île Madame A2

Accès à pied à marée basse. Les horaires théoriques des marées basses sont indiqués sur le site www.ilemadame.com ainsi que sur la brochure distribuée dans les offices du tourisme de la région. Il est bien indiqué qu'il faut prévoir une marge de sécurité de 30mn, les marées étant ici très difficiles à calculer avec précision du fait des conditions géographiques et météorologiques particulières.

Site insolite et sauvage, l'île Madame possède un charme fou, qui plaira aux amoureux de la nature. Elle est reliée à Port-des-Barques par la **passe aux Bœufs★**, découverte à marée basse. Longue de 1 km, large de 600 m, l'île n'est occupée que par une ferme et quelques maisons. De la côte nord, défendue par un fort aujourd'hui désaffecté, on découvre de jolis points de **vue** sur Fouras, l'île d'Aix et ses forts, l'île d'Oléron ; au sud s'étendent des marais salants délaissés et transformés en pâtures. Édifié en 1704 sur ordre de Louis XIV afin de protéger l'arsenal de Rochefort, le fort comporte des casemates que l'on visite, ainsi qu'une poudrière. Des parcs à huîtres sont exploités tout autour de l'île, et sur les bancs rocheux prolifèrent coquillages, huîtres sauvages, coques, palourdes. À l'extrémité sud-est de l'île, une grande croix de galets, à même le sol, marque l'endroit où furent ensevelis, en 1794, 254 prêtres réfractaires (ayant refusé de prêter serment à la Constitution civile du clergé) qui moururent de maladie ou d'épuisement à bord des pontons de Rochefort (p. 127).

De retour sur le continent, poursuivez la route vers le sud en longeant des claires. Bientôt, un site aménagé permet d'apprécier la mer avec, sur la gauche, une jolie **vue** *sur un alignement de carrelets. De St-Froult, prenez au sud-ouest la petite route longeant le littoral.*

Moëze B2

Au centre du village, l'église St-Pierre *(15e s.)* est dominée par un clocher gothique atteignant 51 m de haut qui servait de point de repère aux bateaux. Dans le cimetière, la **croix hosannière★**, ou « temple de Moëze », est un monument de style corinthien datant du début du 16e s. De plan carré, l'édifice supporté par vingt colonnes repose sur une vaste plate-forme dodécagonale.

Quittez Moëze par le sud-ouest en empruntant la D 3.

Réserve naturelle de Moëze-Oléron B2

Centre Nature - Ferme de Plaisance - Rte de Plaisance - 17780 St-Froult - ✆ 05 46 82 42 85 et 05 46 83 17 07 - www.lpo.fr - sentier des Polders ♿ : fév.-août 8h30-18h30 ; sept.-janv. 12h-18h - autres sentiers : accès libre tte l'année - Ferme de Plaisance, juil.-août : tlj 10h-12h30 et 14h30-18h30 ; sept.-oct. : tlj sf sam. 14h30-17h30 ; reste de l'année : en fonction des demandes - visites guidées 7 € (enf. 5 €).

Ses quelque 6 700 ha s'étendent du continent jusqu'à la côte est d'Oléron. Le domaine terrestre couvre 200 ha de marais, sillonnés par quatre sentiers pédestres permettant l'observation de nombreux oiseaux migrateurs. Le marais comprend cinq zones où se répartissent les oiseaux : prairies humides (oies, vanneaux), anciennes salines (busards, faucons crécerelles), lagunes (courlis), prés salés et zone ostréicole que survolent toutes sortes d'espèces (hérons). Le sentier des Polders et celui des Tannes sont jalonnés de postes d'observation. On peut aussi profiter des visites guidées organisées à partir de la Ferme de Plaisance avec des sorties matinales et crépusculaires.

Au bout de l'accès à la réserve, prenez à droite.

★★Brouage (p. 140) B2

Poursuivez sur la D 3. À Hiers, prenez vers l'est la D 238.

La route traverse la partie est des anciens marais salants.

Après Beaugeay, empruntez sur la droite la D 125 jusqu'à St-Agnant. Prenez ensuite la D 733 vers le sud, puis la D 18 vers l'ouest sur 2 km.

Château de Saint-Jean d'Angle B2

2 rte de Marennes - 17620 St-Jean-d'Angle - ✆ 05 46 82 76 03 - www.chateau-stjeandangle.fr - juil.-août : 10h30-19h ; avr.-juin et sept.-oct. : 14h-19h - 8 € (enf. 5 €).

Habitué à recevoir les publics scolaires, le château est très bien conçu pour les enfants avec un parcours ponctué de surprises.

1

Petit bijou médiéval posé sur un plan d'eau, ce château fort du 12e s. est cerné de douves et flanqué de deux tours. Bien conservé, il a reçu en 2002 le prix Europa Nostra pour la qualité de sa restauration. Les propriétaires proposent des visites distrayantes et très documentées sur l'histoire, l'architecture et la vie quotidienne au Moyen Âge.
Revenez sur vos pas et suivez vers l'est la D 18.

Pont-l'Abbé-d'Arnoult B2

Cet ancien village fortifié aux maisons blanchies à la chaux s'est développé autour d'un prieuré de bénédictins implanté au 11e s. par Geoffroy Martel, comte d'Anjou. La partie basse de la façade de l'**église St-Pierre** est décorée de sculptures romanes. Au centre de la première voussure du **portail** figure l'Agneau mystique, honoré par les anges, tandis que la deuxième et la quatrième illustrent Vertus et Vices, Vierges sages et Vierges folles. La troisième voussure est consacrée aux saints. Les tympans des arcades latérales montrent, à gauche, Saint Pierre sortant de sa prison et, à droite, Saint Pierre crucifié. Un porche voisin donne accès à la cour du prieuré *(15e-16e s.)* dont la façade porte une élégante tourelle.
Quittez Pont-l'Abbé par le nord en empruntant la D 117.

Trizay B2

★**Abbaye Saint-Jean-l'Évangéliste** – *Espl. de l'Abbaye - 17250 Trizay - ✆ 05 46 82 34 25 - www.abbayedetrizay17.fr - de mi-juin à mi-sept. : 10h-13h, 14h-19h ; de mi-sept. à mi-nov. et de mi-fév. à mi-juin : tlj sf lun. et j. fériés 14h-18h - fermé déc.-janv. - 3,50 € (-14 ans gratuit) - possibilité de visite guidée (45mn) sur demande.*

Pour les enfants : livrets à leur intention, animations en été *(se rens.)* et restitution en vidéo 3D du monastère.

La construction de cette imposante abbaye reste une énigme, mais il semblerait que des moines venus de La Chaise-Dieu (Auvergne) s'y soient installés dès la fin du 11e s. De forme octogonale, l'**église** a conservé deux chapelles et sa **grande abside**, conçue sur un plan octogonal exceptionnel, dotée de huit vitraux contemporains dessinés par Richard Texier. Les bâtiments (salle capitulaire, réfectoire, dortoirs des moines ornés de fresques, cellier) abritent un **Centre d'art contemporain** qui propose toute l'année un dialogue permanent entre le monument roman et les artistes d'aujourd'hui.

Jardins de Compostelle – *1 ch. de Fontchaude - 17250 Trizay - ✆ 05 46 82 19 64 - www.trizay.com - de mi-juin à mi-sept. : 15h-19h ; de déb. avr. à mi-juin et de mi-sept. à fin oct. : 14h-18h - fermé lun. - 3,50 € (-14 ans gratuit).*

La visite des jardins s'accompagne d'un livret ludique fourni aux enfants.

Juste à côté se trouve la **base de loisirs du Bois Fleuri** installée dans une ancienne carrière autour d'un lac de 5 ha : pêche, canotage, jeux pour enfants, aire de pique-nique et bar.

Aménagé en 1999, ce parc floral de 2 ha d'inspiration hispano-mauresque rappelle que le village de Trizay servait d'étape aux pèlerins sur le chemin de St-Jacques-de-Compostelle. Il abrite des fleurs rares et espèces exotiques qui alternent avec les variétés locales et une oliveraie.
Prenez la D 238 en direction d'Échillais.

Échillais B2

Église Notre-Dame – Cher au cœur de Pierre Loti, qui y fit des séjours dans son enfance, le village possède l'une des plus belles églises romanes saintongeaises. Sa **façade★** du 12e s., en forme d'arc de triomphe, est remarquable et se présente au visiteur presque dans son état d'origine. Des modillons garnissent la frise et la corniche supérieure : animaux ou personnages jouant de la viole, jongleur, tireur à l'arc, etc. À gauche du portail, un chapiteau porte l'un de ces monstres que les habitants de Saintonge et du Poitou nomment la **Grand'Goule** (*p. 326*), semblant ici avaler le fût de la colonne.

Maison du transbordeur – *R. de Martrou - 17620 Échillais - ☎ 05 46 83 30 86 - www.pont-transbordeur.fr - ♿ - juin-août : 10h-12h15, 14h-19h ; mai : mêmes horaires mais fermeture à 18h30 ; avr. et sept. : fermeture à 18h ; de déb. oct. à mi-nov. : fermeture à 17h - fermé de mi-nov. à fin mars - 3 € (-11 ans 2 €).* Au pied du pont transbordeur, ce centre d'interprétation propose une exposition permanente sur les grands ponts du Pays rochefortais et de la Charente-Maritime.

Reprenez la D 238 au nord-est d'Échillais, puis revenez sur la D 123. À St-Hippolyte, prenez à gauche la N 137.

Pont suspendu de Tonnay-Charente B2

Circulation autorisée uniquement aux piétons et aux cyclistes.

Long de 204 m, il a été jeté sur le fleuve en 1842 par l'ingénieur Louis Dor, puis modifié à plusieurs reprises. Depuis ses 23 m de haut, appréciez les vues sur la vallée de la Charente, Rochefort et les ponts.

La route longe la voie ferrée, puis la N 137 ramène à Rochefort.

NOS ADRESSES À ROCHEFORT

TRANSPORTS

En bus

R'Bus – *Boutique 41 av. Wilson (face à la gare SNCF) – ☎ 05 46 99 22 66 - www.rbus-transport.com.* Un réseau complet de bus pour circuler dans l'agglomération.

VISITE

Pass touristiques – *Rens. à l'office de toursime.* Plusieurs pass combinant transport et visites sont proposés comme le **Pass Rochefort-Aix** (liaison pour l'île d'Aix en bus et bateau et une entrée gratuite dans un site) ou le **Pass Rochefort Océan** (accès illimité au réseau de bus et réduction sur les sites de visite).

HÉBERGEMENT

BUDGET MOYEN

Chambres d'hôte Palmier sur Cour – B1 - *55 r. de la République - ☎ 05 46 99 55 54 - www.palmiersurcour.com - fermé de mi-déc. à mi-fév. - 💳 - 3 ch. 94/102 €* ☕. Cet hôtel particulier du 19e s. érigé en plein quartier historique abrite de ravissantes chambres personnalisées : la Corderie (hommage au célèbre bâtiment de l'arsenal), l'Aziyadé, clin d'œil à Pierre Loti, et la suite familiale Les Anges. Joli patio.

Hôtel-restaurant La Belle Poule – Hors plan par A2 - *102 av. du 11-Novembre-1918 - ☎ 05 46 99 71 87 - www.hotel-labellepoule.com - fermé 1er-22 nov. - P - 21 ch. 64/80 € - ☕ 8 € - ✕ formule déj. 18,90 € - 25/45 €.* À proximité du pont transbordeur, bâtisse des années 1980 avec jardin. Chambres confortables et bien tenues. De belles maquettes navales rehaussent le décor champêtre du restaurant et s'accordent avec la cuisine du large.

BUDGET MOYEN

Hôtel-Restaurant La Corderie Royale – B1 - *R. Audebert - ☎ 05 46 99 35 35 - www.corderieroyale.com - hôtel fermé de mi-déc. à mi-janv., restaurant fermé sam. midi, dim. soir et lun. de nov. à mars - P - 42 ch. 89/203 € - ☕ 12 € - ✕ formules* *déj. 24/28 € - 36/55 €.* Dans les murs de l'ex-artillerie royale *(17e s.)*, sur le port, profitez de grandes chambres actuelles, très tranquilles. La salle à manger-véranda rénovée dans le style contemporain et la terrasse regardent la Charente ; cuisine au goût du jour.

Villa des Demoiselles – AB2 - *112 r. Pierre-Loti - ✆ 06 22 11 93 47 - www.villadesdemoiselles.com - 4 ch. 90/160 €.* Dans cette charmante maison de ville du 19e s., les chambres arborent des teintes douces et élégantes. Des chaises longues attendent le visiteur dans le jardin.

RESTAURATION

PREMIER PRIX

Café du Transbordeur – Hors plan par B2 - *Av. Jacques-Demy, au pied du pont transbordeur - ✆ 05 46 87 56 30 - avr.-oct. 10h-19h - ♿ P - sandwiches 3,70/4,50 €, salades 3,10/8,20 €, paninis 6,20 €, etc.* Ce minuscule café en brique rouge jouxte la salle des machines du pont. Depuis sa grande terrasse, on admirera cette architecture monumentale tout en grignotant un sandwich ou en dégustant quelques huîtres.

BUDGET MOYEN

Le Cap Nell – B1 - *1 quai Joseph-Bellot - ✆ 05 46 87 31 77 - www.capnell.com - fermé mar. soir et merc. de sept. à juin - ♿ - 22,30/28,10 €.* Un cadre raffiné pour une cuisine subtile. Les produits de la mer et du terroir sont ici relevés par des alliances originales.

Les Longitudes – B2 - *Corderie royale - ✆ 05 46 87 56 15 - fermé le soir tte l'année et w.-end d'oct. à mars - formule déj. 14,50/18,50 €.* Face à la Corderie, ce joli bâtiment à arcades servait de corps de garde aux soldats de l'arsenal. Il propose des plats régionaux, des produits de la mer, la traditionnelle caillebotte (dessert lacté) et des cafés très gourmands. Terrasse agréable, salle avec cheminée décorée de photos et tableaux sur le thème maritime.

Les Quatre Saisons – A2 - *76 r. Grimaux - ✆ 05 46 83 95 12 - http://bono2009.skyrock.com - fermé dim.-lun. - formule déj. 32-46 €.* Un couple fort sympathique tient ce restaurant aménagé dans une demeure bourgeoise proche de la maison de Pierre Loti. Spécialités de pied de cochon, ris et tête de veau, poissons fournis par les mareyeurs de la Cotinière, sur l'île d'Oléron. Pensez à réserver, car la salle ne contient que 20 couverts et le patio, 12.

À proximité

BUDGET MOYEN

Ferme-auberge marine – Hors plan par A2 - *17730 Port-des-Barques - ✆ 05 46 84 12 67 - www.ilemadame.com - fermé lun. de fin janv. à mi-fév., fin nov. et le soir - sur réserv. uniquement - ♿ P - 15/29 €.* Située sur l'île Madame, cette ferme aquacole n'est accessible qu'à marée basse. Au milieu des bassins et des marais salants, vous dégusterez fruits de mer, bars, daurades et anguilles élevés sur place. L'établissement produit aussi de la salicorne.

POUR SE FAIRE PLAISIR

Hôtel-Restaurant Les Jardins du Lac – Hors plan par A2 - *3 chemin de Fontchaude - 17250 Trizay - ✆ 05 46 82 03 56 - www.jardins-du-lac.com - fermé fév. ; rest. fermé dim. soir et lun. de nov. à mars sf pour clients de l'hôtel - P 🏊 - ✕ 36/60 € - 15 ch. 155/255 € - ☕ 15 €.* Les Suire, père et fils, sont aux commandes de cet établissement installé au bord du lac des Jardins de Compostelle, à deux pas de l'abbaye. Laissez-vous tenter par ces petits pots de cagouilles (escargots) au beurre de champignons sauvages, ces tomates confites à l'ail et au persil, ou par le canon d'agneau rôti au crumble d'herbes du jardin. Les chambres, correctement équipées, spacieuses et très confortables, donnent sur le lac.

ACHATS

Spécialité – Présente à la table de Louis XIV il y a plus de trois siècles, la **jonchée** est devenue un produit rare, élaboré seulement par quelques artisans de Rochefort, Niort et Oléron. Dans sa version rochefortaise, ce dessert au goût prononcé est obtenu à partir de lait caillé de vache aromatisé à l'eau de laurier-amande et égoutté dans des paillons de joncs des marais. La jonchée se déguste nature ou arrosée d'un filet de pineau des Charentes ou de rhum.

Marché – *Av. Ch.-de-Gaulle, face au musée de la Marine - mar., jeu. et sam. 7h30-12h30.* Servant à la fois de palais des congrès et de marché couvert, les halles abritent une vingtaine de bancs de poissonniers, bouchers-charcutiers, volaillers, un tripier, des boulangers-pâtissiers, primeurs et fromagers, ainsi que des marchands de spécialités régionales. Marché les mêmes jours à l'extérieur.

Aux Fines Saveurs – *25 av. Ch.-de-Gaulle (à côté des halles) - ✆ 05 46 99 02 09 - tlj sf dim. et lun. mat. 8h-12h30, 15h-19h.* Cette épicerie fine propose un choix de produits régionaux : tapenade du pêcheur, confits d'algues, pâtés d'huîtres, grillons charentais, farci saintongeais, miels artisanaux, pineau, cognac et les spécialités très locales que sont la **jonchée**, les rillettes, pâté ou civet de… ragondin. Belle gamme de thés.

Le Palais du Chocolat – *25 av. Ch.-de-Gaulle - ✆ 05 46 87 40 71 - tlj sf dim. et lun. 9h-12h30, 15h-19h.* Lilian Paillé, maître pâtissier-chocolatier, a ouvert ici sa deuxième boutique après celle de l'avenue Gambetta, véritable paradis pour les gourmets et les gourmands. Parmi une gamme étendue de spécialités, découvrez le Compostelle en version cake, à base de raisins et de cognac, ainsi que les bonbons Aziyadé et le chocolat l'Hermione.

Librairie maritime – *Corderie royale - ✆ 05 46 87 81 45 - www.livre-mer.com - avr.-sept. : 10h-19h ; oct. : 10h-18h ; reste de l'année : 10h-12h45 et 13h45-18h - fermé janv.* Conçue comme une coque de bateau, c'est l'une des plus grandes librairies de France sur le thème de la mer avec des milliers de références en histoire, littérature, bande dessinée, etc.

Magasin des Cordages – *Corderie royale - ✆ 05 46 87 88 87 - mêmes horaires que la Librairie maritime - fermé janv.* Une étonnante gamme de produits en chanvre : cordage au mètre, objets exclusifs réalisés par les mateloteurs de la Corderie, épicerie fine, vêtements, accessoires et « déco » dans le style marin. L'escale idéale pour des cadeaux à tous les prix.

ACTIVITÉS

Compagnie des 3 îles – *2 ter r. du 11-Novembre - 17730 Port-des-Barques - ✆ 06 17 11 32 08 - avr.-sept.* Croisières sur la *Fée des îles* au départ de Port-des-Barques.

Les Noctambulations – *Chaque mar. soir en juil.-août - réserv. à l'office de tourisme - 8,90 € (10-18 ans 6,70 €).* Visites insolites en ville accompagnées de comédiens et d'un guide-conférencier.

Citadelle de Brouage

★★

645 Brouageais - Charente-Maritime (17)

Étrange apparition que cet ancien port fortifié qui fut jadis le plus formidable de la Côte atlantique, avant de s'échouer dans les marais. La silhouette étoilée de ses remparts jaillit d'un labyrinthe de bras d'eau, et il semblerait bien solitaire si les vents salés de l'Océan et l'afflux des visiteurs ne venaient lui rappeler sa glorieuse vocation.

NOS ADRESSES PAGE 143
Hébergement, restauration, achats, activités, etc.

S'INFORMER

Office du tourisme de Hiers-Brouage – *2 r. de l'Hospital - 17320 Hiers-Brouage - 05 46 85 19 16 - www.hiers-brouage-tourisme.fr - - avr.-sept. : 9h30-13h, 14h-18h30 ; reste de l'année : tlj sf w.-end 10h-13h, 14h-17h - fermé certains j. fériés.*

Visite guidée – L'office de tourisme propose un circuit pédestre le long de la ville fortifiée *(2 km)*. Il fournit aussi des idées de randonnées à pied ou à vélo dans les marais et le programme des animations estivales (veillées nocturnes contées, etc.).

SE REPÉRER

Carte de microrégion B2 p. 78 - *carte Michelin Départements 324 D4*. La D 3 traverse Brouage, cité esseulée au milieu des marais, 8 km au nord-est de Marennes.

SE GARER

Si vous arrivez du sud, entrez par la porte de Marennes. Et si vous venez du nord (Rochefort), garez votre voiture à l'extérieur des remparts et entrez par la Porte royale, près du bastion nord.

À NE PAS MANQUER

Les remparts du 17e s. ; la halle aux vivres ; les vitraux de l'église St-Pierre ; la glacière.

ORGANISER SON TEMPS

Comptez au moins 2h pour visiter la cité. Pour les amateurs de calme, passez la nuit sur place afin de profiter, au réveil, d'une paisible promenade le long des remparts.

AVEC LES ENFANTS

Les graffitis laissés sur les murs de la Porte royale.

Se promener

La plupart des bâtiments d'origine ont disparu à Brouage, y compris l'hôtel du Gouverneur où descendirent jadis Marie Mancini (*ci-contre*), puis Louis XIV. Les dépendances militaires ont mieux résisté. La citadelle n'en constitue pas moins un ensemble à la fois pittoresque et mystérieux. Envahie en saison par les visiteurs de passage, elle retrouve tout son calme en fin de journée. La quiétude du soir et la lumière du soleil couchant donnent alors à l'ancien port de mer un charme des plus agréables.

★★ Les remparts

Les remparts de Brouage, bâtis de 1630 à 1640, constituent un excellent exemple des fortifications avant Vauban. Dessinant un carré de 400 m de côté, la citadelle comporte 7 **bastions**, 19 **échauguettes** et 7 **courtines** d'environ 11 m de hauteur chacune. Deux portes s'y ouvraient : la Porte royale et celle de Marennes. Le côté nord formait le front de mer, donnant sur Le Havre, aujourd'hui réduit à un chenal. La place d'armes se trouvait au sud, près des casernes. Le rempart ouest était protégé par une demi-lune, détachée de la courtine.

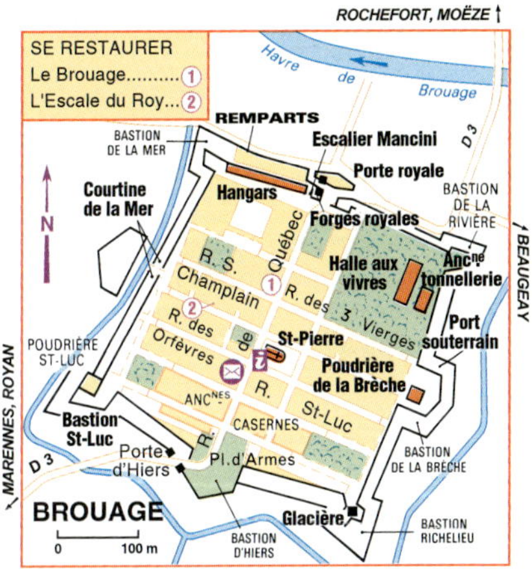

Chemin de ronde

Possibilité de visite guidée sur demande à l'office de tourisme (1h) - 5,50 € (8-18 ans 4 €).

On peut parcourir presque entièrement le sommet des remparts, couvert d'herbe. La disposition de la place forte apparaît nettement, tandis qu'une **vue** étendue se développe sur le marais, les îles d'Aix et d'Oléron.

Porte royale

Percée dans le bastion nord, dit **Bastion royal**, elle donnait jadis accès aux quais. Dans le passage voûté, sur le mur de droite, en sortant, on distingue encore des **graffitis anciens** représentant divers types de bateaux dessinés par les prisonniers durant la Révolution, quand Brouage servit de prison. À l'extérieur, la porte est surmontée d'un fronton aux armes (à demi effacées)

GRANDEUR ET DÉCADENCE

Le plus beau havre de France – Au Moyen âge, Brouage était la capitale européenne du sel, essentiellement expédié en Flandre et en Allemagne. Le siège de La Rochelle (1628) fit de Brouage l'arsenal de l'armée royale. Richelieu chargea l'ingénieur picard **Pierre d'Argencourt** d'en reconstruire les fortifications. Après dix ans de travaux, la cité pouvait entretenir une garnison de 6 000 hommes et constituait la plus forte place de la Côte atlantique. Mais le rétablissement de l'enceinte de La Rochelle et la fondation de Rochefort lui enlevèrent une part de son rôle militaire. À la fin du 17e s., Brouage entama son déclin. Le « plus beau havre de France », abrité par la presqu'île de Brou (signifiant « boue »), ne résista plus à l'envasement qui le guettait et ses marais salants (8 000 ha) devinrent des « marais gâts », générateurs de fièvres.

Amour et raison d'État – En 1659, Louis XIV est amoureux de **Marie Mancini**, la nièce de Mazarin, et voudrait l'épouser. Mais le cardinal désire sceller la paix avec l'Espagne par un mariage du roi et de l'infante Marie-Thérèse. Pour éloigner Marie, il l'envoie à Brouage, dont il est le gouverneur. Pendant plus de trois mois, les fêtes se succèdent dans la petite cité afin de distraire la jeune fille de son chagrin. Louis épouse l'infante à St-Jean-de-Luz. Sur le chemin du retour, il fausse compagnie au cortège pour gagner Brouage. Il s'installe dans l'ancienne chambre de Marie et arpente le rempart et les grèves en soupirant après sa fiancée perdue. Racine s'est inspiré de cette histoire dans sa tragédie *Bérénice*.

de France et de Navarre. Dans le pan de muraille à gauche de la porte restent des fers placés entre les blocs, qui assuraient la solidité de l'appareil.

Forges royales

Elles étaient adossées au Bastion royal. Dans l'une d'elles (où s'est installé un artiste) s'élève encore une imposante cheminée en brique et en pierre de taille. À gauche de cette forge, l'**escalier Mancini** que Marie empruntait pour aller sur le rempart. Parallèle à cet escalier, une rampe permettait de hisser les canons. À gauche s'alignent les **hangars de la Porte royale**, anciens magasins ou ateliers, transformés en boutiques. Au sud de ceux-ci s'élevait l'hôtel du Gouverneur.

Glacière

Construit en 1688 et restauré de 1994 à 2000, c'est un des monuments les plus spectaculaires de Brouage. Place forte importante, la petite cité devait pouvoir conserver de la glace en quantité, ceci à deux fins : en fournir à l'hôpital, où nombre de maux étaient traités par le froid, et permettre au gouverneur de la place d'offrir des sorbets à ses invités lors des réceptions ! Brouage compta ainsi au moins trois glacières. Celle du bastion Richelieu affiche un diamètre de 6,40 m dans sa partie haute pour 3,30 m en bas, et le fond du puits, où l'on peut descendre, se situe à 4,15 m par rapport à la surface du sol. La couverture en bois, entièrement reconstruite, est composée d'une charpente en roseau, matériau isolant.

Halle aux vivres

1 r. du Port - ✆ 05 46 85 80 60 - ♿ - juil.-août et J. du patrimoine : 10h-19h ; avr.-juin. et sept. : 10h30-13h, 14h-18h ; oct. : 14h-18h - fermé certains j. fériés - 3 € (-16 ans 2,50 €), 8 € billet famille (2 adultes + 2 enf.).

Cet ancien entrepôt du 17e s. évoque par son architecture la Corderie royale de Rochefort (*p. 129*), mais en moins long (64 m). Coiffé d'une belle voûte d'arêtes soutenue par une dizaine de piliers centraux, il servait à ravitailler troupes et vaisseaux. Au rez-de-chaussée étaient stockées plus de 700 barriques contenant vin, huile, bière, eau-de-vie ou viande salée. Au premier étage étaient conservées les céréales. Le bâtiment abrite aujourd'hui une exposition du **Centre européen d'architecture militaire**, avec des maquettes, plans et objets divers, un atelier de reconstruction du **plan-relief** de Brouage (1685) et des panneaux relatant le commerce du sel (au 17e s., le sel de Brouage était très recherché).

À côté de la Halle aux vivres s'élève la **tonnellerie**, où la poudre était conservée dans des tonneaux. Dans le bastion de la Brèche se dissimule l'entrée d'un **port souterrain**. Sa voûte de pierre, aménagée dans les flancs du rempart, était faite pour les barques. Près du bastion, la **poudrière de la Brèche** (1692, c'est le seul bâtiment construit par Vauban à Brouage), édifice voûté de pierre et couvert de dalles, était l'une des deux poudrières de la ville forte. Elle abrite aujourd'hui des expositions temporaires.

SAMUEL DE CHAMPLAIN

Né à Brouage entre 1567 et 1574, Samuel de Champlain fut navigateur aux ordres du roi Henri IV. Il colonisa une partie du Canada et fonda la ville de Québec où il mourut en 1635. Un monument contemporain marque l'emplacement de sa maison natale. Aujourd'hui, Brouage est une **ville-mémorial de l'amitié franco-québécoise**.

LES VISITEUSES DE BROUAGE

Autour de Brouage, les prés salés sillonnés de multiples canaux donnent refuge à quelque 150 espèces d'oiseaux. Au milieu de cette faune discrète nichent depuis 1978 des **cigognes blanches** qui ont depuis longtemps oublié le sens du mot « migration ». Le Poitou-Charentes est même devenu le premier site de nidification de ces gracieux échassiers, devant l'Alsace !

Les **latrines** publiques dans la **courtine de la Mer** surprennent par leur décoration : frontons et fenêtres à meneaux. Elles sont desservies par d'étonnants escaliers tournants. Sous l'échauguette d'angle du bastion St-Luc font saillie les armes de Richelieu.

Église Saint-Pierre

Construite en 1608, l'église fut remise en état grâce à la générosité de la ville de Québec et comporte plusieurs vitraux et verrières offerts par le Canada. Notez son portail à fronton classique aux armes royales encadrées par les écussons des d'Espinay Saint-Luc et des Comminges. L'intérieur, austère, recèle une belle Vierge en bois, ancienne figure de proue d'un navire suédois naufragé. Sur les bas-côtés, une exposition est consacrée aux origines religieuses de la Nouvelle-France. Vous y découvrirez le rôle de l'église dans la découverte du Nouveau Monde, le dessein apostolique de l'explorateur Champlain et les guerres franco-iroquoises. Enfin, une plaque commémore la mémoire des prêtres réfractaires (ayant refusé de prêter serment à la Constitution civile du clergé) qui furent emprisonnés à Brouage en 1794.

NOS ADRESSES À BROUAGE

HÉBERGEMENT ET RESTAURATION

PREMIER PRIX

L'Escale du Roy – *8 r. Notre-Dame - ✆ 05 46 75 46 03 - carte 8/15 €.*
À l'écart de la rue principale, voici un endroit agréable et au calme. Si le temps le permet, profitez des parasols. Idéal pour un en-cas, entre deux visites : grandes salades composées (terre ou mer), dégustation d'huîtres avec un verre de blanc. Spécialité d'éclade de moules (aux aiguilles de pin). Salon de thé de 10h à 19h30.

BUDGET MOYEN

Hôtel-Restaurant Le Brouage – *16 r. de Québec - ✆ 05 46 85 03 06 - www.le-brouage.com - hôtel fermé oct.-mars - 5 ch. 50/72 € - ☕ 6,90 € - ✕ restaurant fermé les soirs de semaine hors saison - formule déj. 15 € - 20,50/27 €.*
Poutres apparentes, tables en bois, chaises de bistrot et carrelage façon tomettes : il règne une chaleureuse atmosphère d'auberge familiale en cet établissement situé dans la citadelle. On y sert une cuisine locale de tradition, essentiellement à base de produits de la mer : huîtres, fricassée d'anguilles, civet de seiches, etc. L'endroit fait salon de thé de février à fin novembre (crêpes, gâteaux et glaces toute la journée). À l'étage, les chambres sont simples mais bien tenues.

ACHATS

Dans les anciennes forges de Brouage se sont installés trois ateliers-boutiques consacrés aux **métiers d'art** : un relieur, un peintre animalier et une galerie *(tlj en saison 10h-18h).*

Marennes

5 619 Marennois - Charente-Maritime (17)

Enchâssée telle une perle dans le damier de ses 3 000 ha de parcs à huîtres qui l'ont rendue célèbre en France et dans le monde entier, cette petite ville sur l'estuaire de la Seudre occupe une ancienne île du golfe de Saintonge. C'est la capitale de la fameuse Marennes-Oléron, une huître qui s'affine sous les effets d'une algue microscopique, la navicule bleue, lui donnant sa couleur verte et son goût si délicat.

NOS ADRESSES PAGE 147
Hébergement, restauration, achats, activités, etc.

S'INFORMER

Office du tourisme de Marennes – *1 pl. Chasseloup-Laubat - 17320 Marennes - ✆ 05 46 85 04 36 - www.tourisme-marennes.fr - juil.-août : 9h30-18h30, dim. et j. fériés 9h30-12h30 ; reste de l'année : tlj sf dim.-lun. et j. fériés 9h30-12h30, 15h30-17h30, sam. 9h30-12h30, 14h-17h30.*

SE REPÉRER

Carte de microrégion A2 p. 78 - *carte Michelin Départements 324 D5.* Au cœur du bassin d'ostréiculture de Marennes-Oléron, sur la rive droite de l'estuaire de la Seudre, 22 km au sud-ouest de Rochefort.

À NE PAS MANQUER

La vue depuis l'église St-Pierre-de-Sales ; la Cité de l'huître et une séance de dégustation ; fort Louvois.

ORGANISER SON TEMPS

Comptez une journée en prenant le temps de manger quelques huîtres. Profitez de la marée basse pour accéder à pied au fort Louvois, ou attendez la marée haute pour y aller en bateau au départ du port de Bourcefranc *(service gratuit).*

AVEC LES ENFANTS

Le parcours-aventure en forêt au château de la Gataudière.

Se promener

Église Saint-Pierre-de-Sales

Tour 2 €. Sa haute **tour carrée** (15e s.), soutenue par des contreforts d'angle et terminée par une **flèche★** à crochets, de style gothique flamboyant, culminant à 85 m, servait jadis de repère aux navigateurs. Vauban la considérait comme « *une des plus belles de France* ». Il faut grimper 291 marches pour découvrir, à 55 m de haut, un **panorama★** sur les huîtrières, la presqu'île d'Arvert et les îles. La large nef est bordée de chapelles surmontées de tribunes à balustres. Les travées sont voûtées en ogives à huit branches.

★ Le port de la Cayenne

Sur 4 km, la route rectiligne s'avance entre les claires et le chenal, avec ses bateaux et ses cabanes aux couleurs vives. Les producteurs y proposent la vente et dégustation d'huîtres ainsi que la visite des parcs. Les couchers de soleil sont superbes, avec en toile de fond le viaduc de l'estuaire de la Seudre.

Cité de l'huître – *Chenal de la Cayenne - ✆ 05 46 36 78 98 - www.cite-huitre.com - ♿ - juil.-août : 10h30-20h ; avr.-juin et sept. : 11h-19h ; oct. : w.-end et vac. scol. 11h-18h - fermé de mi-nov. à déb. avr. - possibilité de visite guidée (2h) - 9 € (-16 ans 7 €), 23 € billet famille (2 adultes + 2 enf.).* élevées au milieu des claires, cinq maisonnettes colorées sur pilotis, rappelant les cabanes ostréicoles traditionnelles,

Le port de Cayenne sur l'estuaire de la Seudre.
B. Rieger/hemis.fr

Marennes-Oléron, berceau de l'huître

INDICATION D'ORIGINE PROTÉGÉE : LA RECONNAISSANCE

Le bassin de Marennes-Oléron, premier producteur français d'huîtres avec 40 000-60 000 t par an, s'étend de la Charente à la Gironde. L'affinage ou l'élevage en claires, bassins peu profonds alimentés en eau par des chenaux reliés à la mer, constitue la principale spécificité régionale. Les fines de claire et spéciales de claire ont obtenu en 2009 l'Indication géographique protégée. Les exploitations de l'IGP produisent 17 500 t par an de fines de claire, 3 000 t de spéciales de claire, 1 250 t de fines de claire vertes (Label Rouge) et 250 t de pousses en claire (Label Rouge). 3 500 personnes travaillent dans 300 entreprises réparties sur 3 000 ha entre 27 communes autour de Marennes, Oléron, Rochefort et Royan (source : Comité régional de la conchyliculture).

L'OSTRÉICULTURE

Il existe deux types d'huîtres : l'huître plate, vivant à l'état naturel sur les bancs de sable, presque anéantie vers 1920 par une maladie ; et l'huître creuse qui se fixe aux rochers, plus charnue, moins sensible aux intempéries. Cette dernière est introduite en 1868 à la suite d'une tempête, quand un navire venant du Portugal doit jeter sa cargaison à la mer. Mais, en 1971, la maladie ravage à nouveau les parcs. L'huître portugaise est remplacée par la japonaise.

Les naissains, voguant au gré des courants, se fixent en été sur des collecteurs, jadis constitués de tuiles, d'ardoises ou de piquets de bois, mais désormais faits d'éléments de plastique. Ils sont ensuite importés dans un parc où ils grossissent pendant un an ou deux. Les huîtres sont alors décollées (le détroquage) et transférées dans un second parc (souvent dans des poches placées sur des tables) pendant un à deux ans encore. Enfin, elles subissent l'affinage en claires, de septembre à avril.

détaillent, à l'aide de projections, l'univers du précieux coquillage : l'écosystème *(cabane bleue)*, les techniques d'élevage *(cabane rouge)*, l'histoire d'une famille type d'ostréiculteurs *(cabane verte)*, les recettes et préparations *(cabane dorée)*, la région du point de vue d'un ostréiculteur (*cabane entre terre et mer*). La visite d'une **exploitation familiale** et le prêt d'un vélo sont compris dans le prix du billet. Vous pourrez ainsi parcourir le **chemin des Claires**, sentier d'interprétation qui sillonne le marais *(3,8 km)*. Si tout cela vous a mis en appétit, rendez-vous au restaurant attenant.

À proximité Carte de microrégion p. 78

Moulin des Loges A2

5 km au sud-est de Marennes par la D 728.
Rte de Mauzac - 17320 St-Just-Luzac - 05 46 47 35 77 - www.bassin-de-marennes.com - juil.-août : tlj sf sam. 14h30-18h30, 10h-12h30 ; de mi-juin à mi-sept. : tlj sf sam. 14h30-18h30 ; 4 avr.-14 juin : w.-end et j. fériés 14h30-18h30 - fermé de mi-sept. à mars - 4,50 € (5-12 ans 2 €).
Au cœur des marais de la Seudre, cette belle bâtisse du 12e s. est un des derniers moulins à marée d'Europe, produisant toujours de la farine. L'espace muséographique évoque l'histoire des marais salants et propose des démonstrations de meunerie à marée descendante et des balades contées en saison. Vous pouvez suivre un sentier d'interprétation retraçant les activités qui ont façonné ce lieu : ostreiculture, saliculture, fossés à poissons.

★ Château de la Gataudière A2

1,5 km au nord de Marennes.
19 r. de la Gataudière - 17320 Marennes - 05 46 85 01 07 - www.gataudiere.com - ♿ - visite guidée (40mn) juil.-août : 10h-12h, 14h-18h ; avr.-juin et sept.-oct. : tlj sf lun. 14h-17h - 8 €(-15 ans 6 €) - activités de loisirs dans le parc du château : château-branche, paintball, quads et mini-motos sur circuit fermé, trampoline, parc avec des daims, 2 espaces pique-nique.
Érigé vers 1749 par François Fresneau, officier du génie né à Marennes et « père du caoutchouc » (il découvrit l'hévéa), ce château situé au cœur d'anciens marais est l'un des fleurons du département. Il possède une façade bordée d'une longue terrasse à balustrade en fer forgé. Son pavillon central est décoré de trophées symbolisant le vin, le sel et les huîtres. À l'intérieur, les murs de pierre du **salon d'honneur** sont ornés de pilastres cannelés décorés de frises en bas-relief représentant les quatre saisons. Le salon bleu, aux tapisseries du 18e s., et la **salle à manger** magnifiquement restaurée renferment un mobilier Louis XV qui n'a pas quitté les lieux depuis l'origine. À l'extérieur, deux véhicules hippomobiles semblent monter la garde dans la cour devant le pavillon qui abrite, au premier étage, un petit **musée naval**.

Bourcefranc-le-Chapus A2

4 km au nord-ouest par la D 26.
Vous verrez, le long des chenaux de ce célèbre centre ostréicole, l'un des ports les plus importants de la région, toutes sortes d'embarcations, de magasins et de bassins d'expédition ou « dégorgeoirs ».

Pointe du Chapus A2

7 km au nord-ouest par la D 26.
De l'ancien embarcadère du bac d'Oléron, belle **vue★** sur le pont et l'île d'Oléron, au nord sur le phare de la tour de Juliard et l'île d'Aix, au sud sur la côte de Ronce-les-Bains.

★Fort Louvois A2

7 km au nord-ouest par la D 728.
Accès à pied à marée basse depuis la pointe du Chapus ou en bateau gratuitement à partir du port de Bourcefranc-le-Chapus à marée haute (avr.-sept.) - ✆ 05 46 85 23 22 - www.fort-louvois.com - juil.-août : 10h30-18h30 ; avr.-juin et sept.-oct. : horaire selon la marée - 7 € (6-16 ans 4 €), pass famille 20 € (2 adultes + 2 enf.) - possibilité de visite guidée (35mn).
Construit par Vauban en 1694, le « fort du Chapus » (17e s.), comme on l'appelle aussi, se découpe à environ 500 m du rivage. On y accède à pied à marée basse par une chaussée submersible de 400 m de long tracée entre les huîtrières et les viviers à poissons, ou en bateau à marée haute en été. On peut voir le donjon, la caserne, la halle aux vivres et le magasin à poudre. L'été, des visites-spectacles et un jeu pour les enfants sont organisés.

NOS ADRESSES À MARENNES

VISITE

Visite des parcs à huîtres en bateau – *Embarquement au port de la Cayenne, à Marennes - ✆ 05 46 85 20 85 - mai-sept.*

HÉBERGEMENT

PREMIER PRIX

Camping Au Bon Air – *9 av. P.-Voyer, Marennes-Plage - ✆ 05 46 85 02 40 - www.aubonair.com - ♿ - 126 empl.* Proche de la plage, face à l'île d'Oléron, ce camping propose des emplacements pour tentes ou caravanes et des locations de mobile homes ou chalets. Piscine et aire de jeux pour les enfants.

À proximité

BUDGET MOYEN

Hôtel Le Grand Chalet – *2 av. de la Cèpe - 17390 Ronce-les-Bains - 9 km au sud-ouest de Marennes par D 728E - ✆ 05 46 36 06 41 - www.hotel-grand-chalet.com - fermé 24 nov.-6 fév. - P - 26 ch. 92/135 € - ☕ 11,50 € - ✕ 19 €, menus 30/39 €.* En face d'Oléron, cet hôtel de 1850 surplombe la mer et offre un accès direct à la plage. La salle à manger et 14 des chambres, rajeunies ou un brin désuètes, ont vue sur le large.

Chambres d'hôte

La Caussolière – *10 r. du Petit-Moulin - 17600 St-Sornin - 12,5 km au sud-est par D 728 - ✆ 05 46 85 44 62 - www.caussoliere.com - P - 4 ch. 72/91 €.* Seul le chant des oiseaux vient rompre la tranquillité de cette ferme superbement restaurée. Les chambres, personnalisées, sont accueillantes. Prendre son petit déjeuner sous la véranda est un délice. Vaste jardin.

RESTAURATION

BUDGET MOYEN

Le Buccin– *6 r. des Martyrs - 17320 Marennes - ✆ 05 46 36 33 47 - fermé 9 nov.-6 fév. et lun. hors saison - 20,50/56 €.* Cette jolie maison du port a pris le nom scientifique du bulot. Elle propose une cuisine à base de produits de la mer extrafrais. Simple et bon.

Le Cayenne – *19 rte du port-de-la-Cayenne - ✆ 07 82 79 29 80 - www.le-cayenne.fr - tte l'année - 22/30 €, plateau fruits de mer 20/85,50 € (2 pers.) - réserv. conseillée en saison.* Cette ancienne baraque de pêcheurs séduit par sa décoration sans chichi, son accueil souriant et la qualité de ses assiettes et plateaux de fruits de mer.

Île d'Oléron

★

Oléronais - Charente-Maritime (17)

Cette île à la beauté sauvage, deuxième plus grande île métropolitaine après la Corse, avec 174 km2, s'enorgueillit de ses embruns océaniques, de ses couleurs changeantes, de ses kilomètres de plages de sable chaud et… de ses fameuses huîtres. Ses façades blanches se blottissent dans des colliers de mimosas, lauriers-roses, tamaris et figuiers. Au large, fort Boyard exhibe sa silhouette télégénique mais inaccessible !

NOS ADRESSES PAGE 155
Hébergement, restauration, achats, activités, etc.

S'INFORMER

Maison du tourisme de l'île d'Oléron et du bassin de Marennes – *22 r. Dubois-Meynardie - 17320 Marennes - ✆ 05 46 85 65 23 - www.ile-oleron-marennes.com - tte l'année : tlj 9h-12h, 14h-17h - chaque* commune de l'île dispose d'un bureau parfois ouvert jusqu'à 20h en saison.

Reportez-vous au des communes ci-après.

SE REPÉRER

Carte de microrégion A2 p. 78 - *carte Michelin Départements 324 C4.* Le pertuis d'Antioche et celui de Maumusson, parcouru de dangereux courants, séparent Oléron des côtes de la Saintonge. Un pont-viaduc de 2 862 m avec pistes cyclables relie la côte à Oléron.

À NE PAS MANQUER

La vue depuis le phare de Chassiron ; les écluses à poissons autour du phare de Chassiron ; les sentiers d'interprétation du port des Salines ; les rouleaux de la plage de Vert-Bois.

ORGANISER SON TEMPS

Comptez une journée pour faire le tour de l'île, et un peu plus si vous souhaitez profiter des plages.

AVEC LES ENFANTS

Les plages ; le marais aux Oiseaux ; le P'tit train de St-Trojan ; la criée du port de la Cotinière ; le phare de Chassiron ; une croisière en mer et de nombreuses activités nautiques.

Découvrir Carte de l'île d'Oléron p. 151

SAINT-PIERRE-D'OLÉRON

Pl. Gambetta - 17310 St-Pierre-d'Oléron - ✆ 05 46 47 11 39 - www.saint-pierre-oleron-tourisme.fr - juil.-août : lun.-sam. 9h30-19h, dim. et j. fériés 9h30-13h ; avr.-juin : 9h30-12h30, 14h30-18h30, dim. et j. fériés 9h30-12h30 ; reste de l'année : tlj sf dim. et j. fériés 10h-12h30, 14h-17h30.

Situé au cœur de l'île, St-Pierre en est le centre administratif et commercial. En été, les belles rues piétonnes du centre-ville sont très animées.

Église Saint-Pierre

1 pl. Pierre-Loti - visites guidées du clocher en saison tlj sf dim. 10h-13h, 16h-19h, sam. 10h-12h30, 16h-18h30 - 2,50 € (-12 ans 1,50 €) - interdit aux moins de 7 ans.

De la construction originale du 12e s. ne subistent qu'une pile rectangulaire et les bases d'un arc, pris dans la maçonnerie du croisillon nord. Son clocher

Le phare de Chassiron.
C. Moirenc/hemis.fr

1

octogonal (18e s.), de couleur claire, sert d'amer aux marins. Une fois montées les 169 marches, à 32 m de haut, le **panorama★** embrasse la totalité d'Oléron, les îles d'Aix et de Ré, Fouras, Rochefort, Marennes et l'estuaire de la Charente.

Lanterne des morts

Située à l'emplacement du vieux cimetière de St-Pierre *(pl. Camille-Memain)*, cette impressionnante flèche à huit pans de style gothique fut érigée lors de l'occupation anglaise au 13e s. Ses lignes sobres et élancées se terminent par une flèche pentagonale couronnée d'une croix de pierre. L'intérieur comporte un escalier donnant accès au fanal funéraire supposé guider les défunts.

Maison des aïeules

Ne se visite pas. C'est dans le jardin de cette maison, demeure de sa famille maternelle, au no 19 de la rue qui porte son nom, que **Pierre Loti** fut enterré en 1923 « sous le lierre et les lauriers ». Loti avait racheté cette maison en 1898. Près du corps de Loti ont été placés, selon ses désirs, son seau et sa pelle d'enfant ! Et, toujours selon ses dernières volontés, la Maison des aïeules ne se visite pas. Dans le square attenant, on trouve le buste de l'écrivain.

★Musée de l'île d'Oléron

9 pl. Gambetta - ✆ 05 46 75 05 16 - www.oleron-nature-culture.com - ♿ - juil.-août : 10h-19h ; avr.-juin et sept.-oct. : 10h-12h, 14h-18h ; reste de l'année : tlj sf lun. 14h-18h - 4,50 € (6-18 ans 2,50 €) - possibilité de visite guidée (1h).

Ambiances sonores, films et technologies interactives sont au programme de ce musée très instructif consacré au patrimoine historique et ethnologique oléronais et installé dans une belle demeure du 18e s. Les collections permanentes du musée retracent l'évolution de l'île et de ses habitants, du néolithique à nos jours, à travers plusieurs thématiques : saliculture, viticulture, agriculture, gemmage (techniques du traitement de la résine de pin), pêche, costumes traditionnels, habitat, bains de mer, tourisme, etc. Le musée propose aussi des expositions temporaires et un parcours pédagogique pour enfants sous forme de visite ludique.

LES « RÔLES D'OLÉRON » ET LE MUR DE L'ATLANTIQUE

Âgée de 76 ans, **Aliénor d'Aquitaine** séjournait en 1199 à Oléron. Avant de se retirer à l'abbaye de Fontevraud où elle mourut en 1204, elle mit de l'ordre sur son île en proie aux pilleurs d'épaves. Aliénor fit ainsi compiler une série de jugements *« touchant le fait des mers, des nefs, des maistres, compagnons mariniers et aussi merchants »*. Ce code maritime, connu sous le nom de « Rôles d'Oléron », allait servir de base à tout ce qui serait promulgué à l'avenir en matière de navigation. Après le règne d'Aliénor, l'île passa sous domination des Anglais, qui s'inspirèrent largement des Rôles d'Oléron pour rédiger leur propre code maritime.

Occupée en 1940, l'île d'Oléron faisait partie du fameux **mur de l'Atlantique**, dispositif allemand anti-invasion par voie maritime. Oléron fut libérée les 30 avril et 1er mai 1945. Une opération de grande envergure dite **Opération Jupiter**, alliant forces terrestres, maritimes et aériennes, aboutit à la capitulation d'une garnison forte d'environ 15 000 hommes.

Se promener

★ Saint-Trojan-les-Bains

Av. du Port - 17370 St-Trojan-les-Bains - ✆ 05 46 76 00 86 - www.st-trojan-les-bains.fr - tte l'année : lun.-sam. 9h30-12h30, 14h30-18h30, dim. 9h30-12h30.

Cette très agréable station balnéaire, fleurie de mimosas de janvier à mars, bénéficie d'un climat et d'une végétation quasi méditerranéens. Villas et chalets sont disséminés sous une magnifique forêt de pins maritimes, et le Gulf Stream vient adoucir les eaux de quatre plages de sable fin. St-Trojan possède un institut de thalassothérapie (soins contre le surmenage, les rhumatismes et l'ostéoporose, activités de rééducation fonctionnelle et de remise en forme).

P'tit train de Saint-Trojan – *✆ 05 46 76 01 26 - www.le-ptit-train.com - ♿ - juil.-août : dép. ttes les 45mn 10h-18h15 ; avril-juin et sept-oct. : dép. à 11h, 14h, 15h30 et 17h. - fermé nov.-fév. sf pour la fête du Mimosa en fév. - 12 € (12 ans/9 €) - trajet 12 km AR au dép. de la gare r. Camille-Samson - excursions thématiques.*

Incontournable avec des enfants !

Ce train sur rails (écartement de 60 cm) pour touristes fut créé en 1963 sur le tracé de l'ancienne voie ferrée de l'île. Il dessert le sud de l'île, les plages de Gatseau et de Maumusson sur la Côte sauvage, jusqu'à la pointe de Gatseau.

Forêt de Saint-Trojan

On se promène à pied ou à bicyclette dans cette vaste *(2 000 ha)* et profonde forêt domaniale qui couvre des dunes atteignant parfois 36 m de hauteur. Plantée essentiellement de pins maritimes, de quelques chênes verts et de fourrés de genêts, elle est exploitée pour le bois.

Grande Plage

3 km à l'ouest de St-Trojan par la D 126E1.

Sur la Côte sauvage fouettée par le vent, la Grande Plage de sable fin bordée de dunes s'étend à perte de vue.

Pointe de Manson

2,5 km au sud de St-Trojan.

La route de la pointe de Manson aboutit à une estacade (digue) d'où l'on profite de **vues** sur la pointe d'Ors, le pont-viaduc, la pointe du Chapus, l'embouchure de la Seudre et la presqu'île de La Tremblade qui délimitent une petite mer intérieure.

Plage de Gatseau

4 km au sud-ouest de St-Trojan.

La route des Préventoriums mène aux sables fins de Gatseau, une plage idéale pour la baignade. Au cours de la promenade, vous apercevrez la pointe d'Arvert, Ronce-les-Bains et le clocher de Marennes.

Pointe de Gatseau

À l'extrémité sud de la Grande Plage, ce lieu isolé du trafic routier est l'un des plus beaux de la Côte sauvage.

Le Grand-Village-Plage

i 3 bd de la Plage - 17370 Le Grand-Village-Plage - ✆ 05 46 47 58 00 - www.legrandvillageplage.fr - juil.-août : 9h-19h, w.-end 9h-12h30, 14h-19h ; reste de l'année : tlj sf dim. 9h30-12h30,14h30-18h.

Les amateurs de sport, de détente et de culture seront comblés par cette station balnéaire pleine de charme.

La Maison paysanne – *Fermé pour rénovation jusqu'en 2016 - rens. à l'office de tourisme.* Reconstitution d'une ferme oléronaise de la fin du 19e s., collection de voitures hippomobiles, **costumes folkloriques et coiffes★**, dont le somptueux « ballon de mariée » *(ci-dessous).*

★ **Port des Salines** – *R. des Anciennes-Salines - Petit Village - 17320 Le Grand-Village-Plage - 05 46 75 82 28 - www.oleron-nature-culture.com - - juil.-août : 10h-19h, dim. 14h-19h ; avr.-juin et sept. : 10h-12h30,14h-18h, merc. 10h-18h, dim. 14h-18h - fermé oct.-mars - 4,50 € (-18 ans 2,50 €) - possibilité de visite guidée du marais salant (1h) - 6 € billet combiné avec la visite guidée.* Ce site enclavé entre la route menant au pont, les claires à huîtres et la forêt domaniale permet de découvrir un marais salant en activité. Commencez la visite par l'**écomusée**, logé dans cinq cabanes ostréicoles aux couleurs vives. Saliculture et métiers traditionnels liés à la mer (ostréiculture et pêche) y sont évoqués au moyen d'expositions interactives.

Empruntez le **sentier d'interprétation**. Cette agréable promenade vous donnera l'occasion de mieux comprendre l'organisation d'un marais salant et d'acheter, si vous le désirez, de la fleur de sel ou du gros sel, de la salicorne et des produits à base d'algues en vente au **grenier à sel**. Pour apprécier l'originalité de la faune et de la flore du marais, tentez une **promenade en barque** au départ du petit port qui donne accès à un chenal ceinturant le jas (vasière). En saison, grâce au « Rendez-vous avec le saulnier », pratiquez vous-même la récolte du sel !

Le Château-d'Oléron

Pl. de la République - 17480 Le Château-d'Oléron - 05 46 47 60 51 - www.ot-chateau-oleron.fr - juil.-août : 10h-13h, 14h-18h, dim. 10h-13h ; reste de l'année : se rens. - le fascicule « Circuit du patrimoine » permet de découvrir à pied l'histoire de la ville et de ses monuments.

Ancienne place forte du 17e s., Le Château-d'Oléron conserve les vestiges d'une citadelle construite à l'initiative de Richelieu et inviolée pendant trois siècles. Après le terrible bombardement du 17 avril 1945 et des décennies d'abandon, il n'en subsiste que de majestueuses ruines. En marge de sa restauration, qui se poursuit depuis 1988, elle accueille des manifestations culturelles. Le reste de la localité s'ordonne géométriquement autour d'une vaste place ornée d'une jolie fontaine Renaissance, soulignée par quatre colonnes torsadées. Le port s'enfonce dans la ville : on y découvre des barques se rendant sur les parcs à huîtres ou en revenant.

Petit train du Château-d'Oléron – *Av. de la Citadelle - 05 46 47 66 07 - www.petit-train-oleron.com - de Pâques à oct. : tlj 10h45 - circuit de 5 km commenté (35mn), dép. du parking de la Citadelle - 6 € (-10 ans 4 €).* Découverte de la citadelle, de quelques rues de la ville fortifiée et du port ostréicole.

COIFFES OLÉRONAISES

Mouchoir de tête flottant : grand mouchoir noué sous le menton.
Quichenotte : de forme cylindrique très enveloppante ; l'origine de son nom, qui viendrait de l'anglais *kiss me not*, est très contestée.
Coiffette : bonnet ruché à deux pans.
Caline : bonnet matelassé trapézoïdal.
Ballet : de couleur maïs, porté largement au-dessus du front.
Ballon : la plus élégante coiffe oléronaise, et aussi la plus ornementée, portée pour les grandes occasions.

UNE ÉCONOMIE DE LA MER

À l'est, le littoral et les terres basses entre St-Trojan et Boyardville sont entièrement destinés à l'**ostréiculture**, richesse essentielle de l'île avec le **vignoble**. Les 700 ha de vigne, localisés surtout autour de St-Pierre et de St-Georges, donnent pineau, cognac et un vin blanc ou rosé à la saveur iodée. Les **marais salants** d'Ors, St-Pierre ou La Brée ont été transformés en **claires** (bassins à huîtres). L'**aquaculture** s'est développée, avec notamment la ferme marine de Douhet, l'une des plus importantes d'Europe. Le principal port de pêche de Charente-Maritime est celui de la Cotinière. À la pointe de Chassiron et sur la côte rocheuse du nord-ouest de l'île, une forme originale de pêche survit dans les **écluses à poissons** (*p. 154*). Sur la Côte sauvage, la pêche au lancer se pratique surtout en juin et en septembre, pour ferrer le bar et le maigre.

★ Site ostréicole de Fort-Royer

La Perrotine - 17310 St-Pierre-d'Oléron - au sud de Boyardville, de l'autre côté du chenal - ✆ 05 46 47 06 48 - www.fort-royer-oleron.fr - visites guidées uniquement (1h) - juil.-août : à 10h30, 15h et 17h, dim. à 10h30 ; reste de l'année : tlj sf dim. à 15h - 4,50 € (7-16 ans 3,50 €) - autres visites commentées dans les parcs à huîtres (3h) : horaires en fonction des marées (se rens.) - 7 € (7-16 ans 6 €) + 5 € pour une dégustation.

Immense espace de sable et de canaux hérissés de petites cabanes ostréicoles, Fort-Royer couvre plus de 10 ha. Huit professionnels travaillent sur le domaine, qui constitue un témoignage unique de l'ostréiculture traditionnelle. Les amateurs peuvent se fournir en huîtres dans quatre des cabanes.

Le marais aux Oiseaux

Les Grissotières - 17550 Dolus-d'Oléron - ✆ 05 46 75 37 54 - www.centre-sauvegarde-oleron.com - ♿ - juil.-août : 10h-19h ; avr.-juin et sept. : 10h-13h, 14h-18h, w.-end 14h-18h ; vac. scol. (hors avr.-sept.) : tlj sf sam. 14h-18h ; reste de l'année : merc. et dim. 14h-18h - fermé de mi-nov. à mi-fév. - 4,50 € (-15 ans 2,80 €).

Situé entre Dolus et St-Pierre-d'Oléron, ce parc de 10 ha de bois et de marais sert à la fois de cadre à un centre de sauvegarde d'oiseaux (plus de 600 accueillis chaque année) et à un **parc ornithologique et animalier**. Des animaux de la ferme vous y attendent, ainsi que toutes sortes d'oiseaux aquatiques : hérons, aigrettes, pélicans, bernaches, fous de Bassan... Un petit observatoire vous offre une vue panoramique du site.

Boyardville

Le nom de cette localité vient des cabanes des ouvriers qui y étaient installées pendant la construction du fort Boyard. Ancienne école de torpilleurs, Boyardville possède un petit port de plaisance. Une route forestière mène à l'ancien fort des Saumonards, aujourd'hui terrain militaire. La plage de 8 km longe la dune des Saumonards, couverte d'une forêt de pins et de chênes verts (650 ha), idéale pour les balades.

Fort Boyard

Ne se visite pas. Cet étrange vaisseau de pierre se dresse sur un bras de mer, au cœur même du pertuis d'Antioche, face à l'île d'Oléron. Bâti pour garder l'embouchure de la Charente, le fort fut mis en chantier en 1804 et achevé en 1859, sous le règne de Napoléon III. Mais les progrès de l'artillerie, plus rapides que ceux de la construction, le rendirent inutile aussitôt achevé.

LES ÉCLUSES À POISSONS

À la pointe de Chassiron, mais aussi sur la côte rocheuse du nord-ouest de l'île, a survécu une forme originale de pêche. Construits sur le socle rocheux qui se découvre à marée basse, les murs en pierre sèche des écluses à poissons de 500 à 700 m de long, en forme de fer à cheval, comportent à leur base des orifices grillagés. Lorsque la mer est basse, les pêcheurs viennent y capturer poissons et crustacés (orphies, seiches, mulets, congres, raies, bars et dorades). Leurs principaux outils sont l'**espiot** (sorte de sabre en fer), l'**aveneau** (filet à deux manches), le **bourgnon** (nasse à piéger le poisson lorsque la mer ne descend pas assez) et la **gourbeille** (panier d'osier).

En 1871, il devint la prison de bon nombre de communards avant leur jugement et leur déportation vers la Nouvelle-Calédonie. Depuis 1990, des producteurs avisés ont transformé le fort (laissé entre-temps à l'abandon) en une aire de jeux télévisés, lui donnant une renommée internationale. En saison, des mini-croisières *(« Activités » à La Rochelle p. 106)* permettent d'approcher le fort.

Saint-Georges-d'Oléron

28 r. des Dames - 17190 St-Georges-d'Oléron - 05 46 76 63 75 - www.saint-georges-oleron-tourisme.com - juil.-août : 9h-18h30, dim. 9h-12h30 ; avril-juin et sept. : lun.-sam. 9h30-12h30, 14h30-18h ; oct.-mars : lun.-sam. 9h30-12h30, 14h30-17h30.

C'est le bourg le plus ancien de l'île. Son **église St-Georges** est un édifice roman des 11e et 12e s., restauré en 1618 puis en 1968, dont la façade est décorée de motifs géométriques. L'arc du portail central a été refait au 13e s., de même que les voûtes gothiques de la nef. Sur la place, belle halle à toitures d'ardoises (1864). Aux alentours, les hameaux des **Sables Vignier**, de **Domino** et de **Chaucre** possèdent de très belles plages et ont conservé un habitat typique d'Oléron : des maisons en pierre à un étage avec un petit escalier extérieur.

★ Phare de Chassiron

Pointe de Chassiron, à l'extrémité nord de l'île - 17650 Saint-Denis-d'Oléron - 05 46 75 18 62 - www.chassiron.net - juil.-août : 10h-20h ; avr.-juin et sept. : 10h-12h15, 14h-19h ; reste de l'année : 10h-12h15, 14h-17h - phare : 3 € (enf. 1,50 €) - musée du phare : 3 €, enf. 1,50 € - billet combiné phare + musée : 5 € (enf. 2,50 €) - possibilité de visite guidée avec découverte des Jardins du phare, des écluses à poissons, de l'estran (2h, 4 €, enf. 2 €) - parcours-spectacle (juil.-août) : 5 € (enf. 3 €) - visite nocturne (juil.-août) sur réserv.

Il vous faudra gravir 224 marches pour accéder au sommet de ce phare haut de 46 m. Érigé en 1685, puis reconstruit en 1834, c'est le plus ancien phare de France encore en activité après celui de Cordouan (Gironde). De là-haut, vous pourrez découvrir un vaste **panorama★** sur Oléron, la tour jaune d'Antioche (1925) et ses rochers qui causèrent bien des naufrages, les îles d'Aix et de Ré, La Rochelle et La Pallice. Autour de la pointe se distinguent nettement, à marée descendante, les fragiles murs de pierre des **écluses à poissons★**, éléments uniques du patrimoine maritime dont il ne reste guère qu'une quinzaine d'exemplaires sur l'île aujourd'hui. Une exposition leur est consacrée au Musée du phare (maquette d'une écluse, instruments de pêche à pied). Ne quittez pas la pointe de Chassiron sans avoir vu les remarquables **Jardins du phare★**. Au fil des allées et des massifs, conçus comme une rose des vents, des commentaires audio sur l'histoire du phare sont diffusés par de petites cheminées de bateaux. Ludique et instructif.

★La Cotinière

À 3,5 km au sud-ouest de St-Pierre-d'Oléron par la D 274 - 17310 St-Pierre-d'Oléron. Ce charmant bourg de la commune de St-Pierre-d'Oléron est le premier port de pêche de Charente-Maritime et l'un des cinq premiers de France pour la crevette. Près de cent chalutiers sont basés ici, rapportant chaque jour crevettes, seiches, maigres, céteaux, langoustines, soles, lottes et raies. La **chapelle des Marins** (1967) se dresse sur la dune dominant le port. Dès que les beaux jours arrivent, les quais et la rue principale de la Cotinière sont noirs de monde. C'est là que se concentrent les bars et les restaurants.

Criée – *Quai René-Delouteau - ✆ 05 46 85 65 23 - visite guidée (1h) sur réserv. auprès des offices de tourisme de l'île - juil.-août et vac. scol. : lun.-vend. à 15h ; reste de l'année : 1er vend. du mois sf j. fériés - 2,50 € (6-16 ans 1,50 €).* Pour plonger au cœur du métier des marins pêcheurs au retour des bateaux. En fin de visite, démonstration d'une recette de poisson par un chef et dégustation.

Plage de Vert-Bois

Une route à sens unique, à travers les dunes couvertes de pins et de joncs marins, permet d'atteindre la grève d'où se dégage une **vue★** impressionnante sur l'Océan qui déferle en puissants rouleaux, dès qu'il y a un peu de vent.

NOS ADRESSES SUR L'ÎLE D'OLÉRON

ARRIVER/PARTIR

En voiture

Pont-viaduc – à la sortie de Marennes, prendre la D 26 pour traverser gratuitement le pont.

En autobus

Les Mouettes – *✆ 0811 36 17 17 - www.lesmouettes-transport.com.* La compagnie dessert St-Pierre-d'Oléron et la plupart des communes de l'île à partir de La Rochelle, Rochefort, Surgères, Saintes et Marennes.

En bateau

« Activités » dans « Nos adresses » à La Rochelle p. 106.

TRANSPORTS

À vélo

L'île est entièrement accessible en vélo avec près de 160 km de **pistes cyclables** : au sud, entre Lannelongue et Grand-Village-Plage, passant par la forêt domaniale ; à l'ouest de Boyardville, le long de la forêt des Saumonards et de la plage ; au nord, entre les Trois-Pierres et le phare de Chassiron. Les loueurs de VTT, VTC sont très nombreux. Les offices de tourisme proposent cartes et plans.

VISITES

Oléron Nature et Culture – *www.oleron-nature-culture.com.* Ce réseau fédère les neuf principaux sites naturels de l'île, reliés entre eux par trois pistes cyclables, et offre des réductions dès la deuxième visite. Brochure disponible dans les offices de tourisme et sur les sites.

HÉBERGEMENT

PREMIER PRIX

Les Hameaux des Marines – *251 r. de Seulières - 17650 St-Denis-d'Oléron - ✆ 05 46 84 34 48 - www.hameauxdesmarines.com - ♿ -* à la pointe de l'île, tout près du phare de Chassiron, ce petit village vacances dispose de 42 chalets en bois de couleur bleue, assortis de belles terrasses couvertes. Sur place, une piscine couverte ou découverte, ainsi qu'un club enfants.

Camping Verébleu – *17190 St-Georges-d'Oléron - 1,7 km au sud-est de St-Georges-d'Oléron par D 273 et rte de Sauzelle - ✆ 05 46 76 57 70 - www.verebleu.tm.fr - de fin mai à mi-sept. - réserv. obligatoire - 360 empl. 21/42 € - restauration à emporter.* Tout y est ! Un vaste espace aquatique et ludique sur le thème de fort Boyard, un mini golf, une aire de jeux pour les enfants, un court de tennis, du tir à l'arc, des locations de vélos… Et si vous n'avez pas de tente, mobile homes, chalets et cottages vous attendent.

Chambres d'hôte Jean-Pierre et Micheline Denieau – *20 r. de la Légère - la Menounière - 17310 St-Pierre-d'Oléron - 3 km à l'ouest de St-Pierre-d'Oléron - ✆ 05 46 47 14 34 - http://denieau-gites.pagesperso-orange.fr - 5 ch. dont 3 familiales 54/90 €.* Les hôtes, producteurs de vin et de pineau, proposent des chambres simples et soignées aménagées dans une maison typique. Salle commune avec cuisine, véranda ouverte sur le jardin et la piscine.

BUDGET MOYEN

Chambres d'hôte Les Trémières Althaea – *5 rte de St-Pierre - La Cotinière - 17310 St-Pierre d'Oléron - ✆ 05 46 47 44 25 - www.althaea-oleron.fr - 5 ch. 89-139 €.* À 200 m du port de la Cotinière, cette maison du début du 20e s. abrite cinq chambres de plain-pied. En été, le petit déjeuner vous sera servi dans la courette, en terrasse ou sous la pergola. Jardin paysager.

Hôtel Atlantic – *11 r. de la Sablière - La Menounière - 17310 St-Pierre-d'Oléron - ✆ 05 46 47 07 09 - www.oleron-hotel.fr - 13 ch. et 2 studios 74/127 € - 7,80 €.* À 150 m de la plage, cet hôtel à la déco contemporaine est un petit paradis avec son patio intérieur et sa piscine. Toutes les chambres sauf une sont pourvues de terrasse ou de balcon. Nombreux services annexes.

Face aux Flots – *24 r. du Moulin - La Cotinière - 17310 St-Pierre d'Oléron - ✆ 05 46 47 10 05 - www.hotel-faceauxflots-oleron.com - de mi-fév. à nov. et vac. de Noël - 22 ch. 70/143 € - 11 €.* La plage à 30 m, la vue sur mer depuis certaines chambres et la salle du petit déjeuner, de beaux espaces collectifs, un jardin où l'on peut se faire servir un verre et une piscine : qui dit mieux ?

Hôtel-Restaurant L'Albatros – *Plage du Soleil - 11 bd du Dr-Pineau - 17370 St-Trojan-les-Bains - ✆ 05 46 76 00 08 - www.albatros-hotel-oleron.com - fermé de mi-nov. à fin janv. - 13 ch. 90/140 € - 12 € - menus 19/49 €.* Cette ancienne maison d'ostréiculteurs est située directement sur la plage. Décor marin et terrasse s'ouvrant sur le grand large. Fruits de mer et poissons selon les arrivages.

Hôtel-Restaurant Les Jardins d'Aliénor – *11 r. du Mar.-Foch - 17480 Le Château-d'Oléron - ✆ 05 46 76 48 30 - www.lesjardinsdalienor.com - établissement fermé 3 sem. en janv. - restaurant juil.-août : tlj le soir ; avr.-juin et sept.-oct. : tlj sf lun. midi et soir et mar. soir ; nov.-mars : tlj sf lun. et mar. - 8 ch. 89/139 € - 7 € - menus 49/69 € (réserv. conseillée).* Pierres apparentes, mobilier chiné, tableaux contemporains : ici, l'ancien et le moderne se marient pour le meilleur. La cuisine, qui privilégie poissons, homard et huîtres, est accompagnée d'une belle carte des vins. Terrasse, cave à cigares.

RESTAURATION

BUDGET MOYEN

Le Relais des Salines – *Port des Salines - 17370 Le Grand-Village-Plage - ✆ 05 46 75 82 42 - www.lerelaisdessalines.com - fermé dim. soir et lun. hors sais., nov.-mars - 19 €.* Cette cabane ostréicole offre une jolie vue sur les paysages de salines. Carte simple de produits de la mer.

Les Alizés – *4 r. Dubois-Aubry - 17310 St-Pierre-d'Oléron - ✆ 05 46 47 20 20 - fermé de déb. déc. à mi-mars, reste de l'année mar. et merc. sf juil.-août, j. fériés - 19/35 €.* Les deux salles à manger de cette maison blanche, égayées de couleurs vives, sont très reposantes. Poissons et fruits de mer (chaudrée charentaise, matelote d'anguilles, etc.).

ACHATS

Huîtres – En gros ou au détail dans les quartiers portuaires et sur les marchés de tous les villages.

Chenal d'Ors – *Pt d'accueil n° 1 - 17480 Le Château-d'Oléron - ✆ 05 46 47 53 34 - sur réserv. - fermé de mi-oct. à fin avr.* Accueil commenté à la cabane à huîtres, avec dégustation.

Artisans-créateurs – Nombre d'entre eux ont élu domicile dans les cabanes ostréicoles du Château-d'Oléron et de St-Trojan-les-Bains.

Brasserie des Naufrageurs – *La Croix-des-Landes - entre St-Gilles et Chéray - 17190 St-Georges-d'Oléron - ✆ 05 46 76 67 50 - ▭ - tlj sf mar. mat. et dim. 9h30-12h, 15h30-19h - visites sur demande.* Même si la bière est ici élaborée artisanalement, le maître brasseur privilégie l'innovation avec une vingtaine de variétés proposées : cardamome, fleur de sel…

Vignoble Tardet-Pradère – *53 rte des Chateliers - 17310 St-Pierre-d'Oléron - ✆ 05 46 47 03 12 - www.tardet-pradere-vigneron.com - juil.-août : 10h-12h30, 14h30-20h ; hors sais. : lun.-sam. 10h-12h30, 15h-18h30, dim. 10h-12h30.* Ce domaine produit vins de pays charentais, pineau et cognac. Projection vidéo, visites des chais et de l'alambic, dégustation.

Pâtisserie Boudon – *58 r. de la République - 17310 St-Pierre-d'Oléron - ✆ 05 46 47 02 46 - www.patisserie-boudon.fr - juil.-août : 8h30-19h30 ; vac. scol. : lun.-sam. 9h-12h30, 15h-19h, dim. 8h30-13h ; reste de l'année : fermé lun.* Il ne faut pas quitter l'île sans avoir goûté au Puits d'amour, une institution. Composé d'une coque de pâte à choux garnie de crème pâtissière et d'une crème légère vanille caramélisée, ce dessert fond littéralement en bouche !

ACTIVITÉS

Wind Oléron Club – *Anse de la Perroche - 17550 Dolus-d'Oléron - ✆ 05 46 75 44 16 - www.wind-oleron-club.fr - mars-nov.* Voile, funboard, catamaran, char à voile, etc. Leçons pour débutants et perfectionnement. Enfants à partir de 7 ans. Formule « Jardin des mers » pour initier les 5-7 ans.

Les Joyeux Corsaires – *125 rte de la Pointe-de-Chaucre - 17190 St-Georges-d'Oléron - ✆ 05 46 76 62 45 ou 06 87 07 20 73 - www.oleronplongee.com - tte l'année sur réserv.* Club de plongée sous-marine sur différents sites. Baptême et formation.

Croisières

« Activités » dans « Nos adresses » à La Rochelle p. 106.

1

Zoo de La Palmyre

★★★

Les Mathes, Charente-Maritime (17)

La superbe forêt de pins et de chênes de La Palmyre constitue un cadre idéal pour ce parc zoologique de 18 ha, l'un des plus renommés d'Europe et parmi les plus beaux de France. Les animaux y ont leurs aises, et vous aurez grand plaisir à découvrir la faune des cinq continents en suivant tranquillement le parcours dépaysant.

NOS ADRESSES PAGE 160
Hébergement, restauration, achats, activités, etc.

S'INFORMER

Office du tourisme de La Palmyre – *2 av. de Royan - 17570 Les Mathes - ✆ 05 46 22 41 07 - www.la-palmyre-les-mathes.com - juil.-août : 9h-19h ; avr.-juin et sept. : 9h-12h30, 14h-18h, dim. 10h-12h30 ; reste de l'année : tlj sf dim. 9h-12h30, 14h-17h30, sam. 9h-12h30 - fermé 1er janv., 1er et 11 nov., 25 déc.*

SE REPÉRER

Carte de microrégion A2 p. 78 - *carte Michelin Départements 324 C5*. Le zoo se trouve sur la commune des Mathes, en plein cœur de la forêt de La Palmyre, à 15 km au nord-ouest de Royan.

À NE PAS MANQUER

Le bassin des ours polaires et l'espace grands singes ; les numéros des otaries, des perroquets et des cacatoès ; le Nocturama.

ORGANISER SON TEMPS

Comptez une demi-journée pour faire, sans vous presser, le tour du zoo et profiter des animations. Le site mérite largement une longue visite.

AVEC LES ENFANTS

Ici, tout devrait leur plaire ! Mais l'attendrissante nurserie et le repas des grands singes leur feront grande impression.

Découvrir

6 av. de Royan - 17570 Les Mathes - ✆ 05 46 22 46 06 - www.zoo-palmyre.fr - avr.-sept. : 9h-19h ; reste de l'année : 9h-18h - 17 € (enf. 3/12 ans 13 €) - spectacles du w.-end de Pâques à la Toussaint : otaries à 11h10 et 15h, perroquets à 11h45 et 15h40 selon l'affluence.

C'est un condensé des milieux naturels à travers le monde que vous convie à explorer ce zoo créé en 1966, et qui abrite quelque 1 600 animaux de 115 espèces différentes. Un itinéraire fléché de 4 km parcourt un terrain au relief varié planté de pins et parsemé de plans d'eau. Certains pensionnaires sont bien connus et relativement courants, d'autres moins. Impossible de les passer tous en revue !

Les animaux

Au pied de leur rocher géant entouré d'eau, un immense groupe de quatre-90 **flamants roses** accueille le visiteur dès l'entrée. Juste derrière dépassent les têtes d'un troupeau de girafes, tandis que l'on entend jacasser les aras. Les **oiseaux**, grande spécialité du zoo, sont disséminés à travers tout le parc : cygne noir, étourneau de Bali, cigogne blanche, grue couronnée, perruche omnicolore, ara macao, cacatoès à huppe jaune, etc.

Les flamants roses dans le zoo de La Palmyre.
Babayaga/Photononstop

La visite se poursuit avec les **loutres cendrées** qui effectuent leur ronde hypnotisante non loin des **tigres de Sibérie**, au feulement rauque caractéristique. Après avoir passé les jaguars, les alpagas, le bassin des otaries et les panthères du Sri Lanka, se trouve le **bassin des ours polaires★**. De larges panneaux vitrés permettent d'admirer la grâce avec laquelle évoluent ces colosses de plus de 400 kg dans une immense piscine de 1 000 m³ d'eau aménagée en banquise.
Dans le même périmètre, ne manquez pas deux espèces de primates, le macaque à queue de cochon et le **gibbon à favoris roux**. On peut aussi pénétrer l'atmosphère lourde et moite du vivarium dédié aux tortues géantes et aux **reptiles** (boa constrictor, python molure, python royal, anaconda vert, caïman à lunettes, iguane vert).
Le chemin débouche alors sur le vaste enclos des **éléphants d'Asie**, puis sur l'impressionnant **Nocturama★**. Cette grotte artificielle à l'atmosphère humide, chauffée à 24 °C, est le repaire de près de 300 chauves-souris, roussettes de Rodrigue et roussettes d'Égypte, pour lesquelles on reconstitue la nuit en plein jour. De mœurs nocturnes, elles ne sont en effet actives qu'au coucher du soleil. Une vaste clairière réunit ensuite plusieurs espèces africaines : zèbres de Chapman, antilopes blesbok et **impala**, gnous bleus et autruches.
À l'extrémité nord du parc s'étend sur 3 ha l'**espace grands singes★★**. Composé de quatre îlots, il accueille un groupe de neuf chimpanzés, un autre de quatre orangs-outans de Bornéo, ainsi que quatre gorilles qui s'ébattent sur un vaste territoire d'arbres, rivières et rochers. En hiver, ils évoluent dans des volières chauffées avec un couloir offrant aux visiteurs une vue panoramique à travers de larges baies vitrées en verre feuilleté de 40 mm d'épaisseur.
La suite présente de curieux voisinages : des lynx et des **lions** côtoyant des bisons d'Amérique, des kangourous et wallabys, des hippopotames, des **lémuriens makis catta**, mais aussi des espèces plus locales comme le canard colvert et le **baudet du Poitou**, reconnaissable à son long pelage. La fin du

parcours réserve de belles rencontres avec les adorables **suricates**, mais aussi avec le **panda roux** et le ouistiti à toupets blancs.

Les animations

Les bébés animaux de la nurserie, les spectacles d'**otaries de Californie**, de perroquets et de cacatoès et le repas des primates en fin d'après-midi sont des classiques à ne pas manquer.

Les programmes de conservation

Très actif dans la protection des espèces rares ou en voie de disparition, le zoo de La Palmyre participe à des programmes d'élevage internationaux pour lutter contre la raréfaction d'espèces telles que le gorille. Le zoo a également collaboré à des opérations de réintroduction dans la nature de tamarins lions dorés au Brésil ou de l'oryx gazelle en Tunisie. Il apporte son aide à des actions de sauvegarde de l'orang-outan sur l'île de Bornéo et participe à la création d'une zone protégée pour les lémures aux yeux turquoise à Madagascar. Enfin, il soutient les efforts de l'Action pour la préservation des primates d'Afrique de l'Ouest (WAPCA), dont l'un des objectifs est la création d'un centre de sauvegarde des primates les plus menacés, comme le cercopithèque diane.

NOS ADRESSES AUX MATHES-LA PALMYRE

HÉBERGEMENT

PREMIER PRIX

Camping Yelloh-Parc de la Côte sauvage – *La Coubre, à 3 km à l'ouest par la D 25 - 17570 Les Mathes - ✆ 05 46 22 40 18 - www.yellohvillage.fr - du 11 avr. au 15 sept. - ♿ P - 200 cottages, 200 empl.* Installé sur la Côte sauvage, le camping, isolé, bénéficie d'un calme total au pied du phare de la Coubre, avec la grande plage de sable à 100 m.

Hôtel La Côte d'Argent – *4 av. de l'Océan - 17570 Les Mathes - ✆ 05 46 22 40 07 - www.hotel-cote-argent.com - fermé de mi-nov. à déb. mars - P - 33 ch. 69/90 € - 7,90 €.* À proximité du zoo, ce complexe hôtelier réserve des chambres très colorées. Nombreux équipements de sport et de loisirs sur place ou à côté.

BUDGET MOYEN

Palmyr'hotel – *2 allée des Passereaux - 17570 Les Mathes - ✆ 05 46 23 65 65 - http://palmyrhotel.monalisa.fr - fermé nov.-mars - P - 48 ch. 97/127 € - 11 € - ✕ 18/24 €.* Cette résidence hôtelière est installée dans un jardin ombragé de grands pins. Les chambres, sobres, ont toutes un balcon. Quelques duplex, une vaste terrasse d'été et un restaurant, Le Flamant Rose. Demi-pension intéressante.

RESTAURATION

PREMIER PRIX

La Palmeraie – *28 av. du Limousin - 17570 Les Mathes - ✆ 05 46 23 64 22 - fermé de Noël à déb. fév. - formule du jour 12,80 € - 17/29 €.* Un restaurant familial équipé de robustes tables en bois. On y déguste une cuisine de la mer, mais aussi des plats de viandes, des salades, etc. Terrasse.

ACTIVITÉS

Palmyre Atlanctic Voile – *Espl. de Bonne-Anse - 17570 Les Mathes - ✆ 05 46 22 53 03 - www.basenautiquelapalmyre.com.* Dans la baie de Bonne-Anse : voile, kayak, kitesurf, stand-up paddle ou baignade.

Royan

★★

17 690 Royannais - Charente-Maritime (17)

Surnommée Perle de l'Océan par le peintre Corot, Royan a joué les stars de la Côte de Beauté pendant la Belle Époque grâce à ses splendides plages de sable fin. Détruite à 80 % par les bombardements alliés de 1945, le centre ville a été reconstruit dans un style moderniste, à grand renfort de béton armé. Il s'en dégage aujourd'hui une langueur balnéaire et un invincible charme, renforcé par la mise en valeur des villas belle-époque des quartiers du parc et de Pontaillac.

NOS ADRESSES PAGE 168
Hébergement, restauration, achats, activités, etc.

S'INFORMER

Royan Tourisme – *1 bd de la Grandière - 17200 Royan - ✆ 05 46 23 00 00 - www.royan-tourisme.com - de mi-juin à fin août : 9h-19h30 ; de déb. avr. à mi-juin : 9h-12h30, 14h-18h, dim. et j. fériés 10h-12h30 ; de déb. à mi-sept. : 9h-12h30, 14h-19h, dim. 15h-18h ; reste de l'année : tlj sf dim. 9h-12h30, 14h-18h.* De nombreux documents sont à disposition, notamment « L'esprit des lieux » qui, en 4 promenades dans la ville, donne des clés pour mieux appréhender l'architecture des années 1950.

Visites guidées – *De déb. avr. à mi-sept. - 4-8 € (-12 ans gratuit) - tte l'année avec un audioguide - réserv. obligatoire à l'office de tourisme.*

SE REPÉRER

Carte de microrégion B3 p. 78 - *carte Michelin Départements 324 D6.* Royan est desservie par plusieurs départementales et par la N 150 depuis Saintes, à 35 km au nord-est.

À NE PAS MANQUER

Le front de mer et le port de plaisance ; la corniche de Pontaillac ; l'architecture balnéaire du Royan de la Belle époque ; l'architecture moderniste des années 1950 ; le phare de Cordouan ; la Grande Côte ; la forêt de la Coubre.

ORGANISER SON TEMPS

Comptez une demi-journée pour flâner dans la ville, et une journée pour le circuit de la presqu'île d'Arvert à l'estuaire de la Seudre. Préférez la marée haute pour longer la corniche et le front de mer. Il faudra aussi compter avec les horaires des marées pour une excursion au phare de Cordouan.

AVEC LES ENFANTS

Le parc de loisirs du Marais du Rhâ ; les phares de la Coubre et de Cordouan. À noter que Royan bénéficie du label « Famille Plus ». À ce titre, la ville propose toutes sortes d'activités et d'équipements adaptés aux besoins des familles.

Se promener Plan de ville p. 162-163

★ La Grande Conche et le front de mer BC

Le long de la Grande Conche, immense plage de 2 km, se déroule le **boulevard Frédéric-Garnier**, bordé par de belles villas où séjournèrent des personnalités telles qu'Émile Zola, Sacha Guitry ou encore Pablo Picasso. Le boulevard aboutit au front de mer incurvé, formé de deux très longs immeubles élevés sur des galeries à arcades. Cet ensemble commerçant et résidentiel forme, sur près de 600 m de long, une promenade couverte bordée de boutiques, de bars et de restaurants. Dans le prolongement : un bassin pour les bateaux de plaisance et un bassin à flot avec jetée où aborde le bac de la pointe de Grave.

★ Église Notre-Dame de Royan B

1 r. de Foncillon - www.notre-dame-royan.com - fermé pour travaux de restauration jusqu'en 2017.

Cet impressionnant édifice en béton armé, classé Monument historique en 1988, est considéré comme un chef-d'œuvre de l'architecture moderne. L'église a été construite de 1955 à 1958 par l'architecte Guillaume Gillet qui eut l'honneur d'y être enterré en 1996. Les grandes orgues en étain martelé, dues au Poitevin Robert Boisseau, sont renommées pour leur musicalité. De la place Notre-Dame, située en contrebas, la perspective ascendante du chevet formant proue est accentuée par le clocher culminant à 65 m. Il faut se décaler sur la droite pour découvrir l'étonnante toiture en « selle de cheval ». **L'intérieur★★**, remarquablement envolé, est éclairé par 500 m² de vitraux, mais on remarque surtout le vitrail triangulaire de la Vierge, en baccarat. Depuis 2013, l'église fait l'objet d'un important programme de restauration.

Temple protestant B

R. Pierre-Loti.

Construit en 1953-1957, ce temple s'inspire de l'église St-François d'Assise de Pampulha (Brésil) réalisée par Oscar Niemeyer. Ses lignes, d'une grande sobriété, ont valu à l'édifice d'être reconnu comme un exemple d'« architecture remarquable du 20e s. » et classé Monument historique en 2002. Il possède un bel intérieur en bois. Il a été construit à côté de l'ancien cimetière protestant du 18e s. qui a miraculeusement échappé aux destructions de 1945.

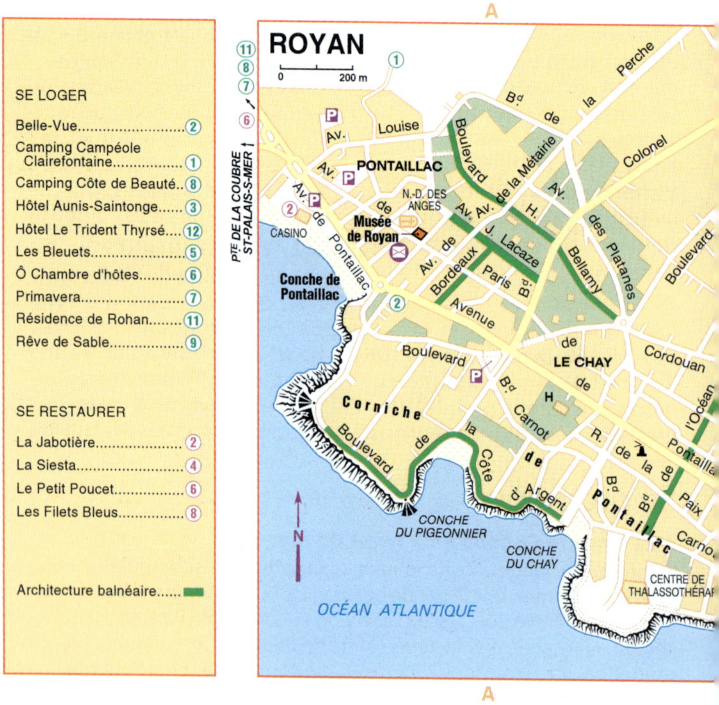

Boulevard Aristide-Briand B
Cet axe perpendiculaire au bord de mer est fermé par le **Marché central** (1955) (B) et sa vaste coupole en voile de béton de 52,4 m de diamètre. Le boulevard est bordé d'immeubles symétriques aux ouvertures hiérarchisées en fonction des étages et aux porches garnis de frises à décors aquatiques.

★ **Corniche de Pontaillac** A
En direction de St-Palais-sur-Mer - promenade à faire de préférence à marée haute.
Après les courts de tennis et l'ancien fort du Chay, on domine les petites conches (anses) du Chay et du Pigeonnier qui offrent des points de vue sur l'estuaire de la Gironde et la Côte de Beauté, de la pointe de Suzac à la pointe de la Coubre. On aboutit à la **conche de Pontaillac★** (A), où des villas cossues sont disséminées sous les frondaisons. N'hésitez pas à étendre votre serviette sur cette plage, c'est la plus en vue de Royan.

Musée de Royan A
31 av. de Paris - ✆ 05 46 38 85 96 - www.pays-royannais-patrimoine.com - ♿ - juil.-août : tlj sf mar. 9h30-12h30, 14h30-18h30 ; juin et sept. : lun., merc., jeu., vend. 9h30-12h30, 14h30-18h30, w.-end 14h30-18h30 ; reste de l'année : tlj sf mar. 14h-18h - possibilité de visite guidée sur demande (1h30, 6 €) - 5 € (-18 ans gratuit).
Évocation chronologique très réussie des grands moments de l'histoire de Royan, de l'Antiquité à nos jours, dans ce petit musée logé dans les anciennes halles de Pontaillac. Vous y découvrirez notamment les fastes du Royan balnéaire de la Belle Époque et les années noires de la Seconde Guerre mondiale. Outre ces expositions thématiques, le musée possède un surprenant **cabinet de curiosités**. Manifestations culturelles dans le vaste hall au centre du musée.

À proximité Carte de microrégion p. 78

★★ Phare de Cordouan A3

Plateau de Cordouan (Gironde) - ✆ 05 56 09 61 78 - www.phare-de-cordouan.fr - de déb. avr. à mi-oct. : suivant les marées et la météo, débarquement les pieds dans l'eau ; se chausser en conséquence - compter 3h30 à 4h AR - 10 € (-12 ans 5 €) - liaisons depuis Royan, Meschers-sur-Gironde, Le Verdon-sur-Mer - réserv. obligatoire.

À la pointe de Grave (*Le Guide Vert Aquitaine)*, faites un saut au **musée du Phare de Cordouan** pour compléter la visite du monument.

Surnommé le « Versailles de la mer », ce fut le dernier phare français à fonctionner avec des gardiens jusqu'en 2012. Cette élégante tour blanche de style Renaissance de 68 m de haut et 7 étages est l'un des plus vieux phares du pays. Elle devrait son nom à des négociants maures venus de Cordoue acheter du vin de Bordeaux. Ceux-ci auraient bâti un phare afin de guider leurs navires dans l'embouchure de la Gironde. Au 14e s., le Prince Noir fit élever une tour octogonale au sommet de laquelle un ermite allumait de grands feux. À la fin du 16e s., cette tour menaçant ruine, Louis de Foix, ingénieur et architecte, se mit en devoir de bâtir une sorte de belvédère surmonté de dômes et de lanternons. En 1789, l'ingénieur Teulère reconstruisit la partie supérieure dans le style Louis XVI. Une poterne conduit au bastion circulaire qui protège l'édifice des vagues ; c'est là qu'habitaient les gardiens. Un **portail monumental** donne accès à l'escalier de 311 marches menant au sommet d'où s'offrent de très belles **vues**. Au 1er étage se trouve ce que l'on surnomme l'**appartement du roi**. Le 2e étage abrite la pièce la plus majestueuse : la **chapelle** (au-dessus de la porte, buste de Louis de Foix), coiffée d'une belle coupole.

Circuit conseillé Carte de microrégion p. 78

★ PRESQU'ÎLE D'ARVERT ET ESTUAIRE DE LA SEUDRE AB2

Circuit de 120 km tracé en marron sur la carte p. 78 – comptez une journée.
Quittez Royan par le nord-ouest en empruntant la D 25.

Vaux-sur-Mer B2

Dans son église romane, vous verrez de beaux chapiteaux à la croisée du transept (à droite, le montreur d'ours).
Rejoignez au sud la D 25, direction Pontaillac.

Nauzan A2

Conche de sable fin, bien protégée du vent par des falaises.

★ Saint-Palais-sur-Mer A2

1 av. de la République - 17420 St-Palais-sur-Mer - ✆ 05 46 23 22 58 - www.saint-palais-sur-mer.com - juil.-août : 9h-13h, 14h-19h, dim. et j. fériés 10h-13h, 17h-19h ; juin : 9h-12h, 14h-18h, dim. et j. fériés 9h-12h ; avr.-mai et sept. : tlj sf dim. 9h-12h, 14h-18h ; mars et oct. : tlj sf dim. 9h-12h, 14h-17h30 ; reste de l'année : tlj sf dim. 9h-12h, 14h-17h30, sam. 9h-12h - fermé 1er janv., 1er et 11 nov., 25 déc.

Les villas de cette station très fréquentée s'éparpillent au milieu des pins et des chênes verts. De la conche, admirez la vue sur le phare de Cordouan.

45mn AR. À l'extrémité de la plage, à droite en regardant la conche, prendre la rue de l'Océan au bout de laquelle commence le **sentier de la Corniche★**, nommé aussi « sentier des Douaniers ». Il mène à la Grande Côte et ses cinq plages. Il serpente à travers les bois de chênes verts, puis franchit une anfractuosité où, à marée haute, le flot s'engouffre avec un bruit de tonnerre. On

Royan, la balnéaire au front

UNE STATION TRÈS PRISÉE

À l'entrée de l'estuaire de la Gironde, Royan est une agréable station balnéaire. Des plages de sable fin se dessinent au creux des **conches**, anses tièdes et abritées des vents, séparées par des falaises. À l'arrière, une forêt de chênes verts et de pins maritimes dégage ses vivifiants effluves.

Entre deux guerres, un climat doux et sain et des bains de varech attirent les curistes. Le photographe **Jacques Henri Lartigue** (1894-1986) passe ses étés à Royan de 1924 à 1926. Ses clichés immortalisent ses vacances avec Sacha Guitry et Yvonne Printemps. En septembre 1939, **Pablo Picasso** (1881-1973) se réfugie à Royan avec sa femme Marie-Thérèse et leur fille Maya. Il en repart en août 1940, expulsé par les autorités allemandes. Dans sa voiture, il emporte des toiles peintes sur place, dont *Le Café des Bains*, probablement une vue des fenêtres de son atelier.

LA « POCHE DE ROYAN »

Au moment de la libération de la France, à l'automne 1944, les troupes allemandes stationnées dans l'Ouest refluent en quelques points du littoral : St-Nazaire, Le Verdon-sur-Mer, Royan… La ville est encerclée par les forces françaises du **général de Larminat** qui tentent de convaincre les civils de quitter leurs maisons. Car le 5 janvier puis les 14 et 15 avril 1945, deux sanglants raids aériens alliés rasent presque totalement Royan : 7 600 tonnes de bombes, 725 000 litres de napalm, expérimenté pour la première fois par les Américains. Le 17, les Allemands se rendent.

★ LES VILLAS DE ROYAN

Redécouvrant aujourd'hui la richesse de son patrimoine moderne, Royan se revendique « la ville la plus 1950 de France ». Elle fut reconstruite sous la houlette de l'architecte bordelais **Claude Ferret** : une ville en béton, sans austérité, influencée par le Brésilien Oscar Niemeyer, avec de vastes avenues bordées d'immeubles à grands balcons et tuiles roses. De la Belle Époque, il ne reste guère que les quartiers de Pontaillac et du Parc, qui recèlent de véritables bijoux.

Quartier du Parc – Boulevard F.-Garnier *(nº 58 : villa Le Rêve ; nº 68 : villa Les Campaniles ; nº 70 : L'Ombre Blanche ; nº 100 : villa Aigue Marine)* et avenue du Parc *(nº 34 : villa Tanagra ; nº 100 : villa Kosiki).*

Quartier de Pontaillac – Boulevard de l'Océan *(nº 16 : La Mainaz ; nº 17 : villa California)*, boulevard H.-Bellamy, avenue J.-Lacaze, avenue de Bordeaux et boulevard de la Côte-d'Argent.

PIERRE DUGUA DE MONS

C'est sous l'autorité de ce gentilhomme royannais (vers 1560-1628), nommé lieutenant général de la Nouvelle-France par Henri IV, que Samuel de Champlain *(p. 142)* fonde Québec en 1608. La ville de Royan a aujourd'hui signé un protocole d'amitié avec la ville d'**Annapolis Royal** (Nouvelle-Écosse), nom actuel de l'ancienne colonie acadienne de Port-Royal fondée par le sieur de Mons en 1604.

arrive enfin à une pointe dont les rochers sont bizarrement découpés : la roche du Moine, le pont du Diable, les Pierrières.

★★ **La Grande Côte** – *Laissez votre voiture sur le parc, à gauche, à l'endroit où la D 25 quitte le bord de mer pour pénétrer sous bois. Gagnez la plate-forme rocheuse. Longues-vues à disposition.* Les jours de gros temps, vous pourrez contempler le spectacle grandiose des lames s'écrasant avec fracas. La Gironde, la pointe de Grave, le phare de Cordouan, la pointe et le phare de la Coubre forment un superbe tableau. Sur votre droite s'ouvre la vue sur les plages et les dunes sauvages de la Grande Côte. Sur la grève déserte, on pratique la pêche au lancer lourd. Ne vous y baignez surtout pas, la côte est dangereuse ! Vers le milieu de la plage, remarquez la présence d'anciens **blockhaus** du mur de l'Atlantique.

★★★ Zoo de La Palmyre (*p. 158*) A2

L'itinéraire traverse la forêt, puis la station de **La Palmyre**. On longe alors la **Bonne Anse**, refuge de barques, créée par la formation d'une flèche littorale dans l'axe de la pointe de la Coubre.

★ Phare de la Coubre A2

Allée de la Plage - 17190 La Tremblade - 05 46 06 26 42 - www.la-tremblade.com - juil.-août : 10h-13h, 14h-18h30 ; de mi-avr. à fin juin, sept., 5-6 et 12-13 oct. : tlj sf mar. 10h-12h30, 13h30-18h ; vac. de Toussaint : tlj sf mar. 10h-12h30, 13h30-17h - 3 € (7-12 ans 1,50 €).

Trois fois reconstruit depuis 1895 à cause de la mobilité de la dune, l'ouvrage actuel date de 1905 et s'élève à plus de 60 m. Sa silhouette bicolore, fine et élancée domine la pointe de la Coubre. Signalant les approches de la Gironde, sa lumière est vue jusqu'à 53 km. C'est l'un des plus puissants phares de France. On atteint son sommet par 300 marches, puis par une échelle métallique. Ses parois intérieures sont revêtues d'opaline bleue. Du haut du phare, superbe **panorama★**. On distingue, à l'horizon, le phare de Cordouan, isolé en mer, la pointe de Grave et la Côte de Beauté jusqu'aux falaises de Meschers.

★ Forêt domaniale de la Coubre A2

Cette forêt de 5 000 ha fixe les dunes de la Côte sauvage. Couverte de pins maritimes et de chênes verts, elle est parcourue de cerfs et de chevreuils et parsemée de casemates érigées par l'Organisation Todt durant l'Occupation. Une piste cyclable parcourt la forêt et dessert les plages. À environ 1 km au nord du phare de la Coubre *(parking aménagé)*, un chemin conduit à la grève avec l'impressionnant spectacle des lames s'écrasant sur le sable. Plus au nord, à 8 km, sur une éminence boisée à droite de la D 25, se dresse la tour métallique du Gardour. De là apparaissent l'ensemble du massif forestier et l'Océan.

Ronce-les-Bains A2

Au débouché de l'estuaire de la Seudre.

Pl. Brochard - Ronce-les-Bains - 17390 La Tremblade - 05 46 36 06 02 - www.la-tremblade.com - juin-août : tlj 9h-19h ; avril, mai et sept. : lun.-sam. 9h-12h30, 14h-17h30, dim. et j. fériés 9h-12h30 - possibilité de visites guidées de mi-juil. à fin août.

Ce quartier de villégiature de La Tremblade aux coquettes villas est à découvrir au hasard des déambulations dans les allées à l'ombre des pins, avec vue sur la pointe du Chapus, le pertuis de Maumusson et le sud d'Oléron.

La Tremblade A2

Centre ostréicole avec ses cabanes alignées le long du chenal de la Grève.

Revenez vers Ronce et prenez à droite la D 728ᴱ.

Du **viaduc de la Seudre, vues** sur les parcs à huîtres et **claires** (bassins d'eau salée servant à l'affinage des huîtres) qui ont colonisé l'estuaire de la Seudre.

Marennes (*p. 144*) A2

Quittez Marennes par le sud-est en empruntant la D 241 vers Luzac puis la D 18, direction St-Jean-d'Angle.

La Gripperie-Saint-Symphorien B2

Une haute tour ronde domine l'église romane de St-Symphorien. Les voussures du portail montrent de fines sculptures : palmettes, chimères à corps d'oiseaux, personnages divers.

Poursuivez la route, et tournez à droite dans la D 118.

Donjon de Broue B2

Il s'agit d'un des trois donjons carrés de Saintonge avec ceux de Pons et d'Islot. Ses ruines, vestiges d'un ensemble fortifié du 11e s., se dressent à une vingtaine de mètres de hauteur sur un éperon rocheux. Belle **vue** sur le marais de Brouage.

Église de Saint-Sornin B2

De style roman, sa coupole octogonale sur trompes couvre le carré du transept. Scrutez ses chapiteaux historiés : Vierge à l'Enfant, personnages impudiques. Dans le chœur, fresques de style un peu naïf (période classique).

Prenez à gauche la D 728, à droite la D 118, puis à gauche la D 131. Traversez Le Gua, continuez sur la D 1 et prenez à droite la N 150 (sortie Saujon).

1

Saujon B2

22 pl. du Gén.-de-Gaulle - 17600 Saujon - 05 46 02 83 77 - www.tourisme-saujon.fr - lun.-sam. 9h30-13h, 14h-18h30, dim. et j. fériés 9h-13h.

Petite ville thermale située sur la Seudre.

Église Saint-Jean-Baptiste – *5 r. de Saintonge - - 9h-18h (en dehors des offices).* Ruinée par les Anglais et les guerres de Religion, l'église médiévale a cédé la place fin 17e s. à l'édifice actuel. La nef gauche renferme quatre **chapiteaux★** romans, d'une rare finesse d'exécution, qui proviennent de l'église de l'ancien prieuré St-Martin. En haut à gauche, vous reconnaîtrez Daniel dans la fosse aux lions ; à droite, les Saintes femmes au tombeau ; en bas à gauche, le Pèsement des âmes ; à droite, le transport d'un gros poisson.

Quittez Saujon par l'ouest avec la D 14, après 5 km, tournez à droite sur la D 140E2.

★Mornac-sur-Seudre B2

5 rte de Plordonnier - 17113 Mornac-sur-Seudre - 05 46 22 92 46 - www.tourisme-mornac-sur-seudre.fr - de déb. juil. à mi-sept. : 9h-13h,14h-18h ; de mi-sept. à mi-oct. et de mi-avr. à fin juin : lun. 10h-13h, mar.-dim. 10h-13h, 14h-17h ; reste de l'année : tlj sf dim. 9h-12h30 - possibilité de visite guidée du marais de la Seudre.

Avec ses jolies maisons blanches aux volets bleus, ses étroites ruelles sinueuses et ses nombreux artisans, cette commune possède le label « Plus beaux villages de France ». C'est aussi le deuxième port ostréicole de l'estuaire, abritant des restaurants de dégustation d'huîtres. L'église St-Pierre, fortifiée, a été bâtie sur les vestiges d'un édifice mérovingien. Elle présente une intéressante abside romane et offre, du haut de son clocher, une vue du paysage. Au cours de votre balade dans le village, vous remarquerez la présence, dans les murs de calcaire blanc, d'anciennes pierres de lest laissées par les caboteurs.

Marais de la Seudre – *Accès libre - visite guidée 3 € (-15 ans gratuit) - rens. à l'office du tourisme de Mornac-sur-Seudre.* Visite à pied par les sentiers balisés de « taillées », digues qui quadrillent les claires à huîtres.

Quittez Mornac par le sud-ouest sur la D 140E2, traversez la D 14 et continuez jusqu'à la D 25 qui ramène à Royan.

NOS ADRESSES À ROYAN

TRANSPORTS

En bus

Cara'bus - *0 810 810 977 (numéro Azur) - www.carabus-transport.com.* La compagnie dessert Royan et ses environs, de Meschers à St-Palais en passant par St-Georges-de-Didonne, Vaux-sur-Mer, La Tremblade, Ronce-les-Bains, Médis et Saujon.

En bateau

Navettes pour le Verdon-sur-Mer – *05 56 73 37 73 - embarquement r. de la Galiote à Royan - 23,80 €/voiture + 3,20 €/personne.* Un bac traverse l'estuaire de la Gironde toutes les 30 à 45mn en été *(20mn de traversée).* Se présenter 30mn avant l'embarquement.

HÉBERGEMENT

PREMIER PRIX

Camping Campéole Clairefontaine – Hors plan par A - *R. du Colonel-Lachaux - quartier de Pontaillac - 05 46 39 08 11 - www.campeole.com - 246 empl.* Dans un parc arboré de 4 ha, ce camping offre des emplacements pour tentes et caravanes mais aussi du locatif. Côté loisirs : piscine, terrain multisport et club enfants. Épicerie et bar-restaurant.

Hôtel Aunis-Saintonge – B - *14 r. Gambetta - 05 46 05 78 24 - www.hotel-royan.fr - 14 ch. 49/89 € - 7 €.* Tout près de la belle plage du centre-ville, du port de plaisance et des commerces. Les chambres, dont une familiale et un studio, sont simples mais parfaitement tenues.

Le Trident Thyrsé – C - *66 bd Frédéric-Garnier - 05 46 05 12 83 - http://letridentthyrse.fr - P - 16 ch. 68/82 € - 8 €.* Cette belle villa vous replonge dans le Royan des années 1950. Meubles, luminaires, vaisselle colorée : tout est d'époque. La vaste terrasse donne sur la mer.

BUDGET MOYEN

Rêve de Sable – C - *10 pl. Foch - 05 46 06 52 25 - www.revedesable.com - fermé 1er-18 oct. - 11 ch. 85/110 € - 9,80 €.* Hôtel familial près de la plage et du centre-ville. Chambres claires, bien équipées, donnant en partie sur la mer. Décor parfois marin (filets de pêche). Patio (petit déjeuner).

Belle-Vue – A - *122 av. de Pontaillac - 05 46 39 06 75 - www.bellevue-pontaillac.com - fermé nov.-mars - P - 18 ch. 67/118 € - 4 studios 113/149 € - 8 €.* Bordant l'avenue, vaste bâtisse des années 1950 modernisée. Chambres de taille moyenne, sagement rustiques et bien tenues, à choisir côté mer. Ambiance familiale.

Les Bleuets – B - *21 façade de Foncillon - 05 46 38 51 79 - www.hotel-les-bleuets.com - fermé 18 déc.-3 janv. - 16 ch. 80/130 € - 8,50 €.* Discrète décoration marine, plaisantes chambres, vue sur les flots (balcons) ou le jardin : un sympathique établissement situé entre port et centre-ville.

Résidence de Rohan – Hors plan par A - *Conche de Nauzan - 05 46 39 00 75 - www.residence-rohan.com - fermé du 11 nov. à fin mars - 45 ch. 89/169 € - 12 €.* L'hôtel est installé dans l'ancienne villa aux Fées, qui devint à la fin du 19e s. le salon littéraire de la duchesse de Rohan. Cette jolie demeure classée Relais du silence est complétée d'une villa dans un parc dominant la plage. Chambres romantiques, mobilier de style.

À proximité

PREMIER PRIX

Camping Côte de Beauté – Hors plan par A - *157 av. de la Grande Côte - 17420 St-Palais-sur-Mer - ✆ 05 46 23 20 59 - www.camping-cote-de-beaute.com - ♿ - 115 empl.* Charmant petit camping. Certains emplacements situés au-dessus de la route ont une vue panoramique sur la mer. Possibilité de louer un mobile home ou une tente meublée.

Ô Chambres d'hôte – Hors plan par B - *50 r. des Sauniers - 17600 Le Gua - 15 km au nord-est - ✆ 09 71 20 42 32 - www.ochambredhotes.com - P - 3 ch. 80 € ☕ - tarif dégressif à partir de 3 nuits.* Dans une ancienne fermette restaurée, ces chambres décorées avec goût donnent sur un jardin zen et coloré. Très bien située au centre de la presqu'île d'Arvert et au calme, cette adresse de charme permet de rayonner dans la région et vers les plages de Ronce-les-Bains et de St-Palais. Accueil très sympathique, petit déjeuner copieux, en terrasse ou en salle.

BUDGET MOYEN

Primavera – Hors plan par A - *12 r. du Brick - 17420 St-Palais-sur-Mer - 6,5 km au nord-ouest - ✆ 05 46 23 20 35 - www.hotel-primavera.com - fermé 15 nov.-15 déc. - P - 40 ch. 140/162 € - ☕ 15 €* - Élégante « folie » 1900, dont l'architecture s'inspire du style roman, et avec deux annexes superbement situées dans un paisible parc surplombant la mer. Chambres de bon confort.

RESTAURATION

PREMIER PRIX

La Siesta – B - *140 r. Gambetta - ✆ 05 46 38 36 53 - www.lasiesta-royan.fr - fermé du 23 déc. au 5 janv. - 14/38 €.* Ce restaurant, reconstruit en lieu et place du Café des Bains où Pablo Picasso résida en 1940, se trouve en face du port de plaisance. Vous y goûterez la « bruschetta », tranche de pain grillée, huilée et garnie, avant de savourer un poisson ou encore des pâtes. Belle fresque d'un artiste peintre.

BUDGET MOYEN

Les Filets Bleus – B - *14 r. Notre-Dame - ✆ 05 46 05 74 00 - fermé fin juin-déb. juil., fin oct.-déb. nov., déb. janv., lun. (ouv. le soir en juil.-août) et dim. - formule déj. 19 € - 29/58 €.* Restaurant très prisé des Royannais, dédié aux produits de la pêche et décoré à la façon d'un bateau : tons bleu et blanc, bois, hublots, lampes-tempêtes, etc. Menu spécial homard en saison.

La Jabotière/Face à New York – A - *Espl. Pontaillac - ✆ 05 46 39 91 29 - www.lajabotiere.com - restaurant : menu midi 21 €, 35/60 € - brasserie : 14/23 €.* Deux restaurants en un. D'un côté, à même la plage, La Jabotière, largement ouvert sur l'Atlantique avec carte traditionnelle et poissons. De l'autre, le « lounge bar » Face à New York, avec des plats plus simples façon brasserie.

À proximité

BUDGET MOYEN

Le Petit Poucet – Hors plan par A - *185 av. de la Grande-Côte - 17420 St-Palais-sur-Mer - 6,5 km au nord-ouest - ✆ 05 46 23 20 48 - www.restaurantlepetitpoucet.com - ♿ - formule déj. (entrée/plat ou plat/dessert) 19 € sf w.-end et j. fériés, 45 €.* Belle bâtisse typique des années 1950 au-dessus de la plage. En forme de paquebot, ce bar-restaurant offre de sa salle et de ses grandes terrasses une vue superbe sur l'Océan. Cuisine faisant la part belle aux poissons, coquillages et crustacés.

ACHATS

Marché central – *Pl. du Marché - tlj sf lun. 7h-13h ; 25 juin-3 sept. : tlj.* Marché couvert pourvu de 86 stands alimentaires.

Royan Shopping – *5 r. du Château-d'Eau - ✆ 05 46 06 80 80 - www.gicc-royan.com.* Groupement des commerçants du centre-ville royannais.

EN SOIRÉE

Le front de mer de Royan dispose d'une multitude de cafés et terrasses. L'atmosphère est plus intimiste sur la plage de Nauzan (St-Palais-sur-Mer et Vaux-sur-Mer). Bons plans, informations et manifestations sont recensés dans un guide gratuit, disponible dans les offices de tourisme.

Le Koud à Koud – *1 plage du Chay - ✆ 05 46 38 51 99 - 10h-2h - fermé janv.-fév. et lun.-mar. hors sais.* Que vous choisissiez la folle ambiance de la grande salle ou la tranquillité de la terrasse dominée par un immense figuier, vous passerez une soirée merveilleuse dans ce cadre extraordinaire surplombant la mer. En été, formule barbecue à thème.

Chez Bob – *8 r. des Bains - 17420 St-Palais-sur-Mer - ✆ 05 46 23 11 10.* Le front de mer de St-Palais est de loin le plus agréable de toute l'agglomération royannaise : pas de voitures, une conque encadrée de rochers et de villas 1900, le phare de Cordouan au milieu du tableau. À la terrasse de Chez Bob, les habitués viennent goûter le charme et l'ambiance décontractée du spot le plus chic de Royan, avant de piquer une dernière tête ou d'y dîner.

La Maison Blanche – *Promenade de la Plage de Nauzan - 17640 Vaux-sur-Mer - ✆ 05 46 38 01 06 - www.la-maisonblanche.fr.* Murs blancs, fenêtres ouvertes sur la plage, terrasse : La Maison Blanche reste un incontournable des nuits de Royan. La piscine ajoute au dépaysement, même si elle est surtout là pour la déco. Pour ceux qui voudraient dîner, la carte est variée et créative, faisant la part belle aux poissons.

ACTIVITÉS

La station balnéaire de Royan offre un large choix d'activités, notamment grâce aux **Régates de Royan** (*✆ 05 46 05 44 13 - www.regatesderoyan.com*), à son **casino** (*groupe Lucien-Barrière - ✆ 05 46 39 03 31 - www.lucienbarriere.com*) et à l'**institut de thalassothérapie** (*Thalazur Royan - ✆ 05 46 39 96 96 - http://royan.thalazur.fr*).

Parc de loisirs du lac Raymond-Vignes – *17420 St-Palais-sur-Mer - ✆ 05 46 23 22 58 - www.saint-palais-sur-mer.com.* Le parc du Marais du Rhâ, aménagé autour d'un lac, est équipé d'un golf miniature, pistes cyclables, courts de tennis, zones de pêche, mini-bateaux électriques, etc.

Promenades en mer

Croisières Alizé – *✆ 06 63 59 94 73 - www.croisieres-alize.com.* Journée-croisière vers l'île d'Aix depuis La Tremblade.

AGENDA

« Agenda », p. 28.

Un violon sur le sable – *www.violonsurlesable.com - fin juil.* Concerts de musique classique sur la plage de la Grande-Conche.

Fêtes de la Belle Époque – *www.royan-belle-epoque.fr - plusieurs fois par an, surtout en juil.-août.* Défilés costumés sur le front de mer, véhicules de collection, spectacles dansants, concerts, etc.

L'église Ste-Radegonde à Talmont-sur-Gironde.
Ph. Body/hemis.fr

Estuaire de la Gironde

★★

Charente-Maritime (17)

Les rives du plus grand estuaire d'Europe occidentale déploient de magnifiques paysages. Les falaises trouées de grottes alternent avec des lagunes hospitalières pour les oiseaux, et les amateurs de cyclisme se régalent sur les petites routes peu fréquentées. Dans ce territoire dominé par l'eau (et la vigne !), les traditions sont restées très vivaces.

NOS ADRESSES PAGE 177
Hébergement, restauration, achats, activités, etc.

S'INFORMER

Syndicat mixte de l'estuaire de la Gironde – *www.estuaire-gironde.fr*. Il coordonne les offices de tourisme des deux rives, en Gironde et Charente-Maritime. Son site Internet est très riche, mais pour des informations plus locales, reportez-vous au i des communes ci-après.

SE REPÉRER

Carte de microrégion B3 p. 78 - *carte Michelin Départements 324 D-E-F6/7.* Au sud de Royan, la D 25 puis la D 145 longent la rive nord de l'estuaire.

À NE PAS MANQUER

Les falaises troglodytiques de Meschers-sur-Gironde et la chapelle creusée dans la roche de Mortagne ; le site gallo-romain du Fâ ; l'église de Talmont-sur-Gironde.

AVEC LES ENFANTS

Les Pôles-Nature de Vitrezay et du parc de l'Estuaire ; les grottes de Régulus ; le site du Fâ ; une sortie en mer ou une balade à cheval.

Se promener Carte de microrégion p. 78

Circuit de 71 km de St-Georges-de-Didonne à St-Sorlin-de-Conac – comptez une journée.

★ SAINT-GEORGES-DE-DIDONNE

11 r. Autrusseau - 17110 St-Georges-de-Didonne - 05 46 05 09 73 - www.saintgeorgesdedidonne.com - juil.-août : 9h-13h, 14h-19h ; reste de l'année : tlj sf lun. 9h-12h, 14h-18h.

Cette jolie station balnéaire bordée d'une longue plage a attiré en son temps le peintre symboliste Odilon Redon. Il y séjourna de 1897 à 1907, et la vue de l'estuaire lui fit progressivement abandonner le noir pour la couleur.

★ Pointe de Vallières

À l'ouest, par la rue du Port et le boulevard de la Corniche.

On y va pour profiter de la **vue** sur la pointe de Grave en face, Royan à droite, et à gauche, la pointe de Suzac boisée de pins.

Phare de Vallières

96 r. du Port - 05 46 05 09 73 - www.saintgeorgesdedidonne.com - - juil.-août : 10h-12h, 15h-19h ; de mi- à fin juin et de déb. à mi-sept. : 15h-19h - 1,60 € (enf. 0,80 €) - possibilité de visite guidée (1h30).

Cette tour carrée de 36 m de haut achevée en 1902 servait jadis à repérer le chenal d'entrée dans l'estuaire. Désaffecté en 1969, le phare a été classé Monument historique en 2011 et loge un musée dédié aux pilotes sur la Gironde.

Autour du phare, le **sentier littoral** permet une promenade encore un peu sauvage, à l'écart des grands passages, qui conduit jusqu'à la jetée du port.

★ Pointe de Suzac

Au sud de la plage de St-Georges, prenez la direction de Meschers et la 1re route à droite en impasse.

Faites quelques pas sur le sentier qui court au sommet de la falaise pour découvrir les plages de sable fin nichées dans des creux. Notez au passage quelques vestiges des défenses du **mur de l'Atlantique**.

Parc de l'Estuaire - Pôle-Nature

47 av. Paul-Roullet - 05 46 23 77 77 - www.leparcdelestuaire.com - juil.-août : lun.-vend. 10h-13h, 14h-18h30, w.-end et j. fériés 14h-18h30 ; vac. de Pâques : lun., merc.-vend. 10h-12h, 14h-18h, w.-end et j. fériés 14h-18h ; reste de l'année : tlj sf mar. 14h-18h - fermé de mi-nov. à mi-fév. - 5 € (6-15 ans 3 €) avec audioguide.

Des animations gratuites et payantes *(enf. 2,50-4 €)* sont proposées aux familles : balade « naturo-loufoque », rallye découverte et contes *(se rens.)*.

Dans le superbe écrin de verdure de la forêt de Suzac (350 ha) se cache la **villa de l'Estuaire**, ancienne maison privée aujourd'hui convertie en centre d'interprétation de l'estuaire de la Gironde. Conçu comme un sous-marin, son musée interactif présente la genèse de la formation de l'estuaire, sa vie aquatique, ses paysages et ses hommes. Attardez-vous sur la terrasse, qui offre une superbe **vue★** sur l'estuaire et l'Océan, le rivage médocain, la pointe de Grave, le phare de Cordouan, la conche de St-Georges et la côte jusqu'à La Palmyre.

De la villa, suivez le petit **sentier de découverte** qui s'enfonce dans la forêt. Dirigez-vous ensuite vers l'imposante **tour de guet**, utilisée aussi pour la surveillance des incendies : de la plate-forme perchée à 60 m de hauteur, vous bénéficierez d'un **panorama★** à 360° par-dessus la cime des pins.

Suivez la D 25 vers le sud.

Le caviar de Gironde

UN PRODUIT UNIQUE EN EUROPE OCCIDENTALE

Un délice venu de Russie

La Gironde est le seul estuaire d'Europe occidentale où l'**esturgeon** (1,50 m à 5 m de longueur), nommé ici **créa**, vient se reproduire. Si les plus gros esturgeons proviennent de la mer Caspienne, l'estuaire girondin a lui aussi livré de très belles prises, comme cette femelle de 470 kg (portant 70 kg d'œufs !) pêchée dans le port des Callonges en 1925… Jusque vers les années 1920, les œufs d'esturgeons n'intéressaient guère les pêcheurs locaux qui les jetaient à la mer ou les donnaient à manger aux canards. C'est une princesse russe fuyant la Révolution qui aurait initié quelques marins pêcheurs de **St-Seurin-d'Uzet** *(à quelques kilomètres de Mortagne)* et des environs au caviar, marquant ainsi les débuts d'une industrie dont la production allait atteindre, dans les années 1950, jusqu'à 5 tonnes par an.

Une espèce menacée

Plusieurs facteurs ont conduit à la raréfaction de l'esturgeon de l'estuaire dans les années 1970 : cours d'eau pollués, pêche abusive, construction de barrages empêchant le poisson de rejoindre son lieu de reproduction. On en a interdit la capture en 1982, tout en mettant en œuvre un plan scientifique de sauvegarde de l'espèce. Depuis, l'esturgeon est interdit à la vente tout comme ses œufs, et le caviar charentais est un produit de l'aquaculture, et non de la pêche. Les éleveurs de la région ont recours, dans leurs fermes aquacoles, à des espèces de souche sibérienne *(Acipenser baerii)* dont le cycle de reproduction est de sept ans au lieu de quinze. Ces fermes sont soumises à des règles strictes de manière à éviter que ces poissons d'élevage ne se retrouvent dans le milieu naturel ; car toute contamination génétique remettrait en cause l'espoir de sauver et de réintroduire l'esturgeon européen.

À LA MODE LOCALE

Idées recettes

Le caviar servi froid… Coupez des pommes de terre nouvelles préalablement cuites à l'eau en gardant leur peau. Posez sur chaque tranche une noix de crème fraîche assaisonnée à la fleur de sel et ajoutez le caviar.

… ou chaud ! Faites cuire des œufs à la coque. Après les avoir décalottés, versez une pincée de sel sur le jaune et déposez le caviar dessus. Trempez-y des mouillettes tartinées de beurre de Surgères et dégustez le tout, accompagné d'un verre de Sauternes.

La pêche au carrelet

Ce sont ces pittoresques cabanes de pêcheurs sur le littoral de la Charente-Maritime et l'estuaire de la Gironde, construites sur pilotis et reliées à la côte par un ponton en bois. Elles sont équipées d'un grand filet à mailles carrées, le « carrelet », qui leur a donné leur nom. Celui-ci, suspendu à une perche, est descendu jusqu'à la mer puis remonté à l'aide d'un treuil. Détruits à plus de 90 % lors de la tempête de décembre 1999, ces éléments incontournables du paysage sont peu à peu rebâtis selon une charte de reconstruction élaborée par la Direction départementale de l'équipement.

LES LÉGENDES DES GROTTES

Pour l'amour de Charlotte – Les grottes de Matata tirent leur étrange nom de la légende de **Charlotte de La Trémoille** (1568-1629), jeune épouse du duc de Condé, et de son page avec qui elle aurait séjourné à plusieurs reprises à Meschers avant que le dit duc ne meure… empoisonné. Charlotte est accusée, puis graciée, mais son page, par crainte ou culpabilité, s'enfuit. Bien des années plus tard, un misérable vagabond est surpris par les habitants. Interrogé, il ne sait répondre que *matuta* (« matin », en latin) qui, déformé, donnera *matata*. Soupçonné de sorcellerie, le malheureux est lapidé et emmuré vivant par quelques fanatiques dans l'une des grottes de Meschers qui lui servait d'abri. C'était le page de Charlotte…

Cadet le naufrageur – L'une des plages de Meschers porte le nom de cet homme qui aurait jadis fait échouer des navires les nuits de tempête. Cadet, dit-on, accrochait des fanaux aux cornes de son bouc Belin et promenait la bête le long des falaises pour tromper les marins avec de fausses balises. Le pilleur d'épaves aurait ainsi amassé bien des trésors…

★ MESCHERS-SUR-GIRONDE

31 r. Paul-Massy - 17132 Meschers-sur-Gironde - ✆ 05 46 02 70 39 - www.ot-meschers.com - juil.-août : lun.-sam. 9h30-13h, 14h-19h, dim. 9h30-13h ; juin : tlj sf dim. 9h30-12h30, 14h-18h ; reste de l'année : lun.-vend. 9h30-12h30, 14h-17h30, sam. 9h30-12h30, fermé dim. et j. fériés.

Les blanches **falaises de Meschers** (prononcez « Mèché »), criblées d'habitations troglodytiques, sont baignées par l'estuaire de la Gironde et surplombent une côte dotée de superbes plages de sable fin. Creusées par l'érosion il y a 75 millions d'années, incrustées de coquillages fossiles, ces cavités naturelles furent habitées dès la fin de la préhistoire. Progressivement agrandies par l'homme, elles abritèrent des pirates et des contrebandiers, des protestants, des pêcheurs, et servirent aussi de guinguettes et d'habitat pour miséreux. Elles ont peu à peu été transformées en résidences privées, et ne sont plus visibles que de l'estuaire, à l'exception de deux grottes ouvertes au public.

Grottes de Régulus

81 bd de la Falaise - ✆ 05 46 02 55 36 - www.ot-meschers.com - visite guidée uniquement (45mn) - juil.-août (dép. ttes les 20mn) : 10h30-12h30, 13h30-18h30 ; avril-juin et sept. : à 10h30, 11h30, 14h30, 15h30, 16h30 et 17h30 ; de déb. oct. à mi-nov. : à 14h30, 15h30 et 16h30 - fermé de mi-nov. à mi-avr. - 4,90 € (5-15 ans 3,40 €).

Un « rallye des grottes » *(6-12 ans)* et un jeu de piste sont proposés aux enfants sur réservation *(se rens.)*.

La visite du site troglodytique vous mène à travers une série de grottes abordant chacune un thème historique ou naturel différent : géologie (collection de fossiles), guerres de Religion, bains de mer à la Belle Époque, habitat troglodytique de la fin du 19e s., pêche estuarienne et pêche au carrelet. Vous remarquerez d'ailleurs, au pied des falaises voisines, un **carrelet**, pittoresque cabane de pêcheurs sur pilotis, avec son filet suspendu.

Grottes de Matata

67 bd de la Falaise - ✆ 05 46 02 70 02 - www.grottesdematata.com - visite libre avec audioguide (45mn) - avr.-sept. : 10h-19h ; de déb. oct. à mi-nov. : 10h-12h, 14h-18h - fermé de mi-nov. à mars - 4,90 € (5-15 ans 3,40 €) - possibilité de visite nocturne merc. en juil.-août sur sur réserv. (1h, 7 € ; enf. 5 €) - restauration sur place.

Plus petites que les précédentes, elles proposent une évocation de l'époque à laquelle les grottes étaient occupées. On y visite la cuisine (réaménagée au début des années 1980) du restaurant ouvert en 1924. L'établissement fut longtemps célèbre et gagna en 1947 son étoile au *Michelin*.

Les plages – La plage des **Nonnes** est une anse ourlée de sable fin qui dessine une gracieuse courbe entre deux falaises en bordure d'un bois de chênes verts. En direction de la pointe de Suzac, au nord, se succèdent trois autres plages : celle des **Vergnes**, celle de l'**Arnèche** et celle de **Suzac**.

Prenez la D 145.

★★ TALMONT-SUR-GIRONDE

R. de l'Église - 17120 Talmont-sur-Gironde - ✆ 05 46 90 16 25 - www.talmont-sur-gironde.fr - avr.-oct. : 11h-13h, 14h-18h30 - possibilité de visite guidée du village.

Perché sur le promontoire d'une presqu'île, Talmont veille avec élégance sur l'estuaire et ses batteries de carrelets. La commune bénéficie du label des « Plus beaux villages de France » depuis 2011. De sa fortification au 13e s., elle a gardé des remparts, des ruelles au tracé rectiligne et des maisons blanches de hauteur égale. Son église est célèbre pour son pur style roman saintongeais.

1

★Église Sainte-Radegonde

R. de l'Église - ♿ - 9h-18h sf à l'heure des offices.

Après avoir longé des remparts et traversé des ruelles bordées de roses trémières, on découvre l'église romane, dressée à l'extrémité de la falaise. Menacée d'effondrement par le courant qui attaquait ses assises calcaires, elle a été longtemps en péril, malgré son classement aux Monuments historiques dès 1890. La falaise a été consolidée, et on a restitué à l'église son aspect du 12e s. L'édifice est ramassé : la nef a perdu l'une de ses deux travées, effondrée au 15e s. Une tour carrée surmonte la croisée du transept. Du pied de la falaise, à marée basse, on apprécie mieux la beauté du site et le chevet rythmé par des contreforts-colonnes. Pénétrez à l'intérieur par le joli portail du croisillon gauche aux voussures ornées d'anges adorant l'Agneau, d'acrobates et de bonshommes tirant deux lions au bout d'une corde. L'église est entourée d'un émouvant **cimetière marin** où poussent librement les roses trémières. De là, la **vue** porte sur l'estuaire et, à droite, sur les blanches falaises de Meschers.

Musée d'Histoire et de la Pêche

R. de l'Église - ✆ 05 46 90 16 25 - www.talmont-sur-gironde.fr - avr.-sept. : 14h-18h - 2,50 € (-12 ans gratuit) - possibilité de visite guidée sur demande (50mn, 4 €).

Près du cimetière marin, l'ancienne école abrite des expositions sur l'histoire de Talmont, l'église Ste-Radegonde, le site du Fâ et la pêche locale.

À la sortie de Talmont sur la D 145 vers Barzan, suivre Moulin du Fâ.

★SITE GALLO-ROMAIN DU FÂ

25 rte du Fâ - 17120 Barzan - 2 km à l'est de Talmont - ✆ 05 46 90 43 66 - www.fa-barzan.com - de déb. juil. à mi-sept. : 10h-19h ; de mi-sept. à fin sept. : merc.-dim. 14h-18h ; vac. scol. : 14h-18h ; reste de l'année : merc. et w.-end 14h-18h - fermé de mi-nov. à déb. avr. - 4 € (8-15 ans 2 €) - visites guidées (1h) sans suppl. à 11h, 14h30, 16h et 17h15 en juil.-août (reste de l'année : 14h et 16h) - possibilité d'ateliers et d'animations d'initation à l'archéologie (se rens.).

En 1975, des photographies aériennes ont confirmé l'existence, présumée dès le 18e s., d'un port gallo-romain au lieu-dit du Moulin du Fâ (déformation probable du terme latin *fanum* désignant un petit temple). Découverte archéologique majeure. La cité, d'une superficie d'environ 40 ha, repose sous des champs cultivés et a ainsi pu être préservée. Aucune preuve ne vient encore appuyer cette hypothèse, mais s'élevait sans doute ici la ville de Novioregum, qui joua un rôle économique de premier plan en commerçant avec Mediolanum Santonum (Saintes) et Burdigala (Bordeaux). Deux hectares ont pour l'instant été dégagés autour des vestiges d'un **temple circulaire** (structure peu commune en Gaule) de 20 m de diamètre, surmonté d'un moulin beaucoup plus tardif. La zone visitable s'articule autour des **thermes**, entourés de quartiers d'habitation. Le parcours reprend l'itinéraire d'un usager à travers le *frigidarium*, le *caldarium* et le *tepidarium* où une coupe du plancher explique le système de chauffage. On y voit aussi un puits de 17 m de profondeur qui fournissait l'eau à l'établissement. Alentour, les champs ont livré les traces d'**entrepôts** – confirmant la vocation commerciale de la cité – et d'un **théâtre** de 8 000 places actuellement en cours de fouilles. Le **port**, envasé, n'est plus qu'un souvenir. Mais une visite du **musée**, avec son imposante maquette du site, en restitue toute la splendeur. Un film raconte l'aventure du site, de la prospection aérienne jusqu'aux techniques de fouilles employées.

Poursuivez sur la D 145.

MORTAGNE-SUR-GIRONDE

1 pl. des Halles - 17120 Mortagne-sur-Gironde - ✆ 05 46 90 52 90 - www.ot-mortagne.com - juil.-août : 10h-13h, 15h-18h, dim. 10h-13h ; avr.-juin et sept. : tlj sf dim. 9h15-12h15, 14h-17h30 ; oct. : lun.-vend. 9h15-12h15, 14h-17h, sam. 9h15-12h15 ; reste de l'année : tlj sf w.-end 9h15-12h15, 14h-17h.

Situé sur la corniche de la Gironde et frôlant l'à-pic de la falaise, le « bourg » de Mortagne surplombe de 60 m son pittoresque port de La Rive. Le belvédère délivre un superbe **panorama★** sur l'estuaire et les polders environnants. L'ancienne place forte médiévale protégeait jadis l'ermitage St-Martial et sa chapelle creusée dans le roc, ancien point de passage de l'estuaire pour les pèlerins de St-Jacques-de-Compostelle.

Port de La Rive

1 km au sud-ouest par la D 6.

Du type port-canal, il présente un bassin à flot accueillant nombre de bateaux de plaisance. Ce fut jadis le troisième port de la Gironde, après Bordeaux et Blaye. On y partait pour la pêche à l'esturgeon.

Ermitage Saint-Martial

Rte de l'Étier - 1,5 km au sud-est par la D 245 - juil.-août : mar.-dim. 10h30-18h30 ; avril-sept. : mar.-dim. 14h30-18h30 - gratuit (libre participation) - possibilité de visite guidée sur demande auprès de l'office du tourisme.

La tradition veut que cet ermitage monolithe ait été fondé au 3e s. par saint Martial et fut peu à peu aménagé jusqu'au 10e s. Au Moyen Âge, des ermites pêcheurs faisaient passer l'estuaire aux pèlerins se rendant à St-Jacques-de-Compostelle par St-Christoly-Médoc. Les cavernes comptent quatre pièces : vestibule, cuisine, réfectoire et dortoir, plus deux cellules et la chapelle. Au solstice d'hiver, le 24 décembre, le soleil, quand il apparaît ce jour-là, embrase de ses rayons la statue de saint Antoine placée à gauche de l'autel.

★ **Chapelle** – Entièrement sculptée dans le roc, y compris la balustrade du chœur, elle comporte un déambulatoire et une tribune découpée de telle sorte que la lumière du jour se concentre en permanence sur l'autel.

Continuez sur la D 145.

SAINT-DIZANT-DU-GUA

À droite, à l'entrée du village, commence le parc de 13 ha du château.

Château de Beaulon

25 r. St-Vincent - ✆ 05 46 49 96 13 - www.chateau-de-beaulon.com - mai-sept. : 9h-12h, 14h-18h ; reste de l'année : tlj sf w.-end 9h-12h, 14h-18h - fermé 1er janv., 1er et 11 nov., 25 déc. - 5 € (-15 ans gratuit).

Ancienne résidence d'été des évêques de Bordeaux, ce petit manoir gothique du 15e s. abrite un colombier et des chais du 18e s. Le château, classé Monument historique, possède également de ravissants **jardins**. Descendez la pente de la pelouse jusqu'à la lisière du bois derrière laquelle se cachent les **Fontaines bleues★**. Ces étonnantes cavités profondes, en entonnoir, sont remplies d'une eau bleue fraîche et limpide dont la teinte vive est due à des algues microscopiques. Baptisées de noms poétiques (Miroir des fées, Fontaines sereines…), ce sont les sources de l'un des petits affluents de la Gironde, l'étier de Beaulon. Sur les 90 ha de terres du château, on cultive le vignoble (dégustation et vente de cognac et de pineau des Charentes au château).

Reprenez la D 145.

PÔLE-NATURE DE VITREZAY

La Parfaite - 17150 St-Sorlin-de-Conac ✆ 05 46 49 89 89 - http://charente- maritime.fr - ♿ - juil.-août : 9h-19h ; reste de l'année : 9h-12h, 13h-18h, w.-end 9h-18h - fermé du 12 nov. à fin mars - sentiers en accès libre et gratuit tte l'année - possibilité de visite guidée (1h), de croisière sur l'estuaire avec ou sans escales (1h15-5h), de sortie nature (1h-2h) sur réserv. - hébergement et rest. sur place.

La nature en famille avec de nombreuses activités qui plairont aux enfants : une randonnée « nature pour les p'tiots » conçue pour les 3-6 ans *(4 €, enf. 2 €)*, des balades en vélo *(2h de location 6 €, enf. 4 €)*, l'initiation à la pêche sous toutes ses formes *(10 €, enf. 7 €)*, des croisières en bateau *(12-50 €, enf. 9-30 €)*, mais aussi du kayak, des sorties nocturnes, des stages de voile, etc.

Ce vaste site protégé de 60 ha géré par le conseil général de Charente-Maritime a pour objectif de sensibiliser le visiteur au milieu naturel de l'estuaire de la Gironde. Autour du centre et de son observatoire à oiseaux, il s'agit d'une véritable base de loisirs dédiée à la nature. L'offre en matière d'activités proposées est la plus large de tous les Pôles-Nature de la région.

« Promenades en mer » dans « Nos adresses » le long de l'estuaire p. 179.

NOS ADRESSES LE LONG DE L'ESTUAIRE

HÉBERGEMENT

PREMIER PRIX

Camping Bois-Soleil – *2 av. de Suzac - 17110 St-Georges-de-Didonne - ✆ 05 46 05 05 94 - www.bois-soleil.com - de déb. avr. à mi-oct. - - réserv. indispensable - 462 empl. 19/40 €.* Ce gigantesque terrain divisé en trois parcs bénéficie d'un accès direct à la plage. L'établissement accueille tentes, caravanes et camping-cars, et propose à la location des cottages et mobile homes. Sur place, vous trouverez de nombreux services (commerces et restaurants), des activités (hammam, fitness, club enfants et club ados, piscine pour les plus petits, courts de tennis, etc.), ainsi que des animations.

Hôtel de la Garenne – *3 imp. de l'Ancienne-Gare - 17120 Mortagne-sur-Gironde - ✆ 06 81 73 59 20 - www.logisdelagarenne.com - fermé de Toussaint à Pâques - 🏊 - 11 ch. 72 € ☕.* Situé dans un cadre reposant et champêtre, ce petit hôtel abrite des chambres simples et colorées. Celles de l'annexe, en rez-de-jardin, sont plus spacieuses. La piscine est accessible en période estivale.

Hôtel Colinette et Costabela – *16 av. de la Grande-Plage - 17110 St-Georges-de-Didonne - ✆ 05 46 05 15 75 - www.colinette.fr - 16 ch. 72/116 € - ☕ 8,90 € - ✕ 19/23 € (tous les soirs sf dim.) - fermé de déb. janv. à mi-fév.* Au bord de la mer, cette villa des années 1930 est menée par la même famille depuis trois générations. Petites ou grandes chambres, toutes rénovées, jolie terrasse. Cuisine traditionnelle.

BUDGET MOYEN

Hôtel des Grottes de Matata – *67 bd de la Falaise - 17132 Meschers-sur-Gironde - ✆ 05 46 02 70 02 - www.grottesdematata.com - fermé de la fin des vac. de la Toussaint au 1er avr. - 6 ch. 82/102 € - ☕ 9 € - ✕ 9,90/15 €.* Cet hôtel moderne construit au-dessus des grottes comprend également un bar et une crêperie. De ses confortables chambres avec balcon, vous serez aux premières loges pour admirer l'estuaire. Et pour visiter les grottes, il vous suffira de descendre…

Chambres d'hôte du Château des Salles – *61 r. du Gros-Chêne - 17240 St-Fort-sur-Gironde - carrefour D 125 et D 730, à 7,5 km au sud-est de Mortagne par D 145, puis D 125 - ✆ 05 46 49 95 10 - www.chateaudessalles.com - fermé nov.-mars - 6 ch. 79/153 € ☕ - ✕ 29/38 €.* Ce château du 15e s., très remanié au 19e s., appartient à des producteurs de pineau, de vin et de cognac *(vente directe)*. Ses chambres confortables à la décoration raffinée donnent sur le jardin et son superbe magnolia. Table d'hôte dans les règles de l'art avec bougies et nappes blanches.

RESTAURATION

PREMIER PRIX

Tarte aux Prunes – *88 r. du Port - 17110 St-Georges-de-Didonne - ✆ 05 46 05 12 26 - d'avr. à fin sept., w.-end en hiver et vac. de fév. - fermé mar. et merc. d'avr. à juin - 12/20 €.* Bien que l'enseigne soit discrète, ce petit restaurant familial bénéficie d'une solide réputation locale depuis sa création dans les années 1920. Huîtres, tartes, pâtes à la carte, mais on vient surtout pour la célèbre tarte aux prunes maison, dont la recette demeure secrète.

BUDGET MOYEN

La Forêt – *64 rte de Royan - 17132 Meschers-sur-Gironde - ✆ 05 46 02 79 87 - www.restaurantlaforet.fr - mer.-dim. midi et soir - 29,50/36,50 €.* Ce restaurant familial en lisière de forêt vous invite à déguster poissons et crustacés, frais et goûteux, dans ses trois salles rustiques : plateau de fruits de mer, soupe d'étrilles aux moules décortiquées, mouclade charentaise, matelote de blancs de seiches en chaudrée, etc.

Hôtel-restaurant L'Estuaire – *1 av. de l'Estuaire - 17120 Talmont-sur-Gironde - quartier du Caillaud - ✆ 05 46 90 43 85 - fermé dim. soir, lun., mar. d'oct. à mars - 7 ch. 83 € - ☕ 9 € - ✕ 19,50/48 €.* Cet établissement offre une belle vue sur l'estuaire. Dans une salle à manger rustique égayée de couleurs pastel, vous dégusterez une alléchante cuisine régionale concoctée par la patronne. Les chambres sont spacieuses, calmes et bien tenues. Demi-pension intéressante.

L'Auberge des Monards – *16 r. du Port - Les Monards - 17120 Barzan - 4,5 km au sud-est de Talmont par D 145 - ✆ 05 46 90 44 44 - www.aubergedesmonards.fr - fermé lun. soir, mar. soir, merc. soir et jeu. hors juil.-août - formule midi 15 € - 26/38 €.* Cette adresse, installée face au Caillaud, petit port typique de l'estuaire, est bien connue des gens de la région. Intérieur simple, belle terrasse en bois et plaisante véranda où viandes et poissons sont grillés sur la cheminée. Fruits de mer tous les week-ends.

EN SOIRÉE

La Réserve – *95 bd du Mar.-de-Lattre-de-Tassigny - 17110 St-Georges-de-Didonne - ✆ 05 46 05 36 60 - juin-sept. : 10h-2h ; hors sais. : jeu.-dim. 17h-2h - fermé nov.-fév.* Margarita et coucher de soleil sur la mer ouvrent les festivités de ce bar survolté, dirigé par une patronne qui connaît son affaire sur le bout des doigts. Viennent ensuite les tapas, les rhums, les cocktails et la musique latine sur la plage. L'ambiance se réchauffe alors à la vitesse du mercure…

ACTIVITÉS

Saint-Georges-Voiles – *1 bd du Gén.-Frénal - 17110 St-Georges-de-Didonne - ✆ 05 46 05 65 14 - www.stgeorgesvoiles.fr.* Planche à voile, catamaran, kayak de mer, char à voile ou à cerf-volant… il y a l'embarras du choix dans cet important centre nautique. Plusieurs formules intéressantes et possibilité de profiter du pass nautique qui regroupe plusieurs sites de loisirs nautiques dans le pays royannais.

Promenades en mer

Croisières Côte de Beauté – *Av. du Port - 17132 Meschers-sur-Gironde - ✆ 06 72 00 95 75 - www.meschers-croisieres.fr - avr.-sept.* Bienvenue à bord du bateau *La Côte de Beauté*, d'où vous pourrez découvrir les magnifiques paysages de l'estuaire de la Gironde *(sortie de 1h)*. Visite du phare de Cordouan, pêche aux crabes par grands coefficients de marée et pêche en mer.

Croisières du Pôle-Nature de Vitrezay – *La Pafaite - 17150 Saint-Sorlin-de-Conac - ✆ 05 46 49 89 89 - www.haute-saintonge.net - du 15 avr. au 15 oct. - croisières 1h15-5h.* Depuis 2014, le Pôle-Nature de Vitrezay propose de vraies petites croisières thématiques à bord du *Saintongeais* pour découvrir l'écosystème de part et d'autre de l'estuaire avec des escales en Gironde (la presqu'île du Médoc, les vignobles de Paulliac et Saint-Estèphe, l'île de Patiras, Blaye, etc.) et en Charente-Maritime (notamment la découverte par la mer de l'église Ste-Radegonde de Talmont). Accompagné d'une guide-conférencière, vous pourrez même déjeuner à bord selon le type de croisère choisi.

Randonnées à cheval

Le Rancho – *Rte de l'Ermitage - 17120 Mortagne-sur-Gironde - ✆ 06 77 60 60 61 - tte l'année - juil.-août : 9h-12h, 15h30-19h.* Une envie soudaine de galoper dans la campagne ? Venez donc exercer vos talents de cavalier dans cette « ferme-ranch » qui propose des excursions à cheval ou en calèche dans les forêts et marais.

1

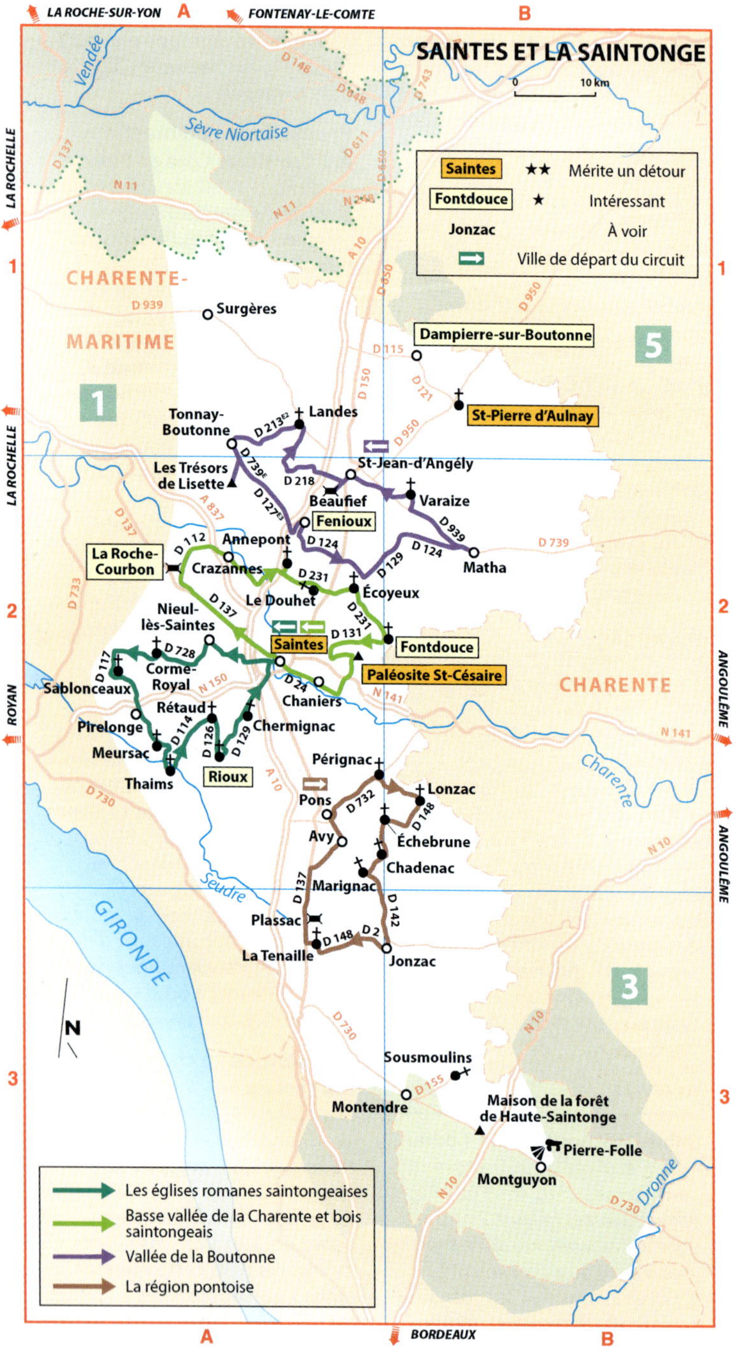
SAINTES ET LA SAINTONGE
0
10 km
LA ROCHE-SUR-YON
FONTENAY-LE-COMTE
LA ROCHELLE
ROYAN
ANGOULÊME
BORDEAUX
A
B
1
2
3
Saintes ★★ Mérite un détour
Fontdouce ★ Intéressant
Jonzac À voir
Ville de départ du circuit
CHARENTE-
MARITIME
CHARENTE
Vendée
Sèvre Niortaise
Charente
Seudre
GIRONDE
Dronne
Surgères
Dampierre-sur-Boutonne
St-Pierre d'Aulnay
Tonnay-Boutonne
Landes
St-Jean-d'Angély
Les Trésors de Lisette
Beaufief
Varaize
Fenioux
Matha
Annepont
La Roche-Courbon
Crazannes
Le Douhet
Écoyeux
Nieul-lès-Saintes
Saintes
Fontdouce
Corme-Royal
Paléosite St-Césaire
Sablonceaux
Chaniers
Rétaud
Pirelonge
Chermignac
Meursac
Thaims
Rioux
Pérignac
Lonzac
Pons
Avy
Échebrune
Chadenac
Marignac
Plassac
La Tenaille
Jonzac
Sousmoulins
Montendre
Maison de la forêt de Haute-Saintonge
Pierre-Folle
Montguyon
N
Les églises romanes saintongeaises
Basse vallée de la Charente et bois saintongeais
Vallée de la Boutonne
La région pontoise

La Saintonge 2

Carte Michelin Départements 324 - Charente-Maritime (17)

Saintes

★★

26 011 Saintais ou Santons - Charente-Maritime (17)

Des allées de platanes, des arènes, le décor est planté : celui du Sud. Saintes exerce sur ses visiteurs les charmes du Midi. Avec ses deux mille ans d'histoire, la capitale de la Saintonge possède un patrimoine archéologique, architectural et artistique à faire tourner la tête. Découvrez sa splendide Abbaye-aux-Dames, ses vestiges gallo-romains, ses églises, ses musées. Installez-vous ensuite au bord de la Charente, où le spectacle du fleuve majestueux et apaisant vaut toutes les thérapies. Puis allez vous régaler dans l'un des restaurants qui font la renommée de Saintes.

NOS ADRESSES PAGE 196
Hébergement, restauration, achats, activités, etc.

S'INFORMER

Office de tourisme Saintes et Saintonge – *Pl. Bassompierre - 17100 Saintes - ✆ 05 46 74 23 82 - www.saintes-tourisme.fr - ♿ - juil.-août : tlj 9h-19h ; de déb. juin à mi-sept. : tlj 9h30-12h30, 13h30-18h ; de mi-sept. à fin déc. et de déb. fév. à mi-avr. : tlj sf dim. 9h30-12h30, 13h30-17h30 ; janv. : lun.-vend. 13h30-17h30, sam. 9h30-12h30, 13h30-17h30 - fermé 1er janv., 1er mai, 1er nov. et 25 déc.*

Visites guidées – *Rens. à l'office de tourisme.* Saintes, Ville d'art et d'histoire, propose des visites animées par des guides.

SE REPÉRER

Carte de microrégion A2 p. 180 - *carte Michelin Départements 324 G5.*
Saintes se trouve 39 km au sud-est de Rochefort. L'autoroute A 10 dessert la ville, qui est traversée par l'avenue Gambetta et les cours National et Lemercier.

SE GARER

L'immense espace Pierre-Mendès-France, gratuit, se trouve à 5mn à pied du centre-ville.

À NE PAS MANQUER

L'arc de Germanicus ; l'Abbaye-aux-Dames ; le Paléosite de St-Césaire ; l'église de Rioux ; la salle des moines de l'abbaye de Fontdouce.

ORGANISER SON TEMPS

Comptez une bonne journée pour cette superbe Ville d'art et d'histoire, et deux pour les alentours, à la découverte des églises romanes saintongeaises, de la basse vallée de la Charente et des bois saintongeais.

AVEC LES ENFANTS

Le haras national ; le Paléosite de St-Césaire ; une promenade en gabarre ou santon sur la Charente.

Découvrir Plan de ville p. 185

★★ ABBAYE-AUX-DAMES, LA CITÉ MUSICALE B

11 pl. de l'Abbaye - ✆ 05 46 97 48 48 - www.abbayeauxdames.org - juin-sept. : 10h-19h ; oct. et déc. : 10h-12h30, 14h-18h ; nov. et janv.-mars : 14h-18h ; avr.-mai : 10h-12h30, 14h-19h - 6 € (4-16 ans 4 €) avec audioguide - billet couplé avec l'amphithéâtre gallo-romain : 8 € (-16 ans gratuit) - possibilité de visite guidée (1h30).
Premier monastère de femmes en Saintonge, cette abbaye bénédictine dédiée à la Vierge fut consacrée en 1047. Elle dut sa prospérité à Agnès de Bourgogne,

Saintes, le Musée archéologique.
R. Cintract/hemis.fr

remariée à Geoffroy Martel, comte d'Anjou, maître de la Saintonge. L'abbaye avait la charge d'éduquer les jeunes filles nobles, et compta d'ailleurs parmi ses pensionnaires Athénaïs de Rochechouart, la future **marquise de Montespan**, favorite de Louis XIV. La Révolution et l'Empire entraînèrent le déclin de l'abbaye. Transformée en prison, puis en caserne, elle nécessita d'importants travaux de restauration avant d'être rendue au culte en 1939.

L'association L'Abbaye aux Dames gère la Cité musicale qui organise des concerts de très haute qualité toute l'année. Celle-ci comprend une riche boutique (l'Abboutique) spécialisée dans l'art roman et la musique baroque ainsi en écho au festival de Saintes. L'association assure en outre l'hébergement, l'abbaye abritant un hôtel depuis 2014.

★ Abbatiale

Les bâtiments conventuels s'ordonnent autour de cette superbe église de style roman saintongeais. C'est en entrant dans la première cour de l'abbaye par un porche du 18e s. que l'on découvre son immense **façade** et son **clocher★**, élevé à la croisée du transept, et caractérisé par un étage de plan carré décoré de trois arcades par face. L'étage est surmonté d'une assise octogonale sur laquelle repose une rotonde percée de 12 baies géminées séparées par des colonnettes, et coiffée d'un toit à écailles conique, légèrement renflé.

★ **Façade**– Les voussures sculptées du **portail** central accueillent, de bas en haut : six anges adorant la main de Dieu ; les symboles des évangélistes autour de l'Agneau ; le supplice des martyrs, menacés d'une hache, du glaive ou du fouet et 54 vieillards musiciens, probablement ceux de l'Apocalypse. La voussure de l'arcade latérale droite évoque la Cène, celle de gauche la présence divine d'un Christ auréolé face à cinq figures nimbées, à la signification incertaine. Remarquez les chapiteaux historiés (chevaliers, petits monstres) et, au pignon, les armes de Françoise Ire de La Rochefoucauld, abbesse de 1559 à 1606.

Intérieur – Dans la première moitié du 12e s., l'architecte Béranger y mena des transformations. Les croisées d'ogives sur les bras du transept et la chapelle gothique du bras nord témoignent d'apports du 15e s. La **nef** à deux travées, jalonnée de six gros piliers élevés au 12e s. en avant des murs du 11e s., est couverte de plafonds de bois qui remplacent les deux coupoles sur pendentifs, incendiées en 1648. À l'entrée du transept, à droite, une console supporte une tête de Christ du 12e s. Le carré du transept, porté par quatre gros piliers, est surmonté d'une coupole sur trompes. Dans le croisillon droit s'inscrit la tribune des Infirmes. Le chœur roman présente une voûte en berceau brisé, que prolonge une voûte en cul-de-four, légèrement en retrait. Treize **tapisseries** contemporaines aux couleurs vives, illustrant la Genèse et la Création, couvrent les murs de la nef et créent un heureux contraste avec l'élégante sobriété du décor.

Bâtiments conventuels – Ce très bel ensemble monastique comporte un long corps de logis du 17e s. dont la façade a retrouvé la pureté originelle de ses lignes : deux étages percés d'étroites fenêtres que surmonte un comble rythmé par des lucarnes à frontons. À gauche, jouxtant trois travées rénovées de l'ancien cloître du 14e s., s'ouvre une belle porte du 17e s. à pilastres, dont les sculptures exubérantes contrastent avec la sévérité de la façade. Les bâtiments conventuels abritent une passionnante **exposition permanente** relatant l'histoire de l'abbaye.

Se promener Plan de ville p. 185

★ LA VIEILLE VILLE

Saintes se prête parfaitement à la promenade, qui alterne entre ruelles paisibles et rues commerçantes aux belles demeures anciennes. Car, contrairement à bien d'autres villes, la capitale saintongeaise a su conserver dans son centre ancien une animation commerçante particulièrement bienvenue. Des boutiques bordent également le cours National, une des artères principales qui permet de passer d'une rive à l'autre de la Charente.

Cathédrale Saint-Pierre A

1 pl. St-Vivien - ✆ 05 46 93 09 92 - tte l'année, en principe tlj sf lun. 9h-19h - visites guidées (juin-sept.) sur demande préalable auprès de l'office de tourisme.

LA CAPITALE DES SANTONS

Deuxième ville de Charente-Maritime après La Rochelle, Saintes fut fondée par la tribu gauloise des Santons vers le 2e s. av. J.-C. Appelée *Mediolanum Santonum* (« au milieu de la plaine des Santons ») par les Romains, cette riche cité commerçante s'étendait alors sur la rive gauche de la Charente. La grande voie créée par Agrippa à la fin du 1er s. et qui reliait Lyon à l'Atlantique s'achevait ici. Le poète bordelais de langue latine **Ausone** (309-394) y passa les dernières années de sa vie dans sa villa de Pagus Noverus, alors que **saint Eutrope** commençait à prêcher l'Évangile. La ville prit le nom de Xainctes au 11e s. avant de perdre son X à la faveur du S à la fin de l'Ancien Régime. Sous les Plantagenêts, la cité éleva de nombreux monuments religieux (St-Eutrope, Abbaye-aux-Dames) autour desquels se constituèrent de nouveaux quartiers. Ville frontière pendant la guerre de Cent Ans, Saintes fut encore éprouvée pendant les guerres de Religion. Aux 17e et 18e s., elle se couvrit d'hôtels cossus et des boulevards tangents à la vieille ville furent construits. En 1790, Saintes devint pour vingt ans le chef-lieu de la Charente-Inférieure. Au 19e s., le cours National se borda d'édifices néoclassiques parmi lesquels, face à face, le palais de justice et le théâtre.

Elle fut construite sur les bases d'un édifice roman, dont il reste une coupole au bras sud du transept. Sa construction, menée sous la direction successive de trois évêques de Saintes, membres de la famille de Rochechouart, date en majeure partie du 15e s. L'édifice subit, en 1568, de gros dommages causés par les huguenots.

Extérieur – Le clocher, alourdi par d'énormes contreforts, ne fut jamais achevé (un dôme de plomb à pans remplace la flèche qui devait le couronner). Il abrite un porche, dont le **portail★** de style flamboyant est orné d'anges, de saints et de prophètes.

Intérieur – Unité et simplicité caractérisent l'architecture intérieure. Cette impression est accentuée par les rais de lumière venant des fenêtres hautes ou latérales, qui rendent plus blancs les murs de pierre. La nef gothique et les collatéraux datent presque en totalité du 16e s., les grandes orgues des 17e et 18e s. Dans le bras droit du transept, une porte ouvre sur l'ancien cloître des chanoines, du 13e s., dont subsistent deux galeries et les vestiges de la salle capitulaire. La chapelle axiale, Notre-Dame des Victoires, du 16e s., porte une **voûte en étoile** très ouvragée aux nombreuses clés pendantes. Dans le chœur, l'élégant **cymborium**, porté par quatre colonnes de marbre rouge, provient de l'Abbaye-aux-Dames.

Partez de la place du Marché, contiguë à St-Pierre, et suivez sur toute sa longueur la rue St-Michel jusqu'à la rue Victor-Hugo que vous empruntez à gauche.

Dans la rue St-Michel, bordée de commerces aux devantures alléchantes, s'élèvent d'élégantes demeures saintongeaises en pierres apparentes. La rue Victor-Hugo, ancienne Grand-Rue, suit le tracé de la voie antique qu'enjambait l'arc de Germanicus à l'entrée du pont sur la Charente.

Dans la rue Victor-Hugo, passez devant le Présidial (exemple d'architecture du 17e s.), puis tournez à gauche dans la rue Alsace-Lorraine.

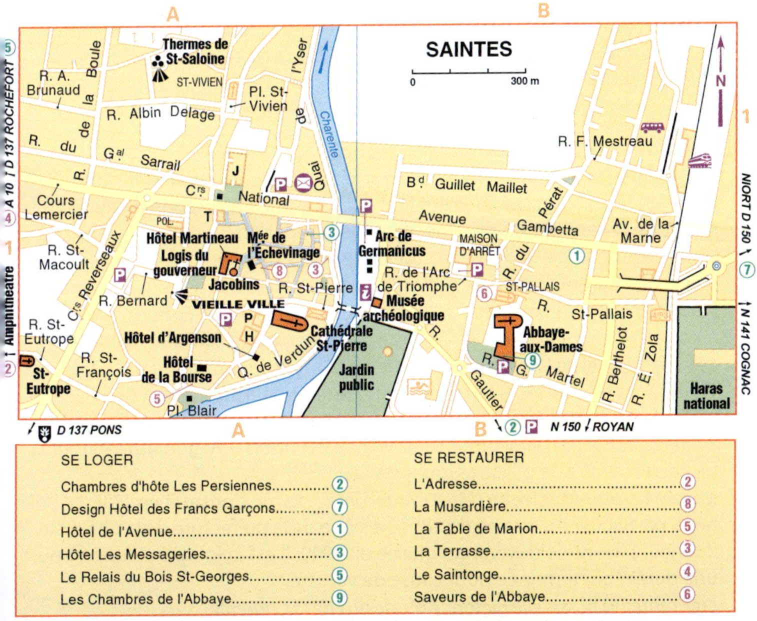

SE LOGER

Chambres d'hôte Les Persiennes 2
Design Hôtel des Francs Garçons 7
Hôtel de l'Avenue 1
Hôtel Les Messageries 3
Le Relais du Bois St-Georges 5
Les Chambres de l'Abbaye 9

SE RESTAURER

L'Adresse 2
La Musardière 8
La Table de Marion 5
La Terrasse 3
Le Saintonge 4
Saveurs de l'Abbaye 6

Ancien Échevinage A

Au-delà d'un portail classique, il présente une **façade** du 18e s. contre laquelle est accolée une tourelle du 16e s. L'escalier en vis de cet ancien beffroi (1586) permet d'accéder aux deux étages du musée des Beaux-Arts. Son agrandissement est à l'étude. En effet, durant les expositions temporaires, il arrive que le fonds permanent ne soit pas visible par manque de place.

Musée de l'Échevinage – *29 ter r. Alsace-Lorraine - ✆ 05 46 93 52 39 - www.ville-saintes.fr - avr.-sept. : tlj sf lun. 10h-12h30, 13h30-18h, dim. et j. fériés 14h-18h ; reste de l'année : tlj sf dim.-lun. et j. fériés 13h30-17h - fermé 1er janv., 1er mai, 1er nov. et 25 déc. - gratuit.* Les collections du musée couvrent la peinture du 15e s. au début du 20e s. Parmi ses pièces remarquables : une Descente de croix de l'école catalane du 15e s., une *Allégorie de la Terre* de Jan Bruegel de Velours, de très beaux plats d'apparat en émail polychrome du 16e s., une collection de céramiques saintongeaises, les paysages du régionaliste Louis-Augustin Auguin, une belle collection de porcelaines de Sèvres de 1890 à 1910, et un petit *Bord de Charente près de Port-Berteau* (1862) attribué à Gustave Courbet.

Revenez place de l'Échevinage et pénétrez dans le jardin de l'hôtel Martineau.

Hôtel Martineau A

L'ancien **couvent des Jacobins**, transformé au 19e s. en hôtel particulier par Maurice Martineau, renferme la médiathèque municipale et le Fonds ancien et régional qui possède plus de 100 000 documents du 11e s. à nos jours. Le chevet de la **chapelle des Jacobins** est percé d'une baie flamboyante au dessin élégant. On peut faire une halte dans le jardin de la médiathèque attenant.

Tournez rue Mauny.

Centre d'interprétation de l'Architecture et du Patrimoine A

11 r. Mauny - L'Hostellerie - ✆ 05 46 92 06 27 - www.saintonge-patrimoine.com - juil.-août : mar.-sam. 14h-18h ; sept. : J. du patrimoine - gratuit.

Le réseau des Villes et Pays d'art et d'histoire y propose une exposition permanente, « La Lumière de la Ville », pour comprendre l'histoire de Saintes et son urbanisation. Les jardins de l'Hostellerie sont aussi ouverts à la visite *(mêmes horaires, entrée par la médiathèque, place de l'Échevinage).*

Rue des Jacobins, à droite, empruntez les escaliers qui montent au belvédère.

Belvédère du Logis du gouverneur A

Ce pavillon du 16e s., accolé à l'ancien hôpital, surplombe la ville ancienne. La friche de l'hôpital et son quartier font l'objet d'une étude dans le cadre d'un projet de réhabilitation urbaine. Il faut y grimper en fin de journée, quand la lumière déclinante du soleil caresse les toits de tuile et met en valeur la pierre de Charente : la **vue**★ sur la cité est magnifique et poétique à souhait.

Les plus courageux partiront à pied en direction de l'église St-Eutrope. Les autres redescendront par la ruelle de l'Hospice pour regagner le quai de Verdun.

Le long du quai de Verdun s'alignent les jardins suspendus de vieux hôtels des 17e et 18e s., fiers de leurs ferronneries et de leurs balustres. Avant de traverser la Charente, partez vers l'**hôtel de la Bourse** (A) (1771), ancienne juridiction au magnifique portail sculpté. Allez voir aussi l'**hôtel d'Argenson** (A) dont la façade est ornée de pilastres ioniques.

Musée Dupuy-Mestreau (A)– *4 r. Monconseil - fermé.* Construit en 1738, ce bel hôtel particulier fut, à la fin du 18e s., le siège de la préfecture de la Charente-Inférieure avant de devenir un musée en 1920. Il est aujourd'hui fermé pour une durée indéterminée pour cause de vétusté.

Empruntez la passerelle piétonne au-dessus de la Charente.

QUELQUES CÉLÉBRITÉS LOCALES

Ancien compagnon verrier, **Bernard Palissy** (1510-1590) fait son « tour de France » et s'installe à Saintes vers 1539. Il choisit bientôt de se consacrer à l'art de la céramique, dans un atelier près des remparts. Il peina dans le dénuement avant de découvrir le secret de l'émail. Ne dit-on pas qu'il fut obligé de brûler ses meubles et son plancher pour alimenter son four ?

À son corps défendant, **Joseph Ignace Guillotin** (1738-1814), médecin de Saintes, a laissé son nom à la guillotine. Souhaitant l'égalité de tous devant la mort (la décapitation étant jusque-là réservée aux nobles) et désireux d'éviter aux condamnés des souffrances inutiles, Guillotin proposa en 1789 à l'Assemblée nationale l'usage d'une machine à décapiter à action rapide inventée par le Dr Louis. Finalement arrêté à son tour, il échappa de peu à la machine dont il avait prôné l'usage.

Goulebenèze (« bouche bien aise » en patois saintongeais) est le pseudonyme d'**Évariste Poitevin** (1877-1952). Ce troubadour moderne, plein d'humour, sillonnait la région avec ses spectacles en patois. Il fit des tournées dans toute la France et enregistra des disques. Goulebenèze refusait souvent les cachets et mourut dans la misère, malgré son énorme succès.

Ferdinand Chapsal, haut fonctionnaire et ministre, fut maire de Saintes de 1919 jusqu'à sa mort, en 1939. Sa petite-fille, la romancière **Madeleine Chapsal** (née en 1925), a grandi ici et y possède une grande maison. Elle décrit la Saintonge dans son roman *On attend les enfants* (1991).

2

Jardin public AB

3 r. René-Cassin - www.ville-saintes.fr - été : 9h-21h ; hiver : 9h-19h - juil.-août : animations musicales vend., sam. et dim. soir.

Il s'agit de l'ancien terrain de manœuvres militaires. Transformé en jardin en 1924, il est décoré de vestiges romains. À son extrémité s'élèvent une façade dans le goût du 18e s. et une jolie orangerie du 17e s. dotée d'une frise dorique. En été, une guingette et un restaurant s'installent en face de l'orangerie.

★ Musée archéologique B

Espl. André-Malraux - ✆ 05 46 74 20 97 - www.ville-saintes.fr - ♿ - avr.-sept.: mar.-sam. 10h-12h30, 13h30-18h, dim. et j. fériés 14h-18h ; reste de l'année : tlj sf dim.-lun. 13h30-17h - fermé 1er janv., 1er mai, 1er nov. et 25 déc. - gratuit.

Ce bâtiment du 19e s., jadis utilisé comme abattoir, abrite une très belle collection lapidaire gallo-romaine. Dans cet impressionnant entassement de colonnes, chapiteaux, architraves, bas-reliefs, découverts pour la plupart lors de la démolition du mur du castrum gallo-romain, se détachent une statue impériale en marbre de Carrare (14-68 apr. J.-C.) et un bas-relief funéraire représentant un dignitaire à cheval (vers 160-170 apr. J.-C.). Dans la salle voisine sont exposés des objets de la vie quotidienne des Gallo-Romains de **Mediolanum Santonum** : vaisselle, parures, habillement, jeux et la belle statue d'un couple divin portant une corne d'abondance, fragment de mosaïque du 4e s.

★ Arc de Germanicus B

Cet arc romain à double arcade se dressait, jusqu'en 1843, sur le pont principal de Saintes. Menacé de destruction quand le pont, d'origine romaine, commença à être démoli, il fut sauvé par l'intervention de **Prosper Mérimée**, inspecteur des Monuments historiques, et remonté sur la rive droite de la Charente, sur la place Bassompierre (récemment rendue aux piétons). Bâti en l'an 18, ce n'était pas un arc de triomphe, mais un arc votif. Les inscriptions qu'il

porte le dédiaient à Germanicus (fils adoptif de Tibère), à l'empereur Tibère et à son fils Drusus. On lit aussi le nom du donateur, Caius Julius Rufius. En son centre, les arêtes des trois piliers qui soutiennent la double arcade sont soulignées par des pilastres cannelés coiffés de chapiteaux corinthiens. Au pied de l'arc, des chaises longues couvertes de faux gazon incitent à une sieste. On peut également pique-niquer sur des tables prévues à cet effet.
Remontez la rue de l'Arc-de-Triomphe vers l'Abbaye-aux-Dames.

À voir aussi Plan de ville p. 185

Haras national B

2 av. Jourdan - ✆ 05 46 74 80 13 - www.haras-nationaux.fr - ♿ - tte l'année lun.-vend. 14h-17h sf j. fériés - ouv. le w.-end en fonction des animations et concours organisés et pour les J. du patrimoine et du cheval (sept.) - accès au parc 2 € en juil.-août, gratuit hors vac. scol. - possibilité de visite guidée (1h30) pendant les vac. scol. sur demande à l'office de tourisme : 6 € (4-16 ans 3 €).

Le haras propose des ateliers pour enfants avec initiation au poney *(1h, 6 € par enfant)*, ainsi que différentes animations pour le jeune public *(se rens.)*. Venez découvrir, au cœur d'un parc arboré de 10 ha, l'histoire du haras depuis sa création en 1846, situé dans de beaux bâtiments classés. À la fin de la visite, les pur-sang anglais et trotteurs français, percherons, traits mulassiers et fameux baudets du Poitou n'auront plus de secret pour vous.

★ Amphithéâtre gallo-romain Hors plan par A

20 r. Lacurie - ✆ 05 46 97 73 85 - juin-sept. : 10h-20h ; avr.-mai : 10h-18h, dim. 14h-18h30 ; reste de l'année : 10h-12h30, 13h30-17h, dim. 14-17h30 - fermé 1er janv., 1er mai, 1er nov., 25 déc. - 3 € (-19 ans gratuit) - billet couplé avec l'Abbaye-aux-Dames : 8 € (-16 ans gratuit) - audioguide 2 € - possibilité de visite guidée (45mn).

Il doit une partie de son charme à la verdure qui a envahi la plus grande partie des gradins à flanc de vallon. L'immense structure (126 m x 102 m), achevée au 1er s. sous le règne de Claude, pouvait accueillir 15 000 spectateurs. Dans une anfractuosité à mi-pente des gradins, côté sud, jaillit la petite fontaine Ste-Eustelle, à l'emplacement où fut décapitée une jeune disciple de saint Eutrope. Une cafétéria est installée à l'entrée de la billetterie de l'amphithéâtre. Et un chemin piéton très champêtre part de là pour aboutir à l'église.

★ Église Saint-Eutrope A

La reconstruction de l'édifice, sous sa forme actuelle, fut entreprise par des moines clunisiens à la fin du 11e s. L'église fut un lieu de pèlerinage consacré à **saint Eutrope**, évêque des Santons au 2e s., et une importante étape sur la route de St-Jacques-de-Compostelle. L'église était constituée à l'origine d'une nef unique et de deux chœurs superposés. Cette disposition permettait à la fois d'accueillir les pèlerins et d'assurer la permanence du culte monastique. Mutilé en 1803 par la destruction de la nef, l'édifice n'a conservé que le transept et l'ancien chœur roman aux magnifiques **chapiteaux** historiés. Le clocher, érigé au 15e s. grâce à la générosité de Louis XI qui avait une dévotion particulière pour saint Eutrope, doit son aspect élancé à sa flèche, haute de 65 m. Dans l'absidiole du croisillon sud se trouve une imposante cuve baptismale monolithe. Le chœur abrite le **sarcophage reliquaire** de saint Eutrope (4e s.), découvert en 1843 là où il avait été dissimulé durant les guerres de Religion.

★★ **Crypte** – Faiblement éclairée par les collatéraux, cette église à demi enterrée reproduit à l'identique le plan de l'église haute. Elle est entièrement voûtée d'arêtes, avec d'épais doubleaux séparant les travées de la nef.

Thermes de Saint-Saloine A

Le *caldarium* (salle des bains chauds) est la partie la mieux conservée de cet établissement thermal construit au 1er s. De ce site s'offre une belle **vue** sur la ville.

Circuits conseillés Carte des circuits p. 191

★ LES ÉGLISES ROMANES SAINTONGEAISES

Circuit de 80 km tracé en vert foncé sur la carte p. 191 – comptez environ 5h. Quittez Saintes par l'ouest (N 150, puis D 728). Prenez ensuite à droite la D 125.

Nieul-lès-Saintes

Château fort – *140 r. du Château - 17810 Nieul-lès-Saintes - ✆ 06 62 33 49 45 - www.chateau-de-nieul-les-saintes.fr - visite guidée sur demande (1h) de mi-juil. à fin août : merc. et sam. 14h-18h - 3 € (-15 ans 1 €).* Il fut construit à la fin du 14e s. par Jean Chaudrier, maire de La Rochelle. L'entrée du château, défendue par un châtelet flanqué de deux tours, se fait par deux ponts-levis. L'enceinte, entourée de douves sèches, est renforcée de deux tours angulaires. Des communs et du logis subsistent d'intéressantes salles souterraines, une glacière et une grande salle meublée.

Église St-Martin – Datant du 12e s., son portail roman (15e s.) montre des figures de danseurs et de musiciens, des scènes mi-macabres, mi-festives.

Suivez la D 127 vers le sud-ouest, puis à droite la D 728.

Église Saint-Nazaire de Corme-Royal

Elle dépendait de l'Abbaye-aux-Dames de Saintes. À l'extérieur, admirez les **sculptures** de sa **façade★** romane : les petits personnages (frise), les Vierges sages et les Vierges folles vêtues de robes à larges manches (grand arc au-dessus de la baie centrale), les Vertus et les Vices (arc de droite), les effigies (arc de gauche : sainte Catherine d'Alexandrie, saint Georges et, d'après la tradition locale, Geoffroy Martel en chevalier et son épouse Agnès de Bourgogne). Le portail, encadré de deux arcatures en arc brisé, montre le Christ donnant la règle bénédictine aux moines ainsi qu'un groupe d'acrobates se tenant par les pieds. L'intérieur a retrouvé sa voûte d'origine et s'éclaire de vitraux modernes. Remarquez un bel alignement de colonnes gothiques (15e s.) et un bénitier creusé dans un chapiteau gallo-romain, en marbre à feuilles d'acanthe.

À droite de l'église, dans la cour de l'ancien prieuré donné par Geoffroy Martel à l'Abbaye-aux-Dames, subsiste le mur sud de cet édifice, fortifié au 15e s.

Revenez sur la D 728. À Nancras, prenez à gauche la D 117.

Abbaye de Sablonceaux

1 r. de l'Abbaye - 17600 Sablonceaux - ✆ 05 46 94 41 62 - www.abbaye-sablonceaux.com - visite guidée sur demande préalable (50mn) juin-sept. : tlj sf mar. 15h-17h ; reste de l'année : 1er dim. du mois 15h-17h - 5 € (-18 ans gratuit) - accès libre à l'église et à la salle capitulaire - fermé janv., 25 déc.

Fondée au 12e s. par Geoffroy de Lauroux, délégué par saint Bernard, cette abbaye occupe un **site★** superbe. Victime, au cours des siècles, de nombreuses modifications et destructions, elle constitue un émouvant ensemble de bâtiments faisant aujourd'hui l'objet d'une restauration progressive.

L'**abbatiale**, d'une sobriété toute cistercienne, se distingue par son superbe clocher carré et ses coupoles romanes (quatre à l'origine), dont deux ont subsisté à la croisée du transept et sur la nef. Le chœur (13e s.), à chevet plat, s'abrite sous une haute voûte d'ogives nervurées et laisse pénétrer la lumière par trois grandes baies gothiques aux vitraux modernes. Longtemps utilisés à

des fins agricoles, les bâtiments conventuels présentent de nombreux points d'intérêt. Un **portail** Louis XVI armorié donne accès à une ancienne cour de ferme ; celle-ci est ombragée par un vénérable **noyer** d'Amérique planté vers 1880. Là s'élève le **logis abbatial**, réaménagé au 18e s., dont la façade présente des arcades séparées par des pilastres doriques et des balustres à l'étage.
Accessible à la visite, le **grenier à grains** ou « grenier d'abondance » est doté d'une imposante charpente ; il repose sur une succession de caves voûtées. Vous pourrez aussi visiter la **salle capitulaire**, située sous le dortoir des moines, reconnaissable à sa porte en plein cintre.
Occupée par la communauté du Chemin Neuf, l'abbaye abrite des espaces d'exposition et une boutique où sont vendues les céramiques fabriquées sur place, ainsi que divers produits des abbayes de France.
Prenez la D 243E1 qui mène à St-Romain-de-Benet.

Écomusée du hameau de Pirelonge

11 chemin de Chez-Pureau - 17600 St-Romain-de-Benet - ✆ 05 46 02 00 14 - ♿ - visite guidée (2h) tlj sf lun. à 15h en juil.-août ; reste de l'année : sur réserv. - gratuit - boutique tlj 9h-12h, 14h-19h - possibilité de déjeuner sur place, sur demande.
Composé d'anciens bâtiments de ferme appartenant à une famille de vignerons et distillateurs d'alcool et plantes aromatiques, ce village-musée fait revivre le patrimoine local à travers la reconstitution des savoir-faire d'autrefois. Installé dans la distillerie Brillouet, le **musée des Alambics** expose une belle collection d'alambics charentais servant encore à l'élaboration du cognac, d'alambics ambulants jadis utilisés par les bouilleurs de cru pour obtenir de l'alcool à partir de vin ou de fruits, et d'alcoomètres. Le **musée de l'Imprimerie et du Papier** abrite quant à lui une trentaine de machines servant aux démonstrations d'impression à l'ancienne. La distillation des plantes aromatiques pour la production d'huiles essentielles est également à l'honneur, avec un jardin des lavandes, un parcours de senteurs et des expositions sur les parfums.

Tour de Pirelonge

À 200 m de l'écomusée *(derrière la voie ferrée)* s'élève cette tour romaine en partie coiffée de pierres sculptées d'écailles. La fonction de l'édifice, situé au bord d'une voie romaine, reste mystérieuse : borne ou monument religieux ?
Revenez sur la N 150 en direction de Saintes. Après 500 m, prenez à droite la D 243E1.

Église Saint-Martin de Meursac

Cet édifice gothique du 12e s., aux murs renforcés de puissants contreforts, se prolonge par un chœur roman voûté en berceau brisé. Là, des chapiteaux montrent des oiseaux becquetant des lions et un homme étranglant deux lions. Sous l'église, une curieuse **crypte monolithique** du 5e s., accessible par un étroit escalier à vis situé près du chœur, révèle une grande salle coiffée d'une coupole.
Poursuivez sur la D 243E1 vers le sud-est.

Église Saint-Pierre de Thaims

Ce modeste édifice roman a été élevé entre le 11e et le 13e s. sur l'emplacement d'une villa gallo-romaine, dont des vestiges sont visibles en sous-sol. Dans le jardin qui longe le côté sud sont disposés des sarcophages mérovingiens. À l'intérieur, la croisée du transept montre des corniches mérovingiennes et des scènes gravées carolingiennes. L'avant-chœur sert de musée lapidaire : marbres et sculptures gallo-romains de la déesse gauloise Épona, protectrice des cavaliers et des chevaux, et de Bacchus, dieu romain du vin.
Quittez Thaims par le nord-est en empruntant la D 114.

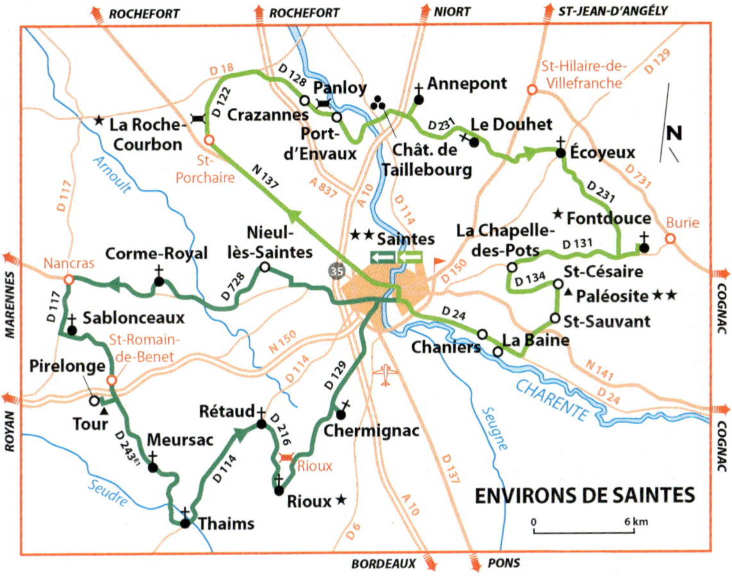

Église Saint-Trojan de Rétaud

Édifiée au 12e s., elle possède une frise très décorative sur sa façade, un clocher octogonal à la croisée du transept et une abside à pans richement sculptée (modillons façonnés de grotesques, dont un monstre croquant à pleines dents un pénitent). À l'intérieur, notez les deux chapiteaux à l'entrée de l'abside, les colonnettes qui encadrent ses baies et une partie d'un ornement funéraire.

Quittez Rétaud par le sud en empruntant la D 216.

★Église Notre-Dame de Rioux - *✆ 05 46 91 60 27 - 9h-19h.*

Église romane du 12e s.; sa façade, d'une grande légèreté dans sa partie inférieure, présente des voussures et des arcatures très travaillées; parmi ses archivoltes sculptées, l'une, au centre, encadre une belle Madone en majesté. À l'intérieur, les murs portent les traces de litres seigneuriales (bandes noires honorant des défunts) et, dans le chœur à droite, un remarquable **groupe en bois** sculpté représentant le Mariage mystique de sainte Catherine (1re moitié du 16e s.). À gauche, chapelle seigneuriale ajoutée au 15e s.

Le **chevet★★** polygonal, percé de cinq fenêtres, est superbe : des contreforts-colonnes séparent ses pans coupés, couronnés chacun d'une arcature aveugle sculptée, tout comme les arcs en plein cintre des baies, de motifs décoratifs géométriques variés.

Quittez Rioux par le nord-est en empruntant la D 129.

La route passe en vue du château de Rioux, qui appartenait au Moyen Âge à la famille des seigneurs de Didonne, vassaux des comtes de Poitou.

Église Saint-Quentin de Chermignac

Les sculptures des voussures du portail figurent des personnages ou des animaux fantastiques. À l'intérieur, des modillons sculptés figurent des acrobates, des musiciens et un penseur; près de l'église se dresse une belle **croix hosannière** du 15e s.

Rejoignez la D 129 qui ramène à Saintes.

★ BASSE VALLÉE DE LA CHARENTE ET BOIS SAINTONGEAIS

Circuit de 97 km tracé en vert clair sur la carte p. 191 – comptez environ une journée. Quittez Saintes par le nord-ouest en empruntant la D 137, direction Rochefort. À St-Porchaire, suivez à droite la D 122.

★ Domaine de La Roche-Courbon (*p. 198*)

Poursuivez sur la D 122, puis prenez à droite la D 18 et encore à droite la D 128.

Crazannes (*p. 201*)

Continuez sur la D 128.

Château de Panloy

3 domaine de Panloy - 17350 Port-d'Envaux - 05 46 91 73 23 - www.panloy.com - - de mi-juin à mi-sept. : 10h-19h ; avr.-oct. : tlj sf lun. 10h-12h, 14h-18h - parc et château (visite guidée, 1h) : 8 € (7-14 ans 4 €) - parc : 4 € (7-14 ans 2 €).

Il fut édifié de 1770 à 1773 sur les bases d'un ancien château dont il a conservé les deux pavillons d'entrée Renaissance. Son harmonieuse façade s'élève dans une large cour d'honneur. À l'arrière du château se situent les écuries et un **pigeonnier** (1620), qui a conservé son échelle tournante. À l'intérieur, visitez d'abord la grande salle à manger aux boiseries Louis XV, le salon, puis une galerie de chasse ajoutée au 19e s. et décorée de trophées. Un petit couloir d'angle montre quelques tableaux du 17e s. et mène au pavillon opposé présentant un mobilier Renaissance. Remarquez en sortant l'ornementation des murs. Dans le salon Louis XV : panneaux muraux ornés de cinq **tapisseries de Beauvais★**, d'après des cartons de J.-B. Huet, représentant des scènes pastorales du 18e s. La visite permet également d'accéder aux combles.

Port-d'Envaux

Ce paisible village fut un port gabarrier très actif, d'où partaient pierre de taille, vins et eaux-de-vie, sel et papier. Une promenade sur la rive de la Charente permet de contempler les demeures blanches des riches armateurs. Certaines promenades fluviales partant de Saintes vont jusqu'à Port-d'Envaux et retour.

Les Lapidiales – *R. de la Mairie - 17350 Port-d'Envaux - 06 76 82 11 02 - www.lapidiales.org - possibilité de visite guidée - accès libre tte l'année.* À 500 m du village, sur la D 119E2 en direction de Plassay, cet espace abrite un ensemble de sculptures monumentales taillées sur les fronts de taille d'anciennes carrières, dans un agréable sous-bois : les thèmes sont liés aux quatre éléments, l'eau, la terre, l'air et le feu. Le long du chemin de halage se trouve l'aire de loisirs du Pré-Valade aménagé pour la baignade et le pique-nique.

Reprenez la D 128, puis tournez à gauche pour traverser la Charente en direction de Taillebourg.

Taillebourg

Taillebourg a donné son nom au premier épisode d'une célèbre bataille qui se conclut à Saintes, où s'affrontèrent, en juillet 1242, Saint Louis et le roi d'Angleterre Henri III Plantagenêt. Elle s'acheva par la déroute des Anglais. Faites un tour dans le village, qui conserve un beau patrimoine architectural

Château – *Laissez votre voiture sur l'esplanade du monument aux morts (route d'Annepont).* En passant entre deux pavillons du 18e s., on pénètre dans le parc public aménagé autour des ruines. Se dresse encore une haute tour d'angle à mâchicoulis du 15e s. De la terrasse du parc, contemplez la vue sur la paisible vallée de la Charente, tapissée de prairies. Des visites guidées des souterrains sont possibles *(de mi-juin à fin sept. - rens. auprès de la mairie - 05 46 91 71 20).*

Quittez Taillebourg par l'est en empruntant la D 127.

La salle capitulaire de l'abbaye de Fontdouce.
Abbaye de Fontdouce

Église Saint-André d'Annepont

Petit édifice roman du 12e s.; à droite du portail, niche du 15e s. Au chevet, sculptures de sirènes, d'un acrobate et de deux chouettes aux ailes déployées.
Revenez vers Taillebourg. Avant que la D 127 ne franchisse l'A 10, tournez à gauche dans la D 231.

2

Église Saint-Martial du Douhet

Elle possède un beau portail roman, dont les voussures montrent l'Agneau pascal entouré d'anges et de motifs végétaux et, au-dessus, un Christ en majesté. Les arcs latéraux sont décorés de motifs géométriques et de feuilles d'acanthe, et les piliers de la nef, avec leurs chapiteaux sculptés de lutteurs, de lions et d'aigles. Sur l'archivolte du portail, notez ce beau visage de Jacques le Mineur (cousin et disciple de Jésus).
Poursuivez sur la D 231, qui bientôt coupe la D 150.

Église Saint-Vivien d'Écoyeux

Cette imposante église du 12e s. présente un visage étonnant car elle fut fortifiée au 15e s. : deux échauguettes, reliées par un crénelage, encadrent sa façade au portail décoré. Le chevet comporte une chambre de refuge.
Quittez Écoyeux par le sud-est en empruntant la D 231.

★ Abbaye de Fontdouce

D 131 - 17770 St-Bris-des-Bois - ✆ 05 46 74 77 08 - www.fontdouce.com - juil.-août : 10h-19h, sam. 10h-17h ; avr.-juin et sept.-oct. : 10h30-18h30, sam. 10h30-17h - fermé de la Toussaint au w.-end de Pâques - 6 € (7-18 ans 3 €) - billet combiné avec le Parc Aventure : 20 € (9-18 ans 16,50 € ; 3-8 ans 11 €).

Une étape ludique avec des enfants, puisque le domaine de l'abbaye comprend le Parc Aventure de la vallée de Fontdouce (accrobranche, promenade avec les ânes, etc.). La visite de l'abbaye elle-même est distrayante avec de vraies énigmes liées à l'histoire du lieu à résoudre en famille. Aire de pique-nique et possibilité de se restaurer sur place en été.

Abritée dans un joli vallon, cette abbaye fut fondée par les bénédictins au 12e s. Ses terres s'étendaient de l'Angoumois jusqu'en Aunis où les moines faisaient exploiter des salines. Ruinée lors des guerres de Religion, elle fut vendue comme bien national en 1793 et transformée en exploitation agricole et viticole. Depuis les années 1970, d'importantes campagnes de restauration ont mis en valeur ses bâtiments conventuels.

La visite commence par les **jardins à la française** et le **jardin médicinal**, ponctués de bassins d'eau claire.

Un **parloir-couloir** gothique du 13e s., dont la voûte est richement décorée, jouxte la belle et vaste **salle capitulaire★** composée de douze travées à voûtes d'ogives reposant sur des piliers. Détaillez les admirables clés de voûte sculptées, parmi lesquelles une curieuse figure à trois visages et à quatre yeux, symbolisant la Sainte-Trinité. Sur la diagonale opposée se trouve l'effigie d'Aliénor d'Aquitaine portant sa couronne. La **chapelle basse** romane est d'une grande austérité. La **chapelle haute** (12e s.), aménagée en logis abbatial, accueille un petit musée (fragments de mosaïques du 13e s., fossiles, etc.).

En 2006, des fouilles ont mis au jour une **salle des moines** aux larges dimensions (30 m sur 12) dont on ne devinait jusqu'alors que les murs extérieurs. Cette salle, qui s'était totalement écroulée au 16e s. car bâtie sur des terres inondables, fut remblayée au 19e s. Protégée pendant des siècles par des tonnes de terre, elle est dans un étonnant état de conservation. Une analyse plus poussée des couches de terre et des objets retrouvés sur place (monnaies, poteries, bronzes, tenailles, boucles, parties de rouet, lunettes datant du haut Moyen Âge…) devrait permettre de mieux comprendre la vie monastique au 13e s.

Avant de quitter ces lieux d'une grande quiétude, passez devant les vestiges de l'**église abbatiale** dont subsistent encore des fragments de colonnes ainsi qu'une massive base de pilier qui se trouvait à la croisée du transept.

Prenez la D 131 en direction de Saintes.

La Chapelle-des-Pots

Au centre de ce petit village dont la tradition potière remonte au 13e s.

Musée de la Céramique saintongeaise – *5 pl. de la Mairie - 17100 La Chapelle-des-Pots - ✆ 05 46 74 59 72 - visite sur demande préalable - tarif : se rens.* Une maison charentaise abrite ce musée et présente de belles pièces d'artisanat céramique traditionnel en Saintonge du 13e s. à nos jours.

Suivez la D 233 vers le sud, et prenez à gauche la D 134.

Saint-Césaire

6 r. du Maine - 17770 St-Césaire - ✆ 05 46 90 49 00 - www.saint-cesaire.fr - juin-sept. : 9h30-20h30 ; reste de l'année : tlj sf dim., mar. et j. fériés 10h-12h, 15h-19h.

En 1979, une découverte archéologique majeure allait placer cette petite commune de la vallée du Coran au cœur de la préhistoire. En effet, au lieu-dit **La Roche-à-Pierrot** fut trouvé dans une couche d'outils jusque-là attribués aux hommes de Cro-Magnon le squelette très fragmenté d'une Néandertalienne d'une vingtaine d'années que l'on baptisa **Pierrette**… Preuve indubitable que les Néandertaliens ont survécu au début du paléolithique supérieur, contrairement à ce que l'on croyait, et qu'ils ont coexisté pendant quelque temps avec les hommes de Cro-Magnon, voire eu des échanges…

Musée des Bujoliers – *6 r. de la Mérine - 17770 St-Césaire - au lieu-dit les Bujoliers, attenant à St-Bris-des-Bois - ✆ 05 46 91 98 11 - www.saintbris-saintcesaire.com - juil.-août : 14h30-18h ; reste de l'année : sur RV - 5,50 € (-12 ans 3 €).* Installé dans la **maison de la Mérine**, demeure de cultivateur-viticulteur construite vers 1860, ce petit musée évoque la vie saintongeaise au 19e s. Le chai est doté d'un alambic en cuivre ambré et de deux **bujours**, énormes cuviers de terre cuite typiques de la région, qui servaient à faire la lessive. D'autres salles sont consacrées à l'industrie locale de la céramique, la géologie de la vallée du Coran et la préhistoire à St-Césaire.

★★ **Paléosite** – *Rte de la Montée-Verte - ✆ 05 46 97 90 90 - www.paleosite.fr - ♿ - juil.-août : 10h-20h ; avr.-juin et sept. : 10h30-12h30, 13h30-19h ; oct. : w.-end 10h30-12h30, 13h30-18h30 ; vac. de la Toussaint : 10h30-12h30, 13h30-18h30 - fermé lun.-mar. (sf vac. scol.) - possibilité de visite guidée - 10 € (6-14 ans 6 €) - forfait famille (2 adultes + 2 enf.) : 26 €.*

Visite bien conçue pour les enfants avec des ateliers presque tous les jours pour apprendre à tailler des outils, allumer le feu ou tirer au propulseur comme les hommes préhistoriques.

Véritable aventure à la fois ludique, pédagogique et sensorielle, la visite de ce centre dédié à la préhistoire est un passionnant voyage dans le temps, sur les traces de Neandertal, 35 000 ans en arrière. Dès l'arrivée, un sentier conduit au **gisement archéologique** où fut découvert le squelette de Pierrette.

Centre d'interprétation – Dans ce bâtiment de 2 000 m², les dernières technologies en matière d'image, de scénographie et d'effets spéciaux ont été mises à contribution pour restituer le mystère de la mort de la dernière Neandertalienne connue en France. L'histoire de l'évolution humaine est racontée en 3D dans l'**amphithéâtre**. Le film évoque les 5 000 à 10 000 ans pendant lesquels Neandertal a cohabité avec l'Homo sapiens dans la région. Dans la **salle de décryptage**, l'analyse du squelette de Pierrette à l'aide des méthodes scientifiques de pointe dévoile la cause de son décès. L'enquête se poursuit dans la **salle de projection** où un film expose trois scénarios possibles de ce qui semble bien avoir été un crime. Très réussie, la **salle Morpho**★ propose des ateliers interactifs personnalisés qui vous permettent de vous comparer à l'homme de Neandertal (grâce aux techniques de morphing facial, assistez à la transformation néandertalienne de votre propre visage) et de vous mesurer avec lui au bras de fer !

Extérieur – Ici, vous pouvez tester le lancer de sagaie avec propulseur et explorer un sentier menant à trois espaces qui reconstituent les lieux de vie des hommes préhistoriques. Découvrez les villages « Neandertal » et « Sapiens », ainsi qu'un « cimetière de mammouths ». La visite s'achève dans un **laboratoire** d'analyse et d'interprétation des traces trouvées au cours des fouilles, le clou étant, bien sûr, la reconstitution du visage de Pierrette d'après son crâne.

Suivez la D 134 vers le sud.

Saint-Sauvant

Très beau village installé sur une falaise dominant la vallée du Coran. L'aspect de forteresse de l'église St-Sylvain est accentué par la rude pente qui y mène. De puissants contreforts étayent la façade et la nef romanes. La tour médiévale, probable vestige d'un château, semble confirmer le rôle de sentinelle du site.

Prenez la D 134 vers le sud, puis à droite la D 24.

Chaniers

De style roman, l'**église St-Pierre**, fortifiée au 15e s., présente une abside fortifiée de plan tréflé et un clocher au-dessus d'une coupole sur trompes ; son chevet est surélevé d'un chemin de ronde couvert. Un des chapiteaux de la nef porte une représentation d'Aliénor. Au bord de la Charente, la Baine est un agréable site qui se divise ici pour former deux îles reliées par des passerelles. Peupleraie et barques. Un bac assure la traversée d'une rive à l'autre *(mai-oct.)*.

Quittez Chaniers par la D 24 qui ramène à Saintes.

NOS ADRESSES À SAINTES

VISITE EN BATEAU

Gabarre « Ville de Saintes » – *Pl. Bassompierre - 05 46 74 23 82 - juil.-août : tlj sf mar. et jeu. ; mai-juin : w.-end et j. fériés ; sept. : se rens. - dép. à 14h30 - 7,50 € (4-12 ans 6,50 €).* L'office de tourisme propose des promenades commentées *(1h30)* sur la Charente à bord de ce traditionnel bateau en bois.

HÉBERGEMENT

PREMIER PRIX

Les Chambres de l'Abbaye – B - *11 pl. de l'Abbaye - 05 46 97 48 30 - www.abbayeauxdames.org - P - 34 ch. 39/75 € - 8,90 €.* Une partie des bâtiments de l'Abbaye-aux-Dames a été transformée en hôtellerie. Une plongée hors du monde dans un édifice séculaire, où le sommeil est divin et le calme absolu. Seules deux chambres possèdent une salle d'eau privative.

Chambres d'hôte Les Persiennes – Hors plan par B - *23 chemin du Chamboudeau - 05 46 95 38 17 - www.lespersiennes.fr - P - 4 ch. 72 € - table d'hôte mar., jeu. et dim. soir, 22 €.* Cette maison estivale de 1895 est située non loin de l'Abbaye-aux-Dames. Les chambres, habilement décorées dans des tons pastel, procurent une atmosphère zen à l'ensemble.

Hôtel de l'Avenue – B - *114 av. Gambetta - 05 46 74 05 91 - www.hoteldelavenue.com - P - 15 ch. 73/79 € - 8 €.* Accueil souriant garanti dans cet immeuble des années 1970 bordant un axe passant, à 500 m de la gare. Les chambres, personnalisées et chaleureuses, donnent sur la terrasse et le jardin, bien au calme.

BUDGET MOYEN

Hôtel des Messageries – A - *R. des Messageries - 05 46 93 64 99 - www.hotel-des-messageries.com - P - 34 ch. 97/159 € - 9,50 €.* Près du quartier historique, ex-relais de diligences datant de 1792. Chambres refaites dans une déclinaison de tons clairs. Produits du terroir et crêpes maison au petit déjeuner, servi dans une jolie salle sur jardin.

POUR SE FAIRE PLAISIR

Le Relais du Bois St-Georges – Hors plan par A - *132 cours Genet - 05 46 93 50 99 - www.relaisdubois.com - P - 30 ch. 135/370 € - 21 € - 25/70 €.* Bâti sur le site d'un ancien chai, cet hôtel propose des chambres personnalisées, parfois très originales : capitaine Nemo, Tombouctou, Monte-Cristo… Parc avec étang. La salle à manger rustique et chaleureuse ouvre sur la nature. Ambiance cosy et formule bistrot à La Table du Bois.

À proximité

BUDGET MOYEN

Hôtel des Francs Garçons – Hors plan par B - *1 r. des Francs-Garçons - 17610 St-Sauvant, 13 km à l'est - 05 46 90 33 93 - www.francsgarcons.com - 10 ch. 103/150 € - 12,50 € - à partir de 26 € (résidents seult).* Dans un village médiéval, maison de toute beauté rénovée de manière moderne. Sur plusieurs niveaux : décor moderne, vieilles pierres, mobilier design, jeux de lumières qui mettent en valeur les matériaux. Piscine face à l'église, sauna et bar.

RESTAURATION

BUDGET MOYEN

La Terrasse – A - *13 quai de la République - 05 46 98 22 31 - tlj* *sf lun. soir - formule 11,90/18 € à midi.* Avec sa vue panoramique sur la Charente et sur l'arc de Germanicus, cette terrasse est très demandée. Excellente cuisine à base de produits frais. Desserts inventifs. Accueil adorable

La Musardière – A - *29 r. Alsace-Lorraine - ✆ 05 46 74 34 87 - juil.-août : 11h-0h – reste de l'année : tlj sf dim. 9h-0h - formule 19 €.* Dans le cadre historique de la cour du musée de l'Échevinage, on vous servira ici des produits cuits à la plancha à toute heure de la journée en été. Belle décoration intérieure. La maison fait aussi brûlerie, salon de thé, épicerie fine et boutique pour les musées.

Hôtel-Restaurant des Saveurs de l'Abbaye – B - *1 pl. St-Pallais - ✆ 05 46 94 17 91 - www.saveurs-abbaye.com - tlj sf dim. et lun. - fermé de fin sept. à déb. oct. - 8 ch. 62/69 € - ☕ 9 € - ✕ formule déj. 17 € - 28/48 €.* À deux pas de l'Abbaye-aux-Dames, cet établissement, qui a changé de main en 2015, offre toujours un cadre moderne chaleureux (bois, ton chocolat) et une cuisine inventive associant produits régionaux, herbes et épices.

L'Adresse – Hors plan par A - *48 r. St-Eutrope - ✆ 05 46 94 51 62 - www.adresserestosaintes.fr - tlj sf dim.-lun. - fermé fin août-déb. sept. et fin fév.-déb. mars - 31/48 €.* On utilise ici à bon escient les produits du marché et les légumes de producteurs locaux pour confectionner des plats généreux et gourmands.

Le Saintonge – Hors plan par A - *1 rte de Royan - ✆ 05 46 97 00 00 - www.saintes-vegas.com - fermé dim. et lun. soir - P - formule déj. 14,80 € - 23,50/48 €.* Dans le complexe Saintes Vegas (salons, discothèques...), lumineuse salle de restaurant en rotonde au cadre plutôt élégant. Cuisine classique.

POUR SE FAIRE PLAISIR

La Table de Marion – A - *10 pl. Blair - ✆ 05 46 74 16 38 - http://latabledemarion.wix.com/la-table-de-marion - fermé mar. et mer. - formule déj. 20 € - 31/60 €.* Cet étoilé *Michelin* élabore une cuisine à base de produits locaux, créative et délicate mais sans rechercher l'originalité à tout prix. Accueil charmant.

ACHATS

Les rues semi-piétonnes, à proximité de la cathédrale St-Pierre, ainsi que les rues Victor-Hugo et Alsace-Lorraine sont commerçantes.

Res'thé manger – *13 r. St-Michel - ✆ 05 46 95 21 97 – lun.-mar. 8h30-14h30, mer.-sam. 8h30-18h - ✕ formules 12/17 € boissons comprises.* Dans cette jolie boutique aux tons vifs, vous dénicherez des objets insolites que la propriétaire des lieux s'amuse à chiner. Expos de peinture, espace enfants. Et si vous avez un petit creux, « restez manger » ou prendre un thé !

ACTIVITÉS

Halte fluviale – *Espl. André-Malraux - ✆ 05 46 92 34 45.* Quai pour navires de plaisance avec eau douce et électricité.

Les Santons – *Pl. Bassompierre - ✆ 05 46 74 23 82 - w.-end en juin et 1re quinz. de sept. ; juil.-août : 13h30-19h - de 40mn à 2h.* Ces petits bateaux électriques à piloter soi-même sont le moyen idéal pour découvrir Saintes au fil de la Charente.

AGENDA

Festival de Saintes – *www.abbayeauxdames.org - mi-juillet.* Musique classique, à l'Abbaye-aux-Dames.

2

Domaine de La Roche-Courbon★

Charente-Maritime (17)

« Entre mes longs voyages, je revenais comme un pèlerin ramené pieusement par le souvenir, me disant chaque fois que rien des lointains pays n'était plus reposant ni plus beau que ce coin si ignoré de notre Saintonge... » Isolé au sein de chênaies profondes que l'écrivain Pierre Loti aimait tant, La Roche-Courbon semble tout droit sorti d'un conte de fées. On se prend à rêver en découvrant son harmonieuse suite de terrasses à balustres et ses somptueux jardins à la française.

SE REPÉRER

Carte de microrégion A2 p. 180 - *carte Michelin Départements 324 F4.* Le château se trouve 2 km au nord de St-Porchaire. On y accède facilement depuis Saintes ou Rochefort par la D 137.

À NE PAS MANQUER

La vue du château se reflétant dans son miroir d'eau ; le cabinet des peintures et sa curieuse baignoire ; les parterres et bassins des jardins à la française.

ORGANISER SON TEMPS

Comptez bien 2h pour découvrir le château et son parc.

AVEC LES ENFANTS

Les jeux anciens en bois qui sont mis à leur disposition en saison. Un parcours-jeu spécifique.

Découvrir

Rue des Cressonnières - 17250 St-Porchaire - ✆ 05 46 95 60 10 - www.laroche courbon.fr - mai-sept. : 10h-19h ; reste de l'année : 10h-12h, 14h-18h - fermé janv. (sf w.-end), dim. matin en hiver, 25 déc., 1er jan. - château avec visite guidée, jardins, grottes et expositions : 11,50 € (7-14 ans 5,50 €) - jardins, grottes et expositions : 7 € (7-14 ans 5,50 €) - visite guidée (45mn) tlj sf jeu. de mi-sept. à mi-mai.

On pénètre dans le domaine par la porte des Lions, portique monumental à trois arcades (17e s.), orné de cariatides à son revers. Après avoir franchi les douves, bordées de balustrades au 17e s., on passe sous le **donjon**, ancienne tour d'enceinte à mâchicoulis abritant un petit musée de la Préhistoire (objets des périodes moustérienne, aurignacienne et magdalénienne).

★ Château

Comme le donjon, il date du 15e s., mais a été profondément modifié par Jean-Louis de Courbon au 17e s. : baies et lucarnes refaites, ajouts d'arcades supportant le balcon qui orne la façade côté jardin. Observez l'équilibre de cette façade, son perron et son escalier à balustres. À l'intérieur, vous découvrirez un **bureau-bibliothèque** au mobilier Louis XIII ; un **cabinet de peintures** revêtu de panneaux peints sur bois, d'époque Louis XIV, représentant la vie d'Hercule, des paysages, des allégories, des épisodes bibliques provenant de l'ancienne chapelle ; un **grand salon 18e s.**, aux meubles d'époque et aux murs lambrissés, contenant un buste d'Hubert Robert d'après Pajou et un tableau du peintre hollandais Hackaert, reproduisant le château tel qu'il était au 17e s. Notez aussi le vestibule Louis XVI, orné de paysages peints par Casanova, le frère du fameux

Château de La Roche-Courbon..

L. Lourdel/Photononstop

LE CHÂTEAU DE LA BELLE AU BOIS DORMANT

Enfant, **Pierre Loti** (1850-1923), qui passait ses vacances chez son beau-frère à St-Porchaire, était tombé amoureux du domaine de La Roche-Courbon, perché sur un promontoire dominant les marais et le Bruant.

En 1908, lorsque le château, abandonné, fut menacé de perdre les bois qui l'enserraient, l'écrivain lança dans *Le Figaro* du 21 octobre un appel désespéré pour tenter de sauver ce chef-d'œuvre en péril. Dans son article, intitulé *Le Château de la Belle au bois dormant*, Loti s'exprimait ainsi : *« Qui veut sauver de la mort un château féodal campé au milieu d'une forêt, une forêt dont personne ne sait plus l'âge ? »*

Cet appel fut entendu plusieurs années plus tard, et l'action de Loti, conjuguée à celle de l'écrivain **André Hallays** (1859-1930) et à la fortune de l'industriel **Paul Chénereau** (1869-1967), permit de restaurer le château et de reconstituer ses jardins. Pour réhabiliter ces derniers, on fit intervenir l'architecte-paysagiste **Ferdinand Duprat** (1887-1976), dont les efforts s'appuyèrent sur un tableau du Hollandais Jan Hackaert peint aux alentours de 1665 et conservé au château. À l'issue des travaux, qui débutèrent en 1928 et s'achevèrent en 1939, les fameux jardins avaient retrouvé leur splendeur d'antan.

libertin, et de rares papiers peints panoramiques du début du 19e s. ; un **salon Louis XIII**, aux poutres peintes et à la cheminée de pierre portant la devise *Fide, Fidelitate, Fortitudine* (« par la Foi, par la Fidélité, par le Courage ») ; une **cuisine saintongeaise**, avec son curieux tournebroche ancien, ses vaisseliers, ses faïences de Saintes et de Marans et sa collection de cuivres ; et une **chambre paysanne** dotée de deux lits à baldaquin. Enfin, les caves voûtées du château, dans ce qui était l'ancienne cuisine des gardes, abritent une exposition permanente dédiée à l'histoire des jardins du 18e s. à nos jours.

GROTTES DU BOUIL BLEU

1,5 km à pied AR. Sur la propriété du château, un agréable sentier débouche sur une falaise creusée de cavernes qui furent habitées par l'homme au paléolithique moyen. Au pied de ces grottes coulait jadis une rivière où venaient s'abreuver rennes, ours des cavernes et mammouths. Adolescent, Loti aimait errer ici, dans ces futaies que traverse un ravin enfoui dans la verdure et troué de grottes où s'infiltrait le « demi-jour verdâtre des feuilles »…

★ Les jardins à la française

Les parterres et bassins, jalonnés de statues et d'ifs taillés, composent une magnifique perspective dont l'axe aboutit à un escalier encadrant une allée d'eau. Partiellement établis sur des marais, ces jardins ont la particularité d'avoir été préservés de la « noyade » par leur régulière reconstruction sur pilotis (dix-sept ans de travaux).

Contournez le miroir d'eau que termine un nymphée, pour atteindre une terrasse. Contemplez la **vue★★** ravissante du château qui se mire dans les eaux du bassin. Ensuite, suivez la grande allée percée à travers bois, jusqu'à une colonne surmontée d'une sphère. Revenez sur vos pas : La Roche-Courbon surgit. C'est bien le château de la Belle au bois dormant, tel que le vit Loti.

Crazannes

431 Crazannais - Charente-Maritime (17)

Le passé du village est gravé dans la pierre : la fameuse pierre blanche de Crazannes, utilisée dans la construction de maints édifices, de l'arc de Germanicus de Saintes au fort Boyard, de Bilbao à Cologne. Partez dans les carrières désaffectées envahies par une végétation « tropicale » et visitez un château du 15e s., en calcaire local bien entendu, et dont un certain Charles Perrault se serait inspiré dans ses « Contes du temps passé ».

NOS ADRESSES PAGE 204
Hébergement, restauration, achats, activités, etc.

S'INFORMER

Office de tourisme du Pays savinois – *1 r. des Bâteliers - Île de la Grenouillette - 17350 Le Mung - 6 km au nord-est par D 119 et D 18 - 05 46 32 60 75 - www.saintongedoree-tourisme.com - juil.-août : 9h30-12h30, 14h-18h, dim. 10h-12h30 ; mai-juin et sept. : lun.-vend. 9h30-12h30, 14h-17h30, sam. 10h-12h30, 14h-17h ; reste de l'année : mer. 9h30-12h30, 14h-17h.*

SE REPÉRER

Carte de microrégion A2 p. 180 – *carte Michelin Départements 324 F4.* Crazannes se situe sur la rive gauche de la Charente, 15 km au nord de Saintes. On y arrive par les D 114 et D 128.

À NE PAS MANQUER

Le château de Crazannes ; les anciennes carrières ; le Pôle-Nature.

ORGANISER SON TEMPS

Comptez une journée pour l'ensemble des visites et des balades.

AVEC LES ENFANTS

Le pôle-nature de la Pierre de Crazannes ; les carrières ; une promenade à vélo sur le chemin de la Pierre ; une promenade en bateau. La visite du château de Crazannes vous donnera l'occasion de leur relire quelques contes de Perrault.

2

Se promener

Pôle-Nature de la Pierre de Crazannes

Aire de repos de Crazannes - A 837 - 05 46 91 48 92 - www.charente-maritime.fr - de mi-juin à mi-sept. : 10h-12h, 14h-19h ; avril-sept. : 10h-12h, 14h-17h30 ; reste de l'année : merc., sam., dim. 10h-12h, 14h-17h - fermé de mi-nov. à mi-fév. - 3,50 € (6-18 ans 2,50 €) - possibilité de visite guidée (1h) : 6 € (6-18 ans 4 €).

Bien pensé pour les enfants, ce Pôle-Nature propose aussi des ateliers d'initiation à la taille de la pierre *(en été le merc., 7 €, enf. 4 €).*

Centre d'interprétation – Activité traditionnelle pratiquée dans la région pendant près de deux mille ans, la taille de cette pierre, dont la réputation fit le tour de l'Europe et parvint jusqu'aux Amériques, fait l'objet de ce petit centre d'interprétation. Vous pourrez vous familiariser avec les techniques employées par les carriers saintongeais pour extraire les blocs de pierre, et écouvrir comment ils étaient transportés sur le fleuve dans des gabarres.

★**Anciennes carrières** – *Parcours en autonomie familiale, accessible à tous avec chaussures et vêtements adaptés, assez sportif (nombreux escaliers) - visite guidée (1h) sur demande auprès du Pôle-Nature.* Après leur abandon en 1955, les carrières furent rapidement reconquises par la nature. L'agréable parcours sécurisé de 650 m et quelque 280 marches proposé ici révèle les attraits de ce paysage insolite de canyons. Une végétation exubérante de fougères scolopendres, d'orchidées et autres plantes ajoute une touche d'exotisme aux formes troglodytiques façonnées par le travail des carriers.

LE DESTIN D'UNE PIERRE

Sa résistance aux intempéries et aux assauts de la mer, la finesse de son grain ont forgé la réputation mondiale de cette pierre calcaire. On distingue deux qualités : la **pierre d'Angeles**, en surface, plus friable et teintée de jaune par les infiltrations ; un lit de silex (le cauchemar du carrier) la sépare de la **pierre d'Anthéor**, plus dense, plus blanche et de meilleure qualité, mais aussi plus profonde et difficile à atteindre.

La pierre de Crazannes fut utilisée pour l'arc de Germanicus de Saintes, les ports de Nantes et La Rochelle, le fort Boyard, le pont suspendu de Tonnay-Charente, le Pont-Neuf de Paris, le phare de Cordouan, l'hôtel de ville de Bilbao, mais aussi pour les cathédrales de Bayonne, Cologne et Bruxelles. Elle aurait même servi pour le socle de la statue de la Liberté ! À Crazannes, la pierre d'Angeles fut travaillée par les tailleurs qui ornèrent la façade du château. Son utilisation connut son apogée dans la seconde moitié du 19e s. L'avènement de nouveaux matériaux de construction et des coûts de production trop élevés entraînèrent la fermeture des carrières en 1955.

Le travail du carrier – Attelé à sa tâche sur une parcelle délimitée lors de la « découverte », le carrier extrayait le bloc de calcaire après avoir creusé trois tranchées verticales et décollé sa partie inférieure à l'aide de cales de fer. Des coups répétés sur les coins parvenaient à désolidariser le bloc qui était ensuite rectifié à l'aide d'un pic à brocher. À la livraison, ce parallélépipède pouvait peser entre 50 et 250 kg.

Chemin de la Pierre

Possibilité de prêt de vélos à la Maison des pierreux à Crazannes (℘ 06 76 82 11 02). Sinon, location au garage Garnier, rte de Saintes à St-Savinien (8 km), sur la rive gauche de la Charente près de l'office de tourisme du Mung (℘ 05 46 90 20 24 - lun.-vend. 7h30-19h, sam. 7h30-12h30).

Ce sentier bien balisé est accessible à toute la famille. Le long du parcours, à 3 km du point de départ, on trouvera deux boulangeries à Port-d'Envaux.

12 km. Au départ de Crazannes, ce sentier dessine une boucle reliant tous les sites rattachés à l'histoire de la pierre. Du port de la Touche, où les pierres étaient embarquées, il rejoint le château de Crazannes. Il gagne ensuite l'ancien village de marins du Port-d'Envaux (*p. 192*), témoin de l'intense activité fluviale de jadis. Puis vient la traversée des carrières des Lapidiales (*p. 192*), transformées en atelier en plein air où le visiteur pourra rencontrer en été des sculpteurs travaillant à une œuvre collective. Le sentier rejoint enfin les anciennes carrières, puis le Pôle-Nature avant de retourner à Crazannes.

Vue aérienne du château de Crazannes.
Château de Crazannes

Château de Crazannes

24 r. du Château - ✆ 05 46 90 15 94 - www.crazannes.com - juin-août : 10h-19h ; mai et sept. : 10h-12h, 14h-18h ; reste de l'année : sur demande - fermé le 25 déc. et du 31 déc. au 20 fév. - jardins et visite guidée du château (1h15) : 9 € (7-14 ans 5 €) - jardins : 5 € (7-14 ans 3 €).

2

L'argument « on va voir le château du Chat botté » plaira forcément aux enfants. D'autant que de belles animations équestres peuvent y être proposées, notamment à Pâques *(10 €, enf. 6 €)*. Attention, toutefois, pour des raisons de sécurité, le site n'est pas accessible aux enfants de moins de 3 ans.

Le « château du Chat botté » doit son surnom à l'un de ses anciens propriétaires, Jules Gouffier (1636-1681), comte de Caravas et marquis de Saint-Cyr, dont Charles Perrault s'inspira, au 18e s., pour créer le personnage du marquis de Carabas de son célèbre conte. Ancienne étape sur le chemin de St-Jacques-de-Compostelle, le château reçut le Prince Noir en 1362 et François Ier en 1569. Au 18e s., il servit de résidence estivale aux évêques de Saintes.

Une allée de tilleuls conduit à la terrasse de ce magnifique édifice bâti à la fin du 14e s. à l'emplacement d'une forteresse du 11e s. dont subsistent une petite chapelle romane, surmontée d'un clocher-pignon, un donjon et les vestiges de l'ancienne enceinte (douves, tourelle de défense et pont-levis).

La façade nord, percée de fenêtres à la Renaissance, est dotée d'une **porte★** de style gothique flamboyant à la délicate ornementation sculptée : dans les pinacles latéraux sont logés des artisans tailleurs de pierre représentés avec leurs emblèmes. L'intérieur possède une grande salle décorée de boiseries sculptées et d'une cheminée du 15e s. Notez un plafond de bois du 15e s., les portes basses en arcades donnant accès aux petits salons ; de l'un d'eux part un escalier à vis, orné des célèbres coquilles des pèlerins de Compostelle. Dans le parc, vous n'oublierez pas de jeter un coup d'œil au colombier.

NOS ADRESSES À CRAZANNES

HÉBERGEMENT

POUR SE FAIRE PLAISIR

Chambres d'hôte du château de Crazannes – *24 r. du Château - ✆ 05 46 90 15 94 - www.crazannes.com - fermé sept.-avr. - 5 ch. 95/240 € -* ☕ *-* ✕ *25 €.* Un parc de 8 ha avec piscine entoure ce superbe château du 14e s. classé Monument historique et luxueusement restauré. Il propose notamment trois chambres, très lumineuses, installées dans le donjon du 11e s.

RESTAURATION

À proximité

BUDGET MOYEN

Auberge des Glycines – *4 quai des Gabarriers - 17350 Taillebourg - 8 km au sud-est de Crazannes - ✆ 05 46 91 81 40 - fermé lun. midi - 24/28 €.* Dans un charmant village, cette maison bourgeoise est au bord de la Charente. De ses fenêtres, vous pourrez profiter de la vue. En été, vous quitterez sa petite salle pour son jardin clos, caché derrière. Une étape tranquille pour goûter une savoureuse cuisine régionale.

ACTIVITÉS

Port miniature de Saint-Savinien – *17 r. des Bateliers - Île de la Grenouillette - à côté de l'office de tourisme - 17350 Le Mung - ✆ 06 70 95 25 14 - www.portminiature-saintsavinien.fr - par beau temps uniquement - juil.-août : 14h-18h ; mai-juin et sept. : dim. et j. fériés 14h-18h - fermé d'oct. à avr. - 5,70 € (2-9 ans 4,70 €).* Ce port permet aux enfants de piloter, seuls à partir 9 ans (ou plus jeunes en compagnie d'un adulte), des bateaux version miniature – navires de pêche et de commerce – sur un lac et un canal spécialement créés pour eux *(durée 15mn)*. Autres attractions : manèges et jeux gonflables.

Port miniature de Saint-Savinien.
P. Hauser/hemis.fr

Saint-Jean-d'Angély

7 468 Angériens - Charente-Maritime (17)

La Boutonne arrose le pied de la colline où est établi St-Jean-d'Angély, dans une campagne fleurie. Ceinturé de boulevards, le centre de la ville se resserre en un lacis de rues tortueuses et de placettes triangulaires (les « cantons ») propices à la promenade, bordées de belles demeures à pans de bois et d'hôtels particuliers. La cité garde de sa prestigieuse abbaye un chevet gothique et une monumentale façade classique.

NOS ADRESSES PAGE 209
Hébergement, restauration, achats, activités, etc.

S'INFORMER

Office du tourisme de la Saintonge Dorée – *8 r. de la Grosse-Horloge - 17400 St-Jean-d'Angély - ✆ 05 46 32 04 72 - www.saintongedoree-tourisme.com - juil.-août : 9h30-12h30, 14h-18h30, dim. et j. fériés : 9h30-12h30 ; mai-juin et sept.-oct. : tlj sf dim. et j. fériés 10h-12h30, 14h-18h, sam. 9h30-12h30, 14h-17h30 ; reste de l'année : lun., merc.-vend. 10h-12h30, 14h-18h, mar. 14h-18h, sam. 10h-12h30, fermé dim. et j. fériés - autres bureaux à Aulnay-de-Saintonge, Loulay, Matha, St-Hilaire-de-Villefranche, Le Mung/St-Savinien-sur-Charente et Tonnay-Boutonne.*

SE REPÉRER

Carte de microrégion A2 p. 180 - *carte Michelin Départements 324 G4.*
Située 30 km au nord-est de Saintes, St-Jean-d'Angély est desservie par l'A 10.

À NE PAS MANQUER

Les vestiges de l'abbaye ; une promenade dans la vieille ville ; les pièces originales du musée ; la Lanterne des morts de Fenioux.

ORGANISER SON TEMPS

Comptez 2h pour visiter la ville et ses monuments, et une journée pour suivre la vallée de la Boutonne.

AVEC LES ENFANTS

Les Trésors de Lisette.

2

Se promener

Abbaye royale

1 r. Louis-Audouin-Dubreuil - ✆ 05 46 32 60 60 - www.abbaye-royale-angely.com - juil.-août : mar.-vend. à 10h30, visite guidée (1h) sur demande préalable à l'office de tourisme - 3,50 € (-12 ans gratuit).

Elle fut élevée au 9e s. pour abriter une relique de saint Jean-Baptiste. Après la destruction du monastère pendant les guerres de Religion, les moines entreprirent deux reconstructions. La dernière, très ambitieuse, lancée avant la Révolution, ne put être menée à bien. Ce complexe accueille aujourd'hui un hôtel et un restaurant (*p. 209*), la médiathèque *(expositions gratuites)* et l'École de musique de la ville, ainsi que le Centre de culture européenne.

De l'immense abbatiale imaginée en 1741 ne furent réalisées que les grandes arcades et une monumentale **façade★**, demeurée inachevée, encadrée de hautes **tours** à dômes, dont l'une servit de prison pendant la Révolution *(beau panorama)*. Les chapiteaux et les clés d'arcs sont simplement ébauchés. Le porche est encadré de colonnes doriques. De l'abbatiale gothique ruinée en 1568 ne subsiste qu'une partie du chevet. L'intérieur de l'église (fin 19e s.) abrite une Vierge à l'Enfant en bois sculpté du 17e s. et, dans le chœur, deux grands

UNE VILLE DISPUTÉE

St-Jean-d'Angély était une étape majeure sur le chemin de St-Jacques-de-Compostelle. L'abbaye St-Jean conservait en effet une précieuse relique : le crâne de **saint Jean-Baptiste**, détruit lors des guerres de Religion. La ville, offerte à l'Angleterre avec la dot d'Aliénor d'Aquitaine en 1152, opta pour l'indépendance des libertés communales sous la protection de Philippe Auguste. Elle se trouva pendant des siècles au cœur des combats opposant les rois de France et d'Angleterre. Au 16e s., St-Jean devint l'un des principaux bastions de la Réforme et l'*Histoire universelle* d'Agrippa d'Aubigné y fut publiée l'année même où, en 1621, la ville était prise aux protestants. Louis XIII en personne conduisit le siège et fit raser les fortifications.

tableaux du 19e s. : *Jésus au jardin des Oliviers* de Théodore Chassériau et la *Présentation au Temple* de l'Italien Gioacchino Sotta. Occupés par l'École de musique, les vastes bâtiments conventuels, récemment rénovés, sont ordonnés autour d'une cour, à laquelle donne accès une porte Louis XV.

★Fontaine du Pilori

Pl. du Pilori - en face de l'office de tourisme, à côté de la tour de l'Horloge.

Située à l'entrée est de l'ancienne ville médiévale, sur une charmante place entourée de façades des 18e et 19e s., elle a été déplacée en 1819 du château voisin de Brizambourg jusqu'au quartier du Pilori, où les condamnés étaient exposés au public. Le monument comporte une margelle que protège un petit dôme couvert d'écailles et portant l'inscription « *L'an 1546 je fus édifié et assis* ».

★Tour de l'Horloge

27 r. de la Grosse-Horloge - ✆ 05 46 59 56 67 - www.angely.net - ♿ - de mi-juin à mi-sept. : 10h30-12h30, 14h30-19h - gratuit.

Cette tour gothique enjambe la rue de la Grosse-Horloge où l'on remarque les maisons à pans de bois et en encorbellement (15e-16e s.). Elle faisait partie des trois portes qui gardaient les entrées de l'enceinte fortifiée au 12e s. Transformée en beffroi vers 1406, sa cloche, le « Sin » (du latin *signum*, « signal »), annonçait la fermeture des portes. Elle sonne encore lors de grandes occasions.

L'Échevinage

R. de l'Échevinage - première rue à droite après être passé sous la tour de l'Horloge.

De cet édifice du 15e s. subsite notamment la porte en accolade surmontée des armes du royaume de France : deux cerfs ailés encadrant un écu. Le bâtiment abrita le tribunal municipal jusqu'à la Révolution. C'est ici que se tenaient les réunions des échevins (« conseillers municipaux ») et les assises royales.

Musée des Cordeliers

9 r. Regnaud - près de l'Abbaye royale - ✆ 05 46 25 09 72 - www.angely.net - de mi-juin à mi-sept. : tlj sf lun. 10h30-12h30, 13h30-18h ; reste de l'année : merc.-vend. 14h-18h, w.-end 14h30-18h - gratuit.

Installé dans un bel hôtel particulier du 19e s., ce musée municipal présente l'unique collection publique de France consacrée aux expéditions en autochenille lancées par Citroën en Afrique entre 1922 et 1925 : première traversée du Sahara, puis « croisière Noire » à travers l'ensemble du continent de l'Algérie à Madagascar. L'objet phare est l'une des deux autochenilles du raid transsaharien, le **Croissant d'argent★**. Classé Monument historique, ce véhicule a été légué par Louis Audouin-Dubreuil (1887-1960), natif de Saint-Jean-d'Angély, qui codirigea les deux expéditions africaines et, en 1932-1933, la « croisière

Saint-Jean-d'Angély, les tours de l'abbaye royale.
F. Leroy/hemis.fr

Jaune » en Asie. Photos, dessins du peintre-voyageur Alexandre Iacovleff (1887-1938), objets ethnographiques, bornes interactives font revivre ces épopées. Au 1er étage sont exposés du mobilier du 17e au 19e s., de la céramique saintongeaise, ainsi qu'un ensemble de **statues** en pierre et bois polychromes du 13e au 18e s. Au 2e étage, collection d'armes du 17e au 19e s.

2

Circuit conseillé Carte de microrégion p. 180

VALLÉE DE LA BOUTONNE AB1/2

Circuit de 100 km tracé en violet sur la carte p. 180 – comptez environ une journée. Quittez St-Jean-d'Angély par le sud-ouest en empruntant la D 127.

Château de Beaufief A2

Imp. du Château - 17400 Mazeray - 05 46 32 35 93 - possibilité de visite guidée (30mn) : juil.-août tlj 11h-19h ; avril-nov. : sur RV - 2,50 € (4-12 ans 1,50 €).

Une allée bordée de pelouses mène à Beaufief (prononcez « Beaufié »), une maison de plaisance de Louis XV. Composée d'un corps central avec deux ailes

DES SYMPATHIES RÉVOLUTIONNAIRES ?

La tradition veut que, alors que les régions vendéenne et poitevine voisines s'opposaient radicalement à la Révolution, celle de St-Jean-d'Angély, échaudée par les guerres de Religion, lui ait été favorable. Ainsi, **Michel Regnaud**, député de St-Jean-d'Angély aux états généraux de 1789, fit voter l'arrestation de **Louis XVI** et sa famille. Il prit ensuite la défense du roi et fut emprisonné à son tour, puis libéré. Il se lia avec Bonaparte, fut nommé au Conseil d'État et contribua à la rédaction du Code civil (1804). Proscrit après la chute de l'Empire, Michel Regnaud s'exila. Il bénéficia d'une mesure d'amnistie en 1819, mais mourut le jour même de son retour à Paris. Une statue a été érigée en sa mémoire dans la capitale, place de l'Hôtel-de-Ville.

en arcs de cercle, elle fut construite par Auguste Perraudeau de Beaufief, maire de St-Jean-d'Angély. La toiture de tuiles et d'ardoises, la couleur de la pierre et les nombreuses fenêtres forment un ensemble élégant. À noter le bel escalier à rampe en fer forgé Louis XV et la petite chapelle au sobre décor de gypse.
Revenez vers St-Jean-d'Angély. Après 2 km, tournez à gauche dans la D 739E. Une fois franchie l'A 10, prenez à droite ; à Ternant, suivez la D 218 à gauche. Enjambez la Boutonne vers Torxé, puis prenez à droite la D 119.

Église Saint-Pierre de Landes A1

Romane, elle abrite de belles peintures murales de la fin du 13e s., représentant des scènes de la Bible (le Baptême du Christ, l'Annonciation, la Visitation…).
Quittez Landes par l'ouest en empruntant la D 213, puis à gauche la D 213e2.

Tonnay-Boutonne A1

6 Grande-Rue - 17380 Tonnay-Boutonne - 05 46 33 22 35 - www.saintongedoree-tourisme.com - juin-août : lun. 9h-12h30, mar.-vend. 9h-12h30, 15h-18h, sam. 9h30-13h30 ; sept.-mai : lun.-vend. 9h-12h30, 14h-17h30 - fermé j. fériés.
Le village a conservé une partie de ses défenses, notamment les fossés et la majestueuse porte St-Pierre érigée au 14e s. et reconstruite au 19e s.
Prenez la D 114 vers Archingeay, au sud.

Les Trésors de Lisette A2

11 r. Raymond-Joubert - 17380 Archingeay - 05 46 97 81 46 - http://lestresorsdelisette.monsite-orange.fr - de mi-juin à mi-sept. : 15h-19h ; reste de l'année : sur demande - 6 € (6-17 ans 4 €) - possibilité de visite guidée (30mn).
Le sens de l'observation et la sagacité des enfants sont sollicités en permanence par de petites énigmes. Il est possible de manger sur place.
Ce petit musée privé retrace la vie d'une famille de la Belle Époque, composée d'un baron veuf, de ses deux enfants et de sa servante Lisette. L'impressionnante collection d'objets 1900 est organisée en 12 vitrines évoquant l'ambiance particulière de chacune des pièces de la maison. Ustensiles, outils, vêtements d'époque, emballages, meubles se comptent par milliers. Sans oublier une belle exposition de boîtes en fer lithographiées du 19e s.
Quittez Tonnay-Boutonne par le sud en empruntant la D 739E, puis D 127E3. Après avoir franchi l'A 10, tournez à gauche.

★ Fenioux A2

La construction de l'**église Notre-Dame-de-l'Assomption**, surnommée la « perle de la Saintonge », remonte à l'époque carolingienne (9e s.) pour les murs de la nef aux minces dalles de pierre ajourées dessinant un réseau d'entrelacs, nommés « fenestrelles ». La **façade** est de style roman saintongeais. Des faisceaux de colonnes encadrent un immense portail qui compte dix piédroits (montants verticaux), et dont les voussures évoquent de haut en bas les travaux des mois et les signes du Zodiaque, les Vierges sages et

LA VALLÉE DE LA BOUTONNE, SITE NATURA 2000

La vallée de la Boutonne s'étend du sud des Deux-Sèvres, où la rivière prend sa source, jusqu'au nord de la Charente-Maritime. Avec ses affluents, ce bassin constitue un ensemble écologique remarquable par la présence d'espèces menacées : loutre, cuivré des marais, lucane cerf-volant, grand et petit rhinolophe, chabot, lamproie de Planer… Depuis 2007, cette douce et calme vallée, qui serpente sur 99 km à travers champs jusqu'au moment où elle rejoint la Charente, fait partie du réseau européen Natura 2000.

les Vierges folles, les anges adorant l'Agneau, les Vertus terrassant les Vices. Notez, à gauche, le portail, au gracieux décor végétal. Le clocher, qui culmine à 88 m, est célèbre par sa légèreté et son audace. Il a souvent inspiré les architectes de la fin du 19e s.

La **Lanterne des morts★** du 12e s. se dresse au milieu d'un ancien cimetière ; un caveau voûté lui est accolé. Constitué par un faisceau de 11 colonnes supportant un lanternon entouré lui-même de 13 colonnettes, il est terminé par une pyramide couverte d'imbrications et surmontée d'une croix.

Quittez Fenioux vers le sud par la D 127. Après 2,5 km, prenez la D 124 à gauche. Passez St-Hilaire par la D 731, prenez à gauche la D 129, puis à droite la D 124.

Église Saint-Hérié de Matha B2

Cette église du 11e s. possède une façade romane avec, dans une arcade à droite, une charmante statue dite de sainte Blandine. La massive tour-porche et sa tourelle d'angle constituent le dernier élément d'un château Renaissance. L'ensemble est surmonté de hauts combles couverts d'ardoises. À l'intérieur subsistent de nombreuses traces de polychromie du Moyen Âge.

Quittez Matha par l'ouest en empruntant la D 939.

Église Saint-Germain de Varaize B2

De style roman (9e s.), elle possède un portail latéral sud remarquable par la finesse de ses voussures sculptées. Contemplez les anges adorateurs de l'Agneau, les Vertus triomphant des Vices, le Christ en majesté accompagné d'apôtres et de vieillards de l'Apocalypse.

Quittez Varaize par la D 130, puis la D 939 qui ramène à St-Jean-d'Angély.

NOS ADRESSES À SAINT-JEAN-D'ANGÉLY

HÉBERGEMENT

Abbaye royale – *1 r. L.-Audouin-Dubreuil - ✆ 05 46 32 60 60 - www.abbaye-royale-angely.com - ✗ - 37 ch. 42,22 €.* Dans des bâtiments du 17e s., les cellules des moines ont été reconverties en chambres pour 1 à 5 personnes, la plupart équipées de douche et toilettes. Murs chaulés et poutres pour certaines et lits individuels pour toutes. On aime l'absence de télévision, d'Internet, l'élégante simplicité et le calme des lieux.

Chambres d'hôte Les Acanthes – *16 r. Rose - ✆ 05 46 33 17 83 - www.les-acanthes.com - ✗ - 2 ch. 69/75 €, 1 suite 130 €, 1 app. 110 € ☕.* Des chambres à la décoration recherchée se cachent dans cette très belle demeure du 18e s. du centre-ville, pourvue d'un grand jardin. Excellent petit déjeuner, accueil charmant.

RESTAURATION

La P'tite Cour – *2 pl. Canton-des-Forges - ✆ 09 54 81 20 35 - 11h45-13h45, 19h-21h15 - menu 13/22 €.* Cuisine du marché, avec un beau choix de poissons et de fruits de mer, foie gras maison. Excellent rapport qualité/prix.

Le Scorlion – *5 r. de l'Abbaye - ✆ 05 46 32 52 61 - www.restaurant-le-scorlion.fr - fermé dim. soir et lun., merc. soir d'oct. à mai, 2 sem. au printemps, en oct. et en janv. - 15,50/54 €.* Installé dans l'Abbaye royale, cet élégant restaurant sert une cuisine bien maîtrisée avec une touche de créativité.

AGENDA

Scènes de jardins – *www.scenes-de-jardins.fr - en août.* Festival de théâtre au Domaine de la Barrière *(3 km à l'est du centre-ville).*

Église Saint-Pierre d'Aulnay

★★

Charente-Maritime (17)

L'église St-Pierre apparaît majestueuse et solitaire dans le cadre mélancolique des cyprès de son vieux cimetière. Inscrit au Patrimoine mondial de l'Unesco, ce chef-d'œuvre de l'art roman poitevin, bâti dans une pierre au ton chaud près du village d'Aulnay-de-Saintonge, exhibe son somptueux décor sculpté dans le cadre campagnard et serein du grand chemin de St-Jacques-de-Compostelle.

NOS ADRESSES PAGE 212
Hébergement, restauration, achats, activités, etc.

S'INFORMER

Office de tourisme d'Aulnay-de-Saintonge – *290 av. de l'Église - 17470 Aulnay-de-Saintonge - ✆ 05 46 32 60 71 - www.saintongedoree-tourisme.com - horaires : se rens. - possibilité de visites guidées de l'église.*

SE REPÉRER

Carte de microrégion B1 p. 180 - *carte Michelin Départements 324 H3.*
L'église St-Pierre se trouve 17 km au nord-est de St-Jean-d'Angély, en bordure de la D 950.

À NE PAS MANQUER

à l'extérieur, les voussures du portail sud (notamment le croisillon droit) et, à l'intérieur, les remarquables chapiteaux historiés des colonnes du transept.

ORGANISER SON TEMPS

Comptez 2h pour admirer le style et décrypter les multiples scènes des sculptures. Pour les photographes, la lumière de l'après-midi, voire du début de soirée, s'avère idéale.

Découvrir

Pour obtenir la meilleure **vue** d'ensemble du site, placez-vous au fond du cimetière en vous décalant légèrement sur la gauche par rapport à la façade.

Façade ouest

Elle comprend, au centre, un **portail★** en arc légèrement brisé, jadis surmonté d'une statue équestre de Constantin. Ses voussures historiées, ornées de sculptures souples et gracieuses, illustrent les thèmes favoris des imagiers poitevins.

– **1re voussure** *(en bas)* - Anges adorant l'Agneau.

– **2e voussure -** Le combat des Vertus, armées de boucliers, et des Vices, sous les traits de dragons et démons, se termine par la victoire des Vertus.

– **3e voussure -** Dix vierges attendent la venue de l'époux. Quand il arrive, les Vierges sages ont leur lampe à huile allumée, et les Vierges folles, qui ne se sont pas fournies en huile, tiennent leur lampe renversée. Celles qui n'étaient pas prêtes iront en enfer.

– **4e voussure -** Signes du Zodiaque et travaux des mois.

Ce portail est entouré de deux arcades brisées aveugles formant des enfeus (niches funéraires). Au tympan de l'arcade de gauche est sculptée la Crucifixion

Portail Sud de l'église de Saint-Pierre d'Aulnay..
Y. Travert/Photononstop/Getty Images

de saint Pierre ; à celui de droite, on voit le Christ en majesté entouré de deux personnages qui seraient Pierre et Paul *(photo ci-contre)*.

Transept

Il est très développé. Le clocher carré, qui servait de repère aux pèlerins et aux voyageurs, en surmonte la croisée.

★★ **Portail sud** (bras droit du transept) – Ce véritable joyau arbore des voussures couvertes d'un décor minutieusement sculpté.

La **1re voussure** est ornée d'animaux (griffons, centaures) et de rinceaux en léger relief, d'inspiration orientale. Sur la **2e voussure**, soutenue à l'intrados par des atlantes assis, figurent les apôtres et disciples du Christ. Vous reconnaîtrez, sur la **3e voussure**, les vieillards de l'Apocalypse, tenant chacun une fiole à parfum et un instrument de musique ; à l'intrados de la voussure, autres atlantes, cette fois agenouillés. Enfin, parmi les personnages et animaux de fiction de la **4e voussure**, notez l'âne musicien, le bouc, le cerf, la chouette ou encore la sirène. En partie haute de la façade s'ouvre une grande baie dont la voussure médiane est décorée de quatre belles effigies de Vertus terrassant les Vices.

Chevet

De chaque côté de la fenêtre centrale du chevet, des rinceaux de style oriental encerclent des figures énigmatiques.

Intérieur

La nef, voûtée en berceau brisé, est tenue par ses collatéraux élevés. Remarquez la profondeur des ouvertures, plus étroites au nord qu'au sud, les piliers massifs coupés de deux étages de chapiteaux. La croisée du transept est couverte d'une coupole sur pendentifs, dont les nervures rayonnent autour d'une ouverture circulaire par où l'on hissait les cloches. Les **chapiteaux★** constituent un remarquable ensemble. On examinera surtout ceux du transept : éléphants aux oreilles minuscules *(croisillon droit)* ; Samson endormi est attaché par Dalila, tandis qu'un Philistin lui coupe la chevelure avec d'énormes ciseaux *(pilier nord-ouest de la croisée)* ; diablotins tirant la barbe d'un pauvre homme *(croisillon gauche)*, etc.

Cimetière

Jonché de pierres tombales en forme de sarcophages, il possède encore sa **croix hosannière** du 15e s., un pupitre où le prêtre lisait l'évangile des Rameaux, et ses statues sous dais des saints Pierre, Paul, Jacques et Jean.

NOS ADRESSES À AULNAY

HÉBERGEMENT

Hôtel du Donjon – *4 r. des Hivers - 17470 Aulnay-de-Saintonge - ☎ 05 46 33 67 67 - www.hoteldudonjon.com - fermé 10 j. en fév. - ♿ - 10 ch. 74/85 € - ☕ 8,50 €.* Cette charmante maison saintongeaise se trouve dans le village, à 900 m de l'église St-Pierre. L'intérieur, rénové avec goût, marie avec harmonie poutres et pierres anciennes, mobilier contemporain et confort moderne. Joli jardin où le petit déjeuner peut être servi aux beaux jours.

ACTIVITÉS

À pied ou à vélo – *☎ 05 46 32 60 71 - www.saintongedoree-tourisme.com.* Randonnée pédestre et circuits de VTT autour d'Aulnay-de-Saintonge. Brochure disponible à l'office de tourisme

Château de Dampierre-sur-Boutonne ★

275 Dampierrois - Charente-Maritime (17)

Situé dans la fraîche vallée de la Boutonne, Dampierre abrite un château Renaissance entouré de douves aux galeries harmonieusement superposées. Ses jardins extraordinaires, conçus comme un écho à l'édifice, sont un véritable enchantement. Non loin du bourg, une ferme est dédiée à la sauvegarde et à la préservation du baudet du Poitou.

S'INFORMER

Office du tourisme de la Saintonge Dorée – *8 rue de la Grosse-Horloge - 17400 Saint-Jean-d'Angély - ✆ 05 46 32 04 72 - www.saintongedoree-tourisme.com - horaires d'ouverture : voir « S'informer » à St-Jean-d'Angély.*
La commune de Dampierre ne possède pas d'office de tourisme, mais fait partie du réseau touristique de la « Saintonge Dorée ». On peut ainsi trouver des informations sur Dampierre et ses environs, notamment pour les visites et l'hébergement, dans les bureaux de St-Jean-d'Angély, Aulnay-de-Saintonge, Loulay, Matha, St-Hilaire-de-Villefranche, Le Mung/St-Savinien-sur-Charente et Tonnay-Boutonne.

SE REPÉRER

Carte de microrégion B1 p. 180 - *carte Michelin Départements 324 H3.* Dampierre-sur-Boutonne se trouve 8,5 km au nord-ouest d'Aulnay-de-Saintonge.

À NE PAS MANQUER

La galerie supérieure du château de Dampierre et ses jardins, complètement décoiffants.

ORGANISER SON TEMPS

Comptez environ 2h pour la visite du château et de ses jardins, et au moins 1h30 pour l'asinerie. Il est possible de pique-niquer dans les jardins du château.

AVEC LES ENFANTS

L'aire de jeux et les animations médiévales du château ; l'asinerie du baudet du Poitou.

2

Découvrir

★ Château de Dampierre-sur-Boutonne

10 pl. du Château - ✆ 05 46 24 02 24 - www.chateau-dampierre.com - juil.-août : 10h30-18h30 ; mai-juin et sept. : 14h-18h ; vac. scol. de la Toussaint : 14h-17h ; de mi-mars à fin avr. : dim., j. fériés 14h-18h ; du 1er oct. au 11 nov. : dim., j. fériés 14h-17h ; reste de l'année : sur RV - 6 € (4-12 ans 3 €) - visite guidée avec accès aux parties privées du château (1h) : 9 € (4-12 ans 4,50 €).

On peut passer ici une bonne journée en famille : parcours découverte avec livret pour enfants, espace interactif aménagé dans les combles, aires de jeux, échiquier géant et coin pique-nique ombragé. En été, le château accueille aussi régulièrement des spectacles médiévaux.

Ravagé par un incendie en 2002, ce joyau de la Renaissance (1550) a fait l'objet d'un complet et remarquable travail de restauration. On peut à nouveau admirer sa **galerie supérieure★**, véritable grimoire alchimique abritant un plafond dont les 92 caissons sont ciselés de « devises » (emblèmes), de scènes allégoriques de symboles et de phylactères. Dans l'espace Explora installé sous les combles à la remarquable charpente, un documentaire explique le

minutieux travail de restauration des Compagnons ayant abouti au sauvetage de ce chef-d'œuvre.
Le reste de la demeure propose au visiteur un parcours artistique insolite : **Reliques et renouveau**, qui donne aux pièces sinistrées comme un second souffle de vie. Dans les communs, notez une scénographie costumée retraçant mille ans d'histoire saintongeaise, ainsi qu'une exposition permanente sur **Salvador Dalí et l'alchimie**. Le maître du Surréalisme s'était en effet piqué de curiosité pour la galerie supérieure du château, s'étonnant des similitudes entre son tableau *La Corbeille de pain* (1945) et le caisson de la galerie portant la « devise » d'Anne de Bretagne (jardin clos avec l'hermine).
Toujours sur le thème de la galerie alchimique, le **jardin insulaire de Diktynna**★ est un parcours initiatique sur les thèmes du Soleil, de la Lune et des étoiles, en forme de labyrinthe. Autre jardin, l'**écopiste de Merlin l'Enchanteur**, planté de 5 ha de peupliers, propose une évocation ludique du passé médiéval.

À proximité

★ Asinerie du baudet du Poitou

À 5 km de Dampierre-sur-Boutonne - suivre les panneaux indicateurs. La Tillauderie - 17470 Dampierre-sur-Boutonne - 05 46 24 68 94 - www.facebook.com/Asinerie - - avril-oct. : tlj 10h-12h, 14h-18h ; nov.-mars : en sem. sur réserv. - 3 € (6-14 ans 2 €) - possibilité de visite guidée (1h) : 6 € (6-14 ans 3 €) - gratuit pour la fête des Ânons et de la Nature (fin mai) et pour la fête de l'Âne (déb. août).
Les enfants vont adorer les activités proposées d'avril à octobre sur réservation : promenade à dos d'âne *(3,50 € les 15mn, 6 € les 30mn)*, pique-nique avec un âne *(2h30, 30 € par famille)*, promenade en attelage *(45mn + visite guidée : 10 €, enf. 8 €)*, randonnée GPS avec un âne *(60 € la journée par famille)*, etc. Une visite guidée permet aussi d'aller à la rencontre des animaux dispersés dans les prés ou visibles dans les box, et de les caresser.
Le **baudet du Poitou** est la plus ancienne race d'âne de France. De grande taille (1,50 m au garrot pour les mâles), pourvu d'une puissante ossature, il pèse jusqu'à 450 kg et se distingue par sa robe bai brun et son museau gris argenté. Élevé dans la région pendant des siècles, il pourrait remonter à l'époque gauloise et la tradition veut que saint Hilaire de Poitiers *(p. 329)*. l'ait utilisé pour ses déplacements au 4e s. Cet animal docile servait surtout de mâle reproducteur à la **jument de trait poitevine** afin d'engendrer un hybride particulièrement apprécié pour sa résistance et son habileté au travail : la **mule poitevine**. Cette dernière fit longtemps l'objet d'un important commerce, mais l'abandon progressif des animaux de trait et de bât au profit de techniques agricoles plus modernes finit par avoir raison des races mulassières et du baudet du Poitou : en 1977, on recensait dans le monde à peine 44 de ces ânes de grande taille au poil long et touffu. Investie d'une importante mission d'élevage conservatoire, l'asinerie offre aujourd'hui un cadre paisible entre forêt et Boutonne pour découvrir ces animaux. À noter que le terme de « baudet » est impropre, puisqu'il ne désigne que les mâles reproducteurs (on devrait donc parler de l'« âne du Poitou »).
Dans le centre d'accueil, une exposition retrace l'histoire de la race et évoque l'impressionnant dispositif engagé contre sa disparition. Ces efforts commencent à porter leurs fruits : on estime aujourd'hui la population de baudets du Poitou à un peu plus de 300 individus dans le monde ; et d'ici à 2020, cette population devrait avoir recouvré une variabilité génétique suffisamment acceptable pour mettre la race à l'abri de dérives génétiques dues à une forte consanguinité.

Surgères

6 581 Surgériens - Charente-Maritime (17)

Construite, comme son nom l'indique, sur une boucle dominant la Gères, Surgères fut en son temps un lieu stratégique pour contrôler les zones de marais et l'intérieur des terres. Après la crise du phylloxéra vers la fin du 19e s., sa reconversion réussie dans la production laitière lui a valu quelques premières dans l'histoire agroalimentaire et un beurre qui fait fondre les gourmets.

NOS ADRESSES PAGE 217
Hébergement, restauration, achats, activités, etc.

S'INFORMER

Office de tourisme Aunis-Marais poitevin – *5 r. Bersot - 17700 Surgères - 05 46 01 12 10 - www.aunis-maraispoitevin.com - juil.-août : 9h-12h30, 14h-18h30 ; avr.-juin et sept. : 9h30-12h30, 14h-18h, lun. 14h-18h ; reste de l'année : 9h30-12h30, 14h-17h30, jeu. et sam. 9h30-12h30, lun. 14h-17h30 - fermé dim. et j. fériés - autres bureaux à St-Sauveur-d'Aunis et Marans.*

Visite guidée de la ville – *Rens. à l'office de tourisme - juil.-août - 6 € (-12 ans gratuit).*

SE REPÉRER

Carte de microrégion A1 p. 180 - *carte Michelin Départements 324 F3.* Surgères se trouve 27 km au nord-est de Rochefort.

À NE PAS MANQUER

La façade sculptée de l'église Notre-Dame de Surgères, dotée d'animaux fantastiques et de figurines très expressives.

ORGANISER SON TEMPS

Comptez environ 1h pour découvrir à votre rythme les différents vestiges historiques à l'intérieur de l'enceinte médiévale.

2

SURGÈRES, CAPITALE DU BEURRE

Connue pour ses marques Surgères et Lescure, la ville est devenue capitale du beurre malgré elle. Au 19e s., Surgères vit surtout de la viticulture. Quand éclate la crise du phylloxéra en 1872, les agriculteurs se tournent vers la production de lait. Grâce à l'élevage intensif et à l'essor du mouvement coopératif, la reconversion est massive. En 1888, la **première coopérative laitière de France**, installée à St-Georges-du-Bois, près de Surgères, sert d'exemple. Dès lors, la ville s'impose face à Niort comme centre régional laitier. En 1899, de la gare de Surgères, partent les premiers wagons réfrigérés pour alimenter Paris, puis, en 1902, naît l'École professionnelle de laiterie (aujourd'hui Enilia-Ensmic, toujours ici). En 1979 sont créées les premières Appellations d'origine contrôlées (AOC) pour des beurres français : **Beurre Charentes-Poitou** (qui couvre le Poitou-Charentes ainsi que la Vendée et la Haute-Vienne), **Beurre des Deux-Sèvres** et **Beurre des Charentes** (provenant pour l'essentiel de Surgères). Bénéficiant également de l'AOP depuis 2009, ces trois beurres sont le fer de lance du secteur laitier régional. Celui-ci représente 15 000 emplois, dont près de 2 000 rien que pour le canton de Surgères.

LA BELLE ET CHASTE HÉLÈNE

Celle qu'on appellerait plus tard **Hélène de Surgères** (1546-1618) naquit à Surgères et appartint à « l'escadron volant » des filles d'honneur que Catherine de Médicis utilisait pour tisser ses intrigues. Dans l'ambiance dissolue de la cour, la belle sut garder sa réputation intacte, s'attirant les hommages des poètes de la Pléiade. Leur chef de file, **Pierre de Ronsard**, fut son prétendant le plus assidu. Malgré les soupirs de ses *Sonnets à Hélène*, celui-ci fut éconduit, se consolant par cette orgueilleuse prédiction :

« Quand vous serez bien vieille, au soir, à la chandelle,
Assise auprès du feu, dévidant et filant,
Direz, chantant mes vers et vous émerveillant,
Ronsard me célébrait, du temps que j'étais belle… »

Hélène ne se maria point et, à la mort de Catherine de Médicis, revint vivre à Surgères, auprès de son frère Charles de Fonsèque. Là, elle se consacra à venir en aide aux pauvres et à rebâtir l'aumônerie St-Gilles, dont on peut encore voir la chapelle (17e s.) ruinée, à l'est du château.

Se promener

L'ENCEINTE MÉDIÉVALE

En plein cœur de Surgères, les anciennes fortifications offrent un concentré de l'histoire de la ville. Cernée de douves profondes, l'enceinte fut refaite au 16e s. par le frère d'Hélène de Surgères. Elle déroule sur près de 600 m un mur initialement composé d'une vingtaine de tours. L'enceinte s'ouvre sur un agréable **parc public** planté de marronniers séculaires, qui révèle d'intéressants monuments. Au cours de votre balade, vous remarquerez une modeste butte correspondant à une **motte féodale** qui aurait été édifiée au 9e s. pour enrayer le déferlement viking. Vous verrez aussi une tour esseulée dite **tour d'Hélène**, vestige de l'important château féodal qui fut construit ici au 12e s. et qui comptait alors huit autres tours semblables à celle-ci. Vous découvrirez un **porche d'entrée** jadis flanqué d'un double pont-levis dont il reste d'ailleurs quelques traces : il s'agit là de l'ancienne voie d'accès au château. L'enceinte abrite par ailleurs quelques structures plus récentes, comme la superbe **porte Renaissance** (réalisée au 17e s., malgré son nom), ornée de blasons des anciennes familles de la ville et de grilles en ferronnerie. La mairie est installée dans l'ancien **logis seigneurial** (début 18e s.) construit par François de La Rochefoucauld.

★ Église Notre-Dame-de-l'Assomption

Square du Château - ✆ 05 46 07 00 88 - ♿ - tlj 9h-19h - juil.-août : possibilité de visite guidée (1h30) sur demande à l'office de tourisme, situé juste à côté.

Véritable joyau du parc, cet édifice roman, datant vraisemblablement du 12e s., est dominé par un curieux **clocher octogonal** garni de 16 faisceaux de colonnes de 10 m de hauteur. Mais c'est la **façade sculptée★** qui fait le principal attrait de l'édifice. En mission à Surgères en 1841, l'écrivain et inspecteur général des Monuments historiques Prosper Mérimée fut subjugué : *« Bien que blasé, j'ai trouvé à m'extasier devant son église ; je ne trouve rien de plus beau que sa façade. »* Omniprésente, la décoration consiste surtout en des sculptures en haut-relief que l'on aperçoit sur les chapiteaux, les arcatures et les deux corniches. Détaillez ces dernières : celle du bas montre les signes du Zodiaque ou l'image des Vices en alternance avec de savoureuses figurines (coqs, sirènes, singe jouant de la vielle…), celle du haut évoque les travaux des mois entre des animaux fantastiques ou monstrueux, voire maléfiques. Sur les modillons, des visages grossièrement féminins représentent le Péché originel et la Tentation. Des six statues d'origine, seules deux subsistent dans les niches des arcatures du premier registre. Elles représentent le Christ bénissant et le combat de Samson et du lion. Au second registre, des niches abritent de superbes **cavaliers**, dont l'identification donne lieu à controverse en raison de leur état de dégradation : s'agit-il des figures d'Hugues de Surgères et Geoffroy de Vendôme, fondateurs de l'église ? Une autre interprétation situe, à gauche, le Christ vainqueur entrant dans Jérusalem et, à droite, l'empereur Constantin, foulant le païen au pied de son cheval…

Très dépouillé, par contraste, l'**intérieur** vaut néanmoins le détour. Derrière l'autel, le sanctuaire voûté en cul-de-four abrite des colonnettes décorées de chapiteaux et de hauts-reliefs représentant deux chiens diaboliques. Les chapiteaux de la baie centrale et leurs sculptures symbolisent le destin de l'humanité. La **crypte**, aménagée pour recevoir les tombeaux des seigneurs de Surgères, a conservé quelques modestes fresques du 16e s. En sortant de celle-ci par la porte secondaire, contemplez le **chevet** de l'église, dont la corniche à modillons est elle aussi richement sculptée.

NOS ADRESSES À SURGÈRES

HÉBERGEMENT

Chambres d'hôte Le Clos de la Garenne – *9 r. de la Garenne - 17700 Puyravault - 5 km au nord-ouest de Surgères par D 115, rte de Marans et à gauche D 205 - ✆ 05 46 35 47 71 - www.closdelagarenne.com - P ♿ - 4 ch. 75 € ☕ - ✕ 27 €.* Belle maison de maître. Chambres spacieuses et élégantes, garnies de meubles familiaux ou chinés. Au rez-de-chaussée, les quatre pièces à vivre donnent sur les terrasses et le parc. Un cottage et un studio sont également disponibles. Prix sages.

Hôtel-Restaurant Le Relais de la Forêt – *Les Quatre Routes - RN 11 - 17170 Benon - 18 km au nord-ouest de Surgères par D 115, rte de Marans et D 116 à droite, rte de Courçon - ✆ 05 46 01 61 63 - www.relaisdelaforet.com - 🏊 - rest. fermé vend. soir, dim. soir et lun. sf juil.-août - 29 ch. 59/89 € - ☕ 10 € août - ✕ formule 14/18 € - menu 27/35 €.* Au calme dans la forêt de Benon, les chambres donnent sur un parc de 2 ha avec piscine ou sur les bois. Le restaurant sert une cuisine du terroir très soignée en terrasse ou dans une salle au décor d'inspiration coloniale.

RESTAURATION

Le Vieux Puits – *6 r. Paul-Bert - ✆ 05 46 07 50 83 - fermé 2e quinz. de sept. - 18/40 € - plat du jour 8 €.* Pour goûter à la cuisine traditionnelle teintée d'exotisme de ce restaurant, il faut prendre une rue étroite en face du château et franchir une petite cour pavée. En hiver, la salle du rez-de-chaussée est réchauffée par un feu de cheminée.

La Table d'As – *24 av. de la Libération - ✆ 05 46 07 00 63 - dim.-ven. midi ; jeu.-sam. soir - menu 12,50/26 €.* Idéalement situé face à l'enceinte médiévale, ce restaurant à la fois bistronomique et traditionnel est une des valeurs sûres de Surgères. La carte est courte mais alléchante, car tout est fait maison. Excellent rapport qualité/prix avec, en prime, un accueil charmant.

Pons

4 144 Pontois - Charente-Maritime (17)

L'avenante cité de Pons (prononcez « Pon ») veille, du haut de son donjon et de ses remparts jadis réputés imprenables, sur le cours languissant de la Seugne, affluent de la Charente. Étape sur le chemin de St-Jacques-de-Compostelle, puis bastion du protestantisme, la ville vit naître, au milieu du 16e s., Agrippa d'Aubigné, grand écrivain et poète français, auteur d'une vaste épopée de l'histoire de l'humanité.

NOS ADRESSES PAGE 225
Hébergement, restauration, achats, activités, etc.

S'INFORMER

Office du tourisme de Pons – *1 r. du Pontils - 17800 Pons - 05 46 96 13 31 - www.pons-tourisme.com - juil.-août : 9h30-12h30, 14h-18h, w.-end 14h-18h ; reste de l'année : tlj sf w.-end 9h30-12h30, 14h-17h30 - fermé déc., certains j. fériés - autre bureau au donjon (mêmes horaires que pour la visite du donjon).*

SE REPÉRER

Carte de microrégion A2 p. 180 - *carte Michelin Départements 324 G6.* Située 20 km au sud de Saintes, Pons s'étire sur une colline au-dessus de la Seugne.

À NE PAS MANQUER

Le donjon du château et le panorama sur la ville et ses environs ; l'hôpital des Pèlerins ; l'église Ste-Marie de Lonzac.

ORGANISER SON TEMPS

Comptez une journée pour la ville et sa région.

AVEC LES ENFANTS

Le château des Énigmes ; le parc aquatique des Antilles de Jonzac.

Se promener

D'importants travaux de mise en valeur du patrimoine médiéval ont été réalisés autour de l'axe reliant le donjon à l'hôpital des Pèlerins.

Ancien château

Au 12e s., il couvrait la surface actuellement occupée par la place et le jardin public. Ses propriétaires, les **sires de Pons**, relevaient directement du roi de

QUELQUES PERSONNALITÉS

Grand maître d'artillerie de François Ier, Jacques Ricard de Genouillac, dit **Galiot de Genouillac** (1465-1546), fut l'un des artisans de la victoire de Marignan. Il avait épousé la fille du baron de Lonzac, Catherine d'Archiac, qui mourut en 1514. Il fit élever pour elle l'église de Lonzac.

Mais le plus célèbre enfant de Pons fut Théodore **Agrippa d'Aubigné** (1552-1630). Calviniste intransigeant, le poète fit publier clandestinement, en 1616, son œuvre majeure et très engagée *Les Tragiques*, sous les initiales LBDD (de son surnom : « le bouc du désert »).

Autre figure majeure de l'histoire pontoise : **Émile Combes** (1835-1921), maire de Pons de 1876 à 1919, ministre de l'Instruction publique, président du Sénat, puis président du Conseil. Il est à l'origine de la loi de séparation de l'Église et de l'État en 1905.

France, et commandaient plus de 60 villes ou bourgs et quelque 600 paroisses ou seigneuries. Parvenus au fait de leur puissance au début du 15e s., on leur prête cet adage resté populaire en Saintonge : *« Si roi de France ne puis être, sire de Pons voudrais être… »*

★ **Donjon** – *Espl. du Château - ✆ 05 46 96 13 31 - www.pons-tourisme.com - juil.-août : 10h-12h30, 14h-18h30 ; sept.-oct. : tlj sf lun. 14h-18h ; de mi-mai. à fin juin : 14h-18h ; de mi-avr. à mi-mai : 10h-12h30, 14h-18h - fermé de nov. à mi-avr. et certains j. fériés - 3,50 € (6-12 ans 1 €) - possibilité de visite guidée sur demande (45mn).*
Cette construction du 12e s., épaulée par des contreforts, est très impressionnante. Au Moyen Âge, on y pénétrait par des échelles qu'on retirait en cas de danger. Du sommet (30 m de hauteur), on profite d'un beau **panorama** sur la ville et la vallée.
Au pied du donjon, l'ancien logis seigneurial comprend un corps de bâtiment du 17e s. et une tourelle d'escalier plus ancienne. Il abrite l'hôtel de ville, au-delà duquel on arrive dans un jardin public. Celui-ci, aménagé en terrasses sur les remparts, offre des **vues** plongeantes sur la Seugne.

Église Saint-Vivien

Au sud de la ville, près du cours Jean-Jaurès.
Cette ancienne chapelle à façade du 12e s. attire le regard par son portail roman très profond à cinq voussures et par ses deux petits clochers-arcades, installés au 18e s., qui encadrent de façon insolite le pignon de la façade.

À proximité Carte de la région pontoise p. 221

2

★ Hôpital des Pèlerins

1 km au sud-ouest de Pons, sur l'ancienne rte de Bordeaux.
R. Georges-Clemenceau - ✆ 05 46 96 13 31 - www.pons-tourisme.com - ♿ - juil.-août : 14h-18h30 ; de mi-avr. à fin juin et sept. : tlj sf mar. 14h-17h30 - fermé de déb. oct. à mi-avr. et certains j. fériés - 3,50 € (6-12 ans 1 €) - possibilité de visite guidée sur demande (1h).
Sur une petite colline jadis à l'extérieur de la ville, un étonnant passage voûté enjambe l'ancienne route de Bordeaux. Des deux bâtiments construits de part et d'autre ne subsiste que l'hôpital des Pèlerins, inscrit à l'Unesco au titre des chemins de St-Jacques-de-Compostelle depuis 1998. C'est l'un des plus anciens ensembles hospitaliers d'Europe à avoir été conservé.
Le **passage voûté★**, édifié en 1156, relie donc le portail, seul vestige de l'église Notre-Dame, à l'Hôpital-Neuf. Vous remarquerez, de chaque côté du passage, les enfeus (arcades abritant des sépultures) et les bancs de pierre qui permettaient aux pèlerins harassés de se reposer ou d'attendre la fin des intempéries. On leur proposait un pain et une chopine de vin, et très vite, l'endroit devint une halte « sûre et pacifique », fort appréciée sur la route dangereuse menant à St-Jacques-de-Compostelle. On les imagine gravant les graffitis énigmatiques (fer à cheval ou voûte céleste ?) qu'on distingue encore sur les murs…
L'**hôpital** fut construit peu après l'église, dans la seconde moitié du 12e s., par Geoffroy III de Pons. Hospices et maisons-Dieu étaient alors monnaie courante, ces établissements ayant pour mission d'accueillir les pèlerins. Cet hospice, hors des murs de Pons, offrait un refuge aux voyageurs arrivant de nuit après la fermeture des portes de la ville. Quinze lits à peine permettaient d'accueillir les malades.
Le bâtiment se compose d'une grande **salle** possédant dans sa partie ouest une chambre de quarantaine et une pharmacie dotée d'une cheminée. Les neuf vitraux contemporains installés en 2003 sont l'œuvre de l'atelier du

LES CHEMINS DE SAINT-JACQUES

Situé à 1 183 km de St-Jacques-de-Compostelle, l'hôpital des Pèlerins de Pons fut, à partir du 11e s., une étape importante sur le **Chemin de Tours**, ou *via Turonensis*, l'un des quatre itinéraires traversant la France en direction de la ville espagnole. Emprunté par les pèlerins venus du nord du royaume et de l'Europe, cette route partait de Paris, puis descendait vers Chartres (ou Orléans), Tours, Châtellerault, Poitiers, Lusignan, Melle et la Saintonge (ou Angoulême), avant de continuer sur Bordeaux, Dax, St-Jean-Pied-de-Port, et d'arriver en Galice. Dans la région, les pèlerins faisaient également étape à l'église St-Pierre-de-la-Tour d'Aulnay-de-Saintonge (*p. 210*), l'Abbaye royale de St-Jean-d'Angély (*p. 205*) ou encore l'église St-Eutrope de Saintes (*p. 188*).

Grâce à l'inscription de l'hôpital des Pèlerins à l'Unesco au titre des Chemins de St-Jacques-de-Compostelle, Pons voit de nouveau affluer jacquets et randonneurs de mars à octobre. Pour eux, la ville a mis en place depuis 2006 un dortoir de huit lits dans une maison de la vieille ville *(8 € la nuit - réserv. auprès de l'office de tourisme - 06 83 15 96 63 en dehors des heures d'ouverture)*. Un ensemble de cinq statues de bronze représentant des pèlerins du Moyen Âge a quant à lui été installé en 2001 sur le rond-point au niveau de l'église St-Vivien.

maître-verrier Jean-Dominique Fleury de Toulouse. Soutenue par huit piliers, la charpente du 13e s. semble encore défier le temps. À l'extérieur, derrière le mur ouest, ont été retrouvées les traces d'un bâtiment annexe comprenant latrines et salle d'eau. Le porche qui abrite ces vestiges ouvre sur un vaste **jardin médiéval** créé à l'occasion de la restauration de l'édifice.

Château des Énigmes

1 km au sud par la D 249 (ou A 10, sortie n° 36, puis suivre le fléchage).
Rte de Fléac - 17800 Pons - 05 46 91 09 19 - www.chateau-enigmes.com - juil.-août : 10h-20h ; avr.-juin et sept.-oct. : 10h-19h - la billetterie ferme 2h avant la clôture du site - 14 € (4-12 ans 11 €).

Ici, tout est fait pour séduire les enfants, à commencer par le très réussi **parcours des énigmes** qui les entraîne dans de palpitants périples à travers le domaine. Ponctué de jeux d'adresse, il est adapté à tous les âges avec des énigmes historiques de trois niveaux de difficulté portant sur des thèmes variés *(comptez environ 3h)*. Mais ce n'est pas tout, puisqu'on trouve aussi ici une petite ferme où il est possible de caresser les animaux, une aire de pique-nique, une cafétéria et des **cabanes dans les arbres** où passer la nuit *(env. 200 € pour une famille avec petit déjeuner, kit d'observation, etc.)*.

Ce parc d'attractions est installé depuis 1998 dans le **château d'Usson**, de style Renaissance qui s'élevait autrefois près de Lonzac, à l'est de Pons. À la fin du 19e s., menacé de destruction, il fut transporté et remonté, pierre par pierre, à son emplacement actuel. Le **décor★** gravé et sculpté de la cour est d'une grande richesse. Au fond, la galerie à arcades en anses de panier est ornée de médaillons (les douze Césars), de statues, de sentences gravées, etc. À l'extrémité d'une des ailes, une tour, au toit original, est toute sculptée de blasons, d'emblèmes et, sous le rebord du toit, d'une frise découpée en panneaux par des tronçons de colonnes creuses. À l'intérieur, attardez-vous dans le salon, paré de **boiseries★** Régence, blanches et or, provenant du château de Choisy-le-Roi. Dans la salle d'honneur, admirez la porte de l'ancienne chapelle, sculptée par Nicolas Bachelier, élève de Michel-Ange.

JONZAC

19 km au sud par la D 142.
22 pl. du Château - 17500 Jonzac - 05 46 48 49 29 - www.jonzac-tourisme.com - tte l'année : 9h-12h30, 14h-18h - fermé dim. en janv., 1er janv., 25 déc. - visite guidée de la ville (1h, 2 €), juil.-août : mar. et jeu. 17h ; reste de l'année : mar. 16h.
La ville de Jonzac est associée depuis longtemps au commerce du cognac. Plus récemment, en 1986, elle s'est trouvé un nouvel atout : ses eaux riches en sels minéraux, qui alimentent des cures dans des thermes troglodytiques. Le pont de pierre qui enjambe la Seugne, en amont, permet d'apprécier idéalement le site. Sur la rive droite, deux collines : l'une porte le quartier de l'église, l'autre la « cité », jadis ceinte de remparts, englobant le château. Sur la rive gauche, dans le faubourg des Carmes, œuvraient autrefois les artisans, mégissiers, tanneurs et tonneliers.

Château

Pl. du Château - 05 46 48 49 29 - www.jonzac-tourisme.com - tte l'année : 9h-12h30, 14h-18h, dim. 10h-12h, 15h-17h - fermé 1er janv., 25 déc. - possibilité de visite guidée (1h), juil.-août : tlj à 16h et mar. 10h30 ; reste de l'année : mar. à 15h - 2,70 € (-15 ans gratuit) - 4 € billet combiné avec la visite de la ville.
Bâti sur un rocher dominant la vallée de la Seugne, le château primitif (11e s.), ayant beaucoup souffert durant la guerre de Cent Ans, fut reconstruit au 15e s. et accueillit en son temps des hôtes de marque : **Henri IV** en 1609 et, cinquante ans plus tard, **Louis XIV**, en route pour la signature du traité des Pyrénées et pour son mariage à St-Jean-de-Luz avec l'infante d'Espagne Marie-Thérèse.

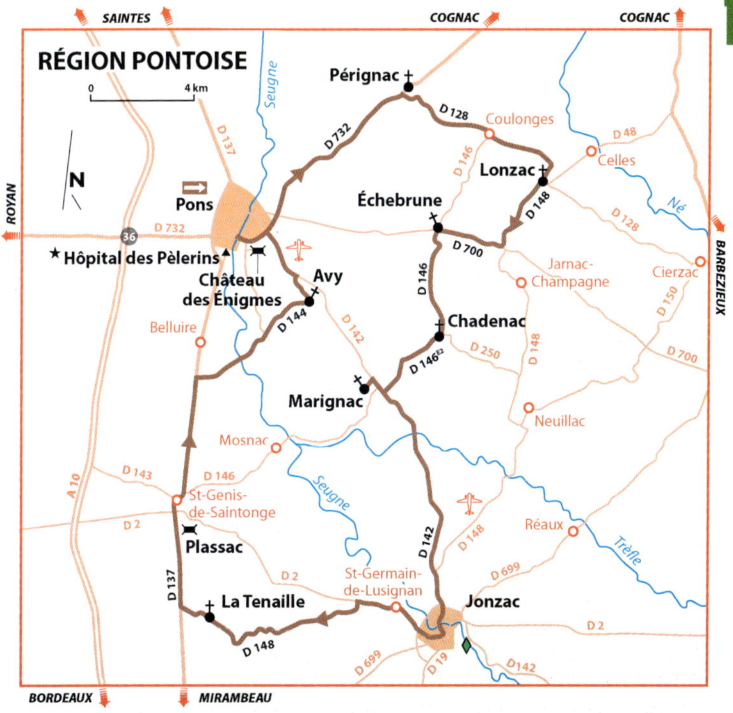

Il abrite aujourd'hui l'hôtel de ville et la sous-préfecture. Par une porte fortifiée du 15e s., on débouche sur une vaste esplanade. La **façade ouest★** du château est grandiose, avec son robuste châtelet du 15e s. et ses tours, dont l'une sert de beffroi. Au cours de la visite, vous pourrez voir l'ancien chemin de ronde, la salle des mariages, ainsi que celle du conseil municipal, et un sympathique petit théâtre de style Napoléon III. La terrasse avoisinante offre une belle **vue** sur la vallée de la Seugne.
En face de l'esplanade du château, remarquez la discrète **rue médiévale de Champagnac**, succession de voûtes et de petites cours pavées.

Couvent des Carmes

Pl. des Carmes - ✆ 05 46 48 49 29 - www.jonzac-tourisme.com - ♿ - accès libre de l'extérieur tte l'année ; juil.-août : accès libre aux chapelles et pièces de l'étage - visite du cloître incluse dans le circuit guidé de la ville - fermé 1er janv., 25-26 déc. - gratuit.
Fondé en 1505 par l'ordre des Frères Carmes, ce couvent fut ruiné pendant les guerres de Religion. Reconstruit au 17e s., il a été confisqué comme bien national au moment de la Révolution. Restauré, il abrite aujourd'hui un musée d'archéologie (objets de la protohistoire au Moyen Âge) et des expositions temporaires. Ne manquez pas le cloître qui a retrouvé une partie de sa galerie dessinée par des arcs en plein cintre.

Thermes

Domaine d'Heurtebise - ✆ 05 46 48 59 59 - www.chainethermale.fr/jonzac.html - visite libre du parc et du site troglodytique de fin fév. à déb. déc. : tlj sf dim. 9h-18h.
À côté des thermes, la base de loisirs du domaine d'Heurtebise *(de fin avr. à mi-sept., 9h-22h)* comprend un lac *(baignade surveillée en juil.-août)*, un centre équestre, une aire de jeux, des pédalos, etc.
Ces thermes troglodytiques ont été aménagés au cœur d'anciennes carrières de « pierre à cathédrales » qui furent exploitées dès le Moyen Âge et servirent ensuite de refuge aux protestants au 16e s., puis de champignonnières. Des forages réalisés en 1980 y ont révélé l'existence d'une profonde nappe d'eau (65-68 °C) chargée d'oligoéléments et aux propriétés thérapeutiques. Une station thermale propose des traitements spécialisés *(orientation rhumatologie, séquelles de traumatismes ostéo-articulaires, voies respiratoires et phlébologie)* ainsi que des séjours de remise en forme.

Circuit conseillé Carte de la région pontoise p. 221

LA RÉGION PONTOISE

Circuit de 65 km tracé en marron sur la carte p. 221 – comptez environ 4h. Quittez Pons par le nord-est en empruntant la D 732.
Amateurs de châteaux et d'églises romanes ou Renaissance, vous découvrirez avec bonheur cette région de Haute-Saintonge qui recèle quelques trésors.

Église Saint-Pierre de Pérignac

L'œil est attiré par sa belle **façade★** de style roman saintongeais. L'église est animée de deux rangées d'arcatures sculptées : au registre inférieur, les apôtres entourant la Vierge contemplent l'Ascension du Christ, et au registre supérieur, s'affrontent les Vices et les Vertus. La voussure, ornée de têtes de chevaux, de la grande fenêtre centrale est caractéristique de la région.
Quittez Pérignac par le sud-est en empruntant la D 128. Passez Coulonges et poursuivez sur la D 128.

Château médiéval de Jonzac.
B. Barbier/hemis.fr

Église Sainte-Marie de Lonzac

Située près de la limite entre les deux départements charentais, cette église fut construite entre 1515 et 1530 pour accueillir la sépulture de **Catherine d'Archiac** (1485-1514), fille du baron de Lonzac et épouse de Jacques Ricard de Genouillac, dit **Galiot de Genouillac**. Unique en son genre dans cette région aux églises romanes, elle allie de façon harmonieuse une structure gothique et un décor Renaissance, dominée par un clocher (40 m de haut) qu'on aperçoit de très loin. Ses angles sont amortis par de puissants contreforts.

Une **frise** fait le tour des murs, portant les lettres K et I (initiales de Catherine, *Katarina* en grec, et Jacques, *Iacobus* en latin), alternant avec les emblèmes (boulets ou grenades) de Galiot de Genouillac et des anneaux en relief sur lesquels sont inscrites les devises *« Sicut erat in principio »* (« Comme il était au commencement », issu de la prière *« Gloire au Père »*) et *« J'aime fortune »*. Le double sens de cette dernière (*« J'aime fort une »*) révèle la douleur du deuil vécu par le grand maître artilleur de François Ier.

Le **portail★**, raffiné, apparaît sous la forme de portes jumelées surmontéesde trois niches et d'une grande accolade se terminant par la salamandre de François Ier. Au-dessus des portes, deux bas-reliefs évoquent les Travaux d'Hercule (Hercule, enfant dans son berceau, étranglant les serpents, et Hercule affaibli abattant le lion de Némée), une allégorie des combats menés par le commanditaire de l'église.

À l'intérieur, la nef porte des voûtes gothiques retombant sur des pilastres Renaissance. Aux clés de voûte, blasons des Archiac et des Genouillac, et aux chapiteaux, emblèmes de Galiot de Genouillac. À gauche du chœur, la chapelle seigneuriale, couverte d'une voûte à caissons, était destinée à recevoir le tombeau de Dame Catherine. Au-dessus du maître-autel, tableau peint en 1787 par P. Vincent représentant l'Adoration des Mages.

Quittez Lonzac par le sud en empruntant la D 148 sur 3 km. À la D 700, bifurquez à droite vers Échebrune.

Église Saint-Pierre d'Échebrune

Le portail de cet édifice roman paraît monumental par rapport aux arcades latérales, toutes petites, mais son décor très sobre se borne aux chapiteaux découpés en feuilles d'acanthe. Au-dessus de la corniche, une rangée de hautes arcatures occupe toute la largeur de la façade ; celle du centre est polylobée. Sur les murs extérieurs apparaissent des **graffitis** réalisés par les pèlerins.
Quittez Échebrune par le sud en empruntant la D 146 en direction de Chadenac.

Église Saint-Martin de Chadenac

Sa façade exhibe une riche décoration sur le thème du Bien et du Mal. Au centre du portail figure le Christ couronné de l'Ascension ; les voussures abritent des saints, monstres et figures allégoriques : Vierges sages et folles *(au centre)*, Vertus et Vices *(en bas)*. Les arcades latérales sont garnies de statues surmontées d'un molosse attaquant un agneau et un bœuf ; dans les écoinçons se font face saint Georges et la princesse de Trébizonde, saint Michel et son dragon. Les chapiteaux d'angle représentent, à droite, les saintes femmes au tombeau ; à gauche, Constantin à cheval foulant l'Hérésie.
Quittez Chadenac par le sud-ouest en empruntant la D 146E2.

Église Saint-Sulpice de Marignac

Son **abside★** romane (12e s.), sur plan tréflé, attire le regard par son originalité, les absidioles se confondant avec les bras arrondis du transept. Admirez la frise dont les motifs, les personnages (l'homme-tonneau au sud-est), les animaux sont traités avec fantaisie. Les chapiteaux (scène de chasse au pilier sud-ouest, deux amours au pilier sud-est) sont décorés d'une frise répondant à celle de l'extérieur ; l'influence hispano-mauresque de leur décor est bien visible.
Quittez Marignac par le sud-est en empruntant la D 142.

Jonzac (*p. 221*)

Remontez vers le nord-ouest en empruntant la D 2. Environ 1 km après St-Germain-de-Lusignan, prenez à gauche la D 148.

Abbaye de La Tenaille

Ce monastère bénédictin est occupé par une ferme. L'abbatiale romane, à façade saintongeaise, a vu s'effondrer deux de ses trois superbes coupoles sur pendentifs. Le château (1830) possède une **façade** de pur style Louis XVI, avec son décor de guirlandes et ses balustrades.
Rejoignez la D 137 et prenez à droite en direction de St-Genis-de-Saintonge.

Château de Plassac

Il fut bâti vers 1772, pour l'évêque d'Autun, par l'architecte Victor Louis. En 1832, le château abrita la duchesse de Berry avant qu'elle ne tente de soulever la Vendée. En pénétrant par l'allée principale, on peut voir, dans la cour de la ferme, la tour du Pèlerin, vestige d'un château du 15e s.
Poursuivez sur la D 137. Avant Belluire, tournez à droite dans la D 144.

Église Notre-Dame d'Avy

La **façade** romane est percée d'un portail dont la voussure représente un concert burlesque. À l'intérieur, à gauche, s'ouvre une chapelle ornée d'une peinture murale du 14e s. : deux donateurs présentés par leurs saints patrons vénèrent une Vierge à l'Enfant, en tenue de pèlerin : chapeau, bourdon, besace… La chapelle recouvre un ossuaire dont on voit l'accès à l'extérieur.
La D 142 ramène à Pons.

NOS ADRESSES À PONS

HÉBERGEMENT

PREMIER PRIX

Hôtel-Restaurant de Bordeaux – *1 av. Gambetta - ✆ 05 46 91 31 12 - www.hotel-de-bordeaux.com - fermé vac. de Noël, sam. midi et dim. d'oct. à Pâques - 16 ch. 68 € - ☕ 9 € - ✕ 14/59 €.* Cet hôtel centenaire au décor plutôt récent propose des chambres petites mais coquettes. Cuisine gourmande et créative, terrasse-patio, superbe choix de cognacs.

À proximité

BUDGET MOYEN

Hôtel-Restaurant Le Vieux Logis – *1 r. du 8-Mai - 17500 Clam - 13 km au sud - ✆ 05 46 70 20 13 - 6 km au nord de Jonzac par D 142 - www.vieuxlogis.com - P ♿ 🏊 - 10 ch. 75/90 € - ☕ 12 € - ✕ 17/51 €.* Ancien café-épicerie transformé en restaurant au cadre rustique qui propose des produits du terroir. Chambres sur jardin.

RESTAURATION

BUDGET MOYEN

Hôtel-Restaurant Le Coq d'Or – *18 pl. du Château - ✆ 05 46 48 00 06 - www.lecoqdor.fr - fermé 15-31 mars, vac. de Noël, dim. soir et lun. - 5 ch. 89/99 € - ☕ 10 € - ✕ 16/30 €.* Le chef s'inspire des saisons pour réaliser une cuisine de bistrot. Jolies chambres.

À proximité

POUR SE FAIRE PLAISIR

La Gourmandière – *42 av. de Cognac - 17800 Pérignac - 8 km au nord-est - ✆ 05 46 96 36 01 - fermé dim. soir tte l'année, mar. soir et merc. sf juil.-août - 16/38 €.* Charmante maison de village décorée dans un style actuel et chaleureux. Terrasse côté jardin et cuisine, avec poissons frais et produits de terroir souvent bio.

ACHATS

Colibri – *2 rte de Marennes - ✆ 05 46 91 19 19 - www.facebook.com/colibripatisserie - P - mar.-vend. 9h15-12h15, 14h30-17h, sam. 9h-12h.* Créée en 1896, cette pâtisserie-biscuiterie industrielle dispose d'un magasin d'usine ouvert aux particuliers. La Corinnette, une « madeleine » allongée, reste la grande spécialité maison depuis plus d'un siècle.

À proximité

Tonnellerie Allary – *29 rte de Cognac - 17520 Archiac - 22 km au sud-est - ✆ 05 46 49 14 59 - www.tonnellerie-allary.com - visite guidée (1h30) lun.-vend. sur réserv.* Ici, on fabrique des barriques destinées aux vins et alcools, mais aussi divers objets en chêne (pichets, tabourets, vinaigriers, etc.).

Unicognac – *51 rte de St-Genis - 17500 St-Germain-de-Lusignan - 19 km au sud - ✆ 05 46 48 10 99 - visite guidée sur réserv. : lun.-jeu. 8h-12h, 14h-17h.* Cette coopérative alimentée par 400 vignerons produit les cognacs et pineaux des Charentes de la marque Jules Gautret et les gammes de vin de pays Thalassa et… Père Fouras !

ACTIVITÉS

Les Antilles de Jonzac – *Parc du Val-de-Seugne - 17500 Jonzac - 19 km au sud - ✆ 05 46 86 48 00 - www.lesantillesdejonzac.com - P -* Impossible de manquer ce parc aquatique couvert de 10 000 m^2, l'un des plus grands d'Europe. Lagon tropical, toboggans, cascades, geysers, plages, espaces verts, sauna, hammam…

Montendre

3 226 Montendrais - Charente-Maritime (17)

Des rues étroites de Montendre, aux confins de la Charente-Maritime et de la Gironde, on hume les pins de la forêt où s'est lovée la ville. Celle-ci s'est développée autour d'un ancien oppidum romain, le Mons Andronis, qui lui a donné son nom. De sa tour carrée du Moyen Âge, embrassez du regard la ville et ses environs.

NOS ADRESSES CI-CONTRE

S'INFORMER

Office du tourisme de Montendre – *Pl. des Halles - sous le marché couvert - 17130 Montendre - ✆ 05 46 49 46 45 - www.montendre-tourisme.fr - juil.-août : mar.-vend. 10h-12h30, 14h-17h, sam. 10h-12h30, jeu. à partir de 9h30 ; de mi-juil. à mi-août : également ouvert dim. 10h-12h30 - reste de l'année : se rens.*

Visites guidées – Mai-oct. : jeu., visite de la tour carrée et de la ville (2h) ; juil.-août : lun., merc. et vend., visites de producteurs et artisans locaux (2h) - 3 € (12-18 ans 1 €) - horaires et réserv. (la veille) auprès de l'office de tourisme.

SE REPÉRER

Carte de microrégion B3 p. 180 - *carte Michelin Départements 324 H8.* Montendre se trouve 19 km au sud de Jonzac.

ORGANISER SON TEMPS

Comptez 1h pour la ville, et une demi-journée pour une belle randonnée nature.

AVEC LES ENFANTS

Une balade en forêt agrémentée d'un pique-nique.

Découvrir

Tour carrée

Le Château - ✆ 05 46 49 46 45 - www.montendre-tourisme.fr - mai-oct. : visite guidée sur demande auprès de l'office de tourisme - 3 € (12-18 ans 1 €).

Construite sur une éminence de 114 m de haut au 12e s., cette tour fut remaniée aux 15e et 19e s. Elle faisait partie de l'ancien **château de Montendre** (nom parfois donné à la tour carrée elle-même), dont subsistent également les vestiges de remparts et une tour ronde démantelée. Cette place stratégique, que se disputèrent Français et Anglais au Moyen Âge, aurait été occupée dès l'Antiquité par un *castrum* romain, puis vers le 9e s. par une forteresse en bois. Selon certaines sources, c'est ici que Charlemagne aurait fait halte en 769 pour venir reprendre l'Aquitaine insurgée au duc Hunald. La tour carrée abrite aujourd'hui un petit **musée d'Arts et Traditions populaires** évoquant la vie saintongeaise au début du 20e s.

À proximité Carte de microrégion p. 180

Allée couverte de la Pierre-Folle B3

2 km au nord-est.

Une allée d'ormeaux conduit à ce monument mégalithique dont la dalle-toit, à 3,90 m du sol dans sa partie la plus haute, est colossale. Agréable **panorama** sur la campagne et ses châteaux.

Église Notre-Dame de Sousmoulins B3

8 km au nord-est par la D 155.

À l'intérieur de cet édifice roman des 12e et 15e s., quatre beaux panneaux peints du 18e s., de facture très classique, représentent l'Assomption, la Visitation et la Nativité (*transept est*) et, au-dessus de la porte, Dieu le Père.

Maison de la forêt de Haute-Saintonge B3

12 km au sud-est par la D 730.

Lieu-dit Tout-Vent - 17210 Montlieu-la-Garde - 05 46 04 43 67 - www.haute-saintonge.net/foret - - juil.-août : 9h-18h30, w.-end et j. fériés 10h30-18h30 ; avril-juin et sept.-déc. : tlj sf sam. 9h-12h, 14h-18h, dim. et j. fériés 15h-18h - fév.-mars : lun.-ven. 9h-12h, 14h-18h - fermé janv., 1er mai, 1er et 11 nov., 1er w.-end de nov. et 25 déc. - accès libre - animations gratuites et payantes tte l'année - possibilité de visite guidée (2h, 4,50 €) sur demande - aire de pique-nique et boutique.

Un **sentier ludique** (*environ 2 km*) aménagé en 20 étapes est conçu spécialement pour les enfants. Pour mieux en profiter, un carnet de jeux *(4 €)* est disponible pour les 6-8 ans et les 9-14 ans.

Situé au cœur de la **forêt de la Double saintongeaise**, qui couvre les cantons de Montendre, Montguyon et Montlieu-la-Garde, ce Pôle-Nature vous introduit à la vie forestière. Découvrez ses expositions temporaires sur le thème du bois, ses sentiers de randonnée parmi les pins maritimes, chênes tauzin fougères et alisiers, ses animations (concours de sculptures, ateliers, etc.), sans oublier sa **réserve à papillons de jour**, qui offre un grand nombre d'espèces à l'observation des promeneurs. Enfin, du haut de la **tour de guet**, dotée de tables de lecture, vous contemplerez ce vaste massif forestier de près de 40 000 ha et le bocage qui le borde au nord.

Montguyon B3

20 km au sud-est par la D 730.

Village saintongeais dominé par les ruines d'un château médiéval du 13e s. doté d'un imposant donjon. Cette place forte appartenait jadis à une illustre famille du Poitou : les La Rochefoucauld. Henri IV et Louis XIII y séjournèrent.

NOS ADRESSES À MONTENDRE

HÉBERGEMENT ET RESTAURATION

Chambres et table d'hôte Les Collines de Touret – *Domaine de Touret - 17360 La Genétouze - 34 km au sud-est de Montendre par la D 730 et la D 270 - 05 46 04 91 97 - - 2 ch. 70/80 € - table d'hôte sur réserv. 30 €.* Cette splendide maison de maître domine la forêt de la Double saintongeaise. Les chambres meublées à l'ancienne sont vastes et douillettes. Petits déjeuners et repas maison, essentiellement à base produits bio.

La Quincaillerie – *30 r. de l'Hôtel-de-Ville - 05 46 70 42 41 - www.restaurant-laquincaillerie.fr - fermé dim. soir, lun. et mar. ; 1 sem. en sept., en nov. et en fév. - 18/55 €.* Dans cette ancienne quincaillerie, on sert avec générosité des produits frais et de qualité préparés avec créativité.

AGENDA

Fête médiévale – *Château de Montguyon - 17270 Montguyon - 06 86 85 88 34 - www.sceniesen2monts.org - fin juil.* Son et lumière, animations.

2

Angoulême et la Charente 3

Carte Michelin Départements 324- Charente (16)

Vallée de la Charente.

F. Leroy/hemis.fr

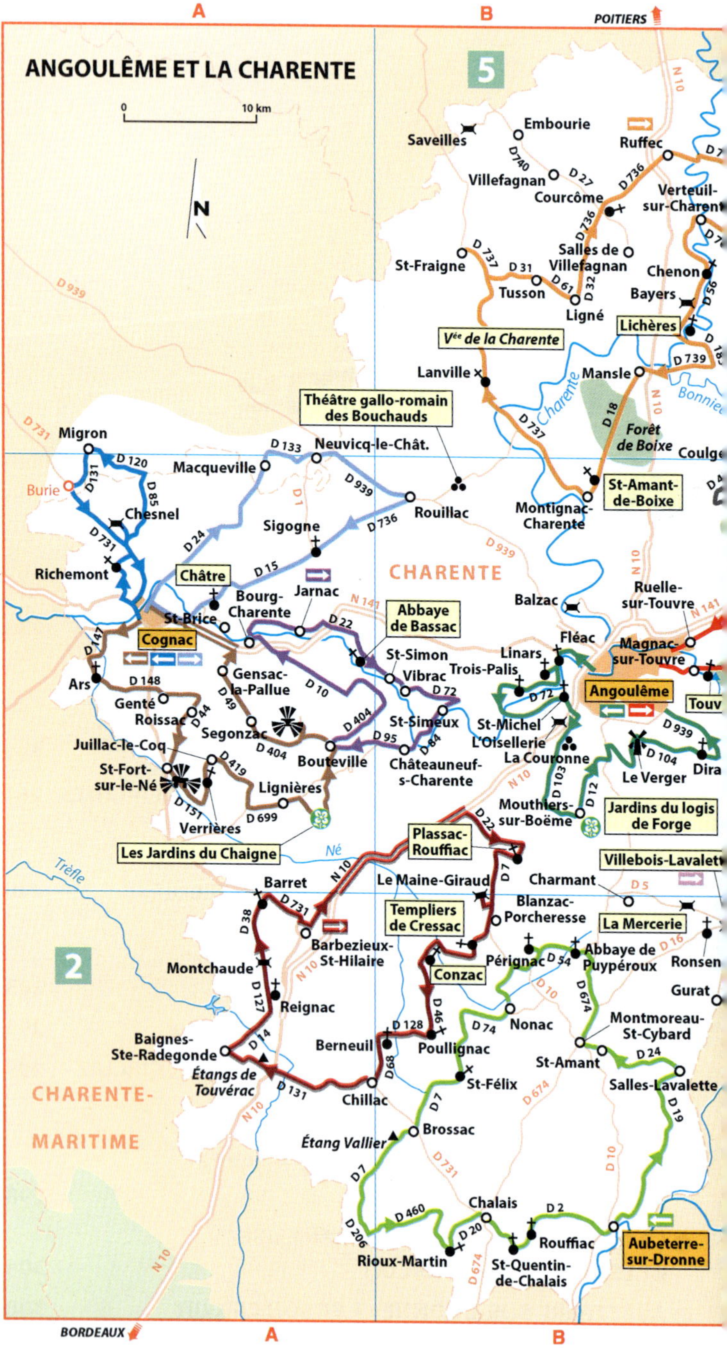
ANGOULÊME ET LA CHARENTE
0
10 km
N
A
B
1
2
3
5
2
POITIERS
SAINTES
BORDEAUX
CHARENTE
CHARENTE-
MARITIME
Embourie
Saveilles
Ruffec
Villefagnan
Courcôme
Verteuil-
sur-Charente
Salles de
Villefagnan
St-Fraigne
Tusson
Ligné
Chenon
Bayers
Lichères
Vée de la Charente
Lanville
Mansle
Charente
Bonnieure
Forêt
de Boixe
Coulgens
St-Amant-
de-Boixe
Montignac-
Charente
Théâtre gallo-romain
des Bouchauds
Migron
Burie
Chesnel
Richemont
Macqueville
Neuvicq-le-Chât.
Sigogne
Rouillac
Châtre
Jarnac
Bourg-
Charente
St-Brice
Cognac
Abbaye
de Bassac
St-Simon
Vibrac
Trois-Palis
Linars
Fléac
Balzac
Ruelle-
sur-Touvre
Magnac-
sur-Touvre
Angoulême
Touvre
Ars
Genté
Roissac
Gensac-
la-Pallue
Segonzac
Juillac-le-Coq
St-Fort-
sur-le-Né
Verrières
Lignières
Bouteville
St-Simeux
Châteauneuf-
s-Charente
St-Michel
L'Oisellerie
La Couronne
Le Verger
Dirac
Mouthiers-
sur-Boëme
Jardins du logis
de Forge
Les Jardins du Chaigne
Né
Trèfle
Plassac-
Rouffiac
Villebois-Lavalette
Barret
Le Maine-Giraud
Charmant
Templiers
de Cressac
Blanzac-
Porcheresse
La Mercerie
Barbezieux-
St-Hilaire
Montchaude
Reignac
Conzac
Pérignac
Abbaye de
Puypéroux
Ronsenac
Gurat
Nonac
Montmoreau-
St-Cybard
Baignes-
Ste-Radegonde
Berneuil
Poullignac
St-Amant
Étangs de
Touvérac
Chillac
St-Félix
Salles-Lavalette
Brossac
Étang Vallier
Chalais
Rouffiac
Aubeterre-
sur-Dronne
Rioux-Martin
St-Quentin-
de-Chalais
N 10
D 740
D 27
D 736
D 737
D 31
D 61
D 32
D 56
D 739
D 18
D 939
D 731
D 120
D 131
D 85
D 133
D 1
D 24
D 15
N 141
D 22
D 10
D 72
D 147
D 148
D 44
D 49
D 404
D 95
D 84
D 103
D 12
D 104
D 419
D 151
D 699
D 7
D 5
D 16
D 38
D 127
D 14
D 131
D 128
D 46
D 68
D 54
D 74
D 674
D 24
D 19
D 460
D 206
D 20
D 2

C
D
4
1
2
3
Domaine de Boisbuchet
St-Germain-de-Confolens
Village gaulois de Coriobona
Confolens
Esse
Lesterps
Nanteuil-en-Vallée
Charente
D 952
D 82
D 30
D 16
Manot
D 165
Brigueuil
D 193
D 165
Rochebrune
N 141
Vienne
Cellefrouin
D 951
D 91
Forêt de Belair
La Péruse
Exideuil
Chabanais
D 370
Peyras
Grenord
D 29
Parc archéologique de Cassinomagus
e-Colombe
D 36
Mémorial de la Résistance
D 27
Lacs de Haute Charente
Chasseneuil-sur-Bonnieure
Lac de Lavaud
La Rochette
D 11
N 141
Lac de Mas Chaban
Massignac
D 10
D 675
HAUTE-VIENNE
D 6
D 88
La Rochefoucauld
D 13
Jardins de Puyvidal
Parc naturel régional Périgord-Limousin
D 73
D 110
Rancogne
Vilhonneur
D 6
N 21
Pranzac
D 699
Montbron
D 412
Chazelles
Grottes du Quéroy
D 16
Marthon
D 4
Feuillade
Abbaye de Fontaine-Vive
Chersonèse
D 75
N 21
D 93
Mainzac
Charras
D 41
Rozet
Jean-Aubouin
D 25
La Rochebeaucourt
DORDOGNE
Dronne
LIMOGES
LIMOGES
Angoulême
★★ Mérite un détour
Confolens
★ Intéressant
Chalais
À voir
Ville de départ du circuit
L'Angoumois roman
De la vallée de la Touvre à la Tardoire
Vallée de la Charente
La Grande Champagne charentaise
Les Borderies
Le vignoble des Fins Bois
Vallées de la Charente et ses affluents
Vallée de la Vienne
Forêts de Belair et de la Braconne
Incursion au Pays d'Horte, entre nature et art roman
Entre vignobles, églises romanes et vieux logis
Incursion dans les collines du Sud Charente

Angoulême

★★

41 613 Angoumois ou Angoumoisins - Charente (16)

Un site escarpé avec des remparts surplombant la Charente et la campagne environnante, de hauts clochers qui percent les toits de tuiles roses, une ville colorée à l'ambiance agréable... Angoulême se présente telle une « bulle » méridionale », en écho aux bulles de BD faisant office de plaques de rues et aux murs peints de cette capitale incontestée de la bande dessinée. Mais ses musées y parlent également archéologie, arts africains et océaniens, papier, peinture de toutes époques ou art contemporain, et bien sûr image... Avec ses maisons de pierre, ses terrasses de restaurants et de petits cafés, Angoulême est une ville à découvrir à pied. Il faut se perdre dans le dédale de ses ruelles et placettes anciennes, avant de partir à la découverte de sa région, l'Angoumois, entre forêts et collines, vignobles et villages, églises romanes et châteaux.

NOS ADRESSES PAGE 249
Hébergement, restauration, achats, activités, etc.

S'INFORMER

Office de tourisme du Pays d'Angoulême – *7 bis r. du Chat - 16000 Angoulême - ✆ 05 45 95 16 84 - www.angouleme-tourisme.com - juil.-août : 9h-18h30, dim. et j. fériés 9h-13h ; reste de l'année : tlj sf dim. 9h-12h30, 13h30-18h, lun. 10h-12h30, 13h30-18h, sam. 9h30-12h30, 13h30-17h30, j fériés 9h-13h - fermé 1er janv., 1er Mai, 25 déc.*

Visite guidée – *✆ 05 45 68 45 16 - www.vpah-poitou-charentes.org/angoumois - Angoulême et l'Angoumois, qui portent le label Ville et Pays d'art et d'histoire, proposent des visites (1h30) animées par des guides-conférenciers agréés par le ministère de la Culture (été et J. du patrimoine : 4,50 €, enf. gratuit).*

SE REPÉRER

Carte de microrégion B2 p. 230-231 - *carte Michelin Départements 324 K6.*

Angoulême se partage entre une ville haute et basse. Les voies de communication prolongeant les grands axes cernent la ville haute et conduisent à des parkings. Sur le plateau : rues étroites (nord), spacieuses (sud) et piétonnes (est). La circulation y est assez difficile.

SE GARER

Vous trouverez, dans le centre-ville d'Angoulême, près de 1 500 places en stationnement souterrain, réparties sur Bouillaud, Les Halles, St-Martial, Champs-de-Mars et La Gâtine. Le week-end, on peut se garer facilement sur les remparts à l'est (quartier de la préfecture).

À NE PAS MANQUER

La ville haute et ses remparts ; la cathédrale St-Pierre ; le musée d'Angoulême ; la Cité internationale de la bande dessinée et de l'image ; une balade le long de la Coulée verte, à pied, à vélo ou en bateau.

ORGANISER SON TEMPS

Si vous venez fin janvier pour le Festival de la bande dessinée, pensez à réserver longtemps à l'avance, car il y a foule.

AVEC LES ENFANTS

Les jeunes fans de BD trouveront leur bonheur avec la Cité internationale de la bande dessinée et de l'image et avec les fresques sur les murs de la ville. Autres idées : le musée du Papier ; les animations sur les bords de la Charente, les bateaux rouges.

Vue de la ville et de la cathédrale St-Pierre.
Ch. Guy/hemis.fr

Se promener Plan de ville p. 235

Du calvaire St-Martin *(suivez la rue de Bordeaux, puis la direction du golf)*, très belle **vue**★ sur la ville haute, quasiment inchangée depuis le 19e s. L'énorme masse de la cathédrale domine des maisons aux volets blancs, étagées en gradin. Les flèches du beffroi de l'hôtel de ville, de l'église St-Ausone, des chapelles des Cordeliers et d'Obézine rythment le tableau qui s'offre au regard.

★★ LA VILLE HAUTE

Circuit tracé en vert sur le plan de ville p. 235 – comptez 4h environ avec la vieille ville et le musée. Pour le tour complet des remparts, départ de la place des Halles.

★ Les remparts

Angoulême a conservé une grande partie de son enceinte. Au 18e s., la plupart des tours et murailles médiévales furent arasées pour établir des promenades. Au siècle suivant, les portes disparurent et de vastes demeures et immeubles cossus s'élevèrent sur les remparts du Midi, baignés de soleil. La promenade proposée intègre donc vestiges du passé et art de vivre bourgeois du 19e s.

Remparts nord AB1

Construites au 19e s., les halles abritent sous leurs belles voûtes de verre et d'acier un marché permanent. En contrebas, vous apercevrez la base de trois **tours** du 11e s. ainsi que celle de la **tour du Gouverneur** (14e s.), dominée par le beau mur peint de Max Cabanes : *La Fille des remparts*. Longez les remparts pour arriver **place du Palet** (B1). C'est à cet emplacement que se trouvaient l'une des portes de la ville et l'ancienne halle. Le square occupe la motte féodale en avant de laquelle elle était construite. De là, perspectives plongeantes sur le pont, le faubourg St-Cybard et la vallée de la Charente.
Continuez sur le boulevard A.-Briand et descendez vers le **Jardin vert** (A1). Les allées sinueuses et accidentées de cet agréable parc sont dominées par d'anciens murs, bastions, courtines et tours rondes ou carrées, posées sur

de gros rochers dont les plus vieux remontent au 11e s. C'est la partie la plus pittoresque des remparts. Le jardin présente des sculptures modernes, dont des œuvres de François-Xavier Lalanne. Vous y verrez également la **grotte** qui abrita l'ermite saint Cybard, l'un des évangélisateurs de la région au 6e s. Transformée en chapelle, elle est signalée par une haute croix de bois.

Sortez du Jardin vert. Remontez sur la promenade au niveau de la place Beaulieu.

★ Remparts sud et quartiers 19e s. AB2

La **place Beaulieu** (A1) est située à l'extrémité du promontoire, où le lycée Guez-de-Balzac a remplacé une abbaye de bénédictines. Au premier plan apparaît la haute flèche de l'**église St-Ausone** (A1), bâtie par Abadie au 19e s. Bordé d'élégantes façades, le rempart du Midi offre de belles vues sur la vallée de l'Anguienne et sur la façade de la cathédrale. Le rempart Desaix domine des glacis fleuris qui bordent les rues, en contrebas, où s'alignent de grandes demeures bourgeoises du 19e s. Au n° 30, l'hôtel Montalembert date du 18e s.. Après le monument élevé à la gloire de Sadi Carnot, vous apercevrez trois tours rondes du 15e s., dont une baptisée **tour de Clovis**, où le roi franc se serait cassé la jambe lors du siège d'Angoulême. Une petite jambe sculptée rappelle d'ailleurs ce souvenir historique. En contrebas, la **rue Louis-Desbrandes**, légèrement incurvée, présente une belle unité de style, avec ses hautes maisons dont les toits de tuiles sont masqués par des balustrades classiques.

Remontez la place de New-York, plantée d'arbres, jusqu'à l'hôtel de ville.

Le **quartier de la Préfecture** (B2) se compose d'un ensemble de rues perpendiculaires aux sobres façades parfois imposantes des anciens hôtels particuliers de la bourgeoisie et de l'aristocratie locale des 18e et 19e s. Il fut édifié sur l'ancien parc du château à partir de 1770. Typique du Second Empire, le **théâtre** (T) fut construit entre 1867 et 1870. Son intérieur a été rénové en 2000. Quant à la façade, elle offre un remarquable décor sculpté représentant les allégories du Drame, de la Comédie, de la Danse et de la Musique.

Remontez la rue d'Iéna, tournez à droite rue de la Préfecture et reprenez le boulevard émile-Roux.

Avant de tourner à gauche sur le boulevard Émile-Roux, retournez-vous pour admirer la curieuse perspective formée par la rue, avec la flèche de la chapelle N.-D. d'Obézines. Du virage sur le rempart, la **vue** sur les toits et jardins, avec la cathédrale en toile de fond, est particulièrement belle au soleil couchant.

Reprenez la rue d'Iéna, puis la rue de la Préfecture, bordée par le bel édifice néo-classique construit par Paul Abadie père en 1834. Continuez jusqu'au rempart est.

Devant vous se dresse la **chapelle Notre-Dame-d'Obézine**, imposante et aérienne, construite sur le modèle de la Ste-Chapelle de Paris au 19e s. Sa flèche fut posée en 1953. L'intérieur renferme de beaux vitraux modernes.

Prenez la rue de Bélat.

Remarquez une **échauguette et un bastion** du 17e s., vestiges de l'enceinte élevée par le duc d'Épernon autour du château.

Revenez sur vos pas et empruntez la rue de l'Arsenal jusqu'à l'hôtel de ville.

LE PREMIER FOU VOLANT

C'est de la **tour Ladent** (A1), accolée aux remparts, que le **général Resnier**, né à Angoulême en 1728, s'élança dans le vide, muni d'une paire d'ailes. Il effectua ainsi, en 1806, le premier vol sans moteur. Mais s'étant brisé la jambe à l'atterrissage, il renonça vite à exploiter son appareil…

SE LOGER		SE RESTAURER
Camping Les Gorges du Chambon 11	Chambres d'hôte L'Épicerie de Vénat 8	Chez Paul 3
Chambres d'hôte Champ Fleuri 1	Château de Lavaud 9	La Cigogne 4
Chambres d'hôte La Templerie 3	Hôtel du Palais 5	L'Agape 1
Chambres d'hôte Le Clos du Charpentier 10	Mondo Bisaro 7	La Ruelle 6
		Le River 2
		Restaurant Le Terminus 8

★ Hôtel de ville B2

Hôtel St-Simon - 15 r. de la Cloche-Verte - ✆ 05 45 68 45 16 - www.vpah-poitou-charentes.org/Angoumois - 4 € - possibilité de visite guidée en été et lors des J. du patrimoine sur demande au service du Patrimoine.

C'est Paul Abadie (1812-1884), l'architecte du Sacré-Cœur à Paris, qui le construisit dans le style gothico-Renaissance entre 1858 et 1868, à l'emplacement du château des comtes d'Angoulême. De l'ancien bâtiment n'a subsisté que la **tour polygonale**, ancien donjon des 13e et 14e s. du haut duquel s'offre un **panorama★** sur les toits de la cité, et une tour ronde du 15e s. dans laquelle serait née **Marguerite d'Angoulême** (1492-1549), sœur de François Ier (p. suivante). On visite de belles salles voûtées, mais également le grand escalier et les salons de style Second Empire. La grande façade sud, dont le style s'inspire de la Renaissance, est très éclectique et imposante avec ses hautes fenêtres. Côté nord, la façade néogothique qui a retrouvé sa blancheur d'origine en 2014 est dominée par un imposant beffroi dont la flèche d'ardoise culmine à 75 m.

Angoulême, vivier de la monarchie

UNE HISTOIRE FRANCO-ANGLAISE

Isabelle, comtesse reine

Née en 1184, la comtesse **Isabelle Taillefer** aurait été enlevée sur le parvis de la cathédrale St-Pierre d'Angoulême, juste avant son mariage avec Hugues de Lusignan, par le roi d'Angleterre **Jean sans Terre**. Il l'épouse et la fait reine d'Angleterre. Vingt ans plus tard, après la mort du roi Jean, elle revient à Angoulême pour finalement se remarier avec… le fils de son ancien fiancé, **Hugues X de Lusignan**, et former un petit état féodal réunissant l'Angoumois et la Marche. Elle devient ainsi « comtesse reine » et le reste jusqu'à sa mort en 1246.

Les Valois, Angoulême et la monarchie

Rattachée au royaume de France en 1308, Angoulême est ensuite érigée en apanage de princes de sang royal. En 1392, Charles VI donne à son frère Louis le duché d'Orléans et le comté d'Angoulême. Après la mort du comte Louis, c'est son second fils, Jean, qui hérite de l'Angoumois. De ce prince, dont la mère était Valentine Visconti, fille du grand-duc de Milan Gian Galeazzo, est issue la branche des Valois Angoulême qui montera sur le trône de France avec François Ier.

BERCEAU DE ROIS

Le bon comte Jean

Après être resté trente-deux ans otage en Angleterre, Jean, comte d'Angoulême, chasse les Anglais de son comté. Modèle de vertu en son temps, il s'emploie notamment à protéger le peuple. Son fils Charles, qui épouse Louise de Savoie, meurt peu de temps après la naissance de son propre fils François Ier. Ce dernier est comte d'Angoulême jusqu'à la mort du roi Louis XII, son oncle, auquel il succède sur le trône de France.

La « Marguerite des Marguerites »

Connue sous le nom de Marguerite d'Angoulême, la sœur de François Ier naît au château d'Angoulême en 1492, dans la grosse tour ronde qui subsiste encore *(p. 235)*. Grande figure de l'humanisme de la Renaissance en France, esprit brillant, elle correspond avec Érasme en latin, grec, hébreu et parle couramment italien et espagnol. Elle écrit un recueil de contes inspiré de Boccace, *L'Heptaméron*. De son mariage avec Henri d'Albret naît Jeanne de Navarre, mère du futur roi Henri IV. Curieusement, c'est à Angoulême que naît l'assassin de ce dernier, **François Ravaillac**.

ROYALE ET MODERNE

Aux 18e et 19e s., des princes de sang royal de la maison de Bourbon portent toujours le nom de ducs et duchesses d'Angoulême, telle Madame Royale, la fille de Louis XVI. La ville développe fortement son industrie au 19e s., notamment autour des papeteries *(p. 34)*. De nos jours, l'agglomération compte plus de 100 000 habitants et s'oriente vers les technologies de l'image, dans le sillage de son célèbre festival de BD.

Dans les jolis jardins fleuris, vous verrez une statue de marbre de **Marguerite de Valois** (1553-1615), dite Marguerite d'Angoulême, reine de Navarre.

Après avoir traversé les jardins fleuris, entrez dans le quartier commerçant St-Martial par la **rue Hergé** (ancienne rue Marengo), la plus animée de la ville, qui vous conduira jusqu'à la place du Champ-de-Mars et son très moderne et controversé centre commercial (2007), œuvre de l'architecte Alexandre Chemetoff. La **place St-Martial** est dominée par le haut clocher-porche de style roman de l'église du même nom, construite et meublée (autels, sièges) par Paul Abadie en 1852.

★ LA VIEILLE VILLE

Le quartier de la cathédrale est assez calme, mais autour du palais de justice, les bars, restaurants et boutiques animeront votre balade ponctuée de nombreux vieux logis, au fil de pittoresques rues et placettes.

★★ Cathédrale Saint-Pierre A2

1 pl. St-Pierre - ✆ 05 45 37 38 13 - ♿ - 10h-18h (en dehors des offices) - possibilité de visite guidée.

Cette imposante cathédrale du 12e s. est un édifice majeur de l'architecture romane en Europe. Endommagée pendant les guerres de Religion, elle fut restaurée en 1634 et surtout, à partir de 1866, par Paul Abadie, l'architecte du Sacré-Cœur de Paris. Ce dernier fit d'importants travaux sur la haute tour à six étages qui s'élève à l'extrémité du croisillon gauche. Un **musée d'Art sacré** devrait y ouvrir en 2016 avec une mise en scène conçue par l'artiste contemporain Jean-Michel Othoniel. Il permettra également de découvrir les bases de l'ancien clocher nord, les boiseries 18e s. de l'ancienne sacristie et les voûtes gothiques de la chapelle St-Thibault.

★★★Façade – Prenez un peu de recul et admirez la vie de ce grand tableau magistral sculpté, rythmé par cinq hautes arcades où plus de 70 personnages, statues et bas-reliefs, illustrent le thème du Jugement dernier et de l'Ascension. Le **Christ en majesté** du tympan du portail central a été réalisé au 19e s., tout comme les deux statues de cavaliers au-dessus (saint Georges à gauche et saint Martin à droite). Les Apôtres sont figurés sur les tympans des arcades latérales du rez-de-chaussée. La Vierge et onze Apôtres sont sculptés à l'intérieur des arcades aux étages supérieurs, de part et d'autre de la fenêtre centrale ; ils regardent vers le haut où, au sommet de la façade, est représentée l'Ascension du Christ. Entouré des symboles des quatre Évangélistes, celui-ci apparaît debout à l'intérieur d'une mandorle et lève la main droite dans le geste de la bénédiction. Les damnés et les élus évoquent le Jugement dernier : les élus sont représentés dans des médaillons situés à l'intérieur des arcades qui encadrent l'Ascension. Les damnés sont figurés avec des diables dans deux scènes placées dans les arcades aux extrémités de la façade, comme repoussés de la figure centrale du Christ. Remarquez aussi les archivoltes, linteaux et les frises des arcades du rez-de-chaussée sculptés de feuillages, d'animaux et de figures d'une grande finesse. Observez notamment à droite les curieuses **scènes de combat**, tirées d'épisodes de *La Chanson de Roland*. Les deux clochetons de style poitevin furent ajoutés au 19e s. par Abadie. À gauche de la façade, dans le square, se trouve une colonne de marbre baroque où était jadis posée l'urne renfermant le cœur de Marguerite de La Valette (1567-1593), duchesse d'Épernon et petite-fille du duc Anne de Montmorency.

Intérieur – Il en impose par son ampleur et a retrouvé depuis 2012 sa blancheur d'origine, tout du moins dans l'esprit de la restauration effectuée par Paul Abadie au 19e s. Son envolée de trois coupoles sur pendentifs est d'une grande hardiesse. Au revers de la façade, les orgues datent de la fin du 18e s. Dans la troisième travée, un bas-relief roman représente une Vierge à l'Enfant. À l'extrémité du croisillon gauche, on entre dans la vaste chapelle de la Vierge, couronnée par un élégant dôme octogonal, qui supporte la tour. Notez les remarquables chapiteaux délicatement ornés de motifs végétaux ou d'animaux et, en avant de cette chapelle, un lion sculpté provenant du clocher. Le chœur, très vaste, est cantonné de quatre absidioles. Il se distingue par des chapiteaux à décor végétal, encadrant le grand vitrail, qui proviennent de la cathédrale élevée au 10e s. par l'évêque Grimoard de Mussidan. Il a été doté d'un intéressant mobilier contemporain. Une douce lumière bleue descend désormais sur le transept droit, éclairé par un vitrail dû à Jean-Michel Othoniel. Il surmonte la porte classique 18e s. de l'ancienne sacristie qui abrite le trésor de la cathédrale. Une plaque de marbre signale au sol les tombes du père et du grand-père de François Ier, les comtes d'Angoulême Charles et Jean de Valois. La lanterne et la haute coupole de la croisée du transept ont été refaites au 19e s. dans un esprit néobyzantin cher à Paul Abadie.

Sortez et longez la cathédrale par le sud, puis empruntez la rue Corneille qui vous conduit au square Girard-II.

Chevet – Admirez la majesté de l'abside cantonnée de quatre absidioles et la belle frise romane au-dessus du grand vitrail. Les proportions de la coupole écrasent un peu l'ensemble qui reste imposant, avec notamment l'élévation du clocher roman, haut de 59 m.

De nombreux vestiges archéologiques (chapiteaux, sarcophages…) et la statue du « bon Comte Jean » sont visibles dans ce square à l'aménagement contemporain. La chapelle basse de l'ancien évêché cache des sculptures Renaissance ornées de rinceaux et d'angelots de l'ancienne chapelle des St-Gelais.

★ Musée d'Angoulême A2

Square Girard-II - ✆ 05 45 95 79 88 - http://musee-angouleme.fr - ♿ - 10h-18h - fermé lun., 1er janv., 1er Mai, 11 Nov., 25 déc. - gratuit - possibilité de visite guidée (1h) sur demande préalable (1,10-4,20 €) - audioguide disponible.

Il est logé dans l'ancien **évêché**, du 12e s., agrandi du 15e au 19e s. Du 15e s. date l'élégant pignon sur la rue de Friedland, de style gothique flamboyant, couronné d'un singe laid, petit clin d'œil de l'évêque constructeur, Octavien de St-Gelais. De l'époque médiévale subsiste une belle **salle synodale** par laquelle entrent les visiteurs. Une tour d'angle vitrée ouvre une perspective sur le chevet de la cathédrale St-Pierre. Rénové et agrandi, le musée a adopté une présentation moderne pour ses trois thématiques majeures :

★★Archéologie et géologie – Au niveau du jardin, cette section retrace 500 000 ans d'histoire charentaise jusqu'au Moyen Âge. Le parcours est remarquable, notamment pour ses squelettes saisissants ou les parois de grottes reconstituées. La plus belle pièce est le superbe **casque d'Agris★★**, chef-d'œuvre de l'orfèvrerie celtique du 4e s. av. J.-C.

★Arts du Maghreb, d'Afrique et d'Océanie – Les salles du 1er étage regroupent d'importants objets d'art et d'ethnographie (statuettes rituelles, masques, reliquaires, etc.). Il s'agit assurément de collections exceptionnelles, les plus importantes de ce type en France après celles du musée du Quai Branly à Paris.

Beaux-Arts – Au 3e étage, la section compte parmi ses tableaux des œuvres européennes du 16e au 20e s. (notamment celles d'artistes charentais), de belles céramiques et des armes anciennes. Un très beau salon est décoré de boiseries du 18e s. et de deux toiles vénitiennes de l'école de Canaletto.

Partez du musée et empruntez la rue du Minage.

Rue du Minage et rue de Turenne

Le **n° 61** de la rue du Minage, au fond d'une impasse, révèle deux vieilles portes, dont une, classique, date du 17e s. La **place du Minage** est charmante, avec sa fontaine typique du Second Empire. Au **n° 15** de la rue de Turenne, une très jolie porte baroque surmontée d'une bretèche, vestige de l'ancien couvent des Carmélites.

Empruntez la rue Jean-Guérin.

À l'angle de la rue de Beaulieu et de la rue Jean-Guérin se dresse la chapelle des Cordeliers. Remarquez la grande baie gothique de son chevet plat (14e s.).

Ancienne chapelle des Cordeliers A1

R. de Beaulieu. **André Thevet**, qui rapporta du Brésil en 1556, avant Nicot, le tabac auquel il donna le nom d'« herbe angoumoisine », y fut moine. L'édifice possède un élégant **clocher gothique** (13e s.) à flèche octogonale dont le côté saillant repose sur deux petites trompes. Dans la nef voûtée d'ogives, à gauche, se trouve le tombeau de l'écrivain Jean-Louis Guez de Balzac (1597-1654).

Prenez la rue de Beaulieu à droite.

Au **n° 79**, la majestueuse façade à trois tourelles carrées et colonnade ionique de l'hôtel des Bardines (1783) aurait été inspirée des dessins de Vallin de La Mothe, architecte qui œuvra à St-Pétersbourg et mourut à Angoulême.

Revenez sur vos pas, rue de Beaulieu.

Les arbres et la fontaine centrale de la **place Francis-Louvel** (B2), dite du Mûrier, évoquent une atmosphère méridionale que vient renforcer la blancheur de l'imposante façade néoclassique du **palais de justice** (1826) ainsi que les nombreuses terrasses de cafés.

Prenez la rue des Postes, puis la rue Trarieux. Tournez à gauche rue St-André.

Au **square St-André** (B2), la peinture murale **Mémoires du XXe ciel**, d'après un dessin original d'Yslaire, voisine avec le haut chevet plat gothique (15e s.) de l'église St-André. Une curieuse **cheminée romane** trône sur la pelouse.

Prenez ensuite à droite la rue Taillefer.

Face à la façade palladienne de l'église St-André, vous apercevrez les vestiges de l'ancien palais Taillefer, avec deux baies romanes et un mur peint.

Église Saint-André B1/2

Datant du 11e s., elle conserve de cette époque une avant-nef romane, prolongée par un triple vaisseau gothique des 15e et 16e s. que termine un chevet plat. De nombreuses **œuvres d'art** y sont conservées, dont le tableau *Saint Wolfgang apparaissant à saint Henri* par Claude Vignon (1627), la très belle chaire de bois sculptée (1692) et le retable baroque aux colonnes torses (17e s.). L'église abrite d'autres tableaux (16e-19e s.) et des statues de bois des 17e-18e s.

DEUX BALZAC À ANGOULÊME

Proche de Richelieu et l'un des premiers écrivains à entrer à l'Académie française, **Jean-Louis Guez de Balzac** (1597-1654) naquit à Angoulême et s'y retira au château de Balzac. Il aimait la nature et venait se ressourcer au bord de la Charente : « *J'y suis toujours heureux, soit que je sois joyeux, soit que je sois triste. Pour peu que je m'y arrête, il me semble que je retourne en ma première innocence. Mes désirs, mes craintes et mes espérances cessent tout d'un coup : tous les mouvements de mon âme se relâchent, et je n'ai point de passions.* »

Quant à **Honoré de Balzac** (1799-1850), il séjourna plusieurs fois à Angoulême, qu'il décrivit d'ailleurs dans *Les Illusions perdues*.

La capitale de la bande dessinée

CHRONOLOGIE D'UN SUCCÈS

Du salon au festival

Le **Salon de la bande dessinée** démarre en 1974, dans la foulée de l'exposition « Dix millions d'images », deux ans auparavant ; c'est Hugo Pratt qui signe l'affiche. Hergé, Reiser, Mœbius, Tardi, Bilal... vont se mobiliser pour soutenir la manifestation. En 1984, le Salon s'offre une exposition sur la BD française à New York. Vient ensuite la création, en 1989, de la **Cité internationale de la bande dessinée et de l'image** (CIBDI), dotée d'un musée et d'une médiathèque, et tournée vers l'image numérique. En 1996, le Salon devient **Festival international de la BD** et, en 2012, Art Spiegelman est président du jury. En 2015, le festival crée le « prix Charlie Hebdo de la liberté d'expression » au côté des cinq prix « Fauve » qui récompensent les auteurs (meilleur album, prix spécial du jury, meilleure révélation, meilleure série, meilleure réédition).

Le réseau international du 9e art

Lors de la 30e édition du Festival international de la bande dessinée, six villes considérées comme des références dans le monde de la BD ont signé une charte affirmant leur attachement particulier au 9e art : **Angoulême**, **Amadora** (Portugal), **Bruxelles** et **Charleroi** (Belgique), **Lucca** (Italie) et **Kochi** (Japon).

MAGELIS

En 1997, la BD est sortie de ses bulles : la ville s'est dotée d'un **Pôle image**, ambitieux projet de réhabilitation du faubourg de **St-Cybard**, par le développement de la filière économique de l'image. Magelis, du nom des anciens chais réhabilités en bord de Charente, regroupe une centaine de structures, dont plusieurs **centres de formation aux métiers de l'image** (Lycée de l'image et du son, école des métiers de l'animation, école supérieure des arts et de la technologie de l'image, Laboratoire d'image numérique de la CIBDI, etc.), un centre de recherche, la CIBDI, une maison des auteurs et un **pôle d'entreprises** expertes dans le secteur de l'animation. Aujourd'hui, Magelis voit naître ou grandir des productions telles que *Kirikou, U, Les Triplettes de Belleville, Astérix et les Vikings, Loulou et autres loups, Funky Cops, Code Lyoko, Yakari, Totally Spies !, Witch, T'choupi, Cédric, Flat, SOS 18, Père et Maire, Brodeuses, Titeuf, Gaston Lagaffe, Victoire Bonnot, Mammuth, La Nouvelle Maud...*

Musée de la BD d'Angoulême..
Métifet/Citébd

★ LA BD SUR LES MURS D'ANGOULÊME

Depuis 1982, des **fresques** mettant en scène des personnages de BD animent les murs de la ville. Elles sont à découvrir au hasard d'une flânerie en ville.

R. de l'Arsenal **Natacha et P'tit bout d'Chique** (Walthéry)
R. de Beaulieu **Réalité, sortie de secours** (Mathieu)
Bd du Dr-Duroselle (la Gâtine) **Chassez le naturel…** (Boucq)
Av. Gambetta **Lucky Luke** (Morris) **Un samedi à Malakoff** (Margerin)
R. Gambetta **Sales Mioches** (Corbeyran et Berlion)
R. de la Grand-Font (La Grand-Font) **New York-sur-Charente** (de Crécy)
Rue Hergé **Le Baron noir** (Got et Pétillon)
John Difool (Mœbius)
Gaston et Prunelle (Franquin)
Valérian et Laureline (Mézières)
Pl. de l'Hôtel-de-Ville **L'homme qui ne transpirait pas** (Benoît)
Rd-pt de la Madeleine **La guitariste** (Loustal)
R. Louis-Barthou **Les Pieds nickelés** (Pellos)
Bd J.-Moulin (Ma Campagne) **Erro, Héros…** (Erró)
Rd-pt Mazagran (LIHoumeau) **Hérissons bleus** (Tanitoc)
Pl. du Champ-de-Mars **Avec le temps** (Schuiten)
R. de Montmoreau (St-Martin) **Cubitus** (Dupa)
Boule et Bill (Roba)
Bd Pasteur **La Fille des remparts** (Cabanes)
Titeuf (Zep)
R. P.-Semard (La Grand-Font) **Le Jardin extraordinaire** (Florence Cestac)
Square St-André **L'Ange cosmonaute** (Yslaire) **Mémoires du XXe Ciel** (Yslaire)
R. St-Roch (St-Roch) **Blake et Mortimer** (Juillard et Sente)
Bd Winston-Churchill **Le Combat spatial** (Druillet)
R. d'Austerlitz **Les Coulisses du théâtre** (Dupuis-Berberian)
R. de Saintes (St-Cybard) **Kirikou** (Michel Ocelot)

En plus des du programme de murs peints, destiné à enraciner la BD à Angoulême, la ville a refait, depuis 1997, plus d'un millier de **plaques de rues** en forme de **phylactères**…

Continuez rue des Trois-Fours, rue Henri-IV, puis rue des Acacias, toutes bordées de demeures du 16e au 19e s., jusqu'à la place du Palet. Prenez la rue Raymond-Audour.

Au fond d'une impasse, remarquez l'**hôtel de la Marbrerie**, dont la façade à bossages date du 17e s.

Tournez à gauche rue des Trois-Notre-Dame jusqu'au carrefour avec la rue Massillon. De là, gagnez la rue de Genève.

Le réformateur Calvin séjourna en 1534 au n° 34 de cette rue, chez son ami le chanoine Tillet.

Tournez à droite rue Massillon, puis empruntez la rue de la Cloche-Verte.

Espace mémoriel de la Résistance et de la Déportation B1

34 r. de Genève - sam. 14h-18h - gratuit. Une muséographie moderne présente les grandes étapes de la montée du nazisme en Europe ainsi que l'histoire et les grands événements de la Résistance en Charente.

Hôtel Saint-Simon B2

Il possède une jolie **cour Renaissance★**. La façade du bâtiment est rythmée de pilastres ornés de losanges et de cercles. Les hautes lucarnes, ornées de coquilles et de candélabres, sont typiques de la Renaissance française et rappellent celles du château voisin de La Rochefoucauld *(p. 293)*.

Le Pôle Image Plan de ville p. 235

★★ Cité internationale de la bande dessinée et de l'image (CIBDI) A1

121 r. de Bordeaux - ✆ 05 45 38 65 65 - www.citebd.org - ♿ - juil.-août : 10h-19h, w.-end et j. fériés 14h-19h ; reste de l'année : 10h-18h, w.-end et j. fériés 14h-18h - fermé lun., 1er janv., 1er mai, 25 déc. - possibilité de visite guidée sur demande (1h) - 7 € (enf. 3 €) - gratuit 1er dim. du mois (sf juil.-août).

Ateliers d'initiation à la bande dessinée chaque samedi *(15h-17h, 3 €).*

La Cité regroupe deux sites de part et d'autre de la Charente, reliés par une passerelle ornée d'une statue représentant **Corto Maltese**. L'entrée se fait par le bâtiment Castro (1990), œuvre de l'architecte Roland Castro. Le site historique de la Cité de la BD associe des éléments d'architecture industrielle des débuts du 20e s. et des éléments d'architecture futuriste. Clin d'œil à Hollywood, le parvis est orné de **dalles peintes** par des stars de la BD. Ce lieu, siège de la bibliothèque, est aujourd'hui voué aux expositions permanentes.

Bibliothèque – Elle reçoit en dépôt légal un exemplaire de tout ce qui est édité en matière de BD (magazines, albums, etc.), et rassemble la quasi-totalité de la production française depuis 1946. Son fonds compte environ 35 000 albums et une collection de 100 000 périodiques anciens et modernes. Une agréable **salle de lecture** permet de consulter, voire d'emprunter quelque 15 000 albums et divers ouvrages sur le dessin, l'image ou l'animation. L'édifice accueille aussi deux salles de cinéma, un restaurant, un cyberespace et deux écoles (École nationale des jeux vidéo et École des films documentaires).

Le musée de la BD – Cette addition de 2009 à la Cité internationale occupe de vastes chais à vins du 19e s., sur la rive opposée (chais Magelis). Le musée présente sur 1 400 m^2 les grandes évolutions de la bande dessinée des années 1830 à nos jours. Un très bel espace où les planches présentées sont remplacées tous les quatre mois en raison d'exigences de conservation. Une salle de 400 m^2 accueille des expositions de graphismes exceptionnels autour d'un thème ou d'un artiste. Une vaste librairie propose 40 000 volumes.

Musée du papier « Le Nil » A1
134 r. de Bordeaux - ✆ 05 45 92 73 43 - www.musee-du-papier.fr - ♿ - 14h-18h - fermé lun. et j. fériés - possibilité de visite guidée sur demande (1h) - gratuit - animations et manifestations payantes.

Expositions temporaires et espaces scénographiques dédiés aux enfants. Possibilité de pique-nique sur l'île Marquet toute proche.

Installé dans l'ancienne **papeterie Joseph Bardou-Le Nil**, ce musée a conservé, dans ses salles en rez-de-Charente, plusieurs vestiges évoquant l'utilisation de l'eau du fleuve pour l'énergie mécanique de la fabrique : roue à aubes, vannes et coursiers. Une exposition permanente retrace l'histoire du quartier de St-Cybard où se trouve le moulin, et dresse la chronologie de l'occupation industrielle des lieux (papeteries, brasseries, imprimeries), avant de s'attarder plus en détail sur les techniques de fabrication industrielle du papier en Charente. À l'étage, des expositions temporaires de qualité présentent des aspects techniques ou artistiques du papier ou du carton.

À voir aussi

Musée de la Société archéologique B2
44 r. de Montmoreau - ✆ 05 45 94 90 75 - www.sahc-charente.org/Musee-d-Angouleme - horaires : se rens. - possibilité de visite guidée sur demande.

Il rassemble des collections de la préhistoire et toutes sortes d'antiquités régionales : faïences, armes, boucles mérovingiennes, émaux limousins, bibelots, etc. Dans le jardin, qui offre une vue sur la chapelle d'Obézine, deux galeries abritent des mosaïques gallo-romaines et des collections lapidaires de l'époque romaine au 18e s. Remarquez au passage une très curieuse **tombe gallo-romaine** tout en tuiles (longueur : 180 cm), découverte en 1971 à Champniers (10 km au nord-est). Ne quittez pas les lieux sans avoir admiré les très belles sculptures romanes provenant de la cathédrale d'Angoulême et d'autres édifices de la région, notamment un superbe aigle nimbé.

Caves Charlemagne Hors plan par B2
15 imp. du Tropic - ✆ 05 45 95 02 77 - www.charlemagne.fr - visite guidée sur demande préalable (30mn) : 9h-12h30, 14h-17h30 - fermé j. fériés.

Vous n'êtes pas à Reims mais bien à Angoulême, même si, dans ces caves de 6 000 m², se cachent les secrets de l'élaboration de vins effervescents selon la méthode traditionnelle. La maison fut fondée en 1921 par un Champenois. Vous y découvrez aussi les vins de pays charentais de la Maison des Maines.

Fonds régional d'art contemporain (FRAC) B1
63 bd Besson-Bey - ✆ 05 45 92 87 01 - www.frac-poitou-charentes.org - ♿ - 14h-19h - fermé dim., 1er janv., 1er Mai, 25 déc. - possibilité de visite guidée sur demande (45mn) - gratuit - exposition temporaire, se rens. (gratuit 1er dim. du mois : 16h).

Carnet de route destiné au jeune public.

En rive de Charente, ce site inauguré en 2008 accueille des expositions temporaires tournées vers la créativité artistique internationale.

À proximité Carte de microrégion p. 230-231

Château de Balzac B2
8 km au nord-ouest d'Angoulême, sur les bords de la Charente.
Pl. de l'Église - ✆ 05 45 68 15 16 - ♿ - visite guidée (1h) 10 juil.-20 août et J. du patrimoine : 17h ; reste de l'année : visite libre extérieurs sur demande préalable - 9 € (-7 ans gratuit).

C'est dans cette demeure du 17e s. dont il fit son ermitage que l'« oracle de la Charente », le célèbre écrivain charentais Guez de Balzac (*p. 239*), composa la plupart de ses œuvres. Bâti sur les vestiges d'un édifice du 14e s., le château forme un bel ensemble rural, entouré d'un parc de 5 ha. L'intérieur contient une grande salle voûtée et une chapelle du 14e s., une cuisine du 17e s., des **fresques** restaurées, elles aussi du 17e s., figurant Apollon et Mercure, ainsi qu'un grand escalier 18e s. orné d'une rampe en fer forgé. Divers objets (12e-18e s.), retrouvés lors de la restauration du château, sont exposés dans un musée. À l'extérieur, ne manquez pas le porche charentais, la cour pavée, le puits, le vivier, le lavoir et une surprenante galerie à colonnes longue de 80 m.

Avant de partir, notez au passage la charmante **église St-Martin** (13e s.).

★ Théâtre gallo-romain des Bouchauds B2

22 km au nord-ouest d'Angoulême, près de Rouillac.

On y accède par une jolie route de campagne. On voit tout d'abord les bases de plusieurs temples. Les ruines de cet amphithéâtre du 1er s., plus vaste que celui d'Arles (105 m de diamètre), s'intègrent dans un beau site à flanc de colline dominant la campagne charentaise. L'amphithéâtre pouvait accueillir 5 000 à 6 000 personnes et faisait partie d'un sanctuaire au sein d'une agglomération de taille moyenne, situé sur la voie antique (dite via Agrippa) reliant Lyon à Saintes.

Espace d'interprétation du gallo-romain – *05 45 21 80 05 - www.eigr-bouchauds.fr - ♿ - de mi-juil. à mi-août : 10h-12h, 15h-18h30, sam. 15h-18h30 ; de déb. juin à mi-juil. et de mi-août. aux J. du patrimoine : 15h-18h30, J. du patrimoine 10h-18h ; du w.-end de Pâques au 31 mai : w.-end et j. fériés 15h-18h30 - fermé lun., 1er mai. - 2 € (-16 ans 1 €) - visite avec audioguide.* À 300 m du théâtre, cet espace, aménagé dans une ancienne ferme, donne des explications sur l'époque gallo-romaine et expose des originaux ainsi que des reproductions d'objets découverts lors des fouilles du site des Bouchauds : pièces de monnaie, sculptures…

Randonnée

LA COULÉE VERTE DE LINARS AU PLAN D'EAU DE SAINT-YRIEIX B2

Le circuit pédestre proposé ci-dessous part de l'écluse de Fleurac. Ligne de bus n° 2, arrêt Les Groies. Remontez sur 100 m environ la route d'Angoulême jusqu'au rond-point (intersection avec la route des Boisdons) et descendez le chemin dit « route de Fleurac ».

Vous pouvez également rejoindre, du centre-ville, les chais Magelis et vous contenter de longer la Charente vers l'Houmeau en visitant l'île Marquet (prévoyez une journée, avec la visite de la Cité de l'image).

Comptez une journée. La Coulée verte est un ancien chemin de halage qui longe la Charente à travers l'agglomération sur près de 20 km, de Nersac au plan d'eau de la Grande Prairie à St-Yrieix. La mise en valeur de ce patrimoine offre, à proximité du centre urbain, une agréable zone verte préservée.

Dans le joli site des **écluses de Fleurac**, des passerelles vous font passer sur de petites îles aménagées jusqu'au moulin de Fleurac. L'ensemble est dominé par un **château** du 17e s. (*05 45 91 89 54 - tte l'année sur demande préalable 15 pers. mini - 5 €*), couronné de créneaux fantaisie.

Le chemin de halage conduit au pont de Basseau. Là, se révèle une jolie vue sur le village de **Fléac**. Au pied de ce dernier, vous pourrez apprécier la courbe du fleuve (*location de canoës, guinguette - rens. : www.randonneefluviale.fr*), sauvage et très vert avec son cortège de grands arbres. Prenez le temps de visiter l'église Ste-Barbe.

En direction d'Angoulême, l'urbanisation se fait plus dense. Avant le pont St-Cybard, une vaste étendue, « l'île aux Vaches », jouxte le grand parc de Fregeneuil et de pittoresques **jardins ouvriers**. La **vue** sur la ville haute révèle le site imposant de la cité fortifiée des Valois.

Après le pont, on pénètre au cœur du **Pôle image**. Deux belles maisons, l'une de style alsacien avec un cloître néogothique, l'autre de style Second Empire (ancien château de Dampierre), précèdent les **chais Magelis**, dont la façade est un remarquable exemple d'architecture industrielle du 19e s. Longue de 110 m, elle présente une enfilade de 11 pavillons surmontés de frontons triangulaires et délimités par des pilastres ioniques. Vous pourrez admirer les proportions, les sculptures et la belle couleur de la pierre calcaire. Derrière cette façade ont été construits deux imposants pavillons. Les chais Magelis abritent la Cité internationale de la bande dessinée et de l'image (*p. 242*).

La promenade longe les rives sauvages de l'**île Marquet**, à découvrir par la passerelle de la Cité de la BD. Un sentier d'interprétation met en valeur sa faune, mais aussi des vestiges d'activité industrielle. Empruntez ensuite la passerelle de Bourgines pour vous rendre de l'autre côté de la Charente, dans le quartier de l'Houmeau. L'ancien port d'Angoulême, décrit par Balzac comme une seconde ville dans *Les Illusions perdues*, possède quelques hôtels particuliers des 18e et 19e s. comme celui de l'ancienne capitainerie générale du port. De style néoclassique, l'**église St-Jacques** fut construite par Abadie père. Sa façade, rythmée de colonnes ioniques, n'est pas sans élégance.

Le plan d'eau de la **Grande Prairie** termine la promenade. Notez que la « plage » d'Angoulême est dominée par le centre nautique **Nautilis**, important complexe doté d'une piscine et d'une patinoire.

Pour regagner le centre-ville, empruntez la ligne de bus n° 9.

Circuits conseillés Carte de microrégion p.230-231

L'ANGOUMOIS ROMAN B2

Circuit de 35 km tracé en vert sur la carte p. 230-231 – comptez environ 3h30. Quittez Angoulême par l'ouest en empruntant la N 141.

3

Église de Fléac

Cet édifice roman du 12e s. est dépourvu de transept ; la nef et le chœur sont coiffés de trois coupoles successives. Joli portail décoré d'animaux chimériques. Des peintures murales ont été mises au jour dans la nef.

De la terrasse de la mairie *(100 m à droite)*, très belle **vue** sur la vallée de la Charente et le site d'Angoulême. Et par la D 103 qui descend au milieu des vignes et des arbres fruitiers, on arrive au fond de la vallée, tapissé de prairies.

Poursuivez sur la D 72, à droite, au rond-point, faire un crochet à droite vers Linars puis revenez sur vos pas.

Église de Linars

Au centre du village, un petit clocheton fortifié signale cet édifice à l'élégante façade romane à arcatures. Fait assez rare en Charente, le portail comporte un tympan montrant le Christ entouré de deux anges.

Église de Trois-Palis

De style roman, elle possède un clocher à deux étages dont la flèche conique est couverte d'écailles. Sa façade présente un pignon orné d'un Christ qu'entourent les symboles des évangélistes. À l'intérieur (absence de transept), la nef et le chœur sont séparés par une coupole sur pendentifs (chapiteaux historiés).

Poursuivez sur la D 72, puis prenez à gauche la D 41.

La route vers Nersac mène au pont de la Meure d'où se découvre une jolie perspective sur le fleuve.
Prenez à gauche la D 699.

Église de Saint-Michel

Cet édifice octogonal du 12e s., au plan exceptionnel, est doté d'une coupole unique et de huit absidioles. Il servit de chapelle-refuge aux pèlerins de Compostelle. Les sculptures auraient été exécutées par des artistes de passage. Regardez le saint Michel du **portail★** et les modillons qui soutiennent les corniches. Les motifs décoratifs des voussures du portail et des arcatures latérales – palmettes et acanthes, entrelacs et vanneries – sont à rapprocher des sculptures de la mosquée de Cordoue en Espagne.
Franchissez la N 10, puis prenez à droite la D 910.

Château de l'Oisellerie

Construit au 16e s., c'est aujourd'hui un lycée agricole. Il doit son nom au dressage des oiseaux de proie pour la chasse. François Ier y aurait séjourné et participé à des chasses. Un châtelet d'entrée donne accès à une cour au fond de laquelle s'élève un édifice à galerie, flanqué d'une tour crénelée. Un jardin dans l'esprit Renaissance a été reconstitué par les élèves.

Ancienne abbaye de La Couronne

Consacrée en 1201, l'**abbatiale**, d'une ampleur exceptionnelle, a été édifiée dans un style de transition romano-gothique ; la façade et les deux premières travées de la nef ont été reconstruites au 15e s. Sous l'Empire, l'édifice servit de carrière de pierres. Le plan offre un tracé cistercien : chevet plat et transept presque aussi long que la nef, sur lequel s'ouvrent quatre chapelles carrées dont l'une est encore intacte. L'élévation est plutôt du style angevin : chapiteaux encore romans et voûtes gothiques bombées. On admire la majesté du chœur et du transept avec de hautes arcades. Il reste peu de chose du cloître du 13e s. En revanche, le palais abbatial attenant, bâti au 18e s., a survécu. La cour d'honneur s'ouvre par un beau portail Louis XV à volutes, orné de ferronneries.
Poursuivez sur la D 103, puis prenez à gauche la D 42.

Mouthiers-sur-Boëme

Le village est dominé par le clocher gothique d'une belle **église** romane. De nombreux lavoirs subsistent le long de la Boëme.
★ **Jardins du logis de Forge** – *✆ 05 45 67 84 22 - http://jardinsdulogisdeforge.com - visite guidée (1h) sur demande préalable, mai-sept. - fermé sam. - 6 € (-10 ans gratuit).*
Autour d'un manoir des 15e et 16e s., sept jardins d'eau contemporains se déploient en éventail au milieu de canaux. Le site est enchanteur et offre un véritable dépaysement. En 1781, Bernard Sazerac transforme le domaine et crée un moulin à papier. Superbement restauré par les propriétaires actuels, le logis est bordé à l'ouest par une grande pièce d'eau, alimentée par une résurgence qui jaillit d'un entonnoir naturel. Pour passer d'un univers à l'autre, on franchit des petits ponts, autant de symboles qui relient les paysages variés. La perspective du canal, avec ses cyprès, est particulièrement séduisante, de même que la vue que l'on a sur la cour du logis avec sa tourelle d'escalier arrondie. Un hameau restauré avec des maisons du 18e s., le moulin à roue, l'ancien séchoir à papier s'ajoutent à cet ensemble plein de charme.
Poursuivez sur la D 41 et rejoignez la D 674 par la D 12. Prenez à gauche en direction d'Angoulême, puis, 500 m plus loin, tournez à droite vers Charsé via *Giget.*

Moulin du Verger

✆ 05 45 61 10 38 - www.moulinduverger.com - galerie-boutique : 10h-12h, 15h-18h, w.-end et j. fériés 16h-18h.

Dans cette papeterie artisanale dont l'origine remonte à 1539, connue dans le monde entier chez les spécialistes, Jacques Brejoux fabrique un papier à l'ancienne, à base de fibres végétales (coton, lin, chanvre, etc.).
Rejoignez Puymoyen et prenez à droite la D 104.

Église de Dirac

On apprécie son élégante façade romane au décor finement sculpté et son bel et sobre intérieur de pierre blonde.
Poursuivez sur la D 104, puis prenez à gauche la D 939 qui ramène à Angoulême.

DE LA VALLÉE DE LA TOUVRE À LA TARDOIRE BC2

Circuit de 80 km tracé en rouge sur la carte p. 230-231 – comptez environ une journée. Quittez Angoulême par le nord-est en empruntant la D 941. Peu après L'Isle-d'Espagnac, prenez à droite.

Magnac-sur-Touvre B2

Depuis le pont de la Touvre, en aval des papeteries, beau coup d'œil sur l'église et les jardins bordant la rivière.
Église Saint-Cybard – Romane, elle porte une tour carrée reposant sur une coupole à pendentifs. L'édifice est en forme de croix grecque.
Poursuivez sur la D 699.

★Touvre B2

L'église est un petit édifice roman dont la position explique qu'il fut fortifié (bretèche visible sur la façade). De la pelouse qu'ombragent des cyprès, **vue★** plongeante sur les sources et la vallée de la Touvre.

Sources de la Touvre B2

Laissez votre voiture sur le parking. Accès interdit, mais visibles depuis les grilles.
Émergeant du pied de la falaise, les sources constituent en réalité des résurgences de deux rivières, le Bandiat et la Tardoire, qui disparaissent sous terre pendant six mois de l'année. Le **Bouillant**, que trahit en surface un léger frémissement, s'inscrit dans une fosse ovale de 40 m de longueur, 30 m de largeur et 15 m de profondeur. Le **Dormant**, prolongement du Bouillant, atteint 20 m de profondeur. Il existe une troisième résurgence, la **font de Lussac**, profondément modifiée lors du tremblement de terre de Lisbonne (1755) ; puis une quatrième, la **Lèche**, située au hameau voisin.
Les sources de la Touvre assurent l'alimentation en eau potable de l'agglomération d'Angoulême ainsi que de plusieurs communes environnantes, par l'intermédiaire de la station de pompage qui prélève les eaux du Bouillant. Elles donnent également naissance à une rivière qui, après un parcours de 10 km, traversant joncs, algues et roseaux, vient se jeter dans la Charente.
Prenez à gauche la route qui traverse la forêt de Bois-Blanc et rejoignez la D 699 (à droite). À la sortie du Quéroy, tournez à droite dans la D 412 vers Ronzac.

★Grottes du Quéroy C2

05 45 70 38 14 - http://lesgrottesduqueroy.e-monsite.com - visite guidée (45mn) de mi-juin à mi-sept. : 14h-19h ; de déb. avr. à mi-juin et de mi-sept. à déb. nov. : w.-end et j. fériés 14h30-19h - 7,50 € (-12 ans 5 €).
Explorées par Norbert Casteret, ces deux grottes s'étendent sur plus de 1 km et composent un labyrinthe de salles, certaines d'une grande blancheur, d'autres rendues brunes par la présence de manganèse. Stalactites et stalagmites, draperies, nids-d'abeilles et marmites de géants possèdent des formes originales.
La route passe en vue des tours crénelées du **château de la Tranchade** (14e-17e s., *www.chateaulatranchade.fr*) qui propose ponctuellement des animations.

Revenez et poursuivez la D 412. À Chazelles, prenez la D 33 à gauche après l'église.

Pranzac C2

Sur l'emplacement de l'ancien cimetière se dresse une **lanterne des morts** du 12e s. Une curieuse ouverture ronde pratiquée dans le fût donne à l'ensemble une allure de pigeonnier. La hauteur des lanternes des morts, égale de six à huit fois le diamètre, obéit à des canons hérités de l'Antiquité romaine. À voir également, les ruines du **château** du 15e s. et les voûtes à clé pendante de la chapelle Renaissance de l'**église**.

Quittez Pranzac par l'est en empruntant la D 699.

Montbron C2

Ce petit bourg animé témoigne du savoir-faire industriel charentais. La maison Hermès y a ouvert en 2012 un atelier de maroquinerie. Le centre-ville est situé sur une éminence qui domine la campagne vallonnée. Le vieux château, construit au 15e s., abrite l'été des expositions temporaires. Au portail de l'**église romane**, on observe trois voussures décorées de guirlandes ; sur le flanc droit, des enfeus contiennent des tombeaux. À l'intérieur, une coupole couvre la croisée du transept. Voyez aussi l'ancienne **chapelle de la Maladrerie**, précédée d'une clôture romane constituée de colonnettes.

Quittez Montbron par le nord-ouest en empruntant la D 6, puis prenez à gauche la D 110.

Vous pouvez aussi, pour rejoindre La Rochefoucauld, prendre la D 16 qui s'élève et révèle de jolis **panoramas** sur la campagne, notamment au Signal de l'arbre *(croisement D 16 et D 13 que vous emprunterez)*, l'un des plus hauts points du département de la Charente (345 m).

Vilhonneur C2

Encore un petit village, avec un château du 14e s., une église romane, une passerelle de pierre à l'emplacement de l'ancien gué romain.

Moulin à pierre de Rochebertier – *06 30 35 15 86 - - de déb. juil. à mi-août : dim.-jeu. 14h-18h ; reste de l'année : sur demande préalable - fermé 1er janv., 25 déc. - possibilité de visite guidée sur demande (1h15) - 2,50 € (-12 ans gratuit) - gratuit J. des moulins (dernier w.-end de fév.).*

Non loin de là, vous verrez les tourelles du charmant **logis de Rochebertier**.

Grotte du Placard – *Juil.-août - réserv. obligatoire auprès de l'office du tourisme de Montbron au 05 45 23 60 09.* Dans cette grotte ont été découvertes des peintures composées d'animaux ou de signes abstraits.

Rancogne C2

Du pont sur la Tardoire, on domine le site bucolique que forment le château et la rivière coulant au milieu des platanes, des peupliers et des aulnes.

Poursuivez sur la D 110, puis prenez à droite la D 73.

★★ Le château de La Rochefoucauld (*p. 293*) C2

Quittez La Rochefoucauld par l'ouest en empruntant la N 141, direction Angoulême, puis la D 941 (échangeur).

Ruelle-sur-Touvre B2

En 1750, le marquis de Montalembert établit la Fonderie nationale, sur une île de la Touvre. Elle en utilisait les eaux, tandis que le charbon de bois provenait de la forêt de la Braconne, et le fer de la vallée du Bandiat. Aujourd'hui, l'entreprise (Direction des constructions navales) se consacre surtout à la fabrication de missiles. La ville accueille par ailleurs un centre de recherches en acoustique de renom.

Poursuivez sur la D 941 qui ramène à Angoulême.

NOS ADRESSES À ANGOULÊME

TRANSPORTS

STGA – *Kiosque pl. Bouillaud - ✆ 05 45 65 25 25 - www.stga.fr.* Réseau de bus sur l'ensemble de l'agglomération : Fléac, St-Michel, La Couronne, Puymoyen, Soyaux, Touvre, Mornac, L'Isle-d'Espagnac, Gond-Pontouvre, St-Yrieix…

VISITE

Murs peints – *✆ 05 45 68 45 16 - www.vpah-poitou-charentes.org/ Angoumois - visite guidée (1h30) sur demande - horaires : se rens. - 4,50 €.* L'association Via patrimoine propose un parcours-découverte des 20 murs peints par des dessinateurs de BD à travers la ville. La plupart se trouvent entre l'hôtel de ville et la place St-Martial, et entre la place du Champs-de-Mars et la gare SNCF.

HÉBERGEMENT

Pour accueillir les quelque 250 000 visiteurs du Festival international de la BD fin janvier, l'office de tourisme propose des hébergements chez l'habitant. La liste des adresses est disponible deux mois avant les festivités.

BUDGET MOYEN

Chambres d'hôte Mondo Bisaro – *104 r. Saint-Roch - ✆ 06 60 15 70 39 - www. mondobisaro.fr - 2 ch. 60/70 €.* Ambiance et déco seventies pour ces deux chambres à proximité de la place du Champ-de-Mars. Terrasse avec vue panoramique, au rez-de-chaussée, salon et cuisine réservés aux hôtes. Possibilité également de louer deux appartements.

Chambres d'hôte Champ Fleuri – Hors plan par B2 - *chemin de l'Hirondelle (au golf) - ✆ 06 85 34 47 68 - www.champ-fleuri.com - P - 5 ch. 80/100 € - au-delà de 4 nuits : 70 €.* Belle maison ancienne dans un jardin clos, attenante au golf. Jolies chambres personnalisées, très belle vue panoramique sur Angoulême, terrasse et piscine : la ville à la campagne.

POUR SE FAIRE PLAISIR

Hôtel du Palais – B2 - *4 pl. Francis-Louvel - ✆ 05 45 92 54 11 - www. hotel-angouleme.fr - 43 ch. 75/125 €.* Situé au cœur de la vieille ville, dans un immeuble de 1778 qui dépendait d'un couvent de tiercelettes, l'hôtel bénéficie d'un cadre préservé. Son élégante façade orientée au midi domine la place Francis-Louvel où beaux immeubles, fontaine et marronniers servent d'écrin à quelques cafés.

À proximité

PREMIER PRIX

Camping Les Gorges du Chambon – Hors plan par B1 - *16220 Eymouthiers - 42 km à l'est par N 141 et D 6 - ✆ 05 45 70 71 70 - www.camping-gorgesduchambon. com - Tente pour 2 pers. 12/15 € la nuit.* Dans un cadre arboré, autour d'une ancienne ferme, cet établissement, certifié Ecolabel, promet des vacances conviviales, à la lisière de la Dordogne. Le terrain, vaste et vert, abrite une piscine de plein air. Par un petit chemin, on accède à la Tardoire dans laquelle on peut également se baigner ou faire du canoë.

Chambres d'hôte La Templerie – Hors plan par B1 - *440 r. des Lys-Denat - 16430 Champniers - 10 km au nord par D 12 - ✆ 05 45 68 73 89 - www.latemplerie-richon.fr - P - 5 ch. 65 €.* Vous serez reçu dans les anciennes remises de cette magnifique ferme viticole. Toutes les chambres sont agréables et colorées. Deux

3

d'entre elles ouvrent sur la piscine. Cuisine à disposition. Un gîte de six personnes.

Chambres d'hôte L'Épicerie de Vénat – Hors plan par A1 - *9 r. Jean Ravanaud - 16 710 St-Yrieix-sur-Charente - 6 km au nord-ouest par D 939 - ✆ 06 12 94 35 51 - www.lepicerie-de-venat.com - 3 ch. 60 €* ☕. Trois chambres d'hôte aménagées de manière design au 1er étage d'une ancienne épicerie où vous pourrez trouver une sélection de produits locaux.

Chambres d'hôte Le Clos du Charpentier – Hors plan par B1 - *4 r. des Courly – 16430 Balzac - 7,5 km au nord par N 10 et D 737 - ✆ 05 45 68 28 39 -* 🏊 *- 4 ch. 69 €* ☕. À proximité du château, vous serez accueilli dans un cadre authentique, simple et élégant. Une belle terrasse ensoleillée donne sur la piscine extérieure. Une petite piscine intérieure, un spa et une salle de musculation complètent l'offre.

POUR SE FAIRE PLAISIR

Château de Lavaud – Hors plan par B1 - *16220 Montbron - 36 km à l'est par N 141 et D 6 - ✆ 05 45 23 93 54 - www.chateau-de-lavaud.com -* 🏊 *- 4 ch. 115/155 €* ☕ *- table sur demande.* Un charmant manoir du 19e s. dresse ses tourelles au-dessus de la vallée de la Tardoire, cadre de charme où sont aménagées de belles chambres selon des thématiques voyage. Elles donnent sur la cour où vous trouverez une piscine.

RESTAURATION

La plupart des restaurants se trouvent du côté des rues de Genève, de la Cloche-Verte, de la place F.-Louvel ou encore vers le marché couvert.

BUDGET MOYEN

Chez Paul – A2 - *8 pl. Francis-Louvel - ✆ 05 45 90 04 61 - www.chez-paul.com - 12h-14h, 19h-23h - fermé dim. de nov. à mars - formule déj. 13/17 €, menus 16,50/29,90 €, 15/22 €.* Ce grand café propose une cuisine traditionnelle. Sièges design et véranda à l'asiatique. Le jardin est un endroit des plus agréables du centre historique.

Restaurant Le Terminus – Hors plan par B1 - *3 pl. de la Gare - ✆ 05 45 95 27 13 - www.le-terminus.com - fermé dim. - formule déj. 14,99 €/ 21,50 € - 17/36 €.* Brasserie contemporaine chic. La cuisine, au goût du jour, prend les couleurs du terroir et s'enrichit des arrivages de la Côte atlantique. Belle terrasse.

POUR SE FAIRE PLAISIR

L'Agape - B1 - *16 pl. du Palet - ✆ 05 45 95 18 13 - www.l-agape.com - fermé 1 sem. en janv., mars, nov., août et j. fériés., sam. midi, lun. soir et dim. - formule déj. 19,50 € - menus 32/69 € - 21-/49 €.* Bistrot en léger retrait de l'animation du vieux centre. Cuisine du marché proposée à l'ardoise avec des menus « Mer » et « Terre » variant au gré des saisons.

La Ruelle – B1 - *6 r. des Trois-Notre-Dame - ✆ 05 45 95 15 19 - www.restaurant-laruelle.com - fermé 1 sem. août, sam. midi, dim. et lun. - formule déj. 20 € - 17/52 €.* Dans une ambiance chic et feutrée, le design se marie avec la pierre blanche de Charente. Le chef Guillaume Veyssière y concocte une cuisine de terroir. Copieux menus dégustation. Intéressante formule déjeuner en semaine.

À proximité

POUR SE FAIRE PLAISIR

La Cigogne – Hors plan par B2 - *5 imp. Cabane-Bambou - 16800 Soyaux - 4 km à l'est par D 939 - ✆ 05 45 95 89 23 - www.la-cigogne-angouleme.com - fermé 1re sem. de mars, 2 sem. à la Toussaint, merc. soir, dim. soir et lun. -* 🅿 *- formule déj. 25 € - menus*

27/55 €. Accolée à une ancienne champignonnière, salle à manger-véranda lumineuse et moderne, complétée par une terrasse côté campagne. La carte vagabonde entre tradition et modernité.

ACHATS

☺ Reliant la place F.-Louvel à la place Bussatte, les rues des Postes, Hergé et Goscinny donnent envie de flâner d'une boutique à l'autre.

Chocolaterie Letuffe – *10 pl. Francis-Louvel - ✆ 05 45 95 00 54 - www.chocolaterie-letuffe.com - tlj sf dim. 9h30-12h, 14h-18h30 - fermé j. fériés - stages de fabrication 8,50/10,50 € (1h)*. Parmi les spécialités, laissez-vous tenter par les chocolats au cognac ou au pineau, les duchesses d'Angoulême (nougatines pralinées), la truffe charentaise parfumée au cognac et la marguerite à l'orange confite. Cette maison fondée en 1873 ouvre les portes de son atelier de fabrication *(situé à Trois-Palis, 9 km à l'ouest)* à la visite.

Les Halles – *Pl. des Halles - tlj sf lun. 7h-13h, marché en extérieur*. Ce bel édifice de 1888, s'inspire des anciennes halles centrales de Paris. Les Angoumoisins y font leur marché avec délectation tant les étals sont colorés et appétissants. On peut aussi y déjeuner sur le pouce.

Marché Victor-Hugo – *Pl. Victor-Hugo - tlj sf lun. 7h-13h (lun. si j. férié ou j. de fête)*. Ce marché jouit d'un bel emplacement dans un quartier populaire. Il réunit une vingtaine de commerçants sous une halle tout en longueur. On y trouve viandes, fruits et légumes, fromages, poissons, huîtres, volailles, plants, semences…

EN SOIRÉE

☺ Les mensuels gratuits *Angoulême magazine*, *Sortir Label Charente*, *L'Agenda des manifestations*, disponibles à l'office de tourisme, et le quotidien *Charente Libre* traitent de l'actualité culturelle de la cité et du département.

Le River 102 – A1 - *102 r. de Bordeaux - ✆ 05 45 39 07 94 - www.leriver102.com - 11h-15h, 18h-2h du matin, sam. 18h-2h du matin - fermé dim. (mais pizza à emporter)*. A proximité immédiate de la Cité de la BD, voilà un endroit que l'on ne s'étonnerait pas de trouver au bord de l'Hudson ou de la Seine. Magnifique espace avec bar, restaurant, cave à vins et champagne, et terrasse sur le fleuve. On passe de l'un à l'autre pour le plaisir des yeux et des ambiances. Décoration très réussie mêlant design et vieilles pierres, carte simple et créative, musique des années 1980-1990 et clientèle plutôt quadra BCBG. Une adresse incontournable.i

ACTIVITÉS

Golf L'Hirondelle – *Chemin de l'Hirondelle - ✆ 05 45 61 16 94 - www.golf-angouleme.com - mai-sept. : 8h-19h ; nov.-mars : 9h-18h ; avr. : 9h-19h ; oct. : 9h-18h30 - fermé 1 sem. fin déc.-déb. janv.* Golf 18 trous offrant un parcours vallonné et technique, et de superbes vues sur la ville.

Base nautique Éric-Tabarly – *16710 St-Yrieix-sur-Charente - 5 km à l'ouest par D 939 - ✆ 05 45 68 42 46 - stages juil.-août : 14h-16h, 16h-18h (sf w.-end) ; reste de l'année : se rens. - école de voile : merc., w.-end et j. fériés 14h-18h ; fermé de fin nov. à fin mars*. Ce lac (25 ha), géré par l'École française de voile, est chaque année le théâtre de deux événements : le feu d'artifice du 14 août et surtout « L'Été Actif » *(voir « Agenda »)*. En attendant, adonnez-vous aux joies du canoë, de la voile, du VTT et de l'orientation, et laissez vos enfants nager en toute tranquillité : la baignade est surveillée.

Poney Club Moulin du Got – *Moulin du Got - 16410 Dirac - 10 km au sud-est par D 104 - ✆ 06 82 06 32 84 - www.moulindugot-16.ffe.com - 17 € (prom. 1h).* L'objectif de ce club, installé dans un superbe moulin, est de favoriser l'autonomie et la responsabilité de l'enfant avec son cheval. Les stages d'un jour ou d'une semaine se déroulent dans une ambiance familiale et comprennent, outre les balades en forêt, la préparation d'examens certifiés.

Les Bateaux Rouges – *Port l'Houmeau - bd Besson-Bey (près du pont de Bourgine) - ✆ 06 40 32 12 32 - www.lesbateauxrouges.com - mars-oct. : 9h-12h, 14h-19h - 1h : à partir de 15 €.* Pour voir la ville et le fleuve autrement, rien de mieux qu'une balade à bord des bateaux électriques qui raviront petits et grands. Les parcours longent les berges tranquilles et arborées. Location également de bicyclettes, pédalos et barques.

AGENDA

« Agenda », p. 28.

Festival international de la bande dessinée – *www.bdangouleme.com - dernier w.-end de janv.* Créé en 1974, il se déroule dans toute la ville, mais principalement sur la place du Champ-de-Mars où sont installés les chapiteaux (« les bulles ») sous lesquels ont lieu les séances de dédicaces. Avec 250 000 entrées payantes sur 4 jours, c'est le plus grand festival de France. C'est aussi le plus grand événement consacré au 9e art en Europe.

Circuit des remparts – *www.circuit-des-remparts.com - 3e w.-end de sept.* Organisée en plein centre-ville, cette ancienne course automobile professionnelle (1939-1951) a été recréée en 1978 pour accueillir des véhicules de collection. Chaque année, 160 bolides de toutes époques pétaradent le long du rempart Dessaix et devant la cathédrale St-Pierre. C'est le dernier circuit urbain français avec celui de Pau.

Festival du film francophone – *www.filmfrancophone.fr - fin août.* Créé en 2008 par le producteur Dominique Besnehard, cet événement met en compétition dix films francophones. Au programme : des avant-premières, une rétrospective thématique (le cinéma belge en 2015), des rencontres du public avec les acteurs et réalisateurs, etc. Les séances ont lieu au cinéma Mega CGR *(pl. du Champ-de-Mars)* et à la Cité de la BD et de l'image.

Musiques Métisses – *www.musiques-metisses.com - w.-end de Pentecôte (mai ou juin).* Consacré à l'origine, en 1976, au jazz, ce festival s'est progressivement ouvert à d'autres styles pour devenir une référence en matière de « musiques du monde ». C'est à Angoulême qu'ont ainsi été découverts en Europe des talents comme Cesaria Evora, Ismaël Lo, Khaled ou Johnny Clegg. Les concerts se déroulent sur trois jours à l'île de Bourgines, à côté de l'île Marquet *(navettes gratuites).*

L'Été Actif – *www.eteactif.charente.fr - juil.-août.* Deux mois durant, le plan d'eau de St-Yrieix-sur-Charente *(5 km à l'ouest par D 939)* devient le théâtre d'activités et concerts gratuits.

Foire de Rouillac – *16170 Rouillac - 25 km au nord-ouest par D 939 - ✆ 05 45 96 51 41 - www.rouillac-tourisme.fr - le 27 de chaque mois.* Une des foires rurales les plus courues de la région, rendez-vous haut en couleur qui se perpétue depuis 1806. On y trouve tout ce qui a rapport à l'agriculture (volailles, bétail, machines, semences, etc.).

Jarnac et la vallée de la Charente ★

4 434 Jarnacais - Charente (16)

Jarnac a trouvé sa place, entre ses deux grandes voisines, Angoulême et Cognac. Nichée au cœur de la Champagne charentaise, sur le parcours fluvial des gabarres qui descendaient vers l'estuaire leurs précieuses cargaisons de vin et d'eau-de-vie, la cité a su prospérer sans perdre son âme. Venez vous initier aux secrets de la distillation du cognac, dans le décor serein et intime de la cité natale de François Mitterrand, avant de partir explorer le cœur du val de Charente.

NOS ADRESSES PAGE 259
Hébergement, restauration, achats, activités, etc.

S'INFORMER

Office de tourisme intercommunal de Jarnac – *7 quai de l'Orangerie - 16200 Jarnac - ✆ 05 45 81 09 30 - www.jarnac-tourisme.fr - juil.-août : 9h-18h, dim. 9h-13h ; mai-juin et sept. : tlj sf dim. 9h-12h30, 13h30-18h ; reste de l'année : tlj sf dim.-lun. 9h30-12h30, 13h30-17h30, sam. 9h-13h - fermé certains j. fériés.*

SE REPÉRER

Carte de microrégion A2 p. 230-231 - *carte Michelin Départements 324 I5.* Située sur la rive droite de la Charente, 14 km à l'est de Cognac, la ville est reliée à Saintes et Angoulême par la N 141.

À NE PAS MANQUER

Les maisons de cognac Courvoisier et Hine ; l'abbaye de Bassac ; les petits villages de la vallée de la Charente.

ORGANISER SON TEMPS

Comptez environ 3h pour flâner sur les quais et visiter les grandes maisons de cognac ; une demi-journée pour suivre le circuit le long de la rive droite de la Charente.

AVEC LES ENFANTS

Jarnac est une Station verte de vacances, la découverte de la vallée de la Charente peut s'agrémenter d'une multitude d'activités.

Se promener

Les monuments et les sites les plus intéressants sont signalés par de petits écussons de bois.

★ Les quais

Du pont sur la Charente, vous bénéficiez d'une jolie **vue** sur les quais de Jarnac, avec les bâtiments de la maison Courvoisier (*p. 255*) dont l'imposant pavillon, de style Louis XIII, voisine avec une façade design alliant verre et bois. Le **quai de l'Orangerie** est bordé de belles demeures telle l'imposante maison Hine (18e s.). Sur l'autre rive, les **chais Tiffon** sont un bel exemple d'architecture industrielle de la fin du 19e s. Les quais se prolongent par un chemin qui longe le fleuve et qui révèle d'autres demeures et des petits châteaux anciens.

Le fleuve

Voir « Nos adresses ». La balade sur le fleuve révèle la beauté et la majesté de la Charente, assez large à cet endroit, escortée de grands peupliers d'Italie. Avec un peu d'imagination, c'est un « grand canal » de verdure. Çà et là, quelques belles demeures rappellent la fortune du cognac. La promenade, qui s'arrête à Bourg-Charente, permet notamment le passage d'une écluse.

Le vieux Jarnac

De délicieuses rues calmes, au dessin ancien, se serrent autour de l'église. La rue Basse et la Grand-Rue conservent de nombreux vestiges médiévaux et sont bordées de chais et d'hôtels particuliers.

Église

Cette ancienne abbatiale du 11e s. présente un clocher carré revêtu d'arcatures aveugles. L'étage est ajouré de deux baies à colonnettes. L'intérieur est imposant et renferme des vitraux des 19e et 20e s., ainsi qu'une curieuse chapelle sous le clocher, coiffée d'une minuscule coupole romane. La crypte carrée du 13e s. est remarquable. Elle renferme des vestiges de peintures murales. Ses voûtes ogivales reposent sur un pilier central et, aux quatre angles, sur des statues de personnages.

Donation François-Mitterrand

10 quai de l'Orangerie - ☏ 05 45 81 38 88 - ♿ - juil.-août : 14h-18h ; mai-juin et sept. : tlj sf mar. 14h-18h - fermé lun. - possibilité de visite guidée (10mn) - 4 € (-12 ans gratuit).

Réhabilité en espace culturel, cet ancien chai au bord de la Charente comprend la **salle des Donations**, composée de céramiques, gravures, peintures, sculptures et autres objets d'art offerts par des dignitaires et personnalités du monde entier à François Mitterrand durant ses deux septennats.

L'exposition permanente « **Architectures capitales** » présente les maquettes des grands projets d'architecture et d'urbanisme commandités par le président de la République : Grande Arche de la Défense, Grand Louvre, Opéra Bastille, La Villette, Bibliothèque nationale de France, etc. La **bibliothèque** conserve quant à elle l'intégralité des discours prononcés par François Mitterrand durant sa présidence. Avant de sortir, ne manquez pas de feuilleter le livre d'or.

Maison natale de François Mitterrand

22 r. Abel-Guy - ☏ 05 45 35 46 08 - www.mitterrand.org - visite guidée (1h) juin-sept. : 10h30-12h30, 14h30-19h, dép. 11h, 15h, 16h30 et 17h30 ; reste de l'année : tlj sf lun.-mar. 14h30-18h30, dép. 15h, 16h30 et 17h30 - fermé déc. - 4 € (enfant 3 €).

Élu en 1981 à la présidence de la République française, puis réélu en 1988, François Mitterrand (1916-1996) vit le jour dans cette maison le 26 octobre 1916 et y vécut jusqu'à l'âge de 14 ans. Il s'y retirait souvent auprès de sa sœur Colette, décédée en 2004, qui occupait les lieux depuis 1968.

LA FAMEUSE BOTTE

En 1547, Gui Chabot, **baron de Jarnac**, est offensé par le **seigneur de La Châtaigneraie**, un familier du roi Henri II, et le provoque en duel. Chabot sait que son adversaire est redoutable, aussi s'entraîne-t-il au combat avec un maître d'armes italien qui lui apprend une **botte secrète**.

La rencontre a lieu le 10 juillet 1547 à St-Germain-en-Laye, en présence du roi, de la reine, de Diane de Poitiers et de la cour. Jarnac est sur le point d'être vaincu, La Châtaigneraie s'apprêtant à lui porter le coup mortel. C'est là qu'il pratique la botte régulière, mais imprévue, qui coupe le jarret de son rival. Depuis, on donne le nom de **coup de Jarnac** aux attaques sournoises, une bien grande injustice pour le courageux baron.

La maison Courvoisier.
Ph. Roy/hemis.fr

La maison semble figée dans le temps. Le grand couloir d'entrée rassemble des souvenirs de l'ancien Président : cahiers et livres de classe, photos et historique familial. On découvre ensuite le grand et le petit salon et, surtout, la salle à manger au beau mobilier breton. Dans la cuisine, un cahier de cuisine manuscrit est l'œuvre du grand-père, Jules Lorrain. En sortant, profitez quelques instants de la quiétude du jardin.
François Mitterrand a souhaité être inhumé dans la terre de son enfance, au **cimetière des Grand'Maisons**, à l'ouest de Jarnac.

3

Découvrir le cognac

★ Maison Courvoisier

2 pl. du Château - ✆ 05 45 35 56 16 - www.courvoisier.com - juil.-août : 10h30-18h30, w.-end 11h-18h30 ; juin et sept. : tlj sf dim. 10h-13h, 14h-18h ; avr.-mai et oct. : tlj sf dim.-lun. 10h-13h, 14h-18h - fermé 1er janv., 1er mai, 25 déc. - 10-35 € (-12 ans gratuit) selon la dégustation ; 50-250 € (2h30/1 j.) visite prestige.

L'histoire de cette prestigieuse maison est fortement marquée par Napoléon Ier, qui visita jadis les entrepôts d'Emmanuel Courvoisier à Bercy, et par Napoléon III qui en fit plus tard son distributeur exclusif. Le haut pavillon construit en brique et pierre au début du 20e s. voisine avec la très moderne et design façade percée de nombreuses baies vitrées, conçue par l'architecte Frédéric Rolland en 2001. La visite débute par une salle ouverte sur le fleuve, où un musée contient des souvenirs de Napoléon, comme son bicorne ou la reconstitution de sa tente. Alambics et barriques informent sur l'élaboration du cognac. Un beau chai reconstitué vous imprégnera des senteurs de la mystérieuse « part des anges ». Un film sensoriel, *Le Nez de Courvoisier*, présente les arômes délicats du cognac, à retrouver lors de la dégustation. La visite « tradition familiale » conduit dans les salons 1900 du grand pavillon pour une dégustation plus approfondie.

Maison Hine

16 quai de l'Orangerie - ✆ 05 45 35 59 59 - www.hine.com - 9h-12h, 14h-17h, vend. 9h-12h - fermé w.-end et j. fériés, 26 déc. - gratuit - possibilité de visite guidée (40mn) sur réserv. - maison de cognac fondée en 1763 - jardin fleuri, cour intérieure - découverte des secrets de millésimes réputés dans le monde entier.

Fondée en 1763, cette maison prestigieuse se situe sur les quais, dans de beaux bâtiments anciens. Pas de circuit à proprement parler, mais une visite intimiste, faite par des employés de l'entreprise, qui mène dans les vieilles caves, et notamment au paradis. Hine, renommée auprès des connaisseurs, produit des cognacs souvent millésimés à la différence des grandes maisons. C'est le fournisseur officiel de la couronne d'Angleterre.

Circuit conseillé Carte de la vallée de la Charente

★ VALLÉE DE LA CHARENTE

Circuit de 55 km tracé en violet sur la carte ci-dessous – comptez environ une demi-journée. Quittez Jarnac par l'est en empruntant la D 22 qui remonte la Charente par la rive droite.

★ Abbaye de Bassac

Elle se dresse au cœur d'un charmant village aux toits de tuiles du même nom, dont les ruelles calmes conduisent soit vers l'abbaye, soit vers le fleuve. Désaffectée à la Révolution, l'abbaye fut rendue à la vie religieuse, en 1947, par les frères missionnaires de Ste-Thérèse-de-l'Enfant-Jésus, avant d'être transformée en espace culturel et spirituel en 2013. On y conservait les saints liens qui auraient servi à attacher le Christ lors de la flagellation.

★ **Église** – Sa façade de style roman saintongeais fut pourvue au 15e s. de défenses : un pignon percé de meurtrières et flanqué d'échauguettes. Durant la Révolution, une main patriote y grava la parole de Robespierre : « *Le peuple français reconnaît l'Être suprême et l'immortalité de l'âme.* » Le haut **clocher roman** à quatre étages d'arcatures en retrait est couronné d'une flèche conique en pierre. C'est un des plus beaux de Charente. À l'intérieur, la nef unique à chevet plat, couverte de voûtes bombées, témoigne de l'expansion du style gothique angevin. À droite : panneau peint du 17e s. représentant la Mise au

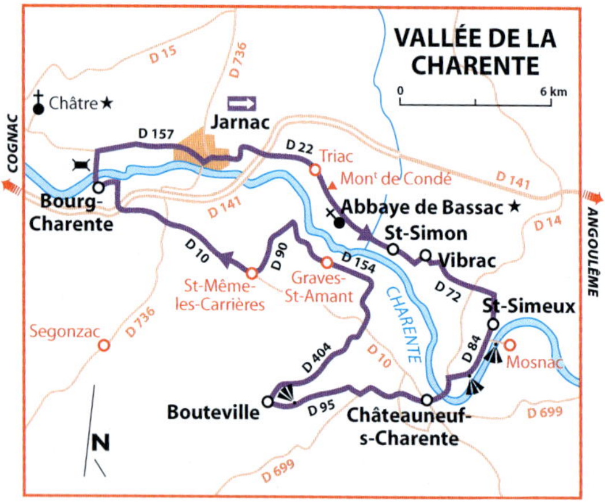

ANGEAC-CHARENTE : LE TRÉSOR DES PALÉONTOLOGUES

Caché sous les gravières d'une boucle de la Charente, dans des couches d'argile vieilles de 130 à 135 millions d'années, le gisement de fossiles d'Angeac- Charente est unique en Europe. C'est ici qu'a été découvert en 2010 **le plus grand fémur de dinosaure au monde**, long de 2,20 m. Depuis, le site n'en finit pas de dévoiler ses trésors. Parmi les 5 000 fossiles déjà mis au jour, l'équipe de paléontologues menée par le musée d'Angoulême a identifié deux espèces de dinosaures jusqu'alors inconnues : le **dinosaure autruche** et le **grand sauropode**. C'est ce dernier, quadrupède et végétarien de 40 t, dont on a trouvé le grand fémur *(moulage exposé au musée d'Angoulême)*. Au Crétacé inférieur, cette région était une zone marécageuse au climat tropical. Un milieu favorable à la fossilisation qui a permis de découvrir neuf espèces de dinosaures, mais aussi des mammouths, crocodiles, tortues, etc. Le site pourrait bientôt accueillir un centre d'interprétation. En attendant, des visites guidées sont organisées chaque été.

Site paléontologique d'Angeac-Charente – *Les Rentes de Rivière - 16120 Angeac-Charente - 05 45 82 10 71 - http://tourism-cognac.com - ouvert 3 sem. en juil. - visite guidée (1h) : tlj à 11h, 15h et 17h - atelier de fouilles pour enfants : jeu., vend. et w.-end à 15h - gratuit (visites et ateliers) - inscription aux offices de tourisme de Cognac et Châteauneuf.*

tombeau et statue de saint Nicolas (probablement du 13e s.) aux pieds rognés par la caresse de jeunes filles désireuses de trouver un mari. Le vaste chœur des moines a été réaménagé au début du 18e s. : la clôture à laquelle s'adossent deux petits retables, les 40 stalles finement sculptées, le monumental aigle-lutrin, le retable du maître-autel sont l'œuvre des pères bénédictins aidés par des artisans locaux. Ce décor sobre et élégant s'adapte parfaitement à l'architecture médiévale du sanctuaire.

Bâtiments conventuels – *50 rte de Condé - 05 45 83 08 32 - ♿ - 15h-18h - 4 € (-13 ans gratuit) - possibilité de visite guidée (1h) juil.-août.* Ils ont été reconstruits aux 17e et 18e s. Une majestueuse porte encadrée de pilastres ioniques, suivie d'un long passage voûté d'ogives, conduit à l'ancien cloître. Les galeries de celui-ci ont été démolies en 1820 (les amorces sont visibles le long des murs), mais les bâtiments monacaux subsistent, surmontés de lucarnes à frontons. On voit, au rez-de-chaussée, la salle capitulaire faisant aujourd'hui office de chapelle (belle voûte du 17e s. ; vitraux de facture moderne, 1954), le chauffoir, la cuisine, l'escalier à balustres dans l'aile sud. Devant la façade sur la Charente s'étend un charmant jardinet en terrasses qui se poursuit par un parc de 3 ha.

Poursuivez sur la D 22.

Saint-Simon

À mi-chemin entre Angoulême et Cognac, voici le village des gabarriers. De par sa situation, il constituait une halte privilégiée sur la route des gabarres depuis le 16e s. Il le restera pendant quatre siècles, fournissant à la profession, plus que tout autre village de la région, chantiers de construction, marins et artisans charpentiers. Parmi ces derniers, le calfateur ou « calfat », spécialisé dans le calfatage des navires, imperméabilisait les coques avec de l'étoupe, de la poix, de la résine et du goudron.

Sur la place de l'église, la porte d'une **maison** de 1602 arbore encore le maillet et le « calfait » (gros ciseau en fer utilisé dans les opérations de calfatage), les deux outils étant le symbole de la profession.

Maison des gabarriers – *05 45 97 33 40 - www.village-gabarrier.fr - de mi-avr. à mi-oct. : 10h-12h, 14h-18h - balade en gabarre de mi-avr. à mi-oct. : tlj sf mar. 10h-12h, 14h-18h - 4 € (-14 ans 2 €) - 7 € billet combiné avec la balade en gabarre.*
Aucune activité particulière n'est prévue pour les enfants, mais ceux-ci ne bouderont pas leur plaisir à bord des traditionnelles embarcations en bois ou en découvrant les graffitis laissés sur les murs par les gabarriers aux 18e et 19e s. Ce centre d'interprétation retrace la période faste de la navigation sur la Charente grâce à quelques maquettes et outils, mais surtout en proposant des **croisières** en gabarre sur les eaux de la Charente.
Poursuivez sur la D 22.

Vibrac

Au sud du village, serré autour de la minuscule place de l'église, une succession de petits ponts anciens encourage à de belles balades à pied ou à vélo le long des bras du fleuve et jusqu'aux ruines du château sur une île.
Revenir vers le village. À Vibrac, suivez la D 72.

Saint-Simeux

Village fleuri, étagé au bord de la Charente.
Du pont de la D 422 vers Mosnac, on a une charmante **vue★** sur une anse du fleuve qui borde un moulin à eau et sur St-Simeux dominé par son église.
Continuez sur la D 84.

Châteauneuf-sur-Charente

2 r. du Gén.-Leclerc - 16120 Châteauneuf-sur-Charente - 05 45 97 13 32 - www.tourisme-chateauneufsurcharente.com - juil.-août : 9h-12h, 14h-18h, merc. 9h-12h, 14h-19h, jeu.-sam. 9h-13h, 14h-19h, dim. 10h-13h - fermé certains j. fériés.
Église Saint-Pierre – Sa **façade★** saintongeaise est dotée d'un portail à voussures richement sculptées (feuillages, animaux, personnages) flanqué de deux arcatures aveugles. Le premier étage, séparé du rez-de-chaussée par une corniche soutenue par des modillons sculptés d'amusants personnages, est percé d'une baie encadrée de deux statues d'apôtres. À gauche, remarquez la statue équestre de l'empereur Constantin décapité. L'intérieur, d'une grande ampleur, présente également de beaux chapiteaux et un chœur gothique.
Quittez Châteauneuf par l'ouest en empruntant la D 699, puis, à droite, la D 95.

Bouteville (*p. 270*)

Quittez Bouteville par le nord-est et la D 404, et rejoignez la D 154. 3 km après Graves, tournez à gauche dans la D 90. À St-Même, prenez à droite la D 10.

Bourg-Charente

Sur la rive gauche du fleuve, Bourg-Charente regarde la rivière qui se divise en plusieurs bras, enserrant des îles basses, tapissées de prairies.
Église – De style roman saintongeais, sa façade à trois étages est surmontée d'un fronton triangulaire. Remarquez son plan en forme de croix latine et l'alignement des trois coupoles sur pendentifs. Sur le mur de gauche de la nef, une fresque du 13e s. représente l'Adoration des Mages. Ne manquez pas la vue à l'arrière sur l'abside depuis le petit jardin.
Château – *Ne se visite pas.* Élevé sur une butte, sur l'autre rive, il date du 17e s. Son pavillon, imposante bâtisse à baies surmontées de frontons et de hauts toits à la française, est caractéristique du style Henri IV, mais a été reconstruit au 19e s. Il abrite la société Marnier-Lapostolle et, depuis 2013, les unités de fabrication de la célèbre liqueur Grand Marnier y ont été regroupées.
Franchissez la Charente pour rejoindre la D 157 qui mène à Jarnac par la rive droite.

NOS ADRESSES À JARNAC

VISITE

Circuit du chêne – *1 r. de la Boucle - ✆ 05 45 81 09 30 - www.moinefreres.fr - de mi-juin à mi-sept. : mar. et jeu. 14h ; reste de l'année : sur demande - dép. de l'office de tourisme, véhicule obligatoire - fermé 1er janv., 25 déc. - 6,50 € (-14 ans 5,50 €) - 22 € billet famille (2 adultes + 2 enf.) - possibilité de visite guidée sur demande (2h30).* Ce circuit permet de découvrir l'importance du bois de chêne dans l'élaboration du cognac grâce à la présentation du travail de trois artisans : le mérandier, le tonnelier et le bouilleur de cru.

Croisières fluviales – *Quai de l'Orangerie - près de la maison Courvoisier - ✆ 06 87 55 20 49 - www.randonneefluviale.fr - juil.-août : 3 croisières/j. ; reste de l'année : se rens. - fermé nov.-fév. - 10 € (enf. 6 €) 1h30, 18 € (enf. 10 €) 3h - réserv. conseillée.* Promenade commentée de 1h30 à bord du *Chabot* pour découvrir l'ancienne route fluviale du sel et du cognac, et admirer les rives boisées et tranquilles de la Charente.

HÉBERGEMENT

POUR SE FAIRE PLAISIR

Château St-Martial – *56 r. des Chabannes - ✆ 05 45 83 38 64 - www.chateausaintmartial.fr - fermé vac. scol. hiver et automne - réserv. obligatoire - - 5 ch. 129/169 €.* La vie de château en pleine ville ! Entourée d'un vaste parc, cette magnifique demeure du 19e s. dispose d'un salon musical, d'une salle de billard et de cinq belles chambres équipées de grandes salles de bains. Une riche collection de tableaux et un mobilier d'époque agrémentent l'ensemble. Table d'hôte, piscine.

UNE FOLIE

Hôtel Le Ligaro – *74 Grand-Rue - ✆ 05 45 32 71 38 – www.hotel-ligaro.com - P - 8 ch. 139/269 € - 16 €.* Luxe, calme et volupté dans ce récent hôtel de charme occupant une vieille maison du 17e s. Décoration raffinée et salon invitant à la lecture. Les chambres sont vastes et belles, et certaines donnent directement sur un joli jardin. L'une d'elles est même aménagée dans une ancienne tour des remparts. Une nouvelle adresse incontournable pour un séjour haut de gamme.

À proximité

PREMIER PRIX

Hôtel Les Ombrages – *Rte des Ponts - 16120 Vibrac - 11 km au sud-est de Jarnac par N 141 et D 22 - ✆ 05 45 97 32 33 - www.lesombrageshotel.fr - - fermé vac. Noël (rest. lun.) - 9 ch. 64 € - 8 € – 12/36 €.* Établissement plutôt calme situé au bord de la Charente. Les chambres, toutes de plain-pied, sont meublées dans un esprit naturel assez simple. Au restaurant, vous aurez le choix entre la salle à manger d'hiver, la véranda et la terrasse dressée face au jardin pour goûter aux petits plats traditionnels.

POUR SE FAIRE PLAISIR

Château de Brillac – *50 rte de Jarnac – 16200 Foussignac – 7 km au nord de Jarnac - ✆ 05 45 36 45 19 ou 06 16 12 97 50 - www.chateaudebrillac.com - P - 5 ch. 100/140 €.* Quelle agréable surprise que la découverte de ce beau château de pierre blanche, rénové en 2012, au milieu d'un parc soigneusement entretenu ! Les chambres sont élégantes, la piscine et le spa invitent au farniente.

RESTAURATION

BUDGET MOYEN

La Chaumière – *30 r. des Fossés - ✆ 05 45 81 64 66 - fermé dim.-lun., 1 sem. en oct. - menus midi 16/23 €, soir 19/24 €.* Dans un cadre sympathique, ce petit restaurant sans prétention offre une carte de produits locaux des plus appétissantes. Délicieuses assiettes de foie gras et de bonnes viandes. À découvrir !

POUR SE FAIRE PLAISIR

Restaurant du Château – *15 pl. du Château - ✆ 05 45 81 07 17 - www.restaurant-du-chateau.com - fermé dim. soir et lun. - formule déj. 14,50/21,50 € (mar.-vend.) - 41/56 €.* Restaurant rénové dans un esprit contemporain avec deux salles très agréables, voisin des chais de la maison Courvoisier. Cuisine d'aujourd'hui réalisée avec de beaux produits par un chef de la région, Ludovic Merle, qui propose également des séjours gastronomiques dans son hôtel Le Ligaro *(voir « Hébergement »)*. Une des meilleures tables du département.

À proximité

BUDGET MOYEN

La Tonnellerie – *Chemin des Quais – 16120 Châteauneuf-sur-Charente - 16 km au nord-ouest par D 10 - ✆ 05 45 65 10 72 ou 06 34 06 83 94 - www.restaurantlatonnellerie.com - fermé lun. - 16/28 €.* Au bord de la Charente, face à une petite île, ce restaurant tenu par des Britanniques s'est installé dans une vieille maison pleine de charme. On y déguste des produits locaux et, si le temps le permet l'été, on peut profiter d'une superbe terrasse. Bon rapport qualité/prix. Fait aussi chambres d'hôte.

POUR SE FAIRE PLAISIR

La Ribaudière – *2 pl. du Port - 16200 Bourg-Charente - 7 km à l'ouest par D 736 et N 141 - ✆ 05 45 81 30 54 - www.laribaudiere.com - fermé vac. scol. fév. et 2 sem. de fin oct. à déb. nov., dim. soir, mar. midi et lun. - menus 46/130 €, 37/44 €.* Façade pimpante, salle à manger contemporaine et terrasse au bord de la Charente : le cadre de La Ribaudière met en confiance. Et que dire de la cuisine actuelle du chef ! Escargots petits-gris à la graisse de canard et bouillon d'ortie sauvage en été, brochette d'huître et langoustines… Belle collection de cognacs en sus.

EN SOIRÉE

Un feuillet bimestriel, édité et diffusé par l'office de tourisme, répertorie l'ensemble des manifestations locales ainsi que les activités culturelles et artistiques de la région.

AGENDA

Marchés aux truffes – *Salle des fêtes - 42 rte. de Luchac - www.truffes-poitou-charentes.com - déc.-fév. - rens. à l'office de tourisme pour les dates exactes.* Marchés consacrés à la truffe de Charente, moins connue que celle du Périgord. Les connaisseurs y trouveront essentiellement des *Tuber melanosporum* et des *Tuber brumale*, lavées, brossées et triées.

Marathon du cognac – *www.marathonducognac.net - mi-nov.* - Ce rassemblement à la fois sportif, gastronomique et touristique donne l'occasion de sillonner les vignes et les bords de Charente tout en découvrant les produits du terroir et différents savoir-faire locaux.

Cognac et la Grande Champagne ★★

18 557 Cognaçais - Charente (16)

Traversée par le fleuve Charente, la ville natale de François Ier est une cité bourgeoise, élégante, très animée l'été grâce, notamment, à son festival de blues ou à la fête du Cognac. Ses musées, ses « maisons de cognac », petites ou grandes, ses vieilles pierres, romanes ou Renaissance, séduiront les amateurs d'art et d'histoire, tandis que les environs offriront aux passionnés de nature et d'œnologie des promenades dans les vignobles.

NOS ADRESSES PAGE 273
Hébergement, restauration, achats, activités, etc.

S'INFORMER

Office de tourisme de Cognac – *16 r. du 14-Juillet - 16100 Cognac - ☎ 05 45 82 10 71 - www.tourism-cognac.com - juil.-août : 9h-19h, dim. 10h-16h ; mai-juin et sept. : tlj sf dim. 9h30-17h30, j. fériés 10h-16h ; reste de l'année : tlj sf mar. mat. et dim. 10h-17h - fermé 1er janv., 1er mai, 1er et 11 nov. et 25 déc.*

SE REPÉRER

Carte de microrégion A2 p. 230-231 - *carte Michelin Départements 324 I5.* Cognac se trouve sur la N 141, entre Angoulême et Saintes dont elle est éloignée de 28 km au sud-est. La place François-Ier fait charnière entre le Vieux-Cognac et les quartiers modernes.

SE GARER

Parkings gratuits le samedi. Les parcs situés place Camille-Godard, place Charles-de-Gaulle et place Gambetta le sont en permanence.

À NE PAS MANQUER

La visite des chais et la découverte du cognac ; le musée des Arts du cognac ; le circuit en Grande Champagne charentaise.

ORGANISER SON TEMPS

Comptez au minimum 2h pour découvrir succinctement les secrets de l'alcool, 3h pour flâner dans la ville et deux demi-journées pour les circuits proposés. Si vous souhaitez visiter tout ce qui concerne le cognac, il faudra prévoir deux jours.

AVEC LES ENFANTS

Le musée des Arts du cognac propose une visite ludique avec une pochette de fiches-jeux ; une croisière en gabarre.

Attention : les visites des maisons de cognac s'accompagnent de dégustation d'alcool. *L'abus d'alcool est dangereux pour la santé, à consommer avec modération.*

3

Découvrir Plan de ville p. 265

★★ LA VILLE DU COGNAC

Les chais sont répartis sur les quais, près du port et dans les faubourgs, notamment dans le quartier de la gare. Ils sont noircis par les champignons microscopiques qu'engendrent les vapeurs d'alcool. Les grandes maisons proposent des circuits de visites qui présentent leur histoire et leur spécificité. Elles sont de plus en plus orientées vers le haut de gamme.

Si vous voulez tout visiter, il faut compter deux jours.

POUR DÉCOUVRIR LES CHAIS

Entre le centre historique et la gare, un ensemble de longues rues assez larges témoigne de l'expansion de la cité au 19e s. Progressivement les chais quittent le centre-ville pour des raisons de sécurité. Néanmoins, le quartier offre encore de belles façades, sobres, certaines noires (ce qui signifie qu'il y a encore des stocks en train de vieillir… cf « Le Vieillissement » *p. 44*)) et quelques beaux hôtels particuliers. Ce quartier n'est pas du tout animé, mais incontournable pour les amateurs de l'histoire du cognac. Il est à parcourir de préférence en voiture, car les distances sont assez longues.
Empruntez la commerçante **avenue Victor-Hugo**, puis à droite la **rue de Bellefonds**, puis le boulevard Emile-Zola à gauche, la rue St-Pierre à droite, et enfin la rue Buisson qui redescend vers la rue de Bellefonds. L'**église du Sacré-Cœur** abrite quelques statues anciennes et des vitraux des années 1920 illustrant des thèmes de la Première Guerre mondiale. L'avenue du Maréchal-Leclerc conduit vers la gare, face à laquelle se dresse le siège de la maison **Bisquit**, ancien hôtel Pélisson (1880) de style néo-Renaissance. Notez également boulevard de Paris, face à lui, un autre curieux petit château Renaissance. Regagnez le centre par la rue de Barbezieux, la rue Elisée-Mousnier puis empruntez à gauche la **rue de la Société-Vinicole** (où se situe la **maison Rémy Martin**), dont la perspective est fermée par le portail en forme d'arc de triomphe des anciens **chais Monnet**. L'avenue Martell, bordée de riches demeures d'anciens négociants, vous conduit vers la rue St-Martin.

Espace découverte en pays du cognac A1

Pl. de la Salle-Verte - ✆ 05 45 36 03 65 - www.espace-decouverte.fr - ♿ - juil.-août : 10h-18h30 ; reste de l'année : se rens. - possibilité de visite guidée (1h) - gratuit.

Aménagé dans les locaux d'une ancienne maison de négoce (1643), ce centre d'accueil est le prélude indispensable à la découverte de Cognac et de sa région. À la fois ludiques et instructifs, une série de six « livres magiques », accompagnés d'une mise en ambiance sonore, abordent de façon originale des thèmes propres à la région (gabarriers et voie d'eau marchande, faune et flore des rives de la Charente, art et architecture, distillation du cognac, etc.).

★★Musée des Arts du cognac A1

Les Remparts - pl. de la Salle-Verte - ✆ 05 45 36 21 10 - www.musees-cognac.fr - ♿ - juil.-août : 10h30-18h30 ; reste de l'année : 14h-18h - fermé lun., 1er janv., 1er Mai, 1er nov., 25 déc. - 3 € - 5 € billet combiné avec le musée d'Art et d'Histoire.

Le musée propose un livret pour les enfants leur permettant de découvrir la vie au quotidien au 19e s., l'archéologie, la peinture… et de reconnaître les différents arômes du cognac.

En partie hébergé par l'**hôtel Perrin de Boussac** (1567) d'une part, accolé aux remparts du 17e s. de l'autre, un bâtiment résolument contemporain abrite ce remarquable musée entièrement dédié au cognac et à son histoire. Ses 1 200 m² d'exposition vous proposent une fascinante rétrospective des différents métiers et techniques qui lui sont liés : viticulture, distillation, verrerie, tonnellerie, design, packaging, etc. Tout au long de ce parcours à la fois visuel, olfactif et sonore, vous découvrirez – à travers une collection de plus d'un millier d'objets – différents aspects du terroir, du savoir-faire et de la créativité de la filière cognac. À voir absolument, et en prenant votre temps.

Maison Rémy-Martin. Chai « Francis ».
Ph. Orain/Michelin

★Baron Otard, château de Cognac A1

127 bd Denfert-Rochereau - ✆ 05 45 36 88 86 - www.baronotard.com - visite guidée sur demande (1h) avr.-oct. : 10h-12h, 14h-18h - fermé 1er Mai - 10 € (-18 ans 4,50 €).

Construit sur les rives de la Charente entre le 13e et le 16e s., le **château de Cognac** accueille depuis plus de deux siècles cette prestigieuse maison créée par le descendant d'une famille écossaise. L'impressionnant édifice évoque le souvenir des Valois et de François Ier qui y naquit. Il fut mis sous séquestre à la Révolution et partiellement démoli. Ce qui en subsiste a été mis en valeur dans le cadre de la visite de la maison. La façade sur la Charente présente un balcon soutenu par un cul-de-lampe sculpté de salamandres, emblème de François Ier. Le logis du Gouverneur possède une tour d'escalier, d'anciennes fenêtres et une belle porte gothique. Toutes sortes de pièces sont visibles, notamment la salle du Casque qui doit son nom au décor de la cheminée monumentale que l'on y voit, la superbe **salle des États** (1517) : de pur style Renaissance, elle comporte sept travées de voûtes sur nervures, dotées de rosaces, et porte sur ses murs des graffitis de soldats anglais et irlandais faits prisonniers au Canada durant la guerre de Sept Ans (1756-1763). Le parcours se poursuit par la visite des chais et se conclut par une séance de dégustation.

Hennessy A1

8 r. Quai Maurice-Hennessy - ✆ 05 45 35 72 68 - www.hennessy.com - visite guidée (1h30) de mi-avr. à fin sept. - fermé 1er mai - 16 € (-16 ans 7 €) - avec dégustation - réserv. conseillée.

Après douze ans de service dans la brigade irlandaise des régiments de Louis XV, le capitaine Richard Hennessy, lassé de la vie des camps, découvre la Charente en 1760 et s'installe à Cognac. Conquis par l'élixir, il en expédie quelques fûts à ses proches restés en Irlande. En 1765, il fonde une société de négoce qui connaîtra une grande prospérité. Les bâtiments, sur les quais, rive gauche, sont dominés par un très haut édifice qui regroupait la tour de mise en bouteilles et le hall d'expédition. Conçus par l'architecte Oudin en 1929, ils sont de grandes dimensions, comme le permet dans les années 1920 l'apparition du béton armé. La façade, Art déco très sobre, se marie bien avec l'ancien château royal tout proche. À côté de ces bâtiments s'étend le luxueux espace de visite Hennessy, conçu par l'architecte Wilmotte en 1996. À peine arrivé, vous êtes invité à franchir le fleuve à bord d'une petite vedette pour rejoindre les chais sur l'autre rive où vous sont dévoilées les étapes nécessaires à l'élaboration du cognac, avant de conclure par l'inévitable dégustation de cognac.

★Martell A2

7 pl. Édouard-Martell - ✆ 05 45 36 34 98 - www.martell.com - visite guidée sur demande préalable (1h15) avr.-oct. : 10h-17h, w.-end et j. fériés 12h-17h ; reste de l'année : se rens. - 18 € - avec dégustation.

Voici la plus ancienne des grandes maisons. Jean Martell, natif de l'île de Jersey, s'installa dans le pays en 1715. On visite la maison du fondateur où cuisine, petit chai et salon restaurés ont retrouvé leurs meubles du 18e s. Les grands chais de stockage accueillent un parcours particulièrement réussi. On traverse ainsi la distillerie, avec son immense alambic, le chai de vieillissement où le cognac se bonifie pendant au moins trois ans en fûts de chêne. On découvre ensuite le laboratoire d'élaboration, où sont mélangées parfois plus d'une centaine d'eaux-de-vie, puis la tonnellerie. On accède au sous-sol au chai d'assemblage, encore utilisé, où sont élaborées les « coupes », mariages de cognacs de différentes origines créés par les ingénieurs œnologues. Certaines, tel le Cordon-Bleu, ont une immense renommée. Plus loin, un décor recrée l'ambiance des quais où l'on charge une gabarre, le *Juste Édouard*, en partance pour les ports de l'Atlantique. Avant de rejoindre le hall pour une dégustation, vous êtes invité à jeter un coup d'œil aux chais les plus prestigieux : le « purgatoire » et le « paradis », où séjournent des eaux-de-vie parfois plus que centenaires.

★Maison Rémy Martin A2

20 r. de la Société-Vinicole - ✆ 05 45 35 76 66 - www.visitesremymartin.com - fermé 20 déc.-4 janv., 1er Mai - visites tte l'année (2h) sur demande - 30 € (-12 ans gratuit, 12-18 ans 15 €).

Installés dans le centre-ville, les bâtiments, aux façades sobres et élégantes, ouvrent sur une cour. À l'intérieur, un luxe non ostentatoire fait varier les ambiances, de traditionnelles dans le petit salon de dégustation à très design dans l'espace Louis-XIII. Lors de la visite, on accède à un vieux chai ainsi qu'au superbe chai mezzanine Francis, conçu par les ateliers de Gustave Eiffel en 1872. Initialement construit à Rouillac, ce dernier fut déménagé en 1910 lorsque la maison s'installa définitivement à Cognac. Ses trois étages à armature métallique mettent en valeur de gros foudres peints en blanc, le tout avec un superbe éclairage. Cette visite complète celle du domaine (*p. 268*).

Meukow B2

26 r. Pascal-Combeau - ✆ 05 45 82 32 10 - www.meukowcognac.com - 10h-17h - 10 € avec dégustation de 3 cognacs : 28,50 € - déj. sur réserv.

Cette maison, dont l'emblème est une panthère noire, fut fondée en 1862 par deux frères venus de Silésie (Europe orientale) afin de pouvoir fournir la cour du tsar Alexandre II de Russie en cognac. Les bâtiments constituent un bel ensemble qui s'ouvre par un arc de triomphe. La visite se révèle riche en effets spéciaux. Ainsi, une panthère holographique vous accueille puis vous accompagne dans le chai, où trône une statue du fameux animal en résine, avec un festival de couleurs. Vous y découvrirez l'actualité de la marque appartenant à la compagnie commerciale de Guyenne, au travers de photos et de films. Dans le restaurant, le chef concocte devant vous des spécialités régionales.

COGNAC ET LA GRANDE CHAMPAGNE

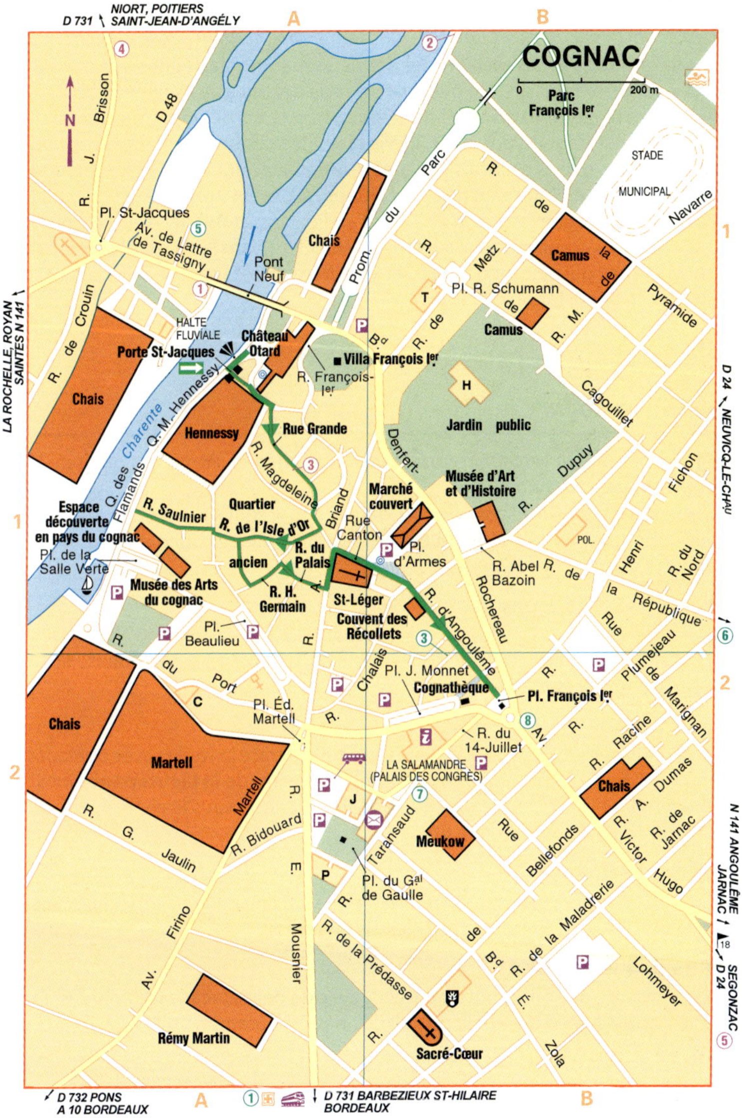

SE LOGER

- Château de l'Yeuse 6
- Héritage 3
- Hôtel François Ier 8
- Le Valois 7
- L'Oliveraie 1
- Quai des Pontis 5

SE RESTAURER

- La Cagouillarde 5
- La Courtine 2
- L'Atelier des Quais 1
- Le Bistro de Claude 3
- Les Pigeons Blancs 4

Camus B1

21 r. Cagouillet - ✆ 05 45 32 72 96 - www.camus.fr - ♿ - visite guidée (1h15) mai-sept. : 10h-12h30, 14h-18h, lun. 14h-18h - fermé dim., certains j. fériés - 8,50 €.

Fondé en 1863, Camus est l'une des dernières maisons de négoce à demeurer une entreprise familiale. Un petit parcours de découverte est aménagé dans un bâtiment de 1840 dont les murs ont gardé la teinte noirâtre caractéristique du champignon des chais. La visite guidée commence dans la cour où croissent des plants des trois cépages du cognac : ugni blanc, colombard et folle-blanche. À l'intérieur, des expositions racontent l'histoire de la famille Camus, de la région et des crus. Dans l'atelier d'assemblage, on peut sentir des « têtes », « cœurs » et « queues » de distillation. Dans la salle suivante, c'est encore le nez qui permet d'apprécier les différentes étapes du vieillissement. Le chai de dégustation clôt la visite.

Se promener Plan de ville

★ LE VIEUX-COGNAC

Circuit tracé en vert sur la carte p. 265 – comptez 1h. Partez des quais de la Charente, face au château.

Les parties les plus intéressantes du Vieux-Cognac sont situées entre les quais (chais Hennessy) et l'église St-Léger. Au-delà, la rue piétonne d'Angoulême conduit vers la place François-Ier.

Porte Saint-Jacques A1

Avec ses deux tours rondes à mâchicoulis, la porte St-Jacques (15e s.) permettait de surveiller un pont disparu. Elle donne accès à la rue Grande et au quartier ancien (sur la droite).

Rue Grande A1

Voie principale du Cognac d'autrefois, elle suit un tracé irrégulier avec quelques maisons du 15e s. à pans de bois, comme la **maison de la Lieutenance** *(n° 5)*. Au début de la rue s'élève une fontaine Renaissance, sous le château.
Empruntez la rue Magdeleine sur 50 m.

Hôtel de Rabayne A1

14 r. Magdeleine. Il date du 16e s. et se signale par une belle salamandre sculptée, emblème de François Ier, au-dessus du portail.

Rue de l'Isle-d'Or A1

Elle présente de sobres hôtels du 17e s. avec de belles façades restaurées. Au n° 49, arrêtez-vous devant le portail de l'hôtel de Brémond d'Ars.

Rue Saulnier A1

La rue Saulnier, Renaissance, contraste avec la rue Grande. Son nom rappelle une activité traditionnelle de Cognac, le commerce du sel. Très large pour l'époque, elle a gardé ses vieux pavés disjoints et ses hôtels des 16e et 17e s. Notez en particulier l'ancien **hôtel Renaissance Perrin** de Boussac et, au n° 15, la très belle façade baroque de l'**hôtel Brunet du Bocage**.
Empruntez ensuite la rue Cormereau, la rue Bricard et la rue Henri-Germain.

Rue Henri-Germain A1

Avec ses roses trémières et ses vieux pavés, elle abrite l'**hôtel de l'Éclopard** (1552), à l'angle de la rue du palais, dont la porte a été transformée en fenêtre.
L'étroite rue du Palais conduit rue Aristide-Briand. Tournez à gauche vers l'église.

★Église Saint-Léger A1
Elle est au cœur de la ville qu'elle domine de son haut clocher roman à trois étages d'arcatures terminés par une courte flèche. Édifiée au 12e s., profondément remaniée, elle se distingue par son intéressante façade romane percée au 15e s. d'une grande rosace flamboyante. Au portail, détaillez l'archivolte ornée de sculptures représentant les Travaux des mois et les signes du Zodiaque. L'intérieur révèle une vaste nef dont les murs sont du 12e s. À droite du portail, l'« espace prieural », un cloître du 18e s., donne accès à une bibliothèque. Dans le bras droit du transept, beau tableau du 17e s. : l'*Assomption de la Vierge*, de Jacques Blanchard. Notez également la chaire composée de plusieurs panneaux de marbre, ainsi que les nombreuses chapelles et retables, des 17e et 19e s.

Couvent des Récollets B1
Restauré, il abrite des salles d'exposition et des sièges d'associations. Admirez la jolie salle voûtée d'ogives et le puits couvert bâti au milieu du cloître.
Revenez ensuite vers la place François-Ier par la rue d'Angoulême.

LA VILLE DU 19E S., ENTRE PARCS ET DEMEURES BOURGEOISES

Comptez 1h30.
Cette promenade présente de nombreux bâtiments et parcs, témoins de l'expansion de la ville due à l'essor du cognac avant la crise du phylloxéra.

Place François-Ier B2
Cette place, bordée de terrasses de cafés et dominée par de belles façades ouvragées, est le cœur animé de la ville. La statue équestre du roi trône en son centre. Elle est l'œuvre du sculpteur Étex (1864).
Bordé d'hôtels particuliers, le boulevard Denfert-Rochereau conduit au musée.

Musée d'Art et d'Histoire B1
48 bd Denfert-Rochereau - ✆ 05 45 32 07 25 - www.ville-cognac.fr - juil.-août : 10h30-18h30 ; reste de l'année : tlj sf mar. 14h-18h - fermé 1er janv., 1er mai, 1er nov., 25 déc. - 3 € - 5 € billet combiné avec le musée des Arts du cognac.
Installé dans l'hôtel **Dupuy d'Angeac** (1838), situé dans le parc de l'hôtel de ville, ce musée abrite les collections municipales depuis 1925. Dans la section dédiée aux **Arts et Traditions populaires**, vous découvrirez la vie des petits viticulteurs du 19e s. à travers la reconstitution d'un intérieur rural charentais typique et les costumes traditionnels (notamment les coiffes) portés à Cognac et en Saintonge. À côté de divers objets allant de la préhistoire à l'époque médiévale, ne manquez pas la pièce maîtresse de la section d'**archéologie** : une étonnante **pirogue monoxyle** de 5,56 m de long. Découverte en 1979 sur la commune de Bourg-Charente, creusée dans un tronc de chêne, cette embarcation date d'environ 3 000 ans av. J.-C. ! La **céramique** régionale est également à l'honneur, avec des poteries et faïences du néolithique jusqu'au 19e s.

La section **Beaux-Arts** et **Arts décoratifs** accueille des peintures, sculptures, meubles et objets d'art français et étrangers du 16e au 20e s. (beau tableau représentant **Loth et ses filles★** du peintre anversois **Jan Massys** de la fin du 16e s., et *Le Suicide de Caton*, attribué au

> **LE SAVIEZ-VOUS ?**
> Illustre Cognaçais, **Jean Monnet** (1888-1979), économiste et homme politique français, est considéré comme l'un des pères de l'Europe. Ne manquez pas la **Cognathèque**, au n° 10 de la place qui porte son nom.

3

peintre napolitain **Luca Giordano**, 17e s.), et des œuvres d'artistes charentais. À noter, d'intéressantes pièces en pâte de verre Art nouveau d'**Émile Gallé**, ami d'un verrier cognaçais : Claude Boucher. Une salle est également réservée à l'art contemporain.

Jardin public, parc de l'Hôtel de Ville B1

L'hôtel de ville a été aménagé dans un ancien hôtel particulier construit en 1840. Son parc, assemblé à celui du musée d'Art et d'Histoire, forme 7 ha de promenade au cœur de la ville. Les allées sinueuses et ombragées serpentent entre des enclos pour animaux, des jets d'eau, l'Orangerie, la Tour gothique, le kiosque à musique…

Villa François-Ier A1

119 bd Denfert-Rochereau. Elle est d'inspiration néoclassique, avec son fronton et ses colonnes.

Empruntez le mail de la promenade du Parc, qui longe la rue Marc-Marchadier.

Si vous le souhaitez, vous pouvez vous perdre sous les frondaisons du parc François-Ier ou flâner dans les rues qui se coupent à angle droit du quartier du Théâtre, d'où vous pouvez rejoindre la maison Camus (*p. 266*).

Dans la rue de Cagouillet ou la rue Marguerite-de-Navarre, les amateurs de maisons bourgeoises du 19e s. ou des années 1900 seront comblés.

Parc François-Ier B1

Bordé à l'ouest par la Charente, c'est l'ancien parc du château que prolonge un bois. Assez vaste, on le parcourt à pied ou en voiture. Il procure de belles vues sur le fleuve et abrite une base de plein air et de nombreuses aires de pique-nique avec tables et sièges. Louise de Savoie l'appelait son *dedalus* (labyrinthe), tant il était profond et touffu. **François Ier** (1494-1547), fils de Charles d'Angoulême et de Louise de Savoie, naquit à Cognac « environ dix heures après midi, 1494, le douzième jour de septembre » et passa une partie de sa jeunesse au château des Valois, près de la Charente.

À proximité Carte de microrégion p. 230-231

Domaine Rémy Martin A2

4 km au sud-ouest par la D 732. Prenez la direction de Pons, puis tournez à gauche dans la D 47 vers Merpins.

20 r. Société-Vinicole - 05 45 35 76 66 - www.visitesremymartin.com - visite guidée sur demande préalable (1h30) de mi-avr. à fin sept. : 9h-12h30, 13h30-17h30 - fermé dim., 1er Mai - 18 € (-12 ans gratuit).

Cette entreprise fondée en 1724 élabore exclusivement ses cognacs à partir des deux premiers crus de la région : la Grande et la Petite Champagne. Un petit train permet au visiteur de découvrir le domaine, immense, et ses vignobles (30 ha), l'histoire de la maison et le processus d'élaboration de ses fameux cognacs. Les alignements de chais sont particulièrement impressionnants. La visite s'achève par une séance de dégustation accompagnée de bouchées gastronomiques.

Saint-Brice A2

5 km à l'est par la D 15 et la D 157.

Cette commune abrite le très beau **golf du Cognac** *(18 trous)*, traversé par une pittoresque route.

Logis de Garde-Épée – *Au nord de St-Brice par la D 157.* Du 16e s., accompagné d'un colombier, il comprend une enceinte fortifiée avec entrée monumentale :

porte cochère et porte pour piétons, défendues par des mâchicoulis. À la Branderaie de Garde-Épée vécut **Jacques Delamain** (1874-1953), le grand ami des oiseaux dont il décrivit les mœurs dans un livre admirable : *Pourquoi les oiseaux chantent.*

Dolmen de Garde-Épée – *Au nord de St-Brice par la D 157.* De couleur gris foncé, il se détache sur les champs plus clairs.

★**Abbaye de Châtre** – *Au nord de St-Brice par la D 157 - visites guidées sur demande préalable au ✆ 06 89 77 40 61 - juin-juil.* Émouvante dans sa solitude, l'abbaye Notre-Dame apparaît au creux d'un vallon aux pentes boisées. Ancienne abbatiale d'un couvent d'ermites augustins, elle fut dévastée lors des guerres de Religion, puis transformée en manufacture de faïences. De puissants contreforts-colonnes encadrent son élégante façade romane saintongeaise. Admirez la découpe des festons du portail central et la finesse des motifs sculptés ornant frises, arcs et arcatures. La nef à file de coupoles se termine par un chœur à chevet plat gothique. Des projets de réhabilitation sont en cours pour sauver cette belle église un peu oubliée.

Circuits conseillés Carte de microrégion p. 230-231

★ LA GRANDE CHAMPAGNE CHARENTAISE A2

Circuit de 65 km tracé en marron sur la carte p. 230-231 – comptez une demi-journée. Quittez Cognac au sud-ouest par la D 732 en direction de Pons. Au Vieux-Bourg, prenez à gauche la direction de La Frénade et suivez la D 147.

Vous voilà au cœur du prestigieux vignoble de Cognac. Les routes qui serpentent au milieu des vignes dévoilent une architecture rurale élégante et cossue, un chapelet d'églises romanes. La vive lumière de l'été s'adoucit en automne pour accompagner le temps des vendanges d'une magnifique palette de couleurs.

Église d'Ars

Daté de la fin du 12e s., l'**église St-Maclou** s'ouvre par un beau portail aux voussures ornées de motifs géométriques. La nef, couverte en bois, se termine par une abside en cul-de-four qu'occupe un **retable** monumental du 17e s. Les quatre faces des **fonts baptismaux**★ sont remarquablement sculptées.

Prenez la D 148, traversez l'agréable lieu-dit de Treillis et la D 731 avant de poursuivre en direction de Genté.

Genté

Le village occupe les flancs d'une colline et offre, surtout depuis l'église Saint-Médard (12e s.), de jolies vues sur les environs.

Poursuivez sur la D 148 avant de tourner à droite dans la D 44.

La route passe à **Roissac** où l'on peut observer une curieuse fontaine composée d'un édicule carré, d'un petit aqueduc et de sept bassins.

Suivez la D 150 et traversez Angeac-Champagne en direction de Juillac-le-Coq. Par La Vallade, rejoignez St-Fort-sur-le-Né.

Dolmen de Saint-Fort-sur-le-Né

à 1,5 km au sud-est du village par la D 151.

Émergeant d'une mer de vignes, ce monument mégalithique se compose d'une grande dalle horizontale reposant sur trois rocs.

Continuez sur la D 151, puis tournez à gauche dans la D 419 en direction de Verrières.

L'**église St-Palais de Verrières** (12e-17e s.) présente de belles voûtes gothiques à clés pendantes.

Poursuivez jusqu'à **Juillac-le-Coq** qui possède également une belle église romane et un château du 18e s., le logis de Beauregard *(visite en été)*, dont les terrasses dominent le vignoble.

Par la D 419 et la D 49, rejoignez le village d'Ambleville, puis, par la D 699, Lignières.

Lignières

Ce joli village typique de Grande Champagne aligne ses solides maisons de pierre le long de la rue principale. Mais le coin le plus charmant se trouve près de la rivière qui borde et agrémente le **château** du 17e s. dont les combles mansardés ont la particularité d'être en pierre. L'**église St-Pierre** romane ne manque pas non plus d'intérêt, avec sa lumineuse façade remarquablement sculptée.

Par la D1 puis la D153, dirigez-vous vers Touzac.

★ Les Jardins du Chaigne à Touzac

Le Chaigne - ✆ 05 45 62 33 92 - www.jardinsduchaigne.com - visite sur demande préalable de mi-avr. à fin oct. : 9h30-12h30, 14h-19h - 7 € (-12 ans gratuit) - chambres d'hôte.

Les jardins ont été créés à partir de 2003 pour agrémenter une belle demeure, ancienne maison de maître d'un prestigieux domaine de cognac. Autour de l'habitation, le jardin à la française se divise en parterres au centre desquels les massifs fleuris et touffus (lavandes, perovskias, gauras) forment d'agréables contrastes. Sur le côté, le verger-potager est composé de carrés surélevés et de pelouses ponctuées de fruitiers émergeant de coussins de santoline.

Le chemin d'eau, création très originale, est parfaitement réussi : les rigoles en pierre y forment un parcours anguleux et géométrique. De part et d'autre, les alignements de lavandes, de rosiers en pot et de buis en boule répondent à la très belle série de vasques aux nénuphars. Vous pourrez ensuite vous reposer dans le théâtre de verdure, assis sur les doux gradins de gazon, le regard porté vers les élégants cyprès de Florence et les vignes alentour.

Revenez sur vos pas, puis prenez la D 699 qui passe devant un beau manoir Renaissance du 16e s., Le Breuil (ne se visite pas). À Bonneuil, après la jolie église gothique 13e s., prenez à gauche la direction de Bouteville.

Bouteville

Entouré de vignobles de la Grande Champagne, ce petit village compose avec son église, ses cyprès et son château un des tableaux emblématiques de la Charente.

Château – *Le Bourg - 16120 Bouteville - ✆ 05 45 97 51 65 ou 06 11 11 32 96 - www.bouteville.fr - visite sur réserv., se rens. - 2 €.* En cours de restauration, les imposantes ruines de ce château, qui avait été magnifiquement reconstruit au 17e s., dominent le village. Rares témoins de sa splendeur passée, des merlons sculptés étonnent par leur facture baroque originale. Une grande partie du site n'est pas accessible pour des raisons de sécurité, mais les abords et la terrasse dévoilent un immense **panorama★** sur le vignoble et jusqu'à Angoulême.

En bas du village, l'**église St-Paul** est le seul vestige très remanié d'un prieuré bénédictin fondé au 10e s. À l'intérieur subsistent les traces de fresques du 13e s. *(visites sur RV auprès de la mairie - ✆ 05 45 97 51 65).*

Quittez Bouteville au nord par la D 95 et, au premier calvaire, prenez à gauche la D 404. Au croisement avec la D 90, prenez à droite et suivez le fléchage.

★ Table d'orientation

Beau **point de vue★** sur le vignoble, Cognac, Jarnac et la vallée de la Charente.

Revenez sur vos pas et prenez la D 90 vers St-Preuil. Au croisement avec la D 1, prenez à droite vers Segonzac.

Segonzac

1 r. Pierre-Viala - 16130 Segonzac - 05 45 38 37 77 - www.tourisme-grande-champagne.com - juil.-août : 10h-12h30, 14h30-18h30, sam. 10h-12h30, 14h30-17h30 ; reste de l'année : tlj sf sam. et lun. 10h-12h30, 14h30-17h - fermé dim., Vend. saint, 14 Juil., 15 août.

En 2010, la capitale de la Grande Champagne est devenue la première municipalité française à recevoir le label **CittaSlow** (« ville lente »). Créé en Italie dans la lignée du mouvement Slow Food, ce label est attribué aux communes « où il fait bon vivre » selon 60 critères couvrant la qualité de vie, la convivialité, l'équilibre alimentaire ou encore le développement durable. En Poitou-Charentes, seul Loix-en-Ré bénéficie aussi de ce label. Segonzac mise ainsi sur l'écotourisme pour se développer. La commune possède d'autres atouts, puisqu'elle accueille l'**Université internationale des eaux-de-vie** et boissons spiritueuses qui propose des stages d'initiation à la dégustation du cognac et un master spécialisé. L'**église St-Pierre** conserve un clocher-porche du 12e s. couronné d'une jolie flèche conique en « pomme de pin ». À proximité, vous pourrez remarquer le vaste temple protestant du 19e s. de style antique.

Suivez la D 49.

Église Saint-Martin de Gensac-la-Pallue

Avant d'arriver à Gensac, la D 49 côtoie la « Pallue », le marais qui a donné son nom à ce paisible village. Sa belle église romane date du 12e s. Elle présente une **façade** décorée de hauts-reliefs : à gauche la Vierge, à droite saint Martin, tous deux dans une gloire en amande (mandorle) et emportés au Ciel par des anges. Bel intérieur : la **nef**, couverte de quatre coupoles sur pendentifs, se termine par un chœur gothique éclairé de vitraux du 19e s.

Retour à Cognac.

LES BORDERIES A1/2

Circuit de 35 km tracé en bleu sur la carte p. 230-231 – comptez environ 2h. Quittez Cognac par l'ouest en suivant la direction de Saintes. Au rond-point, rejoignez Javrezac, puis prenez la D 401 à droite.

Église Saint-Georges de Richemont A2

Enfouie dans la verdure (tout comme les vestiges d'un château), elle présente une crypte préromane de la fin du 10e s., bâtie sur une ancienne forteresse comme en témoignent les meurtrières.

Quittez Richemont par le nord et rejoignez L'Épine. Prenez à gauche la D 731, puis, 1 km plus loin, tournez à droite dans la D 85 vers Cherves.

Château Chesnel A2

La Vidaudrie - 16370 Cherves-Richemont - 06 87 80 72 88 - juil.-août : visite guidée (1h) mar., jeu. et sam. à 10h30 et à 14h30, dim. à 15h ; reste de l'année : sur RV (6 pers. mini) - 6 € (-18 ans gratuit).

Cette demeure du 17e s. fut bâtie entre 1610 et 1625 par Charles-Roch Chesnel. Le château, encore imprégné de l'influence de l'architecture militaire médiévale, comme l'attestent ses profondes douves sèches, semble hésiter entre le style Renaissance et le classicisme du 17e s. commençant. Le corps principal et les tours qui se dressent à chaque angle sont couronnés d'un parapet. L'ensemble de l'édifice s'inscrit dans un vaste quadrilatère, délimité par des bâtiments agricoles. Une dégustation de cognac et de pineau du domaine clôt agréablement la visite du château et le diaporama.

Poursuivez dans la D 85. Peu après Vignolles, prenez sur la gauche la D 120.

Écomusée du Cognac à Migron A1

35 rte des Bessons - 17770 Migron - ✆ 05 46 94 91 16 - www.producteursfermiers.fr - de mi-juin à mi-sept. : 10h-12h30, 14h30-18h30 - possibilité de visite guidée sur demande (1h30) - 5 €.
Petite incursion en Charente-Maritime. Le musée se trouve à 2 km au nord de Migron, dans une exploitation au milieu des vignes. Celle-ci, productrice depuis 1850, assure l'élaboration de pineau des Charentes et de vieux cognacs. On y a reconstitué une salle de distillation du 19e s., avec son vieil alambic et le lit du bouilleur de cru qui restait à proximité durant toute l'opération. On y voit également des pressoirs dont un pour le foulage au pied, un atelier de tonnelier, des outils de vigneron, un intérieur saintongeais et les grands alambics en cuivre encore utilisés. Des expositions sur le café et le chocolat ainsi qu'une collection de véhicules et matériels des années 1950-1960 complètent la visite.
Quittez Migron par le sud en suivant la D 131. À Burie, la D 731 ramène à Cognac.

LE VIGNOBLE DES FINS BOIS AB2

Circuit de 50 km tracé en bleu pâle sur la carte p. 230-231 – comptez environ 2h. Quittez Cognac par le nord-est en empruntant la D 24. À Ste-Sévère, prenez vers Les Buges et poursuivez sur la D 24 pour entrer en Charente-Maritime.

Macqueville A2

Au cœur du vignoble des Fins Bois, ce village de Charente-Maritime voue au cognac ses distilleries modernes et ses blanches maisons à tuiles romaines, cour fermée et porche de style Empire. Du **château de Bouchereau** (11e s.), seule subsiste la façade décorée d'une baie géminée de style roman.
Église Saint-Étienne – C'est un bel exemple de l'art roman saintongeais au 12e s., avec son clocher à absidioles remplaçant le bras nord absent du transept, son chevet plat, ses murs à arcatures en plein cintre, son portail nord sculpté à voussures, les amusants modillons de ses corniches. À l'intérieur, des voûtes gothiques et une magnifique croisée de transept à nervures recouvrent le vaisseau évasé. Observez les chapiteaux des piliers encastrés.
Quittez Macqueville par l'est en empruntant la D 227.

Château de Neuvicq A2

R. du Château - 17490 Neuvicq-le-Château - ✆ 06 83 28 94 47 - expositions dans les salles du château de fin juin à fin août : 14h30-18h30 ; 1er Mai-21 juin : 14h30-17h30 ; sept. : w.-end 14h30-17h30 - tarif non communiqué. Juché sur un coteau, entouré de vignes, le château est constitué d'un corps principal du 15e s. entouré de tours rondes à mâchicoulis. L'autre façade comporte une belle tour octogonale qui abrite un escalier à balustrade, et un corps de logis du 17e s.
Suivez la direction de Rouillac par la D 939.

Rouillac B2

Retour en Charente. Cette petite ville accueille une foire importante et colorée tous les 27 du mois (*« Agenda » dans « Nos adresses à Angoulême »*). Son **église St-Pierre** est un édifice roman couronné d'un clocher octogonal qui présente une abside à cinq pans décorée de hautes arcatures. À proximité, voir aussi le **théâtre gallo-romain des Bouchauds★** (*p. 244*), accès par D 118.
Prenez la D 736 en direction de Cognac.

Sigogne A2

Au centre de ce gros bourg, l'**église St-Martin** (12e et 13e s.) présente un pittoresque clocher carré à deux étages.
Le retour à Cognac se fait par la D 15.

NOS ADRESSES À COGNAC

VISITES

Promenade à bord de la « La Dame Jeanne » – *Quai des Flamands - 05 45 82 10 71 - www.tourism-cognac.com - juin-sept. : tlj sf lun. ; reste de l'année : se rens. - possibilité de visite guidée (1h45) - 8 € (-14 ans 5 €) - animations nocturnes et balades en musique - excursions pour enfants (juil.-août, chaque merc.).* Réplique des gabarres qui transportaient jadis les tonneaux d'eau-de-vie vers les ports de la côte, *La Dame Jeanne* emmène jusqu'à 70 passagers à la découverte de la Charente, de son environnement et de son histoire.

HÉBERGEMENT

PREMIER PRIX

L'Oliveraie – Hors plan par A2 - *6 pl. de la Gare - 05 45 82 04 15 - www.oliveraie-cognac.com - P - fermé 23 déc.-31 déc. - 29 ch. 58/68 € - 8 € - 8-18 € (sf vend. soir et w.-end).* Face à la gare et à la maison Bisquit, ce petit hôtel simple et pratique offre des chambres bien entretenues, un restaurant avec une terrasse et une piscine pour se détendre. Vous pouvez également louer des vélos. Intéressantes formules en pension complète ou demi-pension. Un très bon rapport qualité/prix.

Héritage – B1/2 - *25 r. d'Angoulême - 05 45 82 01 26 - www.hheritage.com - 1 à 2 sem. en oct. et fév. P - 19 ch. 73 € - 8 €.* Mélanges d'ambiances et de styles, mobilier chiné et couleurs vitaminées réveillent le cadre Second Empire de cet hôtel particulier. Chambres thématiques très réussies. Au restaurant, influences multiples dans l'assiette et dans le décor (original, pétillant et chaleureux).

Le Valois – B2 - *35 r. du 14-Juillet - 05 45 36 83 00 - www.hotellevalois.com - fermé 2 sem. fin déc.-déb. janv.- P gratuit ou sécurisé 6 € - 45 ch. 82 € - 9,50 €.* Construction récente proposant des chambres spacieuses au mobilier fonctionnel. Salon-bar actuel aménagé dans le hall… Une adresse pratique à deux pas des grands chais.

BUDGET MOYEN

Quai des Pontis – A1 - *16 r. des Pontis - 05 45 32 47 40 ou 06 46 59 45 14 - www.quaidespontis.com - P - 16 lodges, 4 roulottes, 2 cabanes 66/89 € - 9 €.* À quelques pas du château et sur les bords du Solençon, affluent de la Charente, quatre belles roulottes, deux cabanes les pieds dans l'eau et des chambres dans un esprit lodge se répartissent dans le cadre verdoyant du parc d'une ancienne usine désaffectée, dominée encore par sa haute tour de brique. Des formules romantiques permettent de dîner sur place. Accueil sympathique et dynamique, organisation de réceptions dans une magnifique salle ouverte sur le jardin.

POUR SE FAIRE PLAISIR

L'Yeuse – Hors plan par B1 - *65 r. de Bellevue - quartier l'Échassier - 05 45 36 82 60 - www.yeuse.fr - fermé de mi-déc. à fin janv. - - 21 ch. et 3 suites, 128/199 € - 19 € - possibilité de demi-pension.* Laissez-vous tenter par un séjour dans cette superbe demeure, située au-dessus de la vallée de la Charente. Son charmant « jardin respectueux », conçu par le paysagiste Rémi Marcotte, est ouvert aux visiteurs extérieurs *(3 €)*. Les chambres sont spacieuses, le salon-bar invite à la dégustation du cognac. Vous

3

pourrez également vous détendre au spa ou dans la piscine l'été. Quant aux deux restaurants, ils méritent à eux seuls le détour. Une étape de charme idéale pour partir à la découverte de l'art de vivre au pays du cognac.

UNE FOLIE

Hôtel François Ier – B2 - *3 pl. François-Ier - ✆ 05 45 80 80 80 - www.hotelfrancoispremier.fr - 🏊 - 21 ch. et 4 suites 112/218 € - ☕ 16 €.* Après des années de fermeture, cet hôtel historique, à la magnifique façade, revit ! Rénovation réussie, avec des chambres design, un spa avec une petite piscine et un bar où vous pourrez déguster de délicieux cocktails à base de cognac.

RESTAURATION

☺ Tout autour de la place François-Ier, en plein cœur de la ville, nombreux sont les endroits où vous pourrez vous restaurer, tranquillement attablé en terrasse. Bars, restaurants traditionnels, brasseries, sandwicheries vous attendent pour une petite fringale ou un dîner gastronomique.

PREMIER PRIX

L'Atelier des Quais – A1 - *2 quai St-Jacques (juste après le pont) - ✆ 05 45 36 31 03 - www.atelierdesquais.fr - menus 21/37 €, 14/25 €.* Pour déjeuner ou dîner dans un cadre agréable, design, avec une superbe vue sur la Charente et le château. Carte de brasserie, formule express à midi.

BUDGET MOYEN

Le Bistro de Claude –A1 - *35 r. Grande - ✆ 05 45 82 60 32 - www.bistro-de-claude.com - fermé w.-end - 20/32 €.* Ce bistrot est à l'image de son propriétaire, Claude Vezin : chaleureux, franc et gourmand. Celui-ci propose de bons petits plats comme la lotte rôtie à l'espagnole ou l'entrecôte du Limousin à la plancha, mais aussi des huîtres Papin et Gillardeau en saison. Un incontournable de la cité royale.

La Courtine – B1 - *allée Fichon - ✆ 05 45 82 34 78 - www.restaurant-la-courtine.fr - fermé de fin déc. à mi-janv. - 🅿 - 26/44 €.* Dans le parc François-Ier en bord de Charente, cette ex-guinguette au chaleureux décor tout en bois propose des plats traditionnels et des grillades. Jolie terrasse abritée face au ponton. Soirées musicales et promenades fluviales.

POUR SE FAIRE PLAISIR

Hôtel-Restaurant Les Pigeons Blancs – A1 - *110 r. J.-Brisson - ✆ 05 45 82 16 36 - www.pigeons-blancs.com - fermé 2 sem. en nov. - 🅿 - 6 ch. 95 € - ☕ 12 € - ✕ rest. fermé dim. soir d'oct. à avr. - formule déj. 27 € (lun.-vend.), 38/59 €.* Ce relais de poste du 17e s. bénéficie du calme d'un quartier résidentiel. Plaisante salle à manger bourgeoise, terrasse-pergola face au jardin et chambres personnalisées. Spécialités de homard, canard et foie gras.

À proximité

BUDGET MOYEN

La Cagouillarde – Hors plan par B2 - *18 r. Gaston-Briand - 16130 Segonzac - 13 km au sud-est par D 24 - www.lacagouillarde.com - ✆ 05 45 36 31 03 - fermé dim. soir et lun. - 19,50/26 €.* La devanture fleure bon le vieux bistrot. Passé la porte, deux petites salles et un jardin, dans une atmosphère délicieusement « terroir de Charente ». La cuisine est simple mais bonne, et si vous aimez le confit de canard, les viandes ou les petits-gris (les « cagouilles », ici préparées à la charentaise), vous serez comblé. Il ne vous restera plus qu'à déguster un cognac sur la terrasse pour finir.

ACHATS

La Cognathèque – *10 pl. Jean-Monnet - ✆ 05 45 82 43 31 - www.cognatheque.com*. Pas moins de 500 références de cognacs et de pineaux des Charentes sont réunies dans ce magasin, sélectionnées chez les producteurs et auprès des négociants. Presque tous les millésimes de 1930 à nos jours sont représentés, et certaines bouteilles, comptant plus de cent ans de garde, sont de vrais produits de collection.

Marché couvert – *Bd Denfert-Rochereau - tlj sf lun. 8h-13h*. La structure métallique de style Baltard abrite une soixantaine de bancs colorés. Le choix des produits est conséquent, surtout pour les poissons, les fruits et légumes, les fromages et la viande de qualité. Sont aussi représentées les spécialités du terroir comme le pineau, le cognac, les volailles et les fruits de mer.

À proximité

Conserverie Fleuriet – *47 rte d'Angoulême - 16170 Rouillac - 27 km au nord-est par D 24 et D 736 - ✆ 05 45 21 72 75 - www.conserverie-fleuriet.com*. Vinaigres au pineau des Charentes, condiments surfins et autres produits pour les gourmets.

Maison de la Grande Champagne - *2 r. Gaston-Briand - 16130 Segonzac - 14 km au sud-est par D 24 - ✆ 05 45 35 39 72 - www.maisongrandechampagne.com - 10h-12h30, 14h30-18h30, dim. et j. fériés 10h-12h30 - fermé lun. d'oct. à avr.* Pour acheter les meilleurs pineaux et cognacs issus du noble cru, une trentaine de viticulteurs ont constitué ce point de vente et se relaient pour communiquer et faire partager leur savoir-faire.

EN SOIRÉE

Pour suivre l'actualité culturelle à Cognac et dans ses environs, consultez le mensuel gratuit *Sortir Label Charente (disponible à l'office de tourisme notamment)*, ainsi que les éditions locales des quotidiens *Sud-Ouest* et *Charente Libre*.

AGENDA

« Agenda », p. 28.

Festival Blues Passions – *www.bluespassions.com - début juil.* Créé en 1994, sa programmation s'étend désormais à l'ensemble des musiques afro-américaines (il pourrait d'ailleurs changer de nom). Il est organisé partout dans la ville avec des concerts gratuits et payants. Une partie du festival est délocalisée à Jarnac.

Fête du Cognac – *www.lafeteducognac.fr - fin juil.* Concerts et dégustation de produits charentais sur les quais pendant trois jours à l'initiative de jeunes viticulteurs et agriculteurs.

Coup de chauffe – *www.avantscene.com - 1er w.-end de sept.* Ce festival des arts de la rue (cirque, théâtre, danse…), gratuit, se tient dans toute la ville avec de nombreux spectacles conçus pour les enfants dès 6 ans. Il est organisé par le théâtre L'Avant-Scène qui propose également le festival de danse contemporaine « Danse et vous » à la mi-mars.

Festival Polar – *www.festival-polar-cognac.fr - mi-oct.* Consacré au polar dans le cinéma, la télévision, la littérature, la BD et le théâtre, cet événement se déroule au palais des congrès La Salamandre *(16 r. du 14-Juillet)*.

Distilleries en fête – *www.cognacetapes.com - de déb. déc. à fin fév.* Les viticulteurs-bouilleurs de cru vous font découvrir les secrets de la distillation.

Ruffec et le Nord Charente

★

3 545 Ruffécois - Charente (16)

Capitale animée du Nord Charente, au cœur d'un pays d'élevage, Ruffec est connue pour ses foires, ses brocantes, ses marchés et un délicieux gâteau au fromage blanc de chèvre égoutté, le fromaget. La ville se révèle une base idéale pour partir à la découverte des ravissants villages qui jalonnent le chemin d'Angoulême et la Charente, un cadre de rêve pour des randonnées à pied, à vélo ou en canoë. Le charme opère vite, surtout si l'on est adepte des vacances à la campagne.

NOS ADRESSES PAGE 282
Hébergement, restauration, achats, activités, etc.

S'INFORMER

Office de tourisme du Pays du Ruffecois – *18 pl. des Martyrs-de-l'Occupation - 16700 Ruffec - ✆ 05 45 31 05 42 - www.ot-ruffec.com - juil.-août : lun. 14h-18h, mar. vend. 9h30-13h,14h-18h, sam. 9h30-13h, dim. 10h-12h30 ; mai-juin et sept. : mar., merc., vend. 9h30-12h30, 14h-18h, sam. 9h30-12h30 ; reste de l'année : mar., merc., vend. 10h-12h30, 13h30-17h, sam. 9h30-12h30.*

SE REPÉRER

Carte de microrégion B1 p. 230-231 - *carte Michelin Départements 324 L3*. Ruffec se trouve 43 km au nord d'Angoulême. La ville compte deux axes principaux : la N 10 et la rue Jean-Jaurès que prolonge la rue du Docteur-Roux, artère principale du vieux Ruffec.

À NE PAS MANQUER

Les vallées de la Charente et ses affluents ; la Mise au tombeau de l'église de Verteuil-sur-Charente ; l'église de St-Amant-de-Boixe ; les peintures murales de St-Fraigne.

ORGANISER SON TEMPS

Comptez facilement une journée pour la découverte des vallées de la Charente et ses affluents.

AVEC LES ENFANTS

Les activités sportives de Mansle, Station verte de vacances ; l'abbaye de St-Amant-de-Boixe avec le livret de visite qui permet de gagner un cadeau.

Se promener

Entre l'hôtel de ville et les bords du Lien, joliment aménagés, le quartier ancien est assez pittoresque, avec de petites rues bordées de maisons anciennes où vous pourrez musarder avant de rejoindre l'église.

Église Saint-André

Elle dépendait jadis du diocèse de Poitiers. Sa façade romane sculptée (12e s.) mérite un coup d'œil : dans les arcatures de l'étage sont postés les apôtres ; au pignon : Christ en gloire. L'ensemble représente l'Ascension.

Château

Ne se visite pas. Une route bordée de murets de pierre mène à cet édifice du 16e s. surplombant le Lien. Détruit durant la Révolution, le château fut la propriété de l'écrivain et mémorialiste, le **duc de Saint-Simon** (1675-1755).

Circuit conseillé Carte de microrégion p. 230-231

★ VALLÉES DE LA CHARENTE ET SES AFFLUENTS BC1/2

Circuit de 75 km tracé en ocre sur la carte p. 230-231 – comptez environ une journée. Quittez Ruffec par l'est en empruntant la D 740.
Cet itinéraire vous permet de découvrir la « **petite Suisse charentaise** », où les villages se serrent souvent au fond de combes et de vallées bordées de grands arbres, et où de petites rivières convergent vers la Charente. Le fleuve coule ici paisible, dans un paysage de plaines et de collines. Il traverse une zone rurale où les grandes villes se font rares et dont Ruffec fait office de petite capitale.

Nanteuil-en-Vallée C1

Ce charmant petit village, blotti dans un vallon percé par un méandre de l'Argentor, possède quelques beaux bâtiments médiévaux, notamment les maisons à pans de bois de la rue St-Jean-Baptiste, parmi les rares subsistant dans la région. Il fait bon flâner dans ses rues et paresser dans son agréable **arboretum de l'Argentor**, qui offre de jolies allées, bordées de buis, serpentant à travers des parterres, des rocailles, des cascades et un jardin aquatique.
Église Saint-Jean-Baptiste – Bel exemple d'architecture gothique du 13e s. À l'intérieur, un chapiteau de colonne fait office de bénitier. Au-dessus du baptistère, un trône de grâce, du 15e s., figure la Trinité.
Abbaye Notre-Dame – *7 r. de l'Abbaye - 16700 Nanteuil-en-Vallée - ✆ 05 45 31 82 67 - juil.-août : 10h30-12h30, 14h-18h ; reste de l'année : se rens. - fermé lun. - possibilité de visite guidée sur demande (1h30) - 2,50 € (-12 ans gratuit) - billet donnant droit à une réduction à l'abbaye de St-Amant-de-Boixe.* Maintes fois remaniée, elle remonterait à l'an 780 et connut une période prospère entre les 11e et 13e s. Il subsiste, dans un parc très agréable, quelques vestiges de l'église, des bâtiments conventuels et surtout la **tour du Trésor★**, remarquable construction carrée à deux étages, décorée sur ses faces extérieures d'arcatures romanes.
Quittez Nanteuil au sud par la D 187, puis prenez à droite la D 76.

3

Verteuil-sur-Charente B1

C'est dans cette petite ville qu'**Honoré de Balzac** fit naître Rastignac dans son célèbre roman *Le Père Goriot*. Le bourg est dominé par les tours en poivrière du majestueux château et le clocher de son église. Le long du fleuve, on voit l'ancien couvent des Cordeliers des 15e et 16e s., dont le chevet plat gothique de la chapelle domine un joli jardin. Du pont sur la Charente, vous pourrez admirer la **vue★** d'ensemble sur le village, le château et la chapelle.
La Régie – Cette boutique de produits charentais (*« Nos adresses à Ruffec »*) propose aussi des visites guidées du village permettent de découvrir les vieilles douves, les vestiges du temple protestant, mais aussi linteaux, meneaux et vieilles portes de demeures du 15e au 17e s.
Château de Verteuil – *✆ 05 45 30 23 18 - de mi-mai à mi-sept. - possibilité de visite guidée du parc sur demande à La Régie.* Le grand moraliste **François de La Rochefoucauld,** dont la famille est toujours propriétaire des lieux, conçut ici ses *Mémoires* et quelques-unes de ses célèbres *Maximes*. C'est ici que fut fondée, en 1958, l'association de sauvegarde du patrimoine bâti et paysager, les Vieilles Maisons françaises, sous l'impulsion d'Anne de Amodio, née La Rochefoucauld. Le château, de plan triangulaire, a été très remanié suite aux dommages causés par les révolutionnaires en 1793. Le **parc** offre de longues allées et abrite un **if** de presque 500 ans qui aurait été planté par Charles Quint, un beau labyrinthe de buis et une impressionnante glaciaire dont la coupole de pierre fait 7,5 m de diamètre. De la statue de François de

La Rochefoucauld, on découvre la majestueuse façade principale rythmée par quatre hautes tours couronnées de mâchicoulis et de poivrières, dont celles du pavillon d'entrée. La visite permet de voir les anciennes cuisines voûtées du château, la cour d'honneur ainsi que la chapelle.

Église Saint-Médard – *possibilité de visite guidée sur demande à la mairie.* Elle renferme, dans le croisillon gauche du chœur, une superbe **Mise au tombeau★★** du 16e s. en terre cuite polychrome (d'origine), attribuée à l'atelier de Germain Pilon. Parmi les statues nature entourant le corps du Christ, on reconnaîtra la Vierge vêtue de bleu, saint Jean au visage androgyne à sa droite, et Marie Madeleine portant un calice à sa gauche. Remarquez les trois clous et la couronne d'épines tenus par les personnages situés aux extrémités de la scène. L'un d'eux est sans doute Joseph d'Arimathie, qui offrit un tombeau au Christ.

Prenez la D 56 en direction du sud.

Église Saint-Antoine de Chenon B1

L'église rurale forme, avec l'ancien château des 15e et 16e s., un joli tableau. Elle renferme un impressionnant monument aux morts et un intéressant mobilier rural dont une tribune, une chaire en bois et des vitraux contemporains.

Château de Bayers B1

1 imp. du Château - 16460 Bayers - ✆ 07 50 52 51 25 - ♿ - visite guidée (1h) juil.-août : 14h30 et 16h30 - fermé lun. - 5 € (-12 ans gratuit).

Cet imposant manoir domine la Charente. Il fut édifié au 15e s. par la famille de La Rochefoucauld qui le vendit en 1788. Meurtri par la Révolution, il fut abandonné au 19e s. Superbement rénové, il est aujourd'hui constitué d'un long corps de logis et d'une tour ronde, couronnée de mâchicoulis surmontés d'un haut toit en poivrière à tuiles plates. Une tourelle d'escalier polygonale dessert les appartements ornés de vastes cheminées médiévales.

Poursuivez sur la D 56. Peu après Puychenin, tournez à gauche dans la D 185 qui franchit bientôt la Charente.

★ Église Saint-Denis de Lichères B1

Possibilité de visite guidée sur demande à la mairie (✆ 05 45 22 73 85).

Établie à l'écart du village et posée près d'un bouquet d'arbres en bordure de cimetière, cette très belle et très originale église romane remonte au 12e s. Elle jouxtait un prieuré aujourd'hui disparu et a conservé une jolie façade poitevine.

Façade – Le portail comprend un tympan, fait très rare dans la région. Il est orné de sculptures d'inspiration byzantine : à l'archivolte, des lions, des cerfs, enserrés dans des rinceaux, et, au tympan, deux anges portant l'Agneau dans une gloire.

Intérieur – L'église présente une nef à trois vaisseaux, elle aussi peu courante dans la région, coiffée d'un plafond de bois en forme de coque de navire renversée. La base dégagée de la deuxième colonne de gauche est ornée de huit coquilles St-Jacques stylisées. Elle indique le niveau du sol jadis situé 70 cm plus bas. L'actuel pavage, en petites pierres, date du 18e s. Remarquez la disposition du chevet : l'abside est séparée des absidioles par de curieuses petites chapelles carrées. Détaillez par ailleurs les modillons du côté droit de la nef et les chapiteaux des piliers du chœur ornés de feuilles d'acanthe et de palmettes.

Dans le bas du village, empruntez le **bac** à fond plat sur la Charente, comme au temps où l'on y faisait passer le bétail. Ici, les eaux regorgent de goujons, brochets et perches. Vous pouvez également faire de jolies randonnées dans les alentours.

Poursuivez sur la D 185 et rejoignez la D 739 (à droite).

Verteuil-sur-Charente.
Ph. Orain/Michelin

Mansle B1

Pl. du Gardoire - 16230 Mansle - 05 45 20 39 91 - juil.-août : 9h-12h, 14h-18h, w.-end 10h-12h ; reste de l'année : mar.-merc. et vend. 9h30-12h30, 14h-17h30, sam. 9h30-12h30 - fermé de fin déc. à déb. janv., certains j. fériés.

Inscrite dans une vallée calme et verdoyante, baignée par la Charente, Mansle existait déjà à l'époque gallo-romaine, à la croisée des chemins de Poitiers à Angoulême et de La Terne à Limoges. La petite ville fut dévastée par les guerres de Religion. Aujourd'hui, elle vous fait non seulement découvrir son église des 11e et 15e s. et ses chapiteaux historiés gothiques, mais aussi ses nombreuses activités nature (canoë-kayak, randonnée, pêche, natation) qui feront le bonheur des adeptes de tourisme vert.

Domaine d'Echoisy – *Ne se visite pas.* L'origine du domaine remonte au 16e s. L'ancien château avait été reconstruit aux 17e et 18e s.

Descendez le long de la Charente. Le chemin ombragé vous conduit vers le moulin dont les combles sont mansardés. Il se dresse sur une île, dans un site bucolique.

Quittez Mansle par le sud-ouest en empruntant la D 18.

Dans la **forêt de Boixe**, qui appartint à **Eugène Delacroix**, on peut voir des dolmens et des pierres inclinées, ainsi qu'une chambre funéraire du néolithique.

★ Ancienne abbaye de Saint-Amant-de-Boixe B2

Parvis de l'Église - 16330 St-Amant-de-Boixe - 05 45 94 24 27 - www.abbaye.saintamantdeboixe.fr - juin-août : 10h-13h, 15h-19h, w.-end et j. fériés 15h-19h ; mars-mai et sept.-nov. : 10h-12h, 14h-18h, w.-end et j. fériés 15h-18h ; reste de l'année : w.-end 14h30-17h30 - fermé lun., fin déc., certains j. fériés - possibilité de visite guidée sur demande (1h) - 5 € - gratuit 1er sam. du mois (sf juil.-août).

Dans la partie musée, des maquettes et bornes interactives plongeront les enfants dans le Moyen Âge. Un livret de visite est aussi prévu pour eux.

Prospère au 12e s., cette abbaye bénédictine amorça son déclin au 14e s., lors des guerres franco-anglaises, et fut ruinée par les guerres de Religion.

3

★ **Église** – De taille imposante (69 m de long), cet édifice possède une nef romane et un chœur gothique, reconstruit au 15e s. Le décor raffiné d'un des côtés du **croisillon gauche** a été rapproché de celui de la cathédrale d'Angoulême. La façade principale s'organise ainsi : au rez-de-chaussée, dans l'arcade de gauche, un tombeau orné de croix de St-André ; à l'étage, dans les arcades latérales, des oculi légèrement différents l'un de l'autre. À l'intérieur, la majestueuse **nef en berceau** est soutenue par deux bas-côtés très étroits, et presque aussi élevés qu'elle, suivant l'habitude poitevine. Au transept, coupole du 12e s. Le chœur, désaxé par rapport à la nef, est beaucoup plus profond que ne l'était le chevet roman primitif, comme le prouvent les deux absidioles qui subsistent dans le croisillon gauche. L'une des deux a été tronquée lors de la reconstruction du chœur. Des fresques du 14e s. restaurées, qui se trouvaient initialement dans la crypte, ont été placées dans le bras droit du transept.

Bâtiments abbatiaux – Des travaux ont permis de restaurer les bâtiments abbatiaux et les vestiges du cloître gothique. L'ancien réfectoire long de 40 m date du 11e s. Le visiteur bénéficie désormais d'un espace muséographique consacré à l'architecture romane et à l'histoire de l'abbaye.

Continuez sur la D 15 vers Montignac-Charente.

En bordure de la Charente, **Montignac-Charente** est dominé par les ruines d'un château du 12e s. à l'imposant donjon.

Prenez la D 737 vers Aigre.

Église et prieuré Notre-Dame de Lanville B1

À l'écart du village, l'église se signale par son clocher carré. L'intérieur abrite de beaux chapiteaux à feuillages, notamment ceux des piliers de la croisée du transept. L'abside, vaste, est rythmée d'une arcature aux chapiteaux animés de feuillages et d'animaux, et n'est pas sans rappeler celle de la cathédrale d'Angoulême. Le chevet a été fortifié au Moyen Âge. De nombreuses restaurations ont contribué à mettre en valeur l'église. Ainsi, des peintures murales de différentes époques (15e au 18e s.) ont été révélées dans la nef et le transept; de nouveaux vitraux, réalisés par le maître verrier Coline Fabre, ont redonné une belle luminosité colorée aux espaces intérieurs. Au nord de l'église se voient les ruines du cloître et de la salle capitulaire, édifiés aux 15e et 16e s. Au sud-ouest de l'église, de nouveaux bâtiments monastiques, occupés par une congrégation religieuse depuis 1997, datent des 17e et 18e s.

Continuez sur la D 737.

Saint-Fraigne B1

Les traces d'un village lacustre indiquent que le site fut occupé au néolithique.

Arborescence – Les jardins présentent les ressources d'un milieu humide : lin, chanvre, vigne, tourbe ont chacun leur espace. Chaque année, artistes et paysagistes composent des jardins éphémères.

Église – Elle est dédiée à saint Fraigne *(Fermerius)*, martyr qui vécut dans l'Angoumois au 6e s. Elle contient d'étonnantes **peintures murales★**, mêlant cubisme et expressionnisme, de l'artiste **Louis Mazetier** (1888-1952). Atteint de maladie, celui-ci ne put les terminer (un de ses élèves s'en chargea) et fut enterré dans le cimetière du village. Cette œuvre sombre dépeint des personnages émaciés aux figures inquiétantes qui forment un émouvant Chemin de croix. Parmi eux, Mazetier n'a pas hésité à représenter des habitants du village, ainsi que l'évêque de Poitiers sous les traits de Ponce Pilate (Mazetier avait eu un différend avec lui !). L'artiste a aussi réalisé l'un des **vitraux** contemporains dont la lumière chaude s'accorde à la dominante ocre des peintures.

Revenez sur vos pas par la D 737, puis prenez à gauche la D 31.

Tusson B1

Village protégé depuis 1976, Tusson possède des **maisons anciennes** (15-19e s.), certaines avec des fenêtres gothiques et de belles placettes fleuries.

Logis Marguerite d'Angoulême – *Rte d'Aigre -16140 Tusson - ✆ 05 45 31 17 47 - www.clubmarpen.org - avr.-oct. : 10h-12h, 14h-19h ; reste de l'année : 10h-12h, 14h-18h - fermé lun., vac. de Noël - possibilité de visite guidée sur demande (1h30) - 4 € (-13 ans gratuit).* Cette sobre et élégante bâtisse Renaissance s'appuie sur un fragment de l'enceinte fortifiée du 14e s. où séjourna Marguerite d'Angoulême. Elle abrite la **Maison du patrimoine** où l'on peut voir une collection de mobilier du 16e au 19e s., des expositions d'art contemporain et le petit musée rural des Arts et Traditions populaires (objets de la vie quotidienne au 19e s.). Poursuivez la visite par le **jardin monastique**, reconstitution soignée d'un jardin médiéval. En sortant, dirigez-vous vers les vestiges du prieuré fondé au 12e s. L'immense enceinte englobait l'Abbaye des dames et le Clos des hommes.

Quittez Tusson par le sud-est sur la D 61.

Ligné B1

Cette bourgade abrite un **cimetière des Templiers** (chevaliers du Temple de Jérusalem) avec une soixantaine de pierres tombales des 13e et 14e s., dont certaines sont ornées d'épées, de bannières et d'insignes évoquant l'ordre du Temple. Au centre, une base de lanterne des morts porte une croix hosannière.

Poursuivez sur la D 32 à gauche. À Charmé, prenez la D 736.

Église Notre-Dame de Courcôme B1

De style poitevin, cet édifice roman (11e-12e s.) attire l'attention par son élégant clocher carré surmontant la croisée du transept et sa nef en berceau haute et étroite. Dans la nef, les chapiteaux sont ornés d'animaux fantastiques. La statue de N.-D. de Courcôme (13e s.), mutilée à la Révolution mais restaurée, est vénérée lors d'un pèlerinage chaque dernier dimanche de septembre.

Continuez sur la D 736 qui ramène à Ruffec. Mais vous pouvez poursuivre en rayonnant autour de Courcôme pour découvrir les sites suivants.

Jardins européens de Salles-de-Villefagnan

5 km au sud-est par D 27 - juil.-août - gratuit. Autour du prieuré St-Martin (15e s.) et d'un logis Renaissance, ils se composent d'un jardin à la française (bordures de buis, plantes à fleurs), d'un **jardin à l'anglaise** (plantes vivaces) tout en courbes, d'un **jardin scandinave** (bois et minéral) et d'un jardin à l'italienne (agrumes en pots, plantes senteur et fontaine).

Paizay-Naudouin-Embourie

10 km au nord-ouest par D 740 et D 27.

Villa gallo-romaine d'Embourie – *Le Bourg - Embourie - 16240 Paizay-Naudouin-Embourie - ✆ 07 80 38 37 89 - www.villa-gallo-romaine-embourie.com - de mi-juin à mi-sept. : jeu.-dim. 14h30-18h30 - accès au site : gratuit - accès à l'espace découverte : 2,50 € (-16 ans gratuit) - possibilité de visite guidée (45mn) sur demande).* Le site archéologique des Châteliers fait l'objet de fouilles depuis 1968. Il s'agit d'une exploitation forestière gallo-romaine du 1er s. Habitué à recevoir les scolaires, l'espace découverte est bien conçu pour les enfants.

Château de Saveilles – *R. du Château - Paizay-Naudouin - 16240 Paizay-Naudouin-Embourie - ✆ 06 08 17 36 15 - www.saveilles.jimdo.com - ♿ - de mi-juil. à mi-août : tlj sf sam. 10h-12h, 14h30-18h30, dim. 14h30-18h30 - gratuit - possibilité de visite guidée sur demande (45mn).* Doté de hautes tours des 15e et 16e s., ce château est bordé de douves en eau. Remarquez les quatre belles et hautes lucarnes Renaissance, dans l'esprit de celles de La Rochefoucauld.

3

NOS ADRESSES À RUFFEC

ARRIVER/PARTIR

En train – Liaisons quotidiennes en TGV avec Paris, en TER avec Poitiers et Angoulême.

HÉBERGEMENT

À proximité

PREMIER PRIX

Hôtel Beau Rivage – *Pl. Gardoire - 16230 Mansle - 18 km au sud par N 10 - ✆ 05 45 20 31 26 - www.hotel-beau-rivage-charente.com - fermé de fin déc. à déb. janv. et de mi-fév. à déb. mars - P - 29 ch. 70/81 € - ☕ 10,50 € - ✕ menus 12,50/30 €.* Le jardin de cet hôtel du centre longe la Charente : vous pourrez y louer barques et canots. Les chambres aménagées dans un grand bâtiment sont pour la plupart claires, colorées et bien entretenues. Certaines donnent sur le jardin. Une bonne adresse familiale.

RESTAURATION

À proximité

BUDGET MOYEN

Auberge de l'Argentor – *17 r. Guillaume-le-Noble - 16700 Nanteuil-en-Vallée - 11 km à l'est par D 740 - ✆ 05 45 31 85 20 - www.aubergedelargentor.fr - 12,50/26 €.* Venez vous régaler dans cette jolie demeure de bons petits plats charentais : mouclade au pineau des Charentes, chèvre chaud de Nanteuil, andouillette du Ruffécois… Une cuisine originale qui fait la part belle aux produits locaux. Vous pourrez vous attabler dans l'élégante salle, sur une vaste terrasse aux beaux jours ou dans le café pour déguster quelques huîtres sur le pouce ou écouter, l'été, un concert.

Le Moulin de Verteuil – *4 allée du Moulin - 16510 Verteuil-sur-Charente - 6 km au sud par D 26 - ✆ 05 45 29 04 77 - www.moulindeverteuil.blogspot.com - juil.-août : 10h-22h - reste de l'année : 10h-18h30, fermé du lun. soir au merc. soir, sur réserv. pour dîner - formule déj. 15,50/18,80 €, 20-25 €.* Situé au pied du château de Verteuil, ce moulin du 17e s. revit à la fois comme bouangerie, salon de thé, restaurant et gîte *(400 €/sem.)*. On y déguste la délicieuse « brioche du Moulin », la « tranchoire », sorte de pizza médiévale à pâte très fine, mais aussi des pâtisseries servies dans une salle ancienne ou en terrasse. On peut acheter l'exceptionnelle farine bio maison, moulue sur silex à la force du moulin à eau.

Le Compostelle – *Pl. de la Mairie - 16140 Tusson - 16 km au sud-ouest par D 736 - ✆ 05 45 31 15 90 - www.lecompostelle-tusson.fr - fermé dim. soir, lun. - formule déj. 15 €, menu 35 €, 16-18 €.* Installé dans l'ancien café du commerce du village depuis 2001, ce restaurant élabore une riche et solide cuisine du terroir en y apportant une touche actuelle, à l'image des lieux.

ACHATS

La Régie – *48 r. des Halles - 16510 Verteuil-sur-Charente - 6 km au sud par D 26 - ✆ 05 45 30 23 18 - http://verteuil.wix.com/verteuillaregie - juin-sept. : 9h15-12h15, 14h-19h30 ; reste de l'année : tlj sf lun. 9h30-12h, 14h-18h - fermé janv.* Dans l'ancienne maison du régisseur du château de Verteuil, cette boutique propose des produits 100 % charentais : pineaux, cognacs, safran, chocolat, artisanat d'art, livres, pantoufles « charentaises », etc.

Confolens

★

2 711 Confolentais - Charente (16)

Au cœur de la Charente limousine, Confolens joue le rôle de petite capitale et accueille en août un festival consacré aux danses et musiques folkloriques du monde entier. Alentour, des églises romanes, de grands châteaux et de petits manoirs ainsi que l'espace de création contemporaine du domaine de Boisbuchet satisferont les passionnés d'art. Tandis que les amateurs de promenades, de baignades et de sports nautiques jouiront d'une nature généreuse, valorisée par les lacs de Haute Charente.

NOS ADRESSES PAGE 288
Hébergement, restauration, achats, activités, etc.

S'INFORMER

Office de tourisme du Confolentais – *8 r. Fontaine-des-Jardins - 16500 Confolens - ✆ 05 45 84 14 08 - www.cc-confolentais.com - de mi-juin à mi-sept. : lun.-sam. 9h-12h30, 14h-18h30 ; reste de l'année : lun.-vend. 8h30-12h, 14h-17h30.*

Visite guidée – *Le Confolentais est labellisé Pays d'art et d'histoire. Dans ce cadre, des visites guidées sont proposées par l'office de tourisme dans la ville et ses environs. Confolens possède également un circuit guidé par flash code.*

SE REPÉRER

Carte de microrégion C1 p. 230-231 - *carte Michelin Départements 324 N3.* Confolens se trouve en Charente limousine, 40 km au nord-est de La Rochefoucauld.

À NE PAS MANQUER

Le vieux Confolens, son pont et ses maisons du Moyen Âge ; les créations du domaine de Boisbuchet.

ORGANISER SON TEMPS

Comptez environ 1h pour flâner dans la vieille ville et une journée pour découvrir la vallée de la Vienne. Le Festival international de folklore se déroule en août.

AVEC LES ENFANTS

Le vélo-rail et le train touristique du chemin de fer Charente limousine ; le village gaulois de Coriobona ; les bases nautiques du lac de Lavaud et de la Rambaudie.

3

Se promener

★LE VIEUX CONFOLENS

Circuit dans la vieille ville – comptez 1h à 1h30. Partez de la place de l'Hôtel-de-Ville (parking). Prenez à gauche la rue de la Ferrandie jusqu'au Pont Vieux.

★ Pont Vieux

Légèrement en dos d'âne, le Pont Vieux date du 12e s. Modernisé au début du 19e s., cet ouvrage ressembla longtemps à une forteresse, avec trois tours aujourd'hui disparues. La dernière, côté rive gauche, était pourvue d'un pont-levis qui permettait d'isoler totalement la ville. Le pont conduit au quartier animé de **La Fontorse**, du nom de l'élégante fontaine qui s'y trouve.

Prenez à droite la rue Émile-Roux. Puis, place de la Liberté, tournez à gauche dans la rue des Buttes. À mi-hauteur de cette rue, un passage mène à la porte fortifiée.

Porte de ville

Ne se visite pas. Cette porte (13e s.), couverte en ogive chanfreinée surmontée de trois corbeaux, constitua pendant des siècles la principale entrée de la ville par le nord-ouest. Aussi appelée porte du Gué, c'est la seule porte conservée des fortifications de Confolens. En passant dessous, on découvre, en se retournant, la façade de l'**ancien tribunal**, datant vraisemblablement de la fin du 11e s., qui abritait également la prison du seigneur de Confolens. Cette construction faisait partie des fortifications qui ceignaient la ville établie sur la rive droite de la Vienne. En repassant sous la porte, on se dirige vers le **donjon** (11e s.) en continuant la rue des Buttes. Il occupe l'emplacement de l'ancien fossé : jadis, le voyageur venant de Limoges passait par une porte dont on voit encore quelques traces au pied du donjon et sur une tour plus basse qui lui fait face. De la terrasse dite « plan d'Olivet », jolie **vue** sur les toits de la ville.

Descendez à gauche la rue du Vieux-Château, puis empruntez la rue Pinaguet.

Rue Pinaguet

Elle est bordée de maisons médiévales. L'une d'elles, très haute, possède une tour abritant un escalier à vis. À l'angle de la rue Bournadour, une autre tour fait saillie, coiffée d'une construction carrée à colombages.

Revenez sur vos pas jusqu'au carrefour et tournez à gauche dans la rue Fontaine-de-Pommeau.

Église Saint-Maxime

Restaurée au 19e s., elle présente un clocher octogonal gothique troubadour se terminant par une flèche à crochets. À son chevet, jolie maison à colombages.

Prenez la rue de la Côte.

Le Manoir

La rue de la Côte débouche sous les murs d'un édifice à haut pignon, orné de fleurons sculptés, construit au 16e s. par le comte de Confolens.

Du pont de Goire, revenez vers la rue du Soleil.

Rue du Soleil et rue des Francs-Maçons

Rue principale jusqu'au 19e s., la **rue du Soleil** est bordée de hautes maisons qui ouvrent sur des terrains et des jardins suspendus que l'on ne voit pas depuis la rue. Remarquez sur la gauche la **rue des Francs-Maçons**, ruelle en escalier très étroite, aux maisons coiffées de toits débordants. Au n° 12 de la rue du Soleil se trouve la **maison du duc d'Épernon★**, qui aurait servi de point de ralliement aux conjurés rassemblés par le duc en 1619 pour faire évader Marie de Médicis. Cet édifice date des 15e et 16e s. et présente au-dessus du rez-de-chaussée, en retrait, trois étages aux murs à colombages.

Regagnez la place de l'Hôtel-de-Ville.

SUR L'AUTRE RIVE DE LA VIENNE

Église Saint-Barthélemy

Cet édifice roman du 12e s. dépendait de l'ancienne abbaye de Lesterps. L'église présente un clocher carré au toit presque plat, couvert de tuiles romaines. La façade, très sobre, s'ouvre par un portail en plein cintre et présente, au-dessus de la porte, un large bandeau horizontal décoré de sculptures primitives, parmi lesquelles l'Agneau nimbé dans une gloire soutenue par deux anges, ainsi que des animaux fantastiques, sortes de centaures aux têtes monstrueuses. Trois chapelles du 15e s., voûtées d'ogives, flanquent la nef sur le côté nord. Dans la chapelle centrale, les nervures rejoignent une belle clé pendante.

Saint-Germain-de-Confolens, le village et le château sur la Vienne.
F. Leroy/hemis.fr

Circuit conseillé Carte de microrégion p. 230-231

★ VALLÉE DE LA VIENNE CD1

Circuit de 75 km tracé en orange sur la carte p. 230-231 – comptez environ une journée avec les visites. Quittez Confolens par le nord en prenant la D 952 qui longe la rive droite de la Vienne.

Saint-Germain-de-Confolens D1

Jadis siège d'une importante châtellenie, St-Germain occupe un site pittoresque au confluent de la Vienne et de l'Issoire.

Sur une butte dominant la vallée de l'Issoire se dressent les ruines des énormes tours du château de St-Germain au pied desquelles se blottit une petite église romane. Rénovées et consolidées, elles se dressent fièrement au-dessus de l'eau. De la terrasse proche de l'église, jolie **vue** sur la vallée.

Traversez la Vienne vers Lessac.

★ Domaine de Boisbuchet à Lessac CD1

2,5 km au nord de Lessac, le long de la Vienne - 16500 Lessac - ✆ 05 45 30 65 57 - www.boisbuchet.org - ♿ - visite guidée du parc architectural (2h30) et expositions temporaires - de mi-juin à mi-sept. : à 10h et 15h - 10 € (12-18 ans 6 €).

Ce vaste domaine de 150 ha abrite un très beau parc au centre duquel se dresse une harmonieuse gentilhommière de 1865, de multiples dépendances, une ferme, un lac, un étang, des prés et des bois. Depuis 1986, cette propriété appartient au collectionneur allemand Alexander von Vegesack, fondateur du prestigieux Vitra Design Museum de Weil-am-Rhein (Allemagne), près de Bâle (Suisse). Celui-ci a fait de Boisbuchet un lieu de résidence accueillant chaque été près de 400 jeunes designers, graphistes, architectes et paysagistes pour des ateliers animés par des grands noms de l'art contemporain.

Dans le parc, un parcours présente une dizaine de constructions conçues de manière responsable et durable. Remarquez le pavillon chinois appelé **Le Manège** (2007) de Markus Heinsdorff : un bâtiment elliptique de 120 m^2 dont l'ossature porteuse est faite de bambou et d'acier, et dont le toit et les parois sont constitués de polycarbonate transparent. Autres étonnantes maisons : la **Techstyle Haus** (2014) réalisée par un collectif germano-amércain,

un prototype d'habitation énergétiquement autonome grâce à une structure incluant textiles high-tech et capteurs solaires, ou encore un **kyakuden** (1863), traditionnelle maison d'hôte nipponne, remonté ici en 2008 avec l'aide d'artisans japonais. Les visites, insolites et passionnantes, sont pour la plupart assurées par des artistes en résidence. Elles peuvent se terminer dans le délicieux bistrot bio, abrité dans un ancien moulin au-dessus de la Vienne.
Revenez vers St-Germain, puis quittez le village par le sud-est en empruntant la D 952, puis en tournant à gauche dans la D 82.

Esse D1

Église Saint-Étienne – Cet édifice roman (12e s.) présente sur sa façade une curieuse sculpture représentant un agneau porté par des anges. À l'intérieur, bel autel en noyer et quatre colonnes torsadées datant de la fin du 17e s.
Village gaulois de Coriobona – *Le Pont-Binot - 16500 Esse - 4 km au nord d'Esse par D 80 - ✆ 05 17 23 15 71 - www.coriobona-village-gaulois.com - juil.-août : tlj sf lun. 14h-18h ; reste de l'année : sur réserv. - 6 € (7-12 ans 2 €) - visite guidée (1h30).*
Incontournable pour les enfants, surtout les jours d'animation *(+ 1 € pour les adultes - fin mai, mi-juil., mi-août et J. du patrimoine en sept.)* où l'on peut suivre artisans, marchands et guerriers dans leur quotidien au 1er s. av. J.-C.
Sur une colline boisée dominant la vallée de l'Issoire, plongez dans le temps, au cœur de cet oppidum de la tribu des Lémovices reconstitué avec fidélité à partir d'études archéologiques récentes. Le mur fortifié abrite une maison aristocratique, des habitations en torchis, un sanctuaire, une ferme, des ateliers avec tissus, poteries et armes réalisés selon les méthodes protohistoriques.
Église Saint-Pierre de Lesterps D1Les vestiges d'une abbaye fondée au début du 11e s. sont précédés d'un imposant **clocher-porche★** en granit gris. Au-dessus du porche à trois baies, orné de chapiteaux très frustes, se dresse un puissant clocher. À l'intérieur, l'étroitesse des bas-côtés contraste avec la largeur de la nef, voûtée en berceau. On retrouve dans celle-ci des vestiges de l'ancien chœur, des chapiteaux du 12e s.
Quittez Lesterps par le sud en empruntant la D 29, puis la D 30.

LA CHARENTE LIMOUSINE

À l'est du département, les paysages changent en s'élevant vers le Limousin et le Massif central. Les sources de la Charente sont toutes proches et le fleuve n'a ici que l'apparence d'un ruisseau. Les horizons sont vastes et se couvrent de futaies de chênes et de châtaigniers. Les hivers sont rudes. Le granit remplace le calcaire mais la tuile apporte sa touche de couleur. Limousine dans son histoire et dans sa langue, la partie orientale de la Charente partage aussi avec le Massif central une identité musicale remontant à la grande époque des troubadours. Fruits d'une longue tradition orale, ces chants qui animaient jadis les fêtes de village au son des vielles, chabrettes et autres instruments traditionnels, se sont transmis tant bien que mal de génération en génération, et nous ont laissé de nombreuses complaintes dont voici un couplet représentatif :

Très chastanhas dins la mesm'espelon,	Trois châtaignes dans la même bogue,
Qu'es be la bon'annada,	C'est bien la bonne année.
Très filhas dins la mesma maijon,	Trois filles dans la même maison,
Qu'es'na maijon roinada,	C'est une maison ruinée.

www.chanson-limousine.net

Brigueuil D1

Ce vieux bourg perché a conservé d'importants vestiges de ses fortifications médiévales : **rempart à sept tours** et deux portes. Près de l'église romane (remaniée aux 14e et 15e s.) se trouvent les vestiges de l'ancien château (donjon tronqué du 11e s.) ainsi qu'un logis reconstruit au 16e s. Remarquez aussi plusieurs maisons anciennes, une lanterne des morts et, au hameau proche de La Boulonnie, un curieux mausolée roman dit de « Saint-Georges ».

Quittez Brigueuil à l'ouest par la D 165. À Saulgond, prenez à gauche la D 193.

Château de Rochebrune D1

R. Rochebrune - 16150 Étagnac - ✆ 05 45 65 26 69 - visite guidée (1h) juil.-août : tlj sf mar. 14h-18h ; reste de l'année : sur réserv. - 6 € (-12 ans 3 €).

Situé à la limite des anciennes provinces du Poitou et du Limousin, cet édifice, bâti sur un rocher basaltique, reflète dans ses douves la silhouette de ses tours. Au 16e s., le château appartint à **Blaise de Monluc**, maréchal de France et gouverneur de Guyenne qui mena contre les protestants une lutte implacable. Après avoir admiré les communs aux toits de tuiles rondes, pénétrez dans la cour d'honneur en franchissant les douves par un petit pont de pierre. Trois corps de bâtiments relient les quatre grosses tours rondes des 11e et 13e s. Les appartements renferment un mobilier Renaissance et Empire et de nombreux souvenirs de l'époque napoléonienne.

Poursuivez sur la D 193, puis prenez à droite la D 160 après avoir franchi la Vienne.

★ Parc archéologique de Cassinomagus (p. 291) D1

Quittez Chassenon à l'ouest par la D 29. À Chabanais, prenez à gauche la D 162.

Église Notre-Dame de Grenord D1

La route passe en vue des hautes tours du château de Pressac (15e-19e s.). Cette petite église abrite une belle pierre tombale sculptée du 13e s.

Quittez Grenord par le nord-ouest pour rejoindre la D 370 après deux ronds-points.

Église Saint-André d'Exideuil C1

Ancienne église d'un prieuré bâtie en 1200, elle comporte un chevet plat et un portail à boudins. La nef, avec sa voûte en berceau brisé et ses piliers encastrés, revêtue de moellons, est d'une accueillante simplicité. Elle abrite trois pierres tombales et une cuve baptismale du 13e s.

Poursuivez sur la D 370, traversez la route Angoulême-Limoges et prenez la D 16.

Église de La Péruse C1

Remarquez la jolie pierre ocre en grès du Limousin de cette vieille église romane. À l'intérieur, restes de fresques romanes et trompe-l'œil avec des motifs architecturaux Renaissance du 16e s.

Dans La Péruse, prenez vers l'ouest la rue du Moulin-du-Roc et tournez à gauche après avoir traversé la Charente, puis suivez les panneaux « Château de Peyras ».

Château de Peyras C1

Chemin André-Lévêque - 16270 Roumazières-Loubert - ✆ 05 45 71 25 25 - visite guidée (1h) : dim. 14h30-18h30, reste de la sem. sur demande - 5 € (-18 ans gratuit).

Le château fort, édifié aux 11e et 12e s., surplombe la Charente qui n'est encore ici qu'un petit cours d'eau. Il n'en subsiste qu'une grosse tour coiffée d'une haute poivrière de tuiles plates et un logis repris au 15e s. Celui-ci possède une remarquable façade, quelques salles voûtées et un bel escalier à vis.

Sortez du château par la gauche et tournez à droite pour rejoindre la route Angoulême-Limoges. Prenez celle-ci vers l'est et tournez à gauche dans la D 16.

Manot C1

Étape du **vélo-rail** et du **train touristique**, le village est établi au-dessus de la Vienne. Ne manquez-pas l'intérieur très sobre de l'**église St-Martial**. Cet édifice roman du 13e s. voisine avec l'ancien château du 16e s.

Poursuivez par la D 16 qui ramène à Confolens en longeant la rive gauche de la Vienne par Manot.

À proximité Carte de microrégion p. 230-231

★ LES LACS DE HAUTE-CHARENTE CD1/2

Grandes retenues (400 ha) créées pour réguler le débit de la Charente, les lacs de Lavaud et de Mas Chaban se prêtent à différentes activités récréatives. En parcourant ses berges, on pourra observer de nombreux oiseaux.

Massignac C2

30 km au sud de Confolens.

Maison des Lacs - Le Bourg - 16310 Massignac - 05 45 65 26 69 - www.lacs-de-haute-charente.com - juil.-août : 10h-12h30, 14h30-18h ; reste de l'année : 10h-12h, 14h-17h, sam. 10h-12h - fermé certains j. fériés - boutique de produits locaux - espace d'exposition.

De cette commune pleine d'hébergements de caractère *(hameau du Cruzeau, domaine des Étangs, etc.)* partent plusieurs sentiers de découverte, dont un grand tour du **lac de Mas Chaban** *(14 km).*

Lac de Lavaud D1/2

25 km au sud de Confolens.

Encore sauvage, le nord du lac contraste avec le sud, plus touristique. La plage de **la Guerlie**, sur la commune de Pressignac, est très fréquentée en été.

NOS ADRESSES À CONFOLENS

HÉBERGEMENT

PREMIER PRIX

Hôtel-Restaurant La Mère Michelet – *19 allée de Blossac - 05 45 84 04 11 - www.hotel-restaurant-meremichelet.fr - fermé 24 déc.-31 déc., 1er janv. au soir - P - 22 ch. 45/70 € - 8 € - 13,80/27 €.* Créé en 1965 par la Mère Michelet, cet hôtel a conservé sa décoration et son style de l'époque. Certains apprécieront donc le charme un peu désuet du hall, de la majeure partie des chambres, simples et proprettes, et de la salle de restaurant rustique. Copieuse cuisine traditionnelle au bon rapport qualité/prix.

Chambres d'hôte Le Pont Vieux – *3 pl. de la-Fontorse - 05 45 30 72 61 - www.pont-vieux.com - 4 ch. et 1 suite familiale 58/68 €* . Située dans le quartier de La Fontorse, face au centre historique et à l'extrémité du Pont Vieux, sur la rive gauche de la Vienne, cette maison très bien restaurée, est tenue par un charmant couple de Britanniques et offre des chambres douillettes bien décorées. La vue sur la rivière, les maisons anciennes et l'église est superbe. Agréables et copieux petits déjeuners, jardin paisible… tout est réuni pour un séjour d'exception.

À proximité

Camping des Lacs – *Rte. du Camping - Lieu-dit la Guerlie - 16150 Pressignac - 25 km au sud par D 948 et D 29 - ✆ 05 45 31 89 03 - www.campingdeslacs.fr - avril-oct. - réserv. conseillée - 160 empl., mobile-home.* Donnant directement sur le lac de Lavaud, ce camping dispose de tout le confort avec deux piscines, dont une couverte et chauffée. On prendra plaisir à monter sa tente sur un emplacement vaste, alimenté en eau et électricité. Les randonneurs auront envie d'emprunter les chemins alentour, les marins d'eau douce trouveront leur bonheur à la base nautique.

Hôtel-Restaurant La Croix Blanche – *24 pl. de la Croix-Blanche - 16150 Chabanais - 18 km au sud par D 948 et D 29 - ✆ 05 45 89 01 44 - 14 ch. 30/50 € - 6 € - pizzeria 7/25 €.* Grande bâtisse des années 1950 recouverte de vigne vierge et son agréable terrasse dressée sous les tilleuls. Les chambres sont simples, mais bien tenues.

Chambres d'hôte Le Vieux Logis de Massignac – *Le Bourg - 16310 Massignac - 32 km au sud par D 162 et D 948 - ✆ 06 88 58 84 23 - http://levieuxlogisdemassignac.e-monsite.com - 2 ch., 80 €.* Dans le village, au cœur de la région des lacs de Haute Charente, cette bâtisse du 19e s. restaurée offre deux vastes et confortables chambres. Tout invite au farniente, jusqu'aux bancs et petites tables dans le parc. Les chambres peuvent constituer un appartement familial.

BUDGET MOYEN

Chambres d'hôte Château de Praisnaud – *Lieu-dit Praisnaud, près du hameau de St-Martin - 16490 Ambernac - 13 km au sud-ouest par D 952 et D 951 - ✆ 05 45 84 20 83 - www.praisnaud.com - 2 ch. 90/110 € - 1 appart. 6 pers. 600 €/sem.* Entouré de 100 ha de bois et de terres agricoles, ce castel du 16e s., remanié au 18e s., allie environnement bucolique et atmosphère châtelaine. Les deux chambres sont agrémentées d'un riche mobilier ancien et d'une décoration très 18e s. Dans les écuries, plusieurs box peuvent accueillir les chevaux.

POUR SE FAIRE PLAISIR

Château de Nieuil – *Rte du Château-de-Nieuil - 16270 Nieuil - 25 km au sud-ouest par D951 et D 739 - ✆ 05 45 71 36 38 - www.chateaunieuilhotel.com - avr.-oct. - 7 ch, 3 suites 145/287 € - 15 €.* Jadis rendez-vous de chasse, peut-être de François Ier, ce château situé au cœur d'un beau parc a été magnifiquement reconstruit au 19e s. Les grandes chambres décorées de meubles anciens ont gardé tout leur charme. Le grand escalier néogothique et la salle des petit déjeuners sont majestueux. Insolite, une cabane permet de contempler les étoiles avec une lunette astronomique. Le magasin d'antiquités-galerie d'art, ouvert à tous, ainsi que le restaurant La Grange aux Oies *(voir ci-dessous)*, la piscine et le court de tennis compléteront un séjour très agréable.

RESTAURATION

PREMIER PRIX

Hôtel-Restaurant Émeraude – *20 r. Émile-Roux - ✆ 05 45 84 12 77 - www.emeraude-hotel-confolens.com - 14,70/31,50 €.* Si l'hôtel est un peu vieillot (mais confortable), le restaurant bien situé dans la petite ville offre aux beaux jours l'agrément de sa terrasse sur la Vienne. Bonne cuisine du terroir.

À proximité

POUR SE FAIRE PLAISIR

La Côte de Bœuf – *Lieu-dit La Guerlie - 16150 Pressignac - 30 km au sud par D 948, D 29, D 170 et D 160 - ✆ 05 45 89 35 97 - lun. hors sais., en hiver se rens. - 23/61 €.* Donnant directement sur le lac de Lavaud, près de la base de loisirs, ce restaurant dispose d'une salle lumineuse et d'une grande terrasse très agréable en été. Côté cuisine, grillades (dont une fameuse côte de bœuf, évidemment) et cuisine traditionnelle à base de produits frais sont proposées.

La Grange aux Oies – *Rte du Château-de-Nieuil - 16270 Nieuil - 25 km au sud-ouest par D951 et D 739 - ✆ 05 45 71 81 24 - www.grange-aux-oies.com - fermé 10 j. en mars, 3 sem. en nov., dim. soir, lun. et mar. - formule déj. 25 € sf w.-end et j. fériés - 28/54 €.* Face à l'hôtel du Château de Nieuil, les anciennes écuries accueillent un des meilleurs restaurants de la région, dans un cadre design chic mais décontracté. Le chef Pascal Pressac élabore un menu végétarien avec les légumes du potager, mais aussi un délicieux agneau (de la région) de 7h, que vous trouverez dans le menu gastronomique à 54 €… vin, apéritif et café compris ! En été, on apprécie d'autant plus ce très bon rapport qualité/prix sur la belle terrasse de la majestueuse cour.

ACTIVITÉS

À proximité

Aventure Parc – *D 52 - lieu-dit Masgouffier, sur la rive sud du lac de Mas Chaban - 16310 Massignac - 25 km au sud-est par D 948, D 162 et D 52 via Chabanais - ✆ 05 45 24 07 43 - www.aventure-parc.fr/lacs-haute-charente - juil.-août : 10h-19h ; de déb. avr. à déb. nov. : sur réserv. - fermé de déb. nov. à fin mars.* Ce parc propose des activités conçues pour les enfants dès 4 ans, mais aussi un parcours d'accrobranche et du saut à l'élastique ou sur coussin d'air. Restaurant et aire de pique-nique.

Base nautique de La Rambaudie – *Camping de la Rivière - Lieu-dit La Rambaudie - 16150 Exideuil - 17 km au sud par D 16 et D 59 - ✆ 06 61 48 47 67 - www.campingdelariviere.com.* Partez à la découverte de la Vienne en canoë ou en kayak avec plusieurs parcours sans encadrement. Retour au point de départ en minibus.

Vélo-rail et train touristique du chemin de fer Charente limousine – *18 av. Gambetta - ✆ 05 45 71 16 64 - www.cf-charentelimousine.fr - juil.-août : vélo-rail tlj sf dim. dép. 10h, 13h et 16h, train merc. et dim. dép. 10h30 et 15h ; autres horaires et reste de l'année : se rens. - vélo-rail : 28 € pour 5 pers. maxi. ; train : 10 € (4-12 ans 7,50 €) - sur réserv. - se présenter 15mn av. le dép.* La ligne de train Confolens-Roumazières *(34 km)*, fermée aux passagers en 1939, a été remise en état à partir des années 1990 par l'association Chemin de fer de Charente limousine. Depuis 1999, on peut ainsi traverser les beaux paysages de bocage de la région en vélo-rail jusqu'au village de Manot depuis la gare restaurée de Confolens *(9 km, env. 2h30 AR)* ou celle de Roumazières-Loubert *(7,5 km, env. 2h15 AR)*. Mieux, depuis 2105, il est aussi possible de parcourir toute la ligne à bord d'un ancien autorail X 2800 de la SCNF… à 30 km/h de moyenne *(env. 2h AR)*. Une extension de 42 km, entre Roumazières et Le Vigeant (Vienne) est en projet.

Parc archéologique de Cassinomagus

★

Chassenon - Charente (16)

Il y a 214 millions d'années, une météorite percutait la région, creusant un cratère de 21 km de diamètre. L'impact donna naissance à la curieuse « brèche de Chassenon », d'où fut extraite une pierre unique avec laquelle fut bâtie la cité gallo-romaine de Cassinomagus. Idéalement située sur la via Agrippa, cette ville allait prospérer jusqu'au 4e s. de notre ère, se dotant de thermes, parmi les plus importants de Gaule. Les vestiges, qui s'étendent sur 300 ha, font l'objet de fouilles depuis le 19e s. Mais ce n'est qu'à partir des années 2000 que le département, propriétaire des lieux, a décidé de valoriser le site pour l'ouvrir largement au public. Un plan de restauration de grande ampleur est actuellement en cours.

SE REPÉRER

Carte de microrégion D1 p. 230-231 - *carte Michelin Départements 324 O4.* Le parc archéologique se situe 800 m au sud-est de Chassenon et 5,5 km au nord-ouest de Rochechouart.

À NE PAS MANQUER

La reconstitution par images de synthèse de la ville antique ; le système de chauffage par hypocauste des thermes.

ORGANISER SON TEMPS

Comptez au moins 1h pour visiter les thermes, si possible avec un guide. En été, de nombreuses animations sont proposées. Si vous avez de la chance, les archéologues assurent aussi parfois des visites.

AVEC LES ENFANTS

Nombreuses activités ludiques et culturelles, notamment pendant les vacances scolaires ; spectacle l'été.

3

Découvrir

Rte de Longeas - 16150 Chassenon - 05 45 89 32 21 - www.cassinomagus.fr - -juil.-août : 10h-18h30, w.-end 14h-18h30 ; reste de l'année : tlj sf lun. 14h-18h - fermé de mi-sept. à déb. avr. - 3,50 € (6-16 ans 1,50 €) - gratuit 1er sam. du mois (avr.-juin et sept.) - possibilité de visite guidée (1h) sur demande : 8 € (6-16 ans 5 €).
En été, le parc propose des ateliers d'initiation à l'archéologie pour les 7-12 ans ou à la lutte gréco-romaine dès 6 ans *(6 € - horaires : se rens.)*, mais aussi, tout au long de l'année, des ateliers ludiques et un espace de jeux inspirés de l'Antiquité (jeu de l'oie, lancer de palets, jeu de piste et d'indices, etc.).

Parc archéologique

Outre le site archéologique, un vaste bâtiment moderne accueille les expositions permanentes et temporaires. Le parc comprend également un espace pédagogique ainsi qu'un vaste parcours d'interprétation.

Thermes

Site fermé pour restauration jusqu'en 2017 (description p. suivante.)

Jardins de Pline l'Ancien

Aménagés dans un parc paysager de 25 ha, ils présentent un panel de plantes que les Romains utilisaient et que nous connaissons grâce à Pline l'Ancien.

Un site en cure de jouvence

GRANDEUR ET DÉCADENCE

Avec une superficie de 12 000 m^2, 14 salles et 2 niveaux accessibles, les thermes de Chassenon étaient sans doute les plus importants de Gaule et sont aujourd'hui les mieux conservés d'Europe. Le sanctuaire thermal qui s'articulait autour semblait être un lieu de culte gaulois, « romanisé » par la suite. Il atteignit son apogée au 2e s. et attirait une clientèle essentiellement composée de pèlerins-curistes venus suivre les différentes étapes de la thérapeutique thermale et observer tout un rituel votif probablement dédié aux dieux de la guérison. Vers la fin du 3e s., le site commença à péricliter, et sa décadence s'accéléra au rythme des progrès du christianisme. Des statues mutilées, retrouvées dans le caniveau et les **égouts**, prouvent que l'on s'acharna à détruire ces symboles païens. Les invasions barbares contribuèrent aussi à sa ruine.

L'édifice se transforma partiellement en atelier métallurgique. Un centre de fabrication de sarcophages en brèche de Chassenon fit même son apparition. Il semblerait toutefois que certaines activités médicales liées à la persistance du paganisme local se soient prolongées jusqu'au 6e s., époque à laquelle les curistes désertèrent définitivement les lieux, saint Julien opérant des guérisons miraculeuses qui ôtaient désormais toute raison d'être à l'ancien sanctuaire.

LES FOUILLES

Quelques fouilles préliminaires du site, dont la tradition locale avait gardé le souvenir, eurent lieu vers 1850, mais Chassenon ne fut véritablement étudié qu'à partir de 1958. Au 19e s., un carrier mentionnait sur sa maison, toujours visible, « Carrière des arènes gallo-romaines », pillant sans vergogne les vestiges du **théâtre**, toujours non fouillé aujourd'hui.

Le repérage aérien a permis de reconstituer la physionomie de l'ensemble cultuel. De l'imposant **temple octogonal**, bâti sur une colline à l'ouest des thermes, ne subsistent que le socle et la trace des quatre escaliers d'accès, recouverts de terre. Au sud, 49 fosses profondes de 1,20 m, matérialisées par un cercle rouge, n'ont toujours pas révélé leur secret. Les chercheurs se concentrent sur cette partie sud des thermes et étudient des sections d'aqueduc mises au jour dans un champ en surplomb. Deux petits temples ont également été repérés dans la partie est du site. Les archéologues ont aussi dégagé un tronçon de **voie antique** en bordure de la D 29.

Les **thermes** ont la particularité de présenter deux côtés rigoureusement identiques et symétriques, mais voués à des fonctions différentes : la partie sud, la mieux conservée, correspondait à un parcours curatif et faisait pendant à la partie nord, proposant un parcours plus sportif. L'intérieur des thermes est composé des salles froides *(frigidaria)* et tièdes *(tepidaria)*, puis d'une immense salle percée de six fenêtres et de six portes. On trouve également des **piscines chaudes** *(caldaria)*, partiellement dotées de leur dallage d'origine, puis la palestre, salle de gymnastique où se pratiquaient divers exercices physiques. Le couloir, sous lequel fut retrouvé un égout, dessert des salles de soutènement voûtées. Au niveau intermédiaire, celui du personnel de service, on découvre l'ingénieux système de chauffage au charbon de bois par **hypocauste** qui diffusait la chaleur par le sol grâce à un système de double plancher.

Chassenon est au cœur des préoccupations du conseil général de Charente qui poursuit, dans le cadre du schéma départemental d'archéologie, d'importants travaux d'aménagement, notamment la couverture des thermes prévue d'ici à 2017.

Château de La Rochefoucauld

★★

2 997 Rupificaldiens - Charente (16)

La Rochefoucauld arbore un superbe château, surnommé « Perle de l'Angoumois », dressé au-dessus de la Tardoire. Avec sa magnifique cour à arcades, il évoque les palais de la Renaissance italienne, tandis que ses hautes tours rappellent encore le Moyen Âge qui vit se développer l'illustre famille et lui donna son nom. Après une longue période d'abandon, il a bénéficié de rénovations et d'animations constantes depuis une vingtaine d'années et a été entièrement remeublé. Des projets innovants comme la reconstruction du donjon en verre selon un projet de l'architecte Ieoh Ming Pei (à qui l'on doit la pyramide du Louvre) alimentent la chronique et soulignent la volonté des propriétaires d'entrer dans le troisième millénaire.

NOS ADRESSES PAGE 297
Hébergement, restauration, achats, activités, etc.

S'INFORMER

Office de tourisme du Pays Horte et Tardoire – *39 r. des Halles - 16110 La Rochefoucauld - ✆ 05 45 63 07 45 - www.pays-horte-tardoire.fr - juil.-août : 10h-13h, 14h30-18h30, dim. 10h-13h ; reste de l'année : tlj sf dim. 10h-13h, 14h30-17h30, lun. 14h30-17h30, sam. 10h-13h - fermé certains j. fériés.*

Autres bureaux – Villebois-Lavalette, Montbron et Bouëx.

Visites guidées – Sur réservation 48h à l'avance, l'office de tourisme propose des visites commentées de la ville de La Rochefoucauld, du musée de l'Hôpital, des visites gourmandes, des entreprises locales ou encore des randonnées dînatoires (horaires, conditions et tarifs : se rens.).

SE REPÉRER

Carte de microrégion C2 p. 230-231 - *carte Michelin Départements 324 M5*. La ville de *La Rochefoucauld* est située sur les bords de la Tardoire, 22 km au nord-est d'Angoulême par la N 141. Du pont du 15e s., **vues** sur la rivière et le château.

À NE PAS MANQUER

La cour d'honneur, le boudoir de Marguerite d'Angoulême et l'escalier à vis du château.

ORGANISER SON TEMPS

Comptez de 1h à 2h pour le château, et une demi-journée pour les forêts.

AVEC LES ENFANTS

La visite du château, où ils pourront se déguiser en chevalier ou gente dame ; les randonnées pédestres ou à VTT dans la forêt de la Braconne.

3

Découvrir

★★ LE CHÂTEAU

Fbg de la Basse-Ville - ✆ 05 45 63 52 71 - www.chateau-la-rochefoucauld.com - tlj sf mar. 10h-19h - 11 € (-12 ans 5 €) - possibilité de visite guidée (2h).

Lors des visites guidées, une centaine de costumes de différentes époques sont mis à disposition des enfants et des adultes.

Construite à partir de 980 par Fucaldus, vicomte de Limoges, cette ancienne forteresse médiévale appartient à la même famille depuis plus de mille ans.

Largement remaniée et embellie au 16e s. par François II de La Rochefoucauld, sa masse imposante, coiffée de toitures d'ardoises et cernée de hautes tours rondes, domine la ville. Les façades sont percées de trois étages de fenêtres à meneaux et décorées de lucarnes Renaissance sculptées de coquilles et de pinacles à candélabres. Le châtelet d'entrée (13e s.) donne accès à une somptueuse **cour d'honneur★★** dont deux façades, bordées de trois étages de galeries à arcades, évoquent celles des palais de la Renaissance italienne. Découvrez d'abord la petite chapelle, puis plusieurs salons meublés, ornés de boiseries du 18e s. et de plafonds à solives du 16e s., et de nombreux tableaux de famille des 17e et 18e s. attribués à de grands maîtres de la peinture française (Rigaud, Oudry...). Ne manquez pas le ravissant **petit boudoir★** de Marguerite d'Angoulême, décoré au 17e s. de panneaux peints représentant les propriétés des La Rochefoucauld, les riches **bibliothèques** et leurs quelque 300 cartes et estampes assorties de 18 000 volumes, dont un original de la fameuse *Encyclopédie* de Diderot, et le **trésor** qui renferme les archives des La Rochefoucauld. Notez aussi le superbe **escalier à vis★** *(108 marches)*, véritable joyau d'architecture, les immenses cheminées de la **cuisine**, les impressionnantes salles de garde, la fameuse « roche à Foucauld » et la **grotte de Mélusine**, curieux chaos calcaire sur lequel reposent les fondations du château.

Se promener

LA VILLE

De nombreuses maisons anciennes, certaines à pans de bois, jalonnent les rues de cette petite ville. Elle a conservé le savoir-faire traditionnel de l'illustre charentaise, chausson qui fit folie à la cour de Louis XIV. Bien avant la mode du recyclage, elle était réalisée avec des matériaux de récupération : pour le dessus, les restes des tissus utilisés pour la confection des cabans de marins, et pour les semelles, d'anciens feutres ayant servi à sécher la pâte à papier.

Ancien couvent des Carmes

39 r. des Halles - ✆ 05 17 20 55 22 - www.lescarmes.org - visite guidée sur demande à l'office de tourisme dans le cadre de la visite de la ville.

Il comprend un vaste cloître du 14e s. aux arcades trilobées ainsi qu'une salle capitulaire restaurée. L'église romane, avec sa rosace et ses vitraux restaurés en 2010, abrite aujourd'hui la salle de spectacle « Les Carmes ».

UNE ILLUSTRE LIGNÉE

Au 10e s., lors des invasions normandes, Charles le Chauve donne l'ordre d'ériger cinq forteresses pour défendre l'Angoumois. En 980, Fucaldus, frère du vicomte de Limoges, construit un camp fortifié sur la roche surplombant la Tardoire et l'appelle *Fucaldus in Rupe*, la « roche à Foucauld », nom appelé à devenir célèbre. Quelques siècles plus tard, François Ier de La Rochefoucauld tient sur les fonts baptismaux le futur François Ier, roi de France. François II de La Rochefoucauld transforme la forteresse en demeure digne de ces châteaux de la Loire. Le choix des La Rochefoucauld pour le protestantisme leur vaut l'assassinat de François III et François IV. François V revient au catholicisme et en est récompensé par Louis XIII, qui le fait duc. Viendra enfin **François VI** (1613-1680), célèbre auteur des *Maximes*, expert en ciselage de phrases à la manière du Grand Siècle.

Le château de La Rochefoucauld.
Château de La Rochefoucauld

Musée de l'Hôpital - Apothicairerie
Pl. du Champ-de-Foire - ✆ 05 45 63 07 45 - www.pays-horte-tardoire.fr - visite guidée (20mn) sur demande à l'office de tourisme - fermé dim. et j. fériés - 2 € (-12 ans 1 €) - gratuit mar. (juil.-août).
Cet hôpital du 17e s. possède une collection de pots à pharmacie et de mortiers (16e-17e s.), une trousse de chirurgien de l'Empire et un Christ en ivoire du 17e s.

3

Église Notre-Dame-de-l'Assomption-et-St-Cybard
Cette église, surmontée d'une haute flèche de pierre, représente un style rare dans l'Angoumois : le gothique du 13e s. L'intérieur à nef unique est décoré de vitraux chatoyants du 19e s.

Circuit conseillé Carte de microrégion p. 230-231

FORÊTS DE BELAIR ET DE LA BRACONNE BC1/2

Circuit de 55 km tracé en gris sur la carte p. 230-231 – comptez environ une demi-journée. Quittez La Rochefoucauld par le nord-ouest en empruntant la D 6. Au Pont-d'Agris, prenez sur la droite la D 11.

Chasseneuil-sur-Bonnieure C1
Mémorial de la Résistance et Nécropole nationale – *D 27 - ✆ 05 45 65 26 69 - www.lacs-de-haute-charente.com - ♿ - visite guidée sur demande (1h) avr.-oct. : 8h-12h, 14h30-18h ; reste de l'année : 8h30-12h, 13h30-16h45 - fermé certains j. fériés - gratuit.*
Situé à l'ouest du village, le mémorial occupe le centre d'un cimetière disposé en gradins sur la colline et est dominé d'une croix de Lorraine haute de 21 m. Ici reposent 2 255 soldats et maquisards tués durant la Seconde Guerre mondiale. Le site est paisible et émouvant : beaucoup de stèles sont restées anonymes.
Poursuivez sur la D 27 qui traverse la forêt de Chasseneuil. Environ 1 km avant St-Mary, prenez à droite la D 36 qui s'enfonce dans la forêt de Belair.

Cellefrouin C1

Église – Cette ancienne abbatiale d'un monastère d'augustins possède une façade en partie enterrée, rythmée d'arcatures et de colonnes. À l'intérieur, l'élévation du sol nuit un peu à la perspective. Reposant sur des colonnes massives, la nef et les collatéraux sont voûtés en berceau. La base de la 3e colonne à droite montre le degré de surélévation du sol actuel. Une imposante coupole couvre la croisée du transept. Au fond du croisillon gauche se trouvent des sculptures encastrées, dont une représente la main bénissante du Seigneur.

Lanterne des morts – Élancée (12,50 m de haut), la lanterne est formée d'un faisceau de huit colonnes que surmonte un toit conique. Dans une des colonnes s'ouvre la niche où l'on plaçait la veilleuse symbolique.

Quittez Cellefrouin par l'ouest par la D 739. Après 1,5 km, prenez à gauche la D 91.

Église de Sainte-Colombe C1

Dédiée à la sainte Colombe (nom donné au Saint-Esprit, troisième personne de la Trinité), sa façade romane est ornée de statues-colonnes (sainte Colombe, saint Pierre) et de bas-reliefs figurant les symboles évangéliques.

Continuez sur la D 91. Empruntez la D 6 sur la gauche puis, au carrefour, engagez-vous sur la D 45 à droite.

Coulgens B2

Sur la rive gauche de la Tardoire, ce village abrite l'église St-Jean-Baptiste (jolies fresques du 14e s. à l'intérieur), et tout près, un logis du 15e s. doté de portes et de fenêtres moulurées à linteau en accolade.

Quittez Coulgens par le sud-est en suivant la D 40.

Église Saint-Sébastien de La Rochette C2

Construite aux 11e-12e s., sa **façade** comporte, sur le tympan nord, une figure équestre piétinant un petit personnage tenant une bourse. Il peut s'agir d'une représentation de la victoire de la Vertu sur l'avarice. Le village compte aussi un **château** du 16e s. avec quatre tourelles d'angle.

Quittez La Rochette par le sud-est en suivant la D 40 jusqu'au hameau de La Grange, puis prenez la D 11 qui croise la D 88 dans la forêt de la Braconne.

Forêt de la Braconne BC2

Le massif de la Braconne (environ 4000 ha) occupe un plateau accidenté de « fosses » produites par des affaissements dans le sol. La plus connue est la **grande fosse**, vaste entonnoir de 55 m de profondeur et de 250 m de diamètre. De moindres dimensions, la **fosse limousine** *(au sud-est du rond-point de la Grande Combe)*, masquée de grands hêtres, ne manque pas d'attrait. La **fosse mobile** *(non accessible au public)* sert de lieu d'entraînement aux spéléologues locaux. Selon une légende, un fils parricide aurait vainement tenté d'y faire disparaître sa victime, la fosse se déplaçant devant lui.

Poursuivez sur la D 88, puis, avant La Rochefoucauld, tournez à droite pour suivre la D 389 jusqu'à St-Projet-St-Constant.

Jardins de Puyvidal C2

D 389 - 16110 St-Projet-St-Constant - ✆ 05 45 63 07 45 - www.jardinsdepuyvidal.fr - juil.-août : 14h30-17h30 ; reste de l'année : se rens. - 5 € (-14 ans gratuit).

Créés en 2002, ces jardins d'inspiration italienne mettent en valeur un château dont les origines remontent au 13e s. Une perspective de cyprès, un labyrinthe de buis, des terrasses à balustres, un petit potager vous plongeront dans une atmosphère très intime. Comme un petit air de Toscane en Charente.

Rejoignez La Rochefoucauld en suivant la D 389 puis la D 88.

La Rochefoucauld, le cloître du couvent des Carmes.
J.-M. Barrere/hemis.fr

NOS ADRESSES À LA ROCHEFOUCAULD

HÉBERGEMENT

À proximité

PREMIER PRIX

Chambres d'hôte du Logis de l'Espoir - *D 88 - lieu-dit Glange - 16560 Jauldes - 10 km au nord-ouest par D 88 - ✆ 05 45 92 87 47 - www.logisdelespoir.com - 2 ch. 51/75 € ☕ - 2 tipis 70 € - ☕ 5 €.* Pour un séjour au vert, tout près de la forêt de la Braconne. Les enfants apprécieront de pouvoir dormir sous des tipis amérindiens. Sinon, les vastes chambres sont aménagées dans une ancienne dépendance. Espace détente avec spa, salle de fitness, vélo, ping-pong, etc. Accueil charmant.

RESTAURATION

BUDGET MOYEN

Chez Steph – *48 r. des Halles - ✆ 05 45 62 09 11 - fermé dim. soir, lun. et mar. soir - 10/60 €.* Pour les amateurs de bonnes viandes (côte de bœuf, entrecôte) ou de pizzas maison. Atmosphère sympathique dans une maison ancienne rénovée. Réservation conseillée.

ACHAT

Fromagerie Le Manslois – *Lieu-dit Chez-Pouret - 16110 Rivières - 3 km au nord-ouest par D 88 et D 390 - ✆ 05 45 62 13 82 - lun.-sam. 9h30-12h, 14h-18h30 - fermé dim. et j. fériés.* Fromagerie familiale où l'on produit le « manslois » à base de lait de vache ou de chèvre. Demandez une fiche de recettes originales pour l'accommoder.

Rondinaud – *27 r. d'Angoulême - 16260 Chasseneuil-sur-Bonnieure - 10 km au nord-est par N 141 - ✆ 05 45 39 52 70 - http://boutique.rondinaud.com - tlj sf dim. et j. fériés 9h30-12h, 14h-18h30.* Nombreux modèles de charentaises en vente dans le magasin de l'usine. Et boutique à La Rochefoucauld (*43 r. des Halles - ✆ 05 45 63 01 09*).

Villebois-Lavalette et le Pays d'Horte★

733 Villeboisiens - Charente (16)

Situé sur les pentes d'une colline isolée, ce charmant village se laisse volontiers approcher. Cela n'a pas toujours été le cas : le site fut tour à tour fortifié par les Gaulois, les Romains, puis par les Lusignan au 12e s. La capitale du Pays d'Horte domine un vaste horizon vallonné, essentiellement consacré aux cultures céréalières. Aux portes de la Dordogne, dans une campagne aux allures de « petite Toscane », elle constitue une étape de charme et offre de riches environs, dont le surprenant château de la Mercerie, le petit Versailles de la Charente !

NOS ADRESSES PAGE 303
Hébergement, restauration, achats, activités, etc.

S'INFORMER

Office de tourisme du Pays Horte et Tardoire – *1 pl. du Champ-de-Foire - 16320 Villebois-Lavalette - 05 45 64 71 58 - www.pays-horte-tardoire.fr - juil.-août : 9h30-13h, 14h-18h30, sam. 9h30-13h ; mai-juin et sept. : 9h30-13h,14h-18h, sam. 9h30-13h ; reste de l'année : 10h-12h30, 14h-17h30, lun. 14h30-17h30, sam. 10h-13h - fermé dim. et certains j. fériés.*

Autre bureau – Château de Villebois Lavalette (juil.-août : w.-end 15h-18h).

Visites guidées – L'office de tourisme propose des visites commentées du village (45mn) et du château de Villebois-Lavalette (1h15) ou les deux combinées (2h) sur demande (détails : voir ci-dessous).

SE REPÉRER

Carte de microrégion B3 p. 230-231 - *carte Michelin Départements 324 L7.*

Villebois-Lavalette, 25 km au sud-est d'Angoulême, est desservi par les D 23, D 16, D 5 et D 17.

À NE PAS MANQUER

La place des Halles et le château ; le château de la Mercerie.

ORGANISER SON TEMPS

Comptez 3h pour visiter le bourg et le château de la Mercerie. Une demi-journée est nécessaire pour une agréable incursion au pays d'Horte.

AVEC LES ENFANTS

Le château de la Mercerie ; l'arboretum Jean-Aubouin ; une balade sur la voie verte Coulée d'Oc.

Se promener

L'antique ville fortifiée surveillait la voie romaine reliant Saintes à Périgueux. À cet oppidum succéda la cité féodale. Puis, **Louis de Nogaret de La Valette** (1593-1639), gouverneur de l'Angoumois, acquit la terre de Villebois en 1622. C'est son fils, Bernard de Foix de La Valette, qui laissa son nom à Villebois. Centré autour de la charmante **place des Halles** (17e s.), le village est traversé par la Grand-Rue qui grimpe vers l'église. Celle-ci a été reconstruite au 19e s. avec une haute flèche de pierre.

★ Château de Villebois-Lavalette

R. de l'Éperon - 05 45 64 71 58 - http://chateaudevilleboislavalette.jimdo.com - - visite guidée uniquement (1h15) sur demande à l'office de tourisme - juil.-août : visite du château seul tlj sf lun. 14h30 et 16h (en français ou en anglais) et 17h30

Les remparts de Villebois-Lavalette et le village.
J. D. Dallet/age fotostock

(en français) ; juil.-août : visite combinée du village et du château, lun. à 16h30 et merc. à 10h30 - juin et sept. : visite combinée uniquement lun., merc. et vend. 16h30 - reste de l'année : sur réserv. - visite du château 4 € (12-18 ans 3 €) - visite combinée : 4,50 € (12-18 ans 3,50 €) - nombreuses animations en été.

Depuis mille ans, quatre châteaux successifs ont été construits. Deux vagues de travaux ont eu lieu, de 1980 à 1998 et depuis 2000, pour restaurer le site. En parallèle, des chantiers de fouilles se tiennent régulièrement.

Un chemin longe, au pied de la muraille, le contour de l'enceinte jalonnée de sept tours rondes. L'une des tours ouest a été reconstituée et recouverte en 2013. L'accès au château se fait par une porte du 14e s., découronnée, qui possède encore les rainures de son pont-levis. Une importante salle basse du 12e s., autrefois voûtée, longue de plus de 30 m, a été découverte et dégagée. La **chapelle**, construite sur deux niveaux (12e et 13e s.), a retrouvé une haute toiture de tuiles plates et sa charpente a été reconstituée. Les pèlerins en route pour Compostelle trouvaient refuge dans la chapelle basse. Le **logis du château** fut reconstruit au 17e s., englobant le bâti du 12e et du 14e s., par le duc de Navailles, exilé sur ses terres par Louis XIV. Il présentait un plan en « U », mais un incendie au 19e s. n'a laissé subsister que l'aile ouest, où l'on voit encore une belle fenêtre gothique, et une partie du bâtiment sud. Des remparts, la **vue** sur la campagne environnante est magnifique.

3

À proximité Carte de microrégion p. 230-231

★ Château de la Mercerie B3

à Magnac-Lavalette, 4 km au nord-ouest par la D 5, puis la D 81.
R. de la Mercerie - Le Bourg -16320 Magnac-Lavalette-Villars - 05 45 64 92 54 - www.chateaudelamercerie.fr - visite guidée uniquement (1h30) - vac. scol., dim. et j. fériés : 14h30 et 16h ; reste de l'année : à 14h30 - 10 € (12-18 ans 8 €).

Des animations sont proposées de manière ponctuelle tout au long de l'année, notamment des contes pour les enfants *(dates et tarifs : se rens.)*.

Comme une apparition du Grand Siècle, sur le versant d'une colline, l'immense façade de 220 m de long, 15 m de hauteur et 20 m de profondeur n'abrite rien d'autre que du vide, sauf dans l'aile nord. Cette impressionnante masse blanche est surnommée le « Versailles charentais » et plus souvent la « **folie Réthoré** » par les habitants de la région. Il s'agit d'un pastiche du Grand Trianon, édifié en pierre des Charentes à partir de 1930 par les frères Raymond (1901-1986) et Alphonse Rhétoré (1905-1983), ayant acquis cette propriété de 600 ha en 1924. L'un industriel et député gaulliste de la Charente, l'autre architecte autodidacte, ils se lancèrent dans un insensé projet d'agrandissement du petit château néogothique du 19e s. Une folie qui causa leur ruine dans les années 1970, si bien que les travaux entrepris ne purent jamais être terminés. La création de la façade, de jardins à la française, prolongés par un parc de 40 ha, nécessitèrent l'enlèvement de quelque 30 000 m³ de terre… Avec son aile nord magnifiquement meublée et décorée de manière très éclectique, le château fut longtemps une attraction majeure du sud de la Charente, attirant d'importantes personnalités françaises et étrangères.
Une longue période d'abandon suivit la mort des deux frères, assortie de la dispersion des collections et d'une dégradation qui mit ce chef-d'œuvre à deux doigts d'un péril sans retour. La mairie du petit village de Magnac-Lavalette-Villars en a repris la gestion depuis 2011, et entrepris, avec l'aide de mécènes et de bénévoles, de nombreux travaux. Ainsi, la grande galerie avec les azulejos du Portugal et des boiseries, la chambre de Béruges avec un magnifique baldaquin de bois, ou le bureau de Raymond Réthoré, ouvert sur la campagne charentaise, sont à nouveau grandioses. Si d'autres pièces sont restées inachevées, on remarquera tout de même la profusion de tableaux, originaux ou copies, incrustés dans les plafonds, ainsi que de nombreuses citations écrites en plusieurs langues. Le parc retrouve progressivement ses allées, ses beaux arbres et sa roseraie, parachevant ainsi la restauration de cet incontournable et mystérieux palais du 20e s.

Prieuré Saint-Jean-Baptiste de Ronsenac B3

2,5 km à l'ouest par la D 16.
Pl. St-Jean-Baptiste - 16320 Ronsenac - ✆ 05 45 62 10 83 - www.prieurederonsenac.fr - visite guidée (1h30) sur RV - 7 € (-12 ans gratuit).
L'ancien prieuré clunisien St-Jean-Baptiste fut fondé au 11e s. Son église a conservé de remarquables chapiteaux romans ainsi qu'un curieux tympan inséré dans un mur extérieur et qui représente un lion. Restaurés, les anciens bâtiments contiennent les vestiges d'une salle capitulaire, un beau cellier voûté et de superbes fresques de la fin du 13e s. Remarquez notamment un *Adam et Ève chassés du paradis*, d'une étonnante expressivité.

Charmant B3

9 km à l'ouest par la D 5, puis la D 39.
Sur sa colline, Charmant domine la campagne environnante. L'église Notre-Dame dresse haut une façade austère qui se marie bien avec les murs de la nef. Autour de l'église, le logis présente une belle façade Renaissance et un jardin de curé précède l'élégant chevet.

Gurat B3

6 km au sud par la D 17.
Ici, un château du 16e s. voisine avec l'église. En contrebas, à proximité de la Dronne, se trouve une seconde église à deux nefs : l'église monolithe St-Georges *(rens. : ✆ 05 45 64 71 93)*, dont les origines sont antérieures au 10e s.

Circuit conseillé Carte de microrégionp. 230-231

INCURSION AU PAYS D'HORTE, ENTRE NATURE ET ART ROMAN BC2/3

Circuit de 66 km tracé en rose sur la carte p. 230-231 – comptez environ une demi-journée. Quittez Villebois-Lavalette par la D 16. Environ 500 m avant la D 939, prenez à droite en direction de Gardes-le-Pontaroux.

Entre Villebois-Lavalette, Montbron et La Rochefoucauld se trouve l'une des régions les plus sauvages de Charente. Les forêts d'Horte et de la Mothe-Clédou sont sillonnées par de petites routes sinueuses et secrètes. Ce paysage de belles collines boisées séduira les amoureux de la nature, ainsi que les amateurs d'art, car églises, manoirs et vestiges du passé y abondent.

Église de Gardes-le-Pontaroux C3

Cet édifice de style roman est isolé au sein d'un bouquet d'arbres. Curieux clocher carré et façade à chapiteaux historiés.

Reprenez la D 16 et poursuivez vers Rougnac.

Église de Rougnac C2/3

Construite au 12e s. et agrandie au 15e s., elle conserve une crypte remarquable sur toute sa longueur. À proximité du village, remarquez la haute tour crénelée du logis du Repaire, qui forme avec des étangs un joli site.

Prenez la D 93 et continuez jusqu'à environ 1,5 km après Clédou.

Combiers C2

Arboretum Jean-Aubouin – *Forêt de la Mothe-Clédou - 16320 Combiers - ☏ 05 45 64 71 58 - www.charente-verte.fr - accès libre.* Créé en 1932 par Jean Aubouin, inspecteur des Eaux et Forêts dans la forêt de la Mothe-Clédou, cet agréable parc est géré par l'ONF. Riche d'une centaine d'essences variées, il conserve quelques arbres aux proportions impressionnantes, comme le sapin de Vancouver.

Chapelle de Rozet – À l'écart de Combiers, parfaitement restaurée, cette ancienne chapelle d'un prieuré de l'ordre grandmontain date du 12e s. Peu de constructions de cette époque et d'une telle qualité subsistent en Europe.

Château de La Rochebeaucourt – *Parc accessible mai-oct.* Le long de la Nizonne, à cheval sur les communes de Combiers et Édon, à la limite de La Rochebeaucourt-Argentine (Dordogne), s'étendent les mystérieux vestiges de ce château construit aux 17e et 19e s. Son vaste et agréable parc invite à la flânerie.

Prenez à gauche la D 25 vers Charras.

Charras C2

Église Saint-Vivien – Elle voisine avec un château 18e s., très restauré au 20e s., et occupe un beau site, dominant les forêts d'Horte et de La Rochebeaucourt. Elle fut fortifiée pendant la guerre de Cent Ans. De puissants contreforts renforcent les murs de la nef et un chemin de ronde pourvu de mâchicoulis couronne la partie haute.

Ancienne abbaye de Fontaine-Vive – *Allée de l'abbé-Grosbot – lieu-dit Grosbot - accès par la D25 sur 2 km, puis tournez à gauche direction l'abbaye – ☏ 05 45 23 02 00 - www.fontainevive.com - de mi-juil.à fin août : tlj sf lun. 12h-18h ; reste de l'année : se rens. - 6 € (-13 ans gratuit) - visite guidée suivie d'un goûter : de mi-juil. à fin août, jeu.-dim. à 15h et 17h (12,50 €).* Nichés dans un vallon boisé, les restes de l'abbaye cistercienne de Fontaine-Vive ont été récemment mis en valeur. Les bâtiments monastiques du 17e s. sont couronnés à l'est de

3

lucarnes qui alternent frontons triangulaires et curvilignes. Ils jouxtent les ruines romantiques de l'ancienne abbatiale romane qui attend sa restauration. Un beau jardin à l'anglaise fleuri de rosiers et de vivaces sert d'écrin aux anciennes pièces d'eau, balustrades et piliers classiques qui ponctuent l'espace.
Rejoignez la D 109.

Monastère Notre-Dame de Chersonèse C2

Lieu-dit Douмérac - 16380 Grassac - ✆ 05 45 23 05 07 - www.egliserusse.eu - w.-end, j. fériés et vac. scol. : 14h-17h30 - reste de l'année : sur RV - gratuit - possibilité de visite guidée sur demande (2 €) - boutique (icônes, confitures, etc.).
Curiosité en ce lieu perdu, le monastère orthodoxe russe de Chersonèse (aussi appelé Mère de Dieu de Korssoun) dresse ses bulbes argentés de style byzantin russe en pleine campagne charentaise. Fondé en 1987 sous la juridiction du patriarcat de Moscou, il abrite une communauté de moniales. Construite en 1996, l'église de la Dormition renferme de belles icônes.
Rejoignez la D 93.

Église Saint-Maurice de Mainzac C2

Au cœur d'un minuscule village, elle se signale par son clocher qui n'a gardé qu'une face romane, les autres ayant sans doute été reconstruites après les guerres de Religion. La façade porte des traces du 11e s. L'intérieur, très simple, se distingue par un faux carré recouvert d'une coupole de forme plus rectangulaire que ronde. La **crypte** minuscule est une merveille de simplicité et d'équilibre de l'art roman. Elle forme un carré prolongé d'une petite chapelle. Ses quatre colonnes portent des chapiteaux décorés de motifs végétaux.
Prenez la D 111 vers Marthon, puis tournez à droite à 5 km env., vers Feuillade.

Église Saint-Pierre de Feuillade C2

À proximité d'un ancien logis, cette église surprend par ses dimensions, un peu disproportionnées : elle ne fut jamais achevée. La façade est surmontée d'un clocher-arcade. Elle est rythmée d'arcatures élégantes et simples. L'**intérieur**, rénové, présente un décor peint de grande valeur. Les deux travées, qui devaient recevoir chacune une coupole, sont recouvertes d'une belle **voûte de bois**. Une litre funéraire noire fait le tour de l'édifice, recouvrant les chapiteaux ouvragés. Des armoiries d'évêques décorent les parois. Un baldaquin en trompe l'œil donne au mur du chœur un aspect monumental. À noter aussi, deux retables baroques également en trompe l'œil qui remontent sans doute au 17e s., comme une réponse de la Contre-Réforme aux protestants, très implantés dans la région. Remarquez, dans la seconde travée à droite, deux fresques plus anciennes, dont une représentant le martyre de saint Sébastien.
Prenez la D 16 vers Grassac, puis la D 109.

Marthon C2

Traversé par le Bandiat, ce village bien entretenu est dominé par un imposant donjon haut de 29 m qui date du 12e s. On y accède par la rue St-Jean, bordée de roses trémières et de vieilles maisons. Au passage, on notera l'imposante chapelle-porte, de la même époque. Du pont, on a une jolie vue sur l'ensemble donjon-porte. L'**église St-Martin**, située de l'autre côté, date du 12e s. À la sortie du village en direction de Nontron, remarquez un autre château Renaissance, très restauré au 20e s., mais qui conserve un beau porche sculpté.
Poursuivez sur la D 16 en direction de Montbron.

Montbron (p. 248)

Suivez la D 16 vers le sud-ouest pour rejoindre Villebois-Lavalette.

Le château de la Mercerie.
Ph. Orain/Michelin

NOS ADRESSES À VILLEBOIS-LAVALETTE

HÉBERGEMENT

BUDGET MOYEN

Le Relais des Peintres – *30 Grand-Rue - ✆ 05 45 92 23 13 - http://alpha-arts.fr - 2 ch. 46/60 € - ✕ 20 €.* Installées dans une belle maison charentaise, les chambres sont ornées de mobilier ancien. Stages de peinture ou de dessin. Possibilité de dormir en dortoir *(32 €).*

RESTAURATION

BUDGET MOYEN

Le Lavalette – *9 pl. des Halles - ✆ 05 45 61 71 37 - www.le-lavalette.fr - fermé dim. soir et lun. (et merc. soir d'oct. à mars), ouvert le dim. en juil.-août - formule déj. 15,50 € - menu 22 €.* Situé au cœur du village, ce restaurant est pris d'assaut aux beaux jours, car on peut y déjeuner en terrasse, sous l'ancienne halle. Cuisine recherchée – juste ce qu'il faut – avec de bons produits.

À proximité

PREMIER PRIX

Hôtel-Restaurant Les Glycines – *R. du Fbg-St-Martin - 16380 Marthon - 22 km au nord- ouest par D 16 - ✆ 05 45 70 23 90 - www.hotel-les-glycines.com - 5 ch 45 € - ☕ 4,50 € - ✕ formule déj. 11,50 €.* Ce petit hôtel familial abrite un restaurant ouvrier.

ACTIVITÉS

Coulée d'Oc – *www.organise.fr/couleedoc/infos.* Cette piste cyclable de 22 km rallie Le Quéroy (Mornac) à Souffrignac. Elle peut être parcourue à pied ou à cheval sur toute la longueur ou depuis St-Germain de Montbron, Marthon ou Feuillade. Aménagée sur le tracé d'une ancienne voie ferrée le long du Bandiat, avec des bornes d'information, elle passe devant le joli château de La Petite Mothe (15e s.) à Feuillade.

La Petite Champagne charentaise et les Fins Bois★

Au sud d'Angoulême, autour de Barbezieux, la campagne prend une allure plus méridionale. Tout en douceur, ses rangs de vignes ondulent vers l'Aquitaine, ses petites routes dévoilent des horizons lointains et ses villages révèlent de nombreux petits châteaux ou de superbes églises romanes. Les amateurs de nature, de balades à pied, à vélo ou de petits circuits en voiture seront comblés par ce joli coin de Charente.

NOS ADRESSES PAGE 307
Hébergement, restauration, achats, activités, etc.

S'INFORMER

Office de tourisme du Sud-Charente – *Pl. de Verdun - 16300 Barbezieux-St-Hilaire - ✆ 05 45 78 91 04 - www.sudcharente-tourisme.fr - juil.-août : merc.-dim. 10h-13h, 14h-18h, mar. 14h-18h ; mai-juin et sept. : w.-end et j. fériés : 10h-13h, 14h-18h - fermé oct.-avr.*

SE REPÉRER

Carte de microrégion AB2/3 p. 230-231 - *carte Michelin Départements 324 J7.* Barbezieux-St-Hilaire, 33 km au sud-est de Cognac, est situé sur le passage de la N 10 entre Angoulême et Bordeaux.

À NE PAS MANQUER

La « tour d'ivoire » d'Alfred de Vigny au manoir du Maine-Giraud ; la chapelle des Templiers à Cressac ; les églises romanes de Conzac et Plassac.

ORGANISER SON TEMPS

Pour faire une petite incursion dans le vignoble, comptez 3h.

Découvrir

Barbezieux-Saint-Hilaire A3

Cette petite ville paisible se découvre facilement à pied. La capitale de la Petite Champagne cognaçaise est dominée par les deux belles tours rondes d'une porte fortifiée, vestiges d'un château édifié au 15e s. par Marguerite de La Rochefoucauld. Ses rues étroites ont gardé leurs jolis noms d'antan. L'**église** romane **St-Mathias** mérite un coup d'œil pour son intérieur très vaste à trois nefs. Elle a été très restaurée aux 15e, 17e et 19e s.

Circuit conseillé Carte de microrégion p. 230-231

★ ENTRE VIGNOBLES, ÉGLISES ROMANES ET VIEUX LOGIS AB2/3

Circuit de 86 km tracé en rouge foncé sur la carte p. 230-231 – comptez environ 3h. Quittez Barbezieux-St-Hilaire par le nord-est en empruntant la N 10, direction Angoulême. Après 15 km, prenez à droite la D 22.

★ Église de Plassac-Rouffiac B2

Voilà une des plus jolies et émouvantes églises de Charente. L'architecture, d'un style pur, relève de l'école locale. Sa façade est rythmée par trois niveaux d'arcatures très simplement décorées. L'intérieur, très sobre, présente la particularité d'une crypte sous le chœur, pour rattraper la déclivité du terrain sur

lequel l'église est construite. L'abside est très élégante, avec ses colonnettes et sa corniche sculptée. Mais la partie la plus caractéristique et remarquable en est le clocher octogonal, coiffé d'une flèche conique à imbrications.
Prenez la D 107 en direction de Jurignac, puis tournez à gauche dans la D 7.

Manoir du Maine-Giraud B2/3

Lieu-dit le Maine-Giraud - 16250 Champagne-Vigny - ✆ 05 45 64 04 49 - www.mainegiraud.com - 9h-12h, 14h-18h - fermé dim., 1er janv., 25 déc. - gratuit.
Le ténébreux **Alfred de Vigny** (1797-1863), auteur de *Chatterton*, aimait se retirer dans la solitude de ce manoir du 15e s. qu'il nommait « mon cher désert ». Après sa rupture avec Marie Dorval, il s'installa en 1838, avec son épouse anglaise Lydia, dans cette propriété dont il venait d'hériter. De 1850 à 1853, il se réfugia de nouveau au Maine-Giraud et parraina une cloche de l'église de Champagne, qui porte d'ailleurs son nom gravé sur les flancs. En affaires, celui que Chateaubriand appelait le « grand dadais » se montre moins romantique qu'en littérature. À partir de 1849, sa correspondance avec le régisseur du domaine le montre soucieux du stockage des récoltes et de la vente des eaux-de-vie. Sur place, Vigny tente d'améliorer la distillation et ne dédaigne pas de traiter en négociant à l'hôtel Monte-Cristo de Blanzac-Porcheresse.
Intérieur – Enclavé dans les bâtiments d'une exploitation agricole, l'ancien manoir de Vigny n'a guère changé depuis le temps du poète. Après avoir pénétré dans l'ancienne salle à manger, transformée en petit **musée**, vous monterez au sommet de sa **tour d'ivoire** où vous découvrirez le minuscule cabinet de travail où il aimait à méditer sur l'inconstance et la cruauté des hommes, et où il composa certaines de ses plus grandes œuvres, dont l'inoubliable *Mort du loup*. Vous pourrez également percer les mystères de la fabrication de l'eau-de-vie en visitant l'alambic du domaine qui élabore toujours dans ses caves cognacs, pineaux et vins *(dégustation gratuite)*.
Revenez et poursuivez dans la D 7.

Blanzac-Porcheresse B3

3

2 rte de Villebois-Lavalette (à la mairie) - 16250 Blanzac-Porcheresse - ✆ 05 45 64 03 77 - www.sudcharentetourisme.fr - tte l'année : lun.-vend. 9h-12h30, 13h30-17h30, sam. 10h-12h - fermé certains j. fériés.
Église Saint-Arthémy – Elle comprend un long chœur roman qui précède une courte nef gothique. Les faisceaux de colonnes surmontés de clochetons et les festons décorant le portail sont hérités du style roman local. En revanche, la rosace et les trois arcades aveugles trilobées sont typiquement gothiques. À l'intérieur, la croisée du transept est presque entièrement occupée par la base d'un clocher appartenant à l'église qui précéda l'édifice actuel. Ne manquez pas les belles **fresques** du 12e au 19e s. dont un magnifique St-Christophe.
Quittez Blanzac-Porcheresse par le sud-ouest en empruntant la D 7.

JACQUES CHARDONNE (1884-1968)

Ce Barbezilien de naissance écrivit notamment *Le Bonheur de Barbezieux*, une délicate évocation de ses souvenirs de jeunesse. Laissons donc la voix de l'écrivain faire surgir tout le charme de sa région :
« Tout d'un coup, la vue est immense et découvre des crêtes crayeuses doucement infléchies, comme modelées, atténuées par un long travail, et, plus loin encore, des ondulations bleues que l'horizon dilue. Les noyers, bouquets de feuillages piqués dans les vignes, les champs et leurs teintes de vieille tapisserie, les peupliers dans les bas-fonds ont je ne sais quoi de grave sous la lumière onctueuse d'octobre. »

★Chapelle des Templiers de Cressac B3

Le Temple -16250 Cressac-St-Genis - ✆ 05 45 64 07 31 - ♿ - juil.-août : 15h-17h ; reste de l'année : sur demande - possibilité de visite guidée sur demande (1h) - 4 € (-16 ans gratuit).

Ancien siège d'une commanderie de Templiers, cette chapelle appartient à l'Église réformée de France. Elle recèle de remarquables **fresques★** illustrant la bataille des Gonfanons qui se déroula en Terre sainte en 1163. Probablement exécutées entre 1170 et 1180, et très endommagées sous la Révolution (elles sont en cours de restauration), elles représentent Guillaume IV Taillefer, comte d'Angoulême, Geoffroy Martel, Hugues VIII de Lusignan et les Templiers de Gilbert de Larcy face aux troupes de l'émir Nur el-Din, maître d'Alep et de Damas. Sur le mur nord : la vie des croisés et des Arabes en Palestine. Au registre inférieur *(fond ocre)*, un camp de croisés, théâtre d'un échange de prisonnier contre rançon ; au registre supérieur *(fond blanc)*, le départ au combat des chevaliers et une charge de cavalerie contre une armée musulmane.

Poursuivez la route et prenez à droite sur la D 7. Peu après, empruntez sur la droite la D 434. Au lieu-dit Malatret, prenez tout droit sur la petite route en montée.

★Église Saint-Jacques de Conzac B3

Isolée, cette église romane attire le regard. Son clocher trapu surmonte un chevet en forme d'abside rythmée d'arcatures. L'**intérieur** est magnifique. La haute et simple nef forme une perspective sobre ouvrant vers une lanterne à la croisée du transept, ornée de colonnettes, percée de quelques baies. Les chapiteaux sont très ornés de rinceaux et de figures humaines ou animales. Cette lanterne sur pendentifs, dont l'appareillage de pierre réticulé est insolite, témoigne de la virtuosité des architectes du 12e s. Dans le chœur en hémicycle, deux étages d'arcatures rythment un ensemble d'une rare harmonie.

Prenez la D 130 sur la gauche, puis encore à gauche la D 46.

Église Saint-Martin de Poullignac B3

L'abside de cette petite église romane a été décorée de belles fresques au 13e s. Remarquez la Crucifixion au-dessus des deux fenêtres.

Prenez la D 128 et suivez-la sur 5 km.

Église Saint-Pierre de Berneuil B3

Voici une église romane dont la façade, remaniée au 16e s., révèle une niche surmontée d'un Christ en croix entouré de la Vierge et de saint Jean.

Continuez sur la D 68.

Chillac A3

Ce petit village possède deux châteaux, l'un datant du 14e et l'autre du 15e s., formant avec l'église romane St-Sulpice un ensemble pittoresque.

Quittez Chillac par le nord-ouest en suivant la D 731. Après 4 km, tournez à gauche sur la D 128, puis tournez à gauche sur la N 10. Après 1,3 km, tournez à droite.

Étangs de Touvérac A3

Un sentier d'interprétation de 3,6 km fait le tour de ces quatre étangs créés dans d'anciennes carrières de kaolin (argile blanche). Les eaux turquoise (interdites à la baignade) se détachent sur des paysages quasi lunaires. L'originalité de la flore (bruyères, ajoncs et genêts à la fin de l'été, saules et roseaux au printemps) et de la faune (l'engoulevent d'Europe, oiseau migrateur qui fait étape ici en juin, mais aussi le fadet des laîches, papillon typique de l'ouest de la France qui ne vole que de juin à août) ajoute à la beauté de ce site.

Poursuivez sur la petite route qui longe les étangs pour prendre la D 31 vers l'ouest.

Baignes-Sainte-Radegonde A3

À la limite de la Charente-Maritime, ce village souriant conserve les vestiges d'une importante **abbaye** fondée par Charlemagne. Vous y remarquerez aussi, dans un tout autre registre, un curieux **manoir** d'influence à la fois médiévale (mâchicoulis) et mauresque (arcs polybés) qui fut construit par l'abbé Michon, fondateur de la graphologie, né en Corrèze en 1806.

Prenez la D 14.

Église Saint-Pierre de Reignac A3

Important édifice remontant au 12e s., mais modifié aux 15e et 16e s. Harmonieux chevet rythmé d'arcatures, dominé par un clocher octogonal.

Suivez la D 127.

Château de Montchaude A3

Visible de la route, mais ne se visite pas.

Le plus important édifice Renaissance dans la région, après le château de La Rochefoucauld (*p. 293*), dresse ses hautes lucarnes blanches à candélabre au-dessus de la campagne et se remet péniblement d'un incendie survenu en 2013.

Au croisement de la D 3, prenez la D 38.

Église Saint-Pardoux de Barret A3

Ce véritable bijou de l'art roman possède un élégant chevet à cinq pans dotés d'arcatures. Les sculptures de la façade mêlent avec grâce motifs végétaux et animaux.

Regagnez Barbezieux-St-Hilaire par la D 731.

NOS ADRESSES EN PETITE CHAMPAGNE

HÉBERGEMENT ET RESTAURATION

PREMIER PRIX

Hôtel La Boule d'Or – *9 bd Gambetta - 16300 Barbezieux-St-Hilaire - 05 45 78 64 13 - www.labouledor.net - fermé 22 déc.-5 janv., vend. soir et sam. midi d'oct. à avr. - 18 ch. 62 € - 7 € - 15,60/28 €.* Construction ancienne abritant de grandes chambres fonctionnelles, un restaurant sobrement contemporain et une paisible terrasse ombragée par un vieux marronnier.

UNE FOLIE

Chambres d'hôte Le logis de Puygâty – *Chemin du Logis - 16250 Chadurie - 19 km au sud d'Angoulême par D674, 36 km au nord-ouest de Barbezieux-St-Hilaire par N10 et D22 - 05 45 21 75 11 - www.logisdepuygaty.com - fermé en fév. - - 4 ch. 165/298 € - 15 €.* Entre vignes, champs et forêts, ces chambres d'hôte, aménagées dans un esprit design chic, se nichent au sein d'une demeure fortifiée du 15e s., superbement rénovée. Piscine à l'écart. Entre créativité et vieilles pierres, vous y ferez un séjour d'exception et pourrez même acheter des articles de déco auprès des dynamiques et enthousiastes propriétaires.

AGENDA

Festival romantique – *16250 Champagne-Vigny - www.mainegiraud.com - déb. juin.* Théâtre, cinéma, expositions et concerts autour du manoir d'Alfred de Vigny et à Blanzac.

Aubeterre-sur-Dronne

★★

418 Aubeterriens - Charente (16)

À la limite entre la Charente et la Dordogne, ce village aux murs de pierre crayeuse est baigné d'une verdure foisonnante et prend déjà des allures de Sud-Ouest. Une balade dans ses ruelles pentues encadrées de maisons à balcons de bois rappelle que vous êtes ici dans l'un des « Plus beaux villages de France ». Merveille des merveilles, Aubeterre possède une saisissante église monolithe, à découvrir absolument.

NOS ADRESSES PAGE 313
Hébergement, restauration, achats, activités, etc.

S'INFORMER

Office de tourisme du Sud Charente – *8 pl. du Champ-de-Foire - 16390 Aubeterre-sur-Dronne - ✆ 05 45 98 57 18 - www.sudcharentetourisme.fr - juil.-août : 9h30-13h, 14h-18h30 ; reste de l'année : tlj sf dim. 9h30-12h30, 14h-18h - fermé certains j. fériés. Visites guidées – Aubeterre profite des labels « Plus beaux villages de France » et « Station verte » (respect de l'environnement, équipements de loisirs, produits gourmands, etc.) et, depuis 2012, fait aussi partie des « Petites cités de caractère ». Dans ce cadre, l'office du tourisme assure des visites commentées du village (1h30 - 4 €) et de l'église souterraine St-Jean (voir ci-dessous), et propose de nombreuses activités de loisirs.*

SE REPÉRER

Carte de microrégion B3 p. 230-231 - *carte Michelin Départements 324 L8*. Aubeterre domine la vallée de la Dronne et ses verts pâturages.

SE GARER

Près de l'office de tourisme, avant de descendre sur la place centrale.

À NE PAS MANQUER

L'église souterraine et les pittoresques ruelles du village.

ORGANISER SON TEMPS

Comptez environ 3h pour découvrir cet ensemble plein de charme.

AVEC LES ENFANTS

Balade en canoë et autres activités sur la Dronne ; plage de l'étang Vallier de Brossac ; balades dans la forêt de la Double.

Se promener

Il faut gagner l'agréable **place Ludovic-Trarieux** (1840-1904, fondateur de la Ligue française pour la défense des droits de l'homme et du citoyen), au cœur du village, avec ses terrasses aux beaux jours, pour se repérer dans ce dédale de ruelles jalonnées de belles maisons restaurées. La rue qui descend conduit à l'église monolithe, encore dominée par les vestiges du château *(propriété privée)*, alors qu'à l'opposé, un clocher signale l'église St-Jacques. Après la découverte du village, les bords de la Dronne offrent une détente bien méritée.

★★ Église souterraine Saint-Jean

R. St-Jean - ✆ 05 45 98 65 06 - www.aubeterresurdronne.com - juin-sept. : 9h30-12h, 14h-19h ; reste de l'année : 9h30-12h, 14h-18h - fermé 1er janv., 25 déc. - 5 € (8-12 ans 2 €) avec audioguide - possibilité de visite guidée (40mn) -.

Taillée dans la pierre calcaire blanche (*alba terra*, d'où vient le nom d'Aubeterre) de la colline du château, c'est l'une des plus grandes églises monolithes d'Europe, et la plus haute de France. Elle affiche 27 m de longueur pour 16 m de largeur, et ses voûtes, taillées en plein cintre, atteignent près de 20 m de hauteur. Elle fut creusée à partir du 8e s., puis agrandie au 12e s. selon un plan basilical, c'est-à-dire rectangulaire et sans transept. L'origine et la vocation de cet édifice rupestre restent énigmatiques, mais l'église fut sans doute aménagée pour accueillir les reliques du Saint-Sépulcre de Jérusalem, rapportées de la première croisade (1096-1099) par Pierre de Castillon, alors seigneur du château.

Le fond de l'église abrite un monument hexagonal monolithe de style roman et d'une hauteur de 6 m, taillé en forme de Saint-Sépulcre, qui aurait jadis servi de reliquaire. Au centre de la nef se trouve la fosse à reliques. De toutes tailles, les 169 tombes, dont près de 80 sarcophages, creusées à même le sol au 12e s., orientées est-ouest, forment le décor d'une émouvante **nécropole★**. La crypte, sous la nef centrale, est accessible par un petit escalier sur la droite, juste après l'accueil. Terminez la visite par la partie supérieure en empruntant l'escalier taillé dans le rocher : il conduit au déambulatoire d'où, perché à 15 m de hauteur, vous profiterez d'une **vue★** d'ensemble sur ce lieu chargé de spiritualité.

★ Église Saint-Jacques

Construite à la même période que l'église monolithe, elle présente une belle **façade★** romane qui compte deux niveaux d'arcades et d'arcatures. Le portail central comporte six voussures. Son arc polylobé (décoré de motifs en forme de fer à cheval), ainsi que la décoration sculptée de motifs géométriques sont d'inspiration mozarabe. À gauche de ce portail, une frise évoque les travaux des mois. De fines colonnettes à chapiteaux sculptés rythment les arcatures à l'étage. Le troisième niveau a quasiment disparu, mais il comporte encore à gauche une statue de cavalier.

Ancien couvent des Minimes

Maison de retraite, accès libre à la chapelle et au cloître.

Fondé en 1617 par le marquis d'Esparbès de Lussan, il conserve dans sa chapelle un imposant retable classique du début du 18e s. ainsi que les vestiges du mausolée (deux statues de marbre) du fondateur et de son épouse.

Château

Ne se visite pas. Le châtelet d'entrée, crénelé avec son chemin de ronde, remonte au 16e s. Pris et repris plusieurs fois durant la guerre de Cent ans, le château en conserve le souvenir avec les armoiries des rois d'Angleterre et ducs d'Aquitaine gravées sur la porte d'entrée.

Circuit conseillé Carte de microrégion p. 230-231

★ INCURSION DANS LES COLLINES DU SUD CHARENTE B3

Circuit de 80 km tracé en vert clair sur la carte p. 230-231 – comptez une demi-journée, ou plus si vous souhaitez déjeuner, ou pique-niquer, à l'étang Vallier. Quittez Aubeterre-sur-Dronne par la D 17.

Aux confins de la Dordogne et de la Charente-Maritime, le Sud Charente offre un paysage de collines, de petites vallées et de routes sinueuses où le regard se perd dans les frondaisons des pins et des châtaigniers. Des églises romanes dans tous les villages, des petites villes (Chalais et Montmoreau) qui jouent aux « capitales » dans ces campagnes peu peuplées… Les possibilités de randonnées à pied ou à vélo sont multiples, sans oublier l'étang Vallier pour se relaxer au bord de l'eau.

Salles-Lavalette

On dirait que le temps s'est arrêté dans ce petit village, établi au-dessus de la vallée de la Lizonne, qui se serre autour du clocher reconstruit au 19e s. de l'église St-Martin. Pourtant, son ancien moulin Sartier *(✆ 05 45 60 34 20)* a repris du service et permet de fabriquer de nouveau du pain comme autrefois.

Église Saint-Martin – Avec sa haute croix de fer qui date de 1858 et ses maisons de pierre aux volets fermés, la place de l'église est digne d'une carte postale ancienne. À l'origine romane, l'église fut quasiment détruite pendant les guerres de Religion. Le portail Renaissance donne accès à une **nef** bordée d'un seul bas-côté. Celle-ci présente la rare particularité dans la région d'avoir une voûte en forme de carène de bateau renversé. Une coupole surmonte l'ancienne croisée du transept. L'abside romane, comme l'ensemble de l'édifice, a été très bien restaurée. On y voit un remarquable mobilier rural des 18e et 19e s. (confessionnal, autels, chaire), ainsi que des tableaux dont un très expressif *Judith tranchant la tête d'Holopherne* du 17e s. et une grande toile du 19e s. représentant *Jésus et les enfants*, d'inspiration très académique.

Quitter Salles par la D 24 en direction de Montmoreau. La route monte, serpente entre les arbres, avant de plonger vers la vallée de la Tude.

Saint-Amant-de-Montmoreau

Au cœur du village, les abords de l'**église St-Amant** sont très séduisants. De l'esplanade ombragée, la vue plonge vers Montmoreau-St-Cybard et le paysage ondule, ponctué de-ci de-là par quelques clochers. On entre dans l'église au nord, par une petite porte flanquée d'un portail Renaissance orné de losanges. L'intérieur, très simple, a gardé sa coupole romane sous le clocher.

Continuez sur la D 24.

Montmoreau-Saint-Cybard

35 av. d'Aquitaine - 16190 Montmoreau-St-Cybard - ✆ 05 45 24 08 79 - www.sudcharentetourisme.fr - lun., mar., jeu. 9h-12h30, 14h-17h30, merc. 9h30-12h30, vend. 9h30-12h30, 14h-17h30 - fermé w.-end et certains j. fériés.

Village le plus important du Sud de la Charente (1 000 habitants), avec Chalais (1 800 habitants), Montmoreau-St-Cybard recèle des monuments incontournables. Vous y trouverez ici tous types de commerces de proximité.

Église Saint-Denys – Ancien siège d'un important prieuré bénédictin situé sur la route de St-Jacques-de-Compostelle, cette église du 12e s. possède, sur sa **façade**, un portail décoré de festons trilobés de caractère mauresque. L'église a conservé un style homogène, à l'exception de sa chapelle de la Vierge, reconstruite au 15e s., et de son clocher, refait vers 1850 par **Paul Abadie** à l'imitation de celui de Courcôme. Remarquez sa façade de pierre blanche dont l'arcade du portail présente six « fers à cheval » que surmontent trois voussures délicatement sculptées. Il est flanqué par deux arcades dont les tympans s'ornent de petits lions.

Château – *Ne se visite pas.* Le château des marquis de Rochechouart date du 15e s. À son côté subsiste une inhabituelle **chapelle romane** du 12e s. qui servait d'abri aux pèlerins de Compostelle. De plan circulaire, elle est précédée par un porche qui servait également d'entrée au château. Admirez ses chapiteaux sculptés d'animaux fantastiques, de palmettes et d'acanthes.

Partez vers le nord en empruntant la D 674 puis la D 54.

Ancienne abbaye de Puypéroux

Cet ancien monastère bénédictin domine un carrefour de vallées. Du haut d'un promontoire battu par les vents, jolie **vue** sur les collines boisées de cette région aux confins de l'Angoumois et du Périgord.

L'église monolithe de Saint-Jean.
H. Hughes/hemis.fr

Église Saint-Gilles – À l'intérieur, admirez les **chapiteaux** romans au carré du transept. La croisée du transept, couverte d'une coupole octogonale, est encadrée d'étroits passages, courbes près de la nef, rectilignes vers le chœur, qui permettent d'accéder de la nef à l'abside sans traverser le carré où se dresse l'autel. Le chœur est entouré de sept absidioles accolées les unes aux autres.
Poursuivez sur la D 54.

Église Saint-Gervais-et-Saint-Protais de Pérignac

L'église se signale par son clocher à dôme conique (19e s.). Le portail gothique donne accès à une sobre nef du 11e s. Notez les curieux passages qui contournent les piliers de la croisée du transept. Le chevet est remarquable (12e s.). Ses sept pans alternent des colonnes hautes et des arcades reposant sur de petites consoles sculptées. En corniche, des modillons alignent motifs géométriques et têtes d'animaux fantastiques.
Prenez la D 46, la D 10, puis vers Blanzac, et tournez à gauche sur la D 141.

Nonac

L'église romane, dédiée à saint Hilaire, abrite de jolies fresques de la période gothique. Remarquez, sur la voûte de l'abside, des scènes de la vie du Christ et, dans la crypte, la Crucifixion. De la D 74, en retournant vers Montmoreau, part un petit chemin qui conduit au **château de la Léotardie** *(ne se visite pas)*, ancien monastère fortifié qui remonte au 12e s. Admirez sa façade dont les deux étages d'arcades gothiques furent restaurés au 19e s. Une haute tour des 15e et 16e s., ornée d'une porte à pinacles gothiques, domine l'ensemble.
Revenez sur vos pas et prenez la direction de Deviat par la D 74, puis suivez la D 7 jusqu'à St-Félix.

Église de Saint-Félix

Au creux d'un vallon, son petit clocher émerge de la campagne. Datant des 11e et 12e s. et dédiée à saint Félix, elle renferme de beaux chapiteaux.
Poursuivez sur la D 7 vers Brossac.

Brossac

Les origines du village sont très anciennes. On voit notamment les restes d'une villa romaine au lieu-dit la Coue d'Auzenat. L'église romane, assez vaste, abrite un mobilier intéressant, dont un autel baroque. Côté loisirs, outre sa plage de sable fin *(voir ci-dessous)*, Brossac est aussi le point de départ de 14 sentiers de randonnée vers les villages de St-Vallier et Sauvignac, mais aussi à travers la forêt de la Double saintongeaise.

Étang Vallier – À 1,7 km à l'ouest du bourg, ce lac artificiel abrite « LA » plage du Sud Charente et un village-vacances. Sur place, des activités pour toute la famille (téléski aquatique, mini golf, centre équestre, école de voile, zone de pêche, aires de pique-nique), mais aussi plein d'animations en été : feux d'artifice, concerts et spectacles *(« Activités » ci-contre)*.

Par la D 731, rejoignez Yviers puis Rioux-Martin.

Église Saint-Eutrope de Rioux-Martin

Une haute flèche de pierre domine de près de 30 mètres le village. Elle a été restaurée au 19e s., mais a gardé son caractère roman, tout comme le clocher et la façade rythmée d'arcatures.

Suivez la D 20 en direction de Chalais.

Chalais

8 r. de Barbezieux - 16210 Chalais - 05 45 98 02 71 - www.sudcharentetourisme.fr - avr.-oct. : lun. et jeu.-sam. 9h-13h, 15h-18h.

Connu pour ses foires, ses marchés et ses veaux, Chalais comprend la ville basse moderne, près de la Tude, et un quartier ancien sur la colline.

Église Saint-Martial – *Au nord du village.* Reconstruite au 17e s., elle conserve une intéressante **façade romane** du 12e s. Les voussures du portail présentent un décor géométrique et des festons d'inspiration mauresque. À l'intérieur, ses voûtes en bois portent des traces de fresques. Le cloître (17e s.) comporte deux étages de galeries. La galerie du rez-de-chaussée présente des arcades en plein cintre et est surmontée d'une galerie plus simple dont le toit est soutenu par des piliers de pierre qui rythment une belle balustrade baroque.

Château – *06 12 32 33 76 - http://chateauchalais.blogspot.fr - visite guidée (1h) de mi-juin à mi-sept. : tlj sf lun. 15h-18h ; de déb. mai à mi-juin : w.-end et j. fériés 15h-18h - 8 € (-13 ans gratuit).* Cette imposante bâtisse, durement marquée par la guerre de Cent Ans et les guerres de Religion, fut la propriété des Talleyrand-Périgords, princes de Chalais, pendant près de six cents ans. Un châtelet de la fin du 16e s., précédé d'un pont-levis, s'ouvre sur la cour d'honneur *(en accès libre)* dominée par une haute tour carrée du 14e s., mansardée comme le reste du château. Le château a été racheté en 2012 par l'humoriste Yves Lecoq qui a entrepris sa restauration et remeublé quelques salles avec du mobilier d'époque 18e s.

Quittez la ville par la D 77.

Église de Saint-Quentin-de-Chalais

De vastes proportions, cette église romane dédiée à saint Quentin a été agrandie de deux collatéraux de style gothique au 15e s. Son chevet est fortifié.

Continuez votre route sur la D 77, puis tournez à gauche sur la D 139 et encore à gauche sur la D 466.

Église Saint-Jean-Baptiste de Rouffiac

On sera surpris dans cette modeste mais charmante église romane de découvrir une belle chaire et un grand retable baroques du 17e s. aux colonnes torsadées.

Vous rejoindrez Aubeterre-sur-Dronne en suivant la D 2.

NOS ADRESSES À AUBETERRE-SUR-DRONNE

HÉBERGEMENT

PREMIER PRIX

Hôtel-Restaurant du Périgord – *Rte de Ribérac (au croisement de la D 17 et de la D 2) - 05 45 98 50 46 - www.hostellerie-perigord.com - P - 11 ch. 78/90 € - 8,50 € - formules déj. 13/26,50 € (mar.-sam.) - 16,50/32,50 € (sur réserv.).* Ce petit hôtel familial se trouve à 5 mn du centre d'Aubeterre. Chambres colorées. Le restaurant, agrandi d'une plaisante véranda tournée sur le jardin et la piscine, propose une cuisine gastronomique traditionnelle avec un zeste de modernité. Fait également salon de thé *(9h30-18h30, dim. 14h-16h30).*

À proximité

PREMIER PRIX

Maison d'hôte La Maison Charles-Maurice – *18 pl. de l'Hôtel-de-Ville - 16120 Chalais - 12 km à l'ouest par D 2 - 05 45 98 31 56 - www.maisoncharlesmaurice.com - 4 ch. et 2 suites 48/150 € - 9 €.* Située au cœur de Chalais, cette maison d'hôte porte le prénom du prince Talleyrand qui passa une partie de son enfance au château voisin au 18e s. L'établissement offre de belles chambres à la décoration contemporaine soignée dans une ancienne demeure bourgeoise. Les deux suites de 40 m² comprennent chacune une kitchenette et un canapé convertible (formules de location avantageuses sur quatre jours ou à la semaine). Belles salles pour se détendre ou prendre le petit déjeuner au rez-de-chaussée, à moins que vous ne préfériez la cour et ses vieilles pierres au lever du soleil.

RESTAURATION

PREMIER PRIX

La Taverne - Maison Pierre Véry – *2 r. de Bardichon - 05 45 98 15 53 - www.la-taverne-aubeterre.fr - 12,50/15 €.* Cet agréable restaurant est installé dans la maison natale de l'auteur de romans policiers Pierre Véry (1900-1980), au cœur du village. Aux beaux jours, vous pourrez profiter de la belle terrasse abritée. Cuisine simple et très bonne (on y sert le veau sous la mère de Chalais), avec une mention spéciale pour les desserts. Bon rapport qualité/prix.

ACTIVITÉS

Base de canoë-kayak d'Aubeterre – *Rte de Ribérac (sous le pont) - 05 45 98 51 72 - http://snpa-aubeterre.wix.com/snpa-aubeterre - juil.-août : 10h-12h30, 14h-19h - reste de l'année : sur réserv.* La Société des sports nautiques de plein air propose des forfaits à l'heure, mais aussi des excursions jusqu'en Dordogne avec ou sans encadrement, ainsi que des balades nocturnes.

Plage d'Aubeterre – *Chemin de la Rivière de Ballot (camping municipal) - 05 45 98 57 18 - baignade surveillée de déb. juil. à mi-août.* Petite plage avec aire de pique-nique, buvette et activités.

Étang Vallier – *D 2 - 16480 Brossac - 23 km à l'ouest par D 731 et D 2 - 07 86 56 62 66 - www.etangvallier.com - tte l'année.* Autour de l'étang et de sa belle plage, ce vaste complexe de 45 ha, fait à la fois village-vacances, camping et base de loisirs (spa, téléski nautique, équitation, mini golf, balade avec des lamas, location de vélos ou motos, etc.).

Poitiers et la Vienne 4

Carte Michelin Départements 322 - Vienne (86)

Saint-Savin, l'église abbatiale classée Patrimoine Mondial de l'UNESCO, fresque d'Abraham et Loth.
F. Leroy/hemis.fr

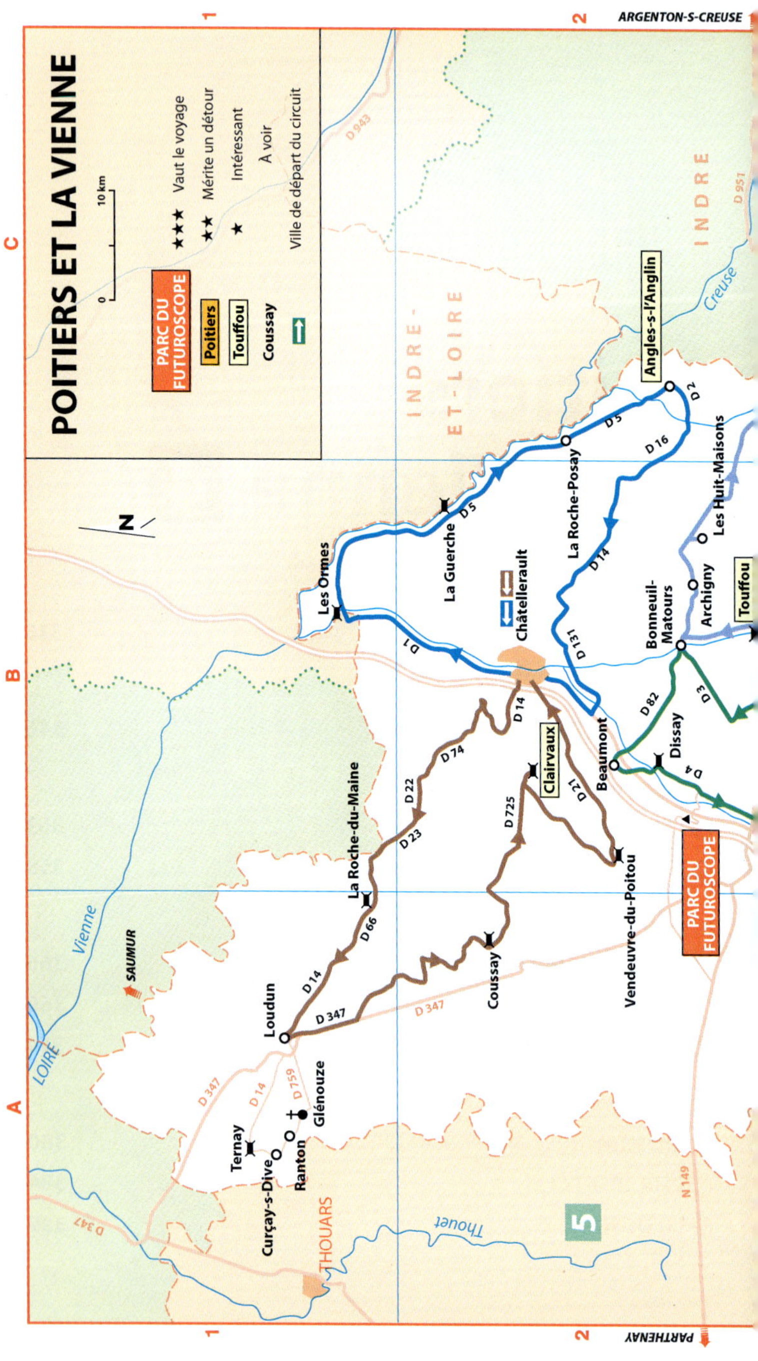
POITIERS ET LA VIENNE
0
10 km
PARC DU FUTUROSCOPE
★★★ Vaut le voyage
Poitiers
★★ Mérite un détour
Touffou
★ Intéressant
Coussay
À voir
Ville de départ du circuit
A
B
C
1
2
ARGENTON-S-CREUSE
PARTHENAY
SAUMUR
THOUARS
LOIRE
Vienne
Thouet
Creuse
INDRE-ET-LOIRE
INDRE
5
Loudun
Ternay
Curçay-s-Dive
Ranton
Glénouze
La Roche-du-Maine
Coussay
Les Ormes
La Guerche
Châtellerault
La Roche-Posay
Angles-s-l'Anglin
Clairvaux
Beaumont
Vendeuvre-du-Poitou
Bonneuil-Matours
Archigny
Les Huit-Maisons
Dissay
Touffou
PARC DU FUTUROSCOPE
D 347
D 14
D 759
D 66
D 23
D 22
D 74
D 725
D 21
D 1
D 5
D 2
D 16
D 131
D 82
D 3
D 4
D 943
D 951
N 149

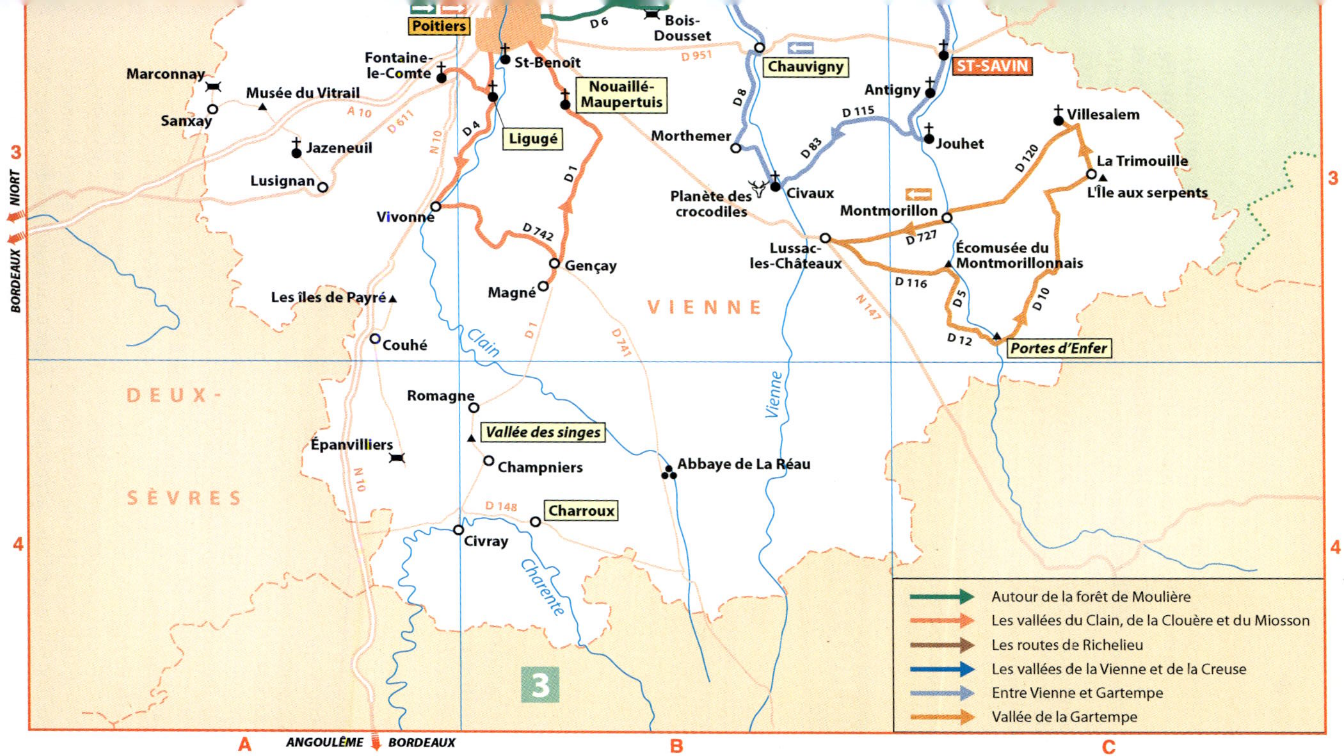
Poitiers
Bois-Dousset
D 6
D 951
Chauvigny
ST-SAVIN
Marconnay
Fontaine-le-Comte
St-Benoît
Nouaillé-Maupertuis
Antigny
Musée du Vitrail
Sanxay
A 10
D 611
Ligugé
D 4
N 10
Jazeneuil
D 8
Morthemer
D 115
Jouhet
Villesalem
D 83
D 120
La Trimouille
L'Île aux serpents
Lusignan
D 1
Planète des crocodiles
Civaux
Montmorillon
Vivonne
D 742
D 727
Lussac-les-Châteaux
Écomusée du Montmorillonnais
Gençay
D 116
Magné
Les îles de Payré
VIENNE
D 5
D 10
N 147
Couhé
Clain
D 741
D 12
Portes d'Enfer
DEUX-SÈVRES
Romagne
Vienne
Vallée des singes
Épanvilliers
Champniers
Abbaye de La Réau
D 148
Charroux
Civray
Charente
3
NIORT
BORDEAUX
ANGOULÊME
A
B
C
4
Autour de la forêt de Moulière
Les vallées du Clain, de la Clouère et du Miosson
Les routes de Richelieu
Les vallées de la Vienne et de la Creuse
Entre Vienne et Gartempe
Vallée de la Gartempe

Poitiers

★★

87 697 Pictaviens, Pictaves ou Poitevins - Vienne (86)

Ville de grandes batailles et au patrimoine médiéval exceptionnel, la capitale du Poitou a largement mérité sa place dans les livres d'histoire. Ses quartiers anciens, ses larges zones piétonnes, ses ruelles pentues et jalonnées d'églises romanes incitent à la flânerie. Mais c'est aussi un pôle de créativité qui déborde d'énergie avec ses équipements modernes, son Futuroscope et ses… 25 000 étudiants – la plus forte concentration de France ! Ceux-ci apportent, il faut bien le dire, une certaine animation que cette sage cité tolère avec flegme. La ville en a vu d'autres. On est bien loin en effet des frasqes estudiantines d'un certain François Rabelais qui terrorisa jadis ici la noblesse de robe. L'esprit de Gargantua perdure toutefois, grâce à la qualité des produits du terroir régional qui ont transformé Poitiers en une halte aussi gourmande que culturelle.

NOS ADRESSES PAGE 342
Hébergement, restauration, achats, activités, etc.

S'INFORMER

Office du tourisme de Poitiers – *45 pl. Ch.-de-Gaulle - 86000 Poitiers - ✆ 05 49 41 21 24 - www.ot-poitiers.fr - 21 juin-20 sept. : 10h-19h, dim. 10h-18h ; reste de l'année : tlj sf dim. 9h30-18h - fermé 1er janv., 1er Mai, 11 Nov.* Services : centrale de réservation pour l'hébergement dans la ville, billetterie pour le Futuroscope et certains spectacles, visites, etc.

Visite guidée – *Juil.-août : tlj à 15h - reste de l'année : se rens. - 4/5,50 € (-18 ans gratuit) - audioguides gratuits en application smartphone.* Poitiers possède les labels « Ville et Pays d'art et d'histoire » et « Tourisme et Handicaps ». Dans ce cadre, l'office de tourisme propose des visites guidées *(1h30/2h)* renouvelées chaque trimestre et animées par des guides-conférenciers agréés par le ministère de la Culture.

SE REPÉRER

Carte de microrégion B3 p.314-315 - *carte Michelin Départements 322 H5.* À 1h30 de Paris et 1h45 de Bordeaux en TGV, Poitiers est aussi accessible depuis Lyon par avion avec Hop ! et Air France *(1h10)*. La ville est perchée sur un promontoire isolé par le Clain et son affluent, la Boivre. Pour entrer ou sortir, empruntez la rocade qui enserre le plateau.

SE GARER

Principaux parkings payants du centre-ville : Notre-Dame–Marché *(accès par la voie Malraux)*, Hôtel-de-Ville *(par la r. Carnot)* et Théâtre-Auditorium *(par le bd de Verdun)*. Trois parkings gratuits le long du Clain *(bd Bajon)*.

À NE PAS MANQUER

La façade de N.-D.-la-Grande ; l'église St-Hilaire-le-Grand et les fresques de l'Apocalypse ; le musée Ste-Croix ; le baptistère St-Jean.

ORGANISER SON TEMPS

Comptez 2 jours et demi pour visiter la ville, et 1 journée et demie pour les circuits de découverte.

AVEC LES ENFANTS

Les histoires contées (ancêtres de la bande dessinée !) sur la façade de N.-D.-la-Grande ; les expositions et animations de l'espace Mendès-France ; aux environs de Poitiers, le parc de loisirs de St-Cyr et, bien sûr, le parc du Futuroscope *(p. 356)*.

Poitiers, église Notre-Dame-la-Grande.
S. Sonnet/hemis.fr/Getty Images

Se promener Plan de ville

DE NOTRE-DAME-LA-GRANDE AU QUARTIER ÉPISCOPAL

Circuit 1 tracé en vert sur le plan de ville p. 321 - Partez de la place Charles- de-Gaulle.

Salle du patrimoine B1
45 pl. Charles-de-Gaulle - 1er étage de l'office de tourisme.
Dans le cadre de la convention « *Ville et Pays d'art et d'histoire* », la ville a ouvert une salle présentant de manière synthétique, à l'aide notamment d'un film de 12mn, l'évolution urbaine de Poitiers à travers ses rôles religieux, politique et intellectuel. Un bon point de départ pour vos visites de la ville.

4

★★ Église Notre-Dame-la-Grande B1
53 pl. Charles-de-Gaulle - ✆ 05 49 41 22 56 - ♿ - 9h-19h - polychromies : voir horaires page suivante.
Bâtie à l'emplacement d'un ancien temple païen gallo-romain, Notre-Dame se dresse sur le grand parvis pavé à côté du marché. Elle tiendrait son nom de l'église Ste-Marie-Majeure de Rome.
★★★ Façade – L'œil est immédiatement attiré par cette façade du 12e s. superbement restaurée. Caractéristique de l'architecture romane poitevine, bien qu'influencée par l'art saintongeais, elle présente un décor sculpté animé d'une vie intense. Il faut la lire de gauche à droite et de bas en haut. À l'étage inférieur apparaît un portail à quatre voussures, encadré de deux arcades en arc brisé. Au-dessus, des bas-reliefs représentent : Adam et Ève ; Nabuchodonosor sur son trône ; les prophètes, Moïse, Jérémie, Isaïe et Daniel ; l'Annonciation ; l'arbre de Jessé ; à droite, la Visitation, la Nativité, le bain de l'Enfant Jésus et la méditation de saint Joseph. Au-dessus du portail s'inscrit une baie, encadrée d'une double rangée d'arcatures, entre lesquelles se situent les apôtres et, aux deux extrémités, les effigies présumées de saint Hilaire et de saint Martin.

DES COULEURS DANS LA NUIT

Bonne idée pour petits et grands : chaque soir d'été et pendant les vacances de Noël, on peut « lire » la façade de N.-D.-la-Grande comme une bande dessinée, grâce aux polychromies qui restaurent ses couleurs médiévales. Ce spectacle de mise en lumière d'un quart d'heure est décliné en sept tableaux. Il renoue avec la tradition des églises peintes en colorant les scènes de l'Ancien Testament sculptées dans la pierre. Les couleurs projetées sur la façade correspondent aux pigments du Moyen Âge retrouvés sur les pierres lors de la restauration de la façade en 1992-1995.

Polychromies – *Du 21 juin au 31 août : 22h30-22h45 ; du 1er au 20 sept. : 21h30-21h45 ; vac. de Noël : 18h-18h15.*

Les arcades et arcatures sont ornées d'un décor végétal et d'un bestiaire fantastique, traités avec virtuosité. Le pignon présente, dans une mandorle (gloire en amande), un Christ en majesté entouré des symboles des évangélistes et surmonté d'une palme de lumière (le soleil) et d'un croissant (la lune), symboles d'éternité à l'époque romane. La façade est flanquée de part et d'autre d'un faisceau de colonnes supportant un lanternon ajouré.

Flanc gauche – Deux chapelles ont été ajoutées contre le chœur au 15e s. et le long du collatéral au 16es. Attardez-vous aussi sur la silhouette originale du clocher datant du 12e s. : sa tourelle ajourée est coiffée d'un toit conique à écailles en forme de pomme de pin.

Intérieur – De type poitevin, mais dépourvu de transept, il fut repeint en 1851 dans un style chargé. Dans le chœur, lutrin de cuivre du 17e s. La statue de N.-D.-des-Clefs (16e s.), derrière le maître-autel, symbolise un miracle advenu en 1202 : un traître allait remettre les clés de la ville aux Anglais, lorsqu'elles lui furent mystérieusement subtilisées. Les six puissantes colonnes rondes qui forment l'hémicycle du chœur portent la voûte en cul-de-four décorée d'une fresque du 12e s. représentant la Vierge en majesté et le Christ en gloire. À droite du déambulatoire, l'absidiole primitive a été remplacée par une chapelle (aujourd'hui chapelle Ste-Anne) fondée en 1475 par Yvon du Fou, sénéchal du Poitou, dont on voit les armes au-dessus du bel enfeu (niche funéraire) flamboyant qui abritait sa sépulture. À sa place, une Mise au tombeau du 16e s., en pierre polychrome, venant de l'abbaye de La Trinité de Poitiers et œuvre d'artistes italiens.

Prenez la rue de la Regratterie, puis tournez à gauche dans la rue du Palais.

Palais de justice B1

10 pl. Alphonse-Lepetit - ✆ 05 49 50 22 00 - www.ca-poitiers.justice.fr - ♿ - tlj sf w.-end et j. fériés 8h30-12h, 13h30-17h30 - jours d'audience : 9h30-12h, 14h30-17h30 - gratuit - possibilité de visite guidée sur demande à l'office de tourisme.

L'ancien **palais des comtes de Poitou et ducs d'Aquitaine** (12e s.) abrite la cour d'appel de Poitiers. Derrière la façade Restauration, l'actuelle salle des pas perdus (la « grande salle ») constitue avec son donjon, la **tour Maubergeon** *(à l'arrière du palais de justice)*, l'un des plus remarquables exemples d'architecture civile urbaine du Moyen Âge en France.

★★ **Grande salle** – Vaste nef, longue de 47 m et large de 17 m, elle était réservée aux audiences solennelles, aux grands procès, aux réunions des États provinciaux ; le Parlement y siégea sous Charles VII, et Jacques Cœur y fit amende honorable après le jugement prononcé contre lui par la juridiction

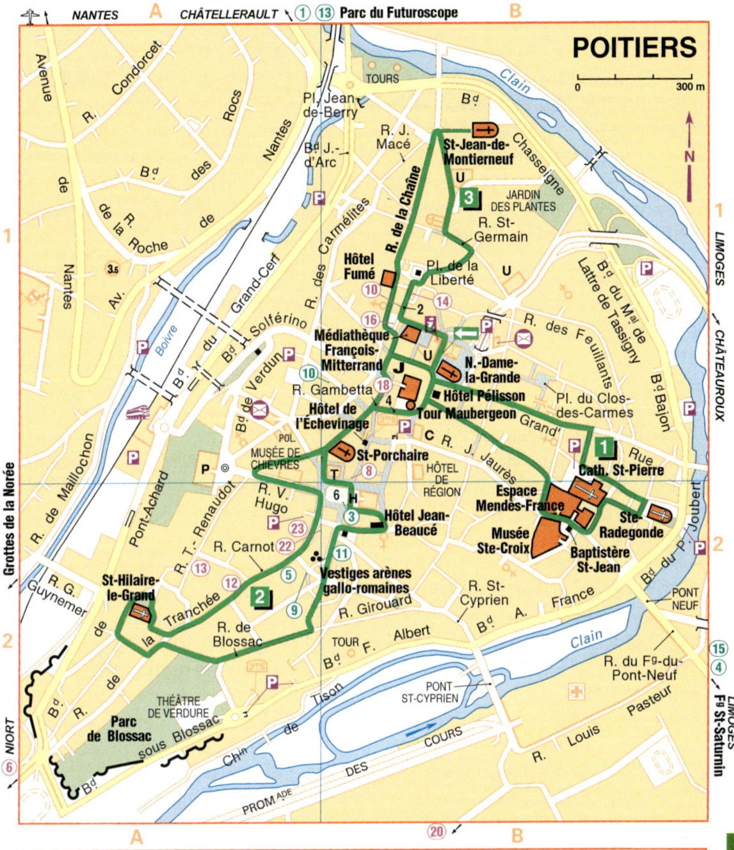

SE LOGER
- Best Western Le Grand Hôtel ⑪
- Chambres d'hôte Château de Vaumoret ①
- DéfiPlanet ④
- Hôtel Central ③
- Hôtel de l'Europe ⑤
- Hôtel Ibis Poitiers Centre ⑨
- Hôtel Mercure Poitiers Centre ⑩
- Parc de la Belle ⑮
- Quality Hôtel Alisée ⑬

SE RESTAURER
- Antipodes ⑬
- Déjeuner sur l'Herbe ⑯
- La Chênaie ⑥
- La Gazette ⑱
- La Serrurerie ⑧
- La Table du Chai ⑩
- Le Bistro de l'Absynthe ㉓
- Le Poitevin ⑫
- Les Bons Enfants ⑭
- Passions et Gourmandises ⑳
- Vingelique ㉒

INDEX DES RUES
- Cloche-Perse (R.) 2
- Cordeliers (R. des) 4
- Leclerc (Pl. du Mar.) 6

d'exception chargée de le condamner. Son édification fut menée à bien sous les Plantagenêts, à la fin du 12e s., mais le mur-pignon fut refait, sous la direction du sculpteur et architecte Guy de Dammartin, pour le compte du fils du roi Jean de Berry en 1380. Ce mur est remarquable par ses trois cheminées monumentales que surmontent un balcon et un fenestrage flamboyants. Tout en haut, quatre admirables statues représentent, de gauche à droite, Jean de Berry, son neveu Charles VI, Isabeau de Bavière et Jeanne de Boulogne, épouse de Jean.

En 1429, **Jeanne d'Arc** subit dans ce palais un interrogatoire devant une commission d'ecclésiastiques et fut reconnue investie d'une mission providentielle.

Prenez la rue Gambetta, puis à gauche la rue des Cordeliers.

★ Tour Maubergeon B1

R. des Cordeliers - possibilité de visite guidée sur demande à l'office de tourisme.
Ce donjon rectangulaire constitué de quatre tours rondes fut édifié par Guillaume IX d'Aquitaine en 1104, puis aménagé en appartements pour Jean de Berry au 14e s. La façade, éclairée par de larges fenêtres gothiques, est ornée de statues. Dans le square attenant, les vestiges de la muraille gallo-romaine amènent le regard vers le chevet de la grande salle du palais de justice.
Poursuivez dans la rue des Cordeliers et la rue du Marché Notre-Dame, puis prenez à droite sur la place Charles-de-Gaulle.

Grand'Rue B1

Possibilité de visite guidée sur demande à l'office de tourisme.
Dévalant le versant oriental de la ville haute depuis le parvis de l'église Notre-Dame-la-Grande jusqu'au pont Joubert qui enjambe le Clain, cette rue longue de près de 700 m est l'une des plus anciennes de Poitiers avec celle de la Chaîne et la rue Carnot. Étroite et ouverte à la circulation à sens unique, elle suit le tracé de l'ancien *decumanus*, axe est-ouest de la ville gallo-romaine. Elle abrite quelques vieux commerces et, surtout, de magnifiques maisons et hôtels particuliers du Moyen Âge et de la Renaissance.
En haut de la rue, au n° 190, se dresse l'hôtel Barabarin (1590) portant la devise en latin de son premier propriétaire, un haut magistrat *(« Sans ambition ni crainte, je me tiens tranquille au milieu des eaux »)*. Le majestueux portail du n° 159 est celui de l'**hôtel du Grand Prieuré d'Aquitaine** (17e s.), ancien siège de l'Ordre de Malte pour toute la région ouest de France. Au n° 137, l'étonnante **Fabrique de parapluies** *(mar.-sam. 10h-12h30, 14h30-18h30)* est gérée par la même famille depuis 1882. Au n° 118, la magnifique **maison des Trois-Clous** (déb. 15e s.) se distingue par ses gargouilles et trois grands clous enfoncés au-dessus de la dernière fenêtre. Les moines qui l'occupèrent jusqu'au 19e s. avaient pour habitude d'y suspendre des offrandes lors des processions religieuses. Le même édifice est aussi appelé « maison de Charles VII », la tradition voulant que le roi y ait séjourné en 1422. S'en suit une série de façades à pans de bois *(du n° 104 au n° 110)*, puis, au n° 102, l'**hôtel de Rochefort** (16e-18e s.). On peut partiellement le visiter et y admirer son escalier en fer forgé *(centre de documentation de la Drac ouvert au public : mar. et jeu. 14h-17h, merc. 9h-12h, 14h-17h)*. On remarquera enfin, derrière l'immeuble moderne des nos 94-96, l'hôtel de Briey et sa chapelle (15e-19e s.), puis une belle maison du 16e s. au n° 79.
En bas de la Grand'Rue, prenez à droite la rue du Pigeon-Blanc.

LES TROIS BATAILLES DE POITIERS

507 : l'armée des Francs venue du bassin parisien l'emporte face aux Wisigoths arrivant du sud. **Clovis** tue leur chef Alaric II en combat singulier et s'ouvre ainsi tous les territoires du Midi. Le lieu exact de la bataille, dite de Poitiers ou de Vouillé *(17 km à l'ouest)*, n'est pas connu.
732 : maire du palais du royaume des Francs, **Charles Martel** intercepte une razzia arabe conduite par l'émir de Cordoue Abd el Rahman. Celui-ci est tué pendant le combat, sans doute près de Vouneuil-sur-Vienne *(30 km au nord)*. Cette victoire met fin à l'expansionnisme des Omeyyades en Europe.
1356 : en pleine guerre de Cent Ans, l'armée anglaise du **Prince Noir** bat les Français à Nouaillé-Maupertuis *(8 km au sud)*. Le roi de France Jean le Bon est fait prisonnier. Le pays, qui doit payer une énorme rançon pour sa libération, s'enfonce alors dans le chaos (Grande Jacquerie, etc.).

La capitale du Poitou

DE SAINT HILAIRE À CHARLES MARTEL

Au 4e s., **saint Hilaire**, premier grand évêque de Poitiers, fait de la ville le centre du christianisme en Gaule. Il a pour disciple le futur saint Martin (*p. 339*) qui s'installe à Ligugé, à proximité de Poitiers, avant de devenir évêque de Tours. Poitiers compte alors une très importante communauté chrétienne, comme en témoigne déjà l'existence du baptistère St-Jean (en toute probabilité le plus vieux sanctuaire chrétien de France). Une superbe église, édifiée sur la sépulture de saint Hilaire (mort en 368), porte son nom. Poitiers va demeurer un centre religieux important, notamment grâce à l'arrivée de **sainte Radegonde**, épouse de Clotaire Ier, qui s'y réfugie en 552 et fonde le monastère Ste-Croix en 559.

Mais l'Islam menace. Maîtres de l'Espagne, les Arabes envahissent la Gaule par le sud. Ils écrasent Eudes, le duc d'Aquitaine, près de Bordeaux et continuent leur avancée vers le centre du pays. Ils attaquent Poitiers et brûlent l'église St-Hilaire. C'est alors qu'à Moussais (près du Vieux Poitiers), en 732, **Charles Martel**, maire du palais mérovingien, et ses troupes les affrontent victorieusement. L'armée musulmane se repliera petit à petit et quittera l'Aquitaine.

L'ESSOR MÉDIÉVAL

Après l'arrivée de Charlemagne, la ville tombe dans le giron des ducs d'Aquitaine. Elle sera marquée par la personnalité de **Guillaume IX** (1071-1126), le premier troubadour. C'est la grande époque du pèlerinage de St-Jacques-de-Compostelle (11e-12e s.). La ville se couvre d'églises romanes. Par deux fois, la ville passe sous domination anglaise : au 12e s., sous Henri Plantagenêt et Aliénor d'Aquitaine, puis au 14e s. après la bataille de Poitiers de 1356. Grâce à Du Guesclin, elle est rendue à la couronne en la personne du frère de Charles V : Jean, duc de Berry et d'Auvergne, comte du Poitou. Le gouvernement de ce dernier (1369-1416) donne à Poitiers un essor rapide.

Mais les guerres de Religion apportent destruction et misère à la cité qui, par deux fois, subit les rigueurs d'un siège. Dès lors s'amorce la décadence de la ville. En dépit des efforts de l'intendant, le comte de Blossac, cette somnolence se confirme au-delà de la Révolution.

LE RENOUVEAU

Après la Seconde Guerre mondiale, Poitiers sort d'un sommeil de quatre siècles. Elle se pose en capitale de la région Poitou-Charentes en 1961 et le **TGV-Atlantique**, en 1990, la met sur les rails d'une ère nouvelle, marquée par de grands projets d'urbanisme et d'architecture. Autour de la gare entièrement rénovée, un quartier d'affaires a vu le jour dans l'**Espace Toumaï**, du nom de l'hominidé découvert au Tchad par le paléontologue poitevin Michel Brunet. Le projet **Cœur d'Agglo**, piloté par l'architecte-urbaniste Yves Lion, prévoit la revitalisation de tout le plateau central. Symbole de ce renouveau, le **Théâtre-Auditorium**, ouvert en 2008 et signé par l'architecte portugais Carrilho da Graça, est une scène nationale ambitieuse pour une « petite » capitale régionale qui a misé sur la culture.

LA CITÉ DES FEMMES

L'histoire de la ville est fortement marquée par de grandes figures féminines, à commencer par les reines Radegonde et Aliénor.

Radegonde de Poitiers (v. 520-587) : fille du roi Berthaire de Thuringe (Allemagne), elle est enlevée à 11 ans et élevée à la cour de Clotaire Ier, fils de Clovis, qu'elle épouse en 539. Devenue reine des Francs, Radegonde mène une vie charitable et fonde l'abbaye Ste-Croix de Poitiers, l'un des premiers monastères féminins du pays. Elle s'échappe en 555 et se réfugie dans son abbaye, d'où elle aura jusqu'à la fin de sa vie une influence considérable. Déclarée sainte peu après sa mort, on prête à sa relique de nombreux miracles qui feront de la ville un important lieu de pèlerinage.

Agnès de Bourgogne (v. 990-1068) : épouse du comte Guillaume V d'Aquitaine, elle fonde vers 1050 le prieuré de St-Nicolas. Aujourd'hui disparu, cet édifice constitua le centre économique de la ville.

Aliénor d'Aquitaine (v. 1122-1204) : née à Poitiers, reine de France, puis d'Angleterre, Aliénor est la personnalité la plus marquante, faisant de sa ville une capitale de faste et de culture. En 1199, elle accorde une charte de commune à la cité et lance la construction de halles, d'une enceinte nouvelle, fait agrandir son palais (actuel palais de justice) et influence les choix architecturaux de la cathédrale St-Pierre.

Jeanne d'Arc (1412-1431) : en 1429, la Pucelle d'Orléans passe six semaines à Poitiers, où sa mission divine est reconnue par un collège de théologiens.

Charlotte Flandrine de Nassau (1579-1640) : fille de Guillaume d'Orange, la grande abbesse de Ste-Croix participe au renouveau de la ville au moment de la Contre-Réforme.

★ Église Sainte-Radegonde B2

R. du Pigeon-Blanc - tte l'année : 9h-18h - possibilité de visite guidée sur demande à l'office de tourisme.

L'édifice fait partie du **quartier épiscopal** du Moyen Âge. Situé à l'emplacement d'un site gallo-romain, celui-ci comprend, outre cette église, la cathédrale St-Pierre, le baptistère St-Jean, l'ancienne abbaye Ste-Croix et quelques belles demeures en pierre. Le quartier fut profondément remanié au 19e s. avec le percement du nouvel axe est-ouest *(r. Jean-Jaurès)*.

Cette ancienne collégiale fut fondée vers 552 par la reine des Francs Radegonde pour servir de sépulture à ses moniales de l'abbaye Ste-Croix. Elle se caractérise par une abside et un clocher-porche romans que relie une nef de style gothique angevin. Le clocher-porche, sur plan carré, puis octogonal, a été pourvu, au 15e s., d'un portail flamboyant dont les niches abritent les statues modernes des saints protecteurs de Poitiers. Notez l'enclos ceint de bancs de pierre où se rendait la justice ecclésiastique. Dans la crypte, un sarcophage mérovingien contiendrait le corps de la sainte. Du petit jardin à l'est de l'église, on a une vue agréable sur le **chevet** et sur les lignes harmonieuses de l'ensemble.

Remontez la rue Arthur-de-la-Mauvinière et prenez à droite la rue Ste-Croix qui donne sur le parvis de la cathédrale.

★ Cathédrale Saint-Pierre B2

1 r. Ste-Croix - ✆ 05 49 41 23 76 - juin-sept. : 9h-19h ; reste de l'année : 9h-17h - possibilité de visite guidée sur demande à l'office de tourisme.

Commencée à la fin du 12e s. et presque achevée à la fin du 14e s., date de sa consécration, la cathédrale surprend par l'ampleur de ses dimensions. En

arrivant depuis l'église Ste-Radegonde, notez la muraille vertigineuse du **chevet** (49 m de haut). Elle porte les impacts de boulets de canon qui datent du siège de la ville par les troupes protestantes de l'amiral de Coligny en 1569. La large **façade**, ornée d'une rosace et de trois **portails★** du 13e s., est flanquée de deux tours dissymétriques ; celle de gauche conserve, sur un support de colonnettes engagées, un étage octogonal surmonté d'une balustrade.
Intérieur★★ – Dès l'entrée s'impose la puissance architecturale du large vaisseau divisé en trois nefs de hauteur presque égale ; l'impression d'une perspective fuyante vers le chevet est accentuée par le rétrécissement progressif de la largeur des nefs et l'abaissement de la voûte centrale à partir du chœur. Vingt-quatre voûtes ogivales bombées, dénotant l'influence du style Plantagenêt, coiffent les huit travées de chaque nef. La cathédrale est éclairée par des verrières en partie anciennes, comme le grand vitrail de la Résurrection. Au chevet, dans l'axe du chœur, on remarque le superbe vitrail de la **Crucifixion★** (fin 12e s.), au centre duquel rayonne un Christ en croix entouré de la Vierge et de saint Jean ; de part et d'autre s'inscrivent : au-dessous, la Crucifixion de saint Pierre et la Décollation de saint Paul, au-dessus, les apôtres aux visages levés vers le Christ en gloire. Dans le chœur, les **stalles★** du 13e s. (sièges réservés au clergé) passent pour être les plus vieilles de France. Installées sur une tribune-coquille, les **orgues** (1791) sont parmi les plus célèbres du pays. Elles sont l'œuvre du grand facteur d'orgue parisien François-Henri Clicquot.
Traversez l'esplanade du palais de l'évêché, à droite de la façade de la cathédrale.

Espace Mendès-France B2

1 pl. de la Cathédrale - ✆ 05 49 50 33 08 - www.emf.fr - ♿ - juil.-août : mar.-vend. 9h-18h30, sam. 14h-18h30 ; reste de l'année : mar.-vend. 9h-18h30, w.-end et j. fériés 14h-18h30 - fermé certains j. fériés - accès libre sf pour le planétarium et les grandes expositions - planétarium : 6 € (8-18 ans 3 €) - grandes expositions et animations : seult l'après-midi 14h-18h, 5 € (8-18 ans 2,50 €), visite guidée comprise.

Habituée à travailler avec les publics scolaires, l'équipe pédagogique du centre propose des animations conçues pour les enfants à partir de 7-8 ans, notamment sous la voûte aux 4 000 étoiles du planétarium. C'est à la fois très rigoureux scientifiquement et très ludique.

Créé en 1990 par la ville avec le soutien de l'université de Poitiers, ce centre culturel est dédié aux sciences et aux techniques. Le programme, renouvelé chaque année, comprend de nombreuses expositions temporaires, des conférences gratuites et des spectacles autour du thème de la science.
Traversez la rue Jean-Jaurès.

★★ Baptistère Saint-Jean B2

R. Jean-Jaurès - ✆ 05 49 41 21 24 - www.ot-poitiers.fr - juil.-août : 10h30-12h30, 15h-18h ; avr.-juin et sept. : tlj sf mar. 10h30-12h30, 15h-18h ; reste de l'année : tlj sf mar. 14h30-16h30 - fermé 1er janv., 1er mai, 25 déc. - 2 € (12-16 ans 1 €) - possibilité de visite guidée sur demande à l'office de tourisme.

Édifié au milieu du 4e s., ce baptistère serait le plus ancien témoignage de l'architecture chrétienne en Europe occidentale. Avec le monument de l'Hypogée des Dunes (p. 333), c'est également l'un des rares vestiges de l'époque mérovingienne. Installé dans une villa romaine, le baptistère sera transformé en église au cours des siècles, et fera l'objet de multiples réaménagements. Menacé de destruction lors du percement du nouvel axe est-ouest *(r. Jean-Jaurès)* au début du 19e s., il fut sauvé grâce à l'intervention de personnalités comme Prosper Mérimée.

À l'origine, ce bâtiment comprenait deux salles rectangulaires, la salle baptismale et le narthex (vestibule), que précédait un couloir d'entrée encadré de deux vestiaires. Au 11e s., la porte centrale est percée et la salle ouest est remplacée par le petit narthex. Il présente actuellement une salle baptismale rectangulaire, à laquelle sont accolées une abside quadrangulaire à l'est, datant des 6e et 7e s., et deux absidioles jadis de plan carré, transformées vers le milieu du 19e s. en absidioles semi-circulaires.

Intérieur – De très belles **fresques romanes★**, du 11e s., en partie masquées par des peintures des 13e et 14e s., recouvrent les murs du baptistère : Ascension au-dessus de l'abside principale, Christ en majesté au cul-de-four de cette même abside ; sur les murs de la salle rectangulaire sont représentés les apôtres et l'empereur Constantin à cheval ; sur le mur de gauche, des paons, symboles d'immortalité, et sur le mur de droite, un combattant et un dragon.

Alimentée par un aqueduc dont on aperçoit les vestiges à travers une dalle vitrée, la petite **cuve baptismale octogonale** au centre de l'édifice servait jadis au baptême : dépouillé de ses vêtements dans les vestiaires, le catéchumène descendait dans la piscine où l'évêque procédait aux onctions rituelles. Au 7e s., on boucha la cuve sur laquelle furent installés des fonts baptismaux pour procéder au baptême par aspersion (eau versée sur la tête).

Le narthex est relié à la salle baptismale par trois grandes arcades. Des voûtes en cul-de-four couvrent l'abside principale et les deux absidioles. Admirez le décor de colonnes de marbre et de colonnettes soutenant les arcatures, et les chapiteaux sculptés de feuilles, tresses, perles, à la mode antique. On observe, sous les fenêtres en partie bouchées et percées d'oculi, des traces d'un petit appareil romain cubique et, sous les pignons, de curieux pilastres à chapiteaux sculptés en faible relief.

Le baptistère renferme un important **musée lapidaire**, en particulier une collection de sarcophages mérovingiens découverts à Poitiers et dans ses environs, un bel autel mérovingien, des stèles et bas-reliefs, et des moulages de la décoration sculptée extérieure du baptistère.

★★ Musée Sainte-Croix B2

3 bis r. Jean-Jaurès - ✆ 05 49 41 07 53 - www.poitiers.fr - juil.-août : mar. 10h-12h, 13h15-20h, merc.-vend. 10h-12h, 13h15-18h, w.-end et j. fériés 10h-12h, 14h-18h ; juin et sept. : mar.-vend. 10h-12h, 13h15-18h, w.-end et j. fériés 10h-12h, 14h-18h ; reste de l'année : mar. 10h-17h, merc.-vend. 10h-12h, 13h15-17h, w.-end et j. fériés 14h-18h - fermé 1er janv., 21 avr., 1er mai, 8 mai, 9 juin, 1er et 11 nov., 25 déc. - 4 € (-18 ans 2 €) ; dim. 2 € pour tous ; gratuit mar., 1er dim. du mois, J. du patrimoine - animations (visite guidée, concerts, etc.) : 4 € (-18 ans gratuit).

Situé à l'emplacement de l'ancienne abbaye Ste-Croix, juste à côté du baptistère St-Jean, cet espace consacré à l'art et à l'archéologie déroule un parcours allant de la préhistoire à l'art contemporain. De part la richesse de ses collections, c'est le plus grand musée de la région Poitou-Charentes. Divisé en trois

LA GRAND'GOULE

Dragon terrifiant aux pattes griffues et au corps couvert d'écailles, la Grand'Goule est l'animal mythique le plus célèbre de la région, symbole de la victoire du Bien sur le Mal. Ce monstre grimaçant aurait vécu dans les souterrains de la ville, dévorant toute personne sur son passage, jusqu'à ce que la courageuse sainte Radegonde, venue l'affronter, le terrasse en brandissant la relique de la Croix. Au Moyen Âge, son effigie était promenée dans les rues de la ville lors de processions religieuses.

Poitiers, le baptistère Saint-Jean.
Ch. Guy/hemis.fr

sections depuis sa création en 1974, il s'est récemment enrichi en intégrant les collections de l'hypogée des Dunes et du musée Rupert-de-Chèvres, deux établissements de la ville désormais fermés.

Le bâtiment – Pour les amateurs d'architecture contemporaine, celui-ci vaut à lui seul le détour. Bénéficiant depuis 2015 du label « Patrimoine du 20e s. », c'est un des très rares exemples d'**architecture brutaliste** en Poitou-Charentes. Avec sa structure en béton brut et verre teinté, ses formes simples et tranchantes, l'édifice s'inscrit dans la lignée des principes érigés par Le Corbusier. Inauguré en 1974, il est l'œuvre du Poitevin Jean Monge (1916-1991). Celui-ci, récompensé de l'Équerre d'argent pour la bibliothèque universitaire de droit et de lettres de Poitiers *(allée J.-Chauvin - sur le campus, 3 km à l'est)*, signe ici son œuvre majeure. Très décriée à l'époque, cette réalisation vaudra à Monge la reconnaissance de ses pairs en étant associé, en 1976, à la rénovation du musée Picasso de Paris. Résolument moderne, le bâtiment de 4 500 m², prend néanmoins en compte l'histoire du lieu. Une partie des dépendances de l'abbaye Ste-Croix, datant des 16e et 17e s., ont été conservées, tandis que les **vestiges gallo-romains★** découverts lors des travaux sont intégrés à la section d'archéologie, visibles grâce à une terrasse en surplomb.

Archéologie régionale *(au sous-sol)* – Cette section présente notamment d'étranges **gravures magdaléniennes** du paléolithique provenant de la grotte de la Marche (Lussac-les-Châteaux, Vienne) et une pendeloque en croissant de l'âge de bronze du Verger-Gazeau (Vienne). Vous remarquerez aussi, autour des vestiges de *Lemonum* (ancien nom de Poitiers) intégrés au bâtiment moderne, statues et bas-reliefs d'époque romaine, dont un rarissime **marbre d'Athéna** du 1er s. Ne manquez pas la belle évocation du Poitou médiéval *(au rdc)* avec un verre-reliquaire bleu du 11e s. de l'abbaye de St-Savin et l'impressionnant chapiteau de la Dispute (art roman).

Beaux-Arts – La section débute par la peinture ancienne avec les éléments d'un retable vénitien (vers 1350) et une évocation de Poitiers dans l'art et l'histoire : la **Grand'Goule** *(p. 326)* en bois polychrome (1677) et *Le Siège*

4

POITIERS, CAPITALE DE… L'AQUITAINE !

Dans le cadre de la réforme territoriale, Poitiers vient de perdre sa qualité de capitale régionale au profit de Bordeaux. La cité poitevine fut pourtant le centre politique de l'Aquitaine avant Bordeaux. Créée par les Romains peu après la conquête de la Gaule, la province d'Aquitaine englobe alors tous les territoires compris entre la Loire et les Pyrénées. Le siège du pouvoir passe de *Mediolanum Santonum* (Saintes), au 1er s., à *Lemonum* (Poitiers) au 2e s. La cité des Pictons se dote d'une nécropole, de remparts et d'axes de circulation reliant temples, amphithéâtre, forum et thermes. Des vestiges aujourd'hui en partie visibles dans les sous-sols du musée Ste-Croix. Quant à *Burdigala* (Bordeaux), elle ne devient capitale d'Aquitaine qu'au 3e s. Après la chute de l'Empire, le titre de première ville est disputé entre Poitiers, Limoges et Toulouse. Bordeaux ne revient sur le devant de la scène qu'à partir du 9e s., les ducs d'Aquitaine et comtes de Poitou siégeant alternativement sur les bords de la Gironde et ceux du Clain. C'est finalement la guerre de Cent Ans qui marque la fin de la Grande Aquitaine, le sud passant aux Anglais, le Poitou restant dans le giron du roi de France.

de Poitiers par l'amiral de Coligny (1619), une des plus anciennes représentations connues de la cité. Le parcours se poursuit jusqu'aux grands courants artistiques des 19e et 20e s., notamment l'orientalisme (*Jeune femme maure* de Théodore Chassériau), l'impressionnisme (Eugène Boudin, Alfred Sisley), le symbolisme (*La Sirène et le Poète* de Gustave Moreau) et les prémices de l'abstraction (*Ferme à Oele* de Piet Mondrian). Point fort de la collection, une série de peintures de l'Américaine **Romaine Brooks**, dont une remarquable *Weeping Venus*.

Sculpture – Dans cette section, vous remarquerez deux marbres du 17e s. (statue funéraire de Claude de l'Aubespine et le buste de Louis XIII provenant du château de Richelieu) et de belles pièces du 19e s. (*Modèle du gisant de mademoiselle de Montpensier* en plâtre de James Pradie, bronzes animaliers d'Antoine-Louis Barye). La partie consacrée au 20e s. abrite deux œuvres d'**Auguste Rodin** (*L'Homme au nez cassé*, *L'Adolescent désespéré*) et, surtout, la **collection Camille Claudel**, riche de sept pièces, dont un fameux bronze, *La Niobide blessée*. Toujours pour le 20e s., le musée expose aussi *Les Nymphes de la prairie*, bronze d'Aristide Maillol, et la *Petite tortue* en marbre noir de Max Ernst.

Pour revenir au point de départ, remontez la rue de la Cathédrale. Pour suivre notre circuit, remontez la rue Jean-Jaurès qui débouche sur la rue Paul-Guillon.

VERS SAINT-HILAIRE ET LE PARC DE BLOSSAC

Circuit tracé en vert sur le plan de ville p. 321. Depuis l'office de tourisme (pl. Charles-de-Gaulle), prenez la rue du Marché-Notre-Dame et tournez à gauche dans la rue Jean-Jaurès qui débouche sur la rue Paul-Guillon.

Hôtel de l'Échevinage B1

7 r. Paul-Guillon - visite guidée possible sur demande à l'office de tourisme.

Situé tout près du centre commercial des Cordeliers, cet ancien hôtel de ville bâti au 15e s. abrita d'abord les « Grandes Écoles » de l'université, puis l'échevinage (tribunal municipal) jusqu'à la Révolution. Le bâtiment est aujourd'hui le siège de la Société des antiquaires de l'Ouest, prestigieuse association de défense du patrimoine poitevin (*☏ 05 49 50 31 16 - www.sao.asso.fr*).

Prenez à gauche la rue Gambetta.

Poitiers, place du Maréchal-Leclerc, hôtel de ville.
J. Sierpinski/hemis.fr

Église Saint-Porchaire B1

47 r. Gambetta - 9h-19h - fermé Mardi gras et jours de braderie - visite guidée possible sur demande à l'office de tourisme.

De l'église bâtie à la fin du 9e s., seul subsiste le clocher-porche. Trois étages d'arcatures et baies se superposent au-dessus d'un grand arc en plein cintre servant d'entrée, orné de chapiteaux romans. Le clocher abrite la cloche de l'université, fondue en 1451 et jadis utilisée pour annoncer l'ouverture des cours. Derrière le clocher, église à deux nefs reconstruite au 16e s.

Poursuivez dans la rue Gambetta vers la place du Maréchal-Leclerc.

Hôtel de ville B2

15 pl. du Maréchal-Leclerc - ✆ 05 49 52 35 35 - www.poitiers.fr - vac. scol. : lun.-vend. 8h30-12h30, 13h30-17h30 - reste de l'année : lun.-vend. 8h30-17h30 - visite guidée possible sur demande à l'office de tourisme.

Dans le cadre des travaux d'urbanisme entrepris sous le Second Empire, l'ancienne place d'Armes fut agrandie afin de pouvoir y construire cet hôtel de ville, de style néo-Renaissance, achevé en 1875. En face, la rue Victor-Hugo fut

SAINT HILAIRE, PÈRE DE L'ÉGLISE

Premier évêque (connu) de la ville, Hilaire de Poitiers (315-367) fut l'un des principaux théologiens à combattre l'arianisme, hérésie alors considérée comme religion d'État dans l'Empire romain. Parcourant et l'Orient et l'Occident, il tente de convaincre par sa rhéthorique implacable les empereurs et évêques d'y renoncer. Sans y parvenir, il obtient toutefois du Concile de Paris (361) que l'arianisme soit interdit en Gaule. Pour avoir contribué à établir et à défendre la doctrine chrétienne, il sera élevé au rang de « Père de l'Église ». Sa sépulture, installée à Poitiers au monastère St-Hilaire-le-Grand (7e s.), fera l'objet d'un culte important sur le chemin de St-Jacques-de-Compostelle. Elle sera détruite en 1562 lors des guerres de Religion.

percée afin de le relier à la préfecture. À l'intérieur, admirez l'escalier en pierre monumental et les deux grandes toiles (1874) de Pierre Puvis de Chavannes mettant en scène sainte Radegonde et Charles Martel. S'il n'y a pas de cérémonie, accédez aux salons du 1er étage richement décorés : vitrail d'Aliénor d'Aquitaine confirmant la charte de commune en 1199 et plafond orné d'un tableau représentant Du Guesclin délivrant Poitiers des Anglais en 1372.
Longer l'hôtel de ville sur la droite, vers la rue du Puygarreau, par la rue Lebascles.

Hôtel Jean-Beaucé B2

1 r. Lebascles - pas de visite.
Édifié en 1554 pour Jean (ou Jehan) de Beaucé, riche marchand de soie protestant, c'est l'un des plus beaux hôtels particuliers de style Renaissance de Poitiers. Il se distingue par l'originalité de certains de ses éléments architecturaux : lanterne coiffée d'une coupole, tourelle d'escalier aux ouvertures obliques. À l'angle gauche, les petites baies juxtaposées permettaient d'observer de chaque côté, sans recourir à l'échauguette traditionnelle. C'est ici que se tint en 1558 une réunion clandestine où il fut décidé de l'organisation du premier synode de l'Église réformée qui allait aboutir à la rédaction de la Confession de foi de La Rochelle. Lors de la prise de Poitiers par l'armée protestante de Louis de Condé en 1562, l'hôtel Jean-Baucé fut utilisé pour faire fondre les trésors des églises de la ville. Ces deux épisodes rappellent que Poitiers fut un important foyer du protestantisme dans l'Ouest de la France
Sur la place du Maréchal-Leclerc, prenez la rue Magenta.

Ancien amphithéâtre romain AB2

Au croisement des r. Magenta, Maréchal-Foch et Alsace-Lorraine.
C'est ici que se situait le centre d'une des plus grandes arènes de Gaule, pouvant accueillir jusqu'à 30 000 spectateurs. De forme elliptique (155 m de long sur 130 m de large), l'amphithéâtre romain de Poitiers (1er ou 2e s.) avait de quoi rivaliser avec le Colisée de Rome (188 m sur 155 m). Il n'en demeure aujourd'hui que quelques pans de brique, intégrés dans les habitations. On en devine le tracé en suivant les rues des Arènes-Romaines, Bonneveau et Bourcani. Dans cette dernière, par exemple, une entrée voûtée reste bien visible. Transformé en forteresse par les Wisigoths au 5e s., l'amphithéâtre fut par la suite utilisé comme réserve de matériaux de construction jusqu'au milieu du 19e s.
Continuez rue Magenta, puis tournez à droite dans la rue du 125e-Régiment-d'Infanterie qui devient rue de Blossac et aboutit place de l'Appel-du-18-Juin-1940.

Parc de Blossac A2

Pl. de l'Appel-du-18-Juin-1940 - autres accès : r. de la Tranchée et r. du Grand-Chêne - avr.-sept. : 7h-22h ; reste de l'année : 7h-21h.
Idéal pour une pause avec les enfants. On y trouve une aire de jeux, des espaces aménagés pour le pique-nique, une buvette et un petit parc zoologique (cochons d'Inde, lapins, cygnes, perruches, etc.).
C'est le plus grand jardin public de la ville. En 1753, le comte de Blossac, intendant du Poitou, fit dessiner ce parc de 9,5 ha à l'emplacement de la nécropole antique, le long des anciens remparts, afin d'embellir la ville. Vous y découvrirez un ravissant jardin anglais avec grottes et fontaines, et un jardin à la française avec kiosque à musique. À l'angle sud-est, la « tour à l'Oiseau », qui faisait partie de l'enceinte médiévale édifiée au 12e s. par Aliénor d'Aquitaine, offre une jolie vue sur la vallée du Clain.
En sortant rue de la Tranchée, prenez à droite, puis à gauche dans la rue Le Cesve. Au niveau de l'Escalier-du-Diable, tournez à droite dans la rue St-Hilaire.

★★ Église Saint-Hilaire-le-Grand A2

26 r. St-Hilaire - 9h-18h30 - fermé le 1er janv. - possibilité de visite guidée sur demande à l'office de tourisme.

Cette église romane, inscrite au Patrimoine mondial de l'Unesco en 1998, appartenait au monastère du même nom édifié entre le 7e et le 11e s. Elle est dédiée à saint Hilaire de Poitiers (*p. 329*) qui fut inhumé ici dans une chapelle funéraire de la nécropole antique, remplacée en 1049 par l'église actuelle.

Extérieur – Contournez l'église et observez, au chevet, les chapelles greffées sur le transept et le déambulatoire. Elles sont ornées de colonnes portant des chapiteaux très ouvragés. Leurs corniches sont décorées de modillons sculptés (têtes de chevaux, feuillages, petits monstres). Le clocher de 33 m de haut s'est effondré en 1590. Dévastée à la Révolution, l'église est consolidée et reconstruite dans le courant du 19e s. La façade occidentale date de cette époque.

Intérieur – Au 11e s., les trois nefs de St-Hilaire étaient couvertes de charpentes de bois. Pour se prémunir contre l'éventualité d'un incendie, les architectes d'alors décidèrent de la voûter en pierre, en étayant l'ouvrage avec des piliers qui englobent le clocher actuel. De même, on éleva dans la nef principale une rangée de colonnes qui se raccordent de façon très ingénieuse aux murs d'origine et portent la série des coupoles sur pendentifs. Ainsi sont nés les sept vaisseaux de l'église actuelle. Le **chœur** et le transept sont considérablement surélevés par rapport à la nef. L'avant-chœur est orné au sol d'une belle mosaïque et, aux piliers, de chapiteaux intéressants dont, à gauche, celui de la mise au tombeau de saint Hilaire. Le chœur est fermé par un demi-cercle de huit colonnes à la base desquelles on observe des grilles de ferronnerie du 19e s. dessinées par l'architecte Jean-Camille Formigé. Dans le chœur, les **fresques de l'Apocalypse★** (11e s.) sont du même atelier que celles de St-Savin (*p. 369*). Dans les absidioles, d'autres fresques relatent des épisodes de la vie de saint Quentin et de saint Martin. Dans la **crypte**, les reliques de saint Hilaire sont déposées dans une châsse du 19e s.

Poursuivez dans la rue St-Hilaire qui donne sur la rue Théophraste-Renaudot, elle-même se prolongeant avec les rues St-Porchaire et Gambetta, puis tournez à droite dans la rue des Cordeliers.

Hôtel Pélisson B1

13 r. du Marché-Notre-Dame - pas de visite.

Ce bel hôtel particulier de style Renaissance fut édifié en 1557 pour Pierre Pélisson, un marchand drapier protestant et échevin. La façade richement décorée porte les devises d'inspiration protestante (« *Hoc est refugion meum* » (« Voici mon refuge ») et *In D*[omi]*no confido 1557* (« Je me confie au Seigneur »).

Remontez la rue du Marché-Notre-Dame jusqu'à la place Charles-de-Gaulle.

AUTOUR DU QUARTIER MONTIERNEUF

Circuit 3 tracé en vert sur le plan de ville p. 321. En partant de la place Charles-de-Gaulle, prenez la rue de l'Université et longez la médiathèque.

Médiathèque François-Mitterrand B1

4 r. de l'Université ✆ 05 49 52 31 51 - www.bm-poitiers.fr - ♿ - juil.-août : 13h-18h, sam. 10h-18h ; reste de l'année : 11h-19h, merc. et vend. 11h-18h, sam. 10h-18h - fermé dim.-lun. et j. fériés - animations et expositions temporaires gratuites.

Datant de 1996, c'est le plus grand édifice public construit à Poitiers au 20e s. (8 000 m²). Élaboré par des architectes français, Sylvain Giacomazzi et Emmanuelle et Hervé Beaudouin, il s'inscrit à merveille dans la vieille ville. Chaque façade est conçue dans son rapport à la lumière : d'épais brise-soleil

en verre sur la façade est, un mur-rideau en béton troué d'une baie rectangulaire au nord et des formes saillantes en béton moulé à l'ouest, alcôves acoustiques de la salle de l'audiovisuel. La médiathèque abrite un précieux fonds médiéval au sein d'un pôle associé à la Bibliothèque nationale de France.
Descendez à droite la rue Cloche-Perse jusqu'à la place de la Liberté. Prenez la rue Pierre-Rat, puis à gauche la rue St-Germain. Au parvis St-Germain, tournez à droite dans la rue de la Bretonnerie jusqu'à la place Montierneuf.
Église Saint-Jean-de-Montierneuf B1 - *27 pl. Montierneuf - 9h-19h - possibilité de visite guidée de l'église et du quartier sur demande à l'office de tourisme.*
Fondée par Guillaume VII d'Aquitaine en 1069, cette ancienne abbatiale fut remaniée à plusieurs reprises, et sa façade refaite au 17e s. en raison des importantes dégradations dues aux guerres de Religion. Les bâtiments monastiques reconstruits au 17e s. subsistent encore, quoique défigurés. À l'intérieur, la clarté de la triple nef est accentuée par les larges verrières.
Depuis la place Montierneuf, remontez la rue Jean-Bouchet.

★Rue de la Chaîne B1

Cette rue pentue relie le quartier de Montierneuf à la ville haute. Elle abrite de magnifiques **maisons à pans de bois** (15e-18e s.). Derrière l'entrée quelconque du n° 24 se trouve l'**hôtel Berthelot**. Construit à partir de 1529 par René Berthelot, maire de la ville, c'est l'un des premiers édifices de la Renaissance de la ville. Occupé par le Centre d'études supérieures de civilisation médiévale, sa cour intérieure est accessible *(juin-sept. : 8h-17h ; reste de l'année 8h-18h - fermé w. end - visite guidée sur demande à l'office de tourisme)*, permettant d'admirer la façade de pierre sculptée au style italianisant. Remarquez les portraits du propriétaire et de son épouse, ainsi que le blason des Berthelot.
Remontez rue de la Chaîne jusqu'à la rue René-Descartes.

Hôtel Fumé B1

8 r. René-Descartes - accès libre à la cour intérieure et expositions temporaires gratuites - juin-sept. : 9h-18h ; reste de l'année : 8h30-18h30 - fermé w.-end et de la 4e sem. de juil. à la 3e sem. d'août - visite guidée sur demande à l'office de tourisme.
Cet hôtel est occupé depuis 1922 par la faculté de sciences humaines. Il fut construit en deux temps. D'abord, en 1480 dans un style gothique flamboyant pour Pierre Fumée, maire de la ville. Puis, en 1520, son fils François Fumée, juriste, entreprit de l'agrandir avec une somptueuse façade gothique aux riches lucarnes et sculptures. La cour, avec sa tourelle d'escalier, sa **galerie** et son grand balcon en encorbellement, est très harmonieuse.
Gagnez la place Charles-de-Gaulle par la place Charles-VII et la rue de la Regratterie.

À voir aussi Plan de ville p. 321

FAUBOURG SAINT-SATURNIN Hors plan par B2

Il s'étend le long de la rive droite du Clain, au pied de la falaise rocheuse, et de chaque côté de la rue du Faubourg-du-Pont-Neuf. Le boulevard Coligny monte au sommet du plateau des Dunes que domine la statue de N.-D.-des-Dunes.

Statue de Notre-Dame-des-Dunes

Bd Coligny - sous la caserne Aboville - le site est utilisé comme point de départ de plusieurs visites guidées de la ville organisées par l'office de tourisme.
Réalisée en bronze en 1876, cette Vierge à l'Enfant de 6,30 m de hauteur étend son bras protecteur vers la cité. Une centaine de mètres de là, à droite, une

table d'orientation offre un très beau **panorama★** *(surtout en matinée)* sur la ville ancienne. Remarquez l'alternance des toits de tuiles rondes (maisons) et d'ardoises (édifices publics), et les nombreux clochers. En contrebas, le fameux **rocher Coligny** servit de poste d'observation à l'amiral Gaspard de Coligny lorsque les protestants assiégèrent la ville en 1569.

Hypogée des Dunes

R. du Père-de-La-Croix - ✆ 05 49 41 07 53 - www.poitiers.fr - fermé pour conservation depuis 1998, le site est parfois accessible, notamment pendant les J. du patrimoine (sept.) et les J. nationales de l'archéologie (juin), uniquement dans le cadre de visites guidées - visite de l'hypogée sur demande au musée Ste-Croix - visite du jardin archéologique sur demande à l'office de tourisme.

Également situé sur le plateau des Dunes, ce site du Haut Moyen Âge (également appelé « hypogée Mellebaude ») fut découvert en 1878. Il s'agit d'une chapelle souterraine (hypogée) aménagée entre le 7e et le 8e s., au centre d'une nécropole antique. Elle fut construite pour devenir la sépulture d'un certain Mellebaude, abbé ou père spirituel des environs, et accueillit les dépouilles de 35 personnes, certaines dans des sarcophages. Ceux-ci sont exposés dans le beau **jardin archéologique** du site. L'entrée de l'hypogée est protégée par une chapelle de style gallo-romain édifiée en 1908. En descendant l'escalier, remarquez les **symboles gravés** sur les marches, caractéristiques du christianisme primitif : poissons, serpents entrelacés, rinceaux de lierre. L'hypogée abrite un autel, des inscriptions et des traces de décors polychromes. Les sculptures qui s'y trouvaient sont désormais conservées au musée Ste-Croix (*p. 327*). Parmi elles, la base d'une **Crucifixion du Christ** entre les deux larrons constitue un rare exemple de sculpture figurative de l'art mérovingien.

Dolmen de la Pierre-Levée

R. de la Pierre-Levée - au croisement de la rue du Dolmen - accès depuis le Pont Neuf par le fg du Pont-Neuf (2e rue à gauche) - accès libre.

Cette énorme roche plate, qui repose à moitié levée sur les trois pieds en pierre, est certainement le plus vieux monument de Poitiers. Daté du néolithique, ce dolmen est à l'origine de nombreux récits et légendes. **Rabelais**, qui fréquenta le lieu lorsqu'il fut étudiant à Poitiers de 1525 à 1527, raconte, dans *Pantagruel*, que les *« escholiers »* l'escaladaient pour y *« banqueter à force flacons, jambons et pâtés, et écrire leur nom dessus avec un couteau. »* La tradition est perpétuée par la confrérie étudiante pictave du Bitard qui organise un pique-nique à cet endroit chaque année, fin mars.

À proximité Carte des alentours

LA VALLÉE DE LA BOIVRE

5 km à l'ouest de Poitiers. Quittez Poitiers par le boulevard de Pont-Achard (quartier de la gare), puis empruntez la rue Georges-Guynemer vers Vouneuil. Suivez les panneaux menant aux grottes de la Norée.

La petite route, pittoresque, menant aux grottes de la Norée, emprunte la verdoyante vallée de la Boivre. Cette rivière se jette dans le Clain, à Poitiers.

Grottes de la Norée

2 r. de l'Ermitage - 86580 Biard - ✆ 05 49 52 36 04 - www.ot-poitiers.fr - visite guidée uniquement (45mn) - juil.-août : 13h30-18h30 - fermé lun. - 5,80 € (6-18 ans 3,80 €).

Les plus jeunes apprécieront la salle du Macaroni, ainsi que le conte « La revanche des princesses de la nuit » écrit spécialement pour eux. Mais avant de partir, il faudra bien les couvrir, la température n'excédant pas 15 °C.
Une mise en lumière scénographique permet d'apprécier la variété des formes géomorphologiques et les concrétions de ce réseau souterrain : marmites d'érosion, cascades pétrifiées, stalagmites, etc. Le bâtiment d'accueil propose une exposition sur l'histoire des grottes et leur formation.

Circuits conseillés Carte des alentours p. 331

AUTOUR DE LA FORÊT DE MOULIÈRE

Circuit de 55 km tracé en vert sur la carte ci-contre – comptez une demi-journée. Quittez Poitiers par l'est en empruntant la D 6 qui longe le parc des expositions.

Le Breuil-Mingot

Charmant manoir du début du 17e s.
Poursuivez sur la D 6. À l'entrée de Bignoux, tournez à droite dans la D 139.

Château du Bois-Dousset

Bois-Dousset - 86800 Lavoux - 05 49 44 20 26 - - juil. et sept. : lun.-vend. 9h-12h, 14h-18h ; reste de l'année : sur demande - accès libre d'une partie des jardins - possibilité de visite guidée (1h) sur demande.
Élégant édifice Louis XIII des 16e et 17e s. dans un jardin à la française, classé, ceint de douves. Le lieu fait chambres d'hôte.
Continuez sur la D 139. À Lavoux, prenez au nord-ouest la D 20 sur 5 km.

Maison de la forêt de Montamisé

D 20 - Le Grand-Recoin - 86360 Montamisé - 05 49 56 59 20 - www.maisondelaforet-montamise.fr - - mai-sept. : 14h-17h, w.-end 14h45-18h30 ; avr., oct., j. fériés : 14h-17h, w.-end 14h15-18h ; reste de l'année : 14h-17h, w.-end 13h45-17h30 - fermé 24 et 25 déc., 1er janv. - gratuit - expositions artistiques chaque mois.
Peu après l'entrée de la **forêt de Moulière**, le lieu-dit du Grand Recoin abrite ce centre d'animations et de loisirs. La route est bordée d'agréables chemins forestiers propices à la promenade.
Au carrefour suivant, prenez sur la droite la D 3.

Bonneuil-Matours

24 carrefour M.-Fombeure - 86210 Bonneuil-Matours - 05 49 85 08 62 - www.tourisme-chatellerault.fr - mai-oct. et vac. scol. : 9h30-12h30 - fermé dim. et j. fériés.
Ce bourg possède un moulin à eau. Son église romane, restaurée, est ornée d'intéressants chapiteaux à la croisée du transept et dans le chœur.
Quittez Bonneuil-Matours par l'ouest en empruntant la D 82.

Réserve naturelle du Pinail

Rte de la Rodrie - 86210 Vouneuil-sur-Vienne - 05 49 02 33 47 - www.reserve-pinail.org - accès libre - visite guidée (2h) : juil.-août, merc. à 17h, sur inscription ; reste de l'année : sur demande.
La D 82 longe cette zone protégée de 135 ha, une lande où croissent la bruyère à balais (brande), l'ajonc nain et la molinie (herbe à longue tige). Vous y verrez plus d'un millier de mares, conséquence de l'ancienne exploitation de la pierre meulière qui servait à faire les meules des moulins. Deux circuits fléchés parcourent la réserve.
Poursuivez sur la D 82.

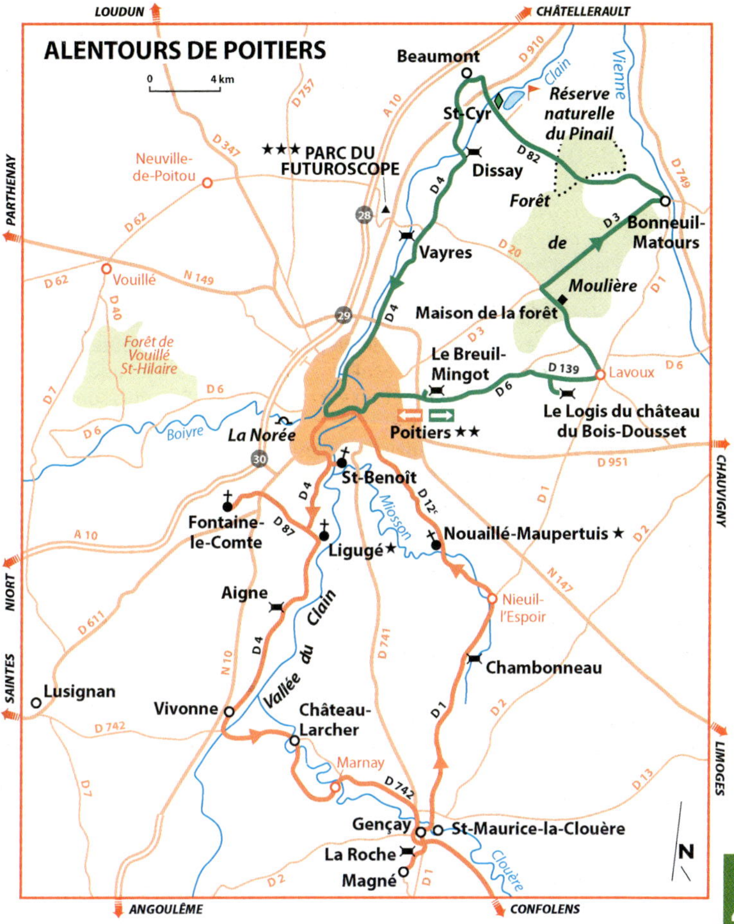

Parc de loisirs de Saint-Cyr

R. de la Bourdillière - 86130 St-Cyr - ✆ 05 49 62 57 22 - www.parcdesaintcyr.fr - juil.-août : 10h-19h ; juin : w.-end et merc. 13h-19h - 3 € (5-12 ans 1 €) - entrée libre reste de l'année - activités incluses dans le prix d'entrée : baignade, toboggan aquatique, aires de pique-nique et de jeux, terrain multisport, réserve ornithologique.

Autour d'un vaste lac artificiel (85 ha), ce parc propose de nombreuses activités pour petits et grands : baignade (surveillée en été), voile, planche à voile, golf, aires de jeux, tennis, pêche… sans oublier les oiseaux !

Réserve ornithologique – *✆ 05 49 88 55 22 - http://vienne.lpo.fr - visite guidée (2h30) - juil.-août : mar. à 9h sur RV ; reste de l'année : se rens. - 4 € (12-18 ans 2 €).* Intégrée au parc de loisirs, cette zone humide de 40 ha est gérée par la LPO (Ligue pour la protection des oiseaux). C'est un important site de halte migratoire et de nidification hivernale pour 130 espèces. Le « sentier rose », balisé et ponctué de trois observatoires, permet de découvrir le grèbe castagneux, le héron cendré, le canard chipeau ou la macreuse brune. Lors des visites guidées, le « sentier orange » donne accès, quant à lui, au cœur de la réserve.

Poursuivez sur la D 82 qui traverse bientôt la D 910.

Beaumont

De la Grand-Place de ce village vigneron part un chemin qui conduit à un donjon démantelé sous Louis XIV : vue sur les vallées du Clain et de la Vienne.
Quittez Beaumont par le sud-ouest. La route passe bientôt sous la D 910.

Château de Dissay

R. de l'Église - 86130 Dissay - ✆ 05 49 62 84 29 - www.dissay.fr/le-chateau.html - visite guidée (1h30) uniquement - de fin juin à mi-août : tlj sf merc. 15h-18h ; reste de l'année : sur demande - 6 € (6-12 ans 3 €).
Édifié par Pierre d'Amboise, évêque de Poitiers, à la fin du 15e s., ce beau château d'agrément impressionne avec ses quatre tours et ses profondes douves qui lui donnent une allure martiale. Dans la cour intérieure, la tourelle d'angle polygonale abrite l'escalier qui se termine par une magnifique voûte en palmier. Analysez les clés ornées de médaillons sculptés figurant les apôtres. La chapelle a conservé son carrelage et ses vitraux d'origine. Ses murs sont couverts de **peintures murales★**, rehaussées d'or moulu, d'une grande finesse. Exécutées au 16e s., elles évoquent les thèmes du repentir et du pardon. Vers une fontaine de miséricorde se tournent les grands pécheurs que furent Adam et Ève, Nabuchodonosor, Manassé, David et Bethsabée (sur cette dernière composition, on reconnaît distinctement l'entrée du château).
Quittez Dissay par le sud-ouest en empruntant la D 4.

Château de Vayres

Ne se visite pas. Ce charmant manoir date des 15e et 16e s. De ses jardins à la française en terrasses, on découvre une ravissante perspective sur la façade ouest, mise en valeur par un puissant mur de soutènement à contreforts. Le pigeonnier contient 2 620 boulins ; offert par Anne d'Autriche, il fut construit en 1656.
Revenez à Poitiers par la D 4.

LES VALLÉES DU CLAIN, DE LA CLOUÈRE ET DU MIOSSON

▶ *Circuit de 65 km tracé en ocre sur la carte p. 331 – comptez environ une demi-journée. Quittez Poitiers par l'avenue de la Libération et tournez à gauche pour longer le Clain.*
La **vallée du Clain** conduit jusqu'au seuil du Poitou qui marque la limite avec l'Angoumois, mais aussi la frontière entre les pays de langue d'oïl (au nord) et ceux de langue d'oc (au sud).

Saint-Benoît

Ce gros village se cache entre les pentes escarpées de collines boisées. De l'abbaye Saint-Benoît-de-Quinçay, fondée au 7e s., subsiste l'**église**. Son style roman très sobre semble étranger aux canons de l'école poitevine. À l'intérieur, la disposition des pierres des murs de la nef évoque une construction du 11e s. Les boiseries et les stalles sont du 18e s., le tabernacle du 17e s. À droite de l'église demeurent les vestiges du cloître (12e s.).
Quittez St-Benoît par le sud-ouest pour rejoindre la D 4. À l'entrée de Ligugé, prenez à droite la D 87.

Abbaye de Fontaine-le-Comte

Construite vers 1126-1136 par le comte de Poitiers Guillaume VIII, père d'Aliénor d'Aquitaine, cette ancienne abbaye de l'ordre de St-Augustin conserve une vaste église dont la nef unique est voûtée en berceau.
Revenez par la D 87 pour rejoindre Ligugé, puis empruntez la D 4 vers le sud.

Le château de Dissay.
F. Leroy/hemis.fr

★ Ligugé

Espace culturel Eugène-Aubin - pl. Pannonhalma - 86240 Ligugé - 05 49 55 97 19 - www.liguge.fr - juin-sept. : 14h-17h30, sam. 10h-12h, 14h-17h30, dim. 14h-17h30 - fermé le reste de l'année.

Ce charmant village, foyer du mouvement monastique en Occident avec saint Martin de Tours au 4e s., abrite un considérable patrimoine religieux. Des fouilles, pratiquées à partir de 1953, devant et sous la nef de l'actuelle église paroissiale St-Martin, ont permis de dégager une série exceptionnelle d'édifices préromans : **villa gallo-romaine** (mur d'une salle ; sol en béton) ; **basilique primitive** antérieure à 370 (abside) ; sanctuaire votif ou **martyrium** du 4e s. (arcade) ; **église** du 6e s. ; **basilique** du 7e s. (croisillon droit formant le soubassement de l'actuel clocher ; crypte ; absidiole gauche ; pavement composé d'éléments émaillés à motifs géométriques, qui serait le plus ancien de ce genre en France).

Église Saint-Martin – L'église fut reconstruite au début du 16e s. par **Geoffroy d'Estissac**, alors prieur de Ligugé. Admirez sa **façade** et son clocher flamboyants, et sur l'une des portes Renaissance sculptées, l'image de saint Martin partageant son manteau.

★ **Abbaye Saint-Martin** – *2 pl. R.-P.-Lambert - 05 49 55 21 12 - www.abbaye-liguge.com - ♿ - galeries des émaux : tlj sf lun. 10h-11h15, 14h30-17h45, dim. 11h15-12h15, 15h-18h ; monastère : J. du patrimoine - gratuit - possibilité de visite guidée : (45mn) w.-end 15h.* L'ancien ermitage de saint Martin (*p. 339*) revendique d'être le plus vieux monastère d'Occident encore en activité. L'abbaye est animée aujourd'hui encore par des moines bénédictins qui y vivent suivant la règle « *ora et labora* »(« prie et travaille »). Ils pratiquent l'art de l'émail depuis des décennies et réalisent notamment de superbes reproductions de vitraux (volontiers inspirées d'œuvres de Georges Rouault, Georges Braque, Marc Chagall ou encore Alfred Manessier), selon la technique dite de la grisaille d'or. Une **galerie d'émaux** et une boutique exposent les créations provenant de l'atelier, tandis qu'un petit **musée** d'histoire et de géographie monastiques complète la visite.

4

Incorporée dans l'enceinte extérieure, la **tour Rabelais**, de forme ronde, fut habitée par le conteur de 1524 à 1527, alors qu'il était secrétaire de l'évêque Geoffroy d'Estissac. En quête de spiritualité, l'écrivain Joris-Karl Huysmans passa une année dans la communauté monastique en 1901, avec le peintre Georges Rouault. Durant la Seconde Guerre mondiale, des personnalités s'y réfugièrent, parmi lesquelles Robert Schuman, l'un des pères de l'Europe.
Poursuivez sur la D 4.

Château d'Aigne

De la terrasse de cet édifice Renaissance très restauré, on profite d'une vue plongeante sur la vallée. Notez, au flanc du coteau, la grotte dite « de Rabelais ».
Poursuivez sur la D 4.

Vivonne

Juché sur un éperon, ce bourg commande le confluent de la Vonne, du Palais et du Clain. L'architecture de l'**église** St-Georges, quelque peu disparate, ne manque pas de saveur : un croisillon gauche du 12e s., une nef gothique dans laquelle on pénètre par un beau portail du 13e s., un croisillon droit et un chevet de la fin du 16e s. C'est ici que François Ravaillac (né à Angoulême en 1577) aurait eu la vision d'un infidèle enfermé dans un triangle d'épées, une apparition qui le confirma dans son dessein d'occire le roi Henri IV.
Quittez Vivonne par le sud-est en empruntant la D 742.

Château-Larcher

Ce bourg conserve des vestiges de son enceinte et de son château. Église romane au portail sculpté ; dans le cimetière, lanterne des morts (12e s.).
Quittez Château-Larcher par le sud en empruntant la D 144. Après Marnay, prenez à droite la D 742.

Gençay

Pl. du Marché - 86160 Gençay - 05 49 59 47 37 - http://ot-gencay.fr - juil.-août : lun. 14h-16h30, mar.-vend. 9h-12h30, 14h-17h15, sam. 9h-12h30, dim. 10h-12h30 ; reste de l'année : mêmes horaires sf dim., fermé. Cet agréable village est dominé par les vestiges du **château Du Guesclin** édifié du 9e au 12e s. *(pas de visite)*. Après la terrible défaite de Nouaillé-Maupertuis (1356), près de Poitiers, le roi de France Jean II le Bon y est détenu quelques mois. La forteresse est ensuite occupée pendant près de vingt ans par un seigneur gallois, jusqu'à ce que le chevalier Bertrand Du Guesclin l'assiège et la reprenne en 1375.
Prenez la D 13 vers le sud.

Magné

Construit au bord de la Belle, ce petit bourg s'organise autour de sa minuscule église romane dédiée à saint Médard et du cimetière mérovingien attenant.
Parc de la Belle – *R. Anatole-de-Briey - 86160 Magné - 05 49 87 80 86 - www.parcdelabelle.com - juil.-août : 10h-19h ; mai-juin et sept. : w.-end et j. fériés 10h-18h - 6 € (5-12 ans 4 €) - possibilité d'hébergement en cabanes (« Nos adresses »).*
Les enfants trouveront ici leur bonheur dans l'exploration du labyrinthe d'osier vivant, dans la grande aire de jeux et à la petite ferme où ils pourront prendre soin des chèvres et des moutons.
Lové dans un paisible vallon traversé par le cours de la Belle, ce parc féerique s'étend sur 12 ha. En lisière de forêt, son étang, ses jardins japonais ou aromatique et sa roseraie rassemblent quelque 10 000 variétés de plantes et d'arbres. Une ancienne maison de maître rénovée permet de se replonger dans l'ambiance du 19e s. avec son four à pain et son jardin potager.

Saint Martin de Tours

LE LÉGIONNAIRE ROMAIN DEVENU PROTECTEUR DE LA FRANCE

Né vers 316 dans la province romaine de Pannonie (l'actuelle Hongrie), saint Martin est célèbre pour l'épisode du **manteau partagé**. Enrôlé de force dans la légion depuis l'âge de 15 ans, il est alors officier stationné en Gaule, à Amiens. Au cours du rude hiver 338-339, le jeune soldat en patrouille rencontre un pauvre homme qui lui demande l'aumône. Martin n'a pas d'argent, il coupe la doublure de son manteau et la donne au mendiant. La nuit suivante, le Christ lui apparaît portant la doublure du manteau. Converti, il poursuit une longue carrière militaire avant de rejoindre **saint Hilaire de Poitiers** *(p. 329)* à Rome. Menant une vie d'ermite, Martin suit Hilaire dans le Poitou et fonde, en 361 ou 362, l'**ermitage de Ligugé**. Ses premiers miracles attirent un nombre croissant de disciples, faisant de Ligugé un grand centre d'évangélisation. La réputation de l'ascète est telle qu'en 370, les habitants de Tours le choisissent pour évêque… contre son gré. Et s'il accepte finalement la mission, il reste fidèle à ses principes : pauvreté, mortification, prière. Vers 372, il fonde, à 3 km de Tours, le **monastère de Marmoutier**. Il meurt le 8 novembre 397 à Candes, sur les bords de la Loire.

UN SAINT PARMI LES SAINTS

Dans les jours suivant le décès du « bienheureux Apôtre », les moines de Ligugé et ceux de Marmoutier se disputent la dépouille. Ces derniers parviennent à subtiliser le corps et le ramènent sur une barque. Un étrange phénomène se produit alors : à son passage, les arbres verdissent, les plantes fleurissent et les oiseaux chantent. Ce premier miracle post mortem reste connu sous le nom d'**été de la St-Martin**. L'homme occupe dès lors une place à part dans la Chrétienté : reconnu comme saint aussitôt après sa mort, il n'a pourtant jamais fait l'objet d'une canonisation ; c'est le premier saint à être vénéré sans avoir subi le martyre, ni même laissé d'écrits ; c'est aussi le seul saint latin honoré par les moines orthodoxes du **mont Athos**. Quant à la relique du manteau, plus tard appelée « cape », elle sera à l'origine du mot « chapelle » : l'endroit où l'on gardait la « c(h)ape » du saint, devenue l'étendard de **Charlemagne**.

UNE HISTOIRE FRANÇAISE

Symbole d'unité, l'image du grand évangélisateur de la Gaule est d'abord récupérée par les Mérovingiens. Au lendemain de la **bataille de Poitiers**, en 503, c'est sur le tombeau de saint Martin que Clovis vient rendre grâce. Cet acte va faire de l'ascète de Ligugé la figure tutélaire de la France. Pendant des siècles, son sarcophage attire les pèlerins à Tours, avant de disparaître lors des guerres de Religion. Quand la tombe est redécouverte en 1860, saint Martin revient au premier plan. À la fois moine et soldat, il est invoqué aussi bien pour asseoir la IIIe République après la défaite de 1870 que pour contrer l'anticléricalisme du début du 20e s. La signature de l'armistice le **11 novembre 1918**, jour de la St-Martin, contribue à sceller un peu plus son destin à celui du pays. Aujourd'hui encore, les Français entretiennent un lien particulier avec lui. Tout du moins avec son nom : c'est le patronyme le plus répandu (228 000 familles) et celui porté par le plus grand nombre de communes (222). Les statistiques ne faisant que confirmer l'adage forgé au 6e s. par le poète Fortunat : *« Où le Christ est connu, Martin est honoré. »*

Château de La Roche – *R. Anatole-de-Briey - 86160 Magné - ✆ 05 49 59 31 07 - juil.-août : visites guidées (45mn) tlj sf lun. à 10h, 11h, 11h45 et 14h30, 15h30, 16h30, 17h30 - reste de l'année : sur RV - 8 € (5-10 ans 5 €).* Située le long de la Belle, à la limite entre Gençay et Magné, cette demeure seigneuriale présente une façade Renaissance et une autre d'époque Louis XIII, tout comme le sont les communs. Les trois salons et la salle à manger du rez-de-chaussée sont accessibles. On y admirera les belles boiseries et les médaillons peints. À côté se dresse une chapelle du 16e s. dont les **vitraux★** ont été réalisés en 1867 par Laurent-Charles Maréchal, chef de file de l'école de Metz. La crypte abrite une trentaine de tombeaux. Le parc et les jardins (18e s.) sont attribués à Le Nôtre. Les communs du château accueillent le **musée de l'Ordre de Malte**. Unique en France, cette petite collection revient sur l'histoire des croisades jusqu'à la transformation de l'Ordre en organisation humanitaire à travers photos, gravures et documents, dont de très belles cartes de l'île de Malte.
Revenez à Gençay et prenez la D 1.

Église de Saint-Maurice-la-Clouère

Cette église (fin 11e-début 12e s.) de style roman poitevin, dédiée à saint Maurice, se distingue par des dispositions originales : plan en forme de trèfle, clocher fortifié dont les angles sont renforcés de tourelles à échauguettes. Attardez-vous sur le **portail** du collatéral gauche avec ses voussures délicatement sculptées, l'abside et les absidioles à contreforts-colonnes. À l'intérieur, peintures murales figurant un Christ en majesté du 14e s. à la voûte en cul-de-four du chœur, et Visitation du 16e s. sur le côté droit.
Poursuivez sur la D 1.

Château de Chambonneau

Lieu-dit Camboniac - 86340 Gizay - ✆ 05 49 42 94 07 - www.chambonneau.com - visite réservée aux groupes de plus de 25 pers. sur réservation.
La forteresse daterait du 13e s. Elle s'inscrivait dans un vaste système défensif de sept châteaux reliés par des souterrains : Château-Larcher, Gençay, Morthemer… À la fin du 15e s., Guy Frotier, seigneur de La Messelière, modifie l'édifice qui prend alors sa configuration actuelle. Celui-ci frappe par son aspect défensif : le châtelet d'entrée, flanqué de deux tours percées d'archères et couronnées d'un chemin de ronde couvert sur mâchicoulis, commandait jadis un pont-levis (*p. 72*). Les bâtiments de l'aile sud s'appuient sur les courtines. La cour s'ouvre sur une esplanade délimitée à l'origine par quatre tours d'angle.
Poursuivez sur la D 1. Après l'église de Nieuil-l'Espoir, prenez à gauche la D 12.

★ Abbaye de Nouaillé-Maupertuis

32-34 r. de l'Abbaye - ✆ 05 49 55 35 69 - www.nouaille.com - avr.-sept. : 9h-19h ; reste de l'année : 9h-18h - fermé 1er janv., 25 déc. - 4 € (12-18 ans 2,50 €) - possibilité de visite guidée (1h15) en juil.-août (horaires : se rens.).
Ce magnifique ensemble roman fortifié se cache encore dans un vallon boisé, comme au 7e s. où les moines s'installaient à l'écart du monde. L'enceinte qui protège l'abbaye comprend des tours en partie arasées, et des douves qu'alimentent les dérivations du Miosson. Après le petit pont, franchissez la porte nord voûtée et pénétrez dans la cour de l'abbaye. Contigu à l'entrée, le logis abbatial (15e s.) est desservi par une jolie tourelle d'escalier.
Église abbatiale Saint-Junien de Nouaillé – À droite, le clocher-porche du 12e s. présente une grande baie percée au 15e s. Au centre, le mur latéral attire l'attention par une élévation très curieuse : deux étages d'arcatures datant du 11e s. sont surmontés de baies et d'arcs eux aussi romans, mais de la fin du 12e s. Les parties hautes du transept et le chœur ont été refaits au 17e s. L'importante

Vue extérieure du logis de l'abbaye de Nouaillé-Maupertuis.
Abbaye de Nouaillé-Maupertuis

coupole sur trompes, renforcée de nervures, forme la première travée de la nef. Celle-ci, voûtée en berceau au 12e s., est encadrée de collatéraux très étroits. Près de la porte latérale gauche, une colonne romaine en marbre gris-bleu a été réemployée. Un bel ensemble de **boiseries** du 17e s. (jubé, stalles, aigle-lutrin) forme une sorte d'îlot au centre de l'abbatiale.
Au fond du chœur, derrière le maître-autel du 17e s., dans un enfeu décoré de peintures murales, est déposée la **châsse de saint Junien★** (9e s.), énorme masse de pierre sculptée ornée de rares peintures carolingiennes. De chaque côté du chœur (restauré au 17e s.), deux escaliers descendent à la crypte *(ne se visite pas)* où étaient vénérées les reliques du saint, qui firent de l'abbaye une étape importante de pèlerinage vers St-Jacques-de-Compostelle.
Bâtiments conventuels – Il en subsiste, à droite de l'église, une aile couronnée d'une curieuse cheminée romane – selon certains, ancienne lanterne des morts – et, plus loin, un bâtiment du 17e s., regardant le Miosson.
La D 12C ramène directement vers les quartiers sud de Poitiers.

1356 : LA TROISIÈME BATAILLE DE POITIERS

C'est dans le voisinage de l'abbaye de Nouaillé, sur la rive nord du Miosson, qu'eut lieu, du 17 au 19 septembre 1356, l'une des plus sanglantes batailles de la guerre de Cent Ans : la bataille dite de « Poitiers » *(champ de bataille situé dans le milieu de la rue de la Garenne ; suivre les indications)*. Le roi de France **Jean II le Bon** fut défait par le **Prince Noir**, fils du roi d'Angleterre Édouard III. Le roi résista longtemps, mais, blessé au visage, il dut se rendre au Prince Noir. Le plus jeune fils du roi, Philippe, encore enfant, avertit son père du danger par ces mots désormais célèbres : « Père, gardez-vous à droite… père, gardez-vous à gauche… » Il fut fait prisonnier avec le roi.
L'association Nouaillé 1356 *(✆ 05 49 46 85 00 - www.nouaille-1356.org)* fait revivre ces grands moments de l'histoire à l'occasion de spectacles-animations et journées médiévales tout au long de l'année.

NOS ADRESSES À POITIERS

TRANSPORTS

En bus

Vitalis – ✆ *05 49 44 66 88 - www.vitalis-poitiers.fr.* La compagnie dessert les communes du Grand Poitiers. De la gare, plusieurs lignes vont directement au centre-ville ; la ligne 1 (et E le dim.) dessert le site du Futuroscope.

HÉBERGEMENT

PREMIER PRIX

Hôtel Central – B2 - *35 pl. Leclerc - ✆ 05 49 01 79 79 - www.hotel-central-poitiers.com - 20 ch. 67/83 € - ☕ 8,15 €.* Avec ses chambres sobres et fonctionnelles, cet hôtel constitue une adresse pratique en plein centre-ville. Accueil aimable. Parking Hôtel-de-Ville tout proche. Petit déjeuner servi en chambre uniquement.

Hôtel Ibis Poitiers Centre – A2 - *15 r. du Petit-Bonneveau - ✆ 05 49 88 30 42 - www.ibishotel.com - P - 75 ch. 69/149 € - ☕ 10 €.* En dehors des caractéristiques communes aux hôtels de la chaîne, cet établissement a l'avantage d'être situé en plein cœur de la ville, à proximité du secteur touristique et des commerces. Une adresse pour faire étape dans la région.

Hôtel de l'Europe – A2 - *39 r. Carnot - ✆ 05 49 88 12 00 - www.hotel-europe-poitiers.com - fermé 24 déc.-3 janv. - P - 88 ch. 69/105 € - ☕ 10 €.* Au cœur des rues piétonnes, trois bâtiments rénovés répartis autour d'une cour intérieure (le plus vieux date de 1810). Chambres de divers styles : contemporain, oriental, etc.

BUDGET MOYEN

Best Western Le Grand Hôtel – A2 - *28 r. Carnot - ✆05 49 60 90 60 - www.grandhotelpoitiers.fr - ♿ P - 41 ch. et 6 suites 76/136 € - ☕ 12,50 €.* Central mais bénéficiant du calme d'une cour, l'hôtel présente un chaleureux cadre d'esprit Art déco. Chambres confortables et grande terrasse où l'on petit-déjeune en été.

POUR SE FAIRE PLAISIR

Hôtel Mercure Poitiers Centre – B1 - *14 r. É.-Grimaux - ✆ 05 49 50 50 60 - www.mercure.com - ♿ - 50 ch., 4 suites 128/280 € - ☕ 16 €.* Au cœur de la ville, voici un superbe établissement aménagé en 2012 dans une ancienne chapelle jésuite de 1854. L'hôtel propose des chambres atypiques dans la nef et le clocher, avec une vue exceptionnelle sur Poitiers. Restaurant d'excellente facture. Parking (Théâtre) à proximité.

Chambres d'hôte Château de Vaumoret – Hors plan par A1 - *r. du Breuil-Mingot - ✆ 05 49 61 32 11 - www.chateaudevaumoret.com - fermé fév. - P - 5 ch. 85/90 € ☕.* Toujours à Poitiers, mais à 10 km à l'est du centre, vous voilà en pleine campagne. Tranquillité assurée dans le parc de 15 ha qui entoure ce ravissant petit château du 17e s. et repos garanti dans ses chambres claires, joliment meublées à l'ancienne.

À proximité

BUDGET MOYEN

Quality Hôtel Alisée – Hors plan par B1 - *14 r. du Commerce - 86360 Chasseneuil-du-Poitou - 9 km au nord par D 910 - ✆ 05 49 52 90 41 - www.hotelalisee.fr - ♿ P 🏊 - 75 ch. 75/99 € - ☕ 10 €.* Dans une zone commerciale en face du Futuroscope. Les couloirs, décorés à la façon d'une rue pavée, conduisent à de grandes chambres fonctionnelles, dont une partie bénéficie du calme du jardin. Piscine extérieure de mai à septembre. Sympathique restaurant d'esprit brasserie, salon cosy et belle bibliothèque.

DéfiPlanet – Hors plan par B2 - *lieu-dit la Bocquerie - 86410 Dienné - 25 km au sud-est - 05 49 45 87 63 - www.defiplanet.com - 23 roulottes (99/131 €), 8 yourtes (73/115 €), 8 cabanes (99/184 €), rest., etc.* Dans ce domaine de 47 ha, toutes les activités sont tournées vers la nature (centre équestre, escalade, pêche) et le bien-être (piscine, Jacuzzi, hammam).

POUR SE FAIRE PLAISIR

Parc de la Belle – Hors plan par B2 - *r. Anatole-de-Briey - 86160 Magné - 31 km au sud - 05 49 87 80 86 - www.parcdelabelle.com - 14 cabanes 99/219 €*. Après avoir visité le parc *(p. 338)*, on peut profiter du calme des lieux pour dormir dans de douillettes petites chambres… perchées dans les arbres (de 2 à 14 m de haut). Nuit inoubliable.

RESTAURATION

PREMIER PRIX

La Serrurerie – B1 - *28 r. des Grandes-Écoles - 05 49 41 05 14 - www.laserrurerie.com - plats 12/22 €.* Cette grande brasserie, prisée des étudiants et des locaux, est située à deux pas de l'hôtel de ville. Décor insolite et chaleureux. Cuisine régionale et méditerranéenne.

La Gazette – B1 - *1 r. Gambetta - 05 49 61 49 21 - www.lagazettepoitiers.com - plats 12,50/18,50 €, brunch 19,50 € (w.-end et j. fériés).* Ce bar-brasserie propose de nombreux cocktails, servis, par exemple, avec une planche de jambon San Daniele, une formule brunch et des plats roboratifs (carré d'agneau, curry indonésien, lasagnes au fromage de chèvre du Poitou). Ambiance plutôt branchée.

Les Bons Enfants – B1 - *11 bis r. Cloche-Perse - 05 49 41 49 82 - fermé 1 sem. vac. de fév., 1 sem. vac. de printemps, 1 sem. fin août, vac. de Toussaint, dim. et lun. - formule déj. 12,50 € - 22/26 €.* Près de l'hôtel Fumé, ce petit restaurant à la façade verte est décoré d'une toile sur le thème d'*Alice au pays des merveilles*. On s'y serre les coudes pour déguster, entre autres, ses spécialités poitevines, servies dans une ambiance… bon enfant !

Le Bistro de l'Absynthe – A2 - *36 r. Carnot - 05 49 37 28 44 - fermé août et dim. midi, lun. et j. fériés - formule déj. 10 € - 20/27 €.* Accueil charmant dans une petite salle décorée de publicités anciennes (à l'étage). Cuisine traditionnelle : escargots, cuisses de grenouille, rognons ou filet de bœuf et une tartelette au citron que l'on n'oublie pas.

BUDGET MOYEN

Le Déjeuner sur l'Herbe – B1 - *14 pl. Charles-VII - 05 49 55 39 30 - formule midi 14,90 €, menus 28,80/33,80 €.* Une salle lumineuse et une belle terrasse à deux pas de Notre-Dame-la-Grande. La cuisine est inventive avec des alliances inattendues, ainsi que quelques classiques (filet de bœuf Rossini, côte de veau, confit d'agneau, volaille) et une étonnante soupe au chocolat pour terminer.

Le Poitevin – A2 - *76 r. Carnot - 05 49 88 35 04 - www.le-poitevin.fr - fermé sam. soir, dim. midi et lun. - formule déj. 12 € - 25/36 €.* Restaurant composé de trois petites salles, d'esprit rustique ou plus contemporain. Plats traditionnels (farci poitevin, mouclade charentaise, etc.)

élaborés avec de beaux produits régionaux. Une bonne adresse.

Antipodes – A2 - *65 r. T.-Renaudot - ✆ 05 49 42 02 93 - www.restaurant-antipodes.fr - fermé dim. - formule déj. 11,50 € - 24,50/39 €.* L'escalier mène à une belle salle voûtée du 12e s. au cadre à la fois magique et insolite. On y savoure une cuisine recherchée. Lumières tamisées, ambiance intime et jazz tous les jeudis. Réservation recommandée.

La Table du Chai – B1 - *12 r. de la Croix-Blanche - ✆ 05 49 88 92 33 - www.latableduchai.com - fermé dim. et lun. soir - formule déj. 11,50/15,90 € - 26/36 €.* Ici, vous trouverez à la fois un restaurant, un caviste et un club de dégustation. Bonnes planches de légumes, viandes ou fromages. Et, bien sûr, des conseils pour le vin !

POUR SE FAIRE PLAISIR

Vingelique – A2 - *37 r. Carnot - ✆ 05 49 55 07 03 - fermé dim. - formule déj. 11,50 € - 39/52 €.* En face du Bistro de l'Absynthe (mêmes propriétaires), dans une salle à la déco épurée, le chef vous propose une cuisine gastronomique. À goûter en priorité : la salade de homard à l'avocat et au citron vert. Belle terrasse dans la cour, formule très intéressante le midi.

À proximité

BUDGET MOYEN

La Chênaie – Hors plan par A2 - *N 10 - lieu-dit la Berlanderie - 86240 Croutelle - à 8 km au sud-ouest - ✆ 05 49 57 11 52 - www.la-chenaie.com - P - fermé 3 sem. en été, vac. de fév., dim. soir et lun. - 21/49 €.* Ancienne ferme joliment restaurée, située en léger retrait de la route, ouvrant sur un jardin planté de chênes séculaires. Cuisine généreuse et fraîche : ravioles de fruits de mer, parmentier de volaille au foie gras poêlé, millefeuille aux fraises.

POUR SE FAIRE PLAISIR

Passions et Gourmandises – Hors plan par B2 - *6 r. du Square - 86280 St-Benoît - 4 km au sud - ✆ 05 49 61 03 99 - www.passionsetgourmandises.com - fermé déb. janv., dim. soir, merc. midi et lun. - ♿ P - formule déj. 22 € - 33/115 €.* Séduisante cuisine actuelle chez cet étoilé *Michelin*. L'espace, tout en longueur, la clarté et la blancheur du lieu s'accordent à merveille avec l'esprit contemporain des plats. Belle terrasse au bord du ruisseau.

PETITE PAUSE

Le Bonheur est dans le thé – *7 r. Carnot - ✆ 05 49 41 44 48 - tlj sf dim.-lun. 12h-19h - fermé j. fériés.* Agréable salon de thé, restaurant le midi propose deux formules goûter. Produits frais et locaux, grand choix de thés.

Jasmin Citronnelle – *32 r. Gambetta - ✆ 05 49 41 37 26 - tlj sf dim.-lun. 12h-18h30 - fermé j. fériés.* Large variété de thés, pâtisseries, tartes salées, plats végétariens et diététiques (sans gluten et sans lait de vache), salades maison ; l'été, bon choix de glaces à déguster en terrasse.

ACHATS

Deux grands pôles pour le shopping : les boutiques des rues piétonnes, entre l'hôtel de ville et N.-D.-la-Grande, et le centre commercial des Cordeliers.

Rannou-Métivier – *30 r. des Cordeliers - ✆ 05 49 30 30 10 - www.rannou-metivier.com - tlj sf dim. 9h-19h, lun. 13h45-19h - salon de thé ouvert jeu.-sam.* Maison renommée pour ses macarons de Montmorillon. Autres tentations : le Bonne Mémé (pâte d'amande sur pâte feuilletée), la Visitandine (génoise aux amandes) ou les chocolats. Salon de thé à l'étage.

La Maison du Tourisme et du Terroir – *33 pl. Ch.-de-Gaulle - ✆05 17 84 23 23 - www.boutique-terroir.com - lun.-vend. 9h-18h, sam. 10h-13h, 14h-19h.* Produits du terroir et artisanat d'art.

Marchés

Marché Notre-Dame – *Pl. Ch.-de-Gaulle - tlj sf dim. 6h-19h.* Ce marché couvert est le plus grand et le plus réputé parmi les sept de la ville. On y trouve une trentaine de commerces (fromager, poissonnier, primeur, boucher, charcutier, épicier, volailler, crémier…), auxquels viennent s'ajouter quelques étals aux abords. En fin de semaine, toute la place s'anime avec une brocante *(vend. 6h-19h)* et un grand marché extérieur *(sam. 6h-14h)*.

EN SOIRÉE

Le Plan B – *32 bd. du Grand-Cerf - près de la gare SNCF - ✆ 09 50 56 16 59 - www.barleplanb.fr - bar : mar.mer. 18h-0h, jeu.-sam. 18h-2h du matin - restaurant : lun.-vend. 12h-14h - café pour enfants : dim. 14h-18h.* Cette coopérative dispose d'une salle de concert, d'un espace d'exposition, d'une librairie, d'un restauant, d'un bar et d'un marché srolidaire (Amap). On y trouve des produits et boissons régionaux, le plus souvent bio : vins naturels, whisky de Charente-Maritime, bières de micro-brasseries, planches apéritives *(3,5/7 €)*, etc.

Maison de l'Île Jouteau – *5 chemin du Tison - sous le parc de Blossac - ✆ 05 49 60 06 33 - www.lilejouteau.fr - mar.-vend. 12h-22h, sam. 18h-22h30, dim. 12h-18h.* Sur une île de verdure, entre deux bras du Clain, cette charmante maison est tenue par une association d'insertion professionnelle qui déborde d'idées originales pour faire revivre le « Poitiers-plage » des années 1950. Au programme : promenades en barque, restaurant, soirées musicales, etc.

Le Confort Moderne – *185 r. du Fg-du-Pont-Neuf - 2 km au sud- est du centre - ✆ 05 49 46 08 08 - www.confort-moderne.fr - expositions : merc.-dim. 14h-19h - fermé juil.-sept.* Cette salle de concert à la programmation pointue (rock, hip-hop, etc.) abrite un espace dédié à l'art contemporain et une fanzinothèque unique en Europe qui regroupe 20 000 fanzines, bédézines ou graphzines. Bar ouvert les soirs de spectacle.

Le Pince-Oreille – *11 r. des Trois-Rois - en descendant la rue de la Chaîne - ✆ 05 49 60 25 99 - www.lepinceoreille.fr - mar.-sam. 17h-0h - fermé 14 juil., 15 août, 25 déc.* Ce café-concert aime le changement : décor régulièrement revu et corrigé, grande variété dans la programmation des concerts (jazz, blues), carte proposant plus de 40 cocktails, bar à vin et deux salles de restaurant à l'étage (cuisine traditionnelle, rôtisserie).

AGENDA

Poitiers Film Festival – *✆ 05 49 39 29 29 - www.poitiersfilmfestival.com - de fin nov. à déb. déc.* Consacré aux jeunes réalisateurs issus des écoles de cinéma, ce festival se tient au Théâtre-Auditorium de Poitiers *(1 bd de Verdun)* et au TAP Castille *(37 pl. du Maréchal-Leclerc)* avec une soixantaine de films en compétition chaque année.

Concerts d'orgues – *Rens. à l'office de tourisme.* Cinq églises abritant des orgues de différentes sonorités organisent des concerts gratuits toute l'année.

Parc du Futuroscope

★★★

Vienne (86)

Volez, tombez, sortez du système solaire sans quitter votre fauteuil : au Futuroscope, les technologies numériques vous entraînent dans la quatrième dimension, là où science et simulation se conjuguent pour vous faire toucher du doigt le futur. Depuis 1987, ce spectaculaire parc de loisirs, à l'architecture décoiffante et aux attractions sans cesse renouvelées, fait rêver petits et grands devant des écrans géants interactifs qui éveillent la curiosité, l'émotion et l'imagination.

NOS ADRESSES PAGE 351
Hébergement, restauration, achats, activités, etc.

SE REPÉRER

Carte de microrégion AB2 p. 314-315 - *carte Michelin Départements 322 I4*. Installé 10 km au nord de Poitiers, sur les communes de Chasseneuil-du-Poitou et Jaunay-Clan, il est desservi par l'autoroute A 10 et par le TGV. Autour s'est développée une technopole dotée d'entreprises et de centres de recherche et de formation.

À NE PAS MANQUER

La « Machine à voyager dans le temps » en 5D avec les Lapins Crétins ; les aventures remuantes de « La Vienne dynamique » ; l'émouvant parcours dans le noir « Les Yeux grands fermés » ; la magie du spectacle de nuit.

ORGANISER SON TEMPS

N'imaginez pas tout voir d'un coup. Préférez les périodes creuses afin d'échapper aux files d'attente, et essayez de loger sur place pour profiter au mieux des animations nocturnes. Consultez la **brochure** remise à l'entrée ou les **points info** dans le parc pour organiser votre visite en fonction des horaires des séances. Application smartphone aussi disponible.

AVEC LES ENFANTS

Ce monde est un peu le leur. Dès qu'ils ont atteint la taille minimale de 1,20 m, ils raffolent de ce qui secoue, fait peur et surprend. Et, l'âge venant, ils vous étonneront par leurs connaissances techniques.

Découvrir

Av. René-Monory - 86360 Chasseneuil-du-Poitou - ✆ 05 49 49 30 80 - www.futuroscope.com - ♿ - de 10h à la tombée de la nuit ou à la fin du spectacle nocturne (18h-22h45) selon la sais. - fermé janv. - horaires précis : se rens. - 42 € (-16 ans 32 €) - billetterie en ligne (tarif réduit) et à l'office du tourisme de Poitiers - offres séjour famille à partir de 45 €/pers.

Rien que pour vos yeux et pour vos sens

Chocs cosmiques – *23mn*. Cette exploration de la Voie lactée, secouée de collisions cosmiques, entraîne à travers les années-lumière aux sources et aux confins du système solaire sous un dôme hémisphérique de 21 m de diamètre.

Les Mystères du Kube – *25mn*. Ce spectacle mêle acrobates, danseurs et arts numériques. Des archéologues ont mis au jour un cube mystérieux. Pour la première fois, il est exposé sur scène et semble endormi, quand soudain…

Le Futuroscope, vue de l'Aérobar.
Futuroscope - JL. Audy/Aircopter/Aérophile/D. Laming, Architecte

★**iMagic** – *25mn.* Un spectacle de magie et d'illusions dans la plus pure tradition des shows de Las Vegas, conçu par Bertran Lotth et mis en scène par Arthur Jugnot. Lévitations et faux-semblants dans une mise en scène rythmée. Ce spectacle a été élu « Meilleur grand spectacle de magie » au Congrès français de l'illusion en 2012.

★★ **« Les Yeux grands fermés »** – *20mn - attraction payante (5 €).* Cet émouvant parcours dans le noir total vous plonge dans l'univers quotidien d'un aveugle. L'absence de lumière est compensée par les odeurs, les sons, les sensations tactiles et par la présence rassurante de l'animateur non-voyant qui vous guide à travers différents espaces. Pour cette activité, une participation est demandée au profit des associations de malvoyants et non voyants.

D-Day – *Nouveauté 2016.* Les visiteurs sont plongés au cœur des préparatifs qui ont précédé le débarquement allié du 6 juin 1944. Ils découvrent pourquoi la belle Normandie d'aujourd'hui fut, durant l'été 1944, un véritable enfer sur terre et de quelle façon le sort du monde s'est joué sur ce territoire.

Images 3D

La Machine à voyager dans le temps avec les Lapins Crétins – *20mn.* Un voyage spatio-temporel à bord d'un train transportant des… sièges de W.-C. Des scènes délirantes et hilarantes reconstituant des moments forts de l'histoire. Lunettes 3D, effets 4D (mouvement des sièges) et sensations en 5D (projection d'air et d'eau). Élu « Meilleure attraction au monde » par la TEA (Themed Entertainment Association) en 2015.

★ **Arthur, l'aventure 4D** – *4mn.* Un mini film en « 4D » *(3D augmentée d'effets de vent, d'odeurs, etc. dans la salle)* dans la peau d'un Minimoy pour accompagner Arthur dans de nouvelles aventures, inspirées du deuxième volet de la trilogie de Luc Besson. Élu « Meilleure attraction au monde » par la TEA (Themed Entertainment Association) en 2012.

L'Explorarium – *Nouveauté 2016.* Jean-Michel Cousteau, fils du commandant Cousteau, vous invite à découvrir l'océan sous un dôme 3D et sous un jour

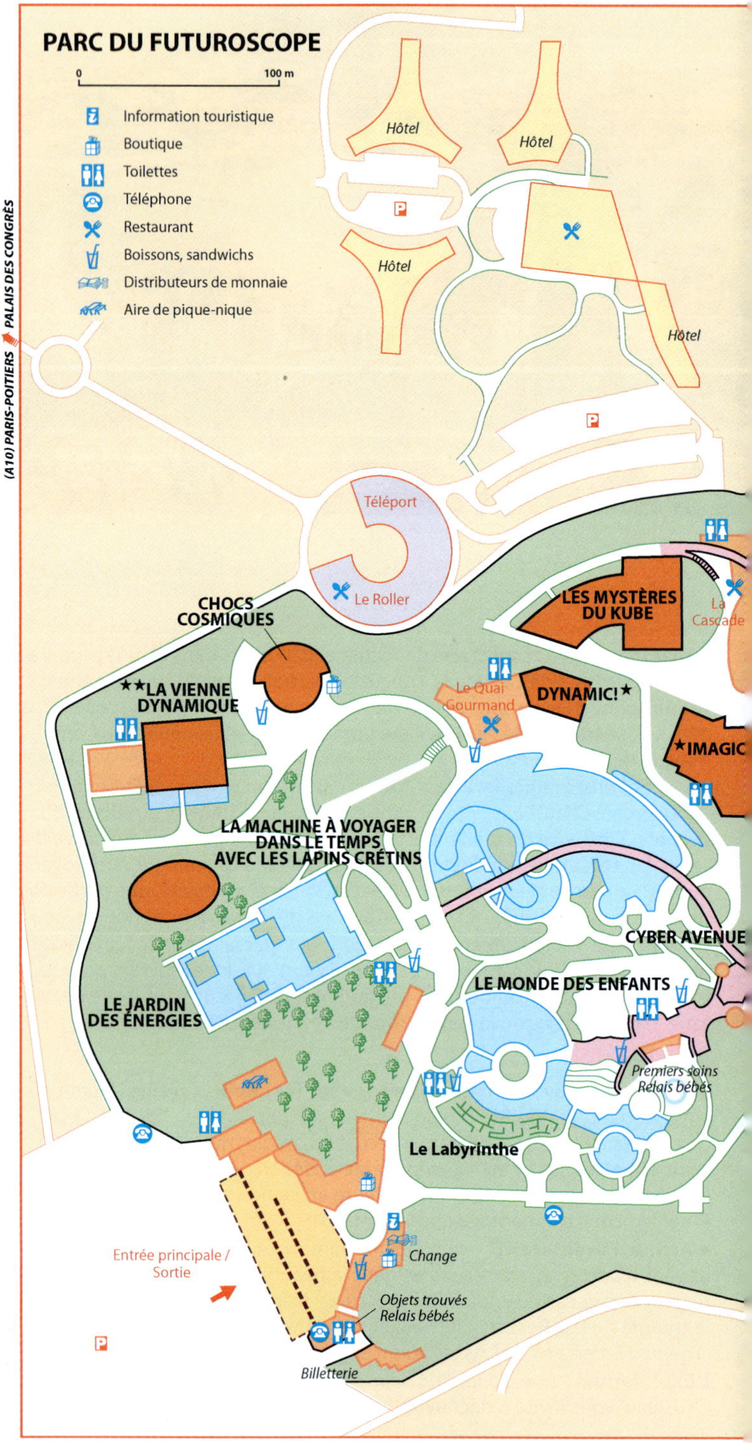
PARC DU FUTUROSCOPE
0
100 m
Information touristique
Boutique
Toilettes
Téléphone
Restaurant
Boissons, sandwichs
Distributeurs de monnaie
Aire de pique-nique
(A10) PARIS-POITIERS PALAIS DES CONGRÈS
Hôtel
Hôtel
Hôtel
Hôtel
Téléport
Le Roller
CHOCS COSMIQUES
LES MYSTÈRES DU KUBE
La Cascade
★★LA VIENNE DYNAMIQUE
Le Quai Gourmand
DYNAMIC!★
★IMAGIC
LA MACHINE À VOYAGER DANS LE TEMPS AVEC LES LAPINS CRÉTINS
CYBER AVENUE
LE MONDE DES ENFANTS
LE JARDIN DES ÉNERGIES
Premiers soins
Relais bébés
Le Labyrinthe
Entrée principale / Sortie
Change
Objets trouvés
Relais bébés
Billetterie

PARC DU FUTUROSCOPE

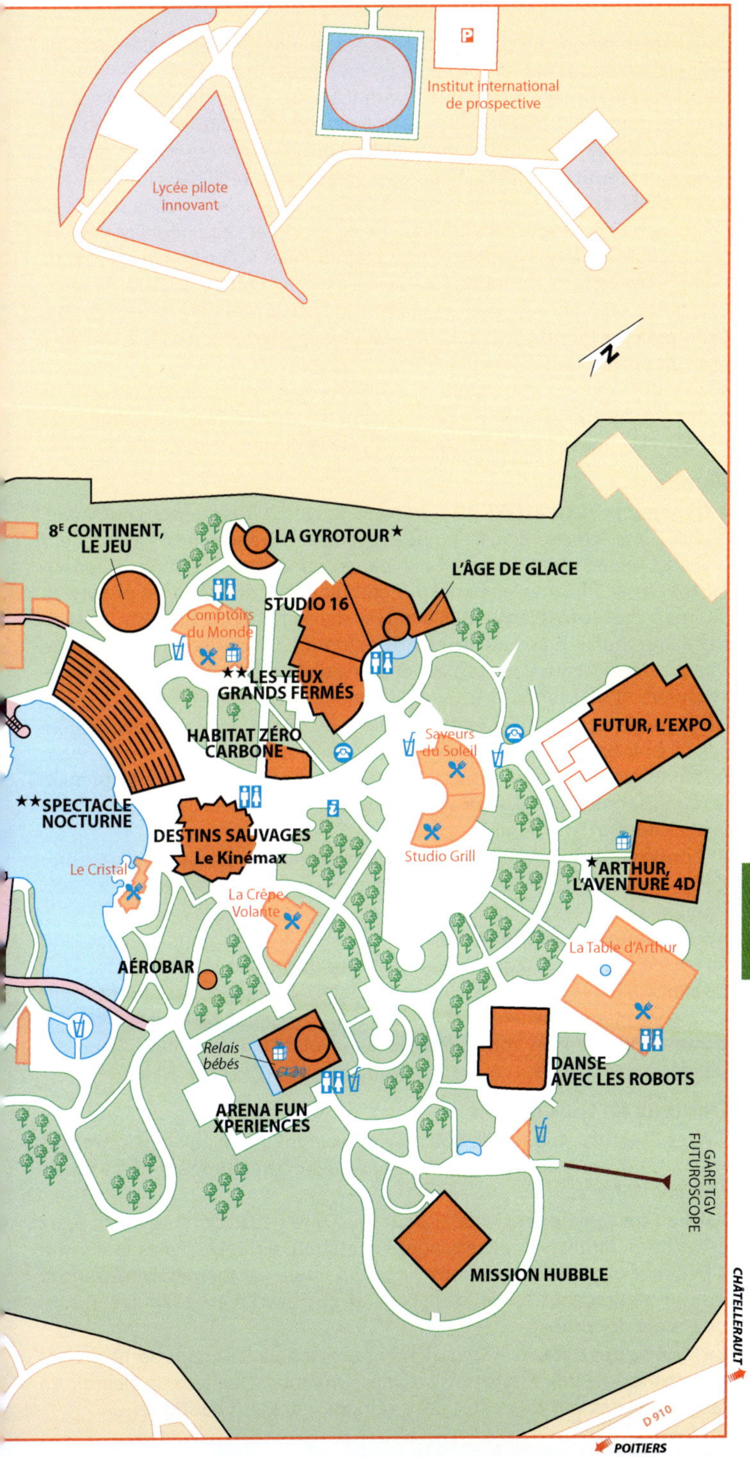

4

nouveau en plongeant dans les fonds sous-marins des Bahamas et des îles Fidji. Dans ces profondeurs océanes, un monde est resté secret. Il est peuplé des plus petits organismes marins qui sont à la base de la chaîne de vie océanique et dont nous dépendons tous. Une plongée spectaculaire dans un univers dont la beauté et la diversité incitent à protéger encore plus les océans.

Kinémax : Impitoyables ! – *Nouveauté 2016.* Un écureuil dans un bois sauvage et une souris-sauterelle dans les déserts brûlés de l'Arizona sont tous deux contraints de grandir vite avant de se retrouver seuls pour la première fois. Course, bagarres, suspense : tous les ingrédients d'un film d'action sont réunis dans cette aventure saisissante de réalisme grâce à la nouvelle technologie de projection laser IMAX, utilisée ici pour la première fois en Europe.

Omnimax : Le Monde de l'invisible – *Nouveauté 2016.* Et si vous aviez le super pouvoir de voir toutes les choses invisibles qui vous entourent ? Toutes ces choses qu'il vous est impossible de les percevoir à l'œil nu ? Explorez en projection hémisphérique un monde inconnu qui vous révèle que ce que vous voyez n'est finalement qu'une part infime de ce qui peut être visible sur Terre.

Remuant

★ **Dynamic ! : Virus Attack 3D** – *5mn.* Un nouveau virus menace l'humanité. Réduit à une échelle microscopique et propulsé à grande vitesse à l'intérieur du corps humain, vous n'avez que quelques minutes pour enrayer le redoutable virus et affronter la révolte des globules blancs ! Le film est projeté en alternance avec **L'Attaque des drones** : dans un monde futuriste, participez à une course-poursuite haletante en moto. Le pilote, seul rescapé d'une attaque de vaisseaux volants, vous entraîne dans sa fuite éperdue. Suspense, secousses et sensations fortes sont au rendez-vous.

L'Âge de glace, l'expérience 4D – *Nouveauté 2016.* Enfilez votre peau de bête pour frémir avec Sid le paresseux. Celui-ci a décidé d'élever trois bébés tyrannosaures perdus par leur mère. Mais quand la maman dinosaure réapparaît, les ennuis commencent. Pour Sid comme pour vous. Effets dans la salle et sur la plate-forme dynamique.

8e Continent – *5mn.* Armé de votre « Trash-Buster » et juché sur votre scooter des mers, aidez les héros de ce court film interactif à débarrasser les océans des déchets qui les polluent.

★★ **La Vienne dynamique + d'effets** – *21mn.* Relooké pour les vingt-cinq ans du parc et enrichi d'effets plus marquants (vent, eau, son « spatialisé »...), ce film sur le département de la Vienne fait découvrir les sites touristiques en associant le mouvement d'un simulateur dynamique à l'image. Frissons garantis lorsque vous vous retrouverez au volant d'une formule 3 lancée à pleine vitesse dans les rues de Chauvigny.

Des jeux en tous genres

Cyber Avenue – Espace de 800 m² entièrement dédié aux jeux d'arcades *(certains payants ; distributeurs de jetons sur place)* et au multimédia *(accès gratuit à l'Internet).*

Arena Fun Xperiences – Idéal pour faire une pause détente entre deux attractions. Ambiance zen, étranges végétations virtuelles : vous êtes invité à pénétrer dans une aire de jeux vidéo organisée par thèmes. Les écrans et les consoles raviront les fans de jeux de sport, d'aventure, de simulation auto ou encore de combat.

Le Monde des enfants – Spécialement conçu pour les moins de 12 ans, cet espace propose une vingtaine d'activités. On y trouve des jeux de plein air, un labyrinthe, des jeux musicaux, des « vélodos », des jeux nautiques...

FUTUROSCOPE TECHNOPOLE

Implantée aux portes du Futuroscope, cette zone de télécommunications avancées se compose de 150 000 m² de bureaux répartis sur 200 ha et qui accueillent 700 chercheurs, 2 000 étudiants ou lycéens et environ 5 500 salariés. La Technopole regroupe plus de 160 **entreprises**, une quinzaine de **laboratoires** spécialisés dans des domaines aussi divers que l'aéronautique, les biomécaniques ou les nouvelles technologies, et plusieurs établissements dédiés à la **formation**, dont le Lycée pilote innovant (LPI) ou l'École nationale supérieure de mécanique et d'aéronautique (ENSMA).

Et aussi

★★ **Spectacle nocturne par le Cirque du Soleil** – *Nouveauté 2016 - 25mn.* Une immense scène aquatique sert de cadre à cette « aquaféerie » avec des effets de lumière et de feu, des lasers et des jeux d'images projetés sur des écrans d'eau.

Futur, l'expo – Robots, objets connectés, nouvelles images et imprimantes 3D investissent notre quotidien. Faites un tour dans le futur et participez à dix expériences ludiques pour comprendre comment les innovations technologiques vont prochainement modifier nos habitudes de vie.

★ **La Gyrotour** – *5mn.* Cet observatoire circulaire rotatif vous offre, à 45 m de hauteur, une superbe **vue** d'ensemble du parc.

Danse avec les robots – *5mn.* Arrimé à une nacelle au bout d'un bras articulé, participez à une chorégraphie pas comme les autres et pour le moins décoiffante, au rythme de musiques choisies par le célèbre DJ français Martin Solveig.

Le Cristal – *Ouvert en été.* Un restaurant pour découvrir la cuisine moléculaire du futur, sous la houlette du « chimiste gourmet » Hervé This.

L'Aérobar – *Consommation payante.* Pour boire un coup à 35 m du sol, les pieds dans le vide et les cheveux au vent.

Art contemporain – Découvrez les sculptures de l'artiste Jean-Louis Toutain, disséminées à travers tout le parc transformé pour l'occasion en galerie d'art de plein air.

4

NOS ADRESSES AU FUTUROSCOPE

Voir aussi « Nos adresses » à Poitiers p. 342.

HÉBERGEMENT

PREMIER PRIX

Hôtel du Futuroscope – *Bd L.-de-Vinci - 86360 Chasseneuil-du-Poitou - 05 49 49 37 37 - www.hotels-futuroscope.fr - - 290 ch. 76/96 € - 7,50 €.* Situé à l'entrée du parc, avec un accès immédiat par passerelle, l'hôtel dispose d'une structure moderne et confortable. Un hébergement idéal pour les familles, comprenant aussi un restaurant (cuisine traditionnelle). Possibilité de réserver le séjour à l'hôtel incluant le billet d'entrée.

Hôtel Première Classe Poitiers-Futuroscope – *9 allée de la Détente - Z.I. de Chasseneuil-du-Poitou - 86360 Chasseneuil-du-Poitou - 08 92 68 81 23 - www.premiereclasse.com - - 146 ch. 47/52 € - 5 €.* Un hôtel peu cher proche du Futuroscope. Les chambres familiales sont pourvues d'un lit double et d'un lit superposé pour les enfants. Les services proposés incluent une billetterie pour le parc, un mini-comptoir pour se restaurer en cas de petite faim, le parking gratuit et le petit déjeuner à moitié prix pour les enfants.

Chambres d'hôte La Ferme du Château de Martigny – *39 rte de Chasseneuil - 86170 Avanton - 3 km à l'ouest du Futuroscope - ✆ 05 49 51 04 57 -www.lafermeduchateau.fr - 3 ch. 69/99 €* . Il s'agit des chambres d'hôte les plus proches du Futuroscope. Ne vous attendez pas à dormir au château quand même. Ici, les chambres, au décor campagnard, sont aménagées dans les anciennes dépendances, coquettement rénovées. Le petit déjeuner est servi dans le vaste jardin en été. Belle piscine.

Campanile Futuroscope – *Bd René-Descartes - Téléport 3 - 86960 Futuroscope-Chasseneuil - ✆ 05 49 49 06 58 - www.campanile-poitiers.fr - 193 ch. 66/78 € - 9,90 € - formule demi-pension 125/135 €.* Pourvu d'une architecture aux lignes allongées lui donnant des airs de paquebot, cet hôtel de chaîne dispose de chambres spacieuses et agréables. Repas et petits déjeuners sous forme de buffet et plateaux courtoisie en cas de petits creux.

Hôtel Ibis Poitiers Futuroscope – *Av. Thomas-Edison - 86360 Chasseneuil-du-Poitou - ✆ 05 49 49 90 00 - www.ibishotel.com - 141 ch. 67/84 € - 9,90 € - 18 €.* Chambres fonctionnelles, bar-salon, salles de conférences… Cet Ibis séduira autant la clientèle d'affaires que les familles de retour… vers le futur ! Côté table, décor marin et repas sous forme de buffet privilégiant les produits de l'océan.

BUDGET MOYEN

Mercure Aquatis Futuroscope – *Av. Jean-Monnet - Téléport 3 - 86360 Chasseneuil-du-Poitou - ✆ 05 49 49 55 00 - www.accor.com - 84 ch. 65/105 € - 14 € - formule demi-pension 126 €.* Une silhouette épurée contrastant avec les singulières architectures du Futuroscope. Chambres pratiques, plus spacieuses dans l'aile récente. Vaste restaurant orné de colonnes, arcades et statues ; plats traditionnels et petite carte « assiettes et rôtisserie ».

Novotel Futuroscope – *Av. René-Monory - Téléport 4 - 86360 Chasseneuil-du-Poitou - ✆ 05 49 49 91 91 - www.novotel-sitedufuturoscope.fr - 110 ch. 88/179 € - 16,50 € - formule demi-pension 179 €.* Un standing inégalable et un accueil qui ont fait de Novotel un fleuron du genre. Chambres spacieuses et impeccables, toutes très correctement équipées.

RESTAURATION

Bon à savoir – Les restaurants du parc du Futuroscope sont : La Table d'Arthur, La Crêpe Volante, Saveurs du Soleil, Comptoirs du Monde, Le Quai Gourmand, Studio Grill et Le Cristal *(réservations ✆ 05 49 49 11 12).*

BUDGET MOYEN

Le St-Fortunat – *6 r. du Sergent-Bangoura-Moridé - 86170 Neuville-de-Poitou - 12 km à l'ouest du Futuroscope - ✆ 05 49 54 56 74 - www.saintfortunat.com - fermé 10 j. en août, dim., lun. et j. fériés - formule déj. 18 € - 26/73 €.* Salle contemporaine, devancée par une cour-terrasse et une véranda. Beaux produits bien préparés : carré de porc noir de Bigorre, homard à l'émulsion de pesto, huîtres au caviar de hareng, etc.

Loudun

6 989 Loudunais - Vienne (86)

Aux confins du Poitou et de l'Anjou, la renommée de Loudun repose sur un passé de sulfureux mystères et l'héritage intellectuel d'un illustre personnage, Théophraste Renaudot, père de la presse française. La ville compte d'élégants hôtels particuliers en pierre des 17e et 18e s., des rues claires et fleuries, et de plaisantes promenades ombragées de tilleuls.

NOS ADRESSES PAGE 357
Hébergement, restauration, achats, activités, etc.

S'INFORMER

Office du tourisme de Loudun – *2 r. des Marchands - 86200 Loudun - ✆ 05 49 98 15 96 - www.loudun-tourisme.fr - juil.-août : 10h-13h, 14h-18h30, dim. 14h30-18h30 ; juin et sept. : tlj sf dim. 10h-12h30, 14h-18h30 ; reste de l'année : tlj sf dim. 10h-12h30, 15h-18h, lun. 15h-18h - fermé certains j. fériés.*

Visite guidée – *Juil.-août - horaires : se rens.* L'office de tourisme propose notamment une visite commentée de la ville *(3,50 €, -18 ans gratuit)* et une autre du musée Théophraste-Renaudot *(5 €, 8-17 ans 2 €).*

SE REPÉRER

Carte de microrégion A1 p. 314-315 - *carte Michelin Départements 322 G2.* Loudun est 54 km au nord de Poitiers. De larges boulevards circonscrivent la ville, située sur une butte. Parkings dans le centre.

À NE PAS MANQUER

Le musée Théophraste-Renaudot ; le panorama sur les environs du haut de la Tour carrée ; la chapelle du château de Ternay.

Se promener Plan de ville

Circuit tracé en vert sur le plan de ville p. 355 - comptez 2h. Partez du parking de l'hôtel de ville, rue du Palais, et descendez la rue Renaudot.

Musée Théophraste-Renaudot B1

2 Petite-Rue-du-Jeu-de-Paume - ✆ 05 49 98 27 33 - www.museerenaudot.com - 14h-18h - fermé lun., vac. de Noël, 1er mai - possibilité de visite guidée (45mn) - 3,50 € (-18 ans gratuit) - gratuit 1er dim. du mois.

Natif de Loudun, **Théophraste Renaudot** (1586-1653) désirait devenir médecin. Repoussé par la faculté de Paris parce que protestant, il se forma à Montpellier et devint médecin ordinaire du roi et commissaire général des pauvres du royaume. Soutenu par Louis XIII, il ouvrit, en 1629, le premier bureau recueillant les offres et demandes d'emploi, puis un service de consultation médicale gratuite avec distribution de médicaments. Également à l'origine des petites annonces, il fonda en 1631 le premier journal imprimé en France, *La Gazette,* dans lequel écrivaient Louis XIII et Richelieu. Dans la maison natale de Théophraste Renaudot, belle demeure du 16e s., ce musée de cire retrace la vie et l'œuvre de l'illustre homme. Visite ludique, lors de laquelle vous pourrez imprimer le premier numéro de la fameuse *Gazette* de 1631. Parmi les pièces, meublées en style Louis XIII, remarquez une imposante presse à bras du 17e s.

Créé en 1925, le **prix Renaudot** est décerné par un jury de journalistes. Parmi les lauréats de ce prix littéraire, citons **Louis-Ferdinand Céline**, *Voyage* *au bout de la nuit* (1932) ; **Louis Aragon**, *Les Beaux Quartiers* (1936) ; **Jean-Marie Le Clézio**, *Le Procès-Verbal* (1963) ; **Georges Perec**, *Les Choses* (1965) ; **Dan Franck**, *La Séparation* (1991) ; **Emmanuel Carrère**, *Limonov* (2011) ou encore **David Foenkinos**, *Charlotte* (2014). Le Renaudot des lycéens et le Petit Théophraste sont attribués tous les ans par des lycéens et enfants de Loudun.

Église Saint-Pierre-du-Marché B1

Fondée en 1215 par Philippe Auguste, elle fut complétée par Saint Louis et coiffée au 15e s. d'une flèche de pierre effilée. Elle présente un imposant portail Renaissance ; anges et médaillons dans les voussures.

Descendez la rue Renaudot et tournez à droite dans la rue des Marchands.

Remarquez sur la gauche la place où Urbain Grandier fut brûlé.

Collégiale Sainte-Croix B2

Pl. Ste-Croix - ✆ 05 49 98 62 00 - www.loudun-tourisme.fr - ♿ - de mi-mai à fin sept. : 10h30-12h30, 14h-19h ; reste de l'année : 14h-18h ; vac. de Noël : 10h30-12h30, 14h-18h - fermé lun., 1er janv., 1er mai, 1er nov., 25 déc. - gratuit - possibilité de visite guidée (45mn) sur demande à l'office de tourisme.

Aujourd'hui convertie en espace d'exposition et de concert, cette église romane a subi les outrages des guerres de Religion, et a servi de marché couvert jusqu'en 1991. Des peintures murales du 13e s. ont été découvertes lors de sa restauration : sur la voûte en cul-de-four, le Christ en croix avec saint Jean et la Vierge. À la croisée du transept, les chapiteaux sont sculptés d'anges tenant un blason et de moines portant un livre. En 1634, des séances d'exorcisme s'y déroulent dans le cadre du procès d'Urbain Grandier (*ci-dessous*).

Remontez la rue du Jeu-de-Paume et rattrapez la rue de la Corderie jusqu'à la Tour carrée.

Tour carrée A1

Carrefour des Sorciers - ✆ 05 49 98 15 96 - www.loudun-tourisme.fr - ♿ - possibilité de visite guidée sur demande (30mn) - tour actuellement fermée - jardin ouvert en été, se rens.

Dominant la ville du haut de ses 31 m, cette tour de guet, renforcée de contreforts, fut élevée en 1040 par Foulques Nerra, comte d'Anjou et fougueux guerrier. De son sommet (143 marches), beau **panorama** sur les environs.

Revenez sur vos pas et prenez la rue du Château à droite.

LES POSSÉDÉES DE LOUDUN

En 1617, **Urbain Grandier** (1590-1634) arrive à Loudun. La ville constitue alors une place de sûreté pour les protestants. Jeune curé formé à Bordeaux, Grandier prend en charge la paroisse, affichant son esprit tolérant et ne cachant pas son hostilité à l'égard de Richelieu. Ses succès de prédicateur et la liberté de ses mœurs lui attirent de nombreux ennemis. Reprenant la Genèse (« Il n'est pas bon que l'homme soit seul »), il écrit un traité fustigeant le vœu de célibat des prêtres. Après la mort du directeur de conscience d'un couvent de Loudun, les sœurs demandent au jeune curé de lui succéder. Il refuse. C'est alors qu'elles se trouvent possédées par le démon : hallucinations diaboliques, convulsions et débauche nocturne. Des prêtres exorcistes sont convoqués et la mère supérieure sous transe éructe le nom de l'abbé Grandier comme celui du diable. Un procès pour sorcellerie est ouvert, à l'instigation, dit-on, de Richelieu. Déclaré coupable, le curé est torturé, puis brûlé vif sur la place Ste-Croix en 1634.

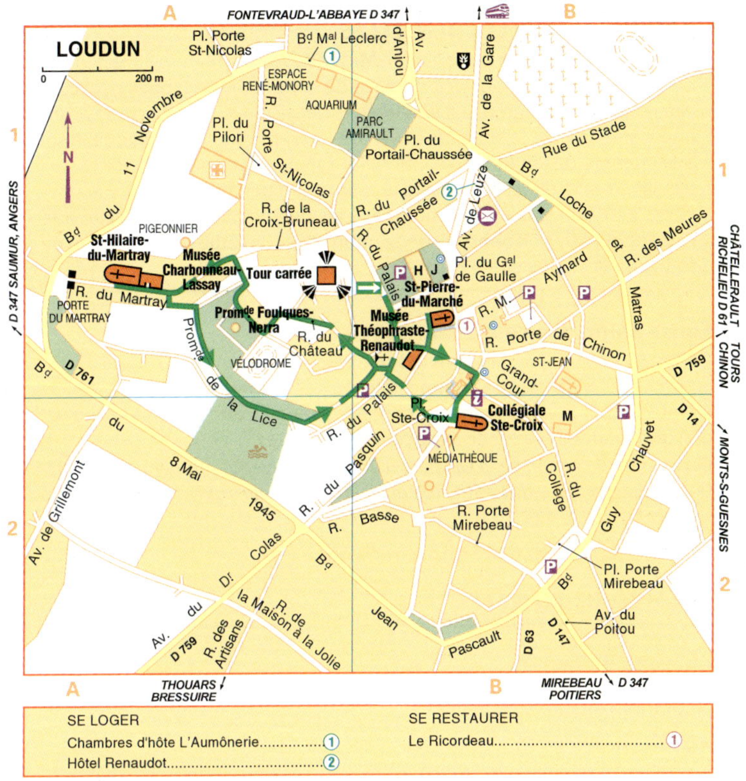

SE LOGER	SE RESTAURER
Chambres d'hôte L'Aumônerie............... ①	Le Ricordeau.. ①
Hôtel Renaudot...................................... ②	

Promenade Foulques-Nerra A1

Ici se dressait jadis la forteresse érigée au début du 13e s. par le roi Philippe Auguste. Elle fut détruite en 1630 sur ordre de Richelieu pour empêcher les protestants de lui tenir tête. Aujourd'hui, à l'emplacement de l'ancienne forteresse, cette promenade porte le nom du cruel comte d'Anjou Foulques Nerra (987-1040), qui fit de Loudun sa place forte pour combattre les ducs d'Aquitaine et comtes du Poitou. Elle s'ouvre sur une belle esplanade bordée de tilleuls qui domine la campagne.

Engagez-vous à droite dans la rue Philippe-Auguste qui rejoint la rue du Martray.

Musée Charbonneau-Lassay A1

24 r. du Martray - ✆ 05 49 98 04 48 - www.loudun-tourisme.fr - juil.-août : tlj sf mar. 15h-19h ; reste de l'année : merc. et w.-end 15h-18h - fermé 1er janv., 1er mai - gratuit - possibilité de visite guidée (1h) sur demande à l'office de toursime (4 €, 12-18 ans gratuit).

Installé dans un hôtel particulier du début du 18e s., le musée abrite une collection réunie par un érudit de Loudun, **Louis Charbonneau-Lassay** (1871-1946) : outillage de l'âge de pierre, céramiques médiévales, armes blanches, mobilier, peintures, art religieux et artisanat de Loudun. Une salle est consacrée à l'affaire des possédées de Loudun.

Poursuivez dans la rue Martray pour rejoindre l'église St-Hilaire toute proche.

ARSENIC ET VIEILLES DENTELLES

En 1949, après la mort de son mari, **Marie Besnard** (1896-1980) est inculpée pour l'empoisonnement de onze de ses proches. Mobile apparent : elle reste seule héritière… Les cadavres de ses présumées victimes sont imprégnés d'arsenic, mais les expertises scientifiques révèlent que le sol du cimetière de Loudun en contient lui-même. Marie Besnard ne cessera de clamer son innocence et sera acquittée, au bénéfice du doute. À l'ouverture de son procès à la cour d'assises de Poitiers en 1952, celle que l'on appela l'empoisonneuse de Loudun apparut vêtue d'un manteau de fourrure, et coiffée d'une mantille en dentelle noire…

Église Saint-Hilaire-du-Martray A1

Commencée au 14e s., elle s'ouvre sur le côté sud par un beau portail du 16e s. aux voussures garnies de niches à dais où s'abritent des anges thuriféraires. À l'intérieur, la porte primitive est ornée de rameaux de vigne. Au fond de la nef, une grande baie est éclairée par une verrière du 19e s.

Empruntez le chemin de la Glacière à droite, et suivez la promenade de la Lice. Continuez par la rue du Petit-Château et la rue du Palais qui ramène au parking.

À proximité Carte de microrégion p. 314-315.

LA CÔTE LOUDUNAISE A1

Château de Ternay

9 r. du Château - 86120 Ternay - ✆ 05 49 22 97 54 - www.chateau-de-ternay.com - visite guidée uniquement (1h15) - de mi-juil. à fin août : merc. et ven. à 14h et 17h ; reste de l'année : sur RV - 7 € (7-16 ans 4 €).

Au détour d'une allée bordée d'arbres se dresse cet imposant château du 12e s. Vers 1440, Bertrand de Beauveau, sénéchal d'Anjou, entreprend d'importants travaux d'aménagement (donjon, chapelle). Ruiné par les guerres de Religion, l'édifice fut remanié aux 17e et 19e s. Du Moyen Âge, il a conservé le donjon octogonal et la **chapelle**, chef-d'œuvre de l'art gothique finissant (1444), où se mêlent les styles angevin et flamboyant. Une longue salle voûtée d'ogives précède la chapelle. On y accède par une baie sculptée d'une frise et fermée par une très belle menuiserie. L'oratoire compte deux travées que jouxtent deux petites pièces d'où les seigneurs assistaient à la messe. Des sculptures de personnages et d'animaux rehaussent les clés de voûte, l'arc triomphal et les arcs.

LOUDUN ET L'ÉPOPÉE ACADIENNE

La région loudunaise est l'une des étapes majeures du souvenir acadien en Poitou. Au 17e s., chargé de la politique de la France et de celle des colonies, Richelieu avait en effet nommé comme gouverneur de la province d'Acadie un seigneur loudunais du nom d'**Isaac de Razilly**. Celui-ci partit outre-Atlantique, accompagné de paysans pionniers dont les descendants retrouvent ainsi leurs origines dans le Loudunais, particulièrement dans les bourgs de La Chaussée, Aulnay, Angliers, Martaizé et St-Clair.

Maison de l'Acadie – *3 r. des Acadiens - 86330 La Chaussée - 16 km au sud par D 347 - ✆ 05 49 98 15 96 - http://maisondelacadie.com - juil.-août : merc.-dim. 14h30-18h30 ; reste de l'année : sur RV - 3,50 € (-18 ans 2,50 €).*

Ethno-musée du château de Verrière

1 r. Verrière - château de Verrière - 86120 Bournand - 7 km au nord par D 347 - ✆ 06 61 49 20 09 - www.fondation-anako.org - juin-sept. : jeu.-dim. et j. fériés 14h-19h - 6 € (12-18 ans 5 €), billet remboursé pour l'achat d'un livre ou DVD à la boutique - possibilité de visite guidée (1h) à 15h.

Outre les vidéos conçues pour le jeune public, les enfants apprécieront de pouvoir jouer dans une yourte mongole et un tipi amérindien.

Le château de Verrière (déb. 12e s.) abrite le siège de la fondation Anako qui lutte pour la sauvegarde des peuples et des cultures menacées (nomades, sociétés tribales, ethnies minoritaires). Un musée ethnographique de 600 m² ouvert en 2014 propose des expositions temporaires et permanentes sur les dernières tribus : Amérindiens, Aborigènes, Bushmen, Papous…

NOS ADRESSES À LOUDUN

HÉBERGEMENT ET RESTAURATION

Chambres d'hôte L'Aumônerie – A1 - *3 bd Mar.-Leclerc - ✆ 05 49 22 63 86 - www.l-aumonerie.biz - 4 ch. 58/110 €.* La propriétaire de ce beau logis du 13e s. réserve un accueil charmant. Chambres personnalisées (mobilier ancien, couleurs vives) et véranda face au jardin pour le petit déjeuner.

Hôtel Renaudot – B1 - *40 av. de Leuze - ✆ 05 49 98 09 38 - www.hotelrenaudot.fr - 29 ch. 92/300 € - 12 €.* Cet établissement propose de belles chambres de standing, dans des tonalités apaisantes. Chic et cosy.

Restaurant Le Ricordeau – A1 - *6 pl. de la Bœuffeterie - ✆ 05 49 22 67 27 - fermé dim. soir et lun. - 23/36 €.* Il faut réserver pour goûter la cuisine traditionnelle de bonne facture servie ici. Cadre chaleureux.

À proximité

Center Parcs Le Bois aux Daims – *Rte des Trois-Moutiers - 86120 Morton - 14 km au nord-ouest par D 347 et D 49 - ✆ 05 49 22 27 00 - www.centerparcs.fr - 800 cottages, 20 maisons dans les arbres, à partir de 489 € le w.-end (3 nuits) pour 4 pers.* Ouvert en 2015, ce domaine de 260 ha peuplé d'une centaine de daims dispose de tous les équipements pour des vacances en famille : centre aquatique tropical, boutiques, restaurants, activités (canoë, bowling, etc.).

ACHATS

Maison de Pays du Loudunais – *Aire de repos de la Briande (D 347 rte de Poitiers) - ✆ 05 49 98 84 10 - 9h-18h - fermé de fin déc. à déb. janv.* Vitrine de la production gastronomique locale, cette boutique expose aussi les travaux des artisans du pays et diffuse des informations touristiques.

ACTIVITÉS

Téléski nautique de Moncontour – *Lac du Gué du Magne - 20 km au sud-ouest par la D 52 - ✆ 05 49 22 77 98 - www.teleskinautiquemoncontour.com - juil.-août : 13h30-19h, w.-end et j. fériés 10h-20h ; mai-juin et sept. : tlj sf mar. 13h30-19h, w.-end et j. fériés 11h-20h ; reste de l'année : sur réserv. en sem., w.-end et j. fériés 11h-18h - fermé déc.-mars - 1h : 17 € (-16 ans 13 €), incl. matériel et conseils.* L'unique téléski aquatique du Grand Ouest, 680 m de long, permet une pratique de nombreux sports de glisse nautiques dès 7 ans.

Châtellerault

32 459 Châtelleraudais - Vienne (86)

Promenez-vous à loisir le long des avenues ombragées de Châtellerault et dans son quartier piétonnier. Traversez la Vienne sur l'imposant pont Henri-IV pour rejoindre la Manu, une ancienne manufacture d'armes du 19e s. transformée en espace de culture et de loisirs.

NOS ADRESSES PAGE 365
Hébergement, restauration, achats, activités, etc.

S'INFORMER

Office du tourisme du Pays châtelleraudais – *1 pl. Ste-Catherine - 86100 Châtellerault - ✆ 05 49 21 05 47 - www.tourisme-chatellerault.fr - de mi-juil. à mi-août : 10h30-12h30, 14h-17h ; de déb. juin à mi-juil. et de mi-août à fin sept. : 9h30-19h, dim. 10h30-12h30 ; vac. scol. (sf été) : 9h30-18h, dim. 10h30-12h30 ; oct.-mai : lun.-sam. 10h-18h ; 24 et 31 déc. : 9h30-12h30 ; j. fériés : 10h30-12h30 - fermé 1er janv., 1er mai, 25 déc. - autres bureaux à Bonneuil-Matours et Vouneuil-sur-Vienne.*

Visite guidée : labellisés « Ville et Pays d'art et d'histoire », Châtellerault et sa région proposent des visites et des promenades commentées. Sept mini-audioguides sont téléchargeables sur le site de l'office de tourisme.

SE REPÉRER

Carte de microrégion B2 p. 314-315 - *carte Michelin Départements 322 J4.* 35 km au nord-est de Poitiers, Châtellerault est desservie par l'autoroute A 10. De grandes avenues entourent le centre-ville.

À NE PAS MANQUER

Les deux imposantes tours de la Manu ; le théâtre Blossac ; le carillon à 52 cloches de l'église St-Jacques ; les vestiges du Vieux-Poitiers.

ORGANISER SON TEMPS

Visitez la ville à pied, puis profitez des illuminations nocturnes sur la Manu. Et comptez une journée pour suivre les circuits conseillés.

AVEC LES ENFANTS

Les simulateurs de conduite du musée Auto Moto Vélo ; le centre aquatique La Piscine.

Se promener Plan de ville p. 359

Circuit tracé en vert sur le plan de ville ci-contre - comptez 2h. Partez de l'office de tourisme qui donne sur le boulevard de Blossac.

★ Théâtre Blossac B1

58 bd de Blossac - ✆ 05 49 23 70 14 - www.tourisme-chatellerault.fr - visite guidée (1h30) sur réserv. à l'office de tourisme - vac. scol. : mar.-vend. à 15h, sam. à 15h et 16h30 ; mai-juin et sept. : sam. à 15h et 16h30 - 5 € (-25 ans gratuit).

Construit dans une ancienne église, ce théâtre à l'italienne a connu son heure de gloire à la fin de la Belle Époque. Sarah Bernhardt, née en même temps que la salle (1844), y interpréta *La Dame aux camélias* en 1910. Le théâtre disposait alors de 600 places. Fermé pendant quarante ans, il a été restauré à l'identique en 2011-2013. Avec une capacité réduite à 250 places, il accueille de nouveau des spectacles. De nombreux éléments d'origine sont visibles lors de la visite : la machinerie, la cage de scène installée dans l'ancien chevet de l'église, etc.

Entrez dans le quartier piétonnier. Prenez la rue Bourbon à droite.

CHÂTELLERAULT

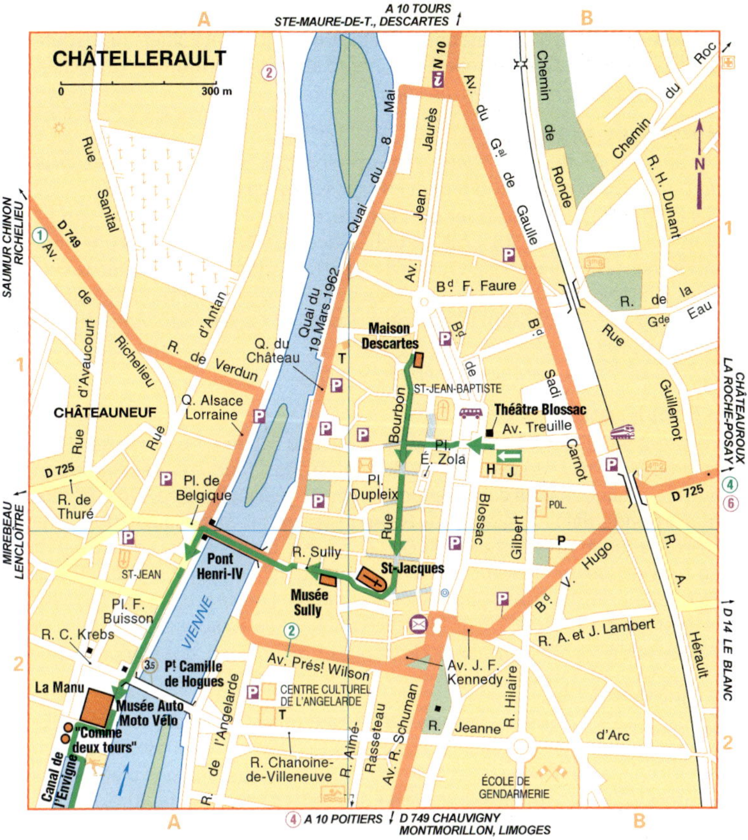

SE LOGER		SE RESTAURER	
Chambres d'hôte Villa Richelieu - Villa 61	1	Bernard Gautier	2
La Gourmandine	2	Le Pavillon Bleu	4
Les Loges du Parc	4	Le St-Roch	6

Maison Descartes B1

162 r. Bourbon - ✆ 05 49 23 63 89 - www.tourisme-chatellerault.fr - merc.-vend. 10h-12h, 14h-18h - fermé j. fériés - entrée libre - visites guidées sur demande.

René Descartes (1596-1650) a passé ses onze premières années ici, dans la maison familiale (16e s.) de son père. Depuis 2013, l'édifice accueille l'artothèque de l'école d'arts plastiques de la ville avec 800 œuvres d'art contemporain exposées ou à emprunter. La cuisine est aménagée avec une scénographie autour de la vie du philosophe et de Châtellerault au 17e s.

Promenez-vous dans l'artère piétonne (rue Bourbon) jusqu'à une placette où il faut tourner à droite pour rejoindre l'église.

Église Saint-Jacques B2

Ancienne église de prieuré des 12e et 13e s., elle doit au 19e s. ses deux tours et sa façade néoromanes, mais le chevet à contreforts-colonnes et le transept sont d'origine. La voûte de la nef est à croisées d'ogives de style gothique angevin, celle de la chapelle latérale sud est à liernes, tiercerons et clés historiées. La statue de saint Jacques vêtu en pèlerin, en bois polychrome (17e s.),

rappelle que Châtellerault est une ville étape entre Tours et Poitiers sur la route de St-Jacques-de-Compostelle. La tour nord abrite un **carillon** de 52 cloches.
Continuez dans la rue Sully en direction de la Vienne.

Hôtel Sully A2

14 r. Sully - ✆ 05 49 21 01 27 - www.tourisme-chatellerault.fr - fermé pour rénovation - ouvertures ponctuelles durant les expositions temporaires : se rens.
Conçu par Charles Androuet du Cerceau, membre d'une célèbre famille d'architectes, l'hôtel Sully est un bel édifice du 17e s. précédé d'une cour monumentale. Transformé en musée à partir de 1945, il abritait les collections d'histoire, d'art et d'ethnologie de la ville jusqu'à sa fermeture en 2004. Les plus belles pièces sont à présent exposées au musée Auto Moto Vélo de la Manu.
Poursuivez dans la rue Sully qui débouche sur le pont Henri-IV.

★ Pont Henri-IV A2

Construit de 1575 à 1611 par Charles Androuet du Cerceau, il est long de 144 m et large de 21 m. Côté rive gauche, deux puissantes tours coiffées d'ardoises, autrefois reliées par un corps de logis, en protégeaient l'entrée, sage précaution au lendemain des guerres de Religion. En amont, au milieu du pont, une croix à laquelle pendent deux ancres évoque le temps où la batellerie était en pleine activité. Ce trafic fluvial disparut au milieu du 19e s. Cet ouvrage d'art fait partie des trois ponts majeurs édifiés en France aux 16e et 17e s. avec le Pont-Neuf de Paris (1578-1614) et le Pont-Neuf de Toulouse (1543-1632).
Après avoir franchi le pont, longez la Vienne en amont jusqu'à la Manu.

★ La Manu A2

La Manufacture d'armes a été pendant 150 ans le poumon industriel de la ville avant de devenir le symbole de son déclin. C'est désormais un pôle incontournable pour les habitants et les visiteurs. En 1994, en greffant une plate-forme et un escalier hélicoïdal aux deux hautes tours de la manufacture, l'artiste Jean-Luc Vilmouth a créé une œuvre intitulée **Comme deux tours** qui permet au visiteur d'embrasser du regard la ville et ses environs.

LA MANUFACTURE D'ARMES (1819-1968)

La Manufacture d'armes de Châtellerault est créée sur ordonnance royale le 14 juillet 1819. En pleine Restauration, on estime alors que les arsenaux de l'Est du pays seraient trop vulnérables en cas de nouvelle guerre. Les ateliers fabriquent d'abord des armes blanches. Puis se transforment en usine de pointe. En 1887, c'est ici que démarre la production du **fusil Lebel** qui équipera les poilus des tranchées. La « Manu » emploie jusqu'à 8 000 ouvriers en 1918. Réquisitionné par les Allemands sous l'Occupation, l'immense site de 75 000 m² sera également mis à contribution pour les guerres d'Indochine et d'Algérie. La décolonisation annnonce la fin d'une époque. En 1961, il ne reste plus que 1 700 « manuchards ». L'usine ferme définitivement le 31 octobre 1968 et Châtellerault s'enfonce dans la crise. À partir des années 1990, le site connaît une deuxième vie. Vient d'abord s'y installer le **musée Auto Moto Vélo** (1991), puis l'**École nationale de cirque** (1995), le conservatoire départemental de musique et de danse (2011), une **patinoire** (2015) et désormais des expositions d'art contemporain chaque été. Tout autour, des jardins sont créés, avec le projet de rendre l'espace entièrement piéton. Depuis 1994, les tours restaurées de la Manu sont même devenues le symbole de la ville et de sa fierté retrouvée.

Musée Auto Moto Vélo – *3 r. Clément-Krebs - ✆ 05 49 21 03 46 - www.alienor.org/musees - ♿ - de déb. juil. à mi-sept. : tlj sf mar. 10h-12h, 14h-18h ; reste de l'année : merc.-dim. 14h-18h - fermé janv. - 5 € (-25 ans gratuit) - visite guidée sur demande à l'office de tourisme (1h30, 2,50 € par pers. en plus du billet d'entrée).*

Les enfants apprécieront tout particulièrement la reconstitution d'un garage à l'ancienne et les simulateurs de conduite mis à leur disposition.

Installé dans un ancien atelier de la Manu, ce musée évoque, à travers sa fabuleuse collection d'autos, de motos, de vélos, mais aussi d'affiches, de moteurs et accessoires divers, la popularisation de ces modes de transport. De la simple 2 CV à la très sophistiquée C 14 de Gabriel Voisin, en passant par la Panhard et le tricycle Monet-Goyon, ici se côtoient des modèles qui ont marqué l'histoire.

Vous pouvez poursuivre la promenade jusqu'au canal de l'Envigne.

Canal de l'Envigne A2

Creusé au 19e s. pour approvisionner la Manufacture en matériaux et combustible, il a fait naître une île au confluent de la Vienne et de l'Envigne. Parsemé de cèdres et de séquoias, il est aménagé pour les activités nautiques. On accède au quai de la rive droite de la Vienne par le **pont Camille-de-Hogues**. Achevé en 1900, c'est l'un des premiers ponts en béton armé construits en France. Il permet d'admirer les **illuminations** nocturnes de la Manu.

Circuits conseillés Carte des alentours

LES ROUTES DE RICHELIEU

Circuit de 130 km tracé en marron sur la carte p. 362-363 – comptez environ 6h. Quittez Châtellerault par la D 725 à l'ouest. Franchissez l'autoroute, puis prenez à droite la D 14 jusqu'à Thuré. Prenez au nord la D 43, puis à gauche la D 74.

Saint-Gervais-les-Trois-Clochers

Dans l'**église**, à gauche, Crucifixion de l'école de Bruegel.

Quittez St-Gervais par l'ouest en empruntant la D 22 et rejoignez la D 46 en direction de Richelieu par la D 23 à droite et la D 66 à gauche.

Château de la Roche-du-Maine

Ne se visite pas. Ce château, érigé vers 1520 par Charles Tiercelin, capitaine des armées de Louis XII et de François Ier en Italie, présente des traits défensifs hérités du Moyen Âge : pont-levis, chemin de ronde sur mâchicoulis, canonnières ouvertes à la base des tours, châtelet d'entrée et grosse tour d'angle. Des décorateurs de talent, servis par une pierre excellente, ont donné à cette demeure seigneuriale son aspect italianisant.

Poursuivez vers la D 66, puis la D 14.

Loudun (*p. 353*)

Quittez Loudun par le sud par la D 347, direction Poitiers. Aux Angliers, prenez à gauche la D 64. Après Guesnes, les D 64 et D 67, puis la D 24 traversent la **forêt de Scévolles**. *Avant l'entrée de Verrue, prenez à gauche la D 20, puis à droite la D 7.*

Château de Coussay

Allée du Cardinal - 86110 Coussay - ✆ 05 49 50 43 48 - www.chateaudecoussay.fr - provisoirement fermé aux visites, se rens. - gratuit.

Ce château du 16e s. appartint au futur cardinal de Richelieu alors qu'il était évêque de Luçon (1605-1624). Le châtelet d'entrée est flanqué d'un pavillon qui abrite une source ; cantonné d'échauguettes, il s'ouvre sur la cour. L'enceinte

4

rectangulaire, protégée par des douves en eau, a gardé ses tourelles d'angle. Le château proprement dit comprend quatre tours rondes. Le décor Renaissance des arcades, portes et baies, est d'une rare élégance.
À la sortie de Coussay, prenez à gauche la D 41, puis la D 72 à gauche. À l'entrée de Doussay, prenez à droite la D 20.

Lencloître

Le nom de ce petit bourg rappelle son passé monastique. Jusqu'à la Révolution, l'**église Notre-Dame** fut la chapelle d'un couvent relevant de Fontevraud. C'est un édifice de style roman poitevin du 12e s. La grosse tour carrée du beffroi est surmontée d'une flèche minuscule. Au nord s'ouvre un joli portail à arc en plein cintre. À l'ouest, la façade fut fortifiée au 15e s. par l'adjonction de deux échauguettes. À l'intérieur, les chapiteaux sont d'influence saintongeaise. Leurs figures fantastiques symbolisent les Vices et les Vertus. Par le porche à l'est de la place, on peut pénétrer dans l'ancien clos du prieuré pour admirer le chevet de l'église et les restes du couvent avec la chapelle St-Jean.
Quittez Lencloître par l'est en empruntant la D 725 vers Châtellerault.

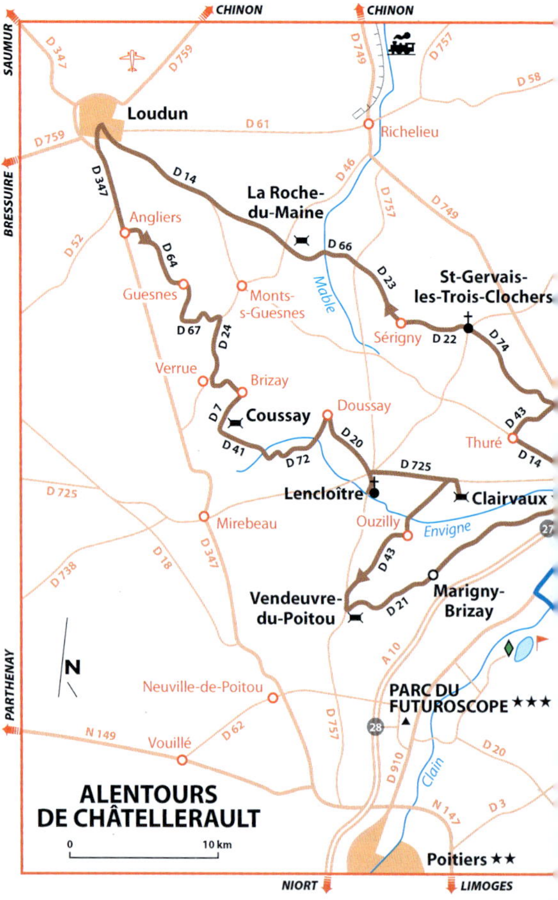

★ Château de Clairvaux

7 pl. de Montbron - 86140 Scorbé-Clairvaux - ✆ 05 49 93 88 49 - juil.-août : 14h30-18h30 - possibilité de visite guidée (45mn) - 9 € (-12 ans 5 €) - 4 € parc seul.

Ce château est l'un des tout premiers exemples d'architecture Renaissance en Poitou. Fin 15e s. fut construite une demeure en équerre, flanquée d'une tour ronde décorée à l'arrière d'une fenêtre richement sculptée. Au 18e s. y fut accolé le corps de logis qui constitue la façade actuelle. L'avant-corps central est surmonté d'un fronton. Au-delà d'une vaste cour d'honneur, le château, entouré de douves en eau, se dissimule derrière un châtelet d'entrée à balustrade de pierre ajouré (17e s.). Vous découvrirez, dans la partie la plus ancienne, la cuisine, couverte d'une voûte gothique, ainsi que la salle de garde qui a conservé des fresques du 16e s. (combats de chevaliers). Le **pigeonnier** carré à toit de pierre avec lanternon possède 1 800 boulins et une grande échelle tournante.

Le château abrite un **musée des Échecs** avec 70 échiquiers et 4 000 pièces provenant de 70 pays.

Reprenez la D 725 en direction de Lencloître sur 1 km, puis prenez à gauche la D 43.

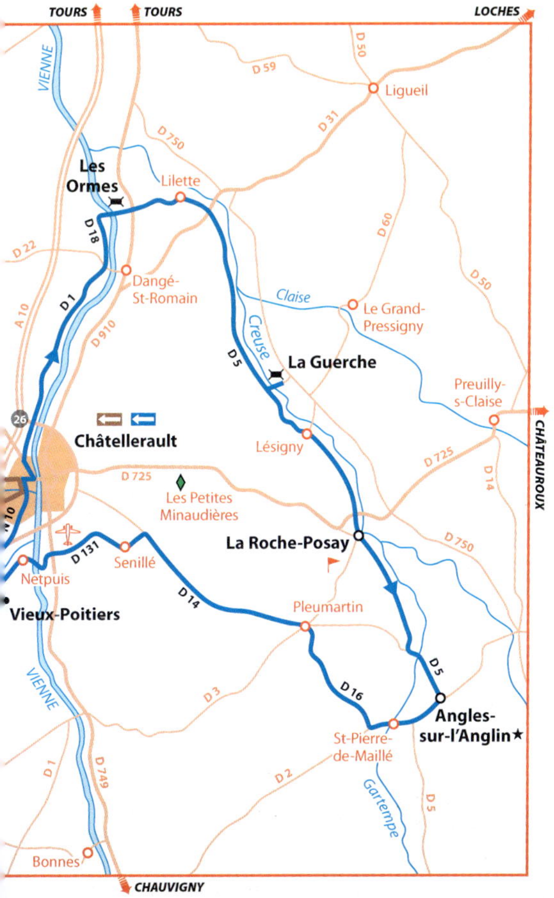

4

Vendeuvre-du-Poitou

Le **château des Roches** (1519) comprend une enceinte et un logis seigneurial aux toits aigus que protège une belle entrée flanquée de tours à mâchicoulis. C'est dans ce village qu'est enterré le philosophe **Michel Foucault** (1926-1984).
Retournez à Châtellerault par la D 21.

LES VALLÉES DE LA VIENNE ET DE LA CREUSE Carte des alentours

Circuit de 115 km tracé en bleu sur la carte page précédente – comptez environ une demi-journée. Quittez Châtellerault par le nord et la D 1 qui longe la Vienne.

Château des Ormes

28 r. P.-d'Argenson - 86220 Les Ormes - 01 42 27 55 61 - www.chateaudesormes.fr - juin-sept. : tlj sf mar. 14h-18h ; reste de l'année : sur demande - 8 € (7-18 ans 5 €) - possibilité de visite guidée (1h15).
Une allée conduit à la cour d'honneur, au fond de laquelle s'étendent symétriquement de majestueux bâtiments : le corps principal (début 20e s.) est relié par des galeries à deux pavillons du 18e s. De l'autre côté de la nationale s'allonge la **bergerie** (anciennes écuries), au fronton classique.
Quittez Les Ormes par l'est. À Lilette, prenez à droite la D 5.

Château de la Guerche

4 pl. de la Mairie - 37350 La Guerche - 02 47 91 02 39 - www.chateaudelaguerche.com - visite guidée de mi-juin à mi-juil. : tlj sf dim. 10h-13h, 14h-19h - 6 € (-12 ans 4 €).
Petite incursion en Indre-et-Loire. Au milieu de son parc à l'anglaise surgit cet imposant édifice aux longues courtines jalonnées de tours (15e s.). Il se distingue par l'ornementation de style troubadour de l'entrée, de la bibliothèque et d'un des salons. Le très beau **grenier à grains** donne sur la Creuse.
Poursuivez sur la D 5.

La Roche-Posay

La plus importante **station thermale** européenne exclusivement consacrée aux cures dermatologiques - y compris des soins post-cancer, a également développé un SPA bien-être et anti-âge. Le pittoresque cœur médiéval est dominée par un clocher roman du 11e s., l'**église** fut fortifiée au 15e s. avec deux tours à mâchicoulis accolées au croisillon nord. Le vaisseau, voûté d'ogives, se termine par un chœur à chevet plat. Puissante tour du 12e s., le **donjon** se dresse à l'endroit le plus élevé de la vieille ville.
Quittez La Roche-Posay par le sud-est en empruntant la D 5 qui longe la Gartempe.

★ Angles-sur-l'Anglin (p. 366)

Quittez Angles par le sud-ouest en franchissant l'Anglin par la D 2. À St-Pierre-de-Maillé, franchissez la Gartempe, puis prenez la deuxième route à droite en empruntant la D 16 jusqu'à Pleumartin. Prenez ensuite la D 14 sur 14 km en direction de Châtellerault, puis à gauche la D 133, et à Senillé, la D 131 jusqu'à Netpuis.

Vestiges du Vieux-Poitiers

R. des Berthons - 86530 Naintré - 06 28 65 67 27 - www.tourisme-chatellerault.fr - juil.-août : tlj sf mar. 14h30-18h30 ; mai-juin et sept. : w.-end et j. fériés 14h-18h - possibilité de visite guidée (45mn) - 3,50 € (-18 ans gratuit) - 2 € visite libre.
De la ville de *Vetus Pictavis*, créée par les Pictes au 1er s. av. J.-C., subsistent les vestiges du théâtre. À 400 m, fours de potiers gallo-romains. En contrebas dans la plaine, un **menhir** porte une inscription celtique. Entre les ruines du Vieux-Poitiers et **Moussais-la-Bataille** se serait déroulée, en 732, la première grande « bataille de Poitiers » (p. 322).
Franchissez le Clain pour rejoindre la D 910 qui ramène à Châtellerault.

NOS ADRESSES À CHÂTELLERAULT

HÉBERGEMENT

POUR SE FAIRE PLAISIR

Chambres d'hôte de la Villa Richelieu – A1 - *61-63 av. Richelieu - 06 70 15 30 90 - www. villarichelieu.com - - 9 ch. 109/140 €* . Cet établissement se compose de deux villas : l'une, dans le cadre chaleureux d'une bâtisse en tuffeau avec piscine *(5 ch.)*, l'autre privatisable avec verrière *(4 ch.)*. Chambres douillettes et personnalisées.

La Gourmandine – A2 - *22 av. Wilson - 05 49 21 05 85 - www. la-gourmandine.com - 12 ch. 106/156 € - 14 € - fermé dim. soir et lun. midi 15/65 €.* Hauts plafonds, moulures, boiseries : une maison de maître de 1905 offrant une cuisine gastronomique. Chambres contemporaines. Spa.

À proximité

POUR SE FAIRE PLAISIR

Les Loges du Parc – Hors plan par B1 - *10 pl. de la République - 86270 La Roche-Posay - 22 km à l'est par D 725 - 05 49 19 40 50 - www. resorthotel-larocheposay.fr. - - 33 ch. 120/275 € - 16 €.* Cet hôtel 1900 situé en plein cœur de la station thermale a été entièrement rénové en 2015. Les chambres et suites ont été redécorées avec goût. Pisicine extérieure, magnifiques salons design, belle terrasse avec vue sur le parc et la roseraie. Forfaits détente combinés avec le SPA source La Roche-Posay.

RESTAURATION

La rue Bourbon, principale artère piétonne et commerçante de Châtellerault, regroupe une multitude de restaurants et de magasins de bouche. Boutiques dans les petites rues adjacentes.

BUDGET MOYEN

Bernard Gautier – A1 - *189 r. d'Antran - 05 49 90 24 74 - fermé dim. et lun. - 34/60 €.* Dans un décor rustico-bourgeois, ce restaurant propose une cuisine traditionnelle : terrine de foie gras, morue poêlée aux agrumes, etc.

À proximité

BUDGET MOYEN

Le Pavillon Bleu – Hors plan par A2 - *7 r. Le Port - 86210 Bonneuil-Matours - 17 km au sud par D 749 - 05 49 85 28 05 - www. le- pavillon-bleu.fr - fermé dim. soir, lun. et merc. soir - formule déj. 13,80 € - 22/43 €.* Face à la Vienne, on déguste ici une cuisine de terroir à base de bons produits.

Le St-Roch – Hors plan par B1 - *4 cours Pasteur - 86270 La Roche-Posay - 22 km à l'est par D 725 - 05 49 19 49 45 - fermé 8 déc.-16 janv. - formule déj. 15,90 € - 29/45 €.* En terrasse ou à l'intérieur, vous apprécierez une cuisine fine, généreuse… ou diététique pour les curistes.

ACTIVITÉS

Centre aquatique La Piscine – *13 r. Aimé-Rasseteau - 05 49 21 14 83 - juil.-août : 10h-19h30, mar. 10h-21h, dim. et j. fériés 9h-18h ; reste de l'année : se rens. - été : 3,60 € (3-16 ans 2,55 €) ; reste de l'année : 4,15 € (enf. 3 €).* Piscine couverte avec cascade, geyser, bain bouillonnant, rivière, toboggan de 65 m, sauna, etc.

Promenade en bateau traditionnel – *Rés. obligatoire auprès de l'office de tourisme - 05 49 21 05 47 - juil.-août : 10h-12h, 14h-19h, dép. ttes les h - reste de l'année : se rens. - 12 € (enf. 8 €).* Promenade commentée à bord d'une « toue cabanée » *(1h)*.

Angles-sur-l'Anglin

★

385 Anglais - Vienne (86)

Ce village, classé parmi les plus beaux de France, s'est invité aux plus grandes tables et dans les cabines feutrées des fameux paquebots *Normandie* et *Queen Elizabeth* grâce à sa tradition de broderie. La Belle Époque raffolait de son linge appelé « jours d'Angles », aussi découpé que les impressionnantes ruines du château qui forment la toile de fond de ce séduisant village. Dressées sur un piton rocheux, elles surplombent les eaux paisibles de l'Anglin où foisonnent roseaux et nénuphars.

NOS ADRESSES PAGE 368
Hébergement, restauration, achats, activités, etc.

S'INFORMER

Maison des Jours d'Angles et du Tourisme – *2 r. du Four-Banal - 86260 Angles-sur-l'Anglin - ✆ 05 49 48 86 87 - www.anglessuranglin.com - juil.-août : 10h-12h, 14h30-19h ; juin et sept. : 10h-12h, 14h30-18h30 ; mai : tlj sf mar. matin 10h-12h, 14h30-18h30 ; mars-avr. : tlj sf mar. matin 10h-12h, 14h-17h ; oct. : tlj sf mar. matin 10h-12h, 14h30-17h30 ; nov.-déc. : tlj sf mar. matin et dim. matin 10h-12h, 14h-17h ; janv.-fév. : vend.-dim. 14h-17h.*

Visite guidée : possibilité de visites commentées du village et du centre d'interprétation du Roc-aux-Sorciers *(rens. à l'office de tourisme).*

SE REPÉRER

Carte de microrégion C2 p. 314-315 – *carte Michelin Départements 322 L4.* Angles-sur-l'Anglin se trouve 32 km au sud-est de Châtellerault par la D 14 et 48 km au nord-est de Poitiers par les D 6 et D 2.

À NE PAS MANQUER

Les hautes ruines du château ; le lacis pittoresque des ruelles escarpées et les « jours d'Angles » vendus dans quelques boutiques…

ORGANISER SON TEMPS

Comptez 2h pour parcourir le village. Profitez en saison d'une terrasse de café, et n'oubliez pas de passer le pont pour apprécier la vue.

Se promener

★ Le site

Seule commune de la Vienne à bénéficier du label des « Plus beaux villages de France », Angles-sur-l'Anglin est aussi régulièrement récompensé lors du concours des « Villes et villages fleuris ». Placez-vous sur la terrasse proche du calvaire et d'une petite chapelle romane, élevés à une extrémité du promontoire rocheux qui supporte le château. De là, on découvre la meilleure **vue★** d'ensemble du site. Au-delà d'une coupure de la falaise dite « tranchée des Anglais », le regard se pose sur les murailles du château. Au nord, sur une autre butte, se détache le clocher roman de l'église haute. Au pied de l'escarpement, contemplez le charmant tableau que forment l'Anglin et son pont de pierre. Vous remarquerez, près de là, un ancien moulin. La route chemine vers le faubourg Ste-Croix où s'élève l'ancienne église abbatiale (beau portail du 13e s.).

Angles-sur-l'Anglin.
G. Labriet/Photononstop

Atelier-Boutique « Les Jours d'Angles »

2 r. du Four-Banal - ✆ 05 49 48 86 87 - ♿ - horaires : voir « S'informer » ci-contre.
C'est vers le milieu du 19e s., en tirant malencontreusement sur un fil de chemise d'homme, qu'une ouvrière, tentant désespérément de réparer une maladresse, aurait découvert la fameuse technique des « jours d'Angles ». Celle-ci, consistant à créer des motifs ajourés en retirant à l'aide de ciseaux très fins et très pointus des fils du tissu, allait assurer la prospérité d'Angles-sur-l'Anglin, et ce jusque dans les années 1950. L'association **Sauvegarde et rayonnement des jours d'Angles** défend ce savoir-faire unique en poursuivant la production (à la main, bien sûr) de broderies sur soie, lin ou coton, proposées à la vente, et en organisant toutes sortes de stages, visites et expositions.

Centre d'interprétation du Roc-aux-Sorciers

2 rte des Certeaux - ✆ 05 49 83 37 27 - www.roc-aux-sorciers.com - ♿ - juil.-août : 10h-12h30, 13h30-19h ; vac. scol. (sf été) : tlj sf mar. 10h-12h, 14h-18h ; nov.-déc. : sam.-dim. 10h-12h, 14h-18h ; reste de l'année : merc.-dim. 10h-12h, 14h-18h - fermé de déb. janv. à mi-fév., 1er mai, 25 déc. et 1er janv. - visites guidées « Découverte » (45mn) : 5 € (12-16 ans 4 €, 5-11 ans 3 €) ; « les secrets du Roc-aux-Sorciers » (1h30) : 7 € (12-16 ans 5 €, 5-11 ans 4 €) ; « Au cœur de la préhistoire » (rés. obligatoire) : 11 € (12-16 ans 6 €, 5-11 ans 5 €).
En 1950, Suzanne Cassou de St-Mathurin, une passionnée de préhistoire, mit au jour à Angles-sur-l'Anglin une frise sculptée de l'époque magdalénienne unique au monde. Ce patrimoine exceptionnel de 14000 ans, considéré comme le « Lascaux de la sculpture », est fermé au public pour des raisons de conservation, mais le centre d'interprétation présente une reproduction très fidèle de cette œuvre d'art préhistorique de 20 mètres de long. Il propose ainsi une restitution numérique de la frise à travers une présentation multimédia et pédagogique de 30 mn et un moulage grandeur nature en résine pour toucher à volonté ses volumes. Visite tout à fait adaptée pour les personnes malvoyantes.

TEL EST PRIS QUI CROYAIT PRENDRE

Le **cardinal Balue,** inventeur supposé des « fillettes », terribles cages de fer pour enfermer les prisonniers, en fit lui aussi les frais quand il y fut jeté sur ordre de Louis XI. Né à Angles en 1421 d'une famille modeste, le cardinal avait rapidement gravi les degrés de la fortune et de la gloire, étant successivement aumônier du roi, intendant des Finances, secrétaire d'État et évêque d'Évreux, puis d'Angers, avant de recevoir le rang de cardinal. Mais, abusant de la confiance de Louis XI, il vendit au duc de Bourgogne des secrets d'État. Démasqué, il expia durant onze ans cette trahison.

★ Ruines du château

Ne se visite pas pour des raisons de sécurité. Bâti sur un escarpement rocheux dominant la rivière, cet ancien fief des Lusignan du Poitou fut édifié entre le 11e et le 15e s., et joua en son temps un rôle de premier ordre. Tour à tour endommagé au cours de la guerre de Cent Ans, puis défendu par une garnison protestante durant les guerres de Religion, il fut laissé à l'abandon au 18e s. La Révolution de 1789 ajouta à ses malheurs en permettant qu'on l'utilise comme carrière de pierres. Ses remparts offrent aujourd'hui une **vue** sur ce charmant village et sa paisible rivière.

NOS ADRESSES À ANGLES-SUR-L'ANGLIN

HÉBERGEMENT

PREMIER PRIX

Gîte Les Terrasses – *20 r. du Four-Banal - ✆ 02 32 59 85 55 - 10 pers. 805/1 090 €/sem.* Cachée au détour d'une ruelle, cette grande demeure de caractère, soigneusement restaurée, fait le bonheur des vacanciers. Ses quatre chambres et sa terrasse, ouvrent sur les ruines du château.

Chambres d'hôte Artemisia – *6 r. Traversière - ✆ 05 49 84 01 83 - www.chambre-hote.eu - fermé nov.-fév. - 2 ch. 75 €.* Un havre de paix dans le village où vous pourrez vous initier à la peinture. Les chambres sont décorées avec goût et raffinement.

RESTAURATION

PREMIER PRIX

Les Pieds dans l'plat – *2 rte de Tournon - ✆ 05 49 48 61 05 - www.facebook.com/LesPiedsDansLplat - fermé jeu. et vend. - formule déj. 12 € - 16/24 €.* Rillettes de saumon, terrine de campagne, côte de veau à la crème… Julie et Nicolas vous proposent une appétissante cuisine authentique préparée à base de produits frais.

BUDGET MOYEN

Le Relais du Lyon d'Or – *Rte de Vicq - ✆ 05 49 48 32 53 - www.lyondor.com - fermé de fin nov. à déb. mars, midi - 25/37 €.* Dans cette maison du 15e s., la cuisine copieuse est servie dans une salle campagnarde avec poutres et cheminée. Si le cœur vous en dit, après le repas, visitez les expositions dans l'atelier ou suivez les stages de peinture décorative avant de vous reposer dans l'une des jolies chambres.

AGENDA

Les Artisanales – Chaque année, aux alentours du 14 Juillet, de nombreux artisans d'art et du goût investissent les rues du village et vendent leurs créations.

Abbaye de Saint-Savin

★★★

Vienne (86)

À St-Savin, il faut lever les yeux vers le ciel, ou plutôt vers la haute voûte de la nef. L'abbaye recèle en effet des fresques d'une valeur universelle, inscrites au Patrimoine mondial de l'Unesco. La découverte de ce cycle de peintures bibliques du 11e s., miraculeusement préservées, est vraiment spectaculaire et l'on réalise alors la prouesse qu'a pu représenter leur exécution, sur une voûte à 16 m de haut.

NOS ADRESSES PAGE 383 ET PAGE 368
Hébergement, restauration, achats, activités, etc.

S'INFORMER

Office du tourisme de St-Savin-sur-Gartempe - *20 pl. de la Libération - 86310 St-Savin-sur-Gartempe - ✆ 05 49 48 11 00 - www.saintsavin.com - juil.-août : tlj sf dim. 9h-12h30, 13h30-17h30 (ouv. dim. matin du 15 juil. au 15 août) ; mai-juin : lun.-vend. 9h-12h30, 13h30-17h30 ; sept. : lun.-sam. 9h-12h30, 13h30-17h30 ; reste de l'année : 9h-12h, 13h30-17h - fermé 1 sem. en sept. et certains j. fériés.*

SE REPÉRER

Carte de microrégion C3 p. 314-315 - *carte Michelin Départements 322 L5.*
Le village se trouve sur la rive gauche de la Gartempe, 18 km au nord de Montmorillon par la D 5.

ORGANISER SON TEMPS

Comptez 2h pour la visite guidée de l'église et des bâtiments abbatiaux, et le parcours scénographique.

AVEC LES ENFANTS

Des jeux et un livret pédagogique ont été conçus pour eux.

Découvrir

Pl. de la Libération - ✆ 05 49 84 30 00 - www.abbaye-saint-savin.fr - ♿ - juil.-août : 10h-19h ; avr.-juin et sept.-oct. : 10h-12h, 14h-18h, dim. 14h-18h ; reste de l'année : 10h-12h, 14h-17h, dim. 14h-17h - fermé janv., 11 nov., 25 et 31 déc. - 6 € (12-18 ans 4,50 €) - possibilité de visite guidée (45mn) avec un guide-conférencier (+ 2 €) ou une plaquette d'accompagnement (+ 1 €) - visite libre de l'église abbatiale.

Pour apprécier toute la beauté de l'abbaye, prenez du recul et traversez la Gartempe. À gauche s'allongent les bâtiments monastiques, tandis que l'élégant **clocher-porche**, terminé par une flèche, domine l'abside et ses absidioles, ainsi que le clocher trapu. À droite, vous remarquerez le **Vieux Pont** à avant-becs, ouvrage des 13e et 14e s.

★★★ Église abbatiale

Elle allie harmonie et sobriété, et frappe par l'ampleur de ses dimensions : longueur totale 76 m, longueur du transept 31 m, hauteur de la flèche 77 m. À l'intérieur, attardez-vous sur les fameuses peintures murales, mais ne négligez pas les **chapiteaux** de la nef : ceux ornés de feuillages et parfois d'animaux faisant saillie sur la pierre profondément ciselée ; ceux du chœur, décorés de feuilles d'acanthe et de lions. À mi-hauteur des murs, la frise dans les tons de bleu, couleur peu utilisée au Moyen Âge, est une extrapolation peu heureuse du 19e s. La **crypte**, fermée au public pour des raisons de conservation, abrite

Saint-Savin en détail

DE LA LÉGENDE À LA CONSTRUCTION

Vers le milieu du 5e s., en Macédoine, deux frères, **Savin** et **Cyprien**, sont condamnés à mort pour leur refus de l'idolâtrie. Insensibles aux supplices, ils sont emprisonnés, s'échappent et partent pour les Gaules. Mais leurs bourreaux les rejoignent sur les rives de la Gartempe et les décapitent. Savin est inhumé par des prêtres sur le mont des Trois Cyprès, non loin de la ville actuelle.

Près de ce lieu sacré, au 9e s., est élevée la première abbatiale placée sous le vocable du martyr. Louis le Débonnaire y installe vingt bénédictins. Protégée par une ligne de fortifications, l'abbaye n'en est pas moins pillée par les Normands en 878. Sa reconstruction ne devait commencer qu'au 11e s. La décoration peinte, qui recouvrait jadis complètement l'intérieur de l'édifice, fut exécutée à mesure de l'avancement des travaux de construction.

DÉCLIN ET RENOUVEAU

La guerre de Cent Ans met un terme à la prospérité de l'abbaye qui est l'enjeu de violents combats entre les soldats du roi de France et ceux du Prince Noir. Puis les guerres de Religion voient catholiques et huguenots se disputer sa possession. Elle sera dévastée en 1562 et 1568 par les calvinistes qui brûlent les stalles, les orgues et la charpente, et pillée en 1574 par l'armée royale. Ensuite commence la démolition de la plupart des bâtiments, dont l'entretien était trop onéreux.

L'arrivée, en 1640, de religieux de la congrégation de St-Maur met un terme à trois siècles de profanations. La décoration peinte a souffert des restaurations qu'ils entreprirent, mais les moines sauvèrent les bâtiments d'une ruine complète…

LE SAVIEZ-VOUS ?

Léon Edoux, un ingénieur de St-Savin, invente l'élévateur hydraulique en 1867 et l'expérimente dans le logis abbatial. Il lui donne le nom d'« ascenseur ».

HISTOIRE D'UN SAUVETAGE

C'est Prosper Mérimée, jeune inspecteur des Monuments historiques, qui classe l'église en 1836 et entreprend de sauver les fresques, un combat d'une vie contre l'habitude d'alors de restaurer en repeignant. « Les gens de St-Savin […] m'ont pris pour une espèce de fou lorsque je leur ai défendu de restaurer les peintures. Les emplâtres et les parties de voûte complètement nues les choquent cruellement. […] J'ai défendu qu'aucun artiste décrotteur ou peintre ne touchât à la voûte à moins qu'il ne fût muni d'un brevet », écrit-il en 1840. Outré par les colonnes de la nef repeintes à neuf, il élabore au fil des chantiers sa doctrine de restauration dans le respect des parties anciennes, philosophie qui prévaut aujourd'hui.

La dernière campagne de restauration (achevée en 2008) a vu l'élimination des repeints anciens, l'allègement des badigeons « bouche-trous », l'injection de coulis de chaux pour refixer la couche picturale, la restauration des peintures à l'aquarelle (facilement réversible) et des retouches « pointillistes » pour combler les lacunes par petits points afin de redonner du sens aux scènes sans mentir sur la reconstitution.

ABBAYE DE SAINT-SAVIN

Placez-vous dans le bas-côté droit pour voir les fresques de la partie gauche de la voûte. On reconnaît les scènes suivantes :

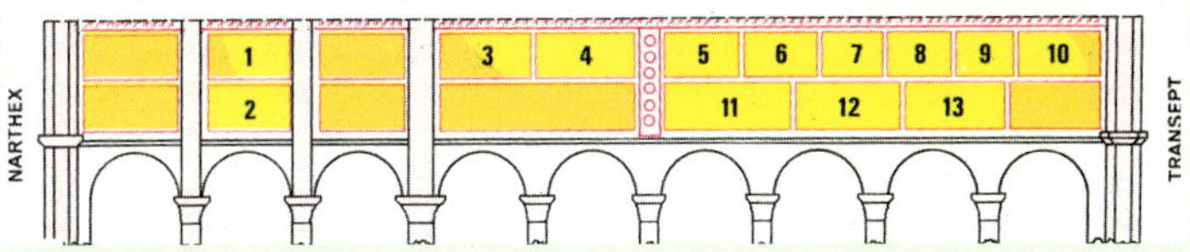

1) Création des astres.
2) Création de la femme – Dieu présente Ève à Adam – Ève et le serpent.
3) Ève, assise, file sa quenouille.
4) Offrandes de Caïn et d'Abel.
5) Meurtre d'Abel – Malédiction de Caïn.
6) Énoch, les bras levés vers le ciel, invoque Dieu – Dieu annonce le déluge à Noé.
7) L'arche de Noé pendant le déluge.
8) Dieu bénit la famille de Noé sortant de l'arche.
9) Noé sacrifie un couple d'oiseaux et un agneau pour remercier Dieu.
10) Noé cultive la vigne.
11) Passage de la mer Rouge : les flots engloutissent la cavalerie égyptienne et le char du pharaon.
12) L'ange de Dieu et la colonne de feu séparent les Égyptiens des Hébreux conduits par Moïse.
13) Moïse reçoit de Dieu les Tables de la Loi.

Traversez la croisée du transept et placez-vous au début du bas-côté gauche pour voir les fresques de la partie droite de la voûte :

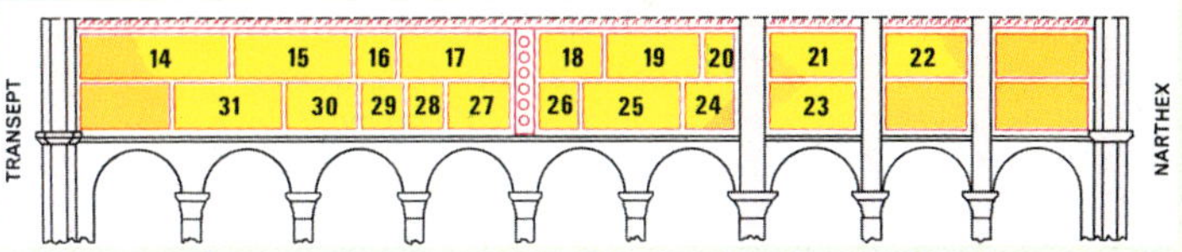

14) Noé s'enivre en dansant, une coupe à la main.
15) Ivresse de Noé.
16) Noé maudit Chanaan, devant Sem et Japhet.
17) Construction de la tour de Babel.
18) La vocation d'Abraham.
19) Séparation d'Abraham et de Loth.
20) Annonce du combat des rois et appel au secours de Loth à Abraham.
21) « Le combat des rois ».
22) Rencontre d'Abraham et de Melchisédech qui lui apporte le pain et le vin.
23) Mort d'Abraham.
24) Isaac bénit son fils Jacob.
25) Joseph vendu par ses frères.
26) Joseph acheté par Putiphar, officier de Pharaon.
27) Joseph, Putiphar et sa femme (Tentation de Joseph).
28) Joseph en prison.
29) Joseph explique le songe de Pharaon.
30) Pharaon fait de Joseph son intendant.
31) Triomphe de Joseph.

de saisissantes scènes de la vie et du martyre de Savin et Cyprien dont on peut voir la reconstitution lors du parcours scénographique.

★★★ Les peintures murales

Certaines peintures ont été détruites au cours des dévastations subies par l'abbaye, d'autres ont été abîmées par le badigeon des bénédictins ou lors des premières restaurations.

Dans le narthex – Les diverses scènes représentent des épisodes de l'Apocalypse : Christ en gloire de la Jérusalem céleste, combat de l'Archange et de la Bête, la Jérusalem nouvelle, le fléau des sauterelles.

Dans la nef – Pièce maîtresse de l'édifice, la nef attire d'emblée tous les regards. Mises en valeur par l'admirable pureté de l'architecture, les peintures de la voûte se déroulent à plus de 16 m de hauteur, sur une superficie de 412 m². On est frappé par les tonalités beige et rose des colonnes supportant la voûte. Au revers de la porte d'entrée est représenté le Triomphe de la Vierge. On distingue deux parties dans la nef. Les trois premières travées sont séparées par des doubleaux, alors que le reste de la voûte constitue un berceau continu facilitant la décoration picturale : l'artiste a, toutefois, dessiné un faux doubleau, qui comporte 12 médaillons, entre la 5e et la 6e travée.

★ Bâtiments abbatiaux

Reconstruits au 17e s., ils ont été restaurés. Les cellules des moines abritent aujourd'hui un fascinant **parcours scénographique**. Celui-ci propose un véritable voyage en art roman où sont abordés les thèmes les plus divers : symbolisme des peintures, techniques employées, art roman en Poitou et en Europe. Le réfectoire, où l'on distingue encore la chaire où prenait place le lecteur de la règle, abrite désormais la scène dite du « combat des rois », qui se trouvait à l'origine sur la partie droite de la voûte *(p. 371)*, et sa réinterprétation par un artiste contemporain, Georg Ettl.

Du jardin, jolie **vue** sur l'arrière des bâtiments monastiques, entre le logis abbatial *(à gauche)*, d'origine médiévale, remanié aux 17e et 19e s., et le chevet de l'abbatiale où s'étagent clocher, abside et absidioles.

Hostellerie de l'Abbatial de Saint-Savin – *Pl. de la Libération - 09 66 44 65 38 - www.hotels-patrimoine.fr - 21 ch. env. 75/145 €.* La prestigieuse petite chaîne Hôtels & Patrimoine devrait ouvrir cet hôtel-restaurant haut de gamme dans le logis abbatial au printemps 2016. Au moment de mettre sous presse, il était déjà possible de réserver *(contact-stsavin@hotels-patrimoine.fr).*

FRESQUES OU PEINTURES ?

Une partie des peintures a été réalisée selon la technique de la fresque (« *a fresco* », sur un enduit mouillé « frais ») où le pigment fusionne avec son support de chaux en vertu d'une réaction chimique (carbonatation) au contact de l'air. Ailleurs, les couleurs ont été appliquées sur un mortier sec et n'ont pénétré que superficiellement, formant une légère pellicule. Les couleurs employées se réduisent à l'ocre jaune, à l'ocre rouge et au vert, mélangés au noir et au blanc. L'ensemble présente généralement une grande douceur de tons. Une vie intense anime les personnages : les pieds entrecroisés indiquent le mouvement et les mains, souvent d'une longueur disproportionnée, sont très expressives. On retrouve cette allure dansante dans la sculpture romane. Les visages sont dessinés à grands traits, des taches rouges et blanches soulignant les joues, les narines et le menton.

Saint-Savin, l'église abbatiale classée Patrimoine Mondial de l'UNESCO.
F. Leroy/hemis.fr

Chauvigny

★

6 754 Chauvinois - Vienne (86)

Veillés par les rapaces qui tournoient au-dessus de leurs ruines lors des spectacles de fauconnerie, les cinq châteaux de Chauvigny, grandioses et touchants dans leur nudité, dominent une ville solidement ancrée dans ses activités traditionnelles. Célèbre pour sa porcelaine lancée au 19e s., elle abrite encore une manufacture et poursuit l'exploitation de sa fameuse pierre de taille, un calcaire au grain fin et régulier.

NOS ADRESSES PAGE 379
Hébergement, restauration, achats, activités, etc.

S'INFORMER

Office de tourisme du Pays chauvinois – *5 r. St-Pierre - 86300 Chauvigny - ✆ 05 49 46 39 01 - www.tourisme-chauvigny.com - juil.-août : 10h-13h, 14h-19h ; juin et sept. : tlj sf lun. 10h-12h30, 14h-18h30 ; avr.-mai et oct. : tlj sf lun. 14h-18h - fermé nov.-mars.*

2e bureau – *R. du Moulin-St-Léger - ✆ 05 49 46 39 01 - juil.-août : 10h-12h, 14h-18h, dim. 10h-12h ; nov.-mars : tlj sf dim.-lun. 14h-18h, sam. 9h-12h - fermé avr.-juin, sept.-oct., 1er janv., 11 nov., 25 déc.*

Visite guidée : l'office de tourisme et la Société de recherches archéologiques du Pays chauvinois (*✆05 49 46 35 45 - www.chauvigny-patrimoine.fr*) proposent 4 visites commentées : « Cité médiévale » *(1h30)*, collégiale St-Pierre *(1h)*, donjon de Gouzon *(1h30)*, église St-Pierre-les-Églises *(1h)*. Chaque jour en été ; sur demande le reste de l'année *(9 €, 12-18 ans 7 €)*.

SE REPÉRER

Carte de microrégion B3 p. 314-315 - *carte Michelin Départements 322 H8.* En arrivant à Chauvigny, 23 km à l'est de Poitiers, gagnez la ville haute où vous pourrez vous garer sans problème.

À NE PAS MANQUER

Les chapiteaux historiés de la collégiale St-Pierre ; la vue du donjon de Gouzon ; la nécropole mérovingienne de Civaux.

ORGANISER SON TEMPS

Prévoyez une demi-journée, avec une visite guidée et le spectacle de fauconnerie.

AVEC LES ENFANTS

Les spectacles des Géants du ciel au château baronnial, une sortie en vélo-rail et la Planète des crocodiles à Civaux.

Se promener

★ VILLE HAUTE

Le site de Chauvigny, facile à défendre avec son éperon rocheux à 40 m au-dessus de la vallée de la Vienne, fut très tôt habité. Il constituait un lieu stratégique au cœur d'une zone d'échanges sur l'axe Poitiers-Bourges. Les évêques de Poitiers devinrent seigneurs de Chauvigny au 11e s. et entreprirent la construction du château baronnial. D'autres édifices défensifs furent construits au cours des siècles suivants : châteaux d'Harcourt, de Gouzon, de Montléon et de Flins. Du château de Montléon situé près de la Collégiale, il ne reste que

Chauvigny, vue sur la ville et les châteaux.
H. Lenain/hemis.fr

quelques vestiges épars. La tour de Flins, petit donjon rectangulaire, est à présent intégrée dans une habitation privée. Sont donc accessibles à la visite le château baronnial, celui d'Harcourt et le donjon de Gouzon. La vue sur la région depuis la ville haute, le charme des vestiges et des petites rues font de Chauvigny un concentré d'histoire médiévale.

Château baronnial

Bd des Châteaux - ✆ 05 49 46 39 01 - www.tourisme-chauvigny.com - accès au site en dehors du spectacle des Géants du ciel dans le cadre de la visite guidée de la cité médiévale sur demande à l'office de tourisme.

Aussi appelé château des Évêques ou, depuis peu, château des Aigles, il est situé à l'extrémité du promontoire de la ville haute. Construit au 11e s. par les évêques de Poitiers, surélevé et agrandi au 13e s., cet important ouvrage subit de multiples agressions pendant la guerre de Cent Ans, les guerres de Religion et la Fronde, avant d'être abandonné au 17e s. Après la Révolution, il est vendu et utilisé comme carrière de pierres. Ses ruines imposantes servent, depuis 1996, de décor à un spectacle de rapaces et d'oiseaux exotiques en vol libre qui attire chaque saison 25 000 spectateurs.

★ **Les Géants du ciel** – *✆ 05 49 46 47 48 - www.geantsduciel.com - durée du spectacle : 45mn - de mi-juil. à fin août : 11h, 15h et 17h ; de déb. juil. à mi-juil. : 15h et 17h ; de mi-avr. à mi-mai : 15h ; de mi-mai à fin juin ; tlj sf lun. 15h ; de déb. sept. à déb. oct. : merc., jeu, w.-end 15h ; oct. : w.-end, pas de spectacle mais accès aux volières 14h-17h - fermé 14 juil. et en cas d'intempérie - 12 € (4-12 ans 8 €) - le billet donne droit à un accès libre au château 1h avant le spectacle et de 1h à 3h après.*

Les enfants adorent voir les rapaces leur passer au-dessus de la tête, observer les oisillons dans les volières et écouter les anecdotes de tournage (les oiseaux du spectacle sont régulièrement utilisés par le cinéma).

Ce spectacle de « haut vol » réunit 80 rapaces (milan noir, aigle pêcheur, vautour fauve…) et oiseaux exotiques (cigogne, marabout, ara bleu…).

4

Château d'Harcourt

3 r. St-Pierre - ✆ 05 49 46 39 01 - www.tourisme-chauvigny.com - avril-oct. : 10h-18h, accès libre à la cour - visite guidée dans le cadre du parcours « Cité médiévale ».
C'est le château chauvinois le mieux conservé. Édifié du 13e au 15e s., il appartint aux vicomtes de Châtellerault. Il possède encore de puissants remparts ainsi qu'une entrée sans pont-levis, mais dotée d'une herse et d'un assommoir. Remarquez son enceinte de 39 m sur 29 m, son donjon, constitué de deux tours accolées, et sa tour sud (vaste salle et cave voûtée), qui servit de prison.

★ Donjon de Gouzon - Espace d'archéologie industrielle

Pl. du Donjon - ✆ 05 49 46 35 45 - www.chauvigny-patrimoine.fr - ♿ - de mi-juin à fin août : 10h-12h30, 14h30-18h30, sam. 14h30-18h30, dim. 11h-18h30 ; de déb. avr. à mi-juin et sept.-oct. : 14h-18h - nov.-mars : w.-end 14h-18h - fermé de fin déc. à déb. janv. - 5 € (-12 ans gratuit), billet donnant accès au musée des Traditions populaires et d'Archéologie - visite guidée (1h) : voir « S'informer » à Chauvigny.
Donjon – Édifié au 13e s. sur un site remontant au néolithique, il domine la ville à 20 m de haut. Typique des grands donjons romans du Sud-Ouest, il doit son nom au mariage (fin 13e s.) de Blanche de Beaumont, détenante du fief, avec Guy de Gouzon, famille du Bourbonnais. Enlacé d'un escalier en spirale, un **ascenseur vitré** mène à une terrasse d'où s'offre une **vue** étendue sur la région.
Musée – Sur quatre niveaux, des expositions retracent l'évolution des techniques à travers les âges. Les industries locales y sont évoquées. On découvre notamment la fabrication de la porcelaine chauvinoise depuis le début du 20e s.

★ Collégiale Saint-Pierre

Plan St-Pierre - ✆ 05 49 45 99 10 - www.chauvigny-patrimoine.fr - 9h-18h - gratuit - visite guidée (1h) : voir « S'informer » à Chauvigny.
De style roman et surmontée d'un clocher carré, elle fut bâtie au 11e s. Son chevet, remarquable par l'harmonieux équilibre de l'abside et des absidioles, frappe par la richesse de ses sculptures. Quelque peu dénaturé par des campagnes de restauration au 19e s., l'intérieur contient des **chapiteaux★★★** historiés d'une verve puissante et d'une remarquable expressivité. Vous reconnaîtrez des épisodes de la vie de la Vierge et de Jésus, le Triomphe et la ruine de Babylone ou encore le Pesage des âmes, et admirerez les monstres ailés et démons faisant subir à des humains résignés les tourments de l'enfer.

Musée des Traditions populaires et d'Archéologie

Pl. du Vieux-Marché - ✆ 05 49 46 35 45 - www.chauvigny-patrimoine.fr - ♿ - de mi-juin à fin août : 10h-12h30, 14h30-18h30, w.-end 14h30-18h30 ; de déb. avr. à mi-juin et sept.-oct. : 14h-18h ; reste de l'année : w.-end et j. fériés 14h-18h - fermé vac. de Noël - 5 € (-12 ans gratuit) - billet donnant accès au donjon de Gouzon.
Les pièces de cette maison du 16e s. évoquent la vie locale au 19e s. : reconstitution d'un intérieur, vêtements, coiffes, etc. L'archéologie est illustrée à travers des objets gallo-romains et médiévaux (belles céramiques du 1er s.).

Église Saint-Pierre-les-Églises

2 km au sud du centre par la D 749 - ✆ 05 49 46 39 01 - de déb. juin à mi-sept. - accès libre - visite guidée (1h) : voir « S'informer » à Chauvigny.
Ce petit édifice préroman, isolé sur la rive droite de la Vienne, se trouve au cœur d'un **cimetière mérovingien** dont subsistent plusieurs sarcophages. L'église présente une abside en hémicycle, ornée d'une série de fresques très altérées figurant la Visitation, l'Adoration des Mages et la Crucifixion. Une récente datation a permis d'établir que cette œuvre avait été réalisée entre 780 et 980. Ce qui en fait l'une des plus vieilles fresques médiévales d'Europe occidentale.

Circuit conseillé Carte de microrégion p. 314-315

★ ENTRE VIENNE ET GARTEMPE B2/3

Circuit de 95 km tracé en bleu pâle sur la carte p. 314-315 – comptez une demi-journée. Quittez Chauvigny par le nord-ouest en longeant la rive gauche de la Vienne. La vallée de la Gartempe, dite **vallée des Fresques**, est jalonnée d'édifices religieux ou civils ornés de peintures murales : St-Savin, Montmorillon…

★ Château de Touffou

Rte de Touffou - 86300 Bonnes - ✆ 05 49 56 40 08 - www.touffou.com - de déb. avr. à fin sept. : w.-end 10h-12h, 14h-18h - 7 € (12-18 ans 6 €) - parc seul : 6 € (12-18 ans 5 €) - accès libre ou visite guidée (45mn).

Château – Le puissant donjon est formé par la réunion, à la Renaissance, de deux donjons des 11e et 12e s., dont les contreforts sont surmontés d'élégantes tourelles. Au 14e s. furent édifiées quatre grosses tours rondes. L'aile Renaissance, reliant la tour St-Georges et le donjon, est ornée de fenêtres à meneaux et de lucarnes aux frontons ornés d'armoiries. La chambre dite « de François Ier » abrite des **fresques** évoquant les travaux des champs. On verra aussi la chapelle, la salle de garde et ses cachots, la boulangerie et la cuisine.

Parc - Il se compose du jardin nord-ouest (roseraie, terrain de jeu de croquet), du **jardin de l'Aumônerie** (carrés d'artichauts bordés de buis) et du jardin de la Terrasse des tournois, dominant la Vienne.

Poursuivez vers le nord jusqu'à la D 86. Prenez à droite, franchissez la Vienne, puis à gauche la D 749 et, à hauteur du pont de Bonneuil-Matours, à droite la D 3.

Archigny

En 1773 et 1774, des colons français chassés d'**Acadie** (ouest du Canada) lors du Grand Dérangement s'installent sur des terres en friche mises à leur disposition par le marquis de Péruse des Cars. Cinquante-huit fermes *(il en reste 38, dont la Ferme acadienne, à 2 km d'Archigny sur la D 9, au lieu-dit la Croix de Justice)* sont construites sur un modèle identique entre Archigny et La Puye, et constituent la **Ligne acadienne**. Des complications administratives pousseront certains colons à partir pour Nantes, d'où ils rallieront plus tard la Louisiane.

Poursuivez sur la D 3. Après 3 km, prenez à droite la D 9.

Musée de la Ferme acadienne

Les Huit-Maisons - 86210 Archigny - ✆ 05 49 21 54 39 - www.mairie-archigny.fr - juil.-août : tlj sf merc. 14h30-18h30 ; mai-juin et sept. : w.-end et j. fériés 14h-18h - 4 € (-18 ans gratuit) - possibilité de visite guidée (45mn) sur demande.

Cette ancienne ferme (1773) convertie en musée, avec sa pièce d'habitation, son étable et sa grange, évoque la vie quotidienne des exilés acadiens.

Poursuivez sur la D 9.

★★★ Abbaye de Saint-Savin (p. 369)

Quittez St-Savin par le sud en empruntant la D 11.

Antigny

À voir ici : l'**église romane Notre-Dame**, coiffée d'un clocher carré surmonté d'une pyramide octogonale. L'intérieur comporte une chapelle dont la voûte est ornée de **peintures murales** (fin 15e s.) d'une facture naïve représentant notamment des scènes de l'enfance du Christ et de la Passion. À l'extérieur, l'auvent du mur sud abrite des **sarcophages mérovingiens**.

Poursuivez sur la D 11, puis prenez à gauche la D 11B.

Chapelle funéraire Sainte-Catherine de Jouhet

2 pl. du Souvenir - 86500 Jouhet - ✆ 05 49 91 05 30 - http://mairiedejouhet.free.fr - clé à retirer au café-restaurant Le Val de Gartempe du mar. au dim. ou à la mairie. Les **fresques**★ furent exécutées au 15e s. Un Christ en majesté occupe la partie supérieure, au-dessus de l'autel. À gauche : la Création, la Tentation d'Adam et Ève, la Légende des trois morts et des trois vifs. À droite : l'Annonciation, la Nativité, l'Annonce aux bergers, l'Adoration des Mages, le Jugement dernier. *Repassez la Gartempe, puis empruntez la D 115, puis la D 83.*

Civaux

★ **Nécropole mérovingienne** – À deux pas de la centrale nucléaire de Civaux, spectacle insolite que ces sarcophages perdus parmi les cyprès du cimetière communal et dont les couvercles constituent la clôture. Sépultures de guerriers tombés lors de la bataille de Poitiers (ou Vouillé) en 507 ou tombes de repentis enterrés à l'endroit même de leur conversion ? Le mystère demeure quant à l'origine de ce site qui aurait abrité jusqu'à 15 000 sarcophages. Ceux-ci, rectangulaires ou trapézoïdaux, parfois taillés dans des fragments de monuments gallo-romains et portant souvent une croix à trois traverses, furent, par la suite, utilisés comme matériau de construction, voire comme abreuvoirs.
Musée archéologique – *30 pl. de Gomelange - 86320 Civaux - ✆ 05 49 48 34 61 - www.ville-civaux.fr - ♿ - juil.-août : 10h30-12h30, 14h-19h ; avr.-juin, sept.-oct. : merc. et w.-end 14h30-18h ; vac. Pâques et Toussaint : 14h30-18h ; reste de l'année : sur demande - fermé lun., 1er mai, 25 déc. - 4 € (12-18 ans 2 €).* Divers objets découverts lors de fouilles archéologiques et de nombreux panneaux illustrés forment la collection permanente de ce musée dédié au Val de Civaux, des origines au Moyen Âge. Un film de 20mn et un livret complètent la visite.
Église Saint-Gervais-et-Saint-Protais – Les colonnes de la nef (10e s.) sont coiffées de chapiteaux historiés qui illustrent la peur de l'enfer et de la damnation. L'abside conserve une **stèle funéraire** du 4e s., gravée d'un chrisme flanqué de l'alpha et de l'oméga. Sur la place de l'église se trouvent les vestiges d'une cuve baptismale hexagonale (6e-7e s.) érigée à l'intérieur d'une structure utilisant les murs d'un sanctuaire romain des 2e-3e s.
Planète des crocodiles – *Rte du Fond-d'Orveau - 86320 Civaux - ✆ 05 49 91 80 00 - www.planete-crocodiles.com - ♿ - juil.-août : 10h-19h, merc. 10h-19h, 20h-0h ; reste de l'année : 10h-18h - fermé 25 déc. - 12 € (5-12 ans 9 €).*
Frissons en toute sécurité sur les traces des caïmans à lunettes, des tortues hargneuses et de Dundee l'alligator albinos. Points forts : nourrissage *(après-midi)*, visite de la nurserie et atelier dessin, histoire de croquer les crocos ! Sous une serre de 5 000 m², ce parc abrite 260 animaux : des spécimens des neuf espèces de crocodiles existantes (caïmans, alligators de Chine et du Mississippi, crocodiles du Nil…) et trois espèces de tortues. Les bassins reconstituent leurs biotopes d'origine et la végétation luxuriante (1 000 plantes dont 250 orchidées) créée une ambiance tropicale. À partir de 2017, le parc doit changer de nom pour devenir celui des Prédateurs en accueillant aussi des fauves. *Quittez Civaux par le nord (D 114).*

Morthemer

Ce village fut aux 14e et 15e s. l'une des plus importantes baronnies du Poitou. Du château ne reste qu'un imposant **donjon** pentagonal à tourelles d'angle. C'est là que mourut, en 1370, John Chandos, lieutenant du Prince Noir, blessé lors de la bataille de Lussac. L'**église** présente un curieux mélange de styles roman et gothique. Dans la crypte, fresques des 14e et 15e s.
La D 8 ramène à Chauvigny en offrant de jolies vues sur la rive droite de la Vienne.

NOS ADRESSES À CHAUVIGNY

HÉBERGEMENT

PREMIER PRIX

Hôtel Lion d'Or – *8 r. du Marché - 05 49 46 30 28 - fermé 24 déc.-15 janv. - P - 26 ch. 54 € - 8 € - 21/45 €.* Cet hôtel de la ville basse a été bien rénové : chambres personnalisées, hall et salon originalement aménagés. Au restaurant, cuisine traditionnelle servie dans un décor de claustras en fer forgé et chaises de style Art nouveau.

La Rivière aux Chirets – *Sur la rive gauche de la Vienne, 2 km au sud-ouest du centre par D 8 en direction de Morthemer - 05 49 56 41 70 - www.riviereauxchirets.fr - - réserv. oblig. - table d'hôte sur réserv. - 4 ch. 50/90 €* . Cette belle demeure du 17e s. a conservé l'essentiel de son décor d'origine, offrant un savant mélange de confort et de raffinement. Les fenêtres des chambres ouvrent sur la cour d'honneur ou sur un petit jardin de curé.

À proximité

BUDGET MOYEN

Domaine de Normandoux – *R. des Sapins - 86800 Tercé - 10 km au sud-ouest par D 2 - 05 49 01 02 01 - www.normandoux.fr - P - 40 ch. et appart. - 85/140 € - 10 € - formule midi 15 € (26 € en été).* Cet hôtel-résidence propose plusieurs formules : des chambres simples dans le manoir ou des appartements, toujours aussi sobres et zen, dans les dépendances. Pour les loisirs, c'est du haut de gamme avec la piscine, le pa ou le parc, avant des soirées « son et lumière » dans une ancienne carrière aménagée à cet effet.

RESTAURATION

PREMIER PRIX

Les Choucas – *21 r. des Puys - 05 49 46 36 42 - www.les-choucas-restaurant.fr - 14,50/28,90 € ou à la carte.* En face du donjon de Gouzon, cette maison médiévale fait le bonheur des affamés avec une crêperie et un restaurant *(à l'étage)* avec fenêtre à meneaux, cheminée et poutres, pour un menu régional ou médiéval sur commande.

Angélic Caffé – *8 pl. du Marché - 05 49 46 32 34 - www.angelic-caffe.com - formule midi 13/15,90 € - 28/32 €.* Situé dans la ville basse, l'Angélic Caffé propose une cuisine de bistrot régionale : pavé de bœuf, noix de joue de bœuf, tête de veau ou pintade. Un restaurant de qualité, dans une grande salle toute simple ou une agréable terrasse.

ACTIVITÉS

Vélo-Rail de Chauvigny – *10 r. de la Folie - 05 49 88 93 63 - www.velorail-chauvigny.fr - juil.-août : dep. 10h, 14h et 17h, certains j. 20h30 ; vac. scol. (hors été) : 10h et 14h ; de fin mars à fin juin et de déb. sept. à mi-nov. (hors vac. scol.) : tlj sf lun.-mar. 14h, w.-end 10h et 14h - 29 € vélo 3-5 pers., 23 € vélo 2 pers. - réserv. obligatoire.* Un parcours de 17 km AR *(2h maxi)* pour pédaler sur la voie ferrée qui reliait les anciennes carrières de pierre.

AGENDA

Le Petit Tintamarre – *Musée de la Ferme acadienne (p. 377) - le 15 août - gratuit.* L'association des Cousins acadiens du Poitou célèbre la fête nationale de l'Acadie. Concerts, exposition, pique-nique et danses.

4

Montmorillon

6 387 Montmorillonnais - Vienne (86)

Prononcez « Montmorillon » et vous avez déjà la bouche pleine des saveurs de ses délicieux macarons. Voilà un village qui sait se faire aimer, avec ses gourmandises, son pont gothique du 14e s. brisé dans son élan au-dessus de la Gartempe, ses pittoresques ruelles et son important patrimoine médiéval. Il y a quelques années, un ambitieux projet culturel, consacré à l'écrit et aux métiers du livre a redynamisé cette Ville d'art et d'histoire qui accueille tous les ans un convivial Salon du livre.

NOS ADRESSES PAGE 383
Hébergement, restauration, achats, activités, etc.

S'INFORMER

Office de tourisme de Montmorillon – *2 pl. du Mar.-Leclerc - 86500 Montmorillon - ✆ 05 49 91 11 96 - www.tourisme-montmorillon.fr - juil.-août : 9h30-12h30, 14h-18h30, dim. et j. fériés 14h-18h ; reste de l'année : tlj sf dim. et j. fériés 10h-12h, 14h-18h.* Il propose des billets pour la plupart des lieux de visite de la ville et organise des expositions en été dans ses locaux. C'est aussi là qu'il faut demander les clés pour pouvoir visiter la crypte Ste-Catherine de l'église Notre-Dame et l'Octogone de la Maison-Dieu en dehors des horaires estivaux.

SE REPÉRER

Carte de microrégion C3 p. 314-315 - *carte Michelin Départements 322 L6.*

Montmorillon, 25 km au sud-est de Chauvigny, s'étend sur les deux rives de la Gartempe.
La ville nouvelle se situe sur la rive droite, et la vieille ville sur la rive gauche.

SE GARER

Garez-vous de préférence rive droite, pl. du Mar.-Leclerc.

À NE PAS MANQUER

Les fresques de la crypte Ste-Catherine ; le quartier médiéval du Brouard ; les macarons.

ORGANISER SON TEMPS

Comptez une demi-journée pour Montmorillon, et une journée pour la vallée de la Gartempe.

AVEC LES ENFANTS

L'île aux serpents à la Trimouille.

Se promener

Depuis l'office de tourisme, prenez la rue piétonne du Vieux-Pont, traversez la Gartempe et montez la rue Montebello à la découverte du **quartier médiéval du Brouard**. *L'église Notre-Dame se trouve à droite après le Vieux-Pont.*

Église Notre-Dame

Pl. du Terrier - ✆ 05 49 84 30 00 - juil.-août : mar. et sam. 15h-18h ; juin : w.-end 14h-18h ; reste de l'année : sur demande - entrée libre - possibilité de visite guidée (1h) sur demande à l'office de tourisme - crypte : si elle n'est pas ouverte, demander la clé à l'office de tourisme.

Cette ancienne collégiale, très endommagée au cours des guerres de Religion, est accrochée sur un rocher dominant la Gartempe. Les contraintes liées à la topographie des lieux font que son plan en croix latine est caractérisé par un désaxement prononcé de la nef. Construite au 11e s., Notre-Dame a conservé de cette époque son beau chevet roman en demi-cercle. Sur le transept surmonté d'une coupole sur pendentifs ont été greffées deux absidioles. Les travées de la nef ont reçu, vers le début du 13e s., un voûtement gothique angevin. Quant à la façade, elle fut dotée d'un nouveau portail au 14e s.

Crypte Sainte-Catherine – L'église basse, située sous le chœur, se compose d'une abside en cul-de-four et d'un vaisseau voûté en berceau. La sobriété de son architecture offre un contraste saisissant avec la richesse de ses **fresques★**, qui comptent parmi les plus célèbres du Poitou, avec celles de St-Savin. À l'origine, les peintures murales couvraient entièrement la crypte. Elles datent du dernier quart du 12e s. et ne subsistent plus que dans l'abside et la partie est du vaisseau. Elles s'inspirent des principaux épisodes de la vie de sainte Catherine d'Alexandrie. Remarquez, à la base du mur, la sainte répondant aux philosophes convoqués par l'empereur Maxence pour établir la vacuité de la foi chrétienne. Sur la voûte en cul-de-four est représentée, dans une mandorle, une Vierge en majesté accompagnée de la sainte.

De la terrasse située entre l'église et la Maison-Dieu, jolie **vue** sur le chevet de l'église Notre-Dame, le Vieux Pont et les quartiers de la rive droite de la Gartempe.

La Préface

3 r. Bernard-Harent - ✆ 05 49 83 03 03 - www.citedelecrit.fr - ♿ - juil.-août : 10h-12h30, 14h-19h - avr.-juin et sept. : 10h-12h30, 14h-18h - reste de l'année : tlj sf lun. et j. fériés 10h-12h30, 14h-18h - entrée libre.

La Préface constitue une sorte d'office de tourisme *bis*, puisque le lieu chapeaute toutes les activités liées au grand projet de la ville, la **Cité de l'écrit et des métiers du livre**. Ce réseau créé en 2000 réunit une vingtaine de libraires et bouquinistes, artisans et artistes : lithographe, calligraphe, enlumineur, graveur, typographe (plomb et bois), tampographe, relieur, etc. La Préface organise tout au long de l'année des expositions temporaires, des visites, des rencontres et séances de dédicace avec les écrivains, etc. Juste à côté se tient l'exposition permanente l'« **Aventure de la Machine à écrire et à calculer** » *(entrée libre)*, avec près de 200 modèles présentés, dont la machine à écrire américaine Underwood de 1910, ainsi que des reconstitutions, telle la machine à écrire mise au point par le Français Xavier Progin en 1833.

Prenez à gauche la rue Champien qui se poursuit avec la rue du Vieux-Marché pour arriver dans la rue Château-Gaillard.

Quartier de la Maison-Dieu

De la rue Château-Gaillard à la rue Fontaine-des-Miracles s'étend le vaste ensemble monastique de la Maison-Dieu - possibilité de visite guidée (1h) de la chapelle et de l'Octogone sur demande à l'office de tourisme.

Hôpital-monastère de la Maison-Dieu – *Ne se visite pas.* Fondé à la fin du 11e s. par Robert le Pieux, de retour de Terre sainte, il en subsiste quelques beaux vestiges de fortifications. Les bâtiments monastiques et la grange dîmière ont été édifiés par les augustins qui occupèrent les lieux de 1615 à la Révolution.

Chapelle Saint-Laurent – *R. des Augustins - ✆ 05 49 84 30 00 - juil.-août : merc. et sam. 15h-18h - reste de l'année : sur demande - gratuit.* Sa façade du 12e s., bien restaurée, est flanquée d'un élégant clocher octogonal surmonté d'une très belle flèche de pierre. La partie haute est décorée d'une délicate frise de facture gothique. Bien qu'elle soit partiellement mutilée, on y reconnaît divers épisodes de l'enfance du Christ : Annonciation, Nativité, Annonce aux bergers, Présentation au temple, Adoration des Mages et Fuite en Égypte. L'intérieur, dont les parois ont été couvertes de peintures murales au 19e s., accueille concerts et expositions.

★**Octogone** – *R. Fontaine-des-Miracles - ✆ 05 49 84 30 00 - juil.-août : merc. et sam. 15h-18h - reste de l'année : sur demande - 3 € (enf. 2 €).* Cet édifice de la fin du 11e s. ou du début du 12e s., dont la forme s'inspire du St-Sépulcre de Jérusalem, était certainement à l'origine une chapelle funéraire. À l'extérieur, la porte est surmontée de quatre groupes de statues d'assez belle facture. À la base du toit, remarquez une intéressante série de modillons. À l'intérieur, au niveau supérieur, la chapelle présente une belle voûte angevine du 13e s., et un sol à gradins épouse la forme de la coupole de la partie inférieure.
Poursuivez dans la rue Fontaine-des-Miracles, puis tournez à droite pour rejoindre le pont moderne qui enjambe la Gartempe. Sur l'autre rive, prenez à gauche.

Musée de l'Amande et du Macaron

32 bd de Strasbourg - ✆ 05 49 83 03 38 - www.museedumacaron.com - juil.-août : 10h-12h, 14h30-18h ; reste de l'année : 9h30-12h, 14h-18h, dim. et j. fériés 10h-12h, 15h30-18h - 3,50 € (12-18 ans 2,30 €) avec audioguide + 3,20 € avec dégustation.
Grande biscuiterie poitevine, la **maison Rannou-Métivier** abrite, au-dessus de sa boutique à la devanture colorée, une exposition entièrement dédiée au macaron de Montmorillon. Des panneaux thématiques, des bornes d'écoute, plusieurs machines anciennes et un film présentent l'univers de l'amande et l'histoire du petit biscuit rond et moelleux mis au point par la famille Rannou-Métivier au au début du 20e s. Dégustation en fin de visite au jardin d'hiver.
Continuez sur le boulevard de Strasbourg et tournez à gauche dans la rue des Récollets, puis à droite dans la rue du Four pour rejoindre l'office de tourisme.

Circuit conseillé Carte de microrégion p. 314-315

VALLÉE DE LA GARTEMPE BC3

▶ *Circuit de 80 km tracé en orange sur la carte p. 314-315 – comptez environ une journée. Quittez Montmorillon par le sud-ouest en empruntant la D 727.*

Lussac-les-Châteaux

La falaise qui borde l'**étang de Lussac** recèle de nombreuses grottes et abris-sous-roche qui étaient occupés à l'époque préhistorique. Au lieu-dit l'Ermitage se trouve l'ancienne **léproserie** (17e s.), qui étonne par son architecture : couverte d'un toit pyramidal, elle comprend trois salles voûtées communicantes, dont les murs sont creusés de niches, à l'intérieur comme à l'extérieur.
Musée de Préhistoire – *21 rte de Montmorillon - 86320 Lussac-les-Châteaux - ✆ 05 49 83 39 80 - www.lasabline.fr - ♿ - juin-sept. : 10h-12h, 14h-18h. ; reste de l'année : se rens. - 3 € (-18 ans gratuit) - possibilité de visite guidée (2h) dans les grottes.* Cet agréable musée présente une partie des nombreux objets découverts dans une douzaine de sites préhistoriques des environs : outils en silex, en os et en bois de renne, plaquettes et galets gravés.
Quittez Lussac-les-Châteaux par le sud-est en empruntant la D 116.

Écomusée du Montmorillonnais à Saulgé

Lieu-dit Juillé - ✆ 05 49 91 71 34 - www.ecomusee-montmorillonnais.org - juil.-août : merc.-dim. 14h30-18h30 ; mai-juin et sept. : merc. et w.-end 15h-18h - fermé j. fériés - 5,50 € (-16 ans gratuit) - 10 € billet famille (2 adultes + 2 enf.).
Dans une ancienne exploitation, ce musée raconte le pays de Montmorillon à travers l'agriculture et l'alimentation au fil des siècles.
Prenez la D 5 vers Plaisance. Après 1,5 km, tournez à gauche ; la route longe la Gartempe. Rejoignez la D 12 (à gauche), puis traversez la Gartempe par la D 10.

★ Les Portes d'Enfer

45mn AR. Avant le pont sur la Gartempe, laissez votre voiture et empruntez, à droite, le sentier signalé, glissant et accidenté, longeant la rive droite.

À mi-parcours, des plates-formes rocheuses dominent les rapides encaissés de la Gartempe. Lorsque le sentier se divise, prenez à droite. On aboutit, 100 m au-delà d'un rocher fendu en trois, à un énorme bloc surplombant de façon vertigineuse le lit tumultueux du torrent : joli coup d'œil sur ce dernier et sur les roches, en aval, dites « Portes d'Enfer ».

Poursuivez sur la D 10. À Bourg-Archambault, prenez la D 33, puis après St-Léomer, la D 727 jusqu'à La Trimouille.

L'île aux serpents

Rte de Montmorillon - 86290 La Trimouille - 05 49 91 23 45 - www.ileauxserpents.com - - juil.-août : 10h-19h ; avr.-juin : 10h-18h ; sept.-nov. : merc., w.-end, vac. scol. 10h-18h - 9 € (5-12 ans 7 €).

Les enfants adoreront se faire peur en assistant au repas des reptiles et se rassurer avec les adorables suricates. Pour les plus téméraires, il est même possible de toucher certains serpents sortis sous bonne garde.

Cet immense vivarium a fait peau neuve. Créé par un pharmacien de la Trimouille en 1995, il avait dû fermer ses portes en 2013. Repris par l'équipe de la Planète des crocodiles (*p. 378*), il abrite toujours l'une des plus importantes collections de serpents de France avec ses impressionnants anacondas, pythons et boas. Mais il s'est agrandi et modernisé pour recevoir de nouveaux pensionnaires : lézards (geckos, varans, iguanes…), tortues, ainsi que mammifères (loutres, suricates). En tout, plus de 350 animaux présentés dans des environnements reconstituant des zones tropicales, aquatiques ou désertiques.

À La Trimouille, prenez la D 675 vers le nord en direction de Le Blanc, tournez à gauche sur la D 120, puis à droite sur la petite route menant au prieuré.

Prieuré de Villesalem

Fermé aux visites individuelles, ce magnifique prieuré fondé vers 1109 dépendait de l'abbaye de Fontevraud. La riche décoration sculptée de sa **façade★** reste toutefois visible. Admirez les chapiteaux des portails ornés de feuillages, de griffons, d'oiseaux, de lions et de masques humains. Il est également possible de visiter l'intérieur à l'occasion des concerts organisés en été par l'association des Amis de Villesalem (*05 49 83 04 49 - www.prieure-villesalem.org*).

Revenez à Montmorillon par la D 120, puis à droite par la D 727.

NOS ADRESSES À MONTMORILLON

HÉBERGEMENT ET RESTAURATION

Hôtel de France et restaurant Lucullus – *4 bd de Strasbourg - 05 49 84 09 09 - www.hoteldefrance-lelucullus.fr - 35 ch. 60/67 € - 9 € - fermé dim. soir, lun. et mar. 23/65 €.* Cet établissement offre trois possibilités : bien dormir (chambres spacieuses et fonctionnelles), bien manger (une annexe bistrot avec des formules simples) ou très bien manger, grâce à la cuisine inventive du restaurant « gastro ».

AGENDA

Salon du livre – *05 49 83 03 03 - www.montmorillon.fr - mi-juin.* Conférences, débats, expositions autour de l'édition et dédicaces.

Charroux

★

1 169 Charlois - Vienne (86)

La fameuse tour Charlemagne fait office de drapeau pour cette petite ville médiévale dotée de belles halles et de quelques maisons à pans de bois. Cet unique vestige de l'ancienne abbaye romane, jadis gardienne de reliques de la Croix du Christ et étape incontournable sur la route de St-Jacques-de-Compostelle, témoigne du prestigieux passé de la cité.

NOS ADRESSES PAGE 388
Hébergement, restauration, achats, activités, etc.

S'INFORMER

Office du tourisme de Charroux et son pays – *2 rte de Châtain - 86250 Charroux - ✆ 05 49 87 60 12 - www.charroux-en-poitou.com - mai-août : 9h30-12h30, 14h30-18h ; reste de l'année : mar.-sam. 10h-12h30 - fermé certains j. fériés.*

Autres bureaux : à Couhé, Gençay et Civray.

Visite guidée : l'office de tourisme propose des parcours commentés de Charroux *(2h, 2 €)* et de Couhé *(2h, 3 €)* sur demande et sous réserve d'un minimum de 12 participants. Par ailleurs, des circuits historiques balisés avec panneaux explicatifs et fascicule gratuit existent à Charroux, Civray, Couhé et Gençay.

SE REPÉRER

Carte de microrégion B4 p. 314-315 - *carte Michelin Départements 322 I8.* Charroux se situe 28 km au nord-est de Ruffec, dans un vallon de la Charente.

À NE PAS MANQUER

Les sculptures du portail conservées dans la salle capitulaire et la tour octogonale du 11e s. de l'abbaye St-Sauveur.

ORGANISER SON TEMPS

Comptez 1h pour la visite de l'abbaye St-Sauveur.

AVEC LES ENFANTS

La Vallée des singes ; une promenade en bateau au port miniature des îles de Payré.

Découvrir

★ ABBAYE SAINT-SAUVEUR

4 pl. St-Pierre - ✆ 05 49 87 62 43 - www.charroux.monuments-nationaux.fr - ♿ - mai-août : 9h30-12h30, 14h-18h30 ; reste de l'année : 10h-12h30, 14h-17h30 - fermé lun., certains j. fériés - possibilité de visite guidée (45mn) - 3 € (-26 ans gratuit).

Fondée par Charlemagne pour abriter une relique de la Vraie Croix du Christ, l'abbaye constituait aussi un puissant appui politique pour l'empereur. Elle accueillit plusieurs conciles, notamment celui de 989 qui posa les bases de la « Paix de Dieu », frappant d'anathème les coupables de violations d'église et de brutalités contre les populations civiles. Au 11e s., l'église carolingienne fut entièrement reconstruite dans le style roman et, en 1096, le pape Urbain II consacra le nouvel autel majeur. Au cours des siècles, les pèlerins, attirés par l'aura des reliques, firent la richesse de cette importante étape sur la route de St-Jacques-de-Compostelle. Leurs dons en argent et objets d'art affluaient, grossissant chaque année un peu plus le trésor du sanctuaire.

La prospérité dont jouit Charroux déclina dès la guerre de Cent Ans, puis s'effondra lors des guerres de Religion. Abandonnée en 1762, l'abbaye fut en grande partie démolie au début du 19e s., mais **Prosper Mérimée** sauva ce qu'il reste aujourd'hui. Des fouilles et une restauration entreprises de 1946 à 1953 ont permis de reconstituer le plan de l'église et de dégager la crypte. Le cloître a été valorisé et des sondages pratiqués dans la salle capitulaire ont mis au jour des sarcophages contenant un beau mobilier funéraire.

Abbatiale

L'ensemble, de style roman poitevin, mesurait 126 m de long. Son plan alliait le plan traditionnel en croix latine et le plan circulaire de l'église du St-Sépulcre de Jérusalem. Aujourd'hui, l'édifice gît presque entièrement sous des constructions plus récentes. Quelques colonnes ainsi que les vestiges d'absides de l'extrémité sud-est sont visibles dans un jardin où se dresse la tour Charlemagne.

★★ Tour

Dite de « Charlemagne », cette tour octogonale du 11e s., à la structure ajourée, se dresse au-dessus du sanctuaire en rotonde abritant le maître-autel qui surmonte la crypte où étaient exposées les reliques.

Cloître

Désormais à ciel ouvert et bien dépouillé, il fut reconstruit au 15e s. sous la direction de l'abbé Chaperon dont les armes, trois chaperons, sont reproduites aux chapiteaux des piliers de la salle capitulaire.

Salle capitulaire

De taille imposante, elle abrite d'admirables **sculptures★★** du 13e s. provenant du portail central de la façade de l'abbatiale, aujourd'hui pris dans les murs à l'intérieur d'une maison de la rue St-Sulpice. Ce sont celles du Christ du Jugement dernier, jadis au tympan, et de plusieurs figures logées autrefois dans les voussures : abbés de Charroux, rois, prophètes, et ces délicieuses statues de Vierges sages et Vierges folles, fréquentes en Poitou (le visage stylisé de l'une d'elles orne les documents officiels de la région). L'ensemble est attribué au même sculpteur que celui des portails de la cathédrale de Poitiers.

4

★ Trésor

Il contient une précieuse collection de bâtons pastoraux romans et de pièces d'orfèvrerie gothique, provenant des sépultures d'abbés et d'une cachette découverte en 1856. Les objets d'orfèvrerie comprennent deux reliquaires en vermeil, magnifiquement ouvragés, dont un du 13e s., figurant deux anges.

À proximité Carte de microrégion p. 314-315

Civray AB4

9 km à l'ouest de Charroux.

2 pl. du Mar.-Leclerc - 86400 Civray - 05 49 87 47 73 - www.civray.fr - juil.-août : mar., jeu.,ven. 9h30-12h30, 14h-18h, merc. et sam. 9h30-12h30 ; avr.-juin et sept.-oct. : mar., jeu.-sam. 9h30-12h30, 14h-18h, merc. 9h30-12h30 ; reste de l'année : mar. et vend. 9h30-12h30, 14h-18h, sam. 9h30-12h30 - fermé j. fériés.

Simple forteresse devenue cité commerçante, propriété des princes de sang érigée en comté sous François Ier, puis en sous-préfecture bien des années plus tard, Civray a gardé de son passé une superbe église romane. Vous aimerez flâner dans cette petite capitale du chabichou, baignée par la Charente.

★ **Église Saint-Nicolas** – *Pl. Leclerc - ✆ 05 49 87 47 73 - ♿ - 8h30-19h30 - possibilité de visite guidée (1h) sur demande préalable à M. Cantin au ✆ 06 47 61 88 69.* De style roman, elle présente une façade historiée d'inspiration poitevine alors que son clocher octogonal dénote plutôt une influence limousine. L'édifice fut restauré par deux fois, non sans dommages : en 1858, un tympan fut ajouté au portail central. Du jardin du presbytère, on peut admirer le chevet, renforcé de colonnes aux chapiteaux à palmettes ou ornés d'animaux. La remarquable **façade★★** rectangulaire est solidement renforcée par des faisceaux de colonnes. Dans les voussures du portail central sont représentés le Christ honoré par les anges, les Vierges sages et les Vierges folles, l'Assomption, les Travaux des mois accompagnés des signes du Zodiaque. Les arcades latérales abritent des arcatures géminées. À l'étage, l'archivolte de l'arcade centrale évoque le combat des Vertus et des Vices. Dans l'arcade de gauche se trouve la statue mutilée d'un mystérieux cavalier qui pourrait être l'empereur Constantin. Dans l'arcade de droite, saint Nicolas sauvant trois jeunes filles ; en haut, les quatre évangélistes ; la voussure porte les douze vieillards de l'Apocalypse. Quant à l'**intérieur**, de proportions trapues, il se rétrécit d'ouest en est et s'orne d'une tour-lanterne octogonale édifiée sur la croisée du transept. La décoration peinte, surabondante, est moderne, sauf dans le croisillon sud où une fresque du 14e s. illustre trois épisodes de la légende de saint Gilles.

Le Cormenier B4

▶ 12 km au nord de Charroux par D 4.

Accès bien indiqué – 19 Chez Bernardeau - 86400 Champniers - ✆ 05 49 87 32 33 - www.lecormenier.com - ♿ - juil.-août : 10h-19h ; avr.-juin : 10h-18h ; reste de l'année : se rens. - 9 € (5-12 ans 7 €) - 22,50 € billet combiné avec la Vallée des singes (5-12 ans 14,50 €) - ateliers pédagogiques enf. sur réserv.

Une ancienne grange sert de cadre à ce sympathique parcours scénique qui présente les aspects de la vie rurale au début du 20e s. Le « cormenier » désigne le sorbier en patois local. Ici, bruits, matières, vent et pluie, et même odeur de châtaigne, immergent le visiteur dans le quotidien d'autrefois, retracé par 16 scènes : intérieur rural, école de village, moissons, veillée, etc. Une collection de machines agricoles anciennes complète la visite. Ces dernières reprennent du service tous les dimanches après le 15 août pour la **fête des Blés**. Belle occasion d'assister à une reconstitution avec outils et costumes d'époque.

★ La Vallée des singes B4

▶ 18 km au nord-ouest de Charroux par la D 27.

Le Gureau - 86700 Romagne - ✆ 05 49 87 20 20 - www.la-vallee-des-singes.fr - ♿ - juil.-août : 10h-19h ; vac. de Pâques, de déb. avr. à fin juin, de déb. sept à mi-sept. : 10h-18h ; reste de l'année : se rens. - fermé de mi-nov. à fin fév. - 18,50 € (5-12 ans 12,50 €) - 22,50 € billet combiné avec Le Cormenier (5-12 ans 14,50 €).

Les enfants peuvent alterner la visite du parc avec des pauses sur l'aire de jeux et à la mini ferme (oies, baudets, poules, chèvres…).

Offrant aux primates un espace de quasi-liberté, ce parc boisé de 16 ha est particulièrement bien pensé, puisqu'il a enregistré plus de 500 naissances depuis sa création en 1998, certaines très rares, même en milieu naturel. Il compte aujourd'hui les plus grands groupes de **gorilles** de France (une dizaine), de **chimpanzés** d'Europe (une douzaine) et de **bonobos** au monde avec 17 membres (les seuls en France). Quelque 400 singes et lémuriens, tous nés en captivité, évoluent ici seulement isolés sur des îlots, parfois en contact direct avec les visiteurs. À heure fixe tout au long de la journée, le **nourrissage** des mandrills, capucins bruns, saïmiris, lémuriens et ouistitis argentés vous

Les Lémuriens, des la Vallée des Singes.
La Vallée des Singes

réservera des moments surprenants de tendresse entre les animaliers et leurs pensionnaires. Le parc est impliqué dans la **sauvegarde** des primates en favorisant leur reproduction grâce à des échanges avec d'autres parcs zoologiques et en menant une action pour protéger leur habitat naturel, via le Conservatoire pour la protection des primates *(www.conservatoire-primates.com).*

Château d'Épanvilliers A4

20 km au nord-ouest de Charroux par Civray et la D 7.
Épanvilliers - 86510 Brux - 05 49 87 18 43 - www.epanvilliers.com - ♿ - juil.-août : tlj sf lun. 14h-19h - 10 € (-16 ans 5 €) - billet comprenant la visite guidée (1h), l'accès au parc et au musée du Jeu ancien.

Au bout d'une longue allée, la façade classique de cette demeure de la fin du 17e s. semble émerger de la plaine. Ancien domaine des Montalembert, le château propose aux visiteurs une intéressante approche de la vie au 18e s. : mobilier, lingerie, etc. recréent l'ambiance de l'époque, des salons en enfilade du rez-de-chaussée aux chambres à alcôve du premier étage.

Couhé A3

29 km au nord-ouest de Charroux par Civray et la D 7.
51 Grand'Rue - 86700 Couhé - 05 49 59 26 71 - www.cc-region-couhe.fr - de mi-juin à mi-sept. : 9h30-18h30, mar. et sam. 9h30-13h, 14h-18h30, dim. 10h-13h ; reste de l'année : tlj sf dim. 14h-17h, sam. 9h30-12h30.

Sur la rive droite de la Dive, cette cité ancienne possède quelques belles bâtisses (maison du 15e s., rue Bigeon-Croisil) et de **vieilles halles** en pierre datant de 1580, dont la charpente et le dallage sont d'origine.

Les îles de Payré A3

33 km au nord-ouest de Charroux par Civray et la D 7.
D 97 - 86700 Payré - 05 49 59 10 55 - accès libre tte l'année - port miniature : juil.-août, 11h-18h ; juin et sept. : dim. et j. fériés, 11h-18h - 4 € (enf. 2,50 €).

Ce parc de loisirs de 22 ha propose de nombreuses activités dans un cadre verdoyant : modélisme naval, aires de baignade, de pêche et de pique-nique.

Abbaye de La Réau B4

▶ *14 km au nord-est de Charroux par la D 10, puis la D 741.*

Visible de l'extérieur. Construite aux 12e et 13e s., l'abbatiale a perdu ses voûtes, écroulées au 19e s. Défendue par deux échauguettes, la façade est percée d'une grande baie gothique et d'un portail aux multiples voussures. Ce portail donne accès à la nef unique précédant le transept, éclairé par trois baies. Les **bâtiments conventuels** transformés en habitation au 19e s. abritent un escalier (17e s.) à balustrade de l'architecte François Leduc, dit « Toscane ». Dans la salle capitulaire romane (12e s.), des voûtes d'arêtes reposent sur des masques étranges. On peut y voir la clé de voûte (13e s.) du chœur de l'abbatiale, représentant la main divine. À l'est des bâtiments se dresse une tour du 15e s..

NOS ADRESSES À CHARROUX

HÉBERGEMENT

PREMIER PRIX

Chambres d'hôte de Mme Simonnet – *4 r. St-Sulpice - ✆ 05 49 87 54 32 - http://claudine.simonnet.free.fr - ⊭ - 3 ch. 55/65 € ☕.* On est « comme à la maison » dans cette vieille demeure, tant l'ensemble respire la simplicité et la convivialité. Chambres sans prétention mais bien tenues. Petit déjeuner servi dans la cuisine.

À proximité

Chambres d'hôte Château de l'Hermitage – *1 r. Ravarit - 86400 Civray - 11 km à l'est par D 148C et D 148 - ✆ 05 49 87 17 95 - www.logis-hermitage-civray.com - ⊭ - 2 ch. + 1 appart. 50 € ☕.* Même si l'appellation « château » est exagérée, on sera séduit par cette charmante demeure du 17e s. et son intérieur un peu bohème. Les chambres sont décorées de tableaux très colorés réalisés par le propriétaire. À voir, la cave voûtée qui daterait du 12e s.

RESTAURATION

BUDGET MOYEN

Hostellerie Charlemagne – *7 r. de Rochemeau - ✆ 05 49 87 50 37 - fermé dim. soir et lun. de sept. à juin - réserv. conseillée - 20/54 €.* Ne vous fiez pas à l'apparence un peu vieillotte de la façade et du hall d'accueil de cette hostellerie. Belle salle de restaurant voûtée et goûteuse cuisine proposant de bons petits plats maison réalisés avec les produits locaux.

À proximité

BUDGET MOYEN

Ferme-Auberge de Panièvre – *Lieu-dit Panièvre - 86510 Chaunay - 24 km au nord-ouest par D 148 et D 35 - ✆ 05 49 59 02 02 - vend. soir et sam. soir, dim. et j. fériés midi ; juil.-août à la demande - ⊭ - réserv. obligatoire - 15/35 €.* Venez partager les plaisirs d'une cuisine entièrement faite maison, dans le cadre verdoyant et rustique de cette exploitation agricole. Bons petits plats à base de produits de la ferme et quelques spécialités de terrines, rillettes et foie gras. Possibilité de déguster un menu végétarien, sur demande.

ACHATS

Marché de plein air – *Pl. Leclerc à Civray - mar. et vend. 8h-13h.* Sur ce petit marché très convivial, les commerçants entretiennent une ambiance « à la bonne franquette ». On a particulièrement aimé l'étal Le Chapelle Bâton et ses spécialités de fromages de chèvre disposées.

Lusignan

2 625 Mélusins - Vienne (86)

La fée Mélusine, rejetée du monde des mortels, veille sur les ruines de son château de Lusignan. Sa légende enchante cette petite cité poitevine et invite l'imaginaire à vagabonder par-delà les prés d'herbe claire et les coteaux de bois sombres qui s'étendent dans le vallon de la Vonne.

NOS ADRESSES PAGE 391
Hébergement, restauration, achats, activités, etc.

S'INFORMER

Maison du tourisme et du patrimoine du Pays mélusin – *Pl. du Bail - 86600 Lusignan - ✆ 05 49 43 61 21 - www.cc-paysmelusin.fr - juil.-août : 10h-12h30, 13h30-17h30 ; mai-juin : tlj sf sam. 10h-12h30, 13h30-17h30 ; reste de l'année : tlj sf sam. 13h30-17h30 - fermé dim. et j. fériés.*

SE REPÉRER

Carte de microrégion A3 p. 314-315 - *carte Michelin Départements 322 G6.* 25 km au sud-ouest de Poitiers, sur un promontoire dominant la Vonne.

À NE PAS MANQUER

La vue sur la vallée de la Vonne depuis l'esplanade de Blossac ; le chevet de l'église de Jazeneuil ; le site gallo-romain de Sanxay.

AVEC LES ENFANTS

La forêt communale des Bois du Grand Parc sera l'endroit rêvé pour leur raconter les amours de Mélusine et Raymondin.

Se promener

Façades anciennes, gracieux encadrements de portes et fenêtres, ruelles pittoresques caractérisent la vieille ville. Les vieilles halles datent du 19e s.

Vestiges de la forteresse des Lusignan

Pl. du Bail - possibilité de visite guidée (1h) sur demande à l'office de tourisme.

De l'ancienne forteresse des Lusignan, jadis entourée d'une triple enceinte de murailles, subsistent des salles souterraines et les bases de quelques tours. La vénérable place forte appartint d'abord à la **Maison des Lusignan**,

4

MAIS QUI ÉTAIT DONC LA FÉE MÉLUSINE ?

Dans des temps très anciens, le jeune **Raymondin** tue accidentellement son oncle, le comte Aymeri de Poitiers. Il erre, affligé, dans la forêt de Coulombiers, près de Lusignan, lorsque soudain, à la Fontaine de la soif, jaillit une femme d'une merveilleuse beauté. La fée Mélusine propose à Raymondin de l'épouser et d'en faire un puissant seigneur, à condition qu'il ne cherche jamais à la voir le samedi. Car la belle cache un lourd secret : ayant assassiné son père, elle a été condamnée à prendre, tous les samedis, l'apparence d'une femme-serpent. Poussé par un frère jaloux de son bonheur, Raymondin ne tiendra pas parole et surprendra un samedi son épouse dans son bain, transformée en « serpente ». Trahie, Mélusine disparaît à jamais. Fée bâtisseuse, elle aurait – grâce à ses pouvoirs magiques – fait surgir des palais de rêve : Lusignan, Pouzauges, Tiffauges, Mervent, Vouvant, Parthenay, Châteaumur...

puissante famille dont une lignée s'établit en Terre sainte avant de régner sur les royaumes de Chypre (1192-1489) et d'Arménie (1341-1375). Dévastée durant les guerres de Religion, la forteresse fut rasée en 1574 sur ordre de Richelieu. Au 18e s., le comte de Blossac, intendant du Poitou, fit construire sur le site ruiné une esplanade arborée. De son promontoire, vous bénéficierez de **vues** sur la vallée de la Vonne, franchie par un viaduc.

Église Notre-Dame-et-Saint-Junien

R. Notre-Dame - possibilité de visite guidée (1h) sur demande à l'office de tourisme.

Bel exemple d'art roman poitevin, cette église doit elle aussi son existence à la famille des Lusignan. De dimension imposante, elle domine la rivière. Édifiée de 1024 à 1110, elle se distingue notamment par le large bandeau historié de son portail nord, richement sculpté d'animaux et de personnages. Côté sud de l'édifice, un porche ajouté au 15e s. fait face à une maison à pans de bois et en encorbellement. À l'intérieur de l'église, vous remarquerez dans le collatéral droit un gisant gothique. Le maître-autel s'élève au-dessus d'une crypte à la triple voûte en berceau.

Les Bois du Grand Parc

Dans cette forêt communale surplombant un méandre de la Vonne, les amoureux de la nature pourront arpenter des sentiers balisés et y pique-niquer.

À proximité Carte de microrégion p. 314-315

Église Saint-Jean-Baptiste de Jazeneuil A3

6 km au nord-ouest par la D 94.

R. St-Jean-Baptiste - 86600 Jazeneuil - audioguides (5 €) à retirer au Parvis des artistes, face à l'église, merc.-dim. 10h-12h30, 14h-19h.

Cet édifice roman dresse son magnifique **chevet** à contreforts-colonnes en bordure de la Vonne. Admirez le grand portail sculpté en plein cintre et les modillons de la façade latérale sud. À l'intérieur : curieux transept réduit au croisillon sud, coupole sur pendentifs, voûtes, chapiteaux décorés.

Musée du Vitrail à Curzay-sur-Vonne A3

11 km au nord-ouest par la D 94.

6 rte de Sanxay - 86600 Curzay-sur-Vonne - ✆ 05 49 01 19 65 - www.musee-du-vitrail.com - de mi-juin à fin sept. : tlj sf mar. 10h-12h30, 14h-17h30 ; de mi-mars à mi-juin et oct. : jeu.-dim. et j. fériés 14h-17h30 - fermé certains j. fériés - 7 € (11-16 ans 5 €) - possibilité de visite guidée (1h15) à 15h.

Installé dans un bâtiment attenant à l'église St-Martin, ce petit musée créé en 1988 présente des collections permanentes (vitraux du 14e au 20e s.) et des expositions d'œuvres d'artistes contemporains.

Site gallo-romain de Sanxay A3

14 km au nord-ouest par la D 94.

Rte de Ménigoute - 86600 Sanxay - ✆ 05 49 53 61 48 - www.sanxay.monuments-nationaux.fr - de mi-mai-à mi-sept. : 9h30-12h30, 14h-18h30 ; reste de l'année : tlj sf sam. 10h-12h30, 14h-17h30 - fermé 1er janv., 1er mai, 1er et 11 nov., 25 déc. - 5,50 € (-18 ans gratuit) - possibilité de visite guidée (2h).

Cet immense sanctuaire rural occupait jadis environ 25 ha sur les deux rives de la Vonne. Très fréquenté, ce lieu de culte, de cure et de divertissements fut achevé au 2e s. apr. J.-C., puis progressivement déserté dans le courant du 4e s. Le site révèle les vestiges d'un **théâtre** adossé à un coteau, qui accueillait quelque 6 500 spectateurs à l'occasion de combats de gladiateurs et de chasses

Lusignan, le village et le viaduc.
F. Leroy/hemis.fr

d'animaux. De l'autre côté de la rivière s'étend le **sanctuaire thermal**, mis en valeur et abrité sous un hangar. On distingue clairement l'emplacement des bains tièdes, des bains chauds, de la salle de sudation et de la piscine froide. Le chemin mène ensuite aux ruines d'un **temple** aux dimensions imposantes qui dominait l'ensemble du sanctuaire. Au centre de l'édifice, on distingue parfaitement la forme d'une *cella* octogonale (probablement dédiée à une divinité gauloise) entourée d'un portique cruciforme.

Château de Marconnay A3

17 km au nord-ouest par la D 94.

Rte de Marconnay - 86600 Sanxay - 05 40 43 96 23 - www.restaurantduchateaudemarconnay.com - visite guidée (1h) sur demande - tlj sf lun. 14h-18h30 - 4 € (-16 ans gratuit) - 2 € pour les clients du restaurant.

Retranché derrière des murs d'enceinte dominant des douves, cet ensemble fortifié du 15e s. appartenait à l'une des dames de compagnie de Mme de Montespan. Il a conservé sa poterne et son pont-levis et un logis seigneurial construit après 1650.

4

NOS ADRESSES À LUSIGNAN

HÉBERGEMENT

PREMIER PRIX

Hôtel du Chapeau Rouge – *1 r. de Chypre - 05 49 39 27 92 - www.lechapeaurouge-melusin.com - 8 ch. 62 € - 8 € - 27/46 €.* Ce relais de poste du 17e s. abrite des chambres simples, meublées dans le style d'époque. À voir, dans la salle à manger, la vieille cheminée avec sa devise en ancien français et son tourne-broche à poids. On y sert une cuisine traditionnelle gourmande, relevée d'une zeste de modernité.

AGENDA

Soirées Lyriques de Sanxay – *Sanxay - 05 49 44 95 38 - www.operasanxay.fr - 2e sem. d'août.* C'est le 3e festival lyrique français. Les représentations ont lieu au théâtre du site gallo-romain.

Le Marais poitevin et les Deux-Sèvres 5

Carte Michelin Départements 322 - Deux-Sèvres (79) et Vendée (85)

Aube sur le Marais poitevin.

J.-D. Sudres/hemis.fr

A
ANGERS
B
ANGERS
LE MARAIS POITEVIN ET LES DEUX-SÈVRES
0
20 km
N
Tumulus de Bougon
★★ Mérite un détour
Melle
★ Intéressant
Monfaucon
À voir
Ville de départ du circuit
Vallées de l'Egray et de la Sèvre Niortaise
L'est de la Venise verte
Entre Sèvre Niortaise et Autise
Le marais du Petit Poitou
Du Haut Val de Sèvre à la Vonne
La vallée du Thouet
Sèvre Nantaise
A 87
D 160
VENDÉE
D 137
A 83
D 949
1
2
3
Angles
Tour de Moricq
D 25
D 747
D 10
Chaillé-les-Marais
La Groix
La Tranche-sur-Mer
L'Aiguillon-sur-Mer
St-Michel-en-l'Herm
D 60
La Faute-sur-Mer
La Dive
Digue du Maroc
Porte de l'Épine
Marans
Mail
Marais poitevin
Pointe de L'Aiguillon
D 137
N 11
1
D 137
CHARENTE MARITIME
A 837
A
B
SAINTES

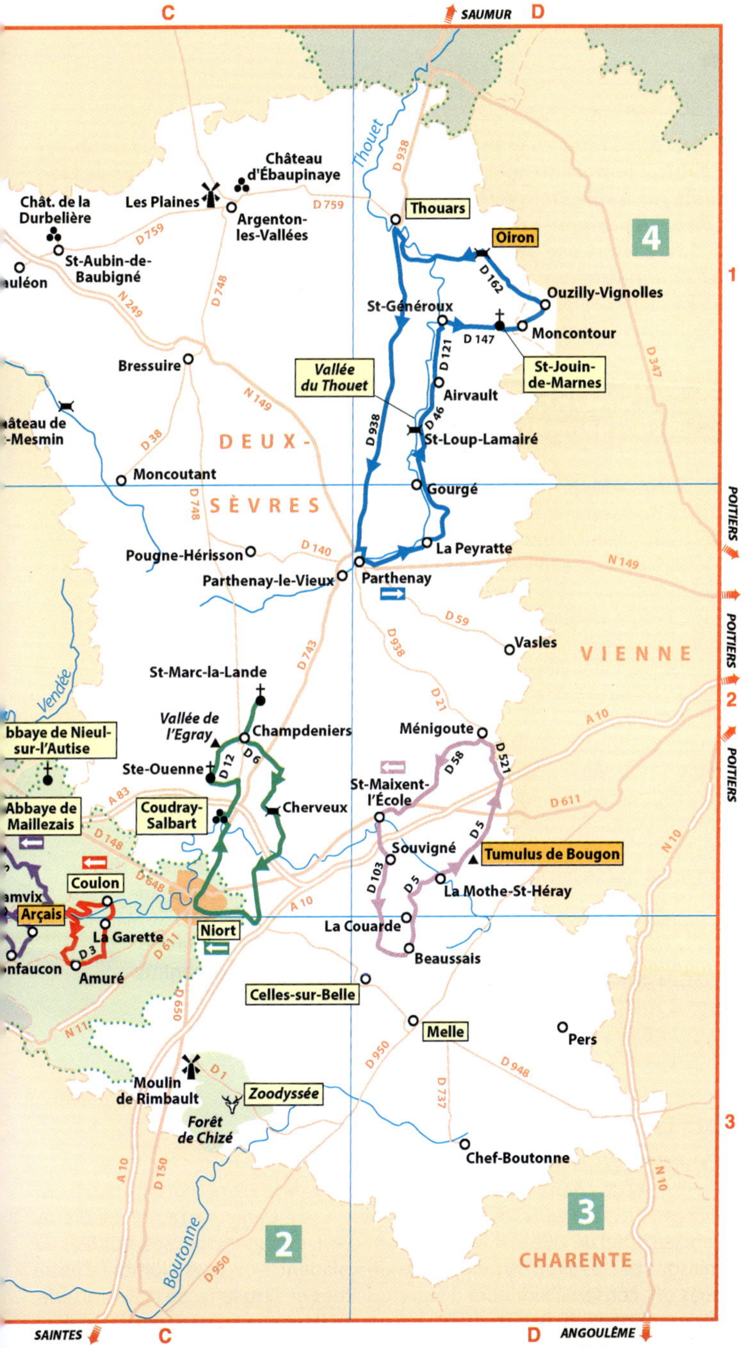
C
SAUMUR
D
Thouet
D 938
Château
d'Ébaupinaye
Les Plaines
Chât. de la
Durbelière
Argenton-
les-Vallées
D 759
Thouars
Oiron
4
1
St-Aubin-de-
Baubigné
auléon
D 748
N 249
D 162
Ouzilly-Vignolles
St-Généroux
D 147
Moncontour
D 121
St-Jouin-
de-Marnes
D 347
Bressuire
Vallée
du Thouet
Airvault
N 149
âteau de
-Mesmin
D 38
DEUX-
D 938
D 46
St-Loup-Lamairé
Moncoutant
Gourgé
D 748
SÈVRES
POITIERS
Pougne-Hérisson
D 140
La Peyratte
N 149
Parthenay-le-Vieux
Parthenay
POITIERS
D 59
D 938
Vasles
VIENNE
Vendée
D 743
St-Marc-la-Lande
D 21
2
POITIERS
Vallée de
l'Egray
Champdeniers
Ménigoute
A 10
bbaye de Nieul-
sur-l'Autise
D 6
D 58
D 521
Ste-Ouenne
D 12
St-Maixent-
l'École
D 611
A 83
Abbaye de
Maillezais
Coudray-
Salbart
Cherveux
D 148
D 5
N 10
Souvigné
Tumulus de Bougon
Coulon
D 648
D 103
D 5
La Mothe-St-Héray
amvix
Arçais
A 10
La Garette
Niort
La Couarde
D 3
D 611
Beaussais
nfaucon
Amuré
Celles-sur-Belle
D 650
Melle
Pers
N 11
D 950
D 948
Moulin
de Rimbault
D 1
Zoodyssée
D 737
3
Forêt
de Chizé
Chef-Boutonne
A 10
D 150
N 10
3
Boutonne
2
D 950
CHARENTE
SAINTES
C
D
ANGOULÊME

Niort

★

57 607 Niortais - Deux-Sèvres (79)

Mieux que toutes les grandes mutuelles d'assurance françaises installées à Niort, l'imposante masse du double donjon de Richard Cœur de Lion veille sur la ville. Dans cette cité « angélique », du nom de la plante ombellifère qui parfume ses spécialités gourmandes, les rives aménagées de la Sèvre Niortaise ouvrent une véritable « Coulée verte », tandis que le chemin communal du 3e millénaire propose une agréable boucle de 50 km. Ici, l'art de vivre se conjugue avec l'artisanat d'art car Niort, pôle régional des métiers d'arts, fourmille d'artisans et de créateurs.

NOS ADRESSES PAGE 404
Hébergement, restauration, achats, activités, etc.

S'INFORMER

Office du tourisme Niort-Marais poitevin-Vallée de la Sèvre niortaise – *2 r. Brisson (les halles) - 79000 Niort - ✆ 0820 20 00 79 - www.niortmaraispoitevin.com - juin-sept. : 10h-18h30 - reste de l'année : tlj sf dim. 10h-13h, 14h-18h - fermé certains j. fériés.* Billetterie pour tous les grands sites de la ville, du département, de la région et de Vendée ; réservations d'hébergements, de spectacles, d'excursions ; circuits en visite libre (ville, Coulée verte, métiers d'art, spécial enfants, jeu interactif en famille) ; organisation d'activités (balade en barque ou en calèche, randonnée équestre, etc.).

Visites guidées – *1h/2h - 3,50/7 € (enf. 2/2,60 €) - dates et horaires : se rens.* L'office de tourisme propose des vistes de lieux ou thématiques, de jour et de nuit : ville de Niort, donjon, hôtel de ville, chamoiserie, personnages célèbres, villages d'Arçais, Coulon, La Garette, etc.

SE REPÉRER

Carte de microrégion C3 p. 394-395 - *carte Michelin Départements 322 D7.*

L'autoroute A 10 passe à quelques kilomètres de Niort, qui se trouve à 70 km de Poitiers et 60 km de La Rochelle.

À NE PAS MANQUER

Le donjon ; le musée Bernard-d'Agesci ; la balade de la Coulée verte ; la forteresse de Coudray-Salbart ; la façade Louis XII de l'église de St-Marc-la-Lande ; et, bien sûr, la dégustation de quelques tiges confites d'angélique.

AVEC LES ENFANTS

Le Zoodyssée de Chizé.

Se promener Plan de ville

Circuit tracé en vert sur le plan de ville p. 399.

La ville occupe deux collines de part et d'autre de la Sèvre Niortaise. Sur l'une, rive gauche, sont érigés le donjon et l'église Notre-Dame, sur l'autre rive droite, l'ancien hôtel de ville et le quartier St-André. Des rues tortueuses, bordées de maisons basses à toit de tuiles rondes, escaladent les pentes. Nombre d'entre elles ont conservé leur nom d'autrefois : rues de l'Huilerie, de la Regratterie, du Tourniquet, du Rabot ; quant à la rue du Pont et à la rue St-Jean, c'étaient des voies commerçantes où se pressaient les étals.

Niort, le pont du Milieu et la colline St-André.
H. Lenain/hemis.fr

★ Donjon A1

1 r. Du Guesclin - ✆ 05 49 28 14 28 - www.agglo-niort.fr - juin-sept. : 10h-13h, 14h-18h, jeu. 10h-20h, w.-end 14h-19h ; reste de l'année : 10h-13h, 14h-17h, jeu. 10h-17h, w.-end 14h-18h - fermé lun., 1er janv., 1er mai, 1er nov., 25 déc. - 3,50 € (-25 ans gratuit) - 5 € billet combiné avec le musée Bernard-d'Agesci - gratuit 1er dim. du mois - possibilité de visite guidée (1h) sur demande - le donjon n'est pas accessible aux personnes à mobilité réduite.

Des ateliers sur les techniques et instruments d'écriture médiévaux sont régulièrement organisés pour les 6-8 ans et les 9-12 ans. Il est également possible d'organiser des goûters d'anniversaire *(dates et tarifs : se rens.)*.

Édifiées au 12e s., ses deux tours massives carrées, reliées par un bâtiment du 15e s., et flanquées de tourelles engagées servant de contreforts, composent un ensemble d'architecture militaire hors du commun. Le donjon, le deuxième plus important (en taille) en France après Vincennes, était l'élément

UNE CITÉ DU NÉGOCE

Dès le Moyen Âge, les Niortais tiraient profit des foires et marchés tenus dans ses halles qui comptaient parmi les plus belles du royaume. Le port, très actif, expédiait sel et poisson, blé et laine jusqu'en Flandre et en Espagne, recevant **fourrures et peaux** d'Europe du Nord, puis du Canada. Dès le 14e s., les artisans se livraient au travail de la draperie, de la mégisserie (art de préparer les cuirs) et de la **chamoiserie**. Au 17e s., la ville comptait 400 drapiers. À la veille de la Révolution, on dénombrait une trentaine de moulins à fouler, et de nombreux régiments de cavalerie se fournissaient à Niort en culottes de peau.

Niort est aujourd'hui le siège des plus **grandes mutuelles nationales** d'assurance et de gestion des risques : MAIF, MAAF, Macif et bien d'autres. Son pôle universitaire est d'ailleurs une référence dans le domaine des métiers de l'assurance, de la banque et de la gestion des risques.

majeur d'un château fort dont la construction est attribuée à Henri II Plantagenêt, son épouse Aliénor d'Aquitaine lui ayant apporté en dot le comté du Poitou. Achevé par leur fils Richard Cœur de Lion, cet ouvrage massif abritait jadis, à l'intérieur de son énorme enceinte, des habitations, des jardins, une place d'armes et une collégiale, ruinée au cours des guerres de Religion. Le donjon servit de prison d'État sous les Bourbons (en montant vers la salle 5, remarquez les graffitis sur les murs) avant d'être transformé en musée. Doté des dernières technologies interactives, il présente des **collections archéologiques** régionales comprenant des pièces de l'âge de bronze, de l'âge de fer et de l'époque gallo-romaine, des exemples de mobilier funéraire ainsi qu'une salle lapidaire. Une vidéo détaillée explique les étapes de la construction du donjon. Sa section ethnographique expose une très riche collection de **meubles régionaux** : cabinets asymétriques du Pays mellois, bonnetières, armoires à portes décentrées, ainsi qu'un intérieur poitevin traditionnel.
Montez sur la plate-forme supérieure pour avoir une vue sur la ville et la Sèvre.

Rue Saint-Jean A1/2

Découvrez les maisons anciennes de cette rue. Citons, au n° 30, la **maison du Gouverneur** (15e s.), et au n° 3 de la rue du Petit-St-Jean, l'**hôtel d'Estissac**, élégante demeure Renaissance.
Prenez à droite la grande rue Notre-Dame jusqu'à l'église.

Église Notre-Dame A2

L'élégance de son clocher (15e s.) est due à l'allégement de la tour carrée par l'adjonction de pinacles dentelés et creusés de niches dont quatre abritent encore des statues. La flèche, lancée à 76 m de haut, est renforcée d'arcs (de décharge) superposés qui dessinent un décor de chevrons. La façade nord, rue Bion, montre une belle porte de style flamboyant.
À l'intérieur, dans la 3e chapelle, notez un beau tableau peint (18e s.), *Saint Bernard foulant aux pieds le décret du pape Anaclet*. Françoise d'Aubigné, future Mme de Maintenon, aurait été baptisée dans l'un des fonts baptismaux qui datent du 16e s. Remarquez les mausolées (1684) de Charles de Baudéan-Parabère, gouverneur de Niort, de sa femme et de son fils, lui aussi gouverneur de la ville, qui sont représentés sortant de leur tombeau, le jour de la Résurrection des morts.
Empruntez la rue Mellaise, puis la rue Pérochon. Gagnez la grande place de la Brèche.
Sur la **place de la Brèche** (B2), bordée de cafés et de restaurants, se déploie un jardin de 4 ha couvrant un parking souterrain.
Traversez la place vers l'est pour gagner le musée Bernard-d'Agesci.

L'ART DANS LA RUE

Rue Ricard, artère piétonne dans le centre commerçant, le visiteur remarquera une série de dragons en bronze. Ce curieux ensemble, constitué de 4 têtes, 728 vertèbres et 4 queues, fut créé en 1992 par l'architecte- plasticien **Jacques Hondelatte**. Il illustre une légende locale selon laquelle un soldat condamné à mort pour désertion, **Jacques Alloneau**, aurait terrassé, au prix de sa vie, le dragon sorti des marais qui terrorisait les habitants de la ville. L'artiste a également planté **rue Victor-Hugo**, en clin d'œil au Marais poitevin couramment surnommé « Venise verte », 34 mâts vénitiens en acier laqué, hauts de 2,10 m.

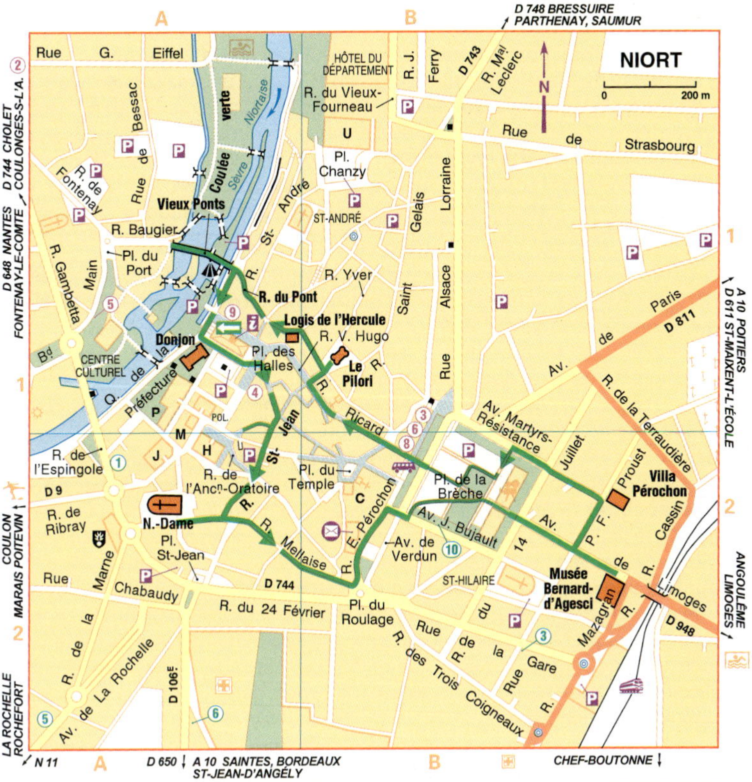

SE LOGER

- Best Western Hôtel de la Brèche .... (10)
- Chambres d'hôte Maison La Porte Rouge .... (5)
- La Chamoiserie .... (1)
- Moka Hôtel .... (3)
- Sandrina .... (6)

SE RESTAURER

- Entr'Acte .... (5)
- La Belle Étoile .... (2)
- La Villa .... (3)
- Le Billon .... (6)
- Le Bloom .... (4)
- Le César .... (8)
- Restaurant du Donjon .... (9)

★ Musée Bernard-d'Agesci B2

26 av. de Limoges - ✆ 05 49 78 72 00 - www.agglo-niort.fr - ♿ - juin-sept. : 10h-13h, 14h-18h, jeu. 10h-20h, w.-end 14h-19h ; reste de l'année : 10h-13h, 14h-17h, jeu. 10h-17h, w.-end 14h-18h - fermé lun., 1er janv., 1er mai, 1er nov., 25 déc. - 4 € (-25 ans gratuit) - 5 € billet combiné avec le donjon - possibilité de visite guidée sur demande (2h) - comptez 2h de visite.

Le musée dispose d'un espace d'expositions temporaires ainsi que d'un atelier de restauration d'œuvres d'art que l'on peut visiter sous certaines conditions. Des visites guidées thématiques sont aussi proposées.

Des ateliers ludiques d'observation des tableaux avec goûter sont régulièrement proposés pour les 6-8 ans et les 9-12 ans. Il est également possible d'organiser des goûters d'anniversaire *(dates et tarifs : se rens.)*.

C'est sans conteste le plus beau musée de la région, le plus riche, qui bénéficie d'une muséographie spectaculaire. Le caractère résolument contemporain de l'architecture intérieure et de la grande verrière offre un bel écrin destiné

D'ILLUSTRES NIORTAIS

La petite-fille du poète Agrippa d'Aubigné, **Françoise d'Aubigné**, future **marquise de Maintenon**, naît à Niort en 1635 dans une maison de la rue du Pont. Élevée au couvent des Ursulines de Niort, puis mariée au poète Scarron dont elle devient la veuve, elle entre à la cour et finira par épouser secrètement Louis XIV en 1683. Autre enfant du pays, le cinéaste **Henri-Georges Clouzot** (1907-1977) réalise, en pleine occupation allemande, le célèbre film *Le Corbeau* (1943) autour du thème de la délation.

à mettre en valeur les collections d'une exceptionnelle variété. Le musée porte le nom du peintre et sculpteur niortais **Bernard d'Agesci** (1757-1828), qui reçoit ici un hommage à la hauteur de son action pour la ville. Il rassemble trois collections fort différentes : celles du musée des Beaux-Arts, du musée d'Histoire naturelle et du Conservatoire de l'éducation. Ses 5 000 m² d'exposition occupent les locaux de l'ancien lycée de jeunes filles Georges-Lasseron (1897) dont les façades et la cour ont été préservées.

Beaux-arts et arts décoratifs – De superbes **ivoires** du Moyen Âge et **émaux** champlevés sont présentés. Admirez aussi le remarquable ensemble de **boiseries peintes★★** provenant de la chapelle du château de La Mothe-St-Héray *(p. 431)*, réalisé au 17e s. par un peintre hollandais inspiré par des gravures d'une Bible de Peter Van der Borch. Plus loin, des vitrines à motifs de moucharabieh abritent une magnifique **collection d'art islamique** du 14e au 19e s. La section peinture des 17e et 18e s. expose des œuvres françaises, italiennes et hollandaises, et précède une petite salle consacrée à Bernard d'Agesci. Sa *Muse Erato* ainsi qu'un grand tableau commandé pour le palais de justice de Niort côtoient des ornementations sculptées. À l'étage, des œuvres de peintres et sculpteurs régionaux ouvrent sur une collection d'orfèvrerie.

La salle baptisée en l'honneur d'Auguste Tolbecque (1830-1919) conserve des **instruments anciens** reconstitués par ce passionné de lutherie (violes de gambe, violoncelle expérimental à ouïes latérales, etc.). Collectionneur averti, il sauva le superbe **plafond en céramique★**, dit « de Parthenay », d'inspiration Renaissance, créé par Prosper Jouneau pour l'Exposition universelle de 1889 où il remporta la médaille d'or. La salle suivante rassemble des œuvres de la période orientaliste du sculpteur niortais Pierre-Marie Poisson (1876-1953), ainsi qu'un grand tableau de Jean Geoffroy (1853-1924), dit le « peintre de l'enfance », *L'Asile de nuit,* une poignante scène de soupe populaire.

Histoire naturelle – Un grand **diorama** accueille d'emblée le visiteur qui découvre ici des espèces animales naturalisées dans leur milieu, de l'estuaire à la plaine en passant par le Marais poitevin. Suit une collection de squelettes d'animaux régionaux et exotiques. Sur la mezzanine de la grande verrière, une cabane rassemble des espèces protégées naturalisées. À côté, comme suspendu dans l'air, le **Kunstschrank★**, cabinet de curiosités incrusté de granit et de lapis-lazuli spécialement créé pour le musée, abrite des coquillages ainsi que des représentants naturalisés d'espèces animales surprenantes : ornithorynque, nandou (sorte d'autruche) et tamarin.

Conservatoire de l'éducation – Il abrite une collection de machines traduisant l'évolution des sciences : téléphonie, télégraphie, navigation, électricité médicale… Plus loin leur répondent des objets pédagogiques des 19e et 20e s. utilisés pour l'étude des sciences. Une salle de classe reconstituée permet de mesurer l'évolution du cadre scolaire au cours des décennies. Dans une vitrine, des objets montrent l'influence de l'éducation sur l'art.

Rejoignez la rue Paul-François-Proust perpendiculaire à l'avenue de Limoges.

Villa Pérochon – Centre d'art contemporain photographique B2

64 r. Paul-François-Proust - ✆ 05 49 24 58 18 - www.cacp-villaperochon.com - merc.-sam. 13h30-18h30 - gratuit.

Ouvert en 2013, ce centre occupe la maison familiale de l'écrivain Ernest Pérochon (1885-1942), seul prix Goncourt des Deux-Sèvres depuis 1920 pour son roman *Nêne*. C'est l'un des six centres d'art photographique français désignés par le ministère de la Culture en 2011 et le seul dans le Grand Ouest. Celui-ci se compose d'un jardin, d'une galerie de 130 m², lieu permanent de création et d'exposition et d'une résidence d'artistes.

Revenez vers la place de la Brèche et empruntez la rue Victor-Hugo.

Cœur de la ville, la **rue Victor-Hugo** (AB1), piétonne, remplace, au creux du vallon, le marché médiéval dont elle a respecté le tracé.

★ Le Pilori B1

Construit à l'emplacement du pilori médiéval, l'ancien hôtel de ville est un curieux édifice bâti sur un plan trapézoïdal. Il fut remanié au 16ᵉ s. par l'architecte Mathurin Bertomé, qui y ajouta des tours semi-circulaires, un couronnement de merlons (créneaux) sur mâchicoulis et des fenêtres à meneaux. La partie supérieure du beffroi date du 17ᵉ s. et le clocheton, du 19ᵉ s.

Prenez à gauche la rue du Soleil, puis, dans le prolongement, la rue Cloche-Percé et la rue Basse.

Rue du Pont A1

Remarquez ses vieilles maisons à colombages, et, au **n° 5**, la demeure où naquit Françoise d'Aubigné, future Mme de Maintenon.

Vous pouvez poursuivre la promenade dans des parcs de l'autre côté de la Sèvre Niortaise, ou regagner directement la place des Halles.

Coulée verte A1

1h30 - environ 2 km. Cet agréable couloir de verdure au bord de la Sèvre Niortaise se compose des quais de la Regratterie, Cronstadt et de la Préfecture. Pour parcourir la Coulée verte dans son ensemble, commencez si possible votre balade à hauteur du donjon, dont vous obtiendrez une belle **vue** des **Vieux Ponts** (A1), seul point de passage entre les deux rives du fleuve. Descendez ensuite vers la Sèvre en longeant les belles **Halles** (1869), au fronton triangulaire décoré des figures de Mercure et de Cérès. Vous découvrirez alors, d'une rive à l'autre, de nombreux sites évoquant le passé de la ville : l'ancien quartier des mégissiers et chamoiseurs ; le Jardin des plantes (18ᵉ s.) ; l'usine hydraulique du Pissot ; les pavillons de la presqu'île ; les Bains Juin (1804) ; le Port-Neuf (1868) ; la Villa Niorto (1840) ; le Moulin du Roc ; le quai Métayer (ancien chemin de halage) ; la Société d'horticulture des Deux-Sèvres (1853) ; l'écluse à sas de Comporté ; les jardins ouvriers ; la cale de la Vieille Sèvre ; le bureau d'octroi ; la Cabane Carrée (ancienne guinguette) ; les établissements Boinot, transformés en Centre national des arts de la rue ; les Ponts Main ; les « boîtes à bouquins » des quais de la Sèvre…

À proximité Carte de microrégion p.394-395

Moulin de Rimbault C3

À la lisière nord-est de la forêt de Chizé.

Ne se visite pas. Ce moulin domine la plaine niortaise. Érigé en 1682, il fonctionna jusqu'en 1928. Abandonné, puis restauré, il a retrouvé sa toiture mobile posée sur un rail de bois graissé, son guivre, une partie de sa mécanique interne et ses ailes aux volets de bois.

★Zoodyssée C3

20 km au sud de Niort par la D 650 et la D 1.
Rte du Chêne-à-Margot - 79360 Villiers-en-Bois - ☏ 05 49 77 17 17 - www.zoodyssee.org - mai-août : 10h-19h ; reste de l'année : se rens. - fermé nov.-janv.. - possibilité de visite guidée - 11,50 € (13-18 ans 8,80 €, 4-12 ans 6,30 €) en saison haute - 8 € (13-18 ans 6 €, 4-12 ans 4,50 €) reste de l'année - 31 € billet famille (2 adultes + 2 enf.) ou 22 € en saison basse - attention : dernière entrée 1h30 avant la fermeture.

Ce parc animalier est situé en plein cœur de la **forêt domaniale de Chizé**. S'étendant sur 5 000 ha, ce massif de chênes et de hêtres est implanté sur un sol calcaire permettant le développement d'espèces méridionales. Sa partie sud constitue la Réserve nationale de chasse et de faune sauvage de Chizé, où sont implantés des organismes scientifiques comme le CNRS et l'ONCFS.

Les enfants apprécieront la possibilité de visiter le parc en calèche *(12,30 € par famille)*, la salle d'élevage et de préparation de la nourriture, ainsi que la mini ferme où ils pourront approcher et caresser les animaux.

Le parc Zoodyssée est consacré à la faune européenne sauvage et domestique. Il rassemble sur 25 ha quelque 500 animaux appartenant à plus de 70 espèces différentes. Une partie du site est consacrée aux mammifères carnivores (chats sauvages, fouines, genettes, **loups**, **lynx**, **renards roux**), aux oiseaux (**rapaces** diurnes et nocturnes, échassiers, palmipèdes), aux **reptiles** et aux batraciens (vivarium), dans des conditions qui s'efforcent de recréer les biotopes d'origine. Dans le reste du parc, au gré de votre parcours, vous pourrez voir les grands mammifères d'Europe (cervidés, bouquetins, chamois et mouflons, **bisons d'Europe** et sangliers). Nouveau depuis 2015, un observatoire permet de marcher au plus près des bisons sans être vu. Le parc possède également des **aurochs** (taureaux sauvages) et des **tarpans** (chevaux sauvages), deux espèces disparues, récemment reconstituées. Le plus local des animaux du parc est sans conteste le sympathique **baudet du Poitou**. Sa race menacée d'extinction parvient ici à perdurer. Et armez-vous de patience en attendant que la **loutre**, si difficile à voir en liberté dans le Marais, sorte de son terrier.

Ne manquez pas les pavillons du parcours pédagogique **Humanimal**. Centrés sur les thèmes de la vision, l'audition, la nutrition, la reproduction, le 6e sens et la vie sociale, ils donnent d'étonnantes illustrations d'adaptations animales et les comparent à celles dont l'être humain est capable.

Circuit conseillé Carte de microrégion p. 394-395

LES VALLÉES DE L'EGRAY ET DE LA SÈVRE NIORTAISE C2

Circuit de 75 km tracé en vert sur la carte p. 394-395 – comptez environ une demi-journée. Quittez Niort par le nord-est en empruntant la D 743, direction Parthenay. À Échiré, prenez à gauche sur la D 107, puis à droite après 1 km. La jolie route, longeant parfois de belles propriétés, mène au château de Coudray-Salbart.

★Château de Coudray-Salbart

Chemin de Salbart - 79410 Échiré - ☏ 05 49 25 71 07 - www.coudraysalbart.fr - de mi-juin à fin août : tlj sf mar. 10h-12h 30, 14h30-18h30 ; de déb. avr. à mi-juin, sept.-oct., w.-end et j. fériés : 10h-12h, 14h-18h - 5 € (6-18 ans 3 €) - possibilité de visite guidée (1h30) sur demande : 6 € (6-18 ans 3 €).

Cette forteresse du début du 13e s., abandonnée au 16e s., n'eut jamais à démontrer l'efficacité de son système défensif. Son originalité apparaît dans la présence d'éperons destinés à contrer les effets des boulets, l'épaisseur considérable des murs (5 à 6 m pour la tour Double), et l'existence d'un **tunnel** dans les remparts. Voûté et d'environ 1 m de large, ce dernier permettait le déplacement rapide des troupes. Des archères favorisaient les tirs vers l'intérieur et vers l'extérieur de l'enceinte : l'ennemi pouvait ainsi être combattu, même après avoir pris pied dans la place. La **galerie** suit une partie des remparts. À l'ouest, **la tour du Portal**, défendue par un pont-levis, donne, par un passage à voûte gothique, sur la cour intérieure. À droite, la **tour du Moulin**, protégée par un assommoir, renferme deux salles superposées. Au sud-est se dresse la **Grosse Tour**, aux allures de donjon, qui abrite une salle voûtée à huit croisées d'ogives. La galerie traverse ensuite la **tour St-Michel** pour pénétrer dans la **tour Double**, d'où l'on découvre l'ample paysage de la vallée de la Sèvre. Enfin, on rejoint la **tour de Bois-Berthier** et sa cheminée monumentale.

Poursuivez au nord-est par la D 748. Après Rouvre, prenez à gauche vers Breilbon.

Église Sainte-Eugénie de Sainte-Ouenne

Cet édifice roman se signale par son petit clocher carré et son élégant chevet décoré, à contreforts-colonnes. La nef unique, évasée, conserve des chapiteaux d'une facture intéressante, surtout dans le chœur (feuillages et oiseaux).

Quittez Ste-Ouenne par le nord en empruntant la D 12. La route longe la **vallée de l'Egray***, réputée pour ses parcours de randonnée et d'escalade.*

Église Notre-Dame de Champdeniers-Saint-Denis

Dominant la vallée de l'Egray, elle relève de l'art roman poitevin, bien que sa tour octogonale fasse penser aux écoles limousine ou auvergnate. Le chevet date du 15e s. Dans le vaisseau latéral nord du chœur, grande Vierge en bois du 17e s. À l'intérieur, remarquez la variété des chapiteaux, décorés de feuillages stylisés et de têtes grimaçantes. Dans la crypte, les voûtes d'arêtes des trois nefs s'appuient sur des colonnes monolithes aux chapiteaux du 11e s.

Quittez Champdeniers au nord-est en suivant la D 745, puis prenez à droite la D 134.

Église Saint-Antoine de Saint-Marc-la-Lande

Inaccessible en voiture ; se garer sur la grande place devant la pharmacie.

Elle possède une remarquable **façade★** Louis XII, celle d'une collégiale jadis desservie par les religieux hospitaliers de l'ordre de St-Antoine (fin 11e s.) qui soignaient le mal des ardents, fièvre violente appelée aussi « feu de saint Antoine ». La juxtaposition d'éléments gothiques flamboyants et Renaissance est intéressante : les contreforts d'angle, d'un modèle très original, sont formés de colonnettes torsadées Renaissance ; au centre, un grand arc gothique abrite deux baies flamboyantes surmontant deux portes Renaissance en anse de panier. Admirez le raffinement des niches, sculptées avec une extrême finesse.

Revenez à Champdeniers et prenez à gauche la D 6. Environ 2 km après avoir traversé la D 743, prenez à droite sur la D 122 en direction de St-Christophe-sur-Roc.

5

Château de Cherveux

2 pl. de l'Église - 79410 Cherveux - ✆ 06 43 46 98 23 - www.chateau-de-cherveux.com - avr.-oct. : w.-end et j. fériés 15h-18h - possibilité de visite guidée (1h30) - 5 € (enfant 3 €) - 9 € billet combiné avec le château de Coudray-Salbart.

Édifié vers 1480 à l'instigation de Robert de Cunningham, capitaine de la garde écossaise de Louis XI, ce château est un bel exemple de forteresse féodale, ce qui n'exclut pas un certain raffinement du décor. Une grande cour extérieure qui abrite encore des bâtiments agricoles dégage la vue sur l'imposant donjon et les tours à mâchicoulis, protégées par de larges douves inondées.

Quittez Cherveux par le sud en empruntant la D 8 pour rejoindre Niort.

NOS ADRESSES À NIORT

HÉBERGEMENT

PREMIER PRIX

Sandrina – A2 - *43 av. St-Jean-d'Angély - ✆ 05 49 79 28 42 - www.hotel-sandrina.com - fermé vac. de Noël -* P *- 18 ch. 58/66 € (49 € w.-end) -* ☕ *8 €.* Adresse familiale proposant des chambres fonctionnelles, colorées et d'une tenue irréprochable. Parking fermé.

Moka Hôtel – B2 - *84 r. de la Gare - ✆ 05 49 76 15 15 - www.mokahotelniort.com - fermé 24 déc.-3 janv. - 33 ch. 58/75 € (jusqu'à -15 % w.-end et j. fériés) -* ☕ *9,50 €.* Mobilier actuel, tons café et chococlat chaleureux, très bonne isolation phonique : les chambres de cet hôtel proche de la gare sont pratiques et bien tenues. Parking public à proximité.

BUDGET MOYEN

Chambres d'hôte Maison La Porte Rouge – A2 - *68 av. de La Rochelle - ✆ 05 49 28 41 62 - www.maisonlaporterouge.com - 5 ch. 72/95 €* ☕. Une villégiature de charme ayant pour écrin une belle maison du 19e s. avec jardin et piscine. Les chambres, personnalisées, sont délicatement meublées et décorées avec style. Petit déjeuner servi dans le salon-bibliothèque.

Hôtel particulier La Chamoiserie – A2 - *10 r. de l'Espingole - ✆ 05 49 78 07 07 - www.hotelparticulierniort.com -* P *- 16 ch. 85/138 € -* ☕ *12 €.* Une adresse calme, à l'atmosphère feutrée, installée dans un très bel hôtel particulier du centre-ville. Chambres soignées et élégantes. Une préférence pour celle dans les combles, très chaleureuse. Petit déjeuner buffet.

Best Western Hôtel de la Brèche – B2 - *9 av. Jacques-Bujault - ✆ 05 49 35 11 11 - www.niorthoteldelabreche.com - 47 ch. 75/130 € -* ☕ *12 €.* Au cœur de Niort, face au jardin de la place de la Brèche, proche de la gare TGV, cet établissement de caractère entièrement rénové conjugue raffinement et prestations de standing. Ses chambres, à la fois confortables et fonctionnelles, aux couleurs douces, sont conçues pour répondre aux attentes de toutes les clientèles.

RESTAURATION

En partie piétonne, l'avenue de la République est devenue un lieu de sortie et de rendez-vous, très agréable à la belle saison à l'ombre des grands platanes séculaires. Vous pourrez vous rendre au **César** (B2 - *✆ 05 49 28 16 60 - www.lecesarniort.fr - 10,80/35,80 €*), au bistrot **Le Billon** (B1 - *✆ 05 49 08 05 32 - www.le-billon.fr - 19,50/29 €*) ou au bar-restaurant cosy **La Villa** (B1 - *✆ 05 49 24 74 95 - www.restaurant-lavilla-niort.fr - 16,90/29 €*) pour déguster une cuisine du marché à la fois inventive et savoureuse.

PREMIER PRIX

L'Entr'Acte – A1 - *9 bd Main - ✆ 05 49 26 31 07 - www.facebook.com/entracte.niort - fermé dim. et lun. -* ♿ P *- formule déj. 11,90 € - 10/27,80 €.* Ce restaurant fait partie des incontournables de la ville. Sa terrasse entourée de verdure, dressée au bord de la Sèvre Niortaise (accès par la passerelle du pont des Arts), est prise d'assaut dès les premiers rayons de soleil. Concerts en plein air le soir lors du festival des Jeudis de Niort *(juil.-août).*

BUDGET MOYEN

Restaurant du Donjon – A1 - *7 r. Brisson - ✆ 05 49 24 01 32 - www.restaurant-le-donjon.com - fermé 1re sem. d'avr., 1er-15 août, dim. et j. fériés - formule déj. 12 € - 19,50/25 €.* Le patron se rend chaque jour chez son grossiste d'où il ramène de goûteux poissons et viandes. Le saumon fumé et le foie gras figurent au premier rang des spécialités de la maison, et le plat du jour est toujours un régal.

Le Bloom – A1 - *9 r. de l'Hôtel-de-Ville - ✆ 05 49 77 44 35 - www.bloom-restaurant.com - fermé dim. - formule déj. sem. 15,50 € - 18/32 €.* Cet ancien magasin de tissus offre un cadre convivial plutôt branché. Ses plats traditionnels, aux épices du monde, sans gluten ou végétariens, conviennent à tous.

POUR SE FAIRE PLAISIR

La Belle Étoile – Hors plan par A1 - *115 quai M.-Métayer près périph. ouest - ✆ 05 49 73 31 29 - www.la-belle-etoile.fr - fermé dim. soir, merc. soir et lun., et 2 sem. en août - ♿ P - formule déj. 23 € - 33/73,50 €.* Au bord de la Sèvre, maison isolée de la circulation par un rideau de verdure. Élégante salle à manger bourgeoise et terrasse ombragée ; jolie collection de vieux millésimes.

ACHATS

Ne manquez pas de goûter la fameuse **angélique** de Niort. Les tiges de cette plante aromatique, utilisée, dès le 14e s., comme préventif de la peste et des venins, sont confites, cuites (confiture) ou distillées (liqueur). Parmi les autres spécialités, essayez aussi le **tourteau fromagé**, délicieux gâteau au fromage de chèvre et de vache, l'**anguille**, le **petit-gris** et le savoureux **beurre d'Échiré**.

Angélique de Niort-Pierre Thonnard – *Av. de Sevreau - ✆ 05 49 73 47 42 - www.angelique-niort.com - mar.-sam. 8h-12h15, 14h-19h - fermé dim. et lun.* L'angélique se décline ici sous toutes ses formes : en tiges confites, liqueur, coulis crème, confiture et chocolats.

Chocolaterie Michel Huvelin – *24 r. Ste-Marthe - ✆ 05 49 28 33 52 - fermé dim.* Outre les chocolats et les confiseries de fabrication artisanale, cet établissement du centre-ville piétonnier élabore également des spécialités à base d'angélique.

Les Halles – *13 pl. des Halles - ✆ 05 49 24 29 66 - www.halles-de-niort.fr - tlj sf lun. 6h-13h30.* Magnifiques halles classées dont l'architecture de style Baltard est remarquablement bien conservée.

Mogettes & Cie - *19 r. Ste-Marthe - ✆ 09 82 38 67 65 - www.mogettesetcie.com - lun. 14h-19h-mar.-sam. 9h30-13h30, 14h30-19h.* Large choix comprenant aussi bien des spécialités culinaires fabriquées par les petits producteurs locaux que des créations artisanales. Animations chaque mois.

À proximité

Les Ruralies – *A 10 - aire du Poitou-Charentes - 79230 Aiffres - ✆ 05 49 75 67 30 - www.ruralies.fr - fermé 1er janv. et 25 déc.* Cette boutique dédiée aux produits du Poitou-Charentes propose cognac et pineau des Charentes, sel de mer, beurres AOC Charentes-Poitou (dont celui d'Échiré), angélique, tourteau fromagé, confiseries et chocolats, objets en faïence ou en bois, créations en « peau de chamois », etc.

AGENDA

« Agenda », p. 28.

Le Marais poitevin

★★

Charente-Maritime (17), Deux-Sèvres (79), Vendée (85)

Le Marais poitevin, classé Grand Site de France depuis 2012 et Grand Site d'exception, est la deuxième plus grande zone humide de France après la Camargue. Partez à sa découverte en barque, en suivant un réseau de 4000 kilomètres de voies d'eau, à vélo, sur les 800 km de pistes cyclables labellisées et sécurisées, ou à pied, le long des prés bordés de peupliers et de saules... Le Marais mouillé, et son dédale de canaux, contraste de manière saisissante avec les vastes étendues plates du Marais desséché débouchant sur la mer.

NOS ADRESSES PAGE 419
Hébergement, restauration, achats, activités, etc.

S'INFORMER

Office du tourisme Sud Vendée Marais poitevin – *23 r. du Docteur Daroux - 85420 Maillezais - ✆ 02 51 87 23 01.*

Office de tourisme du Pays né de la mer – *5 pl. de l'Abbaye - 85580 St-Michel-en-l'Herm - ✆ 02 51 30 21 89 - www.paysnedelamer.fr - de mi-juil. à mi-août : 9h30-12h30, 14h-18h30, dim. et j. fériés 10h-12h ; de mi-juin à mi-juil. et de mi-août à mi-sept. : tlj sf w.-end 9h30-12h30, 14h-18h30 ; reste de l'année : tlj sf w.-end, merc. et j. fériés 10h-12h30, 14h-17h.*

Office du tourisme Niort Marais poitevin - Vallée de la Sèvre Niortaise – *Pl. de la Coutume - 79510 Coulon - ✆ 05 49 24 18 79 - www.niortmaraispoitevin.com - de déb. avr. à mi-nov. : 10h-13h, 14h-18h30.*

Office du tourisme Aunis-Marais poitevin – *1 pl. Cognacq - 17230 Marans - ✆ 05 46 01 12 10 - www.aunis-maraispoitevin.com - juil.-août : tlj sf dim. 9h30-12h30, 14h-18h30 ; avr.-juin et sept. : lun.-merc. et vend. 9h30-12h30, 14h-18h, jeu. et sam. 9h30-12h30 ; reste de l'année : lun.-merc. et vend. 9h30-12h30, 14h-17h30, jeu. 9h30-12h30 - fermé 1er janv., 1er Mai, 25 déc.*

www.parc-marais-poitevin.fr - Site du parc naturel régional du Marais poitevin.

SE REPÉRER

Carte de microrégion ABC2/3 p. 394-395 - *cartes Michelin Départements 316 H/L 6/9 et 324 D/G2.* Vaste triangle étiré sur les Deux-Sèvres, la Vendée et la Charente-Maritime, le Marais poitevin se divise en marais mouillés vers l'intérieur des terres, limités au nord par la plaine calcaire de Vendée et au sud par les coteaux calcaires de l'Aunis ; en marais desséchés près de l'océan.

À NE PAS MANQUER

Une balade en barque dans la Venise verte ; le Marais sauvage et son labyrinthe de canaux, de conches et d'écluseaux ; le charmant Grand Port d'Arçais ; la Maison du maître de digues à Chaillé-les-Marais, qui fait revivre un métier peu connu et indispensable ; la Maison du Marais poitevin à Coulon pour l'histoire du Marais.

ORGANISER SON TEMPS

Comptez environ 3h par circuit, et donc approximativement 2 jours pour découvrir les marais, mais réservez aussi du temps pour les promenades au fil de l'eau.

NAISSANCE DU MARAIS

Le marais était à l'origine un vaste golfe marin, le **golfe du Poitou**, d'où son appellation poitevine. Cette mer vaseuse, qui s'étendait jusqu'à Niort, était parsemée d'îles calcaires sur lesquelles furent bâties des villes telles que Marans, Champagné, l'île d'Elle, St-Michel-en-l'Herm ou Maillezais. Petit à petit, les rivières, cours d'eau (Lay, Vendée, Autise, Sèvre Niortaise) et courants marins, accumulant alluvions et vase argileuse, formèrent le marais. Dans cet environnement d'eau, les Maraîchins ont dû s'adapter pour exploiter la terre et se déplacer. Le Marais est ainsi fait de digues ou **bots** dont la crête est occupée par des routes. Les principaux canaux, dits **contrebots**, refluent en période de crue dans des **achenaux** qui se déversent eux-mêmes dans des rigoles, puis dans des **conches**. Les travaux d'**assèchement** du golfe du Poitou commencèrent au 13e s., quand les moines des abbayes avoisinantes creusèrent le **canal des Cinq-Abbés** pour drainer le marécage au nord. Interrompue par les guerres, l'entreprise reprit sous le règne de **Henri IV**, sous la direction d'un ingénieur hollandais, et s'étala dans le temps. En bordure de la baie de l'Aiguillon, des **polders** furent conquis sur la mer du 16e au 19e s..

Profitez-en pour vous loger et vous restaurer au calme et dans des lieux typiques. Si vous êtes en voiture, prenez le temps de circuler lentement sur les petites routes pour contempler la plénitude des paysages.

AVEC LES ENFANTS

Promenades en barque, balades à vélo et sorties en petit train. Pensez aussi à la Maison du Marais poitevin et au parc ornithologique Les Oiseaux du Marais poitevin.

Circuits conseillés

★★LE MARAIS MOUILLÉ Carte du Marais poitevin p. 408-409

Un écrivain local donna le surnom de **Venise verte** à cette zone marécageuse unique, particulièrement pittoresque à l'est de l'Autise, de part et d'autre de la Sèvre Niortaise. C'est par **Niort** que vous pénétrerez dans ce délicat patchwork en camaïeu de verts, qui s'étend sur environ 32 000 ha. Dans le Marais mouillé, ainsi nommé car inondable en période de crue, peupliers de l'espèce « blanc du Poitou », frênes, saules et aulnes croissent à foison le long des chemins d'eau. Ils enserrent des pâturages où paissent les vaches de races maraîchine, frisonne ou normande et des parcelles où sont cultivés artichauts, oignons, aulx, melons, courgettes, fèves et haricots blancs appelés **mogettes**. Mises au jour dans les sépultures aztèques et incas lors des Grandes Découvertes, elles ont été importées d'Amérique du Sud. Ce végétal au cycle court s'est parfaitement adapté au marais, car on peut le faire pousser entre deux inondations… En été, le Marais mouillé offre un charmant paysage rural jalonné de passerelles, de lavoirs, d'écluses, de fontaines, de pigeonniers… et une relative fraîcheur, tandis qu'en février-mars, lors des crues, les prairies sont alors noyées et les routes recouvertes d'eau, voire parfois coupées.

Pour plonger dans la vraie nature du Marais mouillé et en apprécier pleinement la beauté et le mystère, l'idéal est de louer une barque pour faire la promenade au rythme silencieux d'une poussée à la pelle ou à la pigouille.

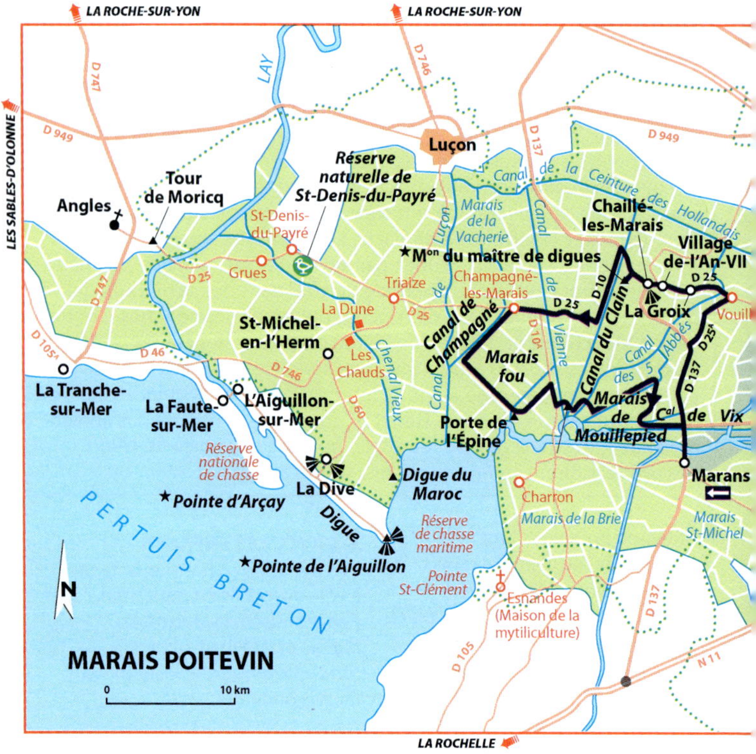

L'EST DE LA VENISE VERTE Carte de l'est de la Venise verte

Circuit de 30 km tracé en rouge sur la carte p. 406 – comptez environ 2h30.

★ Coulon

Voir « S'informer ».

Capitale du Marais mouillé, c'est l'un des principaux points de départ pour les promenades en barque ou en petit train (*« Nos adresses »*).

Église de la Sainte-Trinité – Cet édifice roman, remanié dans le style gothique (portails ouest et sud), est doté d'une caractéristique peu commune : une chaire à prêcher extérieure, qui prend la forme d'une tour à auvent.

★ **Maison du Marais poitevin** – *5 pl. de la Coutume - 05 49 35 81 04 - www.maison-marais-poitevin.fr - - juil.-août : 10h-13h, 14h-19h30 ; reste de l'année : 10h-13h, 14h-18h30 - fermé 12 nov.-30 mars - possibilité de visite guidée sur demande (1h30) - 7 € (-16 ans 3,50 €).*

Consacré à l'histoire et aux traditions du Marais poitevin, ce musée est logé dans l'ancienne maison des percepteurs du **droit coutumier**. Les bateliers empruntant la Sèvre Niortaise devaient s'acquitter de cette redevance, perçue sur la marchandise transportée, qui permettait l'entretien de la rivière. La façade nord de cette belle demeure possède un pigeonnier et une fenêtre à meneaux du 16e s.

Découvrez le **Maraiscope** *(20mn)*, projection animée de 15 m² détaillant de façon vivante les grandes étapes de la formation du Marais. Continuez la visite à travers une série de salles plus spécifiquement axées sur les traditions

LE MARAIS POITEVIN

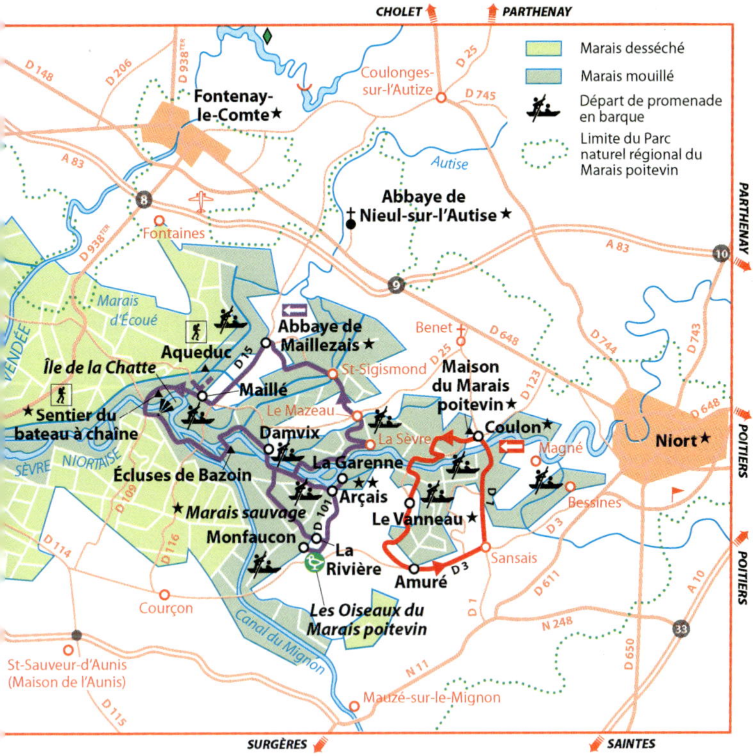

du Marais mouillé. Vous verrez tour à tour un intérieur maraîchin typique de la fin du 19e s., puis un espace consacré à la pêche à l'anguille. La batellerie locale est également à l'honneur, avec la reconstitution d'un atelier de charpentier. Enfin, un espace archéologique expose divers objets du néolithique découverts sur plusieurs sites aux alentours de Coulon. Une vaste boutique propose livres et documents sur le Marais, ainsi que des produits locaux et de l'artisanat.

Quittez Coulon par l'ouest en empruntant la D 123. À la sortie du village, prenez la rue du Port-de-Brouillac (laiterie) en direction du Grand Coin. En bout de route, prenez à gauche et franchissez le canal. Tout de suite après le pont, tournez de nouveau à gauche.

Le barrage du Grand Coin donne un aperçu de ce qu'est un **passe-bateaux**. La route longe le canal bordé de peupliers et de saules pleureurs où s'abritent les pêcheurs. Après avoir passé un petit pont, on distingue sur la droite une solide ferme poitevine aux pierres appareillées.

Au bout du canal, prenez sur la droite la D 123 en direction d'Irleau.

La rive droite de la Sèvre Niortaise offre un tableau de ravissantes **cabanes** (quelques-unes ne sont accessibles qu'en barque). La rivière, jalonnée de conches et de rigoles, voit la pente de son lit chuter brutalement à l'**écluse de la Sotterie**, passant de 30 cm par km à moins de 5 cm ; ralentie dans sa progression, l'eau envahit le marais.

Après avoir franchi le pont d'Irleau, prenez la première route à gauche.

Les premiers frênes « têtards » marquent l'entrée du Marais mouillé. Plantés pour consolider les berges, ils doivent leur aspect singulier à une taille régulière tous les cinq à sept ans.

Au bout de la route, prenez à droite. Au carrefour, continuez tout droit, puis tournez à gauche dans la D 102. De Coulon au Vanneau, la route est très pittoresque.

★ Le Vanneau

Ce paisible village aux jardins fleuris porte le nom d'un oiseau échassier à huppe noire. Il possède un **port★** joliment aménagé sur la conche de la Belette, qui ne sert qu'aux habitants, car ceux-ci ont choisi de maintenir Le Vanneau en dehors du tourisme de masse.

4 km AR. Dép. du port. Parcours dans le marais du Vanneau.

Une **vue** très dégagée s'étend sur un embarcadère *(attention, pour les promenades en barque, se rendre à Ste-Sabine)*, une passerelle typique et une rangée de saules. En bout de cale, la conche centrale s'enfonce dans le Marais mouillé, au-delà d'un rideau de peupliers.

La rue de Gémond (à droite), puis la rue des Vergers (à gauche) conduisent sur la D 102 ; tournez à gauche en direction de Sansais. 200 m plus loin, prenez une petite route sur la droite (balisage circuit vélo n° 1).

Le paysage change : les cultures céréalières remplacent les bois.

Au bout de la route, tournez à gauche (route non bitumée), puis à droite (route bitumée) ; 200 m plus loin, tournez à gauche.

Un écrin de verdure enveloppe à nouveau le visiteur qui, en franchissant un pont, peut apprécier la beauté et le calme enchanteur du site.

À l'intersection suivante, prenez sur la droite et franchissez, plus loin, un petit pont. Au carrefour, tournez à droite.

Les arbres disparaissent et font place à des champs ; à gauche, le bleu d'un silo donne une touche de couleur au paysage, assez austère hors saison.

Au carrefour, prenez en face et rattrapez la D 115. Tournez à gauche (sortie de St-Georges-de-Rex), puis au carrefour de Chausse, tournez à gauche

Balade dans le marais.
Ph. Renault/hemis.fr

dans la D 3 en direction de Sansais. Après 400 m, empruntez sur la gauche le chemin V 8.

Amuré

L'église du 12e s. a été remaniée au 15e s. Dans le cimetière situé devant le parvis, une **croix hosannière** du 15e s. domine deux catégories de tombes de type poitevin : en calcaire de forme triangulaire ou demi-rondes sur pied de pierre blonde pour éviter le gel, elles datent pour les plus anciennes des 17e-18e s. À la différence de la lanterne des morts, la croix hosannière est une colonne sans système d'éclairage. Son nom vient de l'acclamation hébraïque « Hosanna ». Deux mégalithes, réputés posséder un pouvoir guérisseur, se dressent dans le second cimetière aménagé en 1948 à 300 m de l'église.
Quittez Amuré par l'est en empruntant la D 3 jusqu'à Sansais, puis prenez la D 1 en direction de Coulon.

La Garette

Cet ancien hameau de bateliers est typique du Marais par l'alignement de ses maisons sans fondations, tout en longueur pour pouvoir en construire le plus grand nombre, et qui ont la particularité d'avoir un double accès, sur une « conche » et sur la route. Car, en cas d'inondation, seule la voie d'eau peut être utilisée… Les chemins très étroits descendant vers les conches sont surnommés venelles-brouettes en raison de leur étroitesse, laissant juste le passage à une brouette. La rue principale *(interdite à la circulation)*, jalonnée de petits embarcadères, s'étire jusqu'à la Vieille Sèvre.
Du parking, prenez la rue montante qui rejoint la D 1 ; au carrefour, prenez à gauche.
La route traverse la partie est de La Garette et franchit la Vieille Sèvre ; du pont, **vue** sur la rivière et ses quais. La D 1 qui ramène à Coulon marque la limite entre la zone humide *(à gauche)* et la zone sèche *(à droite)*.

ENTRE SÈVRE NIORTAISE ET AUTISE Carte du Marais poitevin

Circuit de 50 km tracé en violet sur la carte p. 409 – comptez environ 3h.

LES TRADITIONS

Les Maraîchins habitaient des maisons basses, blanchies à la chaux et groupées en villages sur des îlots ou des digues, à l'abri des inondations. Chacun disposait aussi d'une cabane isolée. La plupart des maisons possédaient, au bord de l'eau, leur **cale**, crique miniature où venaient s'amarrer les barques. Celles-ci constituaient le moyen de transport habituel. On les manœuvrait avec une gaffe (perche munie d'un crochet), la **pigouille**, ou avec une rame courte nommée **pelle**. Légères et effilées, les **yoles** servaient à aller au marché, à la messe ou à conduire les enfants à l'école. Larges et massives, les **plates** étaient utilisées pour le transport des récoltes ou du bétail. Le Maraîchin livrait son lait à des coopératives qui fabriquaient un beurre renommé, restituant le petit-lait pour l'engraissement des porcs. Il traquait le mulet, la perche, la carpe, le gardon, l'écrevisse, et confectionnait des **bourgnons**, nasses en osier destinées à la capture des anguilles. La chasse au gibier d'eau (canard, pluvier, bécassine) était pratiquée en hiver.

★ Maillezais *(p.422)*

Quittez Maillezais par le sud en empruntant la D 15. À la Croix-de-Maillé, prenez à droite sur la D 25 et poursuivez jusqu'au pont situé au nord de Maillé. Laissez votre voiture et prenez sur la droite le chemin de halage.

Aqueduc de Maillé

1 km AR. Cet ouvrage permet au canal de Vix (Marais desséché) de croiser celui de la Jeune Autise (Marais mouillé).

Maillé

Bien des légendes courent sur ce vieux village, comme semblent en témoigner les personnages qui illustrent les voussures du **portail roman** de l'église Notre-Dame : le riche décor, consacré à l'Apocalypse, représente notamment des dresseurs d'ours, des acrobates et des musiciens. En bordure du canal du Bourneau, le port accueille un embarcadère niché sous des saules. Au-delà du pont-écluse, on part en balade vers l'**île de la Chatte**.

Face à l'église, prenez la rue fléchée « Dognon, Millé ».

Au lieu-dit **Fort Dognon** s'élevait autrefois le donjon d'Agrippa d'Aubigné où le poète fit imprimer en 1616 *Les Tragiques*. La route franchit ensuite un petit pont d'où l'on a une **vue** étendue sur le Marais.

1,3 km après la ferme de Millé, un virage marque le départ d'un sentier pédestre (accès interdit aux véhicules).

★ Sentier du bateau à chaîne

600 m AR. Ce parcours permet de découvrir la face cachée du Marais en approchant sa faune et sa flore. Longeant une conche, l'étroit chemin s'enfonce au cœur d'une végétation si luxuriante qu'elle freine parfois la progression de l'explorateur. Le sentier débouche sur un des **bateaux à chaîne** de la région, que l'on peut utiliser *(avec prudence)* pour franchir la conche.

Poursuivez sur la même route. Au carrefour, prenez à gauche la D 25B. Traversez la Sèvre. Tournez à gauche à la sortie du pont du Sablon.

L'itinéraire remonte la Sèvre Niortaise par la rive gauche en offrant de belles **vues** sur l'île de la Chatte et ses cabanons de pêcheurs.

Au carrefour du pont de la Croix-des-Mary, prenez tout droit en direction de Damvix. Au carrefour suivant, tournez à gauche et franchissez l'écluse.

Une succession de ponts permet de rejoindre la rive droite de la Sèvre Niortaise en franchissant les **écluses de Bazoin**, important carrefour hydraulique.

Damvix

Malmené lors des guerres de Religion, cet ancien village de pêcheurs se distingue par ses petites passerelles qui franchissent les étroits canaux. Un alignement de maisons basses s'étire le long de la Sèvre Niortaise; près du pont, chaque berge est pourvue d'un embarcadère.

Passez la Sèvre Niortaise et empruntez la D 104 en direction d'Arçais. Après 200 m, prenez à droite une petite route (camping des Conches) qui franchit un pont.

L'itinéraire conduisant jusqu'au village de La Rivière par le Marais sauvage emprunte une route non revêtue, praticable seulement par temps sec; en cas de forte pluie, rejoignez directement Arçais.

★ Le Marais sauvage

Quelques planches de bois jetées sur une conche, puis *(prenez la route de gauche)* le barrage de la rigole de la Garette mènent à l'entrée du Marais sauvage *(à la fourche, prenez à droite)*. Cette zone protégée de 1 600 ha est quadrillée par 100 km de voies d'eau où canaux, conches et écluseaux forment un véritable labyrinthe.

Le village de **La Rivière**, aux belles maisons maraîchines, marque la limite du marais. Au nord, la route qui rejoint la D 101 offre un contraste étonnant entre le marais boisé (à gauche) et les vastes champs vallonnés (à droite); au sud, **Monfaucon** possède un agréable embarcadère.

Parc ornithologique Les Oiseaux du Marais poitevin

Le Petit-Buisson - 79210 St-Hilaire-la-Palud - ☏ 05 49 26 04 09 - www.oiseauxmaraispoitevin.com - ♿ - de mi-avr. à mi-sept. : 10h-19h30; du dernier dim. de mars à mi-avr. et de mi-sept. à déb. nov. : tlj sf lun. 14h30-19h - 8,50 € (-12 ans 5,50 €).

Une promenade, avec ou sans guide, dans ce parc de 8 ha permet de découvrir quelque 70 espèces d'oiseaux. Des modules pédagogiques disposés le long du parcours donnent des explications sur la faune et la flore rencontrées. Pour un autre point de vue sur le site, prenez place à bord d'un canoë ou d'une barque *(avec ou sans guide-batelier)* et partez explorer les canaux.

PROMENADE EN BARQUE

Pour plonger dans la nature du Marais mouillé et en apprécier la beauté et le mystère, l'idéal est de louer une barque pour faire la promenade au rythme silencieux d'une poussée à la pelle ou à la pigouille. Vous vous laisserez glisser sur les eaux des **conches, canaux** et **fossés**, enveloppés en été par un épais feuillage tamisant la lumière. La plupart des villages ou hameaux sont dotés **d'embarcadères**, mais la traditionnelle barque à fond plat a été remplacée par une version en plastique. Au cours de la promenade, votre batelier-guide vous contera peut-être des récits maraîchins et, qui sait, vous proposera de tenter l'expérience du **feu d'eau** : en remuant la vase, le gaz prisonnier remonte à la surface et s'enflamme à l'approche d'un briquet…

Vous dénicherez au cours des circuits proposés quelques **petits ports** en plein marais à partir desquels vous pourrez partir en barque. Préférez les plus calmes : Le Vanneau, Damvix, Maillezais et Arçais. Possibilité de visites à l'aube ou à l'aurore, et sur des thématiques différentes : flore, faune, contes des marais, etc.

Un plan des différents circuits vous sera fourni afin que vous ne vous égariez pas dans ce formidable dédale de conches. Si les animaux se font discrets au cours de votre visite, le film diffusé dans le centre d'interprétation vous permettra d'accéder à leur intimité.

★★ Grand Port d'Arçais

Arçais est, avec Le Vanneau, le plus charmant village du Marais mouillé. En parcourant les abords de l'église, on découvrira des maisons restaurées, où le bois domine, et de vastes jardins fleuris, qui invitent au farniente. Ici, le temps paraît s'écouler à la vitesse d'une plate fendant les eaux... Dans le **Grand Port,** les barques s'alignent au bord d'une vaste cale pavée. À chaque extrémité du port, deux grues en bois rappellent le temps où les découpes de peupliers, acheminées par voie d'eau, étaient hissées sur le quai. L'embarcadère fait face à une « cabane » caractéristique.

Au nord, le quartier de **la Garenne★** est remarquable pour ses fermes à double accès qui s'étirent le long du bief Minet. Un chemin piéton très agréable longe le bief.

Quittez Arçais par le Grand Port en empruntant la D 102 vers Damvix. Aux Bourdettes, franchissez le barrage puis l'écluse et prenez à droite le chemin de la Foulée.

L'itinéraire remonte la Sèvre Niortaise par la rive droite jusqu'au village de la Sèvre, juste avant lequel vous pouvez traverser le fleuve par un bateau à chaîne. À hauteur d'une passerelle, prenez sur la gauche la route de la Sèvre qui conduit au port du Mazeau *(embarcadère après le pont).*

★ LE MARAIS DESSÉCHÉ Carte du Marais poitevin maritime

Protégé par des digues, le Marais desséché possède une terre noire de Brie qui nécessite de l'engrais pour produire blé, orge, maïs, fèves, haricots. Ses pâturages sont dévolus aux bovins et aux moutons de pré-salé. Dans la baie de l'Aiguillon, qui s'envase lentement, on élève des moules sur des bouchots : Esnandes et Charron sont les deux centres de cet élevage.

LE MARAIS DU PETIT POITOU

Circuit de 60 km tracé en noir sur la carte p. 408 – comptez environ 3h.

Marans

Voir « S'informer ».

Marché du Marais desséché, notamment pour les grains (silos), Marans est un port, revitalisé par l'activité de la navigation de plaisance. Il est relié à l'Océan par un canal ; une écluse maintient à flot le niveau d'eau du bassin où stationnent quelques caboteurs et plaisanciers. La rue principale de la ville, où quelques magasins peinent à rester en activité, est malheureusement victime de la circulation excessive, poids lourds en tête, qui la traverse toute l'année et ce, depuis des décennies. Le visiteur gagnera les rives de la Sèvre Niortaise pour garder en mémoire une vision poétique du port.

Église Notre-Dame – Consacrée en 1902 mais dépourvue de clocher faute de moyens financiers, l'église attendra 1988 et le don de Barthélemy Fabbro, natif de Marans, pour se voir enfin couronner. Le clocher de verre à ossature d'aluminium brossé offre une **vue** panoramique sur le Marais, mais les chaleurs de l'été en limitent l'accès.

Moulin de Beauregard – *24 bis av. de Verdun - ☏ 06 82 66 14 65 - mai-sept. : 10h-12h, 15h-19h, dim. 15h-19h - fermé lun. et vend. - 4 € (-6 ans gratuit) - animations goûter juil.-août : merc. 15h-19h.* Restauré à l'identique en 1999, ce moulin à vent du 17e s. possède une toiture conique couverte de bardeaux de châtaignier et un système Berton permettant de réguler le mouvement des ailes de l'intérieur. On y produit de la farine de blé extraite de ses meules en silex.

Quittez Marans par le nord en empruntant la D 137 en direction de Luçon. Au Sableau, prenez à droite la D 25A, puis à Vouillé, tournez à gauche dans la D 25.

Après 2 km de paysage agricole, peu après le lieu-dit **la Groix**, remarquez sur votre gauche un **bot** (digue) qui borde le marais. Longez ensuite les surprenantes falaises mortes du **Village-de-l'An-VII** (ancien îlot calcaire), jadis battues par les vagues.

Chaillé-les-Marais

Office du tourisme des Isles du Marais poitevin – *7 r. de la Coupe-du-Rocher - 85450 Chaillé-les-Marais - ✆ 02 51 56 77 30 - www.ot-isles-maraispoitevin.com - juil.-août : 10h-13h, 14h-18h, dim. 14h-18h ; avr.-juin et sept. : tlj sf sam. 10h-13h, 14h-18h ; reste de l'année : tlj sf w.-end 9h30-12h30, 13h30-17h30 - fermé 1er janv., 1er Mai, 25 déc.*

Ce village, ancienne île du golfe des Pictons, domine la plaine autrefois immergée. C'est le centre du Marais desséché du Petit Poitou, le premier de cette province à avoir été asséché. Il présente de larges paysages ouverts où les arbres sont rares. Du belvédère, place de l'Église, se dégage une belle **vue** sur le Marais d'où émergent, sur la gauche, les anciens îlots d'Aisne et du Sableau.

Rejoignez la D 137 et prenez à droite (rue de l'An-VI) en direction de Luçon. 900 m après l'office de tourisme, tournez à gauche.

★ **Maison du maître de digues** – *7 r. de la Coupe-du-Rocher - ✆ 02 51 56 77 30 - www.mmd-maraispoitevin.fr - juil.-août : 10h-13h, 14h-18h, dim. 14h-18h ; avr.-juin et sept. : tlj sf sam. 10h-13h, 14h-18h ; reste de l'année : tlj sf w.-end 9h30-12h30, 13h30-17h30 - fermé de déb. nov. à mi-mars - possibilité de visite guidée sur demande (1h30) - 5 € (-18 ans gratuit).*

Cet écomusée s'est installé dans l'ancienne maison, habitée jusqu'en 1970, d'un **maître de digues**, personne chargée de la surveillance du réseau hydraulique. Les digues contiennent les eaux arrivées du Marais mouillé et protègent les terres des inondations. Le musée évoque le Marais desséché, son équilibre précaire, ses caractéristiques paysagères et son fonctionnement, l'entretien, la vie quotidienne des habitants au 19e s., sa faune et sa flore. Une projection de 15mn, *Le Maître des digues*, permet de découvrir l'importance de ce personnage indispensable dans le Marais desséché. On accède aux divers bâtiments en passant par l'office de tourisme.

Reprenez la D 137 en direction de Luçon. Après 700 m, franchissez le pont de la Coube et prenez tout de suite à gauche la D 10.

La route longe le **canal du Clain** d'où l'on a une **vue** originale sur les falaises mortes de Chaillé. Le canal, jalonné par quelques rares fermes, est bordé de prairies humides et de champs de céréales.

Au carrefour de Ste-Radegonde-des-Noyers, prenez à droite sur la D 25. À la sortie de Champagné-les-Marais, tournez à gauche avant le pont pour emprunter le « chemin sud du canal ».

Le **canal de Champagné**, très fréquenté par les amateurs de pêche, traverse une vaste plaine de culture. De part et d'autre de la route, on peut observer la faune (envol d'un héron) et la flore (chardons, roseaux) du Marais desséché, souvent concentrées près des vannes.

Au bout de la longue ligne droite, prenez à gauche, puis au carrefour suivant (après 3 km), continuez tout droit.

La route contourne le **Marais fou**. À droite, un clocher et un château d'eau émergent d'une mer de champs. Plus loin, depuis le pont-écluse, une belle vue s'étend jusqu'à la **porte de l'Épine** auprès de laquelle mouillent des bateaux de pêche à la civelle.

Prenez la D 10A sur la droite puis, après 1,1 km, empruntez sur la gauche une petite route qui traverse le canal de Vienne. 300 m plus loin, tournez à droite.

La route franchit une succession de portes (écluses) dont celle, très originale, des **Grands Greniers** (maison d'éclusier). Appelée aussi « porte à la mer », elle comprend deux ouvrages : en amont, une vanne qui permet de retenir les eaux nécessaires au bon fonctionnement du marais (ces eaux sont dites saumâtres, mi-douces, mi-salées) ; en aval, des portes à deux battants, qui s'ouvrent automatiquement à marée basse afin d'évacuer, si nécessaire, le trop plein d'eau douce des crues, et qui elles se referment par la seule force de l'eau à marée montante. Au sud, la Sèvre Niortaise irrigue cinq canaux (Vienne, Clain, Cinq-Abbés, Mouillepied, Vix) depuis le méandre des Fagnes.

Au bout de la longue ligne droite qui longe le canal de Mouillepied, tournez à droite. À la Hutte de la Briand, prenez à gauche.

Après avoir contourné le bien-nommé **marais de Mouillepied**, jalonné d'étonnantes « cabanes », le **canal de Vix** offre au regard un bel exemple de « contre bot ».

Au pont-écluse, prenez à droite sur la D 137 qui ramène à Marans.

★ LE MARAIS MARITIME

Circuit de 70 km – comptez environ 3h.

Saint-Michel-en-l'Herm

Office du tourisme du Pays né de la mer – *5 pl. de l'Abbaye - 85580 St-Michel-en-l'Herm - ✆ 02 51 30 21 89 - www.paysnedelamer-tourisme.fr - juil.-août : 9h30-12h30, 14h-18h30 ; juin et sept. : 9h30-12h30, 14h-18h ; reste de l'année : tlj sf sam. et j. fériés 9h30-12h30, 14h-17h - fermé dim.*

Encore une ancienne île du golfe des Pictons. Les moines de son abbaye engagèrent de grands travaux, au 13e s., afin d'assécher cette partie de marais. Proche de la baie de l'Aiguillon, le village est protégé de la mer par des digues. Autour s'étendent des prés salés recouverts par la mer à chaque grande marée, appelés **mizottes** (un fromage très prisé dans la région porte également ce nom).

Ancienne abbaye bénédictine – *Pl. de l'Abbaye - ✆ 02 51 30 21 89 - www.paysnedelamer-tourisme.fr - visite guidée (1h) de mi-juin à mi-sept. : lun.-mar. et jeu.-vend. à 10h, 11h, 15h, 16h et 17h ; reste de l'année : sur demande préalable - fermé j. fériés - 5 € (-7 ans gratuit) - 6 € billet combiné avec le musée André-Deluol - billetterie à l'office de tourisme.* L'abbaye de St-Michel-en-l'Herm était dédiée à l'archange saint Michel. Fondée au 7e s. par Ansoald, évêque de Poitiers, elle joua un rôle significatif dans l'assèchement des marais, et connut une période de prospérité jusqu'au 9e s., avant d'être dévastée par les Normands. Les guerres anglaises des 14e et 15e s., les guerres de Religion du 16e s., puis la Révolution lui portèrent de rudes coups. Reconstruite à chaque fois, elle le fut partiellement pour la dernière fois à la fin du 17e s. par l'architecte François Leduc. Elle est désormais propriété privée. On parcourt la salle capitulaire (13e s.), entourée du banc de pierre des moines, le chauffoir (12e s.), dont les voûtes n'ont gardé que leurs nervures, le réfectoire et le bâtiment des moines, refaits par Leduc au 17e s.

Les trésors naturels du Marais

LA VIE DANS LES MARAIS

Le Marais poitevin dans sa totalité s'étend sur environ 112 000 ha, divisés en micro-milieux favorables à l'épanouissement d'une grande variété de plantes (750 espèces végétales) : des **plantes aquatiques** (élodée du Canada, hottonie des Marais,hydrocharis des grenouille, lentilles d'eau, populage des marais, renoncules aquatiques, utriculaire commune) ou des **plantes des rives** (aulne glutineux, frêne commun, iris jaune, reine des prés, roseau, salicaire, tamaris de France) ; des **plantes des prairies** différentes dans le Marais mouillé à l'est (fétuque faux-roseau, fritillaire pintade, laîche velue, orchis à feuilles lâches) et dans le Marais saumâtre à l'ouest (jonc de Gérard, laîche divisée, iris bâtard, renoncule à feuilles d'Ophioglosse, trèfle maritime). Plus loin, dans sa partie maritime, croissent aussi des **plantes du littoral** (aster maritime, puccinellie dans les prés salés ; obione faux-pourpier, salicornes, spartine maritime dans les vasières) et des **plantes des dunes** (chênes verts, chiendent des sables, chou marin, œillet des dunes, oyat, pins maritimes).

Le marais est aussi le royaume de 250 espèces d'oiseaux, migrateurs ou sédentaires : **râle des genêts, hibou des marais, busard des roseaux, héron pourpré, barge à queue noire, chevalier aboyeur**. Il abrite aussi bien d'autres animaux à poils. Le **grand rhinolophe** est une chauve-souris dont les ailes peuvent atteindre jusqu'à 40 cm d'envergure. La **loutre d'Europe**, rare et très menacée, affectionne grenouilles, crapauds et surtout anguilles. Le **campagnol amphibien** ou « rat d'eau », autrefois très abondant dans le marais, vit près des berges où la végétation est dense et où il peut trouver sa nourriture préférée : graines et racines. Connaissez-vous aussi l'**alose**, le **triton marbré**, la **couleuvre à collier**, la **Rosalie des Alpes** ou encore le **cuivré des marais** ?

L'EMBLÈME DU MARAIS

Désormais protégée, l'anguille européenne *(Anguilla anguilla)* se reproduit à très grande profondeur dans la mer des Sargasses (près des Antilles). Les larves entreprennent une migration périlleuse à travers l'Atlantique. À leur arrivée près des côtes françaises, sept à neuf mois plus tard, devenues des **civelles** (on dit **pibales** de la Gironde aux Pyrénées) au corps translucide, elles remontent les estuaires et cours d'eau entre novembre et mars. Elles restent une dizaine d'années en eau douce où elles grossissent en prenant leur couleur argentée et le nom d'**anguilles jaunes,** puis redescendent les estuaires pour retraverser l'Atlantique. On les attrape avec des nasses en osier ou à l'aide de la **vermée**, corde où l'on fixe des vers en **pelote**. L'anguille fuyant la lumière, on pratique cette pêche la nuit.

LE MARAIS EN PÉRIL

Le Parc naturel régional du Marais poitevin connaît, ces dernières années, une extension des **cultures céréalières** qui sont en train de l'**assécher** progressivement. L'agriculture intensive pompe à trop grande échelle de l'eau dans les **nappes phréatiques**, et utilise engrais et nitrates qui contribuent à mettre en danger l'écosystème. Une démarche **Natura 2000** est engagée depuis 2001 pour préserver la diversité des espèces animales et végétales du fragile Marais poitevin, qui a également été classé « Grand Site de France » en 2010.

Musée André-Deluol – *4 r. de l'Étendard - ✆ 02 51 30 21 89 - www.paysnedelamer-tourisme.fr - ♿ - de mi-juin à mi-sept. : 14h30-18h - fermé w.-end et j. fériés - possibilité de visite guidée (30mn) - 4 € (-3 ans 2 €) - 6 € billet combiné avec l'ancienne abbaye bénédictine.* Une large sélection des œuvres de cet artiste né en 1909 y est exposée. Outre les peintures, dessins et pastels, quelque 120 sculptures rendent hommage à la femme, dont les formes généreuses sont travaillées en taille directe.

Quittez St-Michel par le sud en empruntant la D 60.

Après avoir passé un silo, on découvre, à droite, émergeant à l'horizon, la butte de la Dive. Peu après, la D 60 franchit une succession de digues et de **prises** (polders) gagnées sur la mer. La route vient mourir au pied de la **digue du Maroc** (1912) où se dressent d'étonnants perchoirs à rapaces. *Revenez au carrefour et prenez à gauche. Continuez jusqu'à la digue du front de mer, où vous découvrirez un observatoire donnant sur la baie de l'Aiguillon et le port de St-Michel-en-l'Herm.*

La Dive

Cette ancienne île était encore entourée d'eau au 17e s. À l'entrée d'une ancienne carrière, la route s'élève et parcourt la butte sur 700 m en dominant le Marais. D'en haut, la **vue** s'étend de la pointe d'Arçay à la baie de l'Aiguillon en passant par l'île de Ré et son pont-viaduc. De retour au niveau de la mer, on découvre, au-delà d'un pré, la falaise morte (largement entaillée par les flots) recouverte en partie de lierre.

Continuez en direction de la mer.

Réserve naturelle Michel-Bosselin

✆ 02 51 28 41 10 - www.reservenaturelle-saintdenisdupayre.fr - juil.-août : 9h30-12h30, 15h-19h, jeu. nocturne sur demande préalable ; vac. de fév. et vac. de Pâques : 9h30-12h30, 14h30-18h, dim. 14h30-18h - fermé 1er Mai - 5 € (-17 ans 3,50 €) - maison et réserve - billetterie au Pôle des Espaces Naturels - 2 r. du 8-Mai - 85580 St-Denis-du-Payré.

Cette réserve couvre 207 ha de marais, fréquentés par de nombreux oiseaux en période de migration, d'hivernage ou de nidification. Avant de voir les oiseaux depuis l'**observatoire**, équipé de longues-vues, faites un arrêt au **Pôle des espaces naturels**, dans le village. Vous y découvrirez un film et des expositions temporaires sur la faune et la flore des prairies humides.

Poursuivez sur la D 25. À Triaize, prenez sur la droite la D 746.

Juste avant de franchir le Chenal Vieux, remarquez sur la droite un ancien îlot au lieu-dit la Dune. À 500 m de là, vous apercevrez la ferme « Les Chauds » *(fermée au public)*, bâtie sur une **butte de coquilles d'huîtres** qui daterait de l'an 1000. Ces coquilles étaient naguère employées à la fabrication de poudre destinée aux volailles (ancienne usine de broyage à gauche de la ferme).

Poursuivez sur la D 746 qui ramène à St-Michel-en-l'Herm.

NOS ADRESSES DANS LE MARAIS POITEVIN

HÉBERGEMENT

PREMIER PRIX

Chambres d'hôte David Ardouin et Amandine Allanioux – *Basse-Brenée - St-Michel-en-l'Herm - 02 51 30 24 09 - www.basse-brenee.fr - - 4 ch. 50 € - possibilité de camping (13 €).* Vous séjournerez dans un isolement total dans cette ferme céréalière de 1766 au cœur du marais. Ses chambres sobrement aménagées ouvrent toutes sur la campagne. Celle du rez-de-chaussée avec kitchenette et terrasse est particulièrement agréable. En fin de journée, profitez du sauna !

Chambres d'hôte du Canal Arçais – *10 r. de l'Ouche - 79210 Arçais - 05 49 35 42 59 - www.chambre-dhote.com - - - 2 ch. 60 € - 1 gîte .* Cette ancienne grange restaurée, située au cœur du Marais poitevin, abrite deux chambres dotées de meubles familiaux ou chinés. Petit déjeuner accompagné de confitures et gâteaux maison. Piscine couverte, solarium, location de vélos, barques et canoës.

Chambres d'hôte Le Clos de Beauregard – *17 av. de Verdun - 17230 Marans - 05 46 01 19 34 - www.leclosdebeauregard.fr - 4 ch. 65 €.* C'est dans une ancienne ferme de 1880 que vous séjournerez, dans des chambres simples mais proprettes.
Table d'hôte pour le dîner sur réservation *(20 ou 26 €).*

Hôtel Au Marais – *46-48 quai Louis-Tardy - 79510 Coulon - 05 49 35 90 43 - fermé 15 déc.-1er fév. - 18 ch. 70/80 € - 8,90 €.* Au bord du quai, ces deux anciennes maisons sont très bien situées pour partir à la découverte du Marais poitevin : vous n'aurez qu'à descendre quelques marches pour embarquer sur la Sèvre… Chambres claires et bien entretenues.

Hôtel Maison Flore – *25 r. du Grand Port - 79210 Arçais - 05 49 76 27 11 - 10 ch. 59/78 €, 3 suites familiales 9,80 €.* Deux maison accolées, dont l'une entièrement convertie à l'écologie. À la Maison Flore, il y a de la gaieté dans l'air et des couleurs sur les tasses du petit déjeuner, où les produits bio sont de rigueur. On peut pique-niquer si on le souhaite dans le parc au bord de l'eau et y garer sa voiture.

Chambres d'hôte La Closeraie – *21 r. de la Paix - 85450 Champagné-les-Marais - 02 51 56 54 54 - www.closeraie.fr - 4 ch. 67/70 € dont une chambre familiale 120 € - table d'hôte 24 €.* Les chambres de ce logis du 18e s., de plain-pied et meublées à l'ancienne, s'ordonnent autour d'un ravissant jardin clos. Petit-déjeuner régional avec confiture maison et brioche vendéenne. Cuisine d'été à disposition, piscine, VTT, gîte indépendant *(4 à 5 pers.)* et boutique de produits locaux. Week-ends à thèmes et pique-niques avec produits du terroir.

RESTAURATION

Bon à savoir – Parmi les très nombreuses spécialités locales, laissez-vous tenter par le farci poitevin, la sauce aux lumas (escargots), la fricassée d'anguilles, le filet de perche aux pleurotes, le jambon vendéen grillé aux mogettes, le beurre d'Échiré, la mizotte (fromage), le vin de Mareuil (rouge ou rosé), l'angélique… la liste est longue !

BUDGET MOYEN

Le Central – *Pl. de l'Église - Coulon - 11 km à l'ouest de Niort par D 9* *et D 1 - ✆ 05 49 35 90 20 - www.hotel-lecentral-coulon.com - fermé vac. de fév., 1er-15 oct., dim. soir et lun. - hôtel fermé 1 sem. en fév. - 30/45 € - 13 ch. 82/94 € - ☕ 10 €.* Dans cette ancienne auberge aux poutres blanchies de la grande salle claire, vous serez bien accueilli et pourrez savourer une cuisine gourmande déclinée en plusieurs menus où dominent escargots, anguilles, farci poitevin et poulet fumé. Excellents desserts. Tables en terrasse aux beaux jours.

La Porte Verte – *20 quai Foch - 17230 Marans - ✆ 05 46 01 09 45 - fermé dim. soir et lun. - 19/39 €.* On déguste ici une cuisine de qualité confectionnée selon les arrivages du marché et mettant en scène les produits des agriculteurs, éleveurs et maraîchers locaux. L'été, profitez de la terrasse et de la tonnelle, l'hiver, du feu de cheminée.

Le Patio d'Arçais – *24 r. du Marais - 79210 Arçais - ✆ 05 49 24 65 85 ou 06 73 61 25 97 - 20/25 € -* Ouvert en 2014, ce restaurant à la grande salle claire ne désemplit pas. Pendant que Sophie prend les commandes, Philippe, chef cuisinier depuis des années, s'affaire aux fourneaux. Au menu, farci poitevin, blanquette de seiche, steak de thon au lard. Desserts inventifs, service adorable.

Les Viviers de l'Océan – *La Prée de Sion - 17137 Esnandes - ✆ 05 46 01 33 12 - ouv. de Pâques à la Toussaint - fermé lun. sf j. fériés - plateau de fruits de mer 29,50 €.* Situé en bordure de la zone conchylicole au sud de la baie de l'Aiguillon, les Viviers de l'Océan puisent leur inspiration dans les produits de la mer : moules de bouchot à la crème ou au pineau des Charentes, soupe de poissons, crustacés vivants du marché, ces évocations mettent d'emblée l'eau à la bouche. Si l'on y ajoute un baba au rhum fait maison en dessert, les palais seront comblés. Les carrelets et les falaises ajoutent au charme du lieu.

L'Auberge de l'Écluse – *3285 rte des Bords de Sèvres - La Sotterie de Coulon - 79510 Coulon - ✆ 05 49 35 90 42 – www.aubergedelecluse.com – menus 21,70/32,70 €.* Située en bordure de la Sèvre Niortaise, dans un cadre exceptionnel, c'est la plus ancienne des auberges du Marais poitevin : elle remonte en partie à la fin du 18e s. Dans une vaste salle aux murs de pierre ornés d'ustensiles du Marais, on vous servira une cuisine régionale : escargots, anguilles, filet de sandre, côtelettes d'agneau. Et pourquoi ne pas essayer le confit de porc de mogettes ?

La Rose Trémière – *4 r. de l'Eglise - 85580 St-Michel-en-l'Herm - ✆ 02 51 30 25 69 – www.restaurant-larosetremiere.com/rosetremiere - fermé 2 sem. en oct., dim. soir, mar. soir et lun. - 29/58 € (l'Atelier, fermé le soir de sept. à juin, dim. sf le midi en juil.-août et lun. - 15/25 €).* D'un côté, L'Atelier, bistrot contemporain donnant sur la cuisine, et de l'autre, une ancienne grange avec poutres apparentes et murs de pierre pour une cuisine plus traditionnelle. Dans ce décor, Loïc Rault donne toute sa mesure en mélangeant textures et saveurs, comme ce filet de canette en croûte de noix et garniture du temps, une formule poétique pour une création originale.

ACTIVITÉS

Mis à part les incontournables balades en bateau, la **randonnée pédestre**, **cycliste** voire **équestre** est un excellent moyen de musarder à travers le Marais. Nombreux circuits fléchés.

À vélo

La Bicyclette Verte – *36 rte de St-Hilaire - 79210 Arçais - ✆ 05 49 35 42 56 - www.bicyclette-verte.com - juil.-août : 9h-19h ; reste de l'année : tlj sf lun. 9h-18h - fermé nov.-mars.* Location de VTT, VTC et vélos pour enfants, journée découverte à vélo et barque et organisation de randonnées nature.

La Libellule – *Pl. de l'Église - 79150 Coulon - ✆ 05 49 35 83 42 / 14 14.* Location.

En petit train

DLMS Tourisme - *6 r. de l'Église - ✆ 05 43 95 14 14 / 83 42 - www.ville-coulon.fr - du w.-end de Pâques à la Toussaint - 10 € (3-10 ans 7 €) forfait petit train, promenades en barques et location de vélos, se rens. pour les tarifs à l'embarcadère La Trigale, pl. de l'Église.* Le petit train, le Pibalou, sillonne le marais au dép. de l'église de Coulon.

En bateau

Croisière sur la Sèvre Niortaise – *Le Port - 85420 Damvix - ✆ 02 51 87 19 16 ou 06 07 02 21 52 - www.lecollibert.com - fermé oct.-mars - menus été 28/42 €.* Croisière sur *Le Collibert II*, un bateau-restaurant pour découvrir le Marais mouillé.

Les principaux embarcadères :

Arçais : Au Martin Pêcheur *✆ 05 49 35 62 34 - www.aumartinpecheur.com ;* Les Huttiers *✆ 05 49 35 39 18 ;* Venise Verte Loisirs - *✆ 05 49 35 43 34 -* Coulon-Prada *✆ 05 49 35 97 63 ;* La Pigouille *✆ 05 49 35 80 99 ;* La Trigale *✆ 05 49 35 14 14 ;* Cardinaud - *✆ 05 49 35 90 47. Damvix : htt://.marais-poitevin-embarcadere.com ;* Les Conches *✆ 02 51 87 12 01.* Le Gué de Velluire : Le Guétréen *✆ 02 51 52 53 87.* Embarcadère Cardinaud - Magné *✆ 05 49 35 90 47 -* Maillé : Les Capucines - *www.ville-maille.fr.* Maillezeais : L'Abbaye - *✆ 02 51 87 21 87 - www.marais-poitevin.com ;* le Petit Port Sauvage *✆ 02 51 00 71 77 www.auberge-de-abbaye85.fr.* Embarcadère du Marais poitevin : Marans *✆ 06 43 83 78 35.* Le Mazeau : La Venise verte *✆ 02 51 52 90 73 - www.la-venise-verte.com* - La Ronde : Le Marais bazoin *✆ 05 46 27 87 60 - www.bjr-tourisme.com.* St-Hilaire-la-Palud : Le Lidon *✆ 05 49 76 57 06 ;* le port de Montfaucon *✆ 05 49 35 34 97 - www.embarcadere-portmontfaucon.fr.* St-Sigismond : Embarcadère de l'Autize *✆ 02 51 52 97 45 - www.embarcadereautize.com.* Le Vanneau : Sainte-Sabine Le Paradis *✆ 05 49 35 33 95 - www.gite-leparadis.com.*

AGENDA

Maraisthon – *Tous les ans, le 3e w.-end de juin à Coulon (premier marathon écologique en France).*

Fête du Miget – Le 1er w.-end de juillet, la vie maraîchine d'autrefois renaît à Coulon.

Fêtes du Four – Un soir de juillet et un soir d'août, à la Maison du maître de digues à Chaillé-les-Marais, on remet en route le four à pain, entièrement restauré.

ACHATS

La Petite épicerie du Vanneau – *2 r. de l'Eglise - 79270 Le Vanneau - ✆ 05 49 73 27 15 - www.lapetiteepicerieduvanneau.fr.* Élodie Leyssene propose des produits issus de l'agriculture locale et biologique, comme le délicieux miel issu des 50 ruches de Benoît Gatineau, installé à Damvix. Et dans cette épicerie, on trouve aussi des volailles, de la viande d'agneau et de porc élevés en plein air, et bien d'autres produits de bouche destinés à favoriser les producteurs locaux. de table, bijoux fantaisie, ravis.

Abbaye de Maillezais

★

Vendée (85)

En plein cœur du royaume aquatique du Marais poitevin se découpent les ruines majestueuses de l'abbaye de Maillezais. Depuis l'aube du 11e s., ces lieux ont vécu une histoire mouvementée, entaillée de guerres et de mises à sac, mais aussi agrémentée du séjour des illustres Agrippa d'Aubigné, Rabelais et son mécène Mgr Geoffroy d'Estissac.

S'INFORMER

Office du tourisme Sud Vendée Marais poitevin – *2 r. du Dr-Daroux - 85420 Maillezais - 02 51 87 23 01 - www.maraispoitevin-vendee.com - juil.-août : 9h30-13h, 14h30-19h, dim. 9h30-12h30 ; avr.-juin et sept. : tlj sf dim. 9h30-12h30, 14h-18h, lun. 14h-18h, merc. 9h30-13h ; reste de l'année : tlj sf dim. 9h30-12h30, 14h-17h30, lun. 14h-17h30, merc. et sam. 9h30-12h30 - fermé certains j. fériés.*

SE REPÉRER

Carte de microrégion C2 (p. 394-395) – *Carte Michelin Départements 316 L9.* Depuis Fontenay-le-Comte, 12 km en direction du sud-est permettent de gagner l'abbaye.

À NE PAS MANQUER

La superbe projection du réfectoire qui rend vie aux élégants vestiges de l'abbaye de Maillezais. En saison, profitez des visites-spectacles théâtralisées itinérantes, « Maillezais, sentinelle du Marais », et assistez au Son et lumières les premiers jours d'août.

ORGANISER SON TEMPS

Comptez environ 3h pour explorer l'abbaye et ses environs, et une demi-journée pour apprécier tranquillement, à pied ou en barque, les camaïeux de vert du mystérieux Marais mouillé.

AVEC LES ENFANTS

Offrez-leur le plaisir d'une promenade en barque dans le Marais mouillé. Le parcours-jeu au sein de l'abbaye.

Découvrir

★ Abbaye du Marais

02 51 87 22 80 - http://abbayes.vendee.fr - juin-août : 10h-19h ; avr.-mai et sept. : 10h-12h30, 13h30-18h ; reste de l'année : tlj sf mar. 10h-12h30, 14h-18h - fermé de mi-nov. à fin fév. - possibilité de visite guidée (50mn) - 5 € (-25 ans 3 €) - 3 € visite de l'abbaye d'Aliénor (St-Vincent de Nieul) sur présentation du billet d'entrée de l'abbaye du Marais (Maillezais). L'abbaye du Marais propose des livrets-jeux pour les enfants.

En été, des spectacles ont lieu dans l'enceinte de l'abbaye du dim. au jeu. *Schola cantorum* (matin) nous amène à la découverte des chants sacrés « *Maillezais sentinelle du marais* » (après-midi) met en scène les grands personnages qui ont émaillé l'histoire de l'abbaye.

Il faut imaginer Maillezais comme une île battue par la mer, à la fin du 10e s., lorsque **Guillaume Fier-à-Bras**, comte de Poitou, y fonde l'abbaye St-Pierre pour la confier à des bénédictins. Agrandi dans les premières années du 11e s., le monastère connaît un développement fulgurant. Au 13e s., il est en partie détruit par un Lusignan, soi-disant fils de Mélusine, **Geoffroi la Grand-Dent**,

Abbaye Saint-Pierre (XIe s.) à Maillezais.
F. Leroy/hemis.fr

que Rabelais aurait transposé en ancêtre du vorace Pantagruel : le moine écrivain passera cinq ans à Mailezais à partir de 1525. En 1317, le pape français Jean XXII fait de Maillezais un évêché, mais autorise les moines à rester sur place. Pendant les guerres de Religion (1562-1598), les bâtiments sont dévastés. Richelieu, nommé évêque de Luçon en 1606, fera transférer le siège épiscopal à La Rochelle. L'abbaye cessera son activité en 1648. Le site servit de carrière de pierres à la Révolution. Face au Marais, un élément fortifié en forme de proue de navire, surmonté d'une échauguette, est accolé à la gauche de l'entrée de l'abbaye : dirigé vers le sud, il servait de cadran solaire.

Monastère – Il datait en majeure partie du 14e s. On a retrouvé les bases des murs du cloître, son pavage, son puits et le lavabo des moines, un cellier du 12e s., ainsi que des tombes d'abbés ou d'évêques. Des bâtiments conventuels subsiste une aile qu'il est possible de visiter : au sous-sol, la cave à sel ; au rez-de-chaussée, le réfectoire où sont exposés quelques chapiteaux de colonnes et éléments sculptés exhumés lors des fouilles, et la

D'ILLUSTRES RÉSIDENTS

Agrippa d'Aubigné – Cet ardent protestant, né en 1552, fut condamné à mort quatre fois pour ses opinions. Guerrier autant que poète et savant, d'Aubigné réside un temps à l'abbaye de Maillezais avec ses troupes de protestants qui en fortifient les murs.

Geoffroy d'Estissac – Évêque de Maillezais entre 1518 et 1542, ce grand bâtisseur remania en profondeur les établissements placés sous sa dépendance en Poitou. En 1523, Geoffroy accueillit **Rabelais** à Maillezais et en fit son secrétaire. Ce dernier, expulsé de Fontenay, se loua de sa chance de rencontrer un être aussi érudit et libéral. Il passa avec lui trois ans, le suivant dans ses résidences poitevines. Après avoir quitté Geoffroy d'Estissac, Rabelais lui enverra de Rome des graines de la salade « romaine ». Ce sont les premières de cette sorte qui ont poussé en France !

cuisine octogonale ; à l'étage, le dortoir des hôtes (infirmerie), avec sa grande cheminée centrale.

Dans le réfectoire, jadis réservé aux visiteurs, une très belle **projection★** met en scène quelques pensionnaires de l'abbaye dont les pierres tombales sont dressées contre les murs. À la beauté des images mêlant miniatures médiévales et reconstitutions de synthèse s'ajoutent des commentaires et une interprétation très sensibles qui immergent totalement le visiteur dans l'histoire ici contée.

Église abbatiale – Elle fut édifiée au début du 11e s. Le narthex était encadré de deux tours carrées suivant une disposition courante d'origine germanique. Ici, la façade a été murée lors des travaux menés par d'Aubigné. La nef avait été modifiée au 13e s. Les bas-côtés étaient surmontés de tribunes comme dans les abbatiales normandes. Le transept, ajouté au 14e s., et dont il reste une partie du croisillon gauche, était de style gothique. Le chœur, très vaste et dont on voit encore l'emplacement, avait été rebâti au 16e s. par Geoffroy d'Estissac. L'évolution du plan de l'abbatiale au cours des siècles est figurée au sol par des tracés de marbre.

Au cours du circuit extérieur, qui longe un moment un petit canal, on remarque à terre des éléments de statues dont une énorme tête : c'est celle de Geoffroy de Lusignan, dit la Grand'Dent, qui attaqua l'abbaye au 13e s. Elle a été sculptée en 2000 pour les besoins d'un spectacle, puis laissée sur place.

Église paroissiale St-Nicolas

Au village. Le **portail principal★** de cet imposant édifice roman poitevin du 12e s. est décoré de petits atlantes (figures d'hommes soutenant un élément d'architecture). Oiseaux, griffons, chimères, sirènes, colombes complètent le décor. Notez, à l'entrée du chœur, à gauche, une Vierge du 14e s.

Promenades en barque

Embarcadère de l'Abbaye - Le Vieux Port - ✆ 02 51 87 21 87 - www.marais-poitevin-tourisme.com - possibilité de visite guidée sur demande (1h) - balades thématiques (nocturnes ou matinales) avec un guide et retour pédestre libre. Location de barques, canoës, vélos. À proximité de l'abbaye, le **Grand Port de Maillezais★**, le **port des Halles** et le **Petit Port sauvage** accueillent, dans un cadre ravissant, des barques en partance pour le Marais mouillé.

Maison de la meunerie – *✆ 02 51 52 47 43 - www.maisondelameunerie.fr - juil.-août : 10h30-19h ; juin : tlj sf sam. 10h30-19h ; mai : vac. scol., w.-end et j. fériés 14h-18h ; avr. : tlj sf sam. 14h-18h ; sept. : tlj sf sam. 10h30-12h30, 14h-18h - 5 € (enf. 3,50 €).*

Longtemps abandonné, ce **moulin à eau** a retrouvé sa fonction d'origine et produit de la farine grâce à son impressionnante roue à aubes en chêne et un mécanisme en parfait état. Il met aussi en scène les modestes pièces du foyer où vivaient le meunier et sa famille. Les anciennes dépendances du moulin abritent un **atelier de sabotier** ainsi qu'un four de boulanger.

Abbaye de Nieul-sur-l'Autise

★

Vendée (85)

C'est l'une des abbayes majeures du Sud Vendée. Fondée à la fin du 11e s., elle doit son appellation d'Abbaye royale à Aliénor d'Aquitaine, qui veilla sur sa destinée. La façade de l'église, superbement restaurée, est un des fleurons du style roman, tout comme le cloître. L'histoire du site se donne à voir au cours d'un parcours passionnant. Classée « Petite Cité de caractère », Nieul conserve de très belles maisons en pierre de taille du pays.

NOS ADRESSES PAGE 428
Hébergement, restauration, achats, activités, etc.

S'INFORMER

Office du tourisme Sud Vendée marais poitevin – *2 r. Dr-Daroux - 85420 Maillezais - ✆ 02 51 87 23 01 - www.maraispoitevin-vendee.com - juil.-août : tlj sf dim. apr.-midi 9h30-13h, 14h30-19h ; avr.-juin et sept. : tlj sf merc. apr.-midi et dim. 9h30-13h, 14h-17h30 ; reste de l'année : tlj sf lun. mat., merc. apr.-midi et sam. apr.-midi 9h30-12h30, 14h-17h30 - fermé certains j. fériés.*

SE REPÉRER

Carte de microrégion C3 (p. 394-395) – *Carte Michelin Départements 316 L9.* Depuis Fontenay-le-Comte, prendre la direction de l'est par la D 148 sur 11 km puis à gauche pour gagner l'abbaye.

À NE PAS MANQUER

Les instruments de musique médiévaux ; la sculpture romane du Bas-Poitou dans la salle des chanoines. En saison, les visites théâtralisées, dites « Les Rencontres imaginaires », et le spectacle nocturne sur le destin d'Aliénor.

ORGANISER SON TEMPS

Comptez environ 3h pour explorer l'abbaye et ses environs.

AVEC LES ENFANTS

La salle Mérimée de la Maison d'Aliénor et ses personnages qui sortent de livres ; en saison, les visites costumées de l'abbaye, quand les enfants sont accueillis par Aliénor en personne.

Découvrir

Abbaye St-Vincent de Nieul – *1 allée du Cloître - ✆ 02 51 50 43 00 - http://abbayes.vendee.fr - juin-août : 10h-19h ; avr.-mai et sept. : 10h-12h30, 13h30-18h ; reste de l'année : tlj sf mar. 10h-12h30, 14h-18h - fermé 1er janv., 25 déc. - possibilité de visite guidée (50mn) - 5 € (-25 ans 3 €) - 3 € visite de l'abbaye du Marais (Maillezais) sur présentation du billet d'entrée de l'abbaye St-Vincent de Nieul). Compter 2h de visite pour profiter pleinement du site. Une boutique très riche propose ouvrages d'art et d'histoire, produits locaux et rafraîchissements. Un livret-jeu est mis à la disposition des enfants. Visites costumées et découvertes ludiques pour les enfants de 4 à 7 ans, accueillis par la reine Aliénor en personne. Grâce au pass Vendée, visitez 7 hauts lieux touristiques autant de fois que vous le souhaitez, pendant un an : à demander dans l'un des sites concernés. Visites théâtralisées : « Les rencontres imaginaires », du merc. au dim. en saison. Spectacle nocturne sur le destin d'Aliénor tous les merc. soir en juil.-août.* Fondée en 1068

AU SECOURS DE L'ABBAYE

Le 25 juillet 1840, Prosper Mérimée fait connaître au préfet de la Vendée son « grand intérêt » pour l'abbaye de Nieul-sur-l'Autise, qu'il vient de découvrir la semaine précédente. Même si le monument est dans un état déplorable, il le considère comme l'un des « plus intéressants du Moyen Âge » et s'apprête à faire part de ces observations au ministre de l'Intérieur afin que l'abbaye soit sauvée. Ce sera chose faite en 1862.

par le seigneur de Vouvant, elle reçut le statut d'Abbaye royale en 1141 sous le règne d'Aliénor d'Aquitaine, sans doute née à Nieul en 1122. On la désigne aujourd'hui sous le nom d'**Abbaye royale d'Aliénor** ou **abbaye d'Aliénor**. Au début du 13e s., les moines de l'abbaye participèrent activement aux travaux d'irrigation de la région, unissant leurs efforts à ceux des religieux de Maillezais et de St-Michel en L'Herm. Les guerres de Religion n'épargnèrent pas l'abbaye, dont la vie monastique finit par s'éteindre en 1718, date à laquelle elle fut rattachée au chapitre de La Rochelle. Puis elle fut vendue comme bien national à la Révolution. Remarquée par Prosper Mérimée, alors inspecteur des Monuments historiques, qui la visite en 1840, elle est classée en 1862. Une passionnante scénographie interactive vous permet de découvrir l'histoire de ce haut lieu de spiritualité.

L'**église St-Vincent** est un bel édifice roman restauré au 19e s. Sa **façade★** présente un riche décor sculpté★. Des masques d'animaux fantastiques et des motifs géométriques, rehaussés de palmettes, de damiers, d'octogones et d'entrelacs, sont logés au-dessus du portail central et des arcades latérales. Le vaisseau central, d'une majestueuse ampleur, est voûté d'un berceau que renforcent de puissants doubleaux.

Depuis les galeries romanes du **cloître★**, le seul cloître roman complet de tout l'Ouest de la France, on découvre une perspective différente à travers chaque arcade : sur le puits, sur l'abbatiale et sur les toits de tuiles en faible pente recouvrant le dortoir des moines. Autour du cloître s'ordonnent la grande salle capitulaire, revoûtée au 17e s. et contenant une pierre tombale de 1319, la chapelle des Chabot – puissante famille du Bas-Poitou –, le lavabo précédant l'entrée du réfectoire et les celliers.

Au-delà de l'accueil, un escalier conduit à une galerie de verre suspendue où des tablettes tactiles évoquent le rôle des moines dans l'aménagement du Marais, ou encore restituent les espaces disparus. Une passerelle extérieure permet d'accéder à l'étage de l'abbaye, où des instruments de musique médiévaux se déclenchent sur le passage des visiteurs. Dans l'ancien dortoir des chanoines est illustrée la sculpture romane du Bas-Poitou grâce à des reproductions de l'église de Benet.

Au sein de l'abbaye, la **maison d'Aliénor**, belle demeure de style Empire, expose une maquette de l'abbaye telle qu'elle se présentait au 12e s. Plusieurs écrans permettent d'effectuer la visite virtuelle des salles manquantes. Dans la salle Mérimée, une **scénographiea** particulièrement réussie vous entraîne sur les pas de cet inspecteur des Monuments historiques et sur ceux d'Octave de Rochebrune, peintre et aquafortiste qui, dans les années 1860, a fixé en images les abbayes de Vendée. Ces personnages sortent des livres pour raconter l'histoire du site *(compter 1h pour cette visite de la maison d'Aliénor, sur les 2h de visite en tout)*.

Maillezais, Le Grand Port embarcadère de l'Abbaye..
H. Lenain/hemis.fr

La mairie *(ouv. lun.-vend. 14h-17h)* et les offices de tourisme locaux tiennent à disposition du visiteur un livret permettant un **circuit** dans le village. Il débute, au centre du bourg, au parc du Vignaud, un écrin de verdure planté de marronniers où l'on peut pique-niquer.

NOS ADRESSES AUTOUR DE NIEUL-SUR-L'AUTISE

HÉBERGEMENT ET RESTAURATION

PREMIER PRIX

Le Rosier sauvage – *1 r. de l'Abbaye - Nieul-sur-l'Autise - ☏ 02 51 52 49 39 - www.lerosiersauvage.c.la - ouv. avr.-sept. - 4 ch 49/52 €.* À deux pas de l'Abbaye d'Aliénor, cette belle maison du 18e s. vous propose de passer la nuit dans une de ses 4 chambres au nom de fleurs, qui invitent à poser ses bagages dans le calme de la campagne. Le petit déjeuner se prend dans une vaste salle aux murs de pierre qui n'est autre que l'ancienne écurie.

RESTAURATION

PREMIER PRIX

La Grange aux Roseaux – *39-41 r. Grand-Port - Maillezais - ☏ 02 51 00 70 43 - fermé oct.-mars - formule déj. 12 € - 15/25 €.* Une tonnelle dressée sous les saules pleureurs abrite quelques tables où l'on s'installe pour goûter un farci ou une autre spécialité poitevine. Ou réfugiez-vous dans la salle à manger qui, avec son cadre rustique et sa cheminée, ne manque pas non plus de charme.

Crêperie du Moulin – *15 r. du Moulin - 85240 Nieul-sur-l'Autise - ☏ 02 51 50 47 13 - fermé lun. midi en juil.-août ; reste de l'année : fermé lun. et mar., vac. de Noël et 1ere sem. de janv. - 15 €.* Pour un repas de galettes ou une salade au sortir de la visite de l'abbaye.

ACHATS

Vannerie – *7 r. Aliénor-d'Aquitaine - 85240 Nieul-sur-l'Autise - ☏ 02 51 52 49 56 - ♿ - visites sur RV.* Venez découvrir le travail de l'artisan-vannier, Daniel Breillat, comme vous ne l'avez jamais vu. Grâce à la visite commentée et l'histoire de la vannerie, la technique de l'osiériculture n'aura plus de secrets pour vous ! *Fabrication et vente d'objets en osier : corbeilles, paniers, coffres, etc.*

ACTIVITÉS

Les Roulottes de l'Abbaye – *☏ 06 20 02 03 19 - 85420 Maillezais - www.sejourenroulotte.com.* Prenez vos vacances en main, et la roulotte avec ! Au rythme tranquille du pas du cheval, partez à la découverte du Marais pour des circuits de 1 à 6 jours et profitez du charme d'antan et du confort moderne pour vivre une expérience insolite.

AGENDA

Festival des voûtes célestes – *☏ 02 51 50 43 10 - mai-juin - www.abbayes.vendee.fr* - Musique classique en sud-Vendée (abbaye de Nieul, abbaye de Maillezais, prieuré de Grammont, église de Foussais-Payré, église de Xanton-Chassenon).

Fête de la Meunerie – *Nieul-sur-l'Autise, dans le parc du Vignaud 1er w.-end de mai.*

Saint-Maixent-l'École

7 483 Saint-Maixentais – Deux-Sèvres (79)

La petite cité du Haut Val de Sèvre, lieu de naissance de Denfert-Rochereau, défenseur de Belfort en 1870, vit à l'heure militaire depuis des siècles. Ville de garnison au Moyen Âge, elle devient à partir de 1880 le principal centre de formation des cadres de l'armée de terre (École nationale des sous-officiers d'active depuis 1963), au point de choisir d'accoler le mot « école » à son nom en 1926. C'est pourtant à son abbaye bénédictine, où vécut saint Maixent au 5e s., qu'elle doit l'origine de son développement. La belle église, remaniée au 17e s., reste un lieu de culte, tandis que les bâtiments conventuels ont été transformés en… caserne.

NOS ADRESSES PAGE 432
Hébergement, restauration, achats, activités, etc.

S'INFORMER

Office de tourisme du Pays du Haut Val de Sèvre – *Porte Chalon - 79400 St-Maixent-l'École - ✆ 05 49 05 54 05 - www.tourisme-hautvaldesevre.fr - 9h30-12h30, 14h-17h30 - fermé dim. et j. fériés, vac. de Noël.*

SE REPÉRER

Carte de microrégion D2 p. 394-395 - *carte Michelin Départements 322 E6*. St-Maixent se trouve 24 km au nord-est de Niort. Située sur la pente d'une colline regardant la Sèvre Niortaise, la ville est desservie par la D 611 et l'autoroute A 10.

À NE PAS MANQUER

Le musée de la Coiffe et du Pays pèlebois, à Souvigné ; la Maison de la Haute Sèvre à La Mothe-Saint-Héray.

ORGANISER SON TEMPS

Comptez environ 2h pour la ville et une demi-journée pour le circuit du Haut Val de Sèvre à la Vonne.
Et si vous êtes à la fois cinéphile et amoureux de la nature, renseignez-vous sur les dates du Festival du film ornithologique de Ménigoute.

AVEC LES ENFANTS

Le musée de la Vie rurale et de la Coiffe ; la Maison de la Haute Sèvre ; le musée Raoul-Royer.

Se promener

5

Porte Chalon

Située au centre de la cité actuelle, au croisement de la D 611 *(av. Gambetta et av. De Lattre-de-Tassigny)* et de la rue Chalon (principale rue piétonne et commerçante), cette ancienne porte de ville, du 18e s., ressemble étrangement à un arc de triomphe. Les armes de St-Maixent figurent sur la grille de fer forgé.

Allées vertes

Av. Gambetta. L'intendant du Poitou, Blossac, les fit tracer au 18e s. à l'emplacement des fortifications. Elles forment une perspective avec la place Denfert. À l'un des angles de celle-ci, la **chapelle Notre-Dame-des-Grâces** (15e s.) fut édifiée pour remercier Charles VII de l'octroi des libertés communales.

Hôtel Balizy

Rue du Palais. Construit pour un « capitaine du château », cet hôtel est un excellent exemple de style Renaissance. Appréciez la délicatesse du décor sculpté : dans les médaillons, les effigies d'empereurs romains et, au fronton, les lucarnes parées de coquilles.

Abbatiale Saint-Maixent

R. de l'Abbaye - ✆ 05 49 05 54 05 - www.tourisme-hautvaldesevre.fr - ♿ - 9h-18h30.
Cette abbaye bénédictine a été fondée en 459 par l'ermite **Agapit** alors que la ville s'appelait encore St-Saturnin-de-Vauclair. Attiré par l'aura de saint Hilaire de Poitiers, un certain **Adjutor** (« auxiliare ») – le futur saint Maixent (447/8-515) – arrive dans le Poitou en 480 et rejoint Agapit. Venu d'Agde, il prend le nom de Maxence (plus tard transformé en Maixent) et devient l'abbé de la communauté en 500. Vers 507, des soldats du roi Clovis pénètrent de force dans le monastère. Maixent s'interpose et arrête net un coup d'épée de son bras. La plaie cicatrise si vite que les pillards s'agenouillent. Ce miracle assurera la réputation de Maixent. La relique du saint et le rayonnement intellectuel du lieu attireront pendant des siècles pèlerins et moines, parmi lesquels **saint Léger** (7e s.), un temps abbé de St-Maixent, avant de devenir évêque d'Autun. En grande partie détruite durant les guerres de Religion, l'abbaye fut restaurée par **François Leduc**, dit Toscane, mort à St-Maixent en 1698.

★ **Église** – Elle apparaît, dans son ensemble, comme un édifice flamboyant, mais on y distingue des éléments divers : murs latéraux et narthex romans ; chœur à chevet plat gothique du 13e s. remodelé au 17e s. ; tour du clocher gothique du 15e s. ; nef gothique remaniée par Leduc au 17e s., remarquable par sa perspective et par la hauteur (24 m) de ses voûtes en étoile. Le mobilier date en grande partie du 17e s. : jubé, ange-lutrin et stalles des moines rivalisent de richesse ornementale. Le bras droit du transept abrite un bel enfeu flamboyant et une bonne toile du 17e s. : *Soldats jouant aux dés la robe du Christ*. Près de l'entrée se trouve une niche où, en 1962, fut découvert le passage conduisant à l'ancien cloître détruit pendant les guerres de Religion. Il était muré depuis 300 ans. Datant des 6e et 7e s., les sarcophages (vides) des saints Maixent et Léger reposent sous le maître-autel, dans la crypte romane.

Bâtiments conventuels – Transformés en caserne, ils s'élèvent à droite de l'abbatiale. Une monumentale porte cochère donne accès à la cour. Jetez un coup d'œil sur l'escalier de pierre à rampe en fer forgé et le cloître du 17e s.

Musée du Sous-Officier

Av. de l'École-Militaire - ✆ 05 49 76 85 31 - www.museedusousofficier.fr - 10h-12h, 14h-18h - fermé lun.-mar., janv., août - gratuit - possibilité de visite guidée (2h, 1 €).
L'une des deux sections de ce musée est consacrée à l'histoire des écoles militaires implantées à St-Maixent depuis 1880 (photos, uniformes, armes et décorations) et au **114e régiment d'infanterie**, unité basée ici et dissoute en 1997, qui participa à de nombreuses campagnes, de l'Espagne au cours des guerres napoléoniennes jusqu'au maquis de la région de Niort en 1944. La seconde section dresse un historique détaillé du sous-officier français. Elle présente les figures prestigieuses du 20e s. issues de ce corps militaire et expose une très riche **collection d'uniformes**★ de l'Ancien Régime à nos jours.

L'HYPOCRAS, LE GOÛT DU PASSÉ

Fervent adepte de l'hypocras, Rabelais déclara un jour : « *Mangez et buvez toujours fouasses et hypocras, vous ne mourrez jamais…* » Attribuée au célèbre médecin grec Hippocrate, cette recette fut introduite en Occident par les croisés. À base de vin et d'épices, elle aurait possédé des vertus tonifiantes qui firent longtemps sa popularité. Aujourd'hui, à l'occasion d'une visite à St-Maixent, vous pourrez déguster la version locale de cette boisson médiévale, l'**hypocras du frère Tappecoue**, dont certains disent en effet qu'elle se marie particulièrement bien avec la fouasse mothaise.

Circuit conseillé Carte de microrégion p. 394-395

DU HAUT VAL DE SÈVRE À LA VONNE D2/3

Circuit de 65 km tracé en rose sur la carte p. 394-395 – comptez une demi-journée. Quittez St-Maixent par le sud en empruntant la D 10 vers Melle.

Souvigné

Au cœur du Poitou huguenot, ce village, où l'église et le temple se font face, possède de nombreux chemins bordés de châtaigniers, lesquels ont donné au pays le nom de **Pèlebois**. Au fil des sentiers, vous découvrirez des fontaines, des lavoirs et quelques cimetières protestants isolés en pleine nature. **Musée de la Vie rurale et de la Coiffe** – *1 pl. du Prieuré - 79800 Souvigné - ☏ 05 49 76 02 37 - www.musee-souvigne.com - ♿ - visite guidée (1h30) juil.-sept. : w.-end et j. fériés 14h30-18h30 ; mai-juin : dim. 14h30-18h30 ; reste de l'année : sur demande - fermé certains j. fériés - 6 € (6-15 ans 3 €).* Installé dans un prieuré des 11e et 14e s., il retrace l'évolution de la coiffe régionale en 80 modèles. Chef-d'œuvre d'une vie, la coiffe affichait la provenance et l'état civil de sa propriétaire, par sa forme et ses fines broderies : la Gâtinelle (Parthenay), la Malvina (Ménigoute), la Mothaise (La Mothe-St-Héray). À voir également une salle de classe début 20e s., une buanderie…

Quittez Souvigné par le sud en empruntant la D 103.

Temple de Beaussais-Vitré (*p. 438*)

Quittez Beaussais par le nord en empruntant la D 10.

Temple de La Couarde (*p. 439*)

La route qui traverse la **forêt de l'Hermitain** abrite dans sa partie nord-est le **rocher de la Dame de Chambrille**. Selon la légende, il s'agit du corps de Berthe de Chambrille, transformée en pierre après avoir été tuée par son mari Tutebert de Chambrille qui venait de la surprendre en compagnie de son amant Guy de Trémont. Ce rocher est le point de départ de sentiers de randonnée.

La Mothe-Saint-Héray

Ce village, classé « Petite Cité de caractère » en 2015, s'étire le long de la Sèvre. Il tient son nom d'un château féodal qui occupait une motte défensive. Refait au 16e s., l'édifice fut démoli au 19e s. Il n'en subsiste guère que l'**orangerie** *(à la sortie de la localité, sur la route de Melle)*, élégant édifice rose à lucarnes sculptées, et deux pavillons coiffés de dômes, ainsi que les boiseries peintes de la chapelle, aujourd'hui conservées au musée Bernard-d'Agesci de Niort. **Moulin de Pont-L'Abbé** – *16 r. du Pont-l'Abbé - 79800 La Mothe-St-Héray - ☏ 05 49 05 19 19 - www.moulin-labbe.fr - de mi-juin à mi-sept. : tlj sf mar. 10h30-12h30, 14h30-18h30, dim. 14h30-18h30 ; reste de l'année : merc.-sam. 14h30-17h30 - 4 € (12-16 ans 3 €) - 10 € billet famille (2 adultes + 2 enf.) - possibilité de visite guidée (1h30).* En bordure de Sèvre, c'est l'un des derniers survivants des 13 moulins à eau que comptait le village au début du 19e s. Datant de 1041, il fut transformé en minoterie en 1920 avec la mécanisation. Cette conversion donne prétexte à une exposition sur les techniques de la meunerie et celles, plus modernes, de la minoterie, et à une démonstration de fonctionnement du moulin. Notez aussi d'impressionnantes machines (broyeur de ferme à manivelle, trieur, blutoir), un espace consacré à la géologie régionale, et l'évocation de la fête des Rosières (*« Nos adresses »*). Le bâtiment abrite également le petit office de tourisme de la **Maison de la Haute-Sèvre.**

Quittez La Mothe-St-Héray par le nord-est en empruntant la D 5.

★★ **Tumulus de Bougon** *(ci-contre)*
Reprenez la D 5 à droite puis, après 11 km, tournez à gauche sur la D 521.

Ménigoute

Cette petite ville possède une belle croix hosannière du 16e s., mais elle est avant tout connue pour son **Festival international du film ornithologique** *(voir ci-dessous)* qui attire chaque année les passionnés de cinéma animalier.
Château Boucard – *26 pl. des Cloîtres - 79340 Ménigoute - ✆ 06 71 22 95 62 - de déb. juil. à mi-sept. : merc.-vend. 15h-18h - fermé j. fériés - gratuit.* L'ancienne demeure du trésorier du chapitre de Ménigoute abrite sur trois niveaux un petit musée d'Arts et Traditions populaires (mobilier, jouets, vêtements, etc.).
La D 58 et la D 121 ramènent à St-Maixent-l'École.
À la fin du parcours, **vue** plongeante sur St-Maixent depuis le coteau d'Exireuil.

NOS ADRESSES À SAINT-MAIXENT-L'ÉCOLE

HÉBERGEMENT ET RESTAURATION

POUR SE FAIRE PLAISIR

Hôtel-Restaurant Logis St-Martin – *Chemin Pissot - ✆ 05 49 05 58 68 - www.logis-saint-martin.com - rest. fermé sam. midi et lun. sf juil.-août - P - 11 ch. 110/320 € - ☕ 16 € - ✕ formule déj. 15 € - 28/55 €.* Cette gentilhommière du 17e s., entourée d'un parc, dispose de chambres soignées. Dans la salle à manger (cheminée) ou en terrasse, on déguste de bons produits régionaux : filet de parthenaise, agneau de Gâtine et pigeonneau fermier de Faye-l'Abbesse.

À proximité

PREMIER PRIX

Hôtel Le Corneille – *13 r. du Mar.-Joffre - 79800 La Mothe-St-Héray - 11 km au sud-est par D 611 et D 737 - ✆ 05 49 05 17 08 - fermé vac. de Noël, vend. et dim. soir et sam. sf juil.-août : dim. soir - P - 7 ch. 66/74 € - ☕ 8 € - ✕ 13,50/26 €.* Façade ancienne, mobilier rustique, belles boiseries et chambres confortables. À la carte : œufs cocotte au farci poitevin, bavette de parthenaise à l'échalote, jambon vendéen, etc.

ACHATS

Pâtisserie Daniel Favreau – *15 r. du Mar.-Joffre - 79800 La Mothe-St-Héray - 11 km au sud-est par D 611 et D 737 - ✆ 05 49 05 01 53 - tlj sf lun. 7h-19h30 - fermé 1 sem. en fév. et 15 j. en juil.* Cette petite boutique poursuit une tradition millénaire : la fouasse, sorte de pain en forme de galette dont le secret de fabrication est jalousement gardé.

AGENDA

Fête des Rosières – *79800 La Mothe-St-Héray - 11 km au sud-est par D 611 et D 737 - 1er w.-end de sept.* Chaque année depuis 1819, la commune organise le mariage des « rosières », jeunes filles du village reconnues pour *« leur vertu et leur mérite »*, avec moult défilés, animations et concerts. Même quand il n'y a pas de prétendante.
Festival international du film ornithologique – *79340 Ménigoute - 11 km au nord-est par D 611 et D 58 - ✆ 05 49 69 90 09 - www.menigoute-festival.org - de fin oct. à déb. nov.* Depuis 1985, c'est devenu une référence en matière de documentaire animalier. Projections, forum, sorties de découverte naturaliste, etc.

Le tumulus de Bougon.
Musée des Tumulus de Bougon

Tumulus de Bougon

★★

Deux-Sèvres (79)

C'est l'une des plus anciennes nécropoles d'Europe érigée par les hommes du néolithique quelque 2000 ans avant les pyramides d'Égypte. Autour des cinq tumulus de Bougon, remarquablement conservés, et les vestiges d'un prieuré cistercien, le musée propose un parcours didactique passionnant qui replace clairement le néolithique et les constructions mégalithiques dans la grande chronologie de la préhistoire.

SE REPÉRER

Carte de microrégion D2 p. 394-395 - *carte Michelin Départements 322 F6.* Le site archéologique se trouve 4 km au nord-est de La Mothe-St-Héray.

À NE PAS MANQUER

La collection de haches polies, lissoirs, grattoirs et autres outils préhistoriques du musée; les dalles monumentales recouvrant les chambres funéraires.

ORGANISER SON TEMPS

Comptez au moins 3h pour visiter le musée et le site sans vous presser, avant de faire une halte détente dans la vaste grange du 18e s. transformée en bar-restaurant (vac. de Pâques et de déb. juin à mi-sept. - menu complet 15 €, planche néolithique avec lentilles, jambon de pays, viande de chèvre, raisins secs et pain, 10 €).

AVEC LES ENFANTS

Les crânes trépanés risquent d'impressionner les plus sensibles, mais les enfants apprécieront le parcours découverte, les reconstitutions d'habitats néolithiques, et en saison, les démonstrations de taille de silex, de tissage ou de vannerie et les soirées préhistoriques au coin du feu.

Découvrir

Lieu-dit la Chapelle - 79800 Bougon - ✆ 05 49 05 12 13 - www.deux-sevres.com/musee-bougon - ♿ - mai-sept. : 10h-18h30 ; fév.-avr. et oct.-déc. : 10h-17h30, w.-end 13h-17h30 ; janv. : dim. 13h-17h30 - fermé lun., 1er janv., dim. de Pentecôte, 25 déc. - 4,50 € (-18 ans gratuit) - possibilité de visite guidée (1h30) et animations : 6 € (-18 ans 2,50 € ou 5 € pour j. complète) - visite guidée gratuite 1er sam. du mois (hors sais.).

Découverts en 1840, les cinq tumulus de Bougon sont des sépultures monumentales de pierre et de terre, de forme allongée ou circulaire. Certains remontent à 4700 ans av. J.-C. Ils représentent l'une des plus anciennes formes d'architecture funéraire connues dans le monde.

Pendant les vacances scolaires *(dates et horaires : se rens.)*, grand choix d'activités : initiation à l'archéologie, à la céramique ou au tir au propulseur pour les 3-12 ans, apprendre à allumer un feu sans allumette pour les 12-15 ans, ateliers tissage, taille de silex ou fabrication d'armes pour toute la famille *(forfait 16 €)*, mais aussi visites nocturnes, jeux de piste, repas gaulois, etc.

★ Le musée

Il évoque l'évolution humaine, technologique, géologique et climatique depuis la préhistoire. La **galerie archéologique★**, consacrée à l'évolution de l'outillage de 500 000 ans à 3 000 ans av. J.-C., propose une collection de haches, perçoirs, poinçons, aiguilles à os, pics, leviers… La reconstitution de l'habitat sanctuaire de **Çatal Höyük** (Turquie) et celle de la maison de **Charavines** (Isère) viennent illustrer la période néolithique, tandis que celle du **dolmen de Gavrinis** (Morbihan) marque l'espace consacré au mégalithisme.

En sortant du musée par le niveau 1, remarquez les vestiges d'une **chapelle cistercienne** du 12e s. intégrée à l'ensemble muséal.

★★ La nécropole

Concentrée sur moins de 2 ha, cette nécropole est l'œuvre de sociétés néolithiques vivant dans des villages environnants dont il reste fort peu de traces. Un **parcours de découverte** conduit aux tumulus. Il est jalonné de reconstitutions grandeur nature d'habitats néolithiques *(démonstrations de techniques primitives en été)*, d'un espace explicatif sur la construction des mégalithes, d'une stratigraphie évoquant des scènes de la vie quotidienne de la préhistoire et de l'Antiquité, d'un module pédagogique de fouilles et d'un jardin botanique présentant les plantes cultivées à l'époque du site.

Le **Tumulus A** est le premier à avoir été découvert. Circulaire, il date du début du 4e millénaire av. J.-C. On y a trouvé 220 squelettes et des offrandes funéraires. De forme allongée, le **Tumulus B** englobait à l'est deux coffres funéraires, à l'ouest deux dolmens à couloirs. Les tessons de poterie qu'il contenait ont été datés du milieu du 5e millénaire avant notre ère, ce qui en fait le monument le plus ancien de la nécropole. Le **Tumulus C** est composé d'une butte circulaire de 5 m de haut (3500 av. J.-C.), recouvrant un petit dolmen à couloir, et d'une plate-forme rectangulaire, peut-être un lieu cultuel. Le **Tumulus E** comprend deux dolmens qui, précédés d'un couloir orienté vers l'est, contenaient des ossements et des offrandes funéraires (entre 4000 et 3500 av. J.-C.) ; ce sont les plus anciens dolmens connus du Centre-Ouest de la France. Enfin, les dimensions du **Tumulus F★** (longueur : 72 m, largeur : 12 à 16 m, hauteur : 3 m) en font la plus imposante structure du site. Il englobe deux monuments : au nord, un tumulus avec dolmen à couloir de type dit « angoumoisin » (chambre rectangulaire), datant du début du 4e millénaire av. J.-C. ; au sud, un tumulus remontant à 4700 av. J.-C.

Melle et le Pays mellois

★

3 657 Mellois - Deux-Sèvres (79)

Comment ne pas tomber sous le charme de cette « petite cité de caractère » et de son patrimoine ? Au Moyen Âge, Melle a fait fortune grâce à ses mines de plomb argentifère cachées dans les flancs de la colline St-Hilaire. La ville battait alors monnaie pour les rois francs et l'Empire carolingien. Les mines sont aujourd'hui un musée, mais la pittoresque cité conserve du temps de sa prospérité trois églises romanes, dont deux servaient d'étape sur la route de St-Jacques-de-Compostelle.

NOS ADRESSES PAGE 439
Hébergement, restauration, achats, activités, etc.

S'INFORMER

Office de tourisme du Pays mellois – *3 r. Émilien-Traver - 79500 Melle - ✆ 05 49 29 15 10 - http://decouvertes.paysmellois.org - de mi-juin à mi-sept. : 9h30-12h30, 14h-17h30, lun. 14h-17h30, sam. 10h-13h, 14h-18h, dim. et j. fériés 14h-18h ; reste de l'année : tlj sf dim. 9h30-12h30, 14h-17h30, lun. 14h-17h30, sam. 10h-13h, 14h-18h - fermé 1er janv., dim. et lun. de Pâques, 25 déc.*

Visites guidées – *Melle bénéficie des labels « Ville et Pays d'art et d'histoire » et « Petite Cité de caractère ». Dans ce cadre, l'office de tourisme propose des visites guidées des différents sites de la ville et du Pays mellois. Des audioguides et une application pour smartphones sont également disponibles.*

SE REPÉRER

Carte de microrégion D3 p. 394-395 - *carte Michelin Départements 322 F7.* Melle se trouve 27 km au sud-est de Niort. En arrivant de St-Jean-d'Angély (Charente-Maritime), la route livre la plus belle **vue** sur la ville, établie à l'angle d'un vallon et de l'étroite vallée de la Béronne, véritable tranchée de verdure.

À NE PAS MANQUER

Les mines d'argent des rois francs ; le cavalier de l'église St-Hilaire ; le parcours arboré du Chemin de la découverte.

ORGANISER SON TEMPS

Comptez 3h pour découvrir la ville et ses alentours.

AVEC LES ENFANTS

Les mines d'argent des rois francs.

Se promener

Au-delà de la « triade romane » (églises St-Hilaire, St-Pierre et St-Savinien), Melle offre une palette architecturale variée allant de l'art médiéval à l'Art déco.

Env. 1h15. Jalonné de panneaux d'interprétation, un **itinéraire fléché** au départ de la place Bujault permet de découvrir un gracieux kiosque à musique (1930), des halles inspirées de Baltard (1903), l'hôtel de Ménoc (15e-19e s.), l'ancien couvent des Capucins (1646), le temple et le cimetière protestants.

★★ Église Saint-Hilaire

Ce sanctuaire est classé au **Patrimoine mondial** par l'Unesco depuis 1998. Bâti au 12e s. dans le plus pur style roman poitevin, il dépendait autrefois de l'abbaye bénédictine de St-Jean-d'Angély. On apprécie la sobriété de l'ensemble formé par le chevet à étagement et la façade flanquée de clochetons coniques. Le portail latéral gauche est surmonté de son célèbre **cavalier★★**, figure énigmatique qui représenterait Charlemagne, le Christ écrasant l'Ancienne Loi, ou Constantin triomphant du paganisme. Au **chevet★**, trois absidioles rayonnantes, à contreforts-colonnes et modillons sculptés, se greffent sur un déambulatoire accolé au transept. Ce dernier est pourvu de deux chapelles et supporte une tour de croisée (le clocher).

L'intérieur – L'envergure des trois nefs et du déambulatoire est celle d'un sanctuaire de pèlerinage. Les **chapiteaux sculptés** de la voûte sont magnifiques : le 3e à droite en entrant par la façade principale montre une chasse au sanglier. Dans le bas-côté droit, l'archivolte du portail est décorée d'une scène montrant le Christ et les saints terrassant des animaux fantastiques. Un **chœur contemporain**, œuvre du designer Mathieu Lehanneur (né en 1974 à Rochefort), trône depuis 2011 à la croisée du transept. Les strates, rappelant les couches sédimentaires, sont en marbre blanc de Namibie, réputé pour sa pureté et son absence de veines. Six tonnes, découpées au laser pour épouser les formes des piliers médiévaux, ont été nécessaires. Quant au baptistère, il évoque la source de la Béronne (petit cours d'eau passant au chevet de l'église). L'autel et l'ambon sont en albâtre, créant ainsi une harmonie colorée entre la construction médiévale et l'œuvre moderne.

Église Saint-Pierre

Elle appartenait à un prieuré dépendant de l'abbaye de St-Maixent. De style roman poitevin, elle s'élève sur le bord de la colline dominant la Béronne. Détaillez les voussures du portail sud (animaux de l'Apocalypse et signes du Zodiaque) surmontées par une niche abritant le Christ en majesté et les modillons historiés de la corniche. Au **chevet★**, chapiteau figurant deux paons, symboles d'immortalité. À l'intérieur, les trois nefs sont voûtées en berceau brisé ; le chapiteau du 3e pilier à gauche évoque la Mise au tombeau du Christ.

Ancienne église Saint-Savinien

Cette église du 12e s., désaffectée en 1801, a longtemps servi de prison. Elle accueille désormais des expositions et un **festival de musique** *(voir p. 439)*. Notez, sur le linteau du portail, un Christ auréolé, debout entre deux lions.

★ Mines d'argent des rois francs

R. du Pré-du-Gué - ✆ 05 49 29 19 54 - www.mines-argent.com - visite guidée (1h20) uniquement - de mi-juin à fin août : 10h30, 14h15, 15h, 15h45, 16h30 et 17h15 ; de déb. avr. à mi-juin et sept. : 15h, w.-end et j. fériés 14h30 et 16h30 ; de déb. oct. à déb. nov. : 15h - 8 € (6-18 ans 4,50 €).

En été, les plus grands peuvent participer à un atelier sur les techniques de production des métaux au Moyen Âge (se rens.). Les plus jeunes apprécieront les films en 3D sur la métallurgie et le monnayage au temps de Charlemagne.

Ce sont les plus anciennes mines d'argent visitables en Europe. Elles furent exploitées dès le 6e s. pour leurs filons de galène argentifère. L'un des plus grands ateliers monétaires de l'Empire carolingien s'installa à proximité, d'où la présence, aux quatre coins de l'Europe de Charlemagne, de pièces frappées… à Melle ! à leur fermeture, au 10e s., les mines tombèrent peu à peu dans l'oubli. Sur les 30 km de galeries, 350 m se visitent avec un accompagnement sonore recréant l'ambiance de la mine. On aperçoit les traces d'oxydation et les coupoles créées par les feux utilisés pour faire éclater la roche, des cheminées d'aération, un petit lac et quelques concrétions. à l'extérieur, une **plate-forme d'archéologie expérimentale des arts du feu** complète la visite. En été, il est possible d'assister à des démonstrations de séparation de l'argent de la galène, puis du plomb à l'aide de bas fourneaux, illustrant ainsi toute la chaîne

Le chevet étagé de l'église Saint-Hilaire de Melle.
A. De Valroger/Michelin

de production du précieux métal, de l'extraction du minerai à la frappe de la monnaie. Un **jardin carolingien** est installé sur le site. Il présente une centaine de variétés de plantes utilisées à l'époque de l'exploitation de la mine.

Chemin de la découverte

6 km. Scindé en trois circuits possibles, cet agréable parcours autour de la ville offre un tour du monde des feuillus, jalonné de panneaux d'interprétation. Vous y découvrirez des zones de végétation naturelle alternant avec des sections plantées d'arbres et d'arbustes d'espèces étrangères ; remarquez notamment le superbe **bosquet aux écorces**, au nord de l'église St-Hilaire.

À proximité Carte de microrégion p. 394-395

Chef-Boutonne D3

16 km au sud-est par la D 948, puis la D 737.

Château de Javarzay – *9 av. des Fils-Fouquaud - 79110 Chef-Boutonne - 05 49 29 86 31 - www.chef-boutonne.fr - juil.-août : tlj sf lun. 10h-12h, 15h-18h, w.-end et j. fériés 15h-18h ; reste de l'année : tlj sf lun. et merc. 15h-18h - fermé de la Toussaint au w.-end de Pâques - deux visites libres possibles, l'une avec livret, l'autre avec audioguide - 4 € (13-17 ans 2 €) pour une visite ; 6 € (13-17 ans 3 €) pour les deux - billet famille (2 adultes + enf.) : 10 € pour une visite, 15 € pour les deux - visite guidée (1h15) le 1er dim. du mois à 15h de mai à oct.* Ancienne propriété des Rochechouart, ce château fut édifié vers 1515. De sa grande enceinte, jadis jalonnée de douze tours, il subsiste un joli châtelet d'entrée, flanqué de tourelles et percé de fenêtres à décor Renaissance, ainsi qu'une tour ronde à mâchicoulis. Propriété de la commune depuis 1982, Javarzay abrite la mairie. Une partie a été aménagée en **musée**. Celui-ci présente une superbe collection de 400 coiffes et bonnets, ainsi que des jouets et meubles anciens. Plusieurs salles sont également consacrées à Jean-François Cail (1804-1871), grand industriel natif de Chef-Boutonne, et à des expositions temporaires.

Pers D3

20 km à l'est par la D 950, puis la D 14 et la D 15.

Dans le cimetière jouxtant l'église romane se dresse une **lanterne des morts** (13e s.), flanquée de quatre colonnettes. Les angles de ces dernières se terminent par des chapiteaux supportant un lanternon surmonté d'une croix. Au-dessous du toit pyramidal, quatre fenêtres en plein cintre indiquent l'espace où brûlait une lampe à huile lors des cérémonies funéraires. À l'est de la lanterne se trouvent cinq sarcophages des 11e et 12e s.

Celles-sur-Belle D3

7,5 km au nord-ouest.

14 r. des Halles (dans l'abbaye) - 79370 Celles-sur-Belle - 05 49 32 92 28 - http://decouvertes.paysmellois.org - de mi-juin à mi-sept. : 10h30-12h30, 14h30-18h30; de mi-mai à mi-juin et de mi-sept. à mi-oct. : mar., merc., vend. 10h30-12h30, 14h30-17h30; reste de l'année : merc. 10h30-12h30,14h30-17h30.

La ville s'étage en terrasses sur la rive droite de la Belle. Depuis 2015, elle bénéficie du label « Petite Cité de caractère ».

★ **Abbaye royale** – *12 r. des Halles - 05 49 32 92 28 - www.abbaye-royale-celles.fr - église en accès libre - bâtiments conventuels de mi-juin à mi-sept. : 10h30-12h30, 14h30-18h30; de mi-avr. à mi-juin et de mi-sept. à mi-oct. : 10h30-12h30, 14h30-17h30 - 5,50 € (14-16 ans 2 €) avec audioguide.* Érigée en 1137, elle fut reconstruite au 15e s. sur les ordres de Louis XI. Détruite par les huguenots en 1568, elle sera relevée cent ans plus tard, dans le style du 15e s., par l'architecte normand **François Leduc**, dit « Toscane » à cause de son goût pour l'architecture de l'ordre toscan. Elle a été dirigée par trois abbés célèbres : Geoffroy d'Estissac, mécène de Rabelais ; le cardinal de La Rochefoucauld, Premier ministre de Louis XIII ; et le grand diplomate Talleyrand. Dans l'**église Notre-Dame**, la nef et ses collatéraux frappent par leur luminosité. Les piliers aux lignes pures s'élèvent vers les hautes voûtes bombées. Au fond du chœur se trouve la statue (17e s.) de N.-D.-de-Celles. Dans le narthex, le très curieux **portail★** roman appartenait à l'église d'origine (12e s.) avec ses voussures polylobées aux masques grimaçants, témoins d'une influence orientale diffusée depuis St-Jacques-de-Compostelle. Les **bâtiments conventuels** sont dus, comme l'église, à Leduc. La façade principale, longue de 85 m, ne manque pas d'allure avec ses pilastres ioniques s'appuyant sur des contreforts à volutes, mais l'aile droite n'a pas été achevée. L'intérieur abrite un bel escalier, l'ancien réfectoire, la cuisine, une galerie de cloître, le tout du 17e s. Dans l'enclos subsistent les ruines de l'ancienne église paroissiale St-Hilaire et sa crypte du 12e s.

Musée du Poitou protestant D2/3

À Beaussais-Vitré, 9 km au nord - à La Couarde, 12 km au nord.

Ce musée créé en 1987 est géré par la **Maison du protestantisme poitevin** *(05 49 32 83 16 - http://museepoitouprotestant.com)*. Il se compose de deux sites : deux temples aujourd'hui lieux de mémoire et d'exposition.

Temple de Beaussais – *Rte de St-Maixent - 79370 Beaussais-Vitré - 05 49 32 83 16 - visite guidée uniquement - juil.-août : tlj sf lun. 10h30-12h, 14h30-18h30, dim. 14h30-18h30; avr.-juin, sept.-oct. et vac. scol. : w.-end et j. fériés 14h30-18h - 5 € (8-14 ans 1,50 €).* Au 19e s., Beaussais ne comptant que trois familles catholiques sur 737 habitants, cette petite église romane du 12e s. fut transformée en temple protestant. D'une grande sobriété, la façade remaniée ne comporte aucune image évoquant la vie du Christ ou celle des saints; seule une Bible orne le fronton de l'édifice. À l'intérieur, même sobriété. La visite raconte, à travers l'histoire de Jean Migault, instituteur protestant de Mougon *(entre Celles-sur-Belle et Niort)* qui dut s'exiler en Hollande au 17e s. pour sauver ses enfants, la venue de Calvin à Poitiers, l'histoire de la Réforme, les guerres de Religion et les conséquences de la révocation de l'édit de Nantes (1685). Autour du temple, quelques **pierres tombales** dressées en plein champ rappellent l'époque où les cimetières étaient réservés aux catholiques.

6 km AR. Dép. pl. de la mairie de Beaussais, devant le temple; descriptif disponible au musée. Pour mieux découvrir le patrimoine protestant de la région, empruntez le **sentier huguenot** qui relie Beaussais à La Couarde. Ponts muletiers, cimetière familial signalé selon la coutume locale par des pins parasols, grotte, lavoir, logis du 15e s. ponctueront votre balade en pays protestant.

Temple de La Couarde - centre Jean-Rivierre – *Le Bourg - 79800 La Couarde - juil.-août : merc. et sam. 9h30-12h; reste de l'année : mar., jeu. et sam. 9h30-12h - fermé vac. de Noël.* Bâti en 1904, cet édifice rectangulaire très sobre abrite les fonds documentaires et généalogiques de la Maison du protestantisme poitevin. On peut le visiter à l'occasion d'expositions temporaires ou de colloques.

NOS ADRESSES À MELLE

HÉBERGEMENT ET RESTAURATION

BUDGET MOYEN

Hôtel-Restaurant Les Glycines – *5 pl. R.-Groussard - ✆ 05 49 27 01 11 - www.hotel-lesglycines.com - fermé 2 sem. en janv. - 7 ch. 63/72 € - ☕ 8 € - ✕ 21,50/44 €.* Un décor de belle facture (véranda en fer forgé) et quelques chambres coquettes. Une carte composée de plats traditionnels et un « coin brasserie » avec un menu déjeuner à prix doux.

À proximité

Hôtel-Restaurant L'Argentière – *Rte de Niort - 79500 St-Martin-lès-Melle - 2 km à l'ouest par D 101 - ✆ 05 49 29 13 22 - www.largentiere.com - 25 ch. 69/85 € - ☕ 8,50 € - ✕ formule déj. en sem. 13 € - 20/46 €.* Une table distinguée au cœur d'un jardin. Les chambres sont lumineuses et douillettes.

Hostellerie de l'Abbaye – *1 pl. des Époux-Laurant - 79370 Celles-sur-Belle - 7 km au nord-ouest par D 948 - ✆ 05 49 26 03 18 - www.hostellerie-de-abbaye.fr - fermé sam. midi, dim. soir - 20 ch. 65/82 € - ☕ 10 € - ✕ formule déj. 11,50 € - 27/46 €.* Cette ancienne maison est plus agréable côté cour, où s'installe la terrasse aux beaux jours. En hiver, la cuisine traditionnelle est servie dans une agréable salle à manger colorée. Chambres simples.

ACHATS

Méli Mellois – *3 r. É.-Traver - ✆ 05 49 29 15 10 - http://boutiquemelimellois.jimdo.com - horaires : voir office de tourisme à Melle.* Installée dans l'office de tourisme, cette boutique propose chaussons Patounes, bijoux, poteries, tisanes, huiles artisanales, pineaux, cognacs…

AGENDA

« Agenda », p. 28.

Festival de Melle – *www.festivaldemelle.com - fin mai-début juin.* Musique classique dans l'église St-Savinien de Melle.

Biennale internationale d'art contemporain – *www.biennale-melle.fr - juil.-sept. les années impaires.* Depuis 2003 à Melle.

Festival Artenetra – *www.artenetra.com - mi-juil.-déb. août.* Concerts (répertoire classique, romantique et création contemporaine) et master classes à l'abbaye royale de Celles-sur-Belle depuis 2005.

Parthenay

10 300 Parthenaisiens - Deux-Sèvres (79)

Connue pour son marché aux bestiaux, longtemps le plus important d'Europe, la ville donne aussi son nom à l'une des races bovines les plus réputées, la parthenaise. Largement tournée vers l'élevage, la capitale de la Gâtine poitevine est également devenue un grand pôle pour les nouvelles technologies et accueille le Festival ludique international. Fondée, selon la légende, par la fée Mélusine, cette cité médiévale conserve de belles maisons à pans de bois et une muraille surplombant la boucle du Thouet. Du Pont-Neuf, la vue vous ramènera neuf siècles en arrière, sur les traces des pèlerins de St-Jacques-de-Compostelle.

NOS ADRESSES PAGE 448
Hébergement, restauration, achats, activités, etc.

S'INFORMER

Office de tourisme de la Gâtine – *8 r. de la Vau-St-Jacques - 79200 Parthenay - ✆ 05 49 64 24 24 - www.tourisme-gatine.com - juil.-août : 10h-12h30, 14h-18h, dim. 14h-18h ; juin et sept. : tlj sf dim. 10h-12h30, 14h-18h ; avr.-mai et oct. : tlj sf dim.-lun. 10h-12h, 14h-17h ; reste de l'année : mar., jeu. et vend. 14h-17h, merc. 10h-12h, 14h-17h - fermé vac. de Noël.* Il offre des services de billetterie et réservation, et met à disposition un guide, des cartes et une application pour smartphone pour découvrir Parthenay et la Gâtine.

Visites guidées – *Service animation du patrimoine de Parthenay-Gâtine - 28 r. du Château - 79200 Parthenay - ✆ 05 49 71 08 86 - www.cc-parthenay-gatine.fr - juil.-août : tlj sf dim. 10h-13h, 14h-18h, mar. et jeu. 14h-18h ; avr.-juin et sept. : lun.-jeu 14h-18h, vend.-sam. 10h-13h, 14h-18h ; reste de l'année : mar.-jeu. 14h-18h, vend. 10h-13h, 14h-18h - fermé vac. de Noël et j. fériés.* Parthenay et la Gâtine bénéficient du label « Pays et Ville d'art et d'histoire ». Dans ce cadre, des visites-découverte animées par des guides-conférenciers sont proposées, notamment un circuit médiéval à Parthenay (1h30 - 5 €, 12-18 ans 3 € - horaires : se rens.).

SE REPÉRER

Carte de microrégion D2 p. 394-395 - *carte Michelin Départements 322 E5.* Parthenay se trouve 41 km au sud de Thouars par la D 938 et 42 km au nord de Niort par la D 743.

SE GARER

Gagnez en voiture le centre, juché sur un promontoire. Vous trouverez deux parkings gratuits après avoir passé la porte de la citadelle.

À NE PAS MANQUER

Les maisons médiévales de la rue de la Vau-St-Jacques ; les ruines de la forteresse ; les arbres fruitiers du château de St-Loup-sur-Thouet ; l'architecture romane de l'église St-Jouin-de-Marnes ; les habitations en terre crue d'Ouzilly-Vignolles.

ORGANISER SON TEMPS

Comptez une journée pour la ville, ses alentours et la vallée du Thouet. Le Festival ludique international se déroule sur 12 jours en juillet, mais aussi sur un week-end en novembre.

AVEC LES ENFANTS

Le Festival ludique international de Parthenay ; le Mouton Village à Vasles ; le Jardin des Histoires à Pougne-Hérisson.

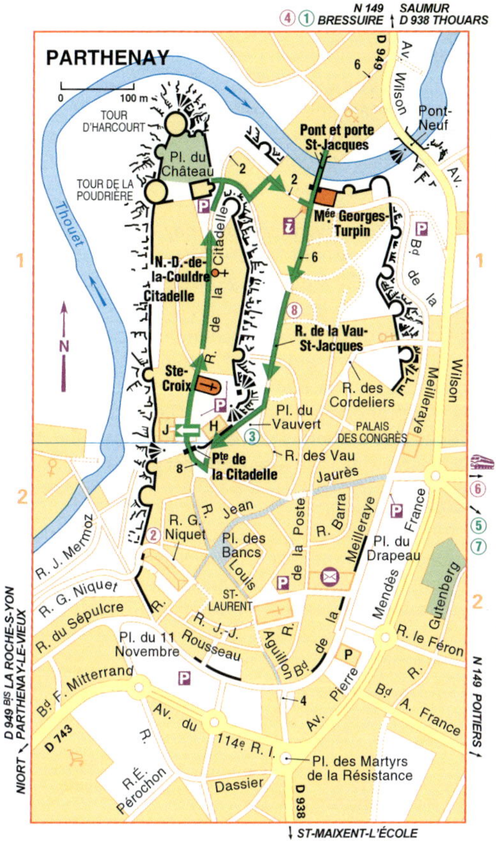

SE LOGER

- Au Relais des Lilas 7
- Chambres d'hôte Château de Tennessus 1
- Chambres d'hôte Mme Giboury 3
- Hôtel Les Jardins St-Laurent 5

SE RESTAURER

- Aut'Fouée 8
- Le 12 4
- Le Fin Gourmet 2
- Restaurant de l'Hôtel du Nord 6

INDEX DES RUES

- Château (R. du) 2
- Donjon (Pl. du) 4
- Faubourg-St-Jacques (R. du) 6
- Picard (Pl. Georges) 8

Se promener Plan de ville

LA VILLE MÉDIÉVALE

Circuit en vert sur la carte ci-dessus – comptez 1h30. Partez de l'hôtel de ville.

Citadelle 1

Pénétrez par la **porte de la Citadelle** (2), puissante construction gothique encadrée de tours à bec. Cette porte servit de beffroi au 15e s. et comporte une grosse cloche datant de 1454. De là, on accède à une terrasse qui offre une belle **vue** sur le quartier St-Paul. Un escalier descend vers le Thouet et donne accès à une promenade entre rivière et murailles. En contournant la tour d'Harcourt, on s'approche de la tour St-Jacques, à l'élévation impressionnante. On peut aussi, de la Prée, remonter sur l'esplanade du château. Rue de la Citadelle s'élèvent l'**église Ste-Croix** (11e s.) puis l'**église Notre-Dame-de-la-Couldre**, dont il reste un beau portail roman poitevin. La rue aboutit à l'esplanade du château (1) dont il subsiste la tour de la Poudrière, la tour d'Harcourt, et d'impressionnants vestiges (tours est et bastille de Richemont) : **vues** plongeantes sur la boucle du Thouet et sur le quartier de la Vau-St-Jacques.

Empruntez l'escalier qui descend vers St-Jacques, et prenez la petite rue du Château.

★Pont et porte Saint-Jacques 1

Du Pont-Neuf, on découvre une belle **vue★** sur le Vieux Parthenay et l'étroit pont St-Jacques (13e s.) par lequel se faisait jadis l'entrée en ville, côté nord. Un pont-levis unissait alors ce pont à la porte St-Jacques, de même époque, qui a conservé ses hautes tours jumelles et son chemin de ronde sur mâchicoulis.

Musée Georges-Turpin 1

1 r. de la Vau-St-Jacques - ✆ 05 49 94 90 27 - www.cc-parthenay-gatine.fr - ♿ - juin-sept. : merc.-vend. 10h-12h, 14h-18h, w.-end 14h30-18h ; reste de l'année : merc.-vend. 10h-12h, 14h-18h, dim. 14h30-18h - fermé vac. de Noël, certains j. fériés - possibilité de visite guidée sur demande (1h) - gratuit.

Installé à côté de la **Maison des cultures de pays** à l'architecture contemporaine, ce musée retrace, à l'aide de maquettes animées, l'histoire et l'évolution de Parthenay. Des vitrines (archéologie, numismatique, mobilier…) et expositions temporaires permettent d'appréhender le passé de la Gâtine. Une salle est consacrée à la délicate **faïence de Parthenay** représentée par les œuvres (1882-1916) du tandem Jouneau-Amirault, rénovateurs de cet art du feu.

★Rue de la Vau-Saint-Jacques 1

Cette ancienne rue commerçante mène de la porte St-Jacques à la porte de la Citadelle. Ses maisons à colombages présentent de jolis pans de bois sculptés *(no 1)* ou de larges baies marquant l'emplacement des anciennes boutiques. Elles possèdent trois ou quatre niveaux habitables, comme la **maison des Antiquaires** *(no 69)*. Au no 3 de la rue du Château *(à l'angle de la rue de la Vau-St-Jacques)*, la **maison de la Vierge noire** se distingue par sa statue, logée dans une niche extérieure, veillant sur les pèlerins. Gravissant la côte du Vauvert, la rue longe l'enceinte de la citadelle et ses puissantes tours arasées.

Un sentier pédestre au pied des remparts mène à la porte de la Citadelle.

À proximité Carte de microrégion P 394-395

Parthenay-le-Vieux C2

1,5 km à l'ouest.

★ **Église Saint-Pierre** – Un clocher octogonal signale de loin l'église du prieuré de Parthenay-le-Vieux, fondé par les moines de la Chaise-Dieu. Sa **façade** romane poitevine est remarquable par sa symétrie, le portail et les deux arcatures aveugles, surmontés de trois baies, annonçant les trois vaisseaux intérieurs. La **fée Mélusine** figure à la voussure du portail. Aux tympans des arcatures latérales : Samson terrassant le lion et un cavalier couronné portant un faucon. Sous la corniche : têtes de félins, aux oreilles pointues. L'intérieur, très homogène, comprend une nef à berceau légèrement brisé, qu'épaulent

LES PÈLERINS DE ST-JACQUES

Parthenay fut une étape sur la route de Compostelle. Venue de Thouars, la troupe harassée de pèlerins s'arrêtait à la Maison-Dieu, dont la chapelle existe toujours, et y déposait ses malades. Puis, franchissant le pont et la porte St-Jacques, elle se dispersait dans les auberges de la rue de la Vau-St-Jacques. Venait ensuite la visite des sanctuaires (au nombre de 16) tels N.-D.-de-la-Couldre et Ste-Croix. Après leurs dévotions, les pèlerins descendaient dans les tavernes et se laissaient charmer par les habitantes qu'une chanson populaire a célébrées : « *À Parthenay, y avait une tant belle fille…* »

deux collatéraux en demi-berceau. À la croisée du transept, la coupole porte le clocher. De chaque côté du chœur, chapiteaux sculptés de lions et de chèvres.

Pougne-Hérisson C2

15 km à l'ouest par D 140. Suivre les panneaux « Le Nombril du Monde ».

Situé sur l'ancienne route du Sel, ce bourg fut jadis l'un des plus importants de la Gâtine, comme en attestent encore les vestiges de son château féodal, son prieuré, son église et son ancienne auberge. En 1992, séduit par ce petit village, le conteur et comédien **Yannick Jaulin** décide de lui inventer tout un passé et d'en faire le « **Nombril du Monde** », à la source des mythes, contes et histoires du monde. Depuis, un vent de fantaisie souffle sur Pougne-Hérisson, désormais célèbre pour son festival et son inimitable « parc de loisirs poétiques ».

★ **Jardin des histoires** – *7 r. des Merveilles - 79130 Pougne-Hérisson - 05 49 64 19 19 - www.nombril.com - juil.-août : tlj sf lun.-mar. 14h-19h ; avr.-juin et sept. : dim., j. fériés et ponts 14h-19h - possibilité de visite guidée (40mn) - 7 € (-15 ans 5 €).*

En plus du Jardin public en accès libre, c'est gratuit pour les « drôles » (les « enfants » en patois picto-charentais) mesurant moins de 1,03 m ! Le dimanche, en été, un parcours est conçu spécialement pour les familles.

Dans cet univers imaginaire à la fois drôle et décalé, le visiteur entre dans le jeu de la fabrication des mythes et contes en suivant un parcours initiatique sonore évolutif. Découvrez les inventions loufoques de nos deux anti-héros, Robert Jarry et John Barney Fergusson (notamment le laboratoire d'ombicologie ou encore la machine à tarabuster les cailloux) avant de vous lancer à l'aventure en testant le puits à vœux et le couvoir à histoires, et en explorant les mystérieux coins et recoins du jardin : le bois des fées, la prairie bleue, la tête du géant, la déchetterie, l'arbre mort, etc. Vous pouvez aussi déposer votre propre histoire dans l'un des nombreux « capteurs à histoires » du jardin.

Commanderie des Antonins à St-Marc-la-Lande C2

23 km au sud par D 743 et D 745.

1 r. des Antonins - 79310 St-Marc-la-Lande - 05 49 63 43 31 - www.maison-patrimoine.fr - accès libre à la collégiale, au verger et au jardin médicinal tte l'année - Commanderie, mai-sept. : merc.-dim. 13h-19h ; avr. : merc.-dim. : 14h-18h ; oct. : jeu.-dim. 14h-18h - fermé nov.-mars - 3 €.

Cet ensemble architectural situé sur le chemin de St-Jacques-de-Compostelle évoque l'histoire des moines guérisseurs qui y vécurent. Le **portail de la collégiale★** est la plus belle représentation du style gothique flamboyant des Deux-Sèvres. À parcourir : le verger et le jardin médicinal. En saison, la Commanderie accueille une antenne de l'office du tourisme de la Gâtine.

5

Vasles D2

20 km au sud-est par D 59.

La route franchit le Terrier de St-Martin, point culminant du département (272 m) qui offre une belle vue sur le bocage.

Mouton Village – *Espace Agora - r. du Bourg-Neuf - 79340 Vasles - 05 49 69 12 12 - www.moutonvillage.fr - - juil.-août : 10h-19h ; vac. scol. (sf été) : 13h30-18h ; reste de l'année : merc., dim. et certains sam. 13h30-18h - fermé nov.-mars - 10 € (4-16 ans 6 €) en juil.-août ; 8,50 € (4-16 ans 5 €) le reste de l'année - billet famille (2 adultes + 2-5 enf.) : 29 € en juil.-août ; 24 € le reste de l'année.*

Les enfants apprécieront d'assister à une démonstration du travail de chien de berger, à la tonte ou encore à la tétée des agneaux.

Un parc arboré de 6 ha sert de cadre à ce site touristique dédié à l'élevage ovin. Après un arrêt à la **Maison du mouton** où un diaporama multivision et un spectacle d'automates vous attendent, partez, muni d'un audioguide, à la découverte des 21 races à laine (moutons de toutes origines) qui peuplent le **Jardin des agneaux**. À 300 m, dans le village, la P'tite Boutik propose toute l'année des produits régionaux, des objets de décoration et des bijoux.

Circuit conseillé Carte de la vallée du Thouet

★ LA VALLÉE DU THOUET

Circuit de 80 km en bleu sur la carte ci-dessous – comptez une demi-journée. Quittez Parthenay par l'est par la N 149, direction Poitiers. Après le rond-point, prenez à gauche la rue des Terres-Rouges qui rejoint la route menant à La Peyratte.
La vallée est bordée d'un paysage changeant parsemé de vieux ponts et moulins. Prisées des pêcheurs, les eaux limpides du Thouet regorgent de poissons.

La Peyratte

Ce village possède une croix hosannière près de l'église du 12e s.
Prenez par l'est en suivant la D 165. Après 5 km, au croisement, prenez à gauche la D 121 sur 5,5 km et prenez à gauche la D 137 qui traverse le Thouet.

Gourgé

Implanté sur la rive gauche, Gourgé était un lieu d'étape sur la voie romaine Poitiers-Nantes. Par un pont moderne jouxtant le vieux **pont roman** franchissant le Thouet, on accède à l'**église** fortifiée des 10e et 12e s. qui abrite des

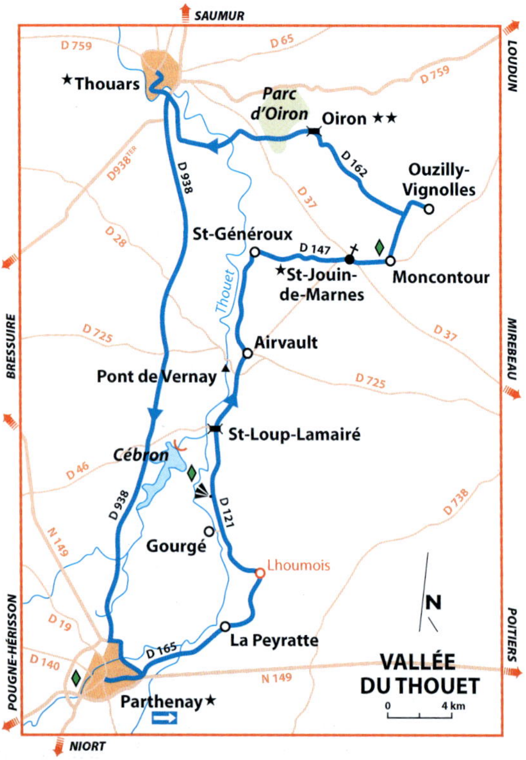

blasons polychromes. En quittant Gourgé, la route longeant la rive droite du Thouet offre de belles vues sur la vallée et le **plan d'eau du Cébron**.
Repassez le Thouet par la D 137, puis reprenez à gauche la D 121.

Château de Saint-Loup-sur-Thouet

1 r. Jacques-de-Boyer - 79600 St-Loup-Lamairé - ✆ 05 49 64 81 73 - www.chateaudesaint-loup.com - accès aux jardins : juil.-août : 14h-19h ; reste de l'année : w.-end et j. fériés 14h-18h - fermé nov.-avr., certains j. fériés et lors de cérémonies privées ; 6 € (-10 ans gratuit) - visite guidée du château réservée aux groupes à partir de 20 pers. : mêmes dates et horaires que pour les jardins ; 8 € (-10 ans gratuit) - possibilité de goûter ou déjeuner sur place, sur demande.

Château – En raison de sa position stratégique au confluent du Thouet et du Cébron, St-Loup fit dès le 11e s. partie d'une installation défensive militaire (le village lui-même abrite de belles maisons des 15e et 16e s. en brique et à pans de bois). À la suite de la bataille de Poitiers en 1356 (*p. 322*), le Prince Noir fit emprisonner Jean II le Bon dans son donjon. La construction du château actuel (1609-1626) est attribuée à **Claude Gouffier** et à son fils Louis alors gouverneur du Poitou. Son plan en forme de H fut adopté en l'honneur d'Henri IV. L'édifice, solitaire au milieu de ses douves, comprend deux courtes ailes formant pavillons qui flanquent le corps principal. Au centre, une petite tour surmontée par un lanternon donne de la légèreté à la façade. Les combles, détachés les uns des autres et couverts de hauts toits à la française, sont typiques du style Henri IV-Louis XIII, qui s'affirme aussi dans l'appareil à chaînages de pierre. De la forteresse féodale d'origine ont subsisté la tour carrée et le donjon ; celui-ci, rénové, a été transformé en chambres d'hôte de style médiéval.

★**Jardins** – Le château a conservé des archives très complètes de son **parc** et de ses jardins historiques tels qu'ils existaient de la Renaissance à la Révolution. Et depuis 1992, d'ambitieux travaux de réhabilitation visent à leur redonner l'aspect qu'ils avaient au 18e s., dans la plus pure tradition des jardins à la française avec des jardins d'ornement, aux fleurs, verger, potager, cour de l'Orangerie, cour de la Ménagerie, parc boisé, canal, représentant un patrimoine botanique exceptionnel. Remarquez tout particulièrement la surprenante **collection de fruitiers** (2 000 spécimens, à terme), avec sa cohorte de poiriers aux noms évocateurs : *Ah ! Mon Dieu*, *Cuisse Madame* ou encore *Mouille Bouche*.
Quittez le village par le nord en empruntant la D 121.

Airvault

48 r. des Halles - 79600 Airvault - ✆ 05 49 70 84 03 - www.avt-tourisme.fr - juin-sept. : 9h30-12h30, 14h-18h ; mars-mai et oct. : 9h30-12h30, 14h-18h, vend. 9h30-12h30 ; reste de l'année : sam. 9h-13h - fermé dim.-lun. et certains j. fériés.

5

Airvault domine la rive droite du Thouet. Le centre est formé par la rue des Halles, la place St-Pierre et la place du Minage.

★ **Église abbatiale Saint-Pierre** – *R. du Dépôt-à-Sel - 79600 Airvault - ✆ 05 49 64 71 74 - 9h-18h30, w.-end et j. fériés 14h30-18h30.* L'architecture de cette remarquable église en pierre calcaire mêle les styles poitevin (12e s.) et angevin (13e s.). La façade est conçue dans la veine du roman poitevin, avec ses contreforts-colonnes et son cavalier (mutilé). Le clocher, du 13e s., s'apparente à l'école angevine, avec sa flèche de pierre sans nervures, flanquée de clochetons presque aussi effilés qu'elle. Les ouvertures du **porche**★ sont pourvues de grilles très décoratives. Sur le chemin de St-Jacques-de-Compostelle, l'église fut conçue pour faciliter la circulation des pèlerins avec le chœur terminé en arrondi. Les piliers supportent de beaux chapiteaux sculptés. À hauteur des chapiteaux à retombée des voûtes, des statues (12e s.) sont posées sur des consoles figurant des monstres. Remarquez les belles clés sculptées sur les hautes **voûtes gothiques**, bombées et compartimentées. Le revers de la façade est orné d'un devant d'autel roman du 12e s. (le Christ entre les évangélistes). Dans la chapelle du croisillon gauche, le tombeau, lui aussi roman, du premier abbé d'Airvault, Pierre de Saine-Fontaine, est veillé par le Christ et les apôtres, alignés sous des arcades. L'église possède un exemplaire extrêmement rare d'**orgue à cylindre** fabriqué à Mirecourt (Vosges) vers 1830. À droite de l'abbatiale subsistent encore quelques arcades de l'ancien **cloître gothique** (15e s.) ainsi que la salle capitulaire romane (12e s.), restaurée.

Musée Jacques-Guidez – *10 r. de la Gendarmerie - 79600 Airvault - ✆ 05 49 70 84 07 - www.airvault.fr - ♿ - de mi-avr. à fin oct. : 14h30-18h30 ; reste de l'année : se rens. - gratuit.* Déblayé et restauré par des bénévoles, cet imposant ensemble de bâtiments conventuels (11e-17e s.) abrite d'intéressantes collections regroupées par thèmes : l'agriculture, les métiers d'autrefois, l'école, le mobilier, les costumes, etc. Pour la plupart installées dans le **logis abbatial** (15e-17e s.), ces collections évoquent la vie quotidienne et les activités des Poitevins au 19e et au début du 20e s. : poteries, coiffes (la coiffe d'Airvault étant appelée la « Câline ») et toutes sortes d'outils agricoles. Ne manquez pas la prison (12e s.), encastrée dans des remparts du 15e s., la chapelle abbatiale, située au-dessus de deux salles souterraines du 11e s. voûtées d'arêtes et, surtout, la superbe salle voûtée du **cuvier**, dont des pans de mur remonteraient à l'an 980.

Vieux château d'Airvault – Couronnant la colline, au nord de l'église, on y accède par des ruelles. Sur l'enceinte, assez dégradée, s'élèvent trois tours carrées dont l'une servait de donjon.

Fontaine souterraine *(clé à retirer à l'office de tourisme ou au musée)* - Située sous la place du Minage, cette ancienne fontaine publique fut recouverte à la fin du 19e s. par mesure de salubrité. Un étroit escalier conduit à une salle voûtée, où coule le ruisseau St-Pierre qui traverse encore la ville basse, et au puits qui alimentait autrefois la cité.

Pont de Vernay – *1 km au sud. La route descend à flanc de coteau sur le Thouet.* Ce pont du 12e s., assez fortement restauré, fut édifié par les augustins d'Airvault. Du centre du pont, vous pourrez apprécier le charmant tableau formé par le Thouet qui coule paisiblement entre les saules et les peupliers.

Quittez Airvault par le nord en poursuivant sur la D 121 (route d'Availles).

Saint-Généroux

Ce village porte le nom d'un moine de St-Jouin-de-Marnes qui se retira dans les solitudes du bord du Thouet. L'**église**, édifiée entre les 9e et 10e s., est un bel exemple d'architecture préromane, à l'exception de sa façade. À l'intérieur, dans la nef couverte d'une charpente, on observera l'aspect primitif des piles carrées démunies de chapiteaux. Trois arcades surmontées d'arcatures précèdent le chœur : cette disposition très rare paraît d'origine berrichonne. Remarquable ouvrage du 13e s., le **Vieux Pont** fut construit par les moines de St-Jouin. Étroit, il compte cinq arches appareillées en belle pierre calcaire. Les piles sont pourvues d'éperons en amont et de contreforts (aménagés en refuge pour piétons) en aval.

Quittez St-Généroux par l'est en empruntant la D 147.

★ Abbatiale de Saint-Jouin-de-Marnes

Rte de Poitiers - 79600 St-Jouin-de-Marnes - ♿ - mai-sept. : 9h-20h ; reste de l'année : 9h-17h - possibilité de visite guidée sur demande à l'association des Amis de l'abbatiale de St -Jouin-de-Marnes (✆ 05 49 67 40 61 ou 06 30 04 11 00).

Extérieur – Cette ancienne abbatiale, construite de 1095 à 1130, relève de l'architecture romane poitevine la plus pure. Sa façade★ est flanquée de faisceaux de colonnes portant de part et d'autre un lanternon ajouré couvert d'écailles. Elle est ornée de voussures sculptées et d'un pignon triangulaire où l'on peut voir un Christ vers lequel s'avance la procession des élus. Les portails, sans tympan, ont des voussures décorées de végétaux, masques, coquillages et de petites scènes évoquant les mois (portail central). Les baies sont encadrées de hauts-reliefs : animaux fantastiques, l'empereur Constantin à cheval, Annonciation, saints, Vertus et Vices.

Intérieur – Il est poitevin par ses trois nefs, par les arcatures aveugles disposées autour du déambulatoire et dans le chœur entre les grandes arcades et les fenêtres hautes. Au 13e s., la nef fut dotée d'élégantes voûtes de type angevin (restaurée au 19e s.). De ravissantes statuettes, en cul-de-lampe, supportent les ogives des absidioles. Le chœur a conservé des stalles et un superbe lutrin du 17e s. Un ensemble de panneaux agrémentés de photos commente de manière très exhaustive les différentes spécificités de l'église.

Quittez St-Jouin-de-Marnes par le sud en empruntant la D 37, puis à gauche la D 46.

Moncontour

Petite incursion dans la Vienne. Ce village, qui fut le théâtre de trois grandes batailles *(lire ci-dessous)*, est connu pour son massif **donjon** (12e s.) à contreforts, haut de 24 m ; les mâchicoulis rappellent une restauration du 15e s.

Quittez Moncontour par le nord en empruntant la D 19.

Ouzilly-Vignolles

Ce hameau de la commune de Moncontour, au cœur du marais de la Dive, partiellement asséché, possède un patrimoine ethnologique unique en Poitou-Charentes : son habitat traditionnel en terre crue.

Musée Logis Terra Villa – *2 r. Tiveaux - Ouzilly-Vignolles - 86330 Moncontour - ✆ 05 49 22 61 61 - visite libre ou guidée sur demande (1h) de mi-juil. à mi-août et J. du patrimoine (sept.) : jeu.-dim. 15h30-19h30 - fermé 15 août - 5 € (12-18 ans 2,50 €).*

Montées par couches successives selon la technique de la **bauge** (mélange de terre et roseaux des marais, de granulats et d'eau), sans fondations ni système de coffrage, les habitations, granges et remises d'Ouzilly-Vignolles témoignent de l'adaptation aux conditions particulières des marais jadis inhospitaliers. Un ancien corps de ferme du 17e s. sert aujourd'hui d'espace témoin de ce savoir-faire pratiquement disparu et abrite des expositions sur le thème de la terre.

Revenez sur la D 19. À Sauzeau, prenez à droite la D 162.

★ Oiron *(p. 454)*

À la sortie ouest du village, la route traverse le **parc d'Oiron**.

Traversez la D 37, puis à Maranzais, prenez la D 172 en franchissant le Thouet.

★ Thouars *(p. 449)*

Quittez Thouars par le sud en empruntant la D 938 qui ramène à Parthenay.

LES TROIS BATAILLES DE MONCONTOUR

769 – Charles réprime la révolte de l'Aquitaine menée par Hunold. Cet épisode marque le début de l'ascension de celui qui va devenir **Charlemagne**.

Juillet 1372 – Le château de Moncontour, tenu par les Poitevins alliés aux Anglais, est repris en une journée par le connétable Bertrand **Du Guesclin**. La Guerre de Cent Ans tourne alors à l'avantage des Français.

5 octobre 1569 – L'armée royale, conduite par le **duc d'Anjou** (le futur Henri III) écrase les hugenots de l'amiral Coligny. Deux lieux-dits gardent le souvenir de cette sanglante journée : la Vallée Rouget et La Bataille.

NOS ADRESSES À PARTHENAY

HÉBERGEMENT

PREMIER PRIX

Chambres d'hôte M. et Mme Giboury – 1 - *10 pl. du Vauvert - 05 49 64 12 33 - P moto - 3 ch. 35 €*. Maison Renaissance au cœur de la vieille ville. Les chambres sont correctes et bien entretenues. Jardin.

BUDGET MOYEN

Hôtel-Restaurant Les Jardins St-Laurent – Hors plan par 2 - *6 r. Michelet - 05 49 64 70 30 - www.jardins-saint-laurent.com - P - 10 ch. 65/130 € - formule déj. 12,50 € - 19/24,50 €*. Un hôtel au style moderne avec une belle terrasse en bord de piscine. Restaurant italien.

Hôtel-restaurant Au Relais des Lilas – Hors plan par 2 - *197 av. Aristide-Briand - 05 49 94 06 44 - www.aurelaisdeslilas.com - 41 ch 69 € - 8,50 € - fermé w.-end, 13/33 €*. Un cadre agréable et confortable près du centre-ville.

À proximité

POUR SE FAIRE PLAISIR

Chambres d'hôte Château de Tennessus – Hors plan par 1 - *D 127 - 79350 Amailloux - 9 km au nord-ouest par N 149 et D 127 - 05 49 95 50 60 - www.chateau-medieval.com - P - 5 ch. 120/165 € - panier repas 30 €*. Petit château-fort du 14e s. bien rénové par ses propriétaires britanniques. Élégantes chambres médiévales. Piscine et jardin.

RESTAURATION

PREMIER PRIX

Aut'Fouée – 1 - *33 r. Vau-St-Jacques - 05 49 64 77 93 - formule déj. 9 € - menu 23,50 €*. Spécialité locale, la « fouée » (boule de pain farcie de rillettes ou de mogettes) est servie soir et week-end par des serveurs en costume traditionnel.

BUDGET MOYEN

Restaurant de l'Hôtel du Nord – Hors plan par 2 - *86 av. du Gén.-de-Gaulle - 05 49 94 29 11 - www.hotel-restaurant-parthenay.com - 19,90/45 €*. Face à la gare, on sert ici des produits du terroir et une très bonne viande de race parthenaise.

Le Fin Gourmet – 2 - *28 r. Ganne - 05 49 64 04 53 - www.lefingourmet.com - 21/43,50 €*. Dans la ville médiévale, ce restaurant élabore chaque semaine un nouveau menu à base de plats traditionnels. Soigné et recherché.

À proximité

PREMIER PRIX

Le 12 – Hors plan par 1 - *12 bis r. de la Gendarmerie - 79600 Airvault - 27 km au nord-est par D938 et D 725 - 05 49 63 99 50 - www.le12restaurant.fr - P - 12,80/21 €*. Un maître restaurateur qui réalise chaque jour burgers, pizzas et plats traditionnels à partir de vrais bons produits locaux.

AGENDA

« Agenda », p. 28.

Marché aux bestiaux – *17 r. Salvador-Allende (derrière la gare) - merc. mat.* Depuis le 12e s., la ville s'anime le mercredi avec les ventes de bovins (dont la célèbre parthenaise) et ovins, mais aussi avec un grand marché classique autour des halles *(r. Jean-Jaurès)*.

Festival ludique international – *www.jeux-festival.com - mi-juil. et un w.-end en nov.* Jeux (sur table, en 3D, etc.) et animations.

Festival du Nombril du Monde – *79130 Pougne-Hérisson - www.nombril.com - mi-août, les années paires.* Contes, jeux, concerts, etc.

Thouars★

9 462 Thouarsais - Deux-Sèvres (79)

Le Thouet longe tranquillement le promontoire rocheux sur lequel s'est bâtie la ville. Cette ancienne cité militaire, qui eut en son temps la faveur des Grands, a gardé de cette époque un superbe château transformé en collège. En parcourant ses charmantes ruelles médiévales à pied, plongez dans une ville paisible dont les maisons à pans de bois, les églises et autres édifices restaurés composent un cadre plein de cachet.

NOS ADRESSES PAGE 453
Hébergement, restauration, achats, activités, etc.

S'INFORMER

Office de tourisme du Pays thouarsais – *32 pl. St-Médard - 79100 Thouars - ✆ 05 49 66 17 65 - www.tourisme-pays-thouarsais.fr - juil.-août : 9h30-13h, 14h-18h, dim. et j. fériés 15h-18h ; avr.-juin : 10h-12h, 14h-18h, sam. 15h-18h ; sept. : tlj sf lun. 10h-12h, 14h-18h, sam. 15h-18h - reste de l'année : mar.-vend. 10h-12h, 14h-18h - fermé certains j. fériés.*

Visites guidées – *✆ 05 49 68 16 25 - 5 € (-12 ans 3 €) - 7 € pour 2 visites - 15 € forfait famille (2 adultes + 2 enf.).* Thouars et le Pays thouarsais bénéficient du label « Ville et Pays d'art et d'histoire ». Dans ce cadre, des visites animées par des guides-conférenciers sont proposées pour la vieille ville et le musée Henri-Barré *(groupe à partir de de 5 personnes).*

SE REPÉRER

Carte de microrégion D1 p. 394-395 - *carte Michelin Départements 322 E3.* Thouars se trouve 38 km au nord de Parthenay. L'arrivée par le sud (D 39) vaut pour la vue sur la longue façade classique du château de La Trémoille et sur la ville.

SE GARER

Garez votre voiture place du Boël.

À NE PAS MANQUER

L'église St-Médard ; le musée Henri-Barré… et le Duhomard, apéritif local à consommer avec modération.

ORGANISER SON TEMPS

Comptez au moins 2h pour faire le tour de la ville et en découvrir les principales curiosités.

AVEC LES ENFANTS

La base nautique du lac d'Hautibus.

Se promener Plan de ville

Circuit tracé en vert sur le plan de ville p. 450 – comptez environ 2h.

★ Église Saint-Médard

Pl. St-Médard - ✆ 05 49 68 16 25 - 8h-18h - accès libre - possibilité de visite guidée (2h) dans le cadre de la visite de la ville - 5 € (-12 ans 3 €).

Malgré la rosace gothique ornant sa belle **façade** de style poitevin, St-Médard n'en demeure pas moins un édifice roman. Une tour carrée à échauguette lui fut ajoutée au 15e s. Le **portail★★**, très décoré, est surmonté d'un Christ en majesté adoré par les anges ; ses voussures, dont la dernière est interrompue par un Christ de la Résurrection, retombent sur des chapiteaux historiés montrant le châtiment des Vices. Au-dessus des arcades latérales, saint Pierre, saint Paul, des prophètes et des sibylles. Sur le côté gauche, portail roman à arcs festonnés d'inspiration mauresque. Les trois nefs romanes ont fait place, au 15e s., à une nef unique. À gauche, la chapelle St-Louis fut construite en 1510. *Descendez la rue du Château qui poursuit la rue St-Médard.*

★ Maisons anciennes

La rue du Château a préservé deux maisons de brique à pans de bois, dont l'**hostellerie Clocher-St-Médard**, accolée à un passage voûté. On y voit aussi plusieurs façades en encorbellement, à pignons aigus. Au n° 11, remarquez l'**hôtel des Trois-Rois** (15e s.) où descendit Louis XI.

Sur l'esplanade, ancienne cour seigneuriale, se trouvent la chapelle Notre-Dame et le château des Ducs de La Trémoille.

Chapelle Notre-Dame

Elle fut bâtie sur une série de cryptes dont l'une sert encore de caveau funéraire aux La Trémoille. Sa ravissante façade flamboyante est surmontée d'une galerie Renaissance à décor de coquilles.

Château des Ducs de La Trémoille

Rd-pt du 19-Mars-1962 - ✆ 05 49 68 16 25 - visite guidée uniquement, dans le cadre de la visite de la ville (2h) - juil.-août : dim., mar. et jeu. à 15h - reste de l'année : dim. 15h - 5 € (-12 ans 3 €).

Datant du 17e s., il se compose d'un imposant corps central flanqué de deux pavillons. Situé à l'emplacement d'une ancienne forteresse du 14e s., il fut édifié sur ordre de **Marie de La Tour d'Auvergne** (1601-1685), épouse d'Henri III de La Trémoille, duc de Thouars. Seules des visites guidées permettent de découvrir la magnificence de ces lieux aujourd'hui occupés par le **collège Marie-de-La-Tour-d'Auvergne**.

Sortez du château par la cour pour rejoindre le rond-point du 19-Mars-1962.

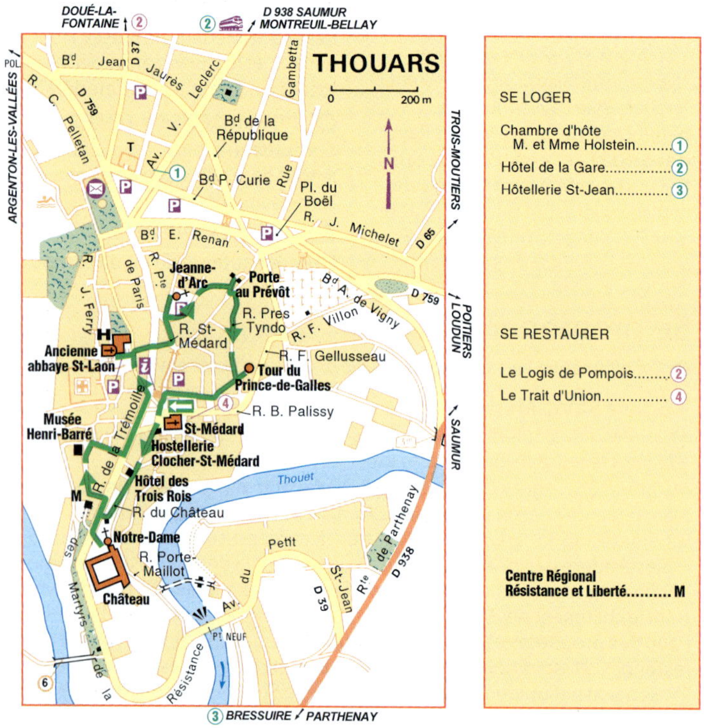

L'HISTOIRE

Les vicomtes de Thouars restèrent longtemps fidèles aux Plantagenêts, rois d'Angleterre, mais Du Guesclin s'empara de la cité en 1372, après un siège mémorable. Ayant acheté Thouars à la famille d'Amboise, Louis XI y résida plusieurs fois, et son épouse Marguerite d'Écosse voulut y être ensevelie. Charles VIII donna Thouars aux La Trémoille qui en restèrent seigneurs jusqu'à la Révolution. Thouars embrassa la religion réformée mais, après la révocation de l'édit de Nantes, perdit la moitié de ses habitants.

Anciennes écuries du château

Elles furent réalisées par Robert de Cotte (1656-1735), premier architecte de Louis XIV à qui l'on doit la chapelle de Versailles. Longtemps utilisées comme prison, elles accueillent le Centre régional « Résistance & Liberté » *(1er étage)*, l'école municipale d'arts plastiques et le Centre d'interprétation géologique *(3e étage)*.

Centre régional Résistance et Liberté – *✆ 05 49 66 42 99 - ♿ - www.crrl.fr - juil.-sept. : 14h-18h ; avr.-juin : tlj sf sam. 14h-18h ; reste de l'année : tlj sf w.-end 14h-18h - fermé j. fériés et vac. de Noël - 4 € (13-18 ans 2,50 €) - billet couplé avec le Centre d'Interprétation géologique : 6 € (13-18 ans 3,50 €) - gratuit 1er dim. du mois avr.-sept.* Cette exposition permanente interactive est consacrée à l'histoire de la Seconde Guerre mondiale et de la Résistance régionale. Entre une visite d'Heinrich Himmler en 1944 et les actes héroïques de la Résistance, le Pays thouarsais fut fortement marqué par ce conflit. Audioguides, bornes multimédia, fac-similés et archives audiovisuelles font pénétrer le visiteur au cœur de l'engagement pour la défense des libertés et de la démocratie.

Centre d'interprétation géologique du Thouarsais – *✆ 05 49 66 42 18 - ♿ - www.thouars-communaute.fr - mêmes horaires et tarifs que le centre régional « Résistance et Liberté ».* Le Thouarsais et son patrimoine naturel, paysager, architectural, historique et industriel, sont mis en valeur au travers de la pierre. Un thème mis en scène de façon ludique qui intéressera toute la famille.

Remontez par l'avenue de La Trémoille jusqu'à la rue Marie-de-La-Tour-d'Auvergne.

Musée Henri-Barré

7 r. Marie-de-la-Tour-d'Auvergne - ✆ 05 49 66 36 97 - www.thouars.fr/vah - ♿ - de déb. juin à mi-sept. et vac. de Pâques : tlj sf lun. 14h30-18h30 ; reste de l'année : w.-end et j. fériés 14h30-18h30 - fermé de déb. nov. à mi-avr. - 2 € (12-18 ans 1 €) - gratuit merc. apr.-midi et 1er dim. du mois - possibilité de visite guidée (45mn).

Bâti en 1862, l'ancien hôtel particulier néogothique du docteur Barré abrite des collections originales et variées : **faïences** françaises et étrangères (Rouen, Parthenay, Moustiers, Quimper, etc.), tableaux (école de Barbizon, école flamande), poteries et **verreries gallo-romaines** et médiévales, coiffes locales, voiture hippomobile du 18e s., portraits et objets évoquant l'empreinte laissée par les ducs de La Trémoille sur l'histoire locale. Dans le salon, remarquez les peintures du plafond, dues à l'artiste Faustin Besson, ami du Dr Barré.

Prenez à droite la rue Henri-Barré, puis à gauche la rue de La Trémoille.

Ancienne abbaye Saint-Laon

Desservie par les bénédictins, puis à partir de 1117, par les augustins, elle possède une église (12e-15e s.) au beau clocher roman carré dans laquelle fut enterrée Marguerite d'Écosse, épouse de Louis XI, morte en 1445. L'hôtel de ville est installé dans les bâtiments conventuels du 17e s.

Prenez la rue Régnier-Desmarais et la rue St-Médard, puis prenez à droite jusqu'à la chapelle Jeanne-d'Arc.

Centre d'art de la chapelle Jeanne-d'Arc

2 r. du Jeu-de-Paume - ✆ 05 49 66 02 25 - www.thouars.fr/artsplastiques - lors des expositions : tlj 10h30-12h30, 14h30-18h30 - fermé lun. - entrée libre.

Cette chapelle néo gothique (1892) abrite des expositions temporaires d'art contemporain, avec des créateurs de renom comme Daniel Buren en 2011.

Remontez par la rue Du Guesclin jusqu'à la porte au Prévôt.

Porte au Prévôt

Elle est encadrée de deux tours en demi-lune à base octogonale. C'est par cette porte que Du Guesclin pénétra dans Thouars lors du siège de 1372.

Descendez la rue du Président-Tyndo.

Tour du Prince-de-Galles

Construit vers le 12e s., cet édifice massif renforcé de bretèches. Il faisait partie de l'enceinte qui protégeait la partie orientale de la ville, et abritait à la fois la garnison et les provisions de grain. Au 17e s., la tour servit de prison pour les faux sauniers qui ramenaient du sel de Vendée, où il était moins cher, vers les pays de grande gabelle (Anjou, Touraine, Bassin parisien).

Revenez place St-Médard par les rues Prince-de-Galles et Saugé.

À proximité Carte de microrégion p. 394-395

ARGENTON-LES-VALLÉES C1

20 km à l'ouest par la D 759.

10 pl. Léopold-Bergeon - 79150 Argenton-les-Vallées - ✆ 05 49 65 96 56 - www.tourisme-bocage.com - avr.-sept. : mar., merc. et vend. 14h-18h, jeu. 10h30-12h30, 14h-18h, sam. 10h30-12h30 - fermé j. fériés.

Bien à l'abri de ses murailles, sur un promontoire au confluent de l'Argenton et de l'Ouère, ce village bénéficie d'un cadre bucolique propice aux promenades.

Église Saint-Gilles

Bâtie en granit, elle se distingue par son remarquable **portail** roman dont les voussures abritent des personnages au corps étiré : anges, Vertus exterminant les Vices, Vierges sages et Vierges folles, apôtres, signes du Zodiaque et travaux des mois. À gauche de l'archivolte, une scène évoque la parabole du festin du mauvais riche, tandis qu'à droite, deux autres scènes montrent les damnés jetés dans la gueule d'un monstre et les élus groupés dans le sein d'Abraham. Sur les chapiteaux, des animaux fantastiques symbolisent la luxure. À l'intérieur, voûtes en brique et pierre des 13e et 15e s., et deux baies du 11e s.

Château

6 pl. Philippe-de-Commynes - visite guidée (1h) uniquement, sur réserv. à l'office de tourisme - de mi-juil. à fin août : jeu. et sam. à 11h - 4 € (8-16 ans 2 €).

Campées sur une hauteur, les ruines de ce château détruit lors des guerres de Vendée dominent la vallée de l'Ouère. Confisqué aux ducs de La Trémoille, il fut confié à **Philippe de Commynes** (1447-1511), chambellan de Charles le Téméraire et Louis XI, et chroniqueur des rois. À proximité, la chapelle St-Georges abrite des **fresques** découvertes au 20e s. sous un badigeon blanc.

Chemin de la Salette

15mn AR. À environ 100 m au sud du carrefour des routes de Thouars et d'Angers, engagez-vous sur ce sentier menant à l'**Oratoire de la Salette**. La promenade offre des **vues** sur Argenton-les-Vallées et sur le lac d'Hautibus.

NOS ADRESSES À THOUARS

HÉBERGEMENT

PREMIER PRIX

Chambres d'hôte M. et Mme Holstein - *3 av. Victor-Leclerc - ✆ 05 49 96 11 70 - holstein. annette@orange.fr* - P - *2 ch. 40/62 €*. Idéale si vous faites du cyclotourisme en vallée du Thouet, cette maison, à proximité du centre-ville, est labellisée « Accueil vélo ». Deux chambres à l'étage et un agréable jardin.

Hôtellerie St-Jean – Hors plan par le sud - *25 rte de Parthenay - ✆ 05 49 96 12 60 - www. hotellerie-st-jean.com - fermé vac. de fév. et dim. soir* - P - *18 ch. 49 € - ☕ 7 € - ✕ 18/40 €*. Bâtisse des années 1970 offrant une vue sur la vieille ville. Cadre frais, tons jaune et orangé dans les chambres impeccablement tenues; elles sont plus calmes sur l'arrière. Salle à manger à la fois simple et pimpante, où l'on sert une cuisine classique.

Hôtel de la Gare – Hors plan par le nord - *1 pl. de la Gare - ✆ 05 49 66 20 75 - www.hotel-de-la-gare79.com - fermé 2 sem. en août* - P - *12 ch. 56/65 € - ☕ 7 €*. On retiendra l'atmosphère cosy et la décoration design des chambres. Excellent rapport qualité/prix. Petit déjeuner très varié et copieux avec des confitures maison. Garage privé gratuit, accueil motos et vélos.

RESTAURATION

BUDGET MOYEN

Le Trait d'Union – *8 pl. St-Médard - ✆ 05 49 66 08 13 - www.letraitdunion-restaurant. com - fermé mer., dim. soir - formule déj. 13 € - 18/33,50 €*. Ce restaurant est situé sur une place tranquille semi-piétonne, à deux pas de l'office de tourisme. La cuisine repose ici sur des produits de saison, pour le plus grand bonheur des papilles.

À proximité

BUDGET MOYEN

Le Logis de Pompois – Hors plan par le nord - *13 r. de la Gosselinière - 79100 Ste-Verge - 4 km au nord par r. Ernest-Pérochon - ✆ 05 49 96 27 84 - www.logis-de-pompois. com - fermé déb. janv., dim. soir, lun. et mar.* - P - *formule déj. 21 € - 28/48 €*. Domaine viticole des 18e-19e s. abritant un centre d'aide par le travail où l'on réalise et sert une sérieuse cuisine traditionnelle. Belle salle dans l'ancien chai.

ACHATS

À consommer avec modération.

Duhomard – Créé en 1922 à Massais (10 km au nord de Thouars), cet apéritif est élaboré avec du vin rouge ou blanc, des écorces d'orange, du quinquina et des racines de gentiane.

Vins - Les quelque 300 ha du vignoble thouarsais produisent des vins d'appellations **Anjou** et **Saumur**, très proches de leurs homologues du val de Loire.

www.duhomard.fr

ACTIVITÉS

Base de loisirs du lac d'Hautibus – *79150 Argenton-les-Vallées - ✆ 05 49 65 70 22*. Au fond de la vallée de l'Ouère, ce lac artificiel de 6 ha fut créé en 1969 dans un site verdoyant. Circuits pédestres ou VTT, pêche, pédalos, aire de pique-nique. La baignade est interdite.

AGENDA

« Agenda », p. 28.

5

Château d'Oiron

★★

961 Oironnais - Deux-Sèvres (79)

Ce magnifique édifice Renaissance, planté au milieu des cèdres, connaît, depuis 1993, l'expérience réussie d'un mariage entre art ancien et art contemporain. Cette fusion du passé et du présent révèle avec force l'évolution artistique et esthétique au cours des siècles. Une rencontre insolite, mêlée de curiosité et d'émerveillement. Une fois la visite terminée, on peut pique-niquer dans le vaste parc, à la rencontre d'autres œuvres.

NOS ADRESSES PAGE 456
Hébergement, restauration, achats, activités, etc.

SE REPÉRER

Carte de microrégion D1 p. 394-395 - *carte Michelin Départements 322 F3.*
Oiron est un petit village en pleine campagne, entre Thouars et Loudun. On y accède par plusieurs routes départementales : la D 162, la D 64 et la D 145.

À NE PAS MANQUER

Les collections d'art contemporain du château, de grande qualité ; la superbe galerie peinte et ses fresques du 16e s. ; le décor Renaissance des chapelles seigneuriales de la collégiale.

ORGANISER SON TEMPS

Comptez au moins 2h pour apprécier les lieux.

AVEC LES ENFANTS

Le château offre une approche très ludique de l'art à travers des visites et des ateliers d'arts plastiques conçus pour les enfants *(sur RV, se rens.).*

Découvrir

★★ LE CHÂTEAU

10 r. du Château - 79100 Oiron - ✆ 05 49 96 51 25 - www.oiron.fr - juin-sept. : 10h30-18h30 ; oct.-mai : 10h30-17h30 - fermé 1er janv., 1er mai, 1er et 11 nov., 25 déc. - 7,50 € (-26 ans gratuit) - le « robot de visite » Norio est conçu pour servir d'avatar aux visiteurs n'ayant pas accès aux salles d'exposition situées au 1er étage.

Extérieur

Précédé de deux pavillons du 17e s., le château comprend un corps de logis central (17e s.) coiffé d'un toit à la française et flanqué de deux pavillons carrés couronnés d'une balustrade. Une aile du 16e s., à étage, et une aile du 17e s., à terrasse, encadrent la cour d'honneur. À gauche, la **galerie à arcades** est surmontée de médaillons de marbre sculptés de profils d'empereurs romains.

L'ART D'ACCORDER L'ANCIEN ET LE NOUVEAU

Le château accorde une place exceptionnelle à l'**art contemporain**. Les initiateurs du projet ont donné carte blanche aux artistes en leur offrant un espace où concevoir et installer leurs œuvres. Le résultat est surprenant et stimulant pour l'esprit. Une foule d'univers, souvent inspiré de l'édifice lui-même, se succèdent, s'interpénètrent et s'entrechoquent. Fascinant.

Le château d'Oiron
F.-P. Psaltis / Beaumont / Château d'Oiron, Centre des monuments nationaux

Intérieur

De l'époque de la famille Gouffier, Oiron a essentiellement gardé son **cabinet des Muses** *(pavillon du Roi)*, orné d'une Diane chasseresse et de ses nymphes, et sa majestueuse **galerie peinte★★** *(aile Renaissance)*, dont les murs sont animés de remarquables scènes inspirées de la guerre de Troie et de *L'Énéide*. Son plafond Louis XIII est composé de 1 670 panneaux-caissons peints de sujets variés : mammifères, oiseaux, armes. Quant au **corps central**, modifié par La Feuillade, qui épousa Charlotte Gouffier en 1667, il compte un admirable escalier Renaissance à noyau central évidé qui s'inspire de celui d'Azay-le-Rideau.

La **chambre du Cocatrix** (1993), de Joan Fontcuberta, révèle la découverte fictive de cet animal fabuleux dans les caves mêmes du château. Le **cabinet de curiosités de Claude Gouffier** (1995), par Guillaume Bijl, rappelle quant à lui la passion du premier propriétaire du château. Ses cabinets renfermaient comme des trésors les fantaisies de la nature auxquelles Thomas Grünfeld (1992) rend hommage dans son **cabinet des Monstres**, assemblage chimérique de têtes et corps dissociés d'animaux naturalisés.

Dans le **couloir des Illusions**, Félice Varini projette sur les murs des lignes abstraites qui ne prennent forme que par un savant jeu optique. Dans la **galerie des Chevaux**, l'œuvre de Georg Ettl, exécutée au fusain broyé sur les vestiges de l'enduit d'origine, évoque les portraits des plus beaux chevaux d'Henri II que Claude Gouffier, grand écuyer royal, avait fait peindre ici. Dans la salle du Roi, sous un somptueux plafond polychrome, les douze **Corps en morceaux** de Daniel Spoerri (1993), assemblage d'objets hétéroclites et de membres de mannequins désarticulés, semblent faire écho à la phrase de Virgile : « *Hic terminus haeret* » (« Ici est la fin »), dont Claude Gouffier avait fait sa devise. Dans la salle à manger, le **service de table** (1992-1993) de Raoul Marek porte les profils d'habitants d'Oiron conviés chaque 30 juin à un repas au château. Les **Brûlures solaires** (1992-1993) de Charles Ross associent à nouveau optique et poésie. Dans la **salle des Jacqueries**, les murs sont rythmés de fourches

UN CHÂTEAU MÉCÈNE

Au 15e s., **Guillaume Gouffier**, ayant reçu de Charles VII la terre d'Oiron, construit le château d'origine. Son fils Artus, chambellan de François Ier avec qui il voyagea en Italie, commence, début 16e s., la construction de la collégiale et de la galerie basse du château. L'aîné de ses enfants, Claude – humaniste et grand amateur d'art – finit la galerie du château et la collégiale. Les Gouffier font appel à des artistes talentueux pour créer décors et peintures selon les thèmes classiques de l'époque.

Madame de Montespan acquiert le château en 1700 et y séjourne fréquemment jusqu'à sa mort. Laissé à l'abandon, Oiron devient propriété de l'État en 1943. À la fin des années 1980, des artistes contemporains sont invités à composer pour Oiron une série d'œuvres modernes, dans l'esprit des cabinets de curiosités du 16e s. Cette commande annonce la naissance de la collection **Curios et Mirabilia**.

plantées par Braco Dimitrijević entre des portraits aristocratiques et des noix de coco. Le **salon des Ondes** recèle les très originaux **Étuis d'or** (1993) d'Hubert Duprat. L'artiste élève des papillons en aquarium et place or, perles et pierres précieuses à leur portée. Les larves, qui s'enveloppent le corps dans un étui de brindilles, assemblent ainsi de véritables bijoux.

À voir aussi

★ Collégiale Saint-Maurice

Sa **façade Renaissance** comporte en élévation des portes jumelées et un grand arc surmonté d'un fronton aux armes des Gouffier. Dans le transept, examinez les tombeaux des Gouffier, œuvres de l'atelier des Juste, sculpteurs toscans établis à Tours. Dans le croisillon gauche, le gisant de Philippine de Montmorency, deuxième épouse de Guillaume Gouffier, morte en 1516; non loin a été érigé le mausolée de son fils, l'amiral de Bonnivet, tué à Pavie en 1525. Dans le croisillon droit sont placés le tombeau d'Artus Gouffier, frère de l'amiral, et celui de son fils Claude. De chaque côté du chœur, les **chapelles seigneuriales** couvertes de blasons, volutes, arabesques et monogrammes offrent un très beau décor Renaissance. Dans la chapelle nord, une toile du 18e s., *La Sainte Famille* et dans la chapelle sud, un portrait de saint Jérôme, du 16e s., ainsi que des clés de voûte très ouvragées. Remarquez les statues d'apôtres (16e s.) au retable du maître-autel; sur la paroi droite du chœur, une belle Résurrection, peinture de l'école maniériste flamande (16e s.); et sur la paroi nord, le portrait de Claude Gouffier.

NOS ADRESSES À OIRON

HÉBERGEMENT ET RESTAURATION

PREMIER PRIX

Le Relais du Château – *17 pl. des Marronniers - ✆ 05 49 96 54 96 - www.hotel-relais-chateau.fr - fermé 2 sem. en fév. - 11 ch. 45/57 € - ☕ 7 € - ✕ fermé lun. midi, vend. midi et soir, dim. soir - formule déj. en sem. 14 € - 19/27 €.* Profitez de la visite du château pour déjeuner dans le village, absolument charmant. Ici, la cuisine est à base de produits frais et/ou bio. Chambres simples.

Bressuire

18 966 Bressuirais - Deux-Sèvres (79)

Basses et coiffées de tuiles bombées, les maisons de Bressuire grimpent à l'assaut d'une colline bordant le Dolo. La capitale du bocage vendéen paya très chèrement son option royaliste lors de la Révolution. Les ruines de son château en témoignent. Elle s'est reconstruite avec énergie. Important centre d'élevage et d'industrie alimentaire, elle défend aujourd'hui la viande bovine de sa région, réputée pour sa qualité.

NOS ADRESSES PAGE 459
Hébergement, restauration, achats, activités, etc.

S'INFORMER

Office de tourisme du Pays du bocage bressuirais – *6 pl. de l'Hôtel-de-Ville - 79300 Bressuire - ✆ 05 49 65 10 27 - www.tourisme-bocage.com - juil.-août : 9h30-12h30, 14h30-18h30 ; reste de l'année : 10h-12h, 14h-18h, lun. 14h-18h, mar. 9h-12h, 14h-18h, sam. 10h-12h - fermé dim., certains j. fériés.*

SE REPÉRER

Carte de microrégion C1 p. 394-395 - *carte Michelin Départements 322 D3.* Bressuire se trouve 32 km au nord-ouest de Parthenay. On y arrive notamment par la N 149.

À NE PAS MANQUER

Les murailles du château, et les 48 tours en ruine.

ORGANISER SON TEMPS

Comptez environ 2h pour la ville et ses alentours. Plus avec des enfants.

AVEC LES ENFANTS

Les animations du château de St-Mesmin ; le musée-école de la Tour Nivelle ; les autruches de Coulay, etc.

Se promener

Église Notre-Dame

Son architecture s'apparente aux monuments du Val de Loire et au style Plantagenêt du 13e s. : une nef unique, très large et couverte de voûtes gothiques bombées, des portails et chapiteaux encore romans. De même, le vaste chœur quadrangulaire, de style gothique flamboyant, semble avoir subi les influences angevines, bien qu'il date de la fin du 15e s. La tour du 16e s. (56 m de hauteur) unit harmonieusement les styles gothique et Renaissance.

Musée municipal

2 pl. de l'Hôtel-de-Ville - ✆ 05 49 74 32 24 - www.ville-bressuire.fr/musee.html - w.-end 14h30-18h00 et certains jours lors des expositions temporaires - gratuit.

Sur la place de l'Hôtel-de-Ville (début 19e s.), l'ancienne halle aux grains abrite un musée consacré à l'histoire locale. Vous y découvrirez notamment la reconstitution d'un intérieur régional, des **faïences** de St-Porchaire, Parthenay et La Rochelle, et des souvenirs des **guerres de Vendée**.

Château

R. du Château - ✆ 05 49 80 49 86 - www.ville-bressuire.fr - expositions estivales en juil.-août : 14h30-18h30 - fermé lun., certains j. fériés - gratuit et accès libre aux extérieurs du château - possibilité de visite guidée sur demande (1h).

Jadis fief de la puissante baronnie des Beaumont-Bressuire, il comprend deux enceintes en partie ruinées, que jalonnent 48 tours semi-circulaires. En

BRESSUIRE ET LES GUERRES DE VENDÉE
Les Bressuirais furent durement éprouvés par les guerres de Vendée. Le 14 mars 1794, la ville fut mise à feu et à sang par les terribles **Colonnes infernales**. À l'origine de cette sanglante répression, le **général Grignon** qui restera dans les annales de l'histoire comme le « Boucher de Bressuire ». Non loin de là, au Château de la Durbelière naquit Henri de La Rochejaquelein, l'un des chefs de l'armée catholique et royale, qui s'était emparé de Bressuire en 1793.

suivant l'enceinte extérieure (13e s.). L'enceinte intérieure remonte au 11e s. Par une ancienne porte, on accède à la cour seigneuriale. Incendié pendant la Révolution, le logis seigneurial du 15e s. a été remplacé par un bâtiment de style « troubadour » du 19e s. Il abrite des expositions temporaires.

À proximité Carte de microrégion p. 394-395

Moncoutant C1

16 km au sud-ouest par la D 38.
Pescalis – Centre international nature et pêche – *Rte de Niort - 79320 Moncoutant - 05 49 72 00 01 - www.pescalis.com - - juil.-août : 10h-12h30, 14h-19h, sam. 10h-12h30, 14h-20h ; de fin mars à fin juin et sept. : 10h-12h30, 14h-18h, sam. 10h-12h30, 14h-20h ; reste de l'année : se rens. - visite simple : 7 € (-12 ans 4 €) - tarifs pêche et hébergement : se rens.*
Les amateurs de pêche trouveront dans cette station touristique de 150 ha des conditions exceptionnelles pour vivre leur passion : une rivière et des étangs répartis en pièces d'eau spécialisées, et toutes sortes de poissons. Ici, on pratique le *« no kill »* : toutes les prises sont remises à l'eau. Autres activités : promenades à pied, à vélo ou en voiture électrique.

Courlay C1

12 km au sud-ouest par la D 938TER puis la D 175.
Musée de la Tour Nivelle – *79440 Courlay - 05 49 80 29 37 - www.tournivelle.fr - de déb. juil. à mi-sept. : tlj sf lun. 10h30-18h30 ; vac. scol. de fév.-mars : merc. et jeu. 14h30-18h30 ; vac. scol. de Pâques et de Toussaint : merc. 14h30-18h30 ; reste de l'année : 3e dim. du mois 14h30-18h30 - fermé vac. de Noël - 5 € (6-18 ans 3,30 €).*
Un livret de visite est conçu pour les enfants. Mais pour vraiment s'amuser en famille, l'idéal est de participer ensemble aux animations (dictée, quiz, etc.) qui ont lieu l'après-midi avec blouse noire (le « sarrau »), sabots et béret. Ce musée invite à se replonger dans l'ambiance d'une école du début du 20e s. avec pupitres en bois et plumes à encre violette. Il s'agit de l'établissement que fréquenta Ernest Pérochon, natif de Courlay et prix Goncourt en 1920.
Sèvre Autruche – *D 938TER - lieu-dit La laimière - 79440 Courlay - 05 49 80 10 80 - www.sevre-autruche.fr - juil.-août : 9h-19h ; sept. : merc.-dim. 9h-12h30, 16h-19h ; de mi-avr. à fin juin et oct. : merc.-sam. : 9h-12h30, 16h-19h - reste de l'année : magasin merc.-sam. 9h-12h30, 15h30-19h - ferme ou labyrinthe : 4,50 € (5-12 ans 3,50 €) - les deux : 8,50 € (5-12 ans 7 €) - visite guidée (1h) : juil.-août, 9,50 € (5-12 ans 8 €). Déjeuner sur place sur réserv. en été - env. 10 €) ou à emporter (rillettes, pâtés et steaks d'autruche au magasin).*
Les enfants apprécieront la poussinière où il est possible de caresser les autruchons lors des visites guidées, mais aussi le parcours « labyrintruche ». Approchez en toute sécurité le plus gros oiseau du monde, et visitez librement cet élevage en plein air de 3 ha où s'ébattent une soixantaine d'autruches, nandous et émeus avec leurs petits. On peut aussi les… déguster.

Château de Saint-Mesmin C1

20 km à l'ouest par la D 960B

D 167 - lieu-dit la Ville - 79380 St-André-sur-Sèvre - 05 49 80 17 62 - www.chateau-saintmesmin.fr - juil.-août : 10h30-13h, 14h30-19h ; vac. scol. d'hiver, Pâques et Toussaint : lun.-mar. 14h30-18h30 ; juin : 2e w.-end 14h30-18h30 ; mai, juin et sept. : certains jours (se rens.) 14h30-18h30 sans animation - 7 € (6-14 ans 3 €) en juil.-août ; 5 € (enf. 2 €) le reste de l'année - possibilité de visite guidée (1h30-2h30 selon sais.).

La visite de ce château « fort » en animations est vraiment conçue pour les enfants. Pendant les vacances, outre les spectacles de fauconniers, artistes et maîtres d'armes, ils peuvent apprendre à danser, se battre, conter ou encore coudre comme au Moyen Âge. Tout cela en costume d'époque et au gré d'un programme qui évolue tous les deux jours, histoire de pouvoir revenir.

À la limite entre Vendée et Deux-Sèvres, le château porte le nom du village vendéen voisin. Datant du 14e s., il fut construit par Pierre de Montfaucon, puis renforcé au siècle suivant avec un imposant donjon de 28 m de haut.

Mauléon C1

22 km au nord-ouest par la N 149.

Grand-Rue - 79700 Mauléon - 05 49 81 95 22 - www.tourisme-bocage.com - mars.-oct. : 9h30-12h30, 14h30-17h30, sam. 9h30-12h30 ; reste de l'année : tlj sf sam. et mar. 9h-12h, 14h-17h - fermé dim.-lun., certains j. fériés.

Ce village, qui bénéficie du label « Petite Cité de caractère » fut le théâtre de la terrible **bataille de Châtillon** (ancien nom de Mauléon) le 5 juillet 1793. Depuis l'esplanade de l'ancien **château féodal** (12e s.) s'offre une **vue** sur la vallée de l'Ouin et sur le coteau de Château-Gaillard où l'armée républicaine du général Westermann fut massacrée par les Vendéens.

Musée du BRHAM – *Pl. de l'Hôtel-de-Ville - 79700 Mauléon - 05 49 81 86 23 - 14h30-18h - 2 € (-17 ans gratuit) - possibilité de visite guidée (1h30).* Le Bureau de recherche historique et archéologique du Mauléonnais est installé dans l'ancienne **abbaye de La Trinité** (17e-18e s.), un imposant édifice de granit remanié au 19e s. Plusieurs salles sont consacrées à la géologie et à la préhistoire locales, aux guerres de Vendée et aux traditions régionales, notamment le travail du cuir. Au rez-de-chaussée, une salle contient quelques exemplaires des étranges **roches gravées des Vaux★**. Plus de 200 blocs similaires, décorés de motifs anthropomorphes, zoomorphes ou d'idéogrammes, furent découverts en 1876 entre Mauléon et Neuil-les-Aubiers. Leur date et leur signification demeurent à ce jour un mystère.

NOS ADRESSES À BRESSUIRE

HÉBERGEMENT ET RESTAURATION

BUDGET MOYEN

Hôtel-Restaurant La Boule d'Or – *15 pl. É.-Zola - 05 49 65 02 18 - www.hotellabouledor-bressuire.com - fermé vac. scol. fév. et 3 sem. en août ; rest. fermé dim. soir et lun. midi - P - 20 ch. 57/70 € - 8 € - 13,50/36 €.* Non loin de la gare, cet hôtel avec terrasse est agréable. Restaurant : bons produits et plats simples (brochettes, salades).

ACHATS

Marché – *Mar. et sam. matin.* L'un des plus importants marchés du bocage vendéen.

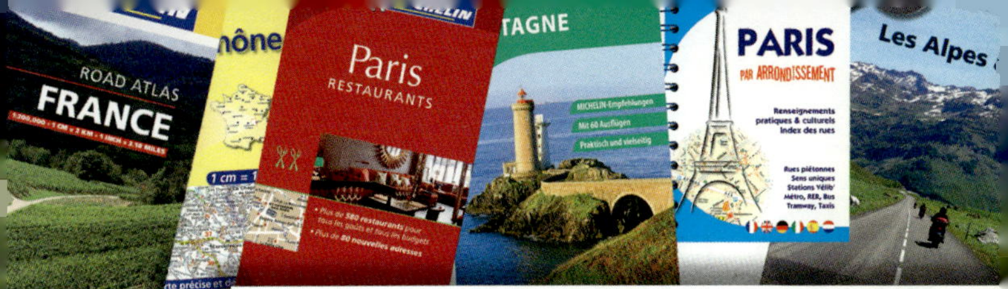
ROAD ATLAS
FRANCE
Paris
RESTAURANTS
PARIS
PAR ARRONDISSEMENT
Les Alpes

MICHELIN
CODE
DE LA ROUTE
AUVERGN

Europe
More than 40 countries
MICHELIN
Routes
des vignobles
en France
MICHELIN
BERLIN
Stadtplan und Register

Un pneu
→ *c'est quoi ?*

Rond, noir, à la fois souple et solide, le pneumatique est à la roue ce que le pied est à la course. Mais de quoi est-il fait ? Avant tout de gomme, mais aussi de divers matériaux textiles et / ou métalliques... et d'air ! Ce sont les savants assemblages de tous ces composants qui assurent aux pneumatiques leurs qualités : adhérence à la route, amortissement des chocs, en deux mots : confort et sécurité du voyageur.

1 *BANDE DE ROULEMENT*
Une épaisse couche de gomme assure le contact avec le sol. Elle doit évacuer l'eau et durer très longtemps.

2 *ARMATURE DE SOMMET*
Cette double ou triple ceinture armée est à la fois souple verticalement et très rigide transversalement. Elle procure la puissance de guidage.

3 *FLANCS*
Ils recouvrent et protègent la carcasse textile dont le rôle est de relier la bande de roulement du pneu à la jante.

4 *TALONS D'ACCROCHAGE À LA JANTE*
Grâce aux tringles internes, ils serrent solidement le pneu à la jante pour les rendre solidaires.

5 *GOMME INTÉRIEURE D'ÉTANCHÉITÉ*
Elle procure au pneu l'étanchéité qui maintient le gonflage à la bonne pression.

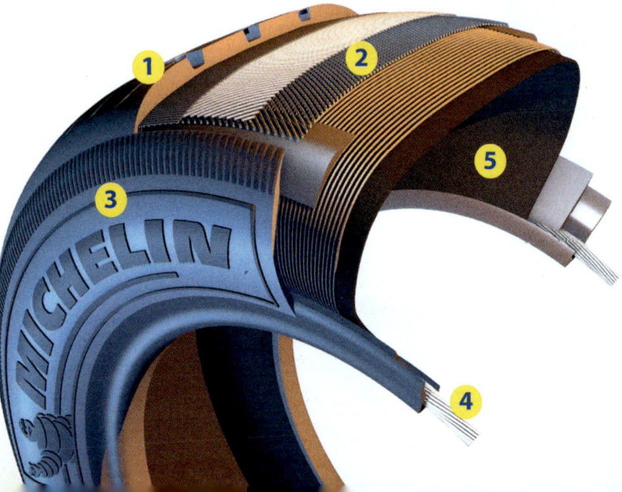

Michelin
→ *l'innovation en mouvement*

Créé et breveté par Michelin en 1946, le pneu radial ceinturé a révolutionné le monde du pneumatique. Mais Michelin ne s'est pas arrêté là : au fil des ans, d'autres solutions nouvelles et originales ont vu le jour, confirmant Michelin dans sa position de leader en matière de recherche et d'innovations, pour répondre sans cesse aux exigences des nouvelles technologies des véhicules.

→ *la juste pression !*

L'une des priorités de Michelin, c'est une mobilité plus sûre. En bref, innover pour avancer mieux. C'est tout l'enjeu des chercheurs, qui travaillent à mettre au point des pneumatiques capables de "freiner plus court" et d'offrir la meilleure adhérence possible à la route. Aussi, pour accompagner les automobilistes, Michelin organise, partout dans le monde, des campagnes de sensibilisation à la sécurité routière : les opérations "Faites le plein d'air" rappellent à tous que la juste pression des pneumatiques est un facteur essentiel de sécurité.

La stratégie Michelin :
→ *des pneumatiques multiperformances*

Qui dit Michelin dit sécurité, économie de carburant et capacité à parcourir des milliers de kilomètres. Un pneumatique MICHELIN, c'est tout cela à la fois.

Comment ? Grâce à des ingénieurs au service de l'innovation et de la technologie de pointe. Leur challenge : doter tout pneumatique – quel que soit le véhicule (automobile, camion, tracteur, engin de chantier, avion, moto, vélo et métro !) – de la meilleure combinaison possible de qualités, pour une **performance globale optimale**.

Ralentir l'usure, réduire la dépense énergétique (et donc l'émission de CO^2), améliorer la sécurité par une tenue de route et un freinage renforcés : autant de qualités dans un seul pneu, c'est cela Michelin Total Performance.

MICHELIN
Total Performance

Chaque jour, **Michelin** innove en faveur de la mobilité durable.

DANS LE TEMPS ET LE RESPECT DE LA PLANÈTE.

La mobilité durable

→ *c'est une mobilité propre... et pour tous*

La mobilité durable c'est permettre aux hommes de se déplacer d'une façon plus propre, plus sûre, plus économique et plus accessible à tous, quel que soit le lieu où ils vivent.

Tous les jours, les 113 000 collaborateurs que Michelin compte dans le monde innovent :

• en créant des pneus et des services qui répondent aux nouveaux besoins de la société,

• en sensibilisant les jeunes à la sécurité routière,

• en inventant de nouvelles solutions de transport qui consomment moins d'énergie et émettent moins de CO^2.

→ *Michelin Challenge Bibendum*

La mobilité durable, c'est permettre la pérennité du transport des biens et des personnes, afin d'assurer un développement économique, social et sociétal responsable. Face à la raréfaction des matières premières et au réchauffement climatique, Michelin s'engage pour le respect de l'environnement et de la santé publique. De manière régulière, Michelin organise ainsi le Michelin Challenge Bibendum, le seul événement mondial axé sur la **mobilité routière durable.**

MICHELIN CHALLENGE BIBENDUM

Notes

Notes

INDEX GÉNÉRAL

Poitiers : villes, curiosités et régions touristiques.
Loti, Pierre : noms historiques ou termes faisant l'objet d'une explication.
Les sites isolés sont répertoriés à leur propre nom.
Nous indiquons par son numéro, entre parenthèses, le département auquel appartient chaque ville ou site. Pour rappel :
16 : Charente
17 : Charente-Maritime
79 : Deux-Sèvres
86 : Vienne

A

B

C

D

E

F

INDEX GÉNÉRAL

M

N

O

P

Q-R

S

T

V

Y

Z

CARTES ET PLANS

CARTE GÉNÉRALE

CARTES DES MICRORÉGIONS

PLANS DE VILLES

CARTES DES ÎLES

PLANS DES SITES

CARTES THÉMATIQUES

CARTES DES ITINÉRAIRES

LÉGENDE DES CARTES ET PLANS

Curiosités et repères

Itinéraire décrit, départ de la visite
Église
Mosquée
Synagogue
Monastère - Phare
Fontaine
Point de vue
Château - Ruine ou site archéologique
Barrage - Grotte
Monument mégalithique
Tour génoise - Moulin
Temple - Vestiges gréco-romains
Temple : bouddhique - hindou
Autre lieu d'intérêt, sommet
Distillerie
Palais, villa, habitation
Cimetière : chrétien - musulman - israélite
Oliveraie - Orangeraie
Mangrove
Auberge de jeunesse
Gravure rupestre
Pierre runique
Église en bois
Église en bois debout
Parc ou réserve national
Bastide

Sports et loisirs

Piscine : de plein air - couverte
Plage - Stade
Port de plaisance - Voile
Plongée - Surf
Refuge - Promenade à pied
Randonnée équestre
Golf - Base de loisirs
Parc d'attractions
Parc animalier, zoo
Parc floral, arboretum
Parc ornithologique, réserve d'oiseaux
Planche à voile, kitesurf
Pêche en mer ou sportive
Canyoning, rafting
Aire de camping - Auberge
Arènes
Base de loisirs, base nautique ou canoë-kayak
Canoë-kayak
Promenade en bateau

Informations pratiques

Information touristique
Parking - Parking - relais
Gare : ferroviaire - routière
Voie ferrée
Ligne de tramway
Départ de fiacre
Métro - RER
Station de métro (Calgary, ...) (Montréal)
Téléphérique, télécabine
Funiculaire, voie à crémaillère
Chemin de fer touristique
Transport de voitures et passagers
Transport de passagers
File d'attente
Observatoire
Station-service - Magasin
Poste - Téléphone
Internet
H Hôtel de ville
B Banque, bureau de change
J POL Palais de justice - Police
GNR Gendarmerie
T M Théâtre - Musée
U Université
Musée de plein air
Hôpital
Marché couvert
Aéroport
Parador, Pousada (Établissement hôtelier géré par l'État)
A Chambre d'agriculture
D Conseil provincial
G Gouvernement du district, Délégation du Gouvernement Police cantonale
L Gouvernement provincial (Landhaus)
P Chef-lieu de province
Station thermale
Source thermale

Axes routiers, voirie

Autoroute ou assimilée
Échangeur : complet - partiel
Route
Rue piétonne
Escalier - Sentier, piste

Topographie, limites

Volcan actif - Récif corallien
Marais - Désert
Frontière - Parc naturel

Comprendre les symboles utilisés dans le guide

LES ÉTOILES

★★★ **Vaut le voyage** ★★ **Mérite un détour** ★ **Intéressant**

HÔTELS ET RESTAURANTS

9 ch.	Nombre de chambres		Piscine
7,5 €	Prix du petit-déjeuner en sus		Paiement par cartes de crédit
50 €	Prix de la chambre double, petit-déjeuner compris		Carte de crédit non acceptée
bc	Menu boisson comprise	P	Parking réservé à la clientèle
	Air conditionné dans les chambres	Tram	Station de tramway la plus proche
	Restaurant dans l'hôtel	M	Station de métro la plus proche
	Établissement servant de l'alcool (à l'étranger)		

SYMBOLES DANS LE TEXTE

	À faire en famille		Organisme de tourisme
	Pour approfondir		Astuce, conseil
	Promenade à pied		Adresse coup de cœur
	Randonnée à vélo	A2 B	Repère sur le plan
	Facilité d'accès pour les handicapés		

Note au lecteur

Michelin a apporté le plus grand soin à la rédaction de ce guide et à sa vérification. Toutefois, les informations pratiques (formalités administratives, prix, adresses, numéros de téléphone, adresses Internet, etc.) doivent être considérées comme des indications du fait de l'évolution constante de ces données.

Il n'est pas totalement exclu que certaines d'entre elles ne soient plus, à la date de parution du guide, tout à fait exactes ou exhaustives. N'hésitez pas à nous signaler toute omission ou inexactitude que vous pourriez constater, ainsi qu'à nous faire part de vos avis et suggestions sur les adresses contenues dans ce guide.

Avant d'entamer toute démarche, formalités administratives ou douanières notamment, vous êtes invité à vous renseigner auprès des organismes officiels. Ces informations ne sauraient, de ce fait, engager notre responsabilité.

Collection Le Guide Vert sous la responsabilité de Philippe Orain

Édition
Françoise Rault, Nicolas Jury

Rédaction
Renée Grimaud, Margot Boutges, Hervé Milon, Philippe Orain, Valérie Lajoinie-Mériot, Léa Delpont, Florent Gaillard, Laurent Gontier, Françoise Klingen, Sybille d'Oiron, A. de Valroger

Cartographie
Denis Rasse, Maria-Mirabela Dumbraveanu, Cristian-Mihaita Constantin, Thierry Lemasson

Relecture
Marjolaine Revel

Remerciements
Ghislaine Desevedavy, de la Région Poitou-Charentes, Stéphane Morand de Charente-Maritime Tourisme, Karine Odo de l'office de tourisme de Poitiers, Audrey Roy de l'agence touristique de la Vienne, Sophie Nogues de l'office de tourisme de La Rochelle, Pascaline Ricard de l'ADT des Deux-Sèvres, Laure Thomas de Charente Tourisme, Didier Broussard, Maria Gaspar, Marion Desvignes-Canonne, Mathilde Denanot.

Conception graphique
Christelle Le Déan

Régie publicitaire et partenariats
business-solutions@tp.michelin.com
Le contenu des pages de publicité insérées dans ce guide n'engage que la responsabilité des annonceurs.

Contacts
Michelin
Guides Touristiques
27 cours de l'Ile Seguin, 92105 Boulogne Billancourt
Service consommateurs : tourisme@tp.michelin.com
Boutique en ligne : www.michelin-boutique.com
www.Voyage.ViaMichelin.com

Parution 2016

Michelin Travel Partner
Société par actions simplifiées au capital de 11 288 880 EUR
27 Cours de l'Ile Seguin - 92100 Boulogne Billancourt (France)
R.C.S. Nanterre 433 677 721

Dépôt légal : 12-2015 – ISSN 0293-9436
Compograveur : Michelin Travel Partner, Boulogne-Billancourt
Imprimeur : Chirat, St-Just-la-Pendue - N° 201703.0001
Imprimé en France : 03-2017

Sur du papier issu de forêts gérées durablemen